REINAS DE LEYENDA

REINAS
DE LEYENDA

CRISTINA MORATÓ

PLAZA JANÉS

Primera edición: noviembre de 2023

© 2023, Cristina Morató
© 2023, Penguin Random House Grupo Editorial, S. A. U.
Travessera de Gràcia, 47-49. 08021 Barcelona

Printed in Spain – Impreso en España

ISBN: 978-84-01-02693-5
Depósito legal: B-15.711-2023

Compuesto en M. I. Maquetación, S. L.

Impreso en Rotativas de Estella, S.L.
Villatuerta (Navarra)

L026935

A Juana Suárez Parabá,
con toda mi gratitud y afecto

Índice

¡Sería una locura dejar que una mujer ascendiera al trono! ¿Os imagináis a una dama o doncella mandar los ejércitos? ¿Y cómo hacer frente a los vasallos cuando ellas no son capaces ni siquiera de refrenar los ardores de su naturaleza? No, yo no lo concibo, y si esto llegara, entregaría enseguida mi espada.

MAURICE DRUON, *La ley de los varones*

Es menester que las princesas aprendan a aburrirse con gracia.

CONDESA DE HULST, institutriz
de la emperatriz Carlota de México

Su corazón iba a servir de pergamino para que sobre él, con dagas que no con plumas, escribieran sus padres y sobrinos tratados de poder y de ambición. Si así lo pensó, y es probable, solo pecaría de poca imaginación; porque lo que iba a sufrir por ser hija de reyes, era inimaginable.

SALVADOR DE MADARIAGA,
Mujeres españolas (Catalina de Aragón)

CATALINA
DE ARAGÓN

Nacida para reinar

Es de baja estatura, algo gruesa, con un semblante recatado; es virtuosa, justa, repleta de bondad y religiosidad. Más amada por los ingleses que ninguna otra reina que haya reinado nunca.

LODOVICO FALIER,
embajador veneciano

Nada hacía imaginar que aquella infanta española nacida una intempestiva noche en remotas tierras castellanas sería una de las reinas más amadas en la historia de Inglaterra. Catalina de Aragón vino al mundo un crudo y lluvioso diciembre de 1485 en la ciudad de Alcalá de Henares, cerca de Madrid. Los aposentos del palacio arzobispal, donde la reina Isabel de Castilla se instaló con sus damas de compañía, se habían engalanado con suntuosos muebles, colgaduras de terciopelo, pinturas religiosas y ricas alfombras a la espera del gran acontecimiento. La familia real y una nutrida corte habían abandonado a principios de octubre las cálidas tierras de Andalucía para pasar en esta villa los rigores del invierno y descansar de la campaña de Granada, el reino musulmán que aún se les resistía. Y fue allí donde, en la fría madrugada del 16 de diciembre, nació la última hija de los Reyes

Católicos. Isabel soportó los dolores con gran control y fortaleza sin emitir ni un quejido. Las muestras de debilidad no le estaban permitidas y ella sabía ocultarlas. Como el alumbramiento era público mandó que cubrieran su rostro con una tela. A diferencia de sus anteriores partos, este fue rápido y sin complicaciones, y se recuperó en poco tiempo.

A escasos días de la Navidad, la llegada de esta niña de piel muy pálida, cabellos cobrizos y ojos azules, tan parecida a su madre, llenó de felicidad a los monarcas, aunque no tanto a la corte. Catalina tenía tres hermanas —Isabel, Juana y María— y un hermano, el infante Juan, que era el único heredero. «Mayor alegría hubiera causado a los reyes el nacimiento de un varón, porque la sucesión de un hijo único inspiraba no pocos temores», observó un cronista. La reina de Castilla se mostraba satisfecha porque sus hijas le aseguraban la posibilidad de concertar importantes matrimonios con las mayores potencias europeas. Su buen talante se debía también a los triunfos obtenidos en sus recientes campañas militares contra «los herejes». La toma de Ronda y de varias fortalezas en Andalucía en manos musulmanas presagiaba la victoria final. La infanta fue bautizada por el ilustre cardenal Mendoza y recibió el nombre de Catalina en honor a su bisabuela, la inglesa Catalina de Lancaster. Ese día acaparó todas las miradas luciendo un delicado y rico vestido de brocado blanco, forrado de terciopelo verde y adornado con una puntilla dorada. En una corte donde el hedor era frecuente, uno de los primeros regalos que recibió la recién nacida fue un rociador de perfume de plata que se instaló en su habitación. Además se encargó una espléndida ropa de cama, camisones, baberos, sábanas y fundas de almohadas confeccionadas con las mejores telas. Una nodriza elegida por «su belleza, linaje, abundante leche y buena complexión» se ocuparía de su cuidado y crianza durante los primeros meses de vida.

Para celebrar el feliz acontecimiento el rey Fernando no escatimó el dinero y ordenó hacer justas, bailes y fiestas. También hubo un espléndido banquete al que invitaron a caballeros, doncellas y grandes de la corte. Los nobles de Castilla ofrecieron a la reina valiosos regalos que quedaron expuestos en un salón del palacio para que el pueblo pudiera admirarlos. Aquellas fueron unas Navidades tranquilas en la azarosa vida de Isabel y Fernando, inmersos desde hacía cuatro años en su ambiciosa cruzada para unificar y pacificar el reino.

Desde su más tierna edad Catalina supo que no era una princesa cualquiera. Era hija de dos reyes poderosos de la noble casa de Trastámara y los mayores cruzados de la cristiandad, admirados por todas las monarquías de Europa. Para ellos la política de alianzas matrimoniales de sus cinco hijos resultaba crucial para fortalecer las coronas de Castilla y Aragón y aislar a Francia, su máximo rival. En este juego de intereses ahora le tocaba el turno a la más pequeña. Su destino se encontraba lejos, en Inglaterra, donde reinaba Enrique VII, el fundador de la dinastía Tudor. La unión con su primogénito y heredero Arturo, príncipe de Gales, garantizaba el pacto de Inglaterra y España contra el enemigo francés que amenazaba Italia. Catalina tenía tres años y Arturo dos cuando se prometieron en matrimonio. Era habitual sellar estas alianzas a edades tan precoces, pero aún quedaba un largo y tortuoso camino de negociaciones hasta que se celebrara la boda. Los primeros avances del compromiso real tuvieron lugar el 14 de marzo de 1489, en la floreciente ciudad amurallada de Medina del Campo, en Valladolid, adonde Catalina había llegado con sus padres y hermanos hacía unos días.

A punto de cumplir treinta y ocho años, la reina Isabel llevaba dos décadas en el trono y ya no tenía las energías de su juventud. Pero las relaciones diplomáticas dirigidas a afianzar buenos matrimonios para sus hijos se le daban muy bien y se preparó para recibir a los embajadores de Inglaterra que venían a pedir la mano de la infanta española. Era muy consciente de que todo lo que ocurriera esos días llegaría a oídos del rey inglés y estaba decidida a impresionarlos mostrándoles el esplendor de la corte castellana. Los embajadores fueron recibidos en un gran salón donde los monarcas se encontraban sentados bajo un rico dosel de tela de oro con el escudo de armas de Castilla y Aragón. Tanto Isabel como Fernando lucían lujosos ropajes y alhajas, pero fue la reina la que deslumbró con su túnica de tela de oro y una hermosa capa corta de fino satén púrpura revestida de armiño. Para tan importante encuentro eligió sus mejores y más valiosas joyas: oro, diamantes, rubíes y perlas que dejaban claro a los ingleses su poder.

La visita de los emisarios duró doce días y para entretenerlos se celebraron banquetes, torneos, justas, corridas de toros y bailes. La pequeña Catalina vivía ajena a lo que estaba ocurriendo a su alrededor. La familia real estuvo presente en la primera reunión de la infanta con los embajadores, que su madre organizó dejando a un lado el protocolo. A sus tres años le debió extrañar la presencia de aquellos hombres barbudos que la examinaban con tanta atención y le rendían pleitesía. Por los testimonios de la época sabemos que les causó muy buena impresión y que la niña vestía lujosamente como su madre e iba acompañada de su hermana María, de seis años, y de su joven corte de catorce doncellas «todas vestidas con ropas de oro y todas ellas hijas de la nobleza». La segunda vez que los embajadores vieron a Catalina fue durante una corrida de toros que se lidió en su honor. La reina Isabel apareció en público llevándola en brazos y se mostró muy afectuosa con ella. Tras una dura sesión final de negociaciones se firmó el tratado de alianza entre Inglaterra y España. El futuro de la hija menor de los Reyes Católicos se selló en aquel austero palacio de Medina del Campo donde quince años más tarde falleció la reina Isabel.

Catalina siempre se miró en el espejo de su madre, una mujer excepcional para su época y la única soberana reinante en Europa a finales del siglo xv. Había luchado por el poder desde que era una niña y consiguió sobrevivir a las intrigas palaciegas y a los nobles que querían manipularla. Isabel no había sido educada para ser reina, pues era la hija del segundo matrimonio de Juan II de Castilla con Isabel de Portugal, y por entonces el monarca ya contaba con un heredero, el infante Enrique, fruto de su anterior unión con María de Aragón. Cuando tenía tres años falleció su padre y la niña creció lejos de la corte, en el castillo de Arévalo, y en compañía de una madre demente. Isabel actuó con determinación y astucia en un mundo de hombres y a la muerte de su hermano Enrique IV se autoproclamó reina de Castilla. Para Catalina era su modelo a seguir. La veía presidir consejos, conducir ejércitos, planificar guerras, organizar hospitales de campaña, pasar revista, alentar a sus tropas y viajar infatigable a caballo allí donde su presencia fuera necesaria. También era una madre cariñosa y atenta que se tomó especialmente en serio la educación de su hija menor y se esmeró en que tuviera la completa formación que ella no pudo tener.

A los seis años la infanta recibió su primera escribanía repujada en cuero y pronto demostró ser una alumna aplicada y responsable. A las tareas propias de su rango como danza, dibujo, música, costura y bordado, su madre añadió estudios de historia, derecho, filosofía, literatura clásica, aritmética y teología, entre otras materias. Aprendió con esmero geografía y heráldica para conocer las distintas dinastías europeas con las que trataría en el futuro. Catalina tenía facilidad para los idiomas y hablaba con fluidez castellano, flamenco y latín. El inglés lo estudió más tarde en la corte de los Tudor. También tomó clases de equitación, cetrería y caza. La reina completó su formación contratando a los mejores preceptores humanistas, como los hermanos Antonio y Alejandro Geraldini. Las cuatro infantas españolas crecieron rodeadas de algunos de los eruditos más importantes de la época. Gracias al mecenazgo de Isabel, la corte se llenó de poetas, escritores, filósofos, maestros, teólogos, médicos... y desde niña Catalina tuvo la fortuna de convivir con ellos. La reina de Castilla podía sentirse orgullosa porque sus hijas serían consideradas las princesas más cultas de Europa.

La infancia de Catalina fue la de una auténtica trotamundos y las adversidades a las que se enfrentó marcaron su férreo carácter. Había nacido en una corte en constante movimiento. Ella y sus hermanas seguían siempre a sus padres por toda la península alojándose en castillos, palacios y monasterios que el clero o los nobles ponían a su disposición. También conocieron la austera vida en los campamentos militares. Se acostumbraron al estruendo de las armas, a los asedios y escaramuzas, a los viajes agotadores soportando todo tipo de incomodidades y los rigores del clima. La familia real se desplazaba en caballos y mulas o en literas, aunque la reina prefería cabalgar en su hermosa yegua blanca. Las empinadas y abruptas montañas, los anchos ríos y el mal estado de las carreteras impedían el uso de carruajes como en Francia. A tan corta edad, la infanta ya se balanceaba sobre su mula subida a una silla de montar acolchada, remachada con clavos de oro y cubierta de cojines de seda. Sus primeros años de vida nómada y aventurera coincidieron con los mayores éxitos militares del reinado de sus padres.

A principios de 1492 Catalina fue testigo de un momento histórico. Los Reyes Católicos y sus hijos se encontraban instalados en la pequeña ciudad de Santa Fe, muy cerca de Granada, que había sido levantada tras un incendio fortuito cuando era un campamento militar. La propia reina Isabel la había mandado construir para demostrar a los enemigos que no se retirarían de allí hasta que la conquistaran. Y el ansiado día llegó antes de lo previsto. El 2 de enero el séquito real se detuvo a escasos kilómetros de la fortaleza roja de altos muros y torres defensivas que se alzaba sobre la colina de La Sabika. Desde un mirador los monarcas y su séquito pudieron contemplar el esplendoroso palacio de la Alhambra. El príncipe Boabdil salió de Granada a lomos de una mula, acompañado de medio centenar de nobles. Cuentan que con lágrimas en los ojos entregó a los reyes españoles las llaves de la hermosa capital del reino que le había visto nacer.

Para Isabel de Castilla fue una emotiva ceremonia y el triunfo de su inquebrantable fe en Dios. Aquella victoria le dio un enorme prestigio como gran estadista en toda Europa y ella lo aprovechó para negociar mejores condiciones en los matrimonios de sus hijos. En Inglaterra el rey Enrique VII organizó un tedeum en la catedral de San Pablo y se alegró de haber prometido a su hijo Arturo con la menor de estos monarcas tan poderosos. Isabel y Fernando al fin podían respirar tranquilos porque España era de nuevo cristiana de norte a sur. La rendición del sultán granadino Boabdil ponía término a siete siglos de presencia musulmana en territorio ibérico y a más de diez años de guerra. Las salvas de los cañones y los soldados gritando el aire: «¡Granada!, ¡Granada!», quedaron grabados en la memoria de la pequeña Catalina que siempre se sintió muy unida a esta ciudad, donde pasó sus días más felices.

Tras la toma de Granada los reyes permanecieron en tierras de Andalucía el tiempo justo para organizar el gobierno de sus nuevos dominios, pues debían atender otros asuntos importantes en Castilla y Aragón. Isabel estaba radiante y en aquellos días de júbilo aceptó tener una nueva entrevista con el excéntrico navegante Cristóbal Colón que desde hacía seis años acudía a la corte para buscar financiación. Su ambicioso proyecto de abrir una ruta a través de las Indias por el Atlántico había despertado desde sus inicios el interés de la soberana. Pero sus consejeros más allegados, y el propio rey Fernando, se mostraban reacios porque consideraban la empresa descabellada. Cuando Colón se presentó en el campamento de Santa Fe para tratar de convencer una vez más a los reyes del apoyo de su aventura, la infanta Catalina aún era demasiado pequeña y no supo de la magnitud de este encuentro. Aunque las exigencias del almirante y sus aires de grandeza indignaron al monarca español, Isabel, con su habitual diplomacia, le hizo ver los enormes beneficios y riquezas que esta expedición podía reportar a la Corona.

La infanta Catalina, después de meses oyendo hablar del famoso navegante, al fin pudo conocerlo. Fue en la acogedora recepción que los reyes le dieron al regreso de su primer viaje. Ella tenía ya siete años y nunca olvidaría la llamativa procesión encabezada por Colón, a quien le seguían algunos de sus hombres que portaban jaulas con exóticos animales vivos, papagayos multicolores, monos, máscaras de oro, lanzas… Pero lo que más atrajo su atención fue la presencia de seis indígenas casi desnudos adornados con vistosas plumas y pinturas. Las apasionadas palabras del navegante anunciando que aquellas tierras prometían «tanto oro como Vuestras Altezas habrán menester» llenaron de gozo a la reina que siempre creyó en su empresa.

Mientras Colón se preparaba para su segundo viaje al Nuevo Mundo, los monarcas dieron un impulso definitivo a las alianzas matrimoniales de sus hijos. La hermana mayor de Catalina había sido la primera de la familia en casarse en 1490. Su boda con el príncipe Alfonso, hijo del rey Juan II de Portugal, garantizaba la unificación de España y, a pesar de ser un matrimonio de conveniencia, la joven pareja se mostraba feliz y enamorada. El destino de los otros hermanos quedó sellado en una astuta jugada política. Para anular a Francia, los reyes idearon una unión con la casa de Borgoña y concertaron un doble enlace. El príncipe Juan, futuro heredero de la corona de Castilla y Aragón, y su hermana Juana ya estaban en edad de casarse y lo harían con los hijos de Maximiliano, emperador del Sacro Imperio Romano, Margarita de Austria y Felipe de Habsburgo —conocido como el Hermoso—. La reina Isabel pensaba que dado que los cuatro eran atractivos y tenían una edad parecida formarían buenas parejas. En agosto de 1496 Catalina acompañó a su madre a Laredo, en la costa de Cantabria, para despedir a su hermana Juana: la más bella, alegre y temperamental de todas. La joven de dieciséis años partía rumbo a Flandes con una flota de ciento veinte barcos y un impresionante séquito de quince mil hombres. Tenía por delante una larga y peligrosa travesía para contraer matrimonio con un hombre al que no conocía y del que se enamoraría perdidamente.

Habían pasado siete años desde la firma del Tratado de Medina del Campo y el futuro de Catalina estaba aún en el aire. Los acuerdos que allí se habían alcanzado no fueron más que una declaración de intenciones porque los monarcas españoles no llegaron a ratificarlo. El rey Fernando de Aragón, hombre con fama de astuto, frío y calculador, sabía que aún faltaban once años hasta que el príncipe Arturo tuviera la edad establecida para poder casarse. En ese tiempo su hija menor les podía ser útil en otros frentes, así que lo fueron posponiendo para consternación del monarca inglés. Durante estos años Rodrigo de Puebla, nombrado por los Reyes Católicos embajador español en Londres, había asegurado a Enrique VII que el compromiso se mantendría pero sin llegar a cerrarlo del todo. Sin embargo, ahora a ambas partes ya les convenía reforzar la alianza y sellar definitivamente esta unión. A principios de octubre de 1496 Isabel y Fernando firmaron en la ciudad de Tortosa el Tratado de Londres que establecía el acuerdo matrimonial entre Catalina de Aragón y Arturo Tudor.

En julio del siguiente año, poco antes de que Catalina cumpliera los doce años, se celebró una ceremonia de compromiso por poderes en el palacio de Woodstock, al norte de Oxford, donde Arturo juró su fidelidad a Catalina y De Puebla hizo lo propio representando a la novia. El embajador español se quedó un tiempo en Londres para continuar con las negociaciones de los detalles del enlace, incluido el delicado tema de la dote, fijada en 200.000 escudos de oro. La primera mitad se pagaría a la llegada de la infanta a Inglaterra y el resto en los plazos acordados. Su futuro suegro se mostró muy generoso ofreciendo a Catalina «la tercera parte de las rentas de los principados de Gales, Cornualles y Chester que le serán asignadas a la princesa diez días antes o después de la solemnización del matrimonio». También se acordó que los monarcas españoles deberían costear los gastos del viaje de su hija a Londres y que «la infanta llevaría trajes y joyas en consonancia con su rango». Asimismo se estipuló que los derechos dinásticos de Catalina en Castilla y Aragón deberían seguir vigentes después de su boda.

Tras el compromiso comenzó entre los Reyes Católicos y los monarcas ingleses un intercambio de cartas que demostraban un afecto mutuo y el interés de que esta unión se consolidara. La princesa de Gales recibió una serie de instrucciones sobre la vida en la corte de Inglaterra que le hicieron llegar su futura suegra, la reina Isabel de York, y Margarita Beaufort, madre del rey Enrique VII y abuela del príncipe Arturo. Se insistió en que la infanta debía aprender francés, lengua muy utilizada en la corte de los Tudor, hablándolo con su cuñada educada en Francia, la archiduquesa Margarita de Austria: «[...] la princesa de Gales hable siempre en francés con la princesa Margarita, que está ahora en España, para aprender la lengua, y ser capaz de conversar en ella cuando venga a Inglaterra. Esto es necesario, porque las damas no entienden latín, y mucho menos, español». También le recomendaban que se acostumbrara a beber vino, ya que «el agua de Inglaterra no es potable, y aunque lo fuera, el clima no permitiría beberla».

En 1499 tuvo lugar la primera de las dos bodas por poderes que uniría en matrimonio a Arturo y Catalina. De nuevo De Puebla viajaría a Inglaterra para hacer el papel de la novia y «además de coger la mano derecha del príncipe en la suya estuvo sentado a la derecha del rey en el banquete y metió una pierna de manera simbólica en la cama matrimonial real». A partir de ese momento la infanta española pasó a ser reconocida oficialmente como princesa de Gales y comenzó un intercambio de misivas entre los jóvenes esposos. Arturo escribía infantiles cartas en latín de su puño y letra a «su queridísima esposa» por la que decía sentir un profundo y sincero amor. Se acordó que Catalina marchase a Londres después de cumplir los dieciséis años. El largo capítulo de las negociaciones matrimoniales había durado casi una década y parecía haber concluido con éxito.

Mientras Catalina soñaba con su «príncipe inglés» su vida nómada y aventurera llegaba a su fin. En aquel dulce verano la Alhambra se convirtió en su hogar, un escenario de ensueño que siempre llevó en su corazón. Apenas recordaba nada de la primera vez que contempló la fortaleza de Granada ni las lejanas cumbres nevadas que asomaban en el horizonte. Ahora tenía trece años y los delicados palacios nazaríes rodeados de jardines perfumados y huertos, ocultos tras sus muros de tierra rojiza, le parecieron un paraíso. Para sus padres la Alhambra era la joya de la Corona y la consideraban un regalo de Dios que los había guiado en su santa cruzada contra sus ocupantes musulmanes. Ella nunca olvidaría el día que recorrió con ellos la fresca alameda que conducía al palacio más bello de Europa ni el aroma a jazmín de sus frondosos jardines. La joven se quedó impresionada por su armonía arquitectónica y los sonidos del agua. Los patios revestidos de mármol blanco, los arcos mudéjares, las suntuosas estancias decoradas con bellos mosaicos, los ricos artesonados y techos fabricados con oro, lapislázuli, marfil y ciprés, el fino estuco de paredes y ventanas, los baños con agua caliente... Nunca había visto tanta opulencia y refinamiento.

Pero los reyes poco iban a disfrutar de este palacio del que se habían enamorado mucho antes de conquistarlo. En los últimos tres años habían sido golpeados por una serie de tragedias familiares que trastocaron todos sus planes sucesorios y los sumieron en una profunda tristeza. Parecía que una maldición pesaba sobre ellos. Primero falleció el príncipe heredero Juan con apenas diecinueve años tras dejar embarazada a su esposa Margarita. Hundida en un gran dolor, la archiduquesa dio a luz a una niña prematura que no sobrevivió al parto. Para la reina la muerte de «su ángel», como llamaba a su hijo Juan, fue una terrible desgracia de la que jamás se recuperó. Con su fallecimiento se esfumaba el sueño de unir en su corona los dos reinos de Castilla y de Aragón. Después le llegó el turno a la hija mayor, la infanta Isabel, casada con el rey Manuel I de Portugal. La joven murió en el verano de 1498 tras alumbrar a su primer hijo, Miguel. Aquel niño portugués, único nieto superviviente de los Reyes Católicos, era ahora la esperanza de reunificar todos los reinos y de salvar la dinastía de los Trastámara. Tras el entierro de su esposa, el rey Manuel debía regresar a Portugal y confió su hijo a sus abuelos que se lo llevaron a Granada. Para sus tías, las infantas Catalina y María, aquel niño se convirtió en un hermano pequeño al que adoraban.

Sin embargo, las desdichas no habían terminado y poco después de su llegada a la Alhambra el príncipe Miguel falleció en los brazos de su abuela. Aún no había cumplido dos años y su muerte dejó destrozados a Isabel y Fernando. Tras la pérdida

del pequeño infante la sucesión pasó a su segunda hija, Juana
—apodada la Loca—, esposa del archiduque Felipe de Austria,
quien había dado a luz a un hijo, Carlos, candidato a ocupar un
día el trono de España. Para los monarcas fue un suceso inesperado y devastador. Habían planificado minuciosamente los matrimonios de sus hijos para elevar el poder de su propia casa real
y ahora el trono de España pasaría a manos de los Habsburgo.

Catalina vivía en un palacio de *Las mil y una noches* rodeada
de belleza, pero en una corte abatida por el dolor y enlutada. La
familia real siempre se había mostrado feliz, alegre y unida a
pesar de los contratiempos, las guerras y los avatares políticos.
Pero tras la partida de Juana a Flandes y la muerte de Juan, la
reina Isabel se había hundido en una profunda melancolía. En
aquellos días tan sombríos Catalina se centró en sus estudios y
en la compañía de María, la hermana a la que se sentía más unida y con la que se había criado. Los verdes jardines del Genera-
life con sus manantiales, estanques y fuentes se convirtieron en
su lugar favorito. Aquí pasó muchas horas en soledad dejándose
envolver por el rumor del agua y rodeada de un vergel de cipreses, arrayanes, magnolios, rosas, limoneros, naranjos y plantas
exóticas. Cuando necesitaba huir del opresivo y triste ambiente
de palacio, este era su refugio para meditar, leer y orar. También
seguía intercambiándose cartas de amor con su esposo Arturo,
quien le escribía desde el castillo de Ludlow, en Gales, que muy
pronto sería su residencia. En su correspondencia el príncipe,
de catorce años, le mostraba su inquietud por la demora en su
llegada y le repetía una y otra vez la devoción y el amor puro
que sentía por ella. «Que se apresure vuestra llegada a mí, que
en lugar de estar ausentes estemos presentes el uno con el otro,
y que el amor concebido por nosotros y las anheladas alegrías
recojan el fruto adecuado», escribió. Catalina había sido bien
instruida por su madre y sabía que una de sus obligaciones pri-

mordiales era quedarse embarazada y tener un hijo para prolongar la dinastía de los Tudor.

En Inglaterra, Enrique VII había recibido con gran preocupación las noticias de las muertes de los hijos de los Reyes Católicos. Aquella familia, tan modélica y poderosa a los ojos del mundo, había caído en desgracia. El rey inglés no se fiaba de Fernando y temía que si también fallecía la infanta María, ahora reina de Portugal, podría utilizar a la única hija que le quedaba para fortalecer esta alianza u otra que le conviniera más a sus intereses. El príncipe Arturo ya había cumplido los catorce años y su padre se mostraba muy impaciente porque había vencido el plazo original fijado para septiembre de 1500. Decidió que ya era hora de que la infanta de España cumpliera con el compromiso y apremió al embajador De Puebla para que la enviaran cuanto antes a Inglaterra. Pero Isabel se inventó varias excusas para demorar su partida. En este momento se le hacía especialmente duro quedarse sin la compañía de la joven. Entre madre e hija siempre hubo una relación muy especial, no solo por el gran parecido físico que existía entre ambas sino por la similitud de caracteres. Catalina se había convertido en una muchacha sensible, reflexiva, devota y muy madura para su edad. Las tragedias familiares y el lúgubre ambiente de la corte habían dejado huella en ella. Su rostro antes risueño era ahora serio y su triste mirada delataba los sufrimientos vividos.

Durante el último invierno que la infanta pasó en la Alhambra la corte se había quedado prácticamente vacía. Su hermana María se había marchado rumbo a Portugal para casarse con su cuñado, el rey viudo Manuel I, y ocupar así el lugar de su difunta hermana mayor. Catalina estaba sola con su madre que, a sus cuarenta y nueve años, era una sombra de sí misma. Su salud se había debilitado, apenas aparecía en público y le costaba encargarse de los asuntos de gobierno. La muerte de su pequeño nieto había sido el golpe definitivo. Tampoco ayudaban las infidelidades de su esposo que le provocaban «feroces ataques de ira y celos». Isabel abandonó sus ricas prendas y joyas para vestir de riguroso luto y debajo de sus ropajes negros llevaba el hábito de la Orden Tercera de San Francisco. Sentía que había fracasado como soberana y pasaba largas horas meditando, llorando y dedicada casi por completo a la oración. Fernando, a pesar de la tristeza, no dejó de lado sus tareas; disfrutaba de la caza y de la compañía de hermosas damiselas y pasaba cada vez menos tiempo con su esposa. Sin embargo, al igual que a Isabel, también le costaba decir adiós a Catalina. Desde siempre la pequeña había sido su hija favorita y a medida que fue creciendo no ocultaba su admiración por su comportamiento digno y por sus grandes aptitudes para la diplomacia. Más adelante, cuando ya era reina de Inglaterra, le dijo en una carta: «De todas mis hijas, sois vos la que más entrañablemente amo».

El 21 de mayo de 1501 amaneció un día radiante en Granada y por fin Catalina estaba preparada para emprender un incierto y agotador viaje hacia Inglaterra. Sus padres ya no tenían ninguna excusa para retenerla y llegó la hora de la partida. La infanta recorrió por última vez los patios de mármol, las lujosas estancias y los fragantes jardines. Cinco años antes había acudido con su madre a despedir a su hermana Juana en el puerto de Laredo, pero en esta ocasión la reina Isabel no iría con ella. Aunque en un principio pensó en acompañar a Catalina, en el último momento le faltaron las fuerzas para afrontar tan larga travesía. Fue una triste despedida porque ambas sabían que no volverían a verse. En su lugar la elegida para cuidar de la infanta fue doña Elvira Manuel, su «dueña», y su marido don Pedro Manrique. Los reyes despidieron a la comitiva nupcial que partió a primera hora de la mañana de la ciudad de Santa Fe. Acompañaban a la joven nobles, clérigos y letrados, entre ellos el conde de Cabra, el obispo de Mallorca y el arzobispo de Santiago, así como su antiguo tutor y ahora confesor y capellán el sabio humanista Alejandro Geraldini. Además con Catalina viajaban varias damas de honor, camareros, un chambelán, lavanderas, pajes, cocineros y reposteros, dos esclavos africanos y así hasta un total de sesenta personas. Los ingleses le habían pedido que llevara a damas de compañía que fuesen «gentiles y hermosas o al menos que por ninguna manera sean feas». Seis jóvenes españolas de buena cuna y agradable presencia formaban parte de su séquito.

El viaje a La Coruña duró tres meses a través de los caminos polvorientos y bajo el sol implacable del verano en la meseta castellana. Al llegar a la Puebla de Guadalupe, en Cáceres, la infanta cayó enferma víctima de «una pequeña fiebre». La tensión de los últimos días, el calor asfixiante y el cansancio la obligaron a hacer reposo. Cuando se recuperó la comitiva continuó en dirección al norte pasando por Toledo, Medina del Campo, Valladolid y Zamora. Aunque la reina Isabel insistió en que el trayecto fuera lo más rápido posible, en todas las ciudades ofrecían corridas de toros, banquetes y misas en su honor que demoraban aún más la llegada. Ya en Galicia, el cortejo se desvió en dirección a Santiago de Compostela. Era la festividad del apóstol y la infanta hizo vigilia toda la noche orando ante el altar mayor de la catedral para ganar el jubileo, al ser año santo. De ahí llegaron a La Coruña, donde los esperaba la flota real compuesta por cuatro grandes naves (o naos de la armada) que debían llevarla a Inglaterra. Zarparon del puerto el 17 de agosto de 1501 pero, a pesar de haber elegido la estación más favorable, a los pocos días de navegación estalló una gran tormenta que los obligó a regresar y buscar refugio en la bahía de Laredo. Este incidente retrasó seis semanas más su llegada a las costas inglesas porque hubo que reparar las naves. Catalina en todo momento demostró un gran valor, aunque en tierra firme sus fuerzas se debilitaron debido al mareo y a la fatiga. Durante quince días estuvo convaleciente y preocupada por este nuevo contratiempo que iba a impacientar aún más al rey de Inglaterra.

Llegó a oídos de Enrique VII que la nave de su nuera había estado a punto de naufragar y envió a Laredo a uno de sus mejores capitanes para auxiliar a la flota. El 27 de septiembre por la tarde se hicieron de nuevo a la mar y desde la cubierta del barco Catalina contempló por última vez las montañas y verdes paisajes de las costas españolas. No imaginaba que aquella sería una despedida definitiva porque jamás volvió a pisar su patria ni a ver a sus queridos padres.

El buen tiempo acompañó a la flotilla pero los problemas llegaron en el último tramo de la travesía al doblar la isla de Ouessant en Bretaña. Un inesperado temporal, plagado de rayos y truenos, azotó con furia las embarcaciones. «Era imposible no tener miedo», escribió uno de los tripulantes. Las olas eran tan altas que arrancaron los mástiles y aparejos, y aunque los galeones consiguieron mantener su ruta para Catalina fue un mal presagio. Más adelante confesaría que en aquel instante pensó que «el mar tan furioso y aquella terrible tempestad auguraban alguna calamidad».

SUEÑOS ROTOS

Tras cinco días de navegación el 2 de octubre la maltrecha flota de la infanta llegó por fin al puerto de Plymouth, en el condado de Devon. En el muelle un gran gentío se apiñaba para saludarla mientras repicaban al unísono las campanas de todas las iglesias. «La princesa no habría podido ser recibida con mayor alegría si hubiera sido la salvadora del mundo», escribió a la reina

Isabel su médico que formaba parte del séquito. Catalina por fin pisaba suelo inglés. Aún no se había recuperado del mareo y, sin tiempo para cambiarse de vestido, pidió que la llevaran a la iglesia más próxima para dar gracias a Dios por haber llegado sana y salva. Su presencia causó una enorme expectación. No dejó de saludar a todos y de mostrarse agradecida con los miembros de la nobleza que se acercaron a agasajarla, así como con los dignatarios de los condados de Devon y Cornualles que la escoltaron un tramo del viaje. Estaba muy emocionada porque no esperaba estas muestras de cariño que hicieron que olvidara todas las penalidades sufridas desde que abandonara Granada.

La comitiva del cortejo español se puso en marcha rumbo a la corte inglesa, por entonces cerca de Londres, en el palacio de Richmond. La gran noticia corrió con rapidez y no tardó en llegar a la capital. Enrique VII mandó a su nuera una carta de bienvenida en la que mencionaba «el placer, la alegría y el alivio que le procuraba su noble presencia, que tanto hemos deseado». Pero Catalina aún se demoró varias semanas en arribar a Richmond porque su viaje se había preparado cuidadosamente para que las etapas no fueran muy largas y pudiera alojarse en buenos palacios y residencias. Sus anfitriones eran algunas de las familias inglesas más ricas e influyentes del momento. Sin embargo, el rey estaba tan inquieto por conocerla que decidió salir a su encuentro en Dogmersfield, en Hampshire. Su hijo, el príncipe Arturo, que se encontraba en Ludlow, cerca de Gales, se reunió con él a medio camino y partieron juntos a caballo. Enrique necesitaba ver con sus propios ojos a la princesa, asegurarse de que estuviera sana y de que no hubiera «ningún truco o engaño», y que fuera tan hermosa como le habían dicho.

Catalina y su séquito llegaron a Dogmersfield a principios de noviembre después de treinta y tres días de viaje a través de serpenteantes caminos, bosques brumosos y pantanos. Una tierra, salpicada de pueblos, aisladas granjas y majestuosas abadías, que a la joven le pareció aún más verde que la fértil Vega de Granada. Los españoles se instalaron cómodamente en el palacio del obispo de Bath, rodeado de un inmenso parque. Los Reyes Católicos habían dado órdenes estrictas al conde de Cabra para que se mantuvieran las formalidades de la rígida etiqueta castellana. Una infanta española no podía recibir a su futuro marido ni a su suegro antes de la boda y su rostro tenía que seguir cubierto con un velo hasta la ceremonia. Enrique VII rompió el protocolo y apareció por sorpresa con un gran séquito dispuesto a ver a la joven. Sin embargo, fueron interceptados y el embajador español Pedro de Ayala fue el encargado de informar al monarca sobre lo inapropiado de su visita. Enrique estaba disgustado y allí mismo, en campo abierto, convocó una reunión improvisada con sus consejeros. Todos coincidieron en que la princesa de España ya era una súbdita inglesa por matrimonio, así que podía hacer valer su autoridad real a su antojo. El rey, tras escuchar a sus obispos y nobles, se dirigió a galope al palacio donde Catalina había llegado unas horas antes. Aunque doña Elvira Manuel le advirtió de que la princesa se hallaba descansando, Enrique amenazó con entrar en su alcoba para conocerla.

No fue necesario porque Catalina, que se encontraba en una habitación contigua, reaccionó con mucho temple y diplomacia. Sabía que era deshonroso conocer a su suegro antes de la boda, pero quería evitar a toda costa un conflicto entre españoles e ingleses. Pidió un poco de tiempo para prepararse y le recibió en una de las habitaciones exteriores con el velo levantado y sonriendo tímidamente. Tras hacer una profunda reverencia al rey ambos se observaron con calma y se intercambiaron frases corteses, pero les costó hacerse entender. Enrique no hablaba español ni tampoco el latín necesario, y Catalina apenas dominaba algo de francés. Pero el monarca no precisaba nada más porque lo que vio le gustó: «Mucho admiré su belleza así como sus modales agradables y dignos», comentó satisfecho. La infanta de España, que aún no había cumplido los dieciséis años, era una muchacha hermosa, sana y fuerte. De tez clara, mejillas rosadas, ojos azules y cabello castaño claro, parecía más una delicada joven inglesa que la hija de los reyes de las lejanas tierras de Castilla o Aragón. Quizá la única pega era su pequeña estatura que se compensaba con un tono de voz grave para una mujer, lo que contribuía a la impresión de «regia dignidad» que dejaba en los que la trataban.

Tras años intercambiándose cartas Catalina al fin iba a conocer a su marido, el príncipe de Gales, que irrumpió en sus aposentos aquella misma tarde acompañado por su padre. Pero ella no se quedó tan encantada como el rey ante su presencia. Arturo tenía quince años y era tan enclenque y delgado que parecía menor. Había nacido prematuro y aunque su madre llegó a temer por su vida, sobrevivió. Su rostro alargado y pálido delataba una frágil salud. Catalina, que había leído las románticas leyendas del rey Arturo y la Mesa Redonda, enseguida se percató de que no era un príncipe de cuento, sino un adolescente enfermizo y poco atractivo. Lo único que a primera vista tenían en común era una exquisita educación clásica. Arturo estaba a la altura de su cultivada esposa porque al igual que ella había sido instruido por brillantes tutores humanistas. Ambos se comunicaron en latín, pero les resultó difícil entenderse porque la pronunciación de Catalina era diferente. Dos obispos, uno español y el otro inglés, estaban a disposición de la joven pareja para traducir sus respectivos discursos oficiales. A pesar de esta primera decepción y los contratiempos con su impulsivo suegro, se sintió bien recibida en su nuevo reino. Aquella misma noche celebró una fiesta improvisada con sus juglares y bailó animadas danzas españolas con sus damas porque no estaba bien visto que lo hiciera con el príncipe antes de la boda.

A la mañana siguiente Catalina emprendió el último tramo de su viaje hasta la capital en medio de una persistente llovizna y por carreteras de baches casi intransitables por el abundante barro. En Kingston upon Thames se les unió una espectacular comitiva de casi cuatrocientos jinetes vestidos de librea. A la cabeza iba el duque de Buckingham, que era el noble más rico del reino y con un linaje único en Inglaterra. Este joven de veintitrés años, apuesto, encantador y valiente, quizá fuera el tipo de gallardo caballero que la infanta hubiera esperado como esposo. Desde el primer instante entre ellos se estableció una relación de complicidad y de mutua admiración. El duque fue un fiel amigo y un gran apoyo hasta su muerte.

El 12 de noviembre de 1501 la princesa española hizo su entrada triunfal en Londres. Enrique VII había decidido celebrar su llegada con todo el boato y dio rienda suelta a sus gustos más extravagantes. La ciudad se engalanó como nunca para la boda real. Los preparativos comenzaron tres años atrás pensando en un espectáculo que deslumbrara al pueblo llano y a los visitantes españoles pero que también resultara entretenido. Se habían preparado seis distintos y magníficos escenarios a lo largo de su itinerario donde iban a representarse escenas mitológicas o religiosas. Catalina sabía que todos los ojos estarían puestos en ella y aprendió de su madre la importancia de la imagen que debía proyectar. Eligió con cuidado su vestimenta para impresionar y todos alabaron la fastuosidad de sus ropajes. Llamó especialmente la atención el pequeño sombrero de color carmesí parecido al de un cardenal que se sujetaba a la cabeza con un lazo dorado y que dejaba a la vista su larga y ondulada cabellera cobriza. La comitiva española se dirigió al Puente de Londres entre el clamor de la muchedumbre y la música de la banda que encabezaba el cortejo. Catalina se desplazaba a lomos de una mula ricamente adornada e iba acompañada por Enrique, duque de York y hermano pequeño del príncipe Arturo que entonces contaba diez años. Este niño alegre y risueño que un día se convertiría en Enrique VIII era todo lo opuesto al heredero al trono. Tenía el cabello pelirrojo, el rostro redondo y era más robusto y corpulento.

El alcalde, vestido con sus mejores galas, mostró a Catalina y a su séquito la cara más resplandeciente de la ciudad. Londres ya era un próspero centro comercial y a orillas del río Támesis, que dividía en dos la capital, se levantaban las mansiones de los nobles, los suntuosos palacios, la Torre de Londres y una infinidad de iglesias. Pero la suciedad y el hedor de sus calles repletas de basura y donde los cerdos deambulaban en libertad no debió de pasar desapercibido a la infanta de España. El cortejo llegó hasta la catedral de San Pablo donde la esperaba el arzobispo de Canterbury. Visiblemente cansada, la infanta hizo una ofrenda en una de sus capillas y se retiró a sus aposentos en el palacio episcopal. La larga jornada tocaba a su fin y, tal como algunos cronistas escribieron, «la infanta de España ya había empezado a ganarse el corazón de los ingleses». Al día siguiente Catalina pasó la tarde en el castillo de Baynard, una de las residencias históricas de los monarcas junto al río. Allí pudo conocer a su suegra, Isabel de York, una mujer afable que gozaba de una gran simpatía entre el pueblo por su bondad. Resultaba evidente que estaba sometida por la poderosa e influyente madre del rey, Margarita Beaufort, la matriarca de la casa Tudor a quien Enrique VII estimaba por encima de cualquier familiar.

El 14 de noviembre se celebró la boda real en la catedral de San Pablo. La novia lucía radiante con un vestido de satén blanco y llamó la atención su voluminosa falda gracias al uso del miriñaque que ella pondría de moda en la corte de los Tudor. Un largo y fino velo de seda blanca ribeteado en oro, perlas y piedras preciosas cubría su rostro y le llegaba hasta la cintura. En las puertas del palacio fue recibida por el príncipe Enrique, duque de York, y un sequito de doce sirvientes que la custodiarían hasta la catedral. En el centro de la nave del templo se había construido un enorme escenario decorado con una alfombra roja y ricos tapices para que la ceremonia fuera vista por todos los presentes. El rey había ordenado que las trompetas sonaran sin cesar desde la salida de palacio de la princesa hasta su llegada al altar mayor. La celebración la ofició el arzobispo de Canterbury y estuvieron presentes dieciocho obispos y los principales abades del país. También habían sido invitados los embajadores extranjeros, ilustres miembros de la nobleza y el clero de su reino, los lores de las familias más antiguas, así como los más ricos, quienes ocuparon las primeras filas para satisfacción del orgulloso rey. Nunca en Londres se había visto nada igual. Enrique organizó el enlace con toda la pompa y el lujo para mostrar al mundo el poder de la monarquía inglesa.

El joven príncipe Arturo también iba vestido de satén blanco y tenía «un aire angelical». Tras más de tres horas de solemne ceremonia Catalina abandonó la iglesia del brazo de su esposo y ya en el exterior saludaron al pueblo allí congregado. Los príncipes de Gales fueron aclamados como jamás lo había sido un miembro de la casa Tudor. La pareja se dirigió al castillo de Baynard a bordo de una barcaza real lujosamente decorada que los cruzó hasta la otra orilla. Allí tuvo lugar el ceremonioso banquete nupcial y en sus estancias pasaron la noche de bodas. Catalina se sentó en la mesa principal al lado derecho del rey y junto al embajador Pedro de Ayala, pero al príncipe Arturo se le relegó a la mesa de los niños con el príncipe Enrique y sus hermanas, la princesa Margarita de doce años y la princesa María de cinco. El banquete fue tan ostentoso que a los cronistas les faltaron las palabras para describir la rica vajilla y cubertería en oro, las finas copas con incrustaciones de piedras preciosas y la copiosa comida elaborada por los mejores cocineros del reino.

A las cinco de la tarde se ordenó el ritual de la «preparación de la cama» siguiendo el estricto protocolo ceremonial de la corte. Era el momento en que la pareja real debía retirarse para cumplir con sus obligaciones maritales. Doña Elvira Manuel fue la encargada de acompañar a Catalina hasta el lecho nupcial. Mientras el príncipe Arturo tuvo que soportar las risas y bromas pesadas de los caballeros y cortesanos que lo escoltaron hasta la puerta de la alcoba. Los obispos bendijeron la cama y los jóvenes se quedaron al fin solos tendidos uno al lado del otro, inmóviles y en silencio. Lo que pasó entre ellos en aquel primer encuentro en la intimidad es un misterio que tendría una importancia relevante en el futuro de Catalina. Tanto Enrique VII y su esposa como los Reyes Católicos en sus conversaciones previas al enlace habían coincidido en que se «sentirían más agradados que insatisfechos si se demoraba la consumación del matrimonio por algún tiempo, en vista de la edad tierna de Arturo». El heredero era un muchacho sensible, inteligente y de buen carácter, pero hasta sus propios padres dudaban de que fuera capaz de cumplir con sus deberes conyugales. Catalina siempre negó que se hubiera consumado la unión y declaró que «habían compartido cama solo en siete ocasiones, y en ninguna oportunidad había "conocido" a Arturo» Otros testigos afirmaron que aquel día el príncipe se levantó muy temprano y pidió cerveza, lo que sorprendió a todos. Cuando uno de sus chambelanes le preguntó el porqué de tanta sed, él respondió: «Esta noche he estado en mitad de España, que es una región calurosa, y ese viaje me ha dado mucha sed. Y si vos hubieseis visitado ese clima cálido, estaríais más seco que yo».

Nada trascendió sobre la noche de bodas. El silencio reinaba en el castillo y solo se permitió la entrada a la alcoba a sus damas más próximas y al conde de Oxford, gran chambelán de Inglaterra, que le llevó un obsequio del rey. Aunque Catalina se sentía cansada debido a la intensa agenda que había tenido que cumplir desde su llegada a la corte, pronto recuperó el ánimo. Todos los ojos estaban puestos en ella y se había convertido en una de las mujeres más importantes de Inglaterra. Al igual que los invitados disfrutó de dos semanas de fiesta continua participando en bailes y justas. Hubo disfraces, juegos de mesa, banquetes donde abundaba la comida y corría el vino, y representaciones teatrales. Se había traído de Granada músicos y juglares y a un bufón enano que con sus saltos y acrobacias causó sensación. Los palacios privados londinenses competían por ofrecer los entretenimientos más suntuosos. En el gran salón del palacio de Westminster tuvo lugar un gran torneo y Catalina asistió acompañada de trescientas damas. Desde la tribuna ricamente adornada, la princesa pudo ver a los nobles caballeros ingleses vestidos con sus relucientes armaduras medievales exhibiendo su fuerza y destreza con las armas. El príncipe Arturo, que durante todas estas celebraciones debía de haber sido el protagonista, apenas tuvo relevancia. Era demasiado joven y frágil para participar en los torneos y en los bailes tampoco destacó debido a su torpeza y timidez. En cambio Catalina sorprendió al público con su habilidad para las danzas tradicionales que bailó junto a alguna de sus damas.

Todos se quedaron impresionados ante la presencia y el encanto de la princesa de Gales. Incluso el teólogo y humanista inglés Tomás Moro le dedicó palabras de admiración: «¡Ah!, pero la dama, creedme. Complació a todo el mundo: posee todas esas cualidades que constituyen la belleza de una joven encantadora. [...] Espero que esta unión tan publicitada sea una feliz profecía para Inglaterra». Sin duda Enrique VII había elegido bien porque la boda de su hijo con la encantadora infanta española le entroncaba con una de las dinastías más poderosas de la época. Además Catalina descendía por línea materna de la antigua casa real inglesa de los Lancaster y aportaba legitimidad al joven reinado de los Tudor. El acceso al trono de Enrique había sido dudoso porque se lo había usurpado a Ricardo III en la célebre batalla de Bosworth que había supuesto el fin de los Plantagenet, la dinastía que llevaba más de trecientos años reinando en Inglaterra. Eran muchos los que no veían con buenos ojos este linaje de advenedizos y lo que se esperaba de la reina consorte es que diera a luz cuanto antes a un heredero que reforzara la dinastía Tudor y asegurase su continuidad.

El 26 de noviembre los festejos nupciales se trasladaron a Richmond, el espléndido palacio del rey Enrique VII recién restaurado y que deseaba mostrar a todos los invitados. Una flotilla de barcazas ricamente engalanadas llevó a Catalina y a su séquito río arriba dejando atrás la ciudad de Londres. El palacio, con sus altas torres de piedra a orillas de un meandro, impresionó a los extranjeros, pero su interior aún resultaba más imponente. A la princesa los frondosos jardines y fuentes y el gran patio recubierto de mármol le recordaron por un instante la Alhambra. Todos disfrutaron de la hospitalidad de la familia real en el palacio más moderno y acogedor de Inglaterra.

Catalina sabía que una vez celebrada la boda y pagada la mitad de la dote los miembros de su séquito regresarían a casa. Así estaba estipulado en el contrato nupcial, pero cuando llegó el momento de las despedidas la embargó la tristeza. Se sentía muy sola, añoraba a sus padres y queridas hermanas. Aunque su dueña, doña Elvira Manuel, y su esposo Pedro Manrique, así como su confesor Geraldini y algunas damas y sirvientes siguieron a su lado, los lazos con España se habían roto para siempre. «Aquel día sufrió su marcha con gran pesadez y dolor. Su estado de ánimo era en parte molesto y pensativo», escribió un cronista inglés.

El rey Enrique enseguida se dio cuenta de que su nuera estaba triste y malhumorada. Dispuesto a levantarle el ánimo la citó a ella y a sus damas castellanas en la nueva biblioteca que había construido en Richmond. Catalina se quedó fascinada con los mapas, los viejos manuscritos y los libros que le mostró el rey. Si al principio se sentía apoyada por su suegro, muy pronto descubrió sus verdaderas intenciones. La idea inicial era que ella permaneciera un tiempo en Londres bajo la tutela de su madre política, Isabel de York, mientras el príncipe fuera creciendo y madurando en su residencia del castillo de Ludlow en Gales. De esta forma la joven tendría tiempo para conocer a su nueva familia, las costumbres del país y también aprender inglés. La princesa Margarita, hermana de Arturo, tenía solo cuatro años menos que ella y podría ser una buena compañía en sus primeros meses en la corte. Pero de repente los planes se modificaron y se decidió que acompañaría a su esposo a Ludlow. Este cambio enfureció a los españoles y estaba relacionado con la dote de la princesa. Enrique no ocultaba su gran interés por las valiosas joyas de la infanta que formaban parte del segundo pago de la dote. Con la ayuda del embajador español Rodrigo de Puebla, al que más adelante Catalina acusó de deslealtad a la Corona española, el monarca le hizo saber a su nuera que si ella usaba las joyas, él podía rechazarlas y pedir dinero en su lugar. Cuando el tesorero de la princesa se negó a entregar «la plata y las joyas» que le reclamaron, Enrique se sintió humillado y engañado. El otro embajador español, el obispo Pedro de Ayala, afirmó que «era evidente que el rey estaba dispuesto a cualquier cosa para adueñarse de las joyas». Y así empezó una larga batalla entre los dos orgullosos y tercos monarcas. Fernando de Aragón era astuto y maquiavélico, Enrique un soberano conocido por su desmedida avaricia y desconfianza. Catalina solo fue la víctima de sus intrigas y rivalidades que amargaron su existencia durante años.

Ludlow era un castillo inhóspito, situado en un remoto y frío rincón de Inglaterra. No parecía el mejor hogar para la princesa, que ya se mostraba melancólica y deprimida a pesar de los lujos y la belleza de Richmond. También preocupaba la juventud del heredero al trono y que el príncipe enfermara a causa del «esfuerzo sexual» a la hora de cumplir con sus deberes conyugales. Los embajadores españoles estaban divididos. De Puebla y el capellán Geraldini sostenían que Catalina debía acompañar a su esposo para dar cuanto antes un heredero. Según el clérigo si la princesa permanecía en la corte, seguiría siendo una niña en vez de una mujer y la influencia de su dueña continuaría. Por su parte doña Elvira Manuel y el embajador De Ayala presionaban a la joven para que se quedara en la corte argumentando los peligros e incomodidades a los que se expondría. Gales se encontraba a más de doscientos kilómetros de Londres, era una tierra salvaje y casi virgen. En aquel mes de diciembre aún resultaba un lugar más gélido, húmedo y solitario. Mientras todos decidían sobre su futuro, Catalina, siempre diplomática, dejó la decisión final a su suegro. Cuando Enrique le preguntó qué prefería ella, la princesa le respondió que «estaría contenta con lo que el rey dispusiera». Hacía solo unas semanas que había contraído matrimonio en una boda de cuento de hadas y las cosas ya empezaban a torcerse. Estos problemas y enfrentamientos entre las personas que debían velar por sus intereses la hicieron aún más infeliz. Y su inmaduro esposo Arturo era incapaz de poner orden o de tomar una decisión que contradijera a su padre.

Unos días antes de Navidad, Catalina y su séquito partieron rumbo a Ludlow. Los españoles se sumaron a la comitiva del príncipe Arturo, formada por un ejército de soldados, algunos nobles galeses de confianza del rey, caballeros, infantes, arqueros y criados. El nuevo hogar era un imponente fuerte construido por un noble normando sobre una roca en un lugar estratégico para defenderse de los ataques de los rebeldes. A pesar de que contaba con magníficas vistas al valle del río Teme, tenía un aire sombrío que a Catalina le resultó aún más sobrecogedor en aquellos crudos días del invierno inglés. En apenas unos meses había pasado de vivir en el hermoso palacio oriental de la Alhambra a una inexpugnable fortaleza medieval en medio de un bosque. Muy pronto echó de menos el bullicio y la alegría de la corte de los Tudor y le invadió la melancolía.

Los siguientes meses estuvieron marcados por las tragedias y la más absoluta soledad. A su llegada la joven pareja real dedicó buena parte de su tiempo a recibir a los dignatarios galeses que llegaban al castillo para presentar sus respetos a los príncipes. Por las mañanas Arturo se reunía con su Consejo que debatía asuntos de leyes y cuestiones de gobierno, quizá demasiado aburridas para un joven de quince años. El clima era tan desapacible que ni siquiera podían salir a cazar ciervos o a cabalgar por los bosques cercanos. Por las noches el príncipe visitaba el dormitorio de su amada, aunque nada trascendió sobre lo que ocurría en el lecho nupcial. En el gran salón del castillo iluminado con miles de velas y al calor de dos enormes chimeneas se organizaron banquetes donde sonaban las interminables baladas galesas, cuyas letras Catalina no podía comprender. Para la princesa los días transcurrían en medio de una triste monotonía. La pequeña capilla junto a la muralla interior del castillo se convirtió en su refugio. Allí pasaba largas horas meditando y orando con su confesor.

A pesar de la llegada de la primavera, el clima en Ludlow continuaba siendo muy lluvioso. Las cartas que Catalina enviaba a sus padres estaban llenas de quejas por el tiempo malsano y la falta de higiene en el castillo. Abundaban las enfermedades contagiosas y en aquellos días se desató en toda la región una epide-

mia del «sudor inglés». Se trataba de una dolencia muy mortífera que podía acabar con un hombre robusto en apenas un día.
En marzo tanto Catalina como Arturo cayeron enfermos. El
príncipe, de constitución más débil, sufrió con mayor gravedad
este mal que describían como «una de las afecciones más dolorosas y letales que se recordaban». El médico de Catalina nada
pudo hacer por salvarlo y Arturo falleció el 2 de abril de 1502
tras una terrible agonía. La princesa aún se encontraba grave
cuando le dieron la fatal noticia. Las fiebres intermitentes, los
ardientes sudores y una sed insaciable la obligaban a guardar
cama. Tanto doña Elvira como sus damas de compañía temían
por su vida y rezaban por ella.

A sus dieciséis años Catalina de Aragón ostentaba el triste
título de «princesa viuda». La noticia llegó a Greenwich, donde
se encontraban el rey Enrique y su esposa Isabel de York. Ambos estaban devastados, pero la reina les recordó que el futuro
de la dinastía Tudor estaba asegurado. Isabel había dado a luz
hasta ese momento tres hijas y cuatro hijos, dos de los cuales
habían muerto durante la infancia, al igual que una de sus hijas,
pero aún le quedaba un varón, Enrique, que pronto asumiría el
título de príncipe de Gales. Además, la soberana tenía treinta y
seis años, gozaba de buena salud y podía engendrar más hijos.
Mientras los reyes se consolaban, el cuerpo embalsamado de su
primogénito yacía en una sala en Ludlow donde fue velado con
todos los honores. Tres semanas más tarde fue enterrado el día
de San Jorge, santo patrón de Inglaterra, en la catedral de Wor-
cester tras un viaje de pesadilla a causa del fuerte temporal de
viento y lluvia. Debido a su delicado estado de salud Catalina
no pudo asistir a la ceremonia ni darle el último adiós. Aquel
matrimonio en el que sus padres habían puesto tantas energías y
esperanzas había durado apenas seis meses. Los rumores en la
corte no se hicieron esperar. Algunos la culparon de la muerte

de su esposo, alegando que «el voraz apetito sexual de la española le había consumido las fuerzas». Otros especularon con que la princesa estaba embarazada y por este motivo guardaba cama. En las semanas posteriores, permaneció recluida en el castillo. Su madre, la reina de Castilla, le había enseñado desde niña a controlar sus emociones y aunque se encontraba aún enferma y muy abatida, no se la vio derramar ni una lágrima. El primer mes de luto lo pasó casi en silencio, rezando junto a su confesor. Fueron días muy duros, estaba convaleciente en un país extraño cuyo idioma no conocía y en manos de su dominante y posesiva dueña, Elvira Manuel, que solo pensaba en sus propios intereses. En mayo, cuando ya se encontraba mejor, abandonó el castillo en una litera de terciopelo negro que le envió su suegra para que viajara a Londres cuando estuviera en condiciones de hacerlo. El regreso a la capital, vestida de negro y en aquella sombría silla de manos oculta tras unas cortinas, en nada recordaba a la pomposa y alegre entrada que había hecho a la cabeza de su séquito apenas unos meses antes.

La princesa viuda

Catalina tenía por delante un futuro incierto, pero al menos la nueva residencia que el rey le asignó junto al Támesis resultaba más amplia y confortable. Durham House era un vasto palacio episcopal de dos plantas con unos hermosos jardines que llegaban hasta la orilla, situado en la zona más elegante a las afueras de Londres. El edificio contaba con su propio embarcadero desde el que podía viajar en barcaza a la corte del rey Enrique VII cuando estaba instalada en Westminster, Richmond o Greenwich. Era un lugar idílico en comparación con Ludlow, pero de nuevo se vio envuelta en las luchas e intrigas de su pequeña y malavenida corte. Doña Elvira había recuperado su antiguo poder en la casa de la princesa de Gales y la trataba como a una niña, obligándola a mantener un comportamiento «de recogimiento y riguroso luto». La presencia de esta mujer severa y orgullosa poco la ayudó a sobreponerse de su tristeza. Al igual que en la Alhambra, estaba rodeada de belleza, pero el ambiente era lúgubre y claustrofóbico como el de un convento y doña Elvira ejercía de estricta madre superiora. En aquellas semanas Catalina esperaba inquieta las órdenes de su madre que debía cumplir fueran o no de su agrado. Mientras estas llegaban, la princesa compartía su cama con María de Rojas, su dama de honor favorita, que le hacía compañía por las noches para no sentirse tan sola.

La inesperada viudedad era motivo de preocupación y disputas en la corte. Los Reyes Católicos recibieron la noticia con gran pesar y en un momento político delicado, ya que estaban sumidos en la guerra contra Francia por el reparto del reino de Nápoles. La alianza con Inglaterra resultaba aún más necesaria que nunca. No tardaron en buscar una alternativa a la difícil situación en la que se había quedado su hija. Fernando, que era conocido por su astucia diplomática, envió instrucciones al embajador De Puebla exigiendo la devolución de los 100.000 escudos de la dote, el pago de la pensión de viudedad a través de las rentas de Gales, Cornualles y Chester y el inmediato regreso de Catalina a España. Pero estas exigencias constituían una cortina de humo. Los monarcas españoles conocían la tacañería de Enrique y sabían que jamás devolvería el dinero. Lo que verdaderamente deseaban era que su hija se casara con el nuevo heredero al trono, el príncipe Enrique, y se convirtiera en reina de Inglaterra. El hermano menor de Arturo tenía entonces diez años, casi seis menos que Catalina, pero eso poco importaba porque esperarían a que creciera para poder celebrar el enlace.

Efectivamente el rey Enrique no tenía ninguna intención de entregar el dinero de la dote y ante las exigencias de los reyes, le comentó a De Puebla que iba a considerar pedir que se le pagara el resto de la misma si la princesa permanecía en Inglaterra. Añadió que no estaba dispuesto a entregarle una pensión de viudedad, pues mantener a la princesa y su corte de españoles en Durham House ya le ocasionaba grandes gastos. Pero también la propuesta de matrimonio entre Catalina y el príncipe Enrique le parecía la solución más práctica y razonable. La joven se había ganado el cariño del pueblo inglés y además el soberano era muy consciente de la importancia de preservar su alianza con España frente a los avances de Francia en Italia. Sin embargo, en esta ocasión fue Enrique quien se hizo de rogar poniendo como excusa que esta nueva boda no podría celebrarse sin una dispensa papal especial. Según la ley canónica, un católico no podía casarse con la viuda de su hermano. Desde el primer instante Catalina dejó bien claro que su matrimonio con Arturo nunca se había consumado y que de acuerdo con la misma ley, podía considerarse nulo. La propia doña Elvira, que ejercía también como camarera mayor de la princesa y era la persona que tenía un acceso más directo a la alcoba real, proclamó ante todos que «la virginidad de la princesa permanecía intacta».

Así, mientras Catalina se acostumbraba a su nueva vida en Durham House, los reyes Fernando y Enrique comenzaron una dura negociación sin tener en cuenta los sentimientos ni las necesidades de la princesa. El orgullo, la codicia y los intereses políticos de ambos monarcas arrastraron a la joven a una situación desesperada durante los seis años siguientes. En estos difíciles momentos Isabel de York fue una suegra atenta y comprensiva. Era la única que le demostraba algo de cariño y se interesaba por ella. A los pocos meses de su regreso a Londres, y sabiendo lo que a Catalina le gustaba la lectura, le envió una serie de libros, así como una baraja de cartas y un ajedrez para que pudiera jugar con sus damas de compañía. En octubre, dieciséis remeros uniformados llevaron a la princesa en una barcaza río arriba hasta el palacio de Westminster, donde Isabel la invitó a pasar unas semanas con la familia real. Por unos días Catalina dejó atrás el asfixiante ambiente de Durham House y disfrutó de la animada vida de la corte de Enrique VII, una de las más espléndidas de Europa.

Pero ese atisbo de felicidad pronto desapareció. En febrero de 1503 le llegó la noticia de la inesperada muerte de su suegra. Isabel de York se había quedado embarazada y dio a luz a una niña a la que también llamó Catalina. Para la reina era su octavo hijo, pero esta vez no se recuperó del parto y murió días después. Su pequeña apenas le sobrevivió. Esta tragedia afectó mucho al rey que solo diez meses atrás había perdido a su heredero. Enrique aún se mostraba más huraño y frío con su joven nuera, a la que trataba de evitar. Ahora tenía otra inquietud porque el futuro de la dinastía Tudor pendía de la vida de su único hijo varón: un niño de once años. A pesar de la tristeza, el monarca que contaba cuarenta y seis años pronto empezó a buscar una nueva esposa con la que tener más descendientes.

Fue en ese instante cuando sorprendió a todos al plantear que él mismo podría casarse con la princesa viuda Catalina que ya había cumplido los diecisiete y parecía gozar de buena salud para procrear hijos. Cuando el embajador De Puebla, quien aprobaba la idea, notificó la propuesta a los padres de la joven, Isabel de Castilla se mostró indignada. «Esto sería cosa muy grave y nunca vista que solo hablarla ofende los oídos y ni por cualquier cosa del mundo lo haríamos», respondió la soberana. Ante la ausencia de una suegra que velara por ella, y preocupada por el honor y la reputación de su hija, Isabel y Fernando insistieron en que Catalina volviera a casa. A mediados de abril, la reina mandó instrucciones a doña Elvira para que se embalara el ajuar y las pertenencias de la infanta y se preparara para zarpar en un barco que la esperaría en un puerto inglés aún por determinar. Si la joven llegó a hacerse ilusiones con volver a su patria y abrazar a su familia a la que tanto añoraba, fue un sueño pasajero. Los Reyes Católicos habían jugado muy bien sus cartas presionando al rey para que tomase una decisión. Y a regañadientes, Enrique acabó cediendo.

El 23 de junio de 1503, poco más de un año después de la muerte de Arturo, el rey inglés firmó un nuevo tratado para el enlace de su hijo menor con Catalina. Aún había que aguardar a que Enrique cumpliera los catorce años. Por el momento el futuro de la princesa se había despejado, pero las condiciones del tratado eran desfavorables para ella. La dote se mantenía en 200.000 escudos y como el rey inglés no pensaba abonarle las rentas que le había prometido estaba obligada a depender económicamente de él. Los problemas se acumulaban porque Isabel y Fernando, inmersos en la guerra contra Francia por el reparto de Nápoles, habían invertido una gran suma de dinero en la flota naval que requerían sus tropas y le dijeron a su hija que no contara con su dinero. Los monarcas esperaban que el rey inglés cuidara a la infanta como era debido: «No es de creer que en ningún tiempo el dicho rey nuestro hermano dejara de cumplir con ella lo que es obligado cuando menos viéndola en tan gran dificultad», escribieron poco después de la muerte de Arturo. Para Catalina resultaba una situación humillante e indigna de su rango. Sin embargo, no estaba dispuesta a claudicar ni a renunciar a su sueño. Había sido educada para ser reina de Inglaterra y ese sería su destino.

En el verano de 1504 la salud de Catalina fue motivo de preocupación en la corte. Había cumplido dieciocho años y estaba muy delgada y pálida, apenas comía y enfermaba con frecuencia. Su médico le había practicado varias sangrías, pero

no parecía mejorar. Los tristes años de viudez y las tragedias familiares —la muerte de su pequeño sobrino Miguel— le estaban pasando factura. Los que la trataron en aquellos años la des-
criben como «una joven testaruda, muy devota, preocupada por
su dignidad y de natural melodramática y dada a exagerar las
dificultades». Ahora que se sentía abandonada tanto por su suegro como por sus padres que continuaban discutiendo por dinero, había tocado fondo. La princesa tenía frecuentes fiebres,
«mal de estómago», sudores calientes y fríos, resfriados y una tos
persistente que desconcertaba a los médicos ingleses enviados
por el rey Enrique a visitarla. Era una joven infeliz y solitaria
enfrentada a un suegro que seguía mostrándose mezquino con
ella. Como parecía que todo el mundo la había olvidado, sus
enfermedades eran una manera de atraer la atención. Los síntomas que no entendían los médicos de la época en la actualidad
tendrían un diagnóstico claro: la princesa sufría anorexia nerviosa. Personas cercanas a ella decían que «tenía la habilidad de
enfermar por sí sola, a menudo dejando de comer».

El dinero había sido la causa principal de todos sus problemas desde su llegada a Inglaterra. Aunque tras la firma del nuevo compromiso matrimonial, Enrique empezó a tratarla mejor
al ser considerada «la prometida real» y aseguraba que «la quería
como si fuese hija suya», pronto se olvidaría de sus promesas. Si
el rey le hubiera entregado las cuantiosas rentas que le corres-
pondían de las propiedades de su difunto marido, hubiera sido
una de las mujeres más ricas de Inglaterra. Pero mientras su padre Fernando no cumpliera con lo acordado ella no tendría derecho a estos ingresos. La cada vez más exigua cantidad mensual
que le mandaba el rey apenas cubría los gastos y le impedía ser
generosa con su séquito, como le había enseñado su madre. En
condiciones normales debía regalar ropa a sus damas, entregarles
obsequios y garantizarles una buena dote para que pudieran ca-

sarse con algún noble inglés. También necesitaba dinero para renovar su vestuario, dado que cuando acudía a algún acto público en la corte de Enrique seguía representando a España y su imagen debía estar a la altura de lo que se esperaba de ella. En Durham House habían abandonado el luto y en verano se le permitió unirse a la corte de Enrique VII durante sus vacaciones en Richmond, Windsor y Greenwich. Catalina disfrutó de la compañía de su cuñada, la princesa María, que era diez años más joven que ella, y pudo frecuentar a otras damas inglesas de la corte. Pero, salvo estas escapadas, vivía aislada como una princesa-rehén, pasando estrecheces económicas y sin poder ver a su prometido. La futura reina de Inglaterra era una joven que dedicaba sus días, tal como escribió en una carta a su padre, «a remendar las costuras de mis vestidos y racionando la comida a la espera de que se decida mi destino».

A su alrededor tampoco encontraba la paz y el cariño que necesitaba en estas horas bajas. Doña Elvira se había convertido en la «jefa suprema» y su poder era absoluto. Ella fue quien expulsó de la corte a Geraldini, el confesor y capellán de Catalina, con el que nunca simpatizó. El clérigo fue acusado de traición por desvelar información privada sobre la princesa. Elvira también discutía constantemente con Juan de Cuero, quien tenía a su cargo las joyas y la plata de la princesa. Aún peor resultaba el comportamiento de su marido Pedro Manrique, enfrentado a todo el mundo, especialmente al embajador De Puebla. Pero lo que más le dolía a Catalina era el silencio de sus padres. No sabía nada del rey Fernando desde hacía un año. En su última carta, fechada el 26 de noviembre de 1504, le pedía noticias sobre su madre porque le habían llegado rumores de que estaba muy enferma. Aquel mismo día la reina Isabel fallecía en Medina del Campo a los cincuenta y tres años, tras una larga y dolorosa agonía. Fernando, conmovido por su muerte, escribió a su hija: «Su muerte es para nos el mayor dolor que en esta vida nos podía venir, porque perdimos la mayor y más excelente mujer que nunca rey tuvo». En su testamento la reina nombró heredera de la corona de Castilla a su hija Juana y pidió ser enterrada en la Alhambra de Granada, un lugar por el que sentía un especial cariño.

La noticia fue muy dolorosa para Catalina porque llegó en un momento muy delicado para ella. Había perdido a una madre a la que admiraba desde niña y lamentaba que se hubiera marchado de este mundo justo el día que llegó a la corte inglesa la dispensa del papa Julio II para su matrimonio con el príncipe Enrique. Pero también su estatus había cambiado y de nuevo su futuro resultaba incierto. Ya no era la hija de los poderosos Reyes Católicos sino del rey viudo Fernando de Aragón, considerado un reino menor. La heredera al trono de Castilla era ahora su hermana Juana, casada con Felipe el Hermoso, que vivía en Flandes. Catalina sabía que su suegro podría estar valorando a otras candidatas más acordes a sus intereses políticos. Con el fallecimiento de Isabel, el rey Enrique no tenía la seguridad de que el monarca español le enviara el segundo pago de la dote que aún le debía. Como represalia decidió recortar aún más la pensión que le pasaba. Fernando seguía poniendo excusas para retrasar el pago a pesar del perjuicio que causaba a su hija. En cambio el monarca se limitaba a recordarle en sus cartas y a través de su embajador que su manutención habría de depender exclusivamente de su suegro y que debía obedecerle en todo. Catalina, que hasta la fecha se había mostrado reservada y obediente, empezaba a dar señales de rebeldía.

Fernando, prácticamente al año de quedarse viudo, se había casado con la joven Germana de Foix, sobrina del rey Luis XII, en otra hábil alianza política. Él tenía cincuenta y tres años y ella diecisiete. Todos sus esfuerzos se encaminaban a tener un hijo varón que heredase la corona de Aragón. Catalina, que siempre había sido su preferida, sentía que se había olvidado de ella y lamentaba que estuviera condenándola a una «pobreza vergonzosa». Estaba tan enojada que en una carta le decía: «Estoy endeudada en Londres y no es por cosas extravagantes, ni tampoco para aliviar a mi gente, que lo necesita mucho, sino solo por comida. El rey de Inglaterra, mi señor, no permite que las deudas sean satisfechas, aunque yo misma he hablado con él y con todos los miembros de su Consejo con lágrimas en los ojos». Para la princesa estaba claro que la única forma de conseguir dinero era mediante préstamos o vendiendo sus joyas. En otra carta a su padre lamentaba que no tenía «ni para camisas; es por eso por lo que, por la vida de Su Alteza, he vendido algunos brazaletes para comprar un vestido de terciopelo negro, pues prácticamente estaba desnuda. Desde que he partido de España no tengo nada excepto dos vestidos nuevos, ya que los que traje me han durado, aunque ahora no me queda nada salvo los conjuntos de brocado». Nunca se había atrevido a dirigirse a él en estos términos, pero quería que el embajador le recordara al monarca la miseria en la que vivía y que no «tenía ni para pagar la comida». A pesar de las penurias económicas que atravesaba y de implorarle su ayuda en repetidas ocasiones, Fernando ignoró sus quejas y lamentos.

Tras la muerte de Isabel la Católica se desencadenó una dura batalla por el dominio de Castilla. Juana se encontraba en medio de una guerra abierta de intereses entre su padre Fernando y su marido Felipe de Habsburgo, que pugnaban por hacerse con el control de la Corona. Ambos de mutuo acuerdo decidieron apartarla del trono alegando su incapacidad para gobernar debido a su locura e inapropiado comportamiento. Se decía que Juana había heredado el carácter celoso y obsesivo en el amor de su madre la reina. Catalina siempre se había sentido muy unida a su hermana y lamentaba que su matrimonio la hubiera hecho tan infeliz y hubiera afectado gravemente a su salud. Entre los que apoyaban a Felipe estaba Juan Manuel, el hermano de doña Elvira, un astuto diplomático español destinado en Flandes. Pensaba que la mejor manera de defender los intereses de Felipe era que este se entrevistara con Enrique VII y así conseguir una alianza contra Fernando de Aragón. Elvira convenció a Catalina para que escribiera al rey inglés rogándole que se reuniera con Juana y su esposo, para potenciar la alianza entre España e Inglaterra. Le aseguró que este viaje de su querida hermana y su cuñado a Londres podría servir para que vieran con sus propios ojos la precariedad en la que vivía y pudieran interceder ante el monarca para que mejorara su situación.

Catalina había sido engañada y fue el embajador De Puebla quien la alertó sobre la conspiración que se estaba tramando a sus espaldas. Lo más doloroso fue descubrir que doña Elvira, que se refería a sí misma como «una segunda madre para la princesa», la había traicionado. Desde el principio estuvo al corriente de todo, incluso sabía que en dicha reunión se iba a plantear al rey la posibilidad de un matrimonio entre Leonor, su sobrina de siete años e hija de Juana, y el príncipe de Gales. Esto suponía no solo una traición a la Corona sino apartarla a ella del trono de Inglaterra. Y fue en ese instante cuando mostró su fuerte carácter y una madurez que hasta el momento habían permanecido ocultas. A sus diecinueve años, Catalina dejó de ser dócil y sumisa para velar por sus intereses. Lo primero que hizo al descubrir el complot fue escribir a su suegro diciéndole que la habían engañado y rogándole que se olvidara de la reunión que ella misma había propuesto. Y en esta ocasión Enrique le hizo caso, quizá porque tampoco le convencían las maquinaciones de Felipe a espaldas de su suegro Fernando. Lo segundo fue expulsar inmediatamente de su servicio a Elvira Manuel que partió a la corte de Flandes. El nombre de esta noble dama castellana, que tanto poder e influencia había llegado a ostentar, no volvió a pronunciarse. La princesa había ganado de golpe su independencia y a partir de ese momento iba a tomar las riendas de los asuntos internos de su casa y a dirigir a su propio séquito.

Más adelante el destino quiso que Catalina pudiera ver a su hermana Juana en Inglaterra como tanto anhelaba. Fue en enero de 1506, ella y su esposo el archiduque Felipe abandonaron Flandes rumbo a España, donde la princesa española tomaría posesión del trono de Castilla. Debido al mal tiempo el barco en el que viajaban se vio obligado a atracar cerca de la isla de Portland. Enrique VII acogió al matrimonio con hospitalidad y aprovechó para reunirse con el príncipe y acordar temas comerciales entre Inglaterra y Castilla. Catalina hacía nueve años que no veía a Juana y se sentía muy emocionada por este encuentro. El 10 de febrero las hermanas pudieron abrazarse en uno de los salones del palacio de Windsor, pero Juana era entonces una sombra de sí misma. Aunque aún conservaba su célebre belleza había perdido su alegría y vivacidad. Se había convertido en una mujer nerviosa y melancólica cuyos arranques temperamentales —heredados de su madre— habían sido la comidilla en la corte de Flandes. Juana estaba obsesionada con Felipe que la engañaba con otras mujeres, incluso ahora que era la reina de Castilla. Su matrimonio hacía tiempo que se había roto, pero ella continuaba perdidamente enamorada de él. Aquella visita con la que tanto había soñado dejó un recuerdo amargo en Catalina. Fue demasiado breve y apenas pudieron estar a solas. Nunca más volverían a verse. En los tres meses que Felipe y Juana permanecieron en Inglaterra, no hubo otro encuentro entre ambas.

El 28 de junio de 1505 el príncipe Enrique cumplió catorce años y Catalina pensó que al fin se celebraría la boda. En el acuerdo matrimonial se decía que podían casarse a partir de ese momento. Pero la fecha pasó sin pena ni gloria para la princesa porque, tal como le recordó su suegro, el rey Fernando seguía sin pagar la dote que debía y «no habría nupcias hasta que los 100.000 escudos de oro que todavía le adeudaba estuvieran en su poder». Como forma de castigo, el rey inglés decidió que Durham House era demasiado grande y costosa y obligó a Catalina y a su séquito a trasladarse a su residencia en el palacio de Richmond. En un primer momento Catalina se alegró de ir a vivir a la corte, pero su decepción fue enorme al ver que Enrique le había asignado los peores aposentos situados sobre los establos y apenas un puñado de sirvientes. La infanta culpaba de todas estas humillaciones a la ineficacia diplomática de Rodrigo de Puebla. Tan molesta estaba con él que consiguió convencer a su padre de que el embajador no representaba los intereses de España. Finalmente, debido a su avanzada edad y delicada salud, Fernando lo sustituyó tres años después por don Gutierre Gómez de Fuensalida.

Hacía cinco años de su llegada a Inglaterra, había aguantado con entereza todas sus desdichas, pero ahora su enfado era evidente. Su padre estaba poniendo en peligro su matrimonio con el príncipe de Gales y su posibilidad de llegar a ocupar el trono. Tomó las riendas de su casa y decidió rodearse de personas más capaces que sirvieran realmente a sus intereses. La primera medida fue contratar a un nuevo confesor español, puesto que había quedado vacante desde la partida de Geraldini. Así llegó a su corte fray Diego Fernández, el joven fraile español que iba a ser uno de los hombres más importantes de su vida, sin contar con su marido y su padre. Nombrar a su propio confesor fue uno de sus primeros actos de rebeldía e independencia. La princesa se sintió cautivada por este dogmático franciscano que la animó a perseverar en su naturaleza austera y de mortificación que ella misma se había impuesto años atrás. Guiada por él comenzó a practicar duras penitencias y ayunos rigurosos que endurecieron su carácter. Entre su séquito se rumoreaba que Catalina se había encaprichado de él. De naturaleza apasionada, la joven le obedecía en todo con una fe ciega y bastaba que él considerara algo pecado para que ella también lo rechazara.

Fuensalida, el nuevo embajador español, llegó en aquellos días a Londres para ocupar su cargo. El nuevo emisario de Fernando, al conocer al fraile del que todos hablaban, lo describió como «un mozo liviano y soberbio y en extrema manera escandaloso». Lejos de la imagen que Catalina tenía de su confesor, el capellán se mostraba vanidoso y arrogante y supo aprovecharse del delicado momento por el que atravesaba la princesa. El rey Enrique también estaba preocupado por la estrecha relación que Catalina mantenía con su confesor y que calificó de «inapropiada y de lo más aborrecible». Pero ella ignoró sus comentarios y Enrique por primera vez se dio cuenta de que su nuera mostraba su verdadero carácter y podía ser obstinada en extremo. También llegó desde España para servirla una nueva dama de compañía, María de Salinas, que se convirtió en una de sus mejores y más devotas amigas.

Si este largo tiempo de espera Catalina hubiera al menos podido pasarlo en compañía de su prometido, el príncipe Enrique, su situación habría sido más llevadera. Pero el rey se mostraba sumamente posesivo y protector con su único hijo varón. El joven era también un mero peón de su padre y al igual que la princesa vivía casi recluido. Nunca se le permitía salir de palacio salvo para hacer ejercicio y siempre vigilado por sus tutores o personal de la corte. Comía solo y pasaba la mayor parte del tiempo en su habitación, a la que se accedía a través del dormitorio del rey. Estaba totalmente dominado por su padre y su estricta abuela, Margarita Beaufort, quien a pesar de su edad ejercía un gran control sobre él. En los actos oficiales a los que asistía casi nunca hablaba y se mostraba discreto y tímido.

Entonces el rey mandó llamar a la princesa viuda para darle una noticia que acabó con todos sus sueños. El monarca le informó de que su compromiso matrimonial quedaba anulado. Fernando no había cumplido con el trato y a él se le había acabado la paciencia. Mientras lo escuchaba sintió que el mundo se hundía a sus pies, pero no se dio por vencida. Catalina volvió a escribir a su padre para contarle su conversación con el rey y que ya no había «ninguna obligación a ese casamiento real». Pero al mismo tiempo le comunicó que ya no necesitaba ningún nuevo embajador porque ella misma iba a defender sus intereses en la corte de los Tudor y a reconducir de manera diplomática este grave incidente que afectaba a ambos países. Para su sorpresa Fernando aceptó, quizá porque reconocía sus buenas aptitudes y su excelente formación para desempeñar el cargo. Catalina se convirtió así en la primera embajadora oficial de la diplomacia moderna. A principios de verano de 1507 ella presentó sus credenciales oficiales a Enrique VII decidida a intentar cambiar la situación de estancamiento en la que se encontraba.

Su futuro seguía en el aire cuando llegaron de España malas noticias. En septiembre de 1506, había fallecido de manera repentina en Burgos su cuñado, el rey Felipe el Hermoso. Para su hermana Juana fue un tremendo golpe emocional porque estaba embarazada de su sexto hijo. Desconsolada y rota por el dolor se encontraba sola y en manos de su maquiavélico padre, el rey Fernando, que ejercía de nuevo la regencia hasta que su nieto Carlos alcanzara la mayoría de edad. Unos meses después, el rey Enrique empezó a mostrarse más amable con ella. Le ofreció cederle la casa de Fulham, donde se alojaban los embajadores extranjeros, y nuevos sirvientes. Enseguida descubrió que este cambio de actitud se debía a que el monarca pretendía casarse con su hermana viuda Juana. Enrique se había quedado prendado de su belleza durante su visita a Windsor y también pesaba el que ahora fuera la reina de Castilla. En octubre de 1507 Catalina se estrenó como mediadora y se encargó de informar a Fernando de los deseos del rey inglés. Poco a poco fue aprendiendo el arte de la diplomacia y se aplicó en utilizar los códigos secretos en las cartas que le escribía a su padre y que podían ser interceptadas. A Catalina la idea de tener a Juana a su lado en la corte la llenaba de felicidad. Podía ser su aliada en palacio y si contraía matrimonio con Enrique VII a buen seguro este mantendría su compromiso matrimonial con el príncipe de Gales.

Pero Juana, como era de esperar, rechazó la oferta y a Catalina se le complicó la situación. Su suegro se tomó muy a mal el desplante de la reina de Castilla y, tal como temía, el rey le hizo la vida aún más difícil. En el verano de 1508 el príncipe había cumplido diecisiete años y seguía sin haber un acuerdo. Fernando todavía no había pagado el dinero de su matrimonio y el desgaste de Catalina resultaba evidente. Nunca había culpado a su padre por su extrema avaricia e insensibilidad, y por el contrario consideraba a sus embajadores españoles los causantes de todas sus desgracias por su negligencia y por no atender a sus necesidades. Pero a estas alturas empezó a perder la esperanza y cayó enferma otra vez. Fuensalida estaba preocupado por su estado: «La princesa no está muy sana, sino harto flaca y descolorida». A medida que se alargaban las negociaciones Catalina sufría más las humillaciones de Enrique. De nuevo la trasladaron a otros aposentos en Richmond encima de las caballerizas, aún más «desvencijados y hediondos» que los anteriores, y el embajador Fuensalida lamentó que «incluso sus sirvientes recibían mejor comida que la que el rey hacía enviar a Catalina». Un año más tarde el dinero seguía sin llegar y la princesa perdió toda confianza. Su confesor fray Diego, el único de su entorno al que obedecía ciegamente, le recomendó que vendiera más piezas de la vajilla de la dote para «comprar libros y para los propios gastos del fraile». Fuensalida veía alarmado cómo el tesoro de la princesa iba menguando y se endeudaba cada vez más.

Habían pasado ocho años desde que llegara a Inglaterra y su situación, lejos de mejorar, iba empeorando. Salvo el breve tiempo que estuvo casada, solo había conocido desdichas, penurias y una angustiosa incertidumbre. En la primavera de 1509 en una carta a Fernando le informaba de que el rey Enrique le había comunicado que ya no tenía ninguna obligación de alimentarla a ella o a sus servidores españoles y que la comida que le daba era una limosna. Catalina añadía que ya no podía sufrir más y que no tenía fuerzas para seguir luchando. Fernando también dudaba de que la boda con el príncipe de Gales llegara a producirse y escribió a Fuensalida indicándole que su hija se preparase para volver a casa y que sus pertenencias fueran enviadas a Brujas. En su línea melodramática la princesa se dirigió a su padre diciéndole que si no podía casarse con un hombre deseaba regresar a España y pasar el resto de su corta vida sirviendo a Dios en un convento.

Y fue en ese instante cuando de nuevo su vida dio un giro inesperado. En abril de 1509 el rey Enrique VII falleció tras una breve enfermedad y su cuerpo fue depositado en la cripta de la catedral de Westminster junto al de su esposa, Isabel de York. Su hijo y heredero al trono, el príncipe de Gales, tenía entonces diecisiete años. Una semana más tarde decidió casarse con su prometida de la infancia Catalina de Aragón y así se lo hizo saber a través del embajador español. Después de tantos obstáculos, sufrimientos y humillaciones había logrado vencer. Al fin sería reina de Inglaterra gracias «a la voluntad de Dios que no me ha abandonado».

Una reina ejemplar

El 11 de junio de 1509, el nuevo rey Enrique VIII contraía matrimonio con Catalina en una ceremonia discreta y con pocos invitados que en nada recordaba a su espléndida boda anterior en la catedral de San Pablo. El lugar elegido fue la capilla real del palacio de Greenwich, a orillas del Támesis. Enrique todavía no había cumplido los dieciocho y Catalina tenía veintitrés. El novio no podía ser más distinto de su primer marido. Aquel niño alegre y regordete de diez años que había conocido a su llegada a Londres se había convertido en uno de los príncipes más atractivos de Europa. Era pelirrojo, muy alto para la época —metro ochenta y cinco de estatura—, fuerte, vigoroso y tenía el cuerpo de un atleta. Todos los que le conocían alababan su belleza y magnífica forma física. Podía cabalgar hasta diez caballos en un solo día de caza, jugaba al tenis, practicaba la lucha libre y su destreza para el deporte resultaba admirable. Además era un joven muy cultivado y con alma de artista. «Habla francés, inglés, latín y un poco de italiano; toca bien el laúd y el clavicordio, canta a primera vista a partir de un libro, dispara al arco con más fuerza que ningún hombre de Inglaterra y justa maravillosamente bien», escribió un visitante italiano que lo conoció en su juventud. Para Catalina encarnaba el príncipe de los libros de caballería que siempre había soñado.

Si la boda celebrada con rapidez y casi de manera clandestina debió decepcionarla, el rey le tenía preparada una sorpresa que calaría hondo en ella. A los pocos días iba a tener lugar la ceremonia de la coronación y por expreso deseo de Enrique VIII su esposa también sería coronada reina en Westminster. La mañana del 24 de junio la pareja real partió de la Torre de Londres, como mandaba la tradición, y atravesaron el centro de la ciudad hasta la abadía seguidos de una larga y espléndida comitiva.

Como había ocurrido más de siete años atrás, a la llegada de la princesa española a Londres, las calles y las fachadas se engalanaron con flores y ricos tapices. Catalina se desplazó en una litera hecha de tela de oro y transportada por cuatro porteadores, para que todo el mundo pudiera verla. Lucía un vestido de raso blanco, como una novia virgen, y el cabello largo peinado hacia atrás le caía sobre los hombros. En su cabeza portaba una pequeña corona de oro engastada con zafiros y perlas y rematada en el centro con una paloma.

Enrique, a quien le gustaba arreglarse y lucir prendas llamativas y de mucho colorido, vestía un traje de terciopelo carmesí, armiño y oro en relieve decorado con piedras preciosas. Ambos se vieron arrastrados por la alegría y el entusiasmo de la gente que los vitoreaba y aplaudía a su paso. Ya en el interior de la abadía fueron ungidos y coronados por el arzobispo de Canterbury ante toda la nobleza inglesa, funcionarios, los más altos dignatarios de las cortes europeas y una larga lista de invitados. Con Enrique comenzaba una nueva era que llenó de esperanza al país tras el reinado de su padre, un monarca avaro y desconfiado muy impopular entre sus súbditos. Él iba a ser lo opuesto a Enrique VII y estaba decidido a impresionar al mundo y a dejar su huella en la casa Tudor. Y la nueva reina le ayudaría en esta tarea. El humanista y teólogo inglés Tomás Moro, entusiasmado ante el ascenso del joven monarca, elogió el papel de Catalina y presagió su futuro: «Y será la madre de reyes tan grandes como sus antecesores».

Llevaba tanto tiempo esperando este día que Catalina no podía ocultar su emoción. Nunca olvidaría que por unas horas fue el centro de todas las miradas y salió de Westminster del brazo de su esposo convertida en la reina Katherine de Inglaterra. El hecho de que Enrique hubiese querido que los coronasen juntos como marido y mujer mostraba que por su parte no había sido una boda solo de intereses. De naturaleza ardiente y muy enamoradizo no ocultaba la atracción que sentía por su esposa, una dama que le complacía los sentidos, según él mismo había confesado. No era difícil amar a una mujer agradable, discreta y atractiva como Catalina, de carácter dulce y que no ocultaba su total devoción hacia él. Y por esa atracción mutua, la noche de bodas fue muy diferente a la que pasara con su primer marido Arturo. Al día siguiente el rey se jactó en público de que su esposa «era aún doncella», aunque años más tarde afirmó que ese comentario fue una de «sus bromas».

Desde la primera vez que compartieron el lecho nupcial en la Torre de Londres antes de la coronación, todas las noches Enrique acudía a la alcoba de su esposa. Como era la costumbre, el rey y la reina vivían en dos casas separadas con su respectiva corte de servidores. Cada uno tenía su cámara privada, un gran dormitorio, un vestidor, una salita para el desayuno, un gabinete u oratorio, un estudio o biblioteca y una sala para el aseo y baño. Los dos departamentos estaban en la misma planta con los dormitorios muy próximos. Cuando el rey quería acostarse con la reina debía cumplir con un ceremonial. Convocaba a sus servidores para que le escoltaran con antorchas hasta la habitación de su esposa desde un pasillo privado. Allí Catalina, según sus palabras, lo recibía llena de felicidad rezando para que pronto pudiera darle un hijo varón. Enrique, siempre impulsivo, escribió a su suegro Fernando contándole lo muy enamorado que estaba y que no se arrepentía de «entre todas las damas del mundo que le habían ofrecido» haberse casado con ella porque «sus eminentes virtudes brillan, afloran y aumentan cada día». Tras seis semanas de matrimonio, el joven rey seguía repitiendo en sus cartas que «la escogería a ella por esposa antes que a todas las demás». Fernando estaba asombrado del curso de los acontecimientos y feliz de los logros de su hija.

Cinco semanas después de la boda, Catalina escribió de nuevo a su padre desde el palacio de Greenwich, una de sus habituales residencias, diciéndole que «pasamos el tiempo en fiestas continuas». Enrique deseaba que la alegría, la música, el baile, las justas y los torneos regresaran a la corte. Así, tras la fiesta de coronación que fue «más honorable que la de un gran César», según un cronista, los festejos, banquetes y un sinfín de pasatiempos se prolongaron dos largos meses. Tras la muerte de su padre, Enrique había convocado en la Torre de Londres a su nuevo Consejo y allí los presentes decidieron que el joven monarca debía ser «criado en el placer» dejando el duro trabajo cotidiano de gobernar el país a sus fieles consejeros. Esto no significaba que no estuviera al tanto de los asuntos de política, pero el nuevo rey podía dedicar gran parte de su tiempo a sus actividades predilectas como «disparar, cantar, bailar, luchar, lanzar la jabalina, tocar la flauta dulce y el virginal, musicar canciones, componer baladas... y las justas y los torneos. El resto del tiempo lo invierte en la caza, la cetrería y el tiro al arco», según constaba en un informe de sus actividades durante un viaje oficial realizado en el verano de 1511.

A Catalina, que había sido criada en la austera corte castellana, la actitud infantil y despreocupada de su esposo pudo parecerle una frivolidad. Sin embargo, y aunque tenían caracteres bastante distintos, como pareja se compenetraban bien. La reina compartía muchos de sus gustos, como el baile y la música, aunque no tenía el don del canto ni sabía tocar el laúd. A ella también le gustaba la caza con halcones y cabalgar, pero no siempre podía seguir el ritmo de su esposo. Los dos eran jóvenes cultos que habían recibido una buena educación por parte de tutores humanistas. Y al parecer en la cama también se entendían porque a medida que se sucedían los meses el amor entre ambos fue floreciendo y no pasaba inadvertido a las personas de su círculo más cercano. Un visitante español que viajó a la corte en esos días comentó que «el rey Enrique quería mucho a la reina… y que no se cansaba de afirmar públicamente en francés que Su Alteza era feliz porque era dueño de un ángel tan bello y que había conseguido una flor».

Habían transcurrido cuatro meses y medio después de la boda y un eufórico rey Enrique VIII le escribió una carta a su suegro en España informándole de que Catalina estaba embarazada y «el niño en su vientre estaba vivo». La noticia llenó de felicidad a la joven pareja y el rey encargó para «su esposa más querida, la reina, ricos materiales para vestir la cuna de Estado en el cuarto de los niños». En la corte el ambiente era festivo. Catalina de Aragón procedía de un linaje notablemente fértil, su madre Isabel había tenido cinco hijos que habían llegado a la edad adulta, su hermana Juana tenía una familia de seis hijos y su hermana menor María de Portugal dio a luz a diez hijos. Lejos de recluirse acompañaba a su esposo a los numerosos festejos que se organizaban en palacio, bailes, justas, torneos, combates, carreras de obstáculos, procesiones y recepciones de embajadores. En estos eventos públicos el monarca lucía con orgullo en todos sus trajes las iniciales H de Henry y la K de Katherine bordadas en oro. El rey llevaba en volandas a su esposa y las frases que más repetía eran «cuéntesele a la reina», «hay que hablar con la reina» o «eso le gustará a la reina».

Pero en aquellos días hubo un triste suceso que empañó la felicidad de su matrimonio. A finales de enero de 1510 Catalina sufrió un aborto, aunque después se supo que el doctor se había equivocado en su diagnóstico. El supuesto embarazo de la reina era producto de su imaginación y del «deseo que tenía de alegrar al rey y al pueblo con un príncipe». Los continuos rezos y los ayunos a los que se sometía provocaban que sus menstruaciones fueran muy irregulares y la hinchazón de su vientre se atribuyó a una infección aguda. Catalina no quiso reconocer lo ocurrido y tardó un tiempo en comunicárselo a su padre. En una carta le informaba de que su hija había nacido muerta a los siete meses y le pedía que no se enfadara con ella pues «ha sido la voluntad de Dios». Era una mentira piadosa para evitar la vergüenza que sentían tanto ella como su esposo. Para la soberana fue muy traumático y se encontraba tan consternada por el error que se negó a reaparecer en público hasta finales de mayo. Tal como temía comenzaron a circular rumores de que en realidad era incapaz de concebir un hijo. Pero Enrique le demostró todo su apoyo y aunque lamentó lo ocurrido sabía que aún eran jóvenes y podrían tener descendencia. Cuando su esposa ya se recuperó, volvió a acudir a su lecho por la noche con la misma pasión que antes. Un mes más tarde la reina estaba embarazada de nuevo y esta vez no eran imaginaciones suyas.

A finales de otoño la corte se trasladó al palacio de Richmond, donde Catalina comenzó su confinamiento. Según las estrictas normas que detallaba el manual *The Royal Book*, la reina debía estar completamente aislada antes de dar a luz y ningún varón podía entrar en sus aposentos. Este libro recogía la mayoría de las normas y protocolos de la corte inglesa de la época desde bautizos a banquetes, recepciones o funerales. Así el dormitorio donde ahora descansaba la soberana a la espera del feliz acontecimiento se había decorado con tapices de temas bucólicos y relajantes, alfombras y tupidos cortinajes para preservar la oscuridad de la estancia. Junto a la enorme cama real se encontraba una suntuosa «cuna de Estado» con dosel y largas cortinas de seda construida especialmente para el futuro rey. Catalina estaba rodeada solo de mujeres porque ni siquiera su esposo podía visitarla en su alcoba hasta que naciera el niño. En el momento del alumbramiento estarían junto a ella la comadrona, la futura institutriz que también había cuidado de Enrique cuando era pequeño y un ama de crianza de buena familia. Ella sabía el riesgo que corría. Su hermana mayor Isabel y su suegra Isabel de York habían muerto al dar a luz. Si tenía miedo, no lo manifestó y al igual que su madre en todos sus partos parecía serena y tranquila porque «estaba en manos de Dios».

En la madrugada del 1 de enero de 1511 nació un niño que llenó de felicidad a sus padres. Catalina lo había conseguido, tenía un hijo y un heredero que garantizaba la continuidad dinástica. Los cañones de palacio dispararon al aire salvas de honor y en las calles de Londres se celebró la noticia con gran júbilo, encendiendo hogueras y brindando con vino y cerveza. Fue bautizado con toda la pompa y boato con el nombre de su padre y de sus ilustres antepasados. La archiduquesa Margarita de Austria, cuñada de Catalina, y el rey Luis XII de Francia fueron elegidos sus padrinos. Pero la reina apenas pudo disfrutar de su hijo: cuando los reyes se trasladaron a Westminster para estar presentes en los festejos que se organizaron por el nacimiento del príncipe Enrique, este se quedó al cuidado de su institutriz y la nodriza. La reina antes de unirse a las celebraciones peregrinó al santuario de Nuestra Señora de Walsingham, patrona de Inglaterra, para dar gracias a Dios por haber podido sobrellevar el dolor y superar el parto.

El rey se mostraba muy alegre y organizó un espectacular torneo en honor de su amada esposa. Las celebraciones no acabaron ahí. En los días siguientes hubo banquetes y extravagantes espectáculos de entretenimiento en los que Enrique lució sus habilidades como jinete y bailarín, vestido con un traje de satén púrpura con las iniciales de la pareja real elaboradas de «oro fino en lingotes». Mientras Catalina disfrutaba de toda la devoción del monarca no podía intuir que una vez más una terrible desgracia se ceriría sobre ella.

Una semana después de los grandes festejos en Westminster, la reina recibió la noticia de que su hijo había muerto de mane-

ra repentina. Apenas sobrevivió cincuenta y tres días. Catalina
sabía que entonces la mortalidad infantil era muy alta, pero estaba destrozada. Se recluyó en su alcoba sin querer ver a nadie,
solo a su confesor fray Diego. La soberana encontró en la oración y la penitencia un refugio a sus terribles tormentos. Creía
que lo ocurrido era un castigo divino. Enrique también estaba
muy afectado, pero se repuso del dolor antes que ella. Seguía
siendo optimista y pensando que tanto él como su esposa aún
podían traer varios hijos al mundo. Además la reina había demostrado ser fértil, en contra de los rumores que habían corrido
por la corte. Ahora el monarca la necesitaba a su lado y la animó
para que abandonara esa oscuridad, donde languidecía encerrada con sus damas de compañía y su capellán.

En sus primeros años de matrimonio Enrique encontró en
Catalina además de una esposa ejemplar a una brillante asesora y
mediadora. Era tranquila, prudente y con más experiencia que
él. Había estado sometida muchos años a su padre y a su suegro,
pero tras su serena fachada se escondía una mujer de carácter
fuerte, con destreza diplomática y extremo tacto en el manejo
de los asuntos políticos. Enrique, a su lado, se comportaba como
un muchacho soñador, impulsivo y bastante ingenuo a quien le
aburrían los asuntos de gobierno. La reina, aunque de manera
no oficial, se había convertido en uno de sus asesores más influyentes y en los años iniciales de su unión alcanzó un gran poder
en la corte. Pronto iba a demostrar que también había heredado
de su madre las cualidades de buena estratega y su capacidad de
mando.

El papa Julio II, sintiéndose amenazado por Francia, había
promovido la creación de la Liga Santa que agrupaba a Inglaterra, España y el Sacro Imperio contra Luis XII. El rey Enrique,
que ansiaba medir sus fuerzas contra los franceses, decidió en su
ausencia dejar las riendas del gobierno de su reino en manos de

su esposa. Catalina era su más cercana consejera, la única persona que conocía todos sus planes y en la que podía confiar absolutamente por la lealtad que le tenía.

Desde su llegada al trono, el joven monarca quiso demostrar su valentía en el campo de batalla y su principal ambición residía en reconquistar las tierras perdidas en Francia para la Corona inglesa. Para él una exitosa campaña militar contra su máximo enemigo era el mejor modo de fomentar su prestigio en el reino. Aunque sus consejeros no estaban a favor de que partiera a la guerra sin haber tenido un heredero, la reina le apoyó desde el primer instante. Catalina ardía en deseos como él de comenzar la batalla y participar en sus preparativos. Al igual que a su madre, le interesaba la logística militar y compartía la pasión del soberano por la armada. Enrique también contaba con la absoluta devoción de un ambicioso sacerdote, Thomas Wolsey, que entonces desempeñaba el cargo de limosnero del rey. En la primavera de 1513, Inglaterra estaba preparada para atacar Francia. A mediados de junio, una vez reunidas las tropas, toda la corte abandonó Greenwich para acompañar al monarca que partía eufórico a luchar al frente. A su lado Catalina encabezaba el gran cortejo real formado por seiscientos arqueros vestidos con llamativas prendas y sombreros. Durante el trayecto la reina fue testigo del afecto del pueblo inglés que la aplaudía y vitoreaba a su paso. Al llegar a Dover, donde los esperaba la flota real, se dirigieron al castillo y allí Catalina fue nombrada oficialmente gobernadora de Inglaterra. Después el monarca zarpó con sus hombres rumbo al puerto de Calais desde donde lanzarían su campaña contra los franceses.

Catalina se despidió de él con lágrimas en los ojos y lamentó el tiempo que iban a estar separados. Tras la traumática muerte de su hijo se encontraba de nuevo embarazada, pero no se lo había dicho a Enrique porque no deseaba preocuparle ni darle

falsas esperanzas. Además su estado no iba a impedirle cumplir
con sus obligaciones. Antes de partir su esposo declaró que dejaba al pueblo inglés al cuidado de una mujer cuyo «honor, ex-
celencia, prudencia, inteligencia, providencia y fidelidad» no
podían generar dudas. Desde el primer instante Catalina fue
consciente de la responsabilidad que había asumido como regente del reino y, aunque había presionado a Enrique para ir a
la guerra, ahora le preocupaba su inexperiencia y que se comportara de manera temeraria poniendo en peligro su vida. Poco
después de su partida, Catalina, que ya hablaba y redactaba en
un correcto inglés, escribió a Thomas Wolsey rogándole que le
enviara cartas semanales para saber que su marido se encontraba a
salvo. Se mostraba muy maternal con el rey y no solo estaba
inquieta por su bienestar sino también por asuntos más domés-
ticos como el que «no le faltara ropa interior limpia y que co-
miera bien».

Mientras su esposo permanecía fuera Catalina tuvo que
afrontar un peligro inesperado. Los escoceses, aliados de Francia
y liderados por el rey Jacobo IV, invadieron el norte de Inglaterra. Aprovechando la ausencia del monarca inglés, Jacobo
—casado con Margarita, la hermana mayor de Enrique VIII—
reclutó a un gran ejército para invadir el país e intentar tomar
el trono por la fuerza de las armas. A mitad de agosto, la reina
entusiasmada ante el reto al que debía hacer frente, escribió a
Wolsey muy optimista pidiéndole que dijera al rey que «todos
sus súbditos están muy contentos, gracias a Dios, de encontrarse
ocupados con los escoceses, porque se lo toman como un pasatiempo». Tras consultar con sus asesores, se lanzó en cuerpo y
alma a la organización de la defensa de Inglaterra. No se limitó,
como le escribió a su esposo, «a fabricar estandartes, banderas e
insignias» sino que mandó a la frontera escocesa cañones, artillería y una flota de barcos que transportaban más tropas. También

se encargó de reunir suministros y alimentos para los ejércitos. Antes de su partida, Catalina pronunció un breve y emotivo discurso a sus leales hombres. Un cronista escribió: «[...] imitando a su madre la reina Isabel, quien había sido designada regente en la ausencia del rey, hizo un espléndido discurso a los capitanes ingleses, les dijo que se prepararan para defender su territorio, que el Señor sonreía a aquellos que se levantaban en defensa de los suyos y que debían recordar que el coraje inglés sobresalía sobre todas las naciones...».

A principios de septiembre la reina tenía planeado ir ella misma al norte para unirse a sus tropas. Encargó llamativos estandartes y banderines para los hombres que la acompañarían. También solicitó que seis trompetistas ricamente ataviados formaran parte de su comitiva, para mostrar su poder y magnificencia. No pensaba vestir armadura como Juana de Arco, pero eligió un casco redondo de ala ancha y un peto de piel curtida para su protección. La reina no llegó a partir al frente porque recibió la noticia de la colosal derrota escocesa en Flodden. Pero sus supuestas hazañas bélicas ya se habían propagado por toda Europa y llegaron también a España: «La reina Catalina, imitando a su madre Isabel, y poseída por el espíritu de su padre, no dudó en partir ella también al campo de batalla para luchar contra los escoceses...», afirmaba exultante un cronista de Valladolid.

El 9 de septiembre de 1513 se libró una cruenta batalla en Flodden que dio la victoria a Inglaterra y acabó en una gran matanza. Entre las víctimas se encontraba el rey Jacobo y buena parte de la nobleza de Escocia. El conde de Surrey, comandante del ejército inglés, mandó una misiva a la reina comunicándole que había sido el conmovedor discurso que dio a sus hombres el que había propiciado la victoria inglesa. «Alentados por sus palabras, los nobles marcharon contra los escoceses y los derrotaron, humillaron y masacraron», aseguraba. Surrey le envió a la reina el escudo de armas del rey escocés como trofeo. A pesar de que Jacobo era su cuñado y su esposa Margarita se refería a ella como «su hermana», no sintió el más mínimo pesar por su muerte. Al contrario, se mostraba muy satisfecha con la victoria y llegó a decirle al conde Surrey que le hubiera gustado enviar a su esposo a Francia el cuerpo herido y destrozado de Jacobo como trofeo de guerra. Las noticias sobre el valor y la templanza que la reina Catalina había demostrado para proteger Inglaterra en ausencia de su esposo se propagaron por todo el reino y su popularidad aumentó aún más. Hasta Tomás Moro, lord canciller de Enrique, alabó su eficaz gestión como regente. La batalla de Flodden fue recordada como el mayor triunfo militar del reinado de Enrique VIII y acabó a largo plazo con la amenaza escocesa al morir sus principales líderes.

En la distancia el monarca se alegraba del éxito de las tropas inglesas, pero no pudo evitar sentir celos de su esposa. Su campaña contra Francia no había obtenido el éxito esperado. Habían capturado dos ciudades fortificadas y logrado la retirada del ejército francés, pero sus victorias habían sido modestas. Para empeorar las cosas su suegro, el rey Fernando el Católico, había vuelto a traicionar a Inglaterra al retirarse de la Liga Santa, lo que implicaba que Enrique tendría que continuar la guerra contra Francia sin su apoyo. Sin embargo, Catalina, que siempre exageraba los logros del soberano, no dejó de alabar en público el valor de su marido y pregonar que «la victoria del rey había sido tan grande que nunca se había visto una campaña semejante». Llevaban separados varios meses y solo deseaba que Enrique regresara pronto a su lado, aunque no todas las noticias que iba a darle eran buenas. Las preocupaciones y la tensión de los días anteriores a la guerra contra Escocia afectaron a su salud y la reina perdió al hijo que estaba esperando. Fue otro aborto que le provocó de nuevo una gran tristeza y frustración. Muy a su pesar sus embarazos fallidos eran la comidilla no solo en la corte inglesa sino también en el extranjero. A finales de septiembre la temporada de campañas había acabado y Enrique, después de tres semanas de celebraciones, partió de Calais y desembarcó con sus tropas en Dover. Estaba tan impaciente por reunirse con Catalina que cabalgó veloz hacia Richmond donde «tuvo lugar un encuentro tan amoroso que todo el mundo se alegró».

Hacía cuatro años que ejercía de reina consorte de Inglaterra y aún no había conseguido dar un heredero al trono. Pero en estos primeros tiempos de su matrimonio, y pese a flirtear con otras damas de la corte, Enrique todavía la amaba y era un esposo fiel. Cuando seis meses más tarde supo que su esposa estaba esperando otro hijo, comunicó la feliz noticia a todas las cortes de Europa. Catalina había llevado bien su embarazo, sin apenas molestias ni náuseas, y a mediados de noviembre se preparó para el confinamiento. Aunque los médicos, parteras y astrólogos se mostraron muy optimistas, las cosas no salieron según lo esperado. En esta ocasión el bebé se adelantó y como ella le contó a su padre, dio a luz a un hijo: «Un príncipe que no siguió viviendo luego». Para la reina fue una doble tragedia porque se trataba del segundo hijo varón que perdía. La noticia causó un «gran desconsuelo en la corte» y el rey se mostró triste y malhumorado. Catalina iba a cumplir veintiocho años y su hasta ahora feliz y bien compenetrado matrimonio empezaba a tambalearse.

El rey aún era atento con ella, pero desde su regreso de Francia muchas cosas habían cambiado. Las relaciones entre Enrique y su suegro Fernando pasaban por su peor momento y ella se encontraba en medio del fuego cruzado entre los dos hombres a los que amaba y debía lealtad. Su querido confesor, fray Diego, había sido acusado de «conducta inmoral» y regresó a España. Y su amiga y favorita, María de Salinas, la última dama española que aún quedaba a su servicio, se había casado con un lord inglés y ya no estaba en la corte. Pero lo que más le dolía era que Enrique ya no necesitaba tanto sus consejos porque tenía a su lado a Thomas Wolsey, que tras la campaña contra Francia era su mano derecha. El astuto sacerdote sabía cómo complacer al rey y conseguir cualquier cosa que deseara, incluidas algunas amantes fugaces con las que divertirse una noche. En menos de un año había pasado de ser un simple limosnero a convertirse en arzobispo de York. Muy pronto el papa León X le nombró cardenal y llegó a controlar todos los asuntos de Estado.

Aquellas Navidades de 1514 fueron especialmente tristes para Catalina, pero el rey tras el duelo por la muerte de su hijo tenía ganas de divertirse. El palacio de Greenwich se convirtió en escenario de bailes, festejos y actuaciones musicales. El 25 de diciembre el monarca organizó una fiesta de disfraces sorpresa para su esposa. Se presentó en sus aposentos en compañía de unos caballeros y damas todos disfrazados con relucientes y coloridos trajes, bailando muy animados. La reina reconoció enseguida a su alto y fornido esposo que lucía un sombrero de terciopelo azul y una túnica plateada, y «agradeció de corazón al rey aquel divertido pasatiempo y lo besó». Una de las jóvenes que participó era una de sus damas de compañía, Elizabeth Blount, aunque todos la llamaban Bessie. Había llegado a la corte siendo una niña y era hija de uno de los nobles caballeros del rey. Bessie tenía quince años y un talento especial para la danza y la música. Enseguida se convirtió en la pareja favorita de baile del monarca. Catalina por entonces no podía sospechar que esta muchacha alegre que se mostraba tan complaciente con su esposo fuera la primera amante oficial del rey Enrique VIII.

Poco a poco la reina superó el dolor y reemprendió sus actividades. Los embarazos y la tensión por los abortos sufridos estaban pasándole factura. Los embajadores que visitaban la corte empezaron a comentar que había perdido su aspecto juvenil y su lozanía. Uno de ellos anotó que era «bastante fea», de baja estatura y que había ganado peso. Catalina se estaba convirtiendo en una mujer más bien gruesa comparada con su corpulento y atlético esposo, seis años menor. Esa diferencia de edad resultaba más que evidente a medida que pasaba el tiempo y fue motivo de burlas. Sin embargo, Enrique por las noches seguía visitando su alcoba y ella se arreglaba con esmero para él.

En mayo de 1515 la reina volvió a quedar embarazada, pero esta vez el rey no lo anunció. Por un tiempo Enrique se olvidó de sus conquistas amorosas y parecía muy pendiente de su esposa. En octubre la noticia ya era de dominio público y desató un sinfín de rumores en la corte. Por entonces Wolsey, arzobispo de York, ya era cardenal y había sido nombrado lord canciller, consejero del rey. Tras el rápido ascenso de este carismático clérigo al que Catalina consideraba un farsante «protector en la sombra de los intereses franceses», la reina apenas participaba en la política y había dejado de asistir a las reuniones del Consejo de gobierno. Las maniobras de Wolsey se centraban ahora en suavizar el ánimo de Enrique VIII hacia Francia y su mayor éxito había sido conseguir que en 1514 ambos países firmaran un tratado de paz temporal. En el marco de esta alianza se había negociado el matrimonio de la hermana pequeña del rey inglés, María Tudor, con Luis XII. Pero el monarca francés no gozaba de buena salud y falleció casi tres meses después de la boda siendo sustituido por su yerno Francisco I, que tenía veinte años. Catalina ya no era la confidente del rey, pero estaba al tanto de las delicadas y siempre cambiantes relaciones con Francia. La llegada al trono francés de este joven rey renacentista, seductor, gran deportista, aficionado a la caza y protector de intelectuales y artistas, supuso para ella una buena noticia. Muy pronto Enrique, empujado por su rivalidad hacia Francisco, buscó una nueva alianza con España y el Sacro Imperio Romano contra su común enemigo.

Pero aunque su influencia en el rey había disminuido, los embajadores aún le consultaban y el pueblo la quería. Desde el primer instante Catalina se comportó como una reina devota, humilde y de corazón generoso. Había creado fundaciones de ayuda a los pobres y desamparados, y gracias a sus donaciones y compromiso con los más necesitados gozaba del respeto de los nobles y el pueblo. Pero si se ganó el corazón de los ingleses fue por interceder ante el rey para obtener el perdón de prisioneros condenados a muerte. En más de una ocasión se arrodilló ante Enrique y pidió clemencia por hombres, mujeres e incluso niños que iban a ser ajusticiados. Estos gestos a los que la soberana imprimía gran teatralidad calaban hondo en la gente y no hacían más que acrecentar su prestigio y su leyenda por todo el reino. El embajador veneciano escribió en 1517 que la reina había conseguido el indulto de cuatrocientos prisioneros que iban a ser ahorcados acusados de rebelión «pero nuestra muy serena y muy compasiva reina, con lágrimas en los ojos y sobre sus rodillas dobladas, obtuvo el perdón de Su Majestad mientras el pueblo estallaba en júbilo».

Catalina contaba con el afecto de sus súbditos, pero la angustia de no poder dar un heredero varón al trono amargaba sus días como «un fuerte veneno». También tenía otras preocupaciones porque de España solo llegaban tristes noticias de su familia. Su padre Fernando a sus sesenta y tres años estaba cada vez más intranquilo porque su joven esposa, la reina Germana de Foix, no le había dado un hijo. En su desesperado intento por tener un heredero el anciano rey estaba abusando de potentes afrodisiacos que le dañaban gravemente la salud. Pero lo que más la entristecía era la situación de su hermana Juana, reina legítima de Castilla y Aragón. En 1509 su padre la recluyó en el castillo de Tordesillas en Valladolid donde se encontraba cautiva. El rey insistía en que estaba loca y que era incapaz de gobernar, pero Catalina sabía que había sido traicionada por quienes la rodeaban y solo era la víctima de las perversas maquinaciones de su progenitor. Aun así, seguía siendo fiel a Fernando y rezaba para que su salud mejorase.

El 18 de febrero de 1516, a las cuatro de la madrugada, la reina Catalina dio a luz una niña en el palacio de Greenwich. El parto había sido largo y duro, pero el bebé nació sano y con buen peso. La bautizaron María, en honor a la hermana pequeña de Enrique, y aunque su hija no era el varón deseado, los padres se mostraron dichosos. Y resultaba natural, porque en los siete años transcurridos desde su boda la soberana había tenido cinco embarazos. Al ser una princesa las celebraciones fueron más reducidas y los embajadores esperaron al día del bautizo para felicitar al rey. El representante de Venecia dijo a Enrique que «todos habrían estado más complacidos de haber sido un niño». Pero el monarca que se sentía de buen humor y feliz de que tanto su esposa como su hija se encontraran bien de salud, aseguró: «Ambos somos jóvenes. Si ha sido una niña en esta ocasión, por la gracia de Dios llegarán los niños».

En esos días felices para Catalina la noticia de la muerte de su padre Fernando le produjo un gran desconsuelo. En realidad había fallecido unas semanas atrás, pero se le ocultó para que la pena no la afectara, porque se hallaba en la recta final de su embarazo. La reina lamentaba no haber tenido la oportunidad de decirle que Dios le había enviado al fin una hija saludable. Hacia quince años que no se veían y a pesar de la actitud de su padre que tantas desdichas le había causado desde su llegada a Inglaterra, siempre le fue fiel y respetuosa. Catalina organizó una solemne misa en su recuerdo, pero Enrique, que no le perdonaba sus traiciones, no asistió. Fernando había muerto sin que su segunda esposa pudiera darle un hijo varón y su sucesor era Carlos de Habsburgo, sobrino de Catalina, e hijo de la desventurada Juana. El joven, que estaba a punto de cumplir los dieciséis años y al que ella nunca había visto, heredaría las coronas de Castilla y Aragón mientras su madre la reina Juana de Castilla seguía prisionera. Catalina intuía que Carlos no lo tendría fácil porque era un rey extranjero que apenas hablaba español y había sido educado en la corte de Margarita de Austria, en un ambiente muy rígido y alejado del pueblo.

Los reyes de Inglaterra estaban encantados con su pequeña María que desde muy temprana edad se mostraba como una niña muy vivaz y precoz. Enrique se jactaba ante los embajadores de que «esta niña nunca llora» y era muy cariñoso con ella. Según la tradición Tudor, cuando la princesa cumpliera siete años debía iniciarse su formación oficial. Catalina estaba decidida a educarla como una reina y se involucró personalmente para conseguir que Enrique se sintiese orgulloso de su única hija. Ella, que había sido considerada una de las princesas mejor instruidas de Europa, eligió a los mejores maestros y tutores como hizo su madre. Así escogió como su preceptor y guía al brillante humanista español Juan Luis Vives, quien se trasladó a la corte de Greenwich para preparar los estudios de María. Tras la partida de fray Diego, este gran erudito era la única persona a la que la reina podía recurrir para mantener una conversación inteligente en su lengua materna y compartir confidencias. Catalina tenía grandes planes para su pequeña, a la que auguraba un glorioso futuro, y eligió a Vives porque defendía la educación de todas las mujeres, independientemente de su rango y condición.

El año de 1517 traería más disgustos y sufrimientos para la reina. Una nueva y virulenta epidemia del «sudor inglés» comenzó a propagarse por toda Inglaterra. La corte en pleno se refugió en Windsor huyendo de esta temida enfermedad que devastaba Londres. En el verano de 1518 el rey Enrique se mostraba muy preocupado porque su esposa estaba embarazada de nuevo y le epidemia aún no había remitido. Las noticias que llegaban de la capital eran desoladoras, una décima parte de la población había muerto por este mal que dieciséis años atrás se había llevado al príncipe Arturo. Durante los meses siguientes el matrimonio real empezó a trasladarse de una residencia de campo a otra con una reducida corte y para alejarse tanto como podían de las zonas más infectadas. El anuncio público del embarazo de la reina Catalina, un acontecimiento «tan encarecidamente deseado por todo el reino», según las palabras de un embajador, tuvo lugar a comienzos de julio. Aquellos meses fueron para Catalina una segunda luna de miel. El rey no quiso regresar a Londres y se quedó a su lado porque temía que pudiera sufrir otro aborto. Escribió una carta confidencial a Wolsey en la que le confiaba que «la reina, mi esposa, está embarazada y no deseo ahora moverla porque se encuentra en uno de sus momentos peligrosos». Desde el papa hasta los embajadores extranjeros en la corte, pasando por el pueblo llano, todo el mundo esperaba ansioso un príncipe.

Después de seis meses la epidemia remitió y la corte itinerante pudo regresar a Londres. Enrique se mostraba más atento con su esposa y casi todas las noches cenaba con ella y la visitaba en su alcoba. La princesa María gozaba de buena salud y era muy vivaracha. Había heredado el cabello rojizo de su padre y los ojos azules de su madre. Su nacimiento parecía haberles unido pero el monarca seguía frecuentando a su joven amante Bessie Blount. En aquellos días la reina estaba muy ocupada en los preparativos de la ceremonia de compromiso de su hija aunque el prometido no fuera de su agrado. El elegido había sido el delfín, hijo de Francisco I y la reina Claudia de Francia. La alianza con este país era el sueño de Wolsey, pero la reina había decidido no enfrentarse al poderoso cardenal y se comportó con su habitual dignidad. El ceremonioso acto tuvo lugar en los salones del palacio de Greenwich y aunque María contaba solo dos años y su prometido apenas siete meses de edad, no había nada sorprendente en el acuerdo. La propia Catalina tenía tres años cuando fue prometida con el príncipe Arturo. Además aún faltaban catorce años para la fecha pactada para la boda, y en este largo tiempo podía haber muchos cambios que dieran al traste con el compromiso. La reina, para quien los franceses siempre serían sus enemigos, ya tenía en mente otro candidato para su hija María. Soñaba con una boda entre la princesa Tudor y su sobrino, ahora el rey Carlos I de España. No importaba que se llevaran dieciséis años y que fuera su primo porque para Catalina él era el mejor partido.

En noviembre de 1518, dos años después del nacimiento de María Tudor, la reina dio a luz a una niña que nació muerta. Fue una nueva decepción y un duro golpe emocional. Los médicos le dijeron que ya no podría tener más hijos. El sueño de dar un heredero al trono de Inglaterra se había desvanecido para siempre. Tenía treinta y tres años, pero debido a tantos embarazos fallidos su salud se había resentido y ahora era oficialmente infértil. Catalina aceptó con resignación su nuevo estado porque creía que era la voluntad de Dios. Al menos había dado una heredera a la Corona que llevaba la sangre de los Trastámara y los Tudor y era la nieta de los Reyes Católicos. Aunque Inglaterra, a diferencia de España, nunca había tenido una reina por derecho propio, no existía ninguna norma que lo prohibiera.

Tras el último parto Catalina seguía con sus oraciones, penitencias y los ayunos que tanto dañaban su salud, pero a los que no renunciaba. Su vida era cada vez más ascética y ya no disfrutaba como antaño de las fiestas hasta altas horas de la madrugada ni de los bailes que tanto le habían gustado. Casi siempre se retiraba temprano a sus aposentos y antes de acostarse pasaba un rato junto a la cuna de su pequeña. En aquellos sombríos días se volcó en la ayuda a los necesitados con renovadas energías. Fundó un hospital para pobres y gastó grandes sumas de dinero para el cuidado de viudas, huérfanos y estudiantes sin recursos que así pudieron seguir sus estudios becados por la reina. En la oración encontraba la paz y el sosiego que necesitaba y las obras de caridad distraían su mente y le daban fuerzas para continuar afrontando las desdichas que aún tendría que sufrir.

A la muerte del emperador Maximiliano en 1519 su nieto Carlos I rey de España lo sucedió en el trono. La elección de su sobrino, ahora nuevo emperador del Sacro Imperio Romano, le devolvió por un instante la alegría. Se trataba de una gran noticia porque su parentesco con este monarca, que acababa de convertirse en uno de los hombres más poderosos del mundo occidental, era una victoria personal sobre su oponente Wolsey. Y la reina estaba dispuesta a sacarle el máximo partido a esta situación y de paso regresar a la primera línea de la política exterior inglesa. En la primavera de 1520 se preparaba un importante encuentro diplomático entre los ingleses y los franceses, conocido como el Campo de la Tela de Oro por su lujo y magnificencia. Francisco I y Enrique VIII pretendían sellar un acuerdo para poner fin a las hostilidades entre ambos reinos y concretar una alianza para detener el avance de España. Pero Catalina, siempre dispuesta a defender los intereses de su sobrino y de su país, saboteó con su sutil diplomacia el encuentro. Aprovechando que Carlos debía viajar a Alemania para tomar posesión de la corona, ambos acordaron que haría una escala en Inglaterra antes de la reunión con los franceses.

La estancia de Carlos V duró tres días y transcurrió muy deprisa entre celebraciones, banquetes, torneos y justas. Catalina lo recibió con gran afecto en Canterbury y a todos impresionó ver cómo el emperador se arrodillaba ante ella para besar su mano y pedir su bendición. Era un gesto inédito y cargado de simbolismo que reconocía públicamente los desvelos de su tía a favor de la unión entre España e Inglaterra. A su lado se encontraba la pequeña princesa María que saludó ceremoniosamente a su primo y le obsequió, en nombre de su país, con varios caballos y los mejores halcones de caza. Aunque en aquella época la reina solía vestir de manera sobria y elegante, en los banquetes y misas que compartió con su sobrino lució suntuosos vestidos adornados con sus más valiosas joyas. Era su manera de agasajar a tan digno invitado y a la vez transmitir un claro mensaje: «Carlos V era su príncipe favorito europeo».

La reina disfrutó de la compañía del emperador que, a pesar de tener solo veinte años, por su madurez e inteligencia le recordó a su hermana Juana. Carlos venía acompañado de una gran comitiva de españoles, entre ellos unas doscientas damas vestidas a la moda del país. Catalina que normalmente guardaba la compostura se emocionó al escuchar de nuevo el idioma de su patria y evocar recuerdos de su niñez en su amada Granada cuyos jardines nunca había olvidado. Entre los dos monarcas enseguida se estableció una corriente de simpatía mutua. Al rey inglés le gustó la sencillez y cercanía del joven que los llamaba afectuosamente «queridos tíos». Poco antes de partir Carlos V y Enrique VIII sellaron un documento de alianza que causó una enorme satisfacción a Catalina. No se habló del posible compromiso matrimonial del emperador y la princesa María, pero se dejó la cuestión para retomarla más adelante.

La estancia de su sobrino fue breve, pero supuso un dulce paréntesis en un momento especialmente difícil para Catalina. Había perdido a su bebé justo poco tiempo después de que Bessie, la amante del rey, se quedara embarazada de este. La reina había notado las frecuentes ausencias de su dama de compañía pero ignoraba que Enrique la había apartado discretamente de la corte para evitar habladurías. A pesar de la ofensa, mantuvo la compostura y no hizo ningún comentario al respecto. El cardenal Wolsey preparó todo para que la muchacha fuera a vivir a un priorato en Essex donde el monarca la visitaba a menudo durante su embarazo. En junio de 1519 Bessie dio a luz a un hijo del rey. Aquella muchacha de diecisiete años había triunfado donde ella no había podido en todos sus años de matrimonio. El soberano, que tan ansioso estaba por tener un hijo varón, lo presentó orgulloso ante la corte y su nacimiento fue festejado por todo lo alto con torneos y justas como si se tratara de un hijo legítimo. Wolsey fue el padrino del pequeño que recibió el nombre de su padre, Enrique, y el tradicional apellido de los bastardos reales, Fitzroy («hijo del rey» en francés antiguo). El monarca tenía grandes planes para este niño hermoso y sano, pero ninguno incluía a su madre. Elizabeth Blount no volvió a la corte ni reanudó su aventura con Enrique.

La visita de Carlos V levantó el ánimo de Catalina entre tanta desdicha. Fue un nuevo éxito diplomático y su último y más glorioso acto público como reina de Inglaterra. Tras su partida Enrique no dudó en dar la razón a su esposa en que la alianza con el emperador era lo más conveniente para los Tudor y para Inglaterra. Aun así unos días más tarde viajaron hasta Calais para asistir al encuentro del Campo de la Tela de Oro. El rey Francisco I les preparó una espléndida recepción para impresionarlos. El monarca francés no reparó en gastos a la hora de levantar fastuosos pabellones, tiendas de campaña y palacios temporales de madera para la ocasión, a ambos lados de la frontera. Pero a pesar del gran despliegue de riquezas, tan del desagrado de la austera Catalina, la reunión fracasó. Ni Enrique ni Francisco disfrutaron de la mutua compañía y el encuentro no dio ningún fruto. Al contrario, tras esta entrevista el compromiso de la princesa María con el heredero de Francia quedó oficialmente roto.

En el verano de 1522 el emperador Carlos volvió a visitar Inglaterra, en esta ocasión durante seis semanas. Enrique se mostraba encantado con su sobrino político y lo paseó por todo Londres. Se organizaron banquetes, fiestas y un gran torneo de justas. El joven emperador necesitaba la ayuda financiera de Inglaterra para consolidar su propio poder en España. Para conseguir su objetivo prometió casarse con María y recuperar para Inglaterra los territorios perdidos en la guerra de los Cien Años. El rey inglés estaba entusiasmado pero a Catalina, siempre cauta y prudente, las excesivas promesas de su sobrino le preocupaban. Si la guerra contra Francia no culminaba con éxito, el compromiso matrimonial de Carlos con la princesa podía romperse y ella caería en desgracia.

Durante los últimos tres años Catalina tuvo puestas todas sus ilusiones en el matrimonio español de su hija. La posible alianza entre los Tudor y el linaje de los Habsburgo y los Trastámara mediante aquella boda de su hija y su sobrino era uno de sus grandes proyectos personales. Pero una vez más sus sueños se derrumbaron. En el invierno de 1525 las tropas imperiales de Carlos V se enfrentaron al ejército francés y el rey Francisco I fue capturado. La noticia provocó un estallido de júbilo en las calles de Londres y Enrique lo celebró asistiendo con su esposa a una misa conmemorativa en la catedral de San Pablo, como si la victoria hubiese sido suya. El rey aún confiaba en que el emperador mantendría el compromiso nupcial con su pequeña hija María Tudor. Sin embargo, Catalina se mostraba más precavida. Hacía tiempo que no tenía noticias de su sobrino y de nuevo cogió la pluma para escribirle una carta donde, además de felicitarlo, le recordaba: «Nada me resultaría tan doloroso como pensar que me habéis olvidado. El amor y la consanguinidad exigen que nos escribamos más a menudo». Pero como temía, la victoria de Carlos cambió la relación entre ambos países. Con el rey francés prisionero en Madrid, el emperador ya no necesitaba a Inglaterra para negociar con Francia un acuerdo de paz. A finales de aquel año un embajador español llegó a Londres para anunciar la ruptura del compromiso con la princesa María e informar de que el emperador pronto se casaría con su prima Isabel de Portugal, hija del rey Manuel I y María de Aragón, hermana de Catalina. Fue un contratiempo para la reina, quien como impulsora de aquel acuerdo se quedaba en una posición muy debilitada en la corte. En cambio el cardenal Thomas Wolsey salía victorioso y se encontraba ahora en la cumbre de su poder.

Enrique estaba muy disgustado con su esposa. Ya había sido con anterioridad traicionado por su suegro Fernando el Católico y ahora de nuevo se sentía engañado por el emperador Carlos al que había llegado a tomar un sincero aprecio. La revancha no se hizo esperar y en junio, animado por Wolsey, otorgó a su hijo bastardo Enrique Fitzroy los más grandes honores y títulos reservados al heredero al trono, salvo el de príncipe de Gales. La ceremonia tuvo lugar en la capilla de San Jorge en Windsor y fue otra humillación pública para Catalina que se vio obligada a asistir. Aquel niño de seis años de edad al que el monarca decía que amaba «como a su propia alma» se convertiría en apenas unas semanas en una de las personas de mayor rango y posición económica de Inglaterra.

Catalina estalló en cólera y su reacción sorprendió al rey que en sus dieciséis años de matrimonio nunca la había visto tan enojada. Le echó en cara que había insultado públicamente a su hija pisoteando sus derechos y le recordó que María era la única y legítima heredera. Enrique, a quien todos temían y obedecían, se mostró aún más disgustado ante los reproches que le lanzaba la reina. No estaba acostumbrado a que su esposa se comportara de aquella manera y sabía cómo castigarla de forma indirecta. Al cabo de unos días expulsó de la corte a las tres damas españolas que aún conservaba a su lado. Para Catalina fue una medida cruel y muy dolorosa porque con su partida se rompían definitivamente todos sus lazos con España.

La reina sabía que su esposo la culpaba de la traición de su sobrino Carlos y esperaba aún mayores represalias. Pero cuando unas semanas más tarde Enrique le comunicó su intención de otorgar a su hija María de nueve años la tarea de gobernar Gales, aceptó la decisión sin quejarse. Aunque suponía separarse de ella, esta medida significaba que a pesar de todo el rey no la había descartado como sucesora. Sin embargo, la soberana impuso sus condiciones, exigió que la princesa pudiera visitar la corte al menos tres veces al año durante estancias de un mes a fin de poder convivir con su madre y comprobar que gozaba de buena salud. Enrique dio su aprobación y comenzaron los preparativos para su inminente partida. El antiguo y solitario castillo de piedra gris de Ludlow, que tan funestos recuerdos le traía, iba a ser remodelado para acoger a la joven princesa y a su importante séquito.

Una mañana de agosto de 1525 Catalina se despidió de su amada hija. María era una niña madura para su edad, muy inteligente y talentosa y cumplió a la perfección con sus obligaciones. La reina la había preparado para este momento, pero cuando la vio partir desde el palacio de Greenwich al frente de una larga comitiva formada por sus sirvientes y su corte de damas y caballeros uniformados, sintió una enorme tristeza. Acompañaban a la princesa su institutriz de confianza, lady Salisbury, y un tutor que supervisarían su educación. Unos días atrás había despedido a sus más queridas damas de compañía y ahora sentía que también perdía a una hija. En la madurez de su vida Catalina intuía que los buenos tiempos en la corte habían llegado a su fin. A su amigo el sabio Juan Luis Vives le confesó que se «sentía perseguida por la fatalidad», como si nada de lo que hiciera pudiera salir bien. No imaginaba el calvario que aún tendría que sufrir. En la primavera de 1526 el rey Enrique se enamoró y no parecía ser un mero capricho.

EL REY ENAMORADO

Enrique, a sus treinta y cinco años, ya no era el joven tímido y caballeroso que había cautivado a Catalina, pero la reina aún le amaba. Mientras ella cada vez estaba más consumida y demacrada debido a los disgustos y a las penitencias que se imponía, su esposo iba ganando peso. El esbelto y atlético monarca había engordado debido a las comilonas y a la cerveza que tanto le gustaban. Además en aquella época comenzó a tener problemas de salud y se le hinchaba la pierna a consecuencia de una gota incipiente que le ponía de muy mal humor. Su carácter tampoco era el mismo, podía portarse con extrema dureza y se mostraba muy voluble y caprichoso. Acostumbrado a estar rodeado de sirvientes y aduladores no permitía que nadie lo contrariara. Wolsey, al que apodaban «el rey en la sombra», lo manipulaba a su antojo y se encargaba de que todos sus deseos se cumplieran. Para Catalina la presencia del poderoso clérigo era una nefasta influencia y el causante de que Enrique se estuviera convirtiendo en un ser despiadado y cruel. La ejecución en la horca del duque de Buckingham, fiel aliado y enemigo acérrimo de Wolsey, acusado sin pruebas de traición al monarca, sobrecogió a la reina. Aunque trató de interceder en favor de su amigo, su esposo se negó a escucharla. Lo único que consiguió con sus ruegos fue evitarle al duque una muerte terrible por descuartiza-miento. El feliz y dorado reinado de Enrique VIII empezaba a mostrar su lado más oscuro.

Desde la partida de su hija, Catalina vivía cada vez más re-tirada de la corte. A su soledad se sumaba la angustia de que Wolsey, aprovechando su privilegiada posición, comenzó a tra-tarla con desdén y a controlar todos sus movimientos rodeándo-la de espías e informadores. Tras la ruptura del compromiso de María con su sobrino Carlos, le llegaron rumores de que Enri-que y el cardenal planeaban casar a la princesa con el rey de Francia, Francisco I, de treinta y un años, que había enviudado. Para ella suponía un nuevo disgusto, no aprobaba este matrimo-nio por su lealtad a España y porque sabía que el rey francés era un mujeriego que haría muy infeliz a su hija. En medio de tan-tas preocupaciones y desdichas, la soberana pasaba sus días en-tregada a la oración, la lectura de textos religiosos y volcada en las obras de caridad. Un embajador que visitó la corte en aquel año, escribió: «La reina ha perdido su fresca belleza y vive sumi-da en la melancolía desde que su hija no está con ella. Es reli-giosa y muy piadosa, y por ello se ha ganado el corazón de su pueblo. La he visto en público en muy contadas ocasiones por-que ya no asiste como antaño a los banquetes y fiestas».

Catalina se levantaba cada día antes del amanecer y tenía una procesión diaria desde sus aposentos a la capilla real donde escuchaba los maitines y seguía sus rezos. Los que la trataban coincidían en que había perdido la alegría y se había transfor-mado en una mujer apática e hipocondriaca. Aquellos meses fueron muy tristes y angustiosos para ella. Echaba de menos a su pequeña y la relación con su esposo era fría y distante. Enrique ya casi nunca la visitaba por las noches en su alcoba y parecía que la evitaba. Ahora una joven dama de compañía de la reina llamada María Bolena ocupaba todas sus atenciones. En la corte se rumoreaba que había sido amante de Francisco I de Francia y que su padre, un hábil diplomático, al descubrir la libertina vida que llevaba su hija, le ordenó regresar a Inglaterra donde le arregló un matrimonio con un caballero al servicio del rey. Enrique fue invitado a la boda y poco después comenzó un romance con María, a quien su padre Thomas Bolena y su tío materno Thomas Howard, duque de Norfolk, utilizaron para ascender en la escala social. Catalina estaba al tanto de su relación pero en esta ocasión optó por el silencio. Enrique, a diferencia de con Bessie Blount, nunca presentó a María como su amante oficial ni esta disfrutaría del poder ni las riquezas de otras célebres cortesanas. Catalina confiaba en que pronto se cansaría de ella y la sustituiría por otra. Y así fue, pero ahora la elegida fue la hija menor de los Bolena, una encantadora y cultivada muchacha muy diferente a las demás.

La primera vez que Enrique se fijó en Ana Bolena fue en una representación teatral que tuvo lugar en el palacio de Hampton Court, en Londres, en febrero de 1522. La obra era una creación de Wolsey para entretener a los invitados en la noche del Martes de Carnaval y en ella siete elegidas damas de la corte representaban distintas virtudes. Ana encarnaba la Perseverancia, una cualidad que sin duda poseía, y su hermana María Bolena, la Amabilidad. El rey, gran amante de la poesía y el teatro, también participó en este espectáculo al que asistió Catalina. Ana tenía unos quince años y poseía una belleza muy singular, alejada de aquellas muchachas rubias, de ojos azules y cutis rosado que tanto gustaban a Enrique. Ella era todo lo contrario: morena, muy delgada y de piel oscura. Llamaba la atención con su fino cuello de cisne, su largo cabello suelto castaño oscuro y sus profundos ojos negros. Cuentan que, cuando Ana Bolena apareció en el escenario luciendo un delicado vestido de encaje de punto milanés confeccionado con raso blanco y su nombre bordado en oro en el tocado, Enrique se quedó de inmediato prendado de ella. Más tarde recordando aquel instante dijo que al verla sintió que le atravesaba «la flecha del amor».

La reina había conocido a Ana Bolena un año antes, cuando a finales de diciembre regresó de una prolongada estancia en el extranjero para casarse con su primo James Butler. Mientras se decidía sobre su matrimonio la joven fue enviada al palacio de Greenwich para servir como dama de honor de Catalina. La segunda hija de Thomas Bolena había pasado su adolescencia en dos de las cortes más sofisticadas de Europa. Primero en Bruselas, donde fue dama de compañía de Margarita de Austria, cuñada de Catalina, y después en Francia, donde sirvió siete años en la corte de la reina Claudia. Cuando volvió a verla esa noche en el baile enseguida se percató de que, aunque no era una belleza como su hermana María, poseía un encanto especial que atraía todas las miradas. Sus finos modales, su forma de vestir a la última moda de París, su dominio en el arte de la conversación y la amplia cultura cautivaron a todos. Era sofisticada, inteligente, hablaba francés y tenía talento para el canto y la danza. A pesar de todos sus atributos, Catalina no pensó que aquella muchacha recién llegada a la corte pudiera resultar una peligrosa rival.

Pero Enrique se había enamorado perdidamente de aquella irresistible morena «alegre, fascinante y de agudo ingenio», aunque no le iba a resultar tan fácil conquistarla. Ana aceptó complacida las atenciones del rey, pero no cedió a sus insinuaciones porque había visto cómo había utilizado a su hermana y la había dejado a un lado. Ella era más ambiciosa que María, tenía su orgullo y no estaba dispuesta a ser la nueva amante de un monarca con fama de voluble y libertino. Desde el momento en que Enrique se encaprichó de ella, supo mantenerle a raya y siguió al pie de la letra el consejo de su padre y de su tío Howard:

se dejaría amar por Su Majestad, pero no compartiría su lecho hasta que este le propusiera matrimonio. Cuando empezaron a circular rumores y panfletos insultantes contra ella, Ana decidió abandonar Londres por un tiempo y se instaló en el castillo de Hever, en el condado de Kent, propiedad de la familia. Allí, en medio de la campiña inglesa y alejada de la corte, sometería al soberano a una dura prueba de resistencia, mientras disfrutaba de los galanteos de su primo, el célebre poeta Thomas Wyatt.

La pasión del rey inglés por la dama de honor de su esposa quedó evidente en las ardientes cartas de amor que le escribió, todas de su puño y letra. La ausencia de Ana de la corte le resultaba insufrible y trató de persuadirla para que regresara. En una de ellas le dijo: «No sé nada de ti, y el tiempo se me torna sumamente largo, porque te adoro. Me siento decepcionado al comprobar que el premio a mi gran cariño es verme separado del ser que más quiero en este mundo». En otra el monarca le confesó cándidamente: «Gracias por tus fugaces líneas. Ya que me has escrito la expresión de tus sentimientos con palabras sinceras que han salido de tu corazón puro de niña, te doy mi palabra de que siempre te amaré y honraré como mereces. Mi alma te pertenece de ahora en adelante y espero con impaciencia el día en que mi cuerpo sea igualmente tuyo...». Ana continuaba con su sensual flirteo e insistía en que todavía era virgen y que solo se ofrecería completa a un marido. Cada negativa de la joven provocaba en Enrique un «alocado e incontrolable» deseo de poseerla. Ninguna muchacha se le había resistido tanto como ella y al rey su extraña seguridad y firmeza lo tenían fascinado. En una de sus cartas, el monarca se despedía: «Deseando estar una noche en brazos de mi amor, cuyos hermosos senos confío en besar en breve».

Hacia 1525, Ana Bolena reapareció en la corte y recuperó su puesto al servicio de la reina Catalina. Su posición de dama de honor de la soberana le permitiría alternar en Greenwich con galantes caballeros de buena familia que no dudaban en cortejarla, atraídos por su encanto y extrovertida personalidad. Uno de sus pretendientes era el apuesto y rico heredero lord Henry Percy, considerado «uno de los mejores partidos de Inglaterra». El joven se encontraba completando su formación en la casa de Thomas Wolsey. Cuando lord Percy acompañaba a la corte al cardenal solía verse en secreto con Ana Bolena, quien en sus brazos pronto olvidó su compromiso con su primo. Según testigos, la pareja se mostraba feliz y enamorada, y al poco tiempo se comprometieron. Pero Wolsey, que ya sabía que el rey no podía quitarse de la cabeza a Ana, se interpuso en la relación. Les prohibió que contrajeran matrimonio alegando como excusa que los Bolena no tenían la nobleza necesaria. El cardenal consiguió alejar al desdichado Henry Percy de la corte y hacer que se casara con su antigua prometida, una dama aristocrática a la que ya no amaba. Ana nunca le perdonaría el haberse inmiscuido en sus asuntos amorosos poniendo fin a su romance y más adelante se vengaría de él.

A medida que pasaban los meses el interés del rey Enrique por la joven Ana Bolena era más evidente y ya no ocultaba en público la atracción que sentía por ella. Durante unas justas celebradas en Greenwich durante el Carnaval de 1526, el monarca apareció disfrazado con un traje en tela de oro y plata donde llevaba bordado un corazón en llamas y la misteriosa frase «No oso declararme». Dentro del juego del amor cortés de la época estas insinuaciones eran normales pero la reina Catalina entendió muy bien el significado del mensaje. Tampoco le pasó por alto que las letras H y K bordadas en oro que antaño tanto gustaba a Enrique lucir en su atuendo de los torneos, como muestra de amor hacia su persona, ahora habían desaparecido de su vestimenta. Pero en el banquete ofrecido aquella noche Enrique se sentó junto a ella y se mostró muy atento en un gesto para acallar los rumores. Aunque en público aún mantenían las apariencias, su matrimonio estaba roto. Y fue en aquel azaroso año de 1526 cuando Enrique VIII pensó por primera vez que para conseguir el amor de Ana Bolena, quien además podría darle el hijo varón que tanto anhelaba, debería divorciarse de su esposa Catalina.

La reina hacía tiempo que sospechaba, pero lejos de comportarse de manera hostil y desconfiada con su dama de compañía, trataba a Ana Bolena con una ternura especial. «Pese a la relación que mantenían, no demostró a lady Ana ni al rey atisbo alguno de resentimiento o desagrado, sino que lo aceptaba todo de buen grado, y con sabiduría y gran paciencia disimulaba», escribió el sirviente y biógrafo de Wolsey. Catalina, a sus cuarenta y un años, se mostraba ante todos como la sumisa, paciente y sufrida esposa del hombre al que aún amaba, pero su comportamiento escondía otros intereses. Quizá a estas alturas ya había caído en la cuenta de que Ana Bolena era mucho más ambiciosa que las anteriores amantes de Enrique y de que llevada por su amor propio y orgullo, no iba a ser una presa fácil del monarca. Al tener cerca a la joven y ser amable con ella, al menos podía controlarla. Lo que por entonces no podía intuir es que Enrique ya había dado los primeros pasos para conseguir la anulación del matrimonio. El «gran asunto» del rey, como se llamó en clave a este proceso, estaba en marcha.

En mayo de 1527 en una reunión secreta en York Place, un grupo de doctores en leyes se sentaron a decidir el destino de la reina Catalina. Entre los presentes se encontraban el arzobispo de Canterbury y el propio Thomas Wolsey. El rey de Inglaterra había encargado al cardenal celebrar un juicio donde Su Majestad se presentaba como único acusado. El tribunal era una farsa y la reina ni siquiera había sido informada, pero permitía a Enrique poner sobre la mesa la validez de su matrimonio ante los ojos de Dios. Bien asesorado, el rey aludió a la Biblia donde se decía que «si un hombre toma a la mujer de su hermano, es una impureza: ha descubierto la desnudez de su hermano; no tendrán hijos». Para el monarca estaba claro que Dios le había castigado sin un heredero varón al trono porque al casarse con su cuñada había cometido un pecado terrible. El problema más espinoso era cómo justificar que el papa anterior, Julio II, se había equivocado firmando en 1504 una dispensa para que la boda pudiera celebrarse. Enrique sabía que su esposa aún le amaba y que, tras compartir con él el trono durante dieciocho años, no aceptaría jamás romper los vínculos que les unían. Por otra parte el rey, que tenía una elevada imagen de sí mismo, se consideraba un buen hombre y un cristiano honesto. El papa León X le había concedido en 1521 el título de defensor de la fe y no podía permitirse que su reputación de «virtuoso príncipe de la cristiandad» quedara dañada. Si quería deshacerse de su esposa, tenía que encontrar una buena justificación y defenderla con sólidos argumentos que convencieran a todo el mundo, incluida a la Iglesia.

Catalina, que aún contaba con buenos amigos y aliados en la corte, tardó menos de veinticuatro horas en enterarse de la reunión celebrada a sus espaldas. Durante un tiempo Enrique la evitaba porque temía el enfrentamiento. Pero a finales de junio se armó de valor y una mañana se presentó en sus aposentos en Windsor para hablar con ella. Le escuchó en silencio, pero sus palabras le resultaron tan dolorosas que rompió a llorar. El rey, al que había aconsejado cuando era joven e inexperto y por el que había sacrificado tanto, ahora le decía que habían estado viviendo en pecado mortal y que por el bien de sus almas debían separarse «de la cama y de la mesa». Enrique le propuso que dejara la corte y eligiera una de sus residencias reales para instalarse hasta que el papa se pronunciara sobre el asunto. También le rogó que lo mantuviera en secreto. El monarca abandonó la habitación convencido de que su esposa, siempre tan leal y obediente, entendería su difícil situación y aceptaría dócilmente.

Para Catalina fue una noticia tan inesperada como terrible. Que Enrique dijera que eran pecadores porque había «conocido carnalmente» a su hermano mayor, suponía un golpe inesperado. Desde el inicio la reina había confesado que jamás había mantenido relaciones sexuales con Arturo y personas muy cercanas a ella, como su dueña doña Elvira, así lo habían confirmado. Es más, ahora aseguraba que Enrique sabía que era virgen cuando se acostó con ella por primera vez. Se trataba de su palabra contra la de él. Catalina estaba indignada, pero no reaccionó con ira y pensó que resultaba preferible que creyeran que era una ingenua. No iba a darse por vencida y exigió a su marido que le permitiera contratar asesores extranjeros para que le aconsejaran sobre cómo proceder. Si Enrique pensaba que su separación iba a ser fácil, rápida y discreta, estaba muy equivocado. Por su parte Wolsey muy pronto descubriría que había subestimado a su oponente pensando que la reina no podría organizar ella misma su defensa. La soberana se mostró dispuesta a luchar hasta el final por su corona y por hacer valer la legitimidad de su hija.

La noticia llegó a oídos del pueblo y al resto de las cortes europeas. Muchos culparon a Wolsey de estar detrás de este complot contra la reina. En las calles y tabernas se rumoreaba que como el cardenal era tan afín a los franceses pensaba encerrar a Catalina en un convento y conseguirle a Enrique una esposa francesa para cerrar una alianza con este país. La realidad era que al cardenal, a pesar de sus buenos contactos e influencias, no le iba a resultar nada sencillo conseguir la anulación del matrimonio. Catalina contaba con un poderoso aliado, su sobrino el emperador Carlos, cuyas tropas acababan de conquistar y saquear Roma. El papa Clemente VII se hallaba ahora prisionero en el castillo de Sant'Angelo y difícilmente iba a poder ayudar a Enrique. Esta inesperada situación jugaba a favor de Catalina que no perdió el tiempo. Comenzaba así una dura y compleja batalla que duraría seis interminables años y cambiaría el curso de la historia de Inglaterra.

Su reacción inmediata tras conocer las intenciones de su esposo de anular su matrimonio fue escribir al emperador para informarle de lo ocurrido y pedirle su ayuda. El problema era cómo lograr que la carta saliera de Inglaterra y llegara a sus manos sin que Wolsey lo descubriera. El cardenal, que aún se había vuelto más desconfiado, tenía espías en todos los rincones de palacio y nada escapaba a su control. Catalina estaba sometida a una vigilancia permanente, pero aprovechando que en aquellos días Wolsey abandonó el país para negociar con el rey Francisco I de Francia, puso en marcha su plan. Eligió a uno de sus hombres de confianza, su costurero español Francisco Felípez, para que llevara a cabo la difícil tarea de salir de Inglaterra sin levantar sospechas con un mensaje secreto para el emperador. En julio, Felípez solicitó al rey permiso para viajar a España con la excusa de que su madre estaba muy enferma. Enrique le autorizó el viaje y el fiel sirviente de la reina consiguió llegar a la corte de Carlos en Valladolid, a finales de mes y sin ningún contratiempo.

Tras la marcha de Felípez, la reina Catalina recuperó el buen humor y se la vio «con el semblante más risueño y relajada». Confiaba plenamente en que su sobrino tomaría las medidas oportunas para reconducir esta situación. Por su parte Enrique trataba a su esposa con «gentileza y dulzura» para tenerla contenta mientras creía que «el gran asunto iba por buen camino». A mediados de 1528, después de tres años en Gales, la princesa

María regresó a la corte. El rey autorizó su retorno, pero no para quedarse en Londres sino para proseguir su formación en el palacio de Richmond, a las afueras de la capital. Catalina solo podría pasar unos breves días en compañía de su hija, era otro de los crueles castigos que le infligía su esposo. No la había visto desde el verano anterior y ahora se encontraba ante una joven de doce años de gesto sombrío. Se había vuelto una muchacha solitaria, callada y muy desconfiada. María estaba al tanto de las noticias y se había enterado de que su padre deseaba anular el matrimonio y también repudiarla a ella. Sufría en silencio al ver el infinito dolor y la humillación que estaba padeciendo su madre y le preocupaba su salud. Encontró a la reina envejecida, triste y agotada por la tensión de los últimos meses.

Mientras tanto Wolsey seguía buscando argumentos para conseguir disolver el matrimonio del rey. En su desesperación no dudó en recurrir a las mentiras más indignas. Así escribió una carta a Roma argumentando que la reina estaba enferma y aunque no daba mayores detalles mencionaba que el rey ahora la encontraba físicamente muy repulsiva. Sí trascendió que la afección de la soberana guardaba relación con sus órganos genitales. También se rumoreaba que Catalina estaba tan enamorada de su esposo que su deseo libidinoso la hacía comportarse en la cama de manera tan «salvaje e impúdica» que el monarca temía que pudiera ocasionarle daños físicos. Sin embargo Wolsey no dudaba en ensalzar las virtudes de Ana Bolena, «la pureza de su vida, su constante virginidad, su pudor de doncella y mujer, su castidad, su humildad, su sabiduría», así como su «ascendencia noble y de alta y pura sangre real», sin olvidar un importante detalle, su «aparente aptitud para la procreación». Sea como fuere, con sus mentiras pretendía dejar claro al papa que Enrique no volvería jamás al lecho de su esposa y que ella, Catalina, era la única culpable.

Cuando Wolsey, que había viajado a Francia para presionar a Francisco I y conseguir su apoyo para liberar al papa, regresó a Inglaterra descubrió que en su ausencia había perdido el favor real: el monarca no se fiaba de él y sospechaba de sus verdaderas intenciones. Enrique se había rodeado de nobles cercanos a Ana Bolena que no dudaron en cargar contra el clérigo acusándole de traidor. En los últimos años Wolsey se había granjeado muchos enemigos, entre ellos la propia Ana y su clan familiar que en la sombra seguían maquinando para ver cuanto antes a la joven convertida en la nueva reina. Catalina, por su parte, no iba a dejarse intimidar y, aunque las infamias de Wolsey le causaron un gran daño moral, estaba dispuesta a seguir luchando. Nunca permitiría que la nulidad de su matrimonio convirtiera a su hija María en una bastarda, sin derecho alguno.

Catalina seguía amando al rey y en el fondo de su corazón pensaba que su esposo en algún momento recobraría la razón y volvería a su lado. Poco a poco se fue dando cuenta de que Ana era una dura rival. Había conseguido de manera inteligente resistir a las demandas del rey cada vez más directas y apremiantes. Ahora Catalina la veía con más frecuencia porque Enrique, hasta obtener la anulación de su matrimonio, quería tenerlas cerca a las dos, seguramente para poder controlarlas. No vivían los tres bajo el mismo techo, pero sí en distintos palacios reales próximos a Londres. En ocasiones Catalina se cruzaba con ella en los jardines o en los laberínticos pasillos de Greenwich o Richmond. Para la reina era una situación muy tensa porque Enrique y ella todavía debían comportarse en público como si fueran un matrimonio. En junio de 1528 estalló otra epidemia de sudor inglés y los reyes huyeron juntos mientras Ana Bolena partió con su padre al castillo familiar en Hever. La joven se contagió pero se recuperó pronto para tranquilidad del monarca que estuvo a punto de enviar a su médico personal para que la atendiera.

Catalina se sentía cada vez más sola y desprotegida. Sabía que su salvación estaba en Roma porque no podía esperar un juicio justo de los letrados ingleses leales a Enrique. El veredicto debía ser emitido por el papa Clemente que hacía ya unos meses había sido liberado por las tropas imperiales de Carlos V. Estaba convencida de que el papa estaría de su parte para no contrariar al emperador. Finalmente, Clemente acabó aceptando que el caso se juzgara en Inglaterra pero solo en presencia de otro cardenal, Lorenzo Campeggio, enviado desde Roma. El prelado llegó a Londres a finales de octubre de 1528 y para la reina fue una terrible decepción. Lejos de apoyar su causa, lo que el cardenal deseaba era resolver este desagradable asunto de la manera más rápida posible. Así, en su primera entrevista con Catalina, en la que también estuvo presente Wolsey, le propuso que ingresara en un convento donde podría vivir entregada a Dios y dedicada a la oración. Añadió que era la mejor opción antes de ir a un juicio donde podría perderlo todo y su reputación quedaría gravemente dañada. Por otro lado, le informó de que si aceptaba «conservaría su dote, la custodia de la princesa María, su rango y cualquier cosa que exigiera, y no ofendería ni a Dios ni a su conciencia».

Unos días después de esta tensa reunión, Catalina solicitó al cardenal que deseaba confesarse con él y que sus palabras podían ser compartidas con el papa, a quien en realidad iban dirigidas. De nuevo la reina sostuvo que desde que se casara con Arturo hasta su temprana muerte, solo había compartido su lecho en siete ocasiones y que él «no la tocó y ella quedó pura como salió del vientre de su madre». También dejó claro que se había unido a Enrique bajo la bendición de la Iglesia y que jamás aceptaría la disolución de tan sagrado matrimonio. Por si a Campeggio le quedaba alguna duda de hasta dónde estaba dispuesta a llegar, acabó diciendo: «Si debo morir por mis creencias y para conservar mi honor, estoy dispuesta a hacerlo. Podrán arrancarme todos mis miembros, pero me mantendré firme en mis convicciones».

Durante varias semanas Campeggio y Wolsey intentaron en vano convencer a la reina, que se mostraba cada vez más testaruda y dispuesta a hacer frente a una larga batalla. A ella le convenía que el proceso se dilatara porque de este modo podía consultar su caso con un grupo de asesores, entre los que se encontraba Tomás Moro. Pero la ayuda le llegó de la manera más inesperada. Los hijos del embajador De Puebla hallaron entre los papeles de su padre un documento de la época de la boda de Catalina con Enrique firmado por el papa Julio II y que reforzaba la bula que les permitió casarse. Para Catalina, que ignoraba la existencia de este informe papal, fue un hallazgo milagroso. El juicio aún no había dado comienzo y ya había conseguido su primer triunfo.

En tan difíciles momentos lo único que hacía que olvidara sus preocupaciones era saber que el pueblo de Londres estaba de su parte y sus muestras de afecto le daban fuerzas para seguir adelante. En el duro invierno de 1528, la corte se trasladó a Bridewell, la nueva residencia real construida en el centro de la ciudad y conectada con Blackfriars, el monasterio de los dominicos, por una larga galería acristalada. Para el pueblo llano era uno de los pocos lugares en los que se podía ver al rey o a la reina que ya casi nunca aparecían juntos en público. Cada mañana, cuando Catalina salía del palacio para dirigirse a través de la galería a la capilla de los dominicos, se repetía el mismo espectáculo: una gran muchedumbre rompía el protocolo y la aplaudía y gritaba palabras de ánimo. Enrique estaba furioso por semejante reacción y dictó órdenes para que nadie se acercara a la galería. Acusó a Catalina de tratar de robarle el favor de sus súbditos y de incitarlos a la rebelión. La reina con su habitual temple respondió que ella no suponía un peligro para Su Majestad y que lo único que pedía era justicia.

En enero de 1529, ya nadie dudaba de que la relación de Enrique con Ana iba en serio. Hasta el cardenal Campeggio observó que la presencia de la joven en los actos públicos era cada vez más frecuente: «El rey persiste más que nunca en su deseo de casarse con esta dama, besándola y tratándola en público como si fuera su esposa». Para Catalina aquellas habían sido sus Navidades más tristes. La corte se había traslado a Greenwich para celebrar el Año Nuevo y Ana Bolena también estaba allí con su servidumbre. Hubo torneos, justas, banquetes y mascaradas y la encantadora amante del rey bailó y tocó el laúd para deleite de los presentes. Aunque ante sus súbditos intentaba mostrarse alegre, Catalina estaba cansada y triste. Para empeorar su situación en aquella época Enrique por las noches la visitaba de nuevo en su alcoba. Seguramente los abogados del rey le recomendaron que tratara de mantener las apariencias. Ya no compartían lecho, pero solían cenar juntos y charlaban con la intimidad que les conferían veinte años de matrimonio. Aquellas agradables e inesperadas veladas hicieron pensar a Catalina que aún podría recuperar a su marido.

Habían pasado ocho meses desde que Campeggio llegara a Londres enviado por el papa y Enrique ya no estaba dispuesto a esperar más tiempo. Se había enterado de que su esposa mantenía contacto directo con Clemente y, preocupado porque Catalina lograra que el caso fuera trasladado a Roma, presionó para que el juicio empezara en Londres cuanto antes. Así se fijó la fecha para el 21 de junio de 1529 y aunque el embajador Mendoza había hecho todo lo posible con objeto de retrasarlo, para la reina fue un alivio. Tras meses de espera sometida a una extrema tensión por fin podría defenderse y ser escuchada.

El juicio iba a celebrarse en el gran salón de Blackfriars y despertó un enorme interés. Era un hecho extraordinario que un rey y una reina fueran llamados a declarar para ser juzgados por dos cardenales, Wolsey y Campeggio, que representaban al papa. La sala estaba atestada de gente para presenciar un espectáculo nunca visto en Inglaterra. Catalina se presentó ante el tribunal vestida de riguroso luto para escenificar el dolor que sentía desde el día que su esposo le comunicó su deseo de conseguir la nulidad de su matrimonio. Entró en el edificio flanqueada por cuatro obispos, sus asesores y su séquito de damas. Ocupó el lugar que le asignaron y se sintió reconfortada al ver las muestras de afecto del pueblo llano. Enrique fue el primero en tomar la palabra y, dirigiéndose a los cardenales, repitió que amaba a su esposa pero que se había visto obligado a tomar esta decisión porque había pecado al haberse casado con la viuda de su hermano. Luego le tocó el turno a Catalina, quien se levantó muy digna y en silencio caminó hasta donde se encontraba su esposo en un sillón acolchado con tela de oro. Entonces, se arrodilló a sus pies al tiempo que un murmullo de asombro recorrió toda la sala. Era un gesto totalmente inaudito de sumisión. Y así postrada en el suelo comenzó un discurso que pasaría a la historia por su dramatismo y perfección. Con estas palabras se dirigió al rey:

> Señor, os imploro por todo el amor que ha existido entre nosotros, y por el amor de Dios, que se haga justicia conmigo. Tenedme un poco de compasión, pues soy una pobre mujer y una extranjera nacida fuera de vuestros dominios. No tengo aquí amigos seguros, y mucho menos un consejo imparcial. Señor, ¿en qué os he ofendido o qué motivo os he dado para que me retiréis así vuestra amistad y vuestra gracia? He sido una esposa sincera, humilde y obediente, siempre conforme a

vuestra voluntad y placer. Y siempre me he sentido complacida y satisfecha con todas las cosas que os procuraban deleite, ya
fuese mucho o poco. Nunca he protestado con palabras o gestos, ni he mostrado semblante ni atisbo de descontento… En
estos veinte años o más he sido vuestra fiel esposa y he traído al
mundo varios hijos, aunque la voluntad de Dios fue llevárselos
de este mundo, lo cual no es culpa mía… Cuando me tomas-
teis por primera vez, y pongo a Dios por testigo, era una doncella sin mácula. Y que sea cierto o no, lo dejo a vuestra conciencia. Ahora os solicito humildemente que me ahorréis sufrir
este nuevo tribunal… Y si no lo hacéis, a Dios encomiendo mi
causa…

Cuando acabó su discurso aún seguía de rodillas, pese a que
Enrique había intentado que se levantara en dos ocasiones,
pero ella se negó. El rey visiblemente tenso se mantuvo en silencio. Catalina había ganado la partida. Antes de retirarse y
con lágrimas en los ojos le había pedido a Su Majestad que le
concediera el permiso para que le escribiera al papa pidiéndole
que defendiera su honor y conciencia. El rey, sabiendo que todas las miradas estaban puestas en él, le respondió que contaba
con su autorización. Fue un golpe brillante porque ahora Catalina podía apelar a Clemente para que el caso fuera trasladado
a Roma. La reina hizo una gran reverencia a su esposo y en lugar de regresar a su sitio, atravesó con paso firme la sala en dirección a la puerta. El heraldo la llamó para que regresara: «¡Catalina, reina de Inglaterra, entrad en la sala!», exclamó. Entonces
ella se giró y respondió en voz alta para que todos los presentes
pudieran oírla: «No importa, pues para mí no es un tribunal
imparcial. Por tanto, no me quedaré». Y dicho esto abandonó
el lugar sin mirar atrás.

La reina mártir

El desplante de Catalina al tribunal que la juzgaba fue motivo de habladurías en todas partes, desde las tabernas de Londres hasta Roma pasando por las cortes de Europa. La reina sabía que le esperaba un futuro aún más lúgubre porque Enrique nunca le perdonaría su actitud desafiante. Su emotivo discurso no había puesto fin al juicio y aún quedaban por delante doce sesiones donde desfilaría una larga lista de testigos que debían demostrar que el monarca tenía razón: Catalina se había acostado con su joven esposo Arturo aunque ella lo negara. La impaciencia y la frustración del rey eran tan grandes que al cabo de unas semanas mandó llamar a Wolsey y le ordenó que él y Campeggio acudieran a ver a la reina sin pedir audiencia y la obligaran a claudicar. Cuando se presentaron en la sala de audiencias de Greenwich, ella se encontraba en sus aposentos cosiendo las camisas de Enrique. Lo seguía haciendo como al principio de su matrimonio, algo que enfurecía a Ana Bolena. Para ella era una forma muy sutil de mantener su poder sobre el rey. Apareció frente a los cardenales serena y con una madeja de hilo en la mano, rodeada de sus damas y sirvientes. Wolsey le pidió si podían hablar en privado, pero ella respondió: «Señor mío, si tiene algo que decir, hágalo abiertamente ante todas estas personas». El cardenal comenzó a hablar en latín, pero Catalina le interrumpió. Quería que todos a su alrededor entendieran lo que decía. «Os ruego que me habléis en inglés, aunque entiendo el latín», dijo. Entonces Wolsey le informó de que el motivo de su visita no era otro que aconsejarle que aceptara los argumentos para declarar la invalidez de su matrimonio. La reina utilizó de nuevo la táctica de hacerse la ingenua y la tonta que tan buenos resultados le daba. Así, con voz dulce y en tono complaciente, respondió: «Soy una pobre mujer que no posee ingenio ni entendimiento suficientes para responder a hombres tan sabios como vos en un asunto de tanto peso». Tras estas palabras despidió a los cardenales y regresó a sus labores de costura.

Aunque intentaba mantener las apariencias, Catalina estaba aterrada. El 23 de julio el tribunal dictaría la sentencia y su futuro y el de su hija pendían de la decisión de Wolsey y Campeggio. Pero de repente el juicio se suspendió debido a las vacaciones estivales y pocos días después llegó la noticia de que la reina había obtenido el derecho de apelación. El caso sería trasladado a Roma como era su deseo. Por el momento estaba salvada, pero aún tendría que sortear muchos obstáculos. Catalina sufría sobre todo por su hija que aún era joven y vulnerable, y seguía en Richmond apartada de la corte. Aunque en sus cartas trataba de no preocuparla, María estaba al tanto de las humillaciones que el rey le infligía a su madre. También Ana Bolena comenzaba a impacientarse. Llevaba dos años esperando a que Enrique cumpliera sus promesas y le inquietaba la posibilidad de no llegar nunca a ser su esposa. Catalina no había perdido las esperanzas y pensaba que podría recuperar a Enrique si conseguía separarlo de su amante. En una carta al papa le decía: «Siento tal fe en la bondad y las virtudes naturales del rey, que si pudiera tenerlo solo dos meses conmigo, como antaño, sería suficiente para hacerle olvidar lo ocurrido. Y como saben que esto es cierto, no le permiten estar conmigo».

Se equivocaba porque Enrique estaba tan obsesionado con Ana Bolena que nada ni nadie podría disuadirle. A finales de aquel azaroso año de 1529, y para premiar la paciencia de su amada, el monarca ascendió a su padre de vizconde a conde y le concedió dos condados. También ofreció un gran banquete en el que Ana Bolena recibió el tratamiento de reina. Se sentó a la derecha del rey, ocupando el lugar reservado a Catalina, y Enrique disfrutó de su compañía hasta altas horas de la noche. En

Greenwich la soberana, que solía controlar sus emociones, por primera vez rompió a llorar de tristeza y rabia frente a sus damas de compañía. En aquellos nefastos días, la reina escribió: «Son tan grandes mis tribulaciones, mi vida está tan trastornada por los planes que tengo que idear diariamente para alejarme de las intenciones del rey, son tan mortales las sorpresas que el rey me da, junto a ciertas personas de la corte, que todo ello sería suficiente para acortar diez vidas, mucho más la mía».

A pesar de sus desdichas Catalina no estaba del todo sola porque desde hacía unos meses contaba con un fiel aliado. Se trataba de Eustace Chapuys, el nuevo embajador enviado a Londres por su sobrino el emperador Carlos V. Ella misma lo había elegido en sustitución de Íñigo de Mendoza por ser un humanista y un experto en leyes. Había llegado a la corte al inicio del juicio y con el encargo de asesorar a la reina, velar por sus intereses y hacer de intermediario entre la pareja real. Desde el primer instante Chapuys se puso del lado de la soberana y defendió su causa con gran ahínco. Hombre de principios y de total confianza, también hacía de correo entre Catalina y su hija María. Tras la caída en desgracia de Wolsey que falleció de una extraña enfermedad cuando era llevado a la Torre de Londres, ahora la reina temía al hombre que había sido el colaborador más cercano del cardenal, Thomas Cromwell. Este clérigo hábil y sin escrúpulos aprovechó la muerte de su mentor para acercarse al rey y ofrecerle sus servicios. Pronto Cromwell se convirtió en el nuevo consejero real y hombre de confianza de Enrique. El monarca, para intentar ganar credibilidad ante su pueblo, nombró lord canciller al teólogo Tomás Moro, un hombre íntegro y respetado, amigo de Catalina y contrario a la anulación del matrimonio.

Desde que llegó la noticia de que Roma se haría cargo del caso, una tensa tregua se instaló en Greenwich. Catalina vivía bajo una angustiosa presión; por una parte le preocupaba que el proceso se alargara demasiado y que Enrique perdiera la paciencia y se casara con Ana Bolena. Por otra, el rey cada vez más molesto e impaciente empezó a someter a su esposa a nuevas vejaciones. Así, obligó a Catalina y a su séquito a abandonar los aposentos reales en Greenwich que fueron ocupados por su amada Ana y su servidumbre. A ella la trasladó al ala más oscura, triste y fría del palacio, aislándola cada vez más y rebajando su posición en la corte. No protestó y aceptó con resignación los castigos que le imponía el rey, que se mostraba cada vez más cruel y déspota. A estas alturas resultaba evidente el poder y la influencia que ejercía su amante. Catalina la trataba con frialdad pero sin perder las formas. Ella aún era la reina de Inglaterra y contaba con el afecto y el respeto del pueblo. Ana, en cambio, era objeto de todo tipo de insultos y burlas. Circulaban injuriosos panfletos donde se referían a la joven favorita como «la zorra del rey» o «la Corneja Negra» en alusión a su tez morena.

En la primavera de 1531 el rey Enrique perdió la paciencia. El papa Clemente insistió en que el monarca debía acudir a Roma para continuar allí el juicio. En el caso de que decidiera casarse con Ana Bolena sería excomulgado y su trono quedaría vacante. Enfurecido, respondió al nuncio papal que se ocupase de sus asuntos y añadió: «Me importan un comino todas sus excomuniones. Que se dedique a lo suyo en Roma. Yo haré aquí lo que considere oportuno». Sin embargo, antes de tomar una decisión, el rey envió una nueva delegación para presionar a la reina y conseguir que se rindiera. El 31 de mayo un impresionante grupo de la alta nobleza liderado por los duques de Suffolk y Norfolk y que incluía al marqués de Dorset, al obispo de Lincoln, a tres condes y unas veinticinco personas más, se dirigieron a los aposentos reales para entrevistarse con la soberana. Catalina los recibió tranquila y dispuesta a escucharlos. El duque de Norfolk, el tío de Ana Bolena, fue el primero en hablar. Le comunicó que el rey los había enviado para expresar su disgusto y dolor por el trato que le había dispensado el papa solicitándole que Su Majestad acudiera a Roma para continuar el juicio. El duque añadió que, si persistía en su testarudez, podía «ser la causa de grandes problemas y escándalos en todo el reino», incluso una guerra civil. La reina les recordó que este asunto lo había comenzado su esposo con la ayuda de Wolsey celebrando a sus espaldas un tribunal eclesiástico en Westminster y que ella solo buscaba justicia. Se mantuvo firme en su convicción de que era el papa quien tenía la última palabra y sugirió que si alguno de los presentes deseaba defender la causa del rey, los invitaba a hacer las maletas y partir a Roma de inmediato. Su respuesta dejó a algunos sin saber qué decir. Entonces, el obispo de Lincoln intentó atacarla donde más podía dolerle. Aseguró que resultaba evidente que Dios había castigado su matrimonio haciéndola estéril, pues ella había mentido diciendo que había llegado virgen a este. Catalina no perdió los nervios y se limitó a responder que era la esposa del rey y la reina de Inglaterra ante Dios y ante el mundo.

Los nobles y obispos se retiraron admirados del valor y la entereza de la soberana. Cuando los duques de Norfolk y Suffolk informaron al rey de lo ocurrido en la reunión, este se limitó a decir: «Ahora es necesario abordar este asunto por otros medios». Unas semanas más tarde la corte se trasladó a Windsor donde Enrique, Ana y Catalina de nuevo convivirían bajo el mismo techo. Y fue entonces cuando el rey asestó el castigo más doloroso a su esposa. Hasta la fecha y a pesar de sus desavenencias, los reyes habían seguido manteniendo una cierta convivencia. En ocasiones comían o cenaban juntos, o se reunían para hablar sobre temas relacionados con su hija María. Pero en la mañana del 14 de julio Enrique salió temprano a cazar con Ana a la abadía de Chertsey. Lo hizo sin despedirse de ella y sin avisarla el día anterior. Tan solo dejó un mensaje para comunicarle adónde iban. Aquel día sintió que algo se había roto entre ellos. Llevaba casada con Enrique veintidós años y había pasado buena parte de su vida en Inglaterra pero ahora estaba sola. Su marido la había abandonado por su amante y nunca más aparecerían juntos en público.

En aquel caluroso mes de julio de 1531 la reina vivía en el castillo de Windsor con treinta damas de honor y más de un centenar de sirvientes. Tenía cuarenta y cinco años, pero aparentaba muchos más. Su salud había empeorado a causa del estrés y los disgustos. Sus dos médicos españoles de confianza intentaban curar sus recurrentes ataques de fiebre con sangrías y purgantes que la dejaban muy debilitada. Aunque hasta entonces había mantenido la esperanza de que su sobrino Carlos la apoyaría y que el papa se pondría de su lado, se sentía abandonada por todos. Clemente VII había prometido abrir el caso en septiembre de 1530, y un año después aún no se había pronunciado. La única alegría que tenía en su desdichada existencia era que en ausencia de Ana Bolena su hija podía visitarla en Windsor. Fueron unos días inolvidables en los que madre e hija pudieron pasear, cabalgar juntas y hablar sobre el lúgubre futuro que les esperaba a ambas. Este feliz encuentro duró apenas unas semanas porque Enrique mandó un mensaje a la reina donde le comunicaba que debía abandonar sus aposentos en Windsor porque pensaba regresar al castillo con Ana Bolena y no deseaba verla. María, que entonces tenía quince años, se despidió de su madre y regresó a Richmond. No volverían a verse.

Catalina fue trasladada a More, una de las antiguas residencias de Wolsey en la campiña inglesa. Pese a que se trataba de una gran casa solariega rodeada de bellos jardines y lagos, la reina se mostraba muy apenada y su ya delicada salud se agravó. Cada vez estaba más retirada y aislada de la corte. Enrique solo pensaba en doblegar a su esposa para que finalmente se ablandara. Tres meses después de abandonarla, decidió comprobar si su «testarudez española» había remitido. Pero los cuatro caballeros leales a Enrique que la visitaron no consiguieron que cambiara su actitud. Por el contrario ella los despidió diciendo que «iría donde el rey, su señor, la enviara. Si ordenaba que la quemaran en la hoguera, obedecería». El mensaje para el monarca era claro y un nuevo desafío: si deseaba convertirla en una mártir, podía hacerlo. Aquellos meses de soledad y sufrimiento la habían endurecido y su decisión era irrevocable: «Sería reina o Enrique podía matarla».

A Enrique le exasperaba la obstinación de su esposa; no entendía por qué no era más sumisa y aceptaba su destino. Si le hubiera obedecido, se hubiera mostrado más condescendiente con ella y con su hija María, a la que tanto había amado. Sin embargo era la firmeza, devoción y valor de la reina lo que provocaba la admiración de los miembros de la alta nobleza y el clero. El rey, consciente de que el pueblo de Inglaterra estaba del lado de Catalina y en contra del divorcio, comenzó a aplicar mano dura. Thomas Cromwell no dudó en presionar, sobornar y hasta amenazar a los obispos y miembros del Parlamento para que se pronunciaran en favor de Su Majestad. La orden de los frailes franciscanos, que era la favorita de la reina y habían mostrado su total lealtad a Catalina, estaba en el punto de mira de Cromwell. En aquellos meses se les impuso una estricta vigilancia, varios frailes fueron desterrados a conventos remotos y otros encerrados en la Torre de Londres. Ante esta violenta represión y la actitud prepotente de Enrique dispuesto a todo por conseguir el divorcio, Tomás Moro presentó su dimisión como lord canciller del reino. Consejero y amigo de Catalina, prefirió retirarse al campo con su familia y una escasa pensión a participar en este baño de sangre.

Tras pasar otras tristes y solitarias Navidades, el año de 1532 no comenzó con buenos presagios para Catalina. Seguía sin noticias de Roma y las cartas que escribía a escondidas al papa y conseguía hacer llegar a través de mensajeros que partían en medio de la noche para evitar a los espías del rey, no obtenían respuesta. Para mayor humillación, a finales de septiembre un mensajero del duque de Norfolk enviado por Enrique acudió a reclamarle las joyas reales. Aquellas alhajas que guardaba en un joyero especial con sus iniciales habían viajado algunas desde España como parte de su dote, otras las había heredado tras su matrimonio con Arturo y la mayoría eran un regalo de Enrique. Catalina se negó a entregarlas y respondió que si Su Majestad quería las joyas, tendría que entregarle una orden por escrito o venir él mismo a buscarlas. Al día siguiente un sirviente del rey llegó con el decreto en la mano y no tuvo elección. Según el embajador Chapuys, entregó todas las joyas que poseía y lo único que se guardó para ella fue una pequeña y sencilla cruz de oro.

Catalina observaba desde la distancia el rápido ascenso de Ana Bolena y sus contactos en la corte aún la mantenían al día de sus progresos. No solo la joven amante ocupaba ahora sus aposentos reales en Greenwich con su propio séquito de damas, sino que en breve las joyas que le había reclamado iba a lucirlas en su primera visita oficial acompañando a Enrique que se reuniría con el rey de Francia. En este viaje el monarca buscaba el apoyo de Francisco I frente al papa Clemente VII y el reconocimiento de cara a su nuevo matrimonio. Antes de partir le otorgó a lady Ana el título de marquesa de Pembroke, siendo la primera plebeya inglesa en convertirse en noble por derecho propio y no por herencia. Esto la convertía en una de las personas más importantes del país y además el rey la obsequió con varias propiedades: cinco mansiones en Gales, otra en Somerset, dos en Essex y cinco en Hertfordshire. Era su forma de aplacar el enfado de su prometida ante el retraso de la boda.

El encuentro con el soberano de Francia tuvo lugar en

Boulogne a mediados de octubre y fue un éxito diplomático, ya que el gobierno francés dio su apoyo al nuevo enlace del rey de Inglaterra. Enrique presentó a Ana Bolena como primera dama de la corte y cautivó a todos con su belleza y los magníficos vestidos y joyas que lució en las fiestas y recepciones. Al regreso de su viaje el monarca y su amante se vieron obligados a pernoctar unos días en el puerto inglés de Calais debido al mal tiempo. Se alojaron en los antiguos juzgados de la ciudad, en dos habitaciones conectadas por una única puerta. Y fue allí donde la joven, después de cinco años resistiéndose, finalmente se entregó a Enrique. A partir de ese instante, los hechos se precipitaron. En Navidad, su amada estaba embarazada y la noticia llenó de felicidad a Su Majestad que esperaba ansioso la llegaba de un hijo varón. En enero de 1533, el rey de Inglaterra y Ana Bolena contraían matrimonio en secreto en la capilla privada de Whitehall. Fue una ceremonia a la que solo acudieron los padres, el hermano y dos amigos íntimos de la novia.

Catalina no se enteró de la noticia hasta finales de febrero, pero los rumores y habladurías que le llegaban eran tan confusos que no quiso darles crédito. Tampoco su fiel embajador Chapuys tenía la certeza. En su opinión, Enrique aún no se había casado, aunque todo apuntaba a que pensaba hacerlo sin el consentimiento del papa. De lo que no había dudas era del embarazo de Ana Bolena que estaba en boca de todos. Por su parte Enrique no se atrevió a comunicarle a Catalina que había contraído matrimonio pero envió a cuatro de los hombres más importantes del país a su residencia campestre en More. El 9 de abril la comitiva se presentó ante la reina y el duque de Suffolk, marido de la hermana de Enrique, le transmitió sin rodeos el deseo de Su Majestad: «Debía renunciar a su título de reina y permitir que su caso se decidiera en Inglaterra». Si aceptaba «haría un gran favor al reino e impediría un gran derramamiento de sangre, y el rey la trataría mucho mejor de lo que podía esperar». Al ver que se mantenía firme en sus convicciones, el duque le informó de que era inútil resistirse porque el rey se había casado con Ana hacía dos meses. También añadió que Enrique planeaba reducirle sus asignaciones, despedir a sus sirvientes y trasladarla a una mansión más pequeña y con menos servicio. Catalina escuchó con gesto serio a su cuñado y muy indignada replicó: «Pues si no puedo vivir como reina, lo haré gustosa como una vagabunda, pero siempre seré la reina Catalina de Inglaterra».

Su vida se había convertido en una interminable pesadilla. La boda de Enrique con Ana le causó un enorme daño. Ella aún le amaba y siempre pensó que podría recuperarle. Tras la visita del duque de Suffolk, el monarca cumplió sus amenazas y a los pocos días fue trasladada a Ampthill, en Bedfordshire. Era un castillo austero con cuatro altas torres construido sobre una colina que dominaba un parque arbolado. El rey deseaba tener lejos a la reina porque en Londres había un gran descontento popular y se temía un levantamiento. El embajador Chapuys, ante la seria amenaza de una rebelión, decidió que era el momento oportuno para animar al emperador Carlos V a declarar la guerra a Inglaterra. Le escribió diciendo que el pueblo llano no aceptaba a Ana Bolena como reina y que sus tropas serían recibidas con los brazos abiertos. Pero la última palabra la tenía Catalina, quien desde el principio había dejado claro que no quería un conflicto. En una carta a Chapuys le agradeció sus esfuerzos y la ayuda que le prestaba, pero aunque reconoció que había tenido sus dudas, añadió que «antes preferiría morir que ser causa de una guerra». La decisión de Catalina fue bien recibida por su sobrino Carlos que, a diferencia del embajador, tampoco tenía ganas de librar una batalla contra Inglaterra.

Enrique estaba feliz porque se había casado con Ana y la mostraba en público como reina, pero todavía no había conseguido el divorcio. Era un rey con dos esposas y a estas alturas el papa ya había dejado claro que no iba a concederle el divorcio. Tenía prisa porque quería que Ana Bolena fuese coronada reina a principios de junio y decidió ignorar la autoridad papal. En un acto desesperado eligió a Thomas Cranmer, arzobispo de Canterbury y hombre fiel a su causa, para poner fin a esta situación insostenible. El 23 de mayo, Cranmer se reunió con un tribunal en Dunstable, a las afueras de Londres, para declarar nulo el matrimonio de Enrique y Catalina. Era una farsa y aunque la reina fue convocada para asistir al juicio, Chapuys le aconsejó que no hiciera nada. En ausencia de Catalina el arzobispo dictó pronto sentencia. Cinco días más tarde, Cranmer validó la unión de Enrique y Ana Bolena. Al enterarse la reina, rota por la tristeza, comentó a su embajador: «Así que según la Iglesia de Enrique he pasado media vida como concubina del rey». A partir de entonces Catalina fue considerada «princesa viuda de Gales» como si su matrimonio con Enrique jamás hubiera existido.

La magnífica coronación de la reina Ana el 1 de junio de 1533 en la catedral de Westminster puso fin a siete años de tensa espera. El sueño de la joven Bolena, y de su ambiciosa familia, se había cumplido. Embarazada de seis meses, la flamante soberana aseguró sentirse «la más feliz de las mujeres», aunque en el aire se podía respirar la hostilidad de la gente. Aquella multitud silenciosa que se congregó a orillas del Támesis para verla desfilar en la barcaza real que la transportaba a la Torre de Londres, lo hizo más por curiosidad que por afecto. Eran muchos los que la llamaban «la ramera francesa» y la culpable de todos los males infligidos a la piadosa Catalina. El pueblo se mostraba en aquellos días muy agitado y descontento por el cruel exilio de «la verdadera reina» y las madres se solidarizaban con ella por el trato inhumano y la crueldad del rey, quien le prohibía ver a su única y tan querida hija, la princesa María.

En aquel verano el papa Clemente declaró ilegal su matrimonio con Ana Bolena, y amenazó al soberano con excomulgarlo si no abandonaba a lady Ana y regresaba con Catalina. Enrique, furioso, reaccionó convocando al embajador Chapuys y le informó de que «el servicio de la reina se iba a reducir y que como le resultaba muy caro tener a dos mujeres viviendo como reinas, Catalina sería trasladada de nuevo». Esta vez, y dispuesto a minarle aún más la moral, el monarca dio orden de retirarle a buena parte de su séquito y que nunca más se alojara en una residencia real.

Al cabo de unas semanas Catalina abandonó el castillo de Ampthill en dirección al palacio Buckden que distaba cuarenta kilómetros. Era un edificio fortificado pero en un entorno agradable rodeado de hermosos jardines. Aquella soleada mañana de julio el único consuelo de la reina fue la gente que se congregó a las afueras del castillo y al borde de los caminos para despedirla. Ahora estaba prohibido, bajo pena de muerte, llamar reina a Catalina pero allí estaban sus súbditos más fieles gritando a su paso su nombre. Mientras un carruaje la conducía con sus escasas pertenencias por los polvorientos caminos rumbo a su nuevo destino, tenía otras preocupaciones en mente. Ana esperaba un hijo y temía que Enrique se atreviera a declarar ilegítima a su hija María. Sabía que Bolena se refería a ella como la «maldita bastarda» y la veía como una amenaza. El estar cada vez más lejos de ella le rompía el corazón y más cuando le llegaban noticias de que la joven enfermaba con frecuencia. María sufría depresión, jaquecas y taquicardias, además de anemia e inapetencia. El embajador Chapuys llegó a criticar al propio rey por el maltrato que dispensaba a su esposa y especialmente a su hija. En uno de sus diarios, escribía: «Separada de su madre cuando era apenas una niña, declarada hija ilegítima, apartándola así de la línea de sucesión, expulsada de la corte, obligada a ser dama de compañía de su hermanastra Isabel. No es pues de extrañar que a causa de una niñez traumática la princesa padezca todo tipo de enfermedades».

Tal como temía Catalina el futuro de su hija María, que ahora contaba diecisiete años, quedó sellado apenas un mes más tarde. El 7 de septiembre de 1533 Ana Bolena se puso de parto en Greenwich. En la corte todo el mundo estaba convencido de que traería al mundo a un varón. Pero aquel bebé rollizo y sano que nació por la tarde era una niña. Tres días después fue bautizada con gran boato y recibió el nombre de Isabel, en honor a la madre de Enrique VIII, Isabel de York. Para contentar a Ana, el rey proclamó a la recién nacida como su hija «legítima», obligando a María a renunciar a su título de princesa de Gales, que ahora pasaba a Isabel. A partir de entonces la joven recibiría el tratamiento de dama y se le retirarían todos sus privilegios. La reacción de María fue, según Chapuys, «de extrema serenidad y madurez». Envió una amable carta de consuelo a su madre y esta sabiendo hasta qué punto su situación podía empeorar, le respondió animándola a resistir: «Hija, he oído tantas noticias hoy, que, de ser ciertas, percibo que ha llegado el momento de que Dios Todopoderoso os ponga a prueba; me alegro mucho, pues creo que os tratará con amor». Catalina le pedía que acatara las instrucciones de su padre el rey por muy dolorosas que fueran y que no se rebelara. También le sugirió que se centrara en la oración, y que entretuviera su mente tocando el laúd o el virginal. Le envió a su hija dos libros religiosos en latín para que la ayudaran a fortalecer su espíritu ante las tribulaciones que le deparaba el futuro.

Pero la princesa María había heredado la firmeza de su madre y se negó a aceptar el tratamiento de lady María. Escribió a su padre quejándose y dejándole muy claro que jamás aceptaría que su matrimonio con Catalina fuera ilegítimo. El rey estaba indignado y no tardó en castigarla por su desobediencia. Primero regaló la casa de María al hermano de Ana Bolena y a ella la trasladó a una residencia menos espaciosa y despidió a sus doncellas y al personal. Pero viendo que la joven no desistía en su arrogancia le infligió la mayor humillación: en diciembre María fue obligada a entrar al servicio de su hermanastra Isabel como dama de honor. De nada le sirvió protestar, pues una mañana la enviaron al palacio real de Hatfield, a las afueras de Londres, donde se encontraba la pequeña. Isabel, de tres meses de edad, se hallaba al cuidado de lady Bryan y tenía a su servicio a más de ochenta personas. Cuando llegó al palacio el duque de Norfolk la esperaba y le preguntó si deseaba presentar sus respetos a la princesa de Gales. María respondió con osadía: «Que yo sepa, la hija de la marquesa de Pembroke no tiene derecho a este título». La joven se encerró en su habitación a llorar y cayó en una profunda melancolía.

Enrique estaba convencido de que Catalina había puesto en su contra a su hija María que se mostraba cada vez más rebelde y orgullosa. Su actitud sería castigada con un nuevo cambio de casa aún más lejos de Londres. Los dos destinos que se barajaban eran Fotheringhay, un castillo inexpugnable en Northamptonshire, o Somersham, una región húmeda y muy insalubre. Catalina, al enterarse de los planes del rey, afirmó a su embajador que ella no pensaba ir a ninguna parte y que se quedaba en Buckden. Entonces Enrique de nuevo eligió al duque de Suffolk para que visitara a la reina y se encargara de que cumpliera sus órdenes. A pesar de que el duque era un hombre brusco y de malos modales sus amenazas no sirvieron de nada. Catalina, en presencia de los pocos sirvientes que le quedaban, se negó en rotundo a ir a Somersham por razones de salud ya que le habían dicho que era «una casa rodeada de agua y pantanos... la residencia más infecta y pestilente de toda Inglaterra». Suffolk trató de coaccionar también a sus sirvientes a los que obligó a jurar que debían dirigirse a ella como princesa viuda. Para su sorpresa todos los presentes se negaron aduciendo que ya le habían jurado fidelidad como reina y no estaban dispuestos a cometer perjurio. Desesperado e impotente, escribió al rey informándole de que si quería trasladar a Catalina «tendría que ser por la fuerza atándola con cuerdas porque es la mujer más obstinada del mundo». Esta tensa situación duró una semana. El duque regresó con refuerzos para sacarla de ahí a pesar de su resistencia, pero cuando llegó se había encerrado en su habitación. No se atrevió a echar la puerta abajo porque una muchedumbre enfurecida se concentró en los alrededores del castillo «llorando y maldiciendo por ver semejante crueldad». Al final Catalina se salió con la suya, pero ahora era una prisionera.

En aquel año de 1534 lo peor aún estaba por llegar. Enrique VIII, harto de que el papa pudiera inmiscuirse en «los grandes e inviolables derechos divinos de los reyes», consiguió que el Parlamento inglés le declarara jefe de la Iglesia de Inglaterra, y rompió definitivamente con Roma. Con esta medida la situación de Catalina y sus partidarios, que seguían siendo católicos, se había vuelto muy peligrosa. El consejero del rey Thomas Cromwell estaba dispuesto a imponer la obediencia con mano dura y el cerco alrededor de la reina empezó a estrecharse cada vez más. Una de las víctimas fue Elizabeth Barton, la conocida como Sagrada Doncella de Kent, una mística muy popular defensora de la causa de Catalina y que a través de sus visiones y trances había vaticinado grandes males si el rey se divorciaba de su esposa. En abril la llevaron a la Torre de Londres donde fue ahorcada y después decapitada. Su cabeza permaneció clavada en una pica sobre el Puente de Londres para infundir temor a los que respaldaban a Catalina. En los meses siguientes continuaron las detenciones. John Fisher, obispo de Rochester; Thomas Abel, el fiel sacerdote de Catalina; Richard Featherstone, el antiguo profesor de latín de María, y sir Tomás Moro fueron encarcelados en la Torre de Londres acusados de alta traición por negarse a aceptar el divorcio real y jurar la supremacía de Enrique VIII por encima de la Iglesia católica. Estas noticias agravaron aún más la débil salud de la reina que veía cómo sus más fieles aliados iban cayendo en desgracia.

Ante el rumbo que tomaban los acontecimientos, Catalina se preparó para el martirio. Así se lo confesó a su embajador Chapuys. Jamás aceptaría la nulidad de su matrimonio y estaba dispuesta a pagar con su vida. A medida que sus más cercanos amigos empezaron a ser perseguidos o asesinados y los frailes encarcelados, también comenzó a temer por su vida. Inquieta porque quisieran envenenarla, pidió que le cocinaran los alimentos delante de ella. Sus días se convirtieron en una interminable agonía, no se fiaba de nadie y corría el rumor de que se estaba volviendo loca. «Nadie duda que algún terrible acto sobrevendrá a la reina habida cuenta del duro y cruel trato al que es sometida», denunció Chapuys viendo a la reina cada vez más enferma. Apenas unas semanas atrás el papa había declarado legítimo el matrimonio de Catalina y Enrique. Para la reina esta noticia llegaba demasiado tarde.

Su tortura aún no había terminado porque en mayo Catalina recibió otra visita de los emisarios de Enrique, esta vez liderada por el arzobispo de York. El rey le ofrecía una vida de tranquilo y confortable retiro si aceptaba la Ley de Sucesión. A pesar de su débil salud, la reina reaccionó «con gran cólera y agonía interrumpiendo siempre sus palabras». Jamás aceptaría una ley que convertía a su hija en bastarda y dejó claro a sus visitantes que no le temía a la muerte. Antes de despedirse del arzobispo le pidió que la trasladaran a un lugar menos húmedo porque se encontraba enferma y temía empeorar. Enrique respondió a su petición enviándola al castillo de Kimbolton que se hallaba en un estado de gran deterioro. Con sus altos y gruesos muros de piedra era una prisión aún más segura que Buckden. Catalina, que arrastraba una tos persistente, comprendió que este lugar frío y húmedo sería su última morada. Ella misma optó por encerrarse en la habitación que le asignaron. Enrique había ordenado despedir a la mayoría de sus sirvientes y ahora solo tenía a su lado a tres damas de compañía y a sus «fieles españoles», su confesor y sus dos médicos. Si Enrique había decidido que era su prisionera, ella estaba dispuesta a vivir como tal, y que el pueblo lo supiera.

Ahora la única preocupación de Catalina era su hija María que seguía obligada a permanecer en el palacio de Hatfield y era objeto de toda la cólera de Ana Bolena. La joven reina no dejaba de insistir a Enrique en que debía ser más duro con su hija y juró que ella misma «acabaría con el orgullo de ese rebelde linaje español». Pero María se mostraba cada vez más indómita y se negaba a responder cuando la llamaban lady María. Finalmente, la situación se volvió tan insostenible que Enrique decidió que su primogénita no podía continuar en Hatfield. Aquella adolescente que osaba desafiarle y contaba con el apoyo de los nobles y el pueblo, se había convertido en un lastre. El rey comprendió que debía permanecer aislada e incomunicada como su madre. Así la envió al castillo de Hunsdon, uno de sus muchos cotos de caza, a casi sesenta kilómetros de Londres. Allí nadie podría visitarla ni aclamarla.

Mientras Catalina y su hija vivían un injusto destierro, Ana Bolena aún gozaba de todos los privilegios como reina de Inglaterra. Pese a que el nacimiento de Isabel había causado una enorme decepción en la corte, el rey aún estaba enamorado y convencido de que muy pronto llegaría un varón. Pero al igual que en su día la reina Catalina, ahora ella vivía la misma presión y angustia de tener que concebir un heredero al trono. En el verano de 1534 Ana Bolena sufrió un aborto mientras dormía en su lecho. Esta vez, al tratarse de un niño de ocho meses, la

CATALINA DE ARAGÓN

La última hija de los Reyes Católicos nació en Alcalá de Henares y fue bautizada en honor a su bisabuela, Catalina de Lancaster. Con la piel muy pálida, mejillas rosadas, cabellos cobrizos y ojos azules, parecía más una delicada joven inglesa que española. Las vicisitudes políticas de la corona de Castilla hicieron que su infancia fuera la de una auténtica trotamundos lo que, combinado con la tutela de su madre, dio como resultado una joven culta, sensible, reflexiva, devota y muy madura para su edad.

Catalina siempre se miró en el espejo de su madre, Isabel I de Castilla, quien tuvo que luchar por el poder desde niña y actuar con determinación y astucia en un mundo de hombres. No en vano, a finales del siglo XV, Isabel era la única mujer en el trono en toda Europa. Presidía consejos y conducía ejércitos, pero también supo ser una madre cariñosa y atenta, que se esmeró en que Catalina adquiriera una formación digna de una reina.

✳

Los Reyes Católicos desarrollaron con sus cinco hijos una inteligente política dinástica dirigida a fortalecer las coronas de Castilla y Aragón. En busca de protección ante la amenaza francesa e italiana, sellaron el compromiso de Catalina con Arturo, príncipe de Gales, cuando ella solo contaba tres años y él, dos. La boda se celebró más de una década después en la catedral de San Pablo, pero el enlace quedó truncado unos meses más tarde debido a la frágil salud del príncipe, que dejó viuda a Catalina sin haber consumado siquiera el matrimonio, cuestión de gran trascendencia en los años venideros.

· ANNO · ETATIS ·   · SVÆ · XLIX ·

Enrique VIII tenía muy poco que ver con su hermano Arturo. Robusto, de cabello pelirrojo y rostro redondo, era uno de los príncipes más atractivos de Europa. La muerte de su padre en abril de 1509 lo convirtió en el heredero y una de las primeras decisiones que tomó fue la de contraer matrimonio con Catalina en una discreta ceremonia. Ambos fueron coronados el 24 de junio en una magnífica celebración en Westminster. A diferencia de su primer matrimonio, Catalina vivió junto a Enrique un amor sincero y apasionado que le permitió desarrollar sus grandes dotes como soberana durante estos años felices.

Ana Bolena era una de las damas de compañía de Catalina. Sus profundos ojos negros, así como su largo cabello oscuro llamaban la atención. Enrique la conoció cuando solo tenía quince años y se encaprichó hasta el punto de poner en riesgo la corona para casarse con ella. Voluble y enamoradizo, comenzó un complicado proceso de separación que hundió a Catalina y lo enfrentó al Vaticano, provocando una escisión en la Iglesia de Inglaterra. Su amor fulgurante se consumió rápido y en 1536 Ana Bolena fue decapitada bajo las acusaciones de adulterio, alta traición e incesto.

❋

Con el cabello rojizo de su padre y los ojos claros de su madre, María nació en 1516 tras cuatro embarazos frustrados. La ausencia de un heredero varón distanció a Enrique de Catalina y fue un motivo de peso en su separación. El soberano presionó y humilló a su esposa con el fin de lograr el divorcio, pero el castigo más cruel que pudo infligirle fue alejarla de su querida hija. María se convirtió en una muchacha de gesto sombrío, solitaria, callada y muy desconfiada. Durante su reinado intentó dar marcha atrás a la reforma eclesiástica que había puesto en pie su padre. La brutal persecución que ejerció contra los protestantes la llevó a ganarse el sobrenombre de María la Sanguinaria.

❊

Catalina presenció siendo una niña el regreso de Cristóbal Colón a la corte de los Reyes Católicos tras el descubrimiento del Nuevo Mundo. Además de oro y especias, el navegante trajo animales exóticos que pronto se pusieron de moda entre las clases adineradas de toda Europa. En su largo y penoso éxodo de la corte, impuesto por su esposo Enrique VIII, mantuvo la compañía de un mono capuchino, símbolo de un estatus que ya nunca recuperó.

❂

Enrique VIII, obsesionado con Ana Bolena, planteó la nulidad del matrimonio a Catalina, que se negó rotundamente a otorgársela. El soberano inició una durísima persecución contra su esposa, quien luchó hasta el final por su corona y por hacer valer la legitimidad dinástica de su hija. Ante su firme negativa, el rey organizó un juicio en el que la acusó de haber mentido acerca de la consumación de su primer matrimonio. Catalina se presentó ante el tribunal vestida de luto y arropada por el afecto del pueblo. Al llegar su turno de palabra, se dirigió con enorme dignidad hasta donde se encontraba su esposo, se arrodilló y pronunció un discurso que ha quedado para la Historia.

❀

noticia afectó más al rey que se mostraba irascible y malhumorado. Su feliz matrimonio empezaba a resquebrajarse. Enrique no tardaría en volver a sus viejas costumbres y pronto comenzó a cortejar a una nueva dama, Juana Seymour, más sencilla y dócil que su temperamental esposa.

En aquel verano, y poco después de que Catalina llegara al castillo de Kimbolton, Chapuys protagonizó una escena que caló muy hondo en su corazón. Al embajador nunca se le había dado permiso para visitar a la reina pero preocupado por su salud decidió organizar una llamativa comitiva hacia Kimbolton formada por más de sesenta jinetes vestidos con coloridos ropajes. Entre ellos estaban algunos de sus antiguos sirvientes, mercaderes y caballeros españoles, así como un bufón. Deseaba llamar la atención y que el pueblo de Londres se enterara de que iban a visitar a Catalina en el exilio. Pero la reina, temiendo por su seguridad, le mandó un mensaje a su amigo rogándole que no desobedeciera las órdenes de Su Majestad. Chapuys se quedó a pocos kilómetros del castillo pero envió a un grupo de caballeros y al bufón para que cabalgaran hasta el foso que rodeaba el inexpugnable edificio. Catalina y sus damas se acercaron a la ventana de una de las torres y contemplaron el divertido espectáculo. La reina apenas pudo contener las lágrimas y más cuando algunos de aquellos jinetes comenzaron a cantar hermosas canciones de su tierra natal. Jamás olvidaría el gesto de su leal y valiente amigo.

Vivía en Kimbolton recluida como una monja y en pésimas condiciones. Ya no conservaba ninguna de sus magníficas joyas que hacía tiempo habían pasado a manos de Ana Bolena y estaba rodeada solo de objetos religiosos. En su oratorio había estatuas de santos y crucifijos. El rey seguía sin permitirle salir del castillo ni recibir visitas. No deseaba que la viesen en público porque temía la reacción del pueblo ante su cautiverio. Pero el verdadero suplicio para Catalina era la prohibición de ver a su hija. En febrero de 1535, en una carta a Chapuys, le pedía que hablara con el monarca y que le suplicara que le enviase a María para poder estar juntas y cuidar de ella, ya que enfermaba con frecuencia. La princesa había cumplido diecinueve años y hacía tres que no se veían. Los ruegos de Catalina no conmovieron a Enrique, a quien le inquietaba que todo fuera un pretexto para sacar a la joven del país. Su atención se centraba ahora en detener y ejecutar a todas las personas contrarias a él encarceladas en la Torre de Londres y no quería más preocupaciones. Enrique, a sus cuarenta y tres años, se había convertido en un sangriento tirano, un rey egoísta y despiadado que no mostraba la más mínima clemencia ni siquiera con los que habían sido sus más próximos colaboradores. Tras ejecutar cruelmente a varios monjes cartujos de Londres, el 6 de julio le llegó el turno a Tomás Moro que fue decapitado tras catorce meses prisionero.

La conmoción que le causó a Catalina la muerte de Moro, su leal amigo y un «hombre que obedecía a su conciencia y por encima de todo a Dios», la convenció de que ella y su hija serían las siguientes. A pesar de que le faltaban las fuerzas se animó a escribir una última carta de súplica a su sobrino el emperador Carlos y al nuevo papa Pablo III alertándolos del terror que vivía Inglaterra y de que si no actuaban ahora «habría muchos más mártires de la Iglesia, entre ellos ella y su hija que ya esperaban el final». La salud de la reina se fue deteriorando y para Navidad estaba tan grave que tuvo que guardar cama. Los médicos que la atendían confirmaron que «la princesa viuda se hallaba en peligro de muerte».

Lo único que le devolvió por un instante la alegría fue una visita que recibió la noche de Año Nuevo de 1536. María de Salinas, que había sido su amiga más íntima y leal hasta que se casó con el barón de Willoughby, decidió regresar junto a ella en sus últimas horas. Se había enterado de que estaba muy enferma y se las ingenió para engañar en plena noche a los guardias que custodiaban las puertas del castillo y acceder a los aposentos de su señora. Para Catalina la presencia de su antigua dama de compañía española fue un rayo de luz en su oscura existencia. María la encontró muy débil y envejecida. Acababa de cumplir cincuenta años, pero parecía una anciana con la movilidad muy limitada y sin poder sostenerse en pie. Sin embargo, mantenía intacta su lucidez mental y seguía escribiendo cartas a su querida hija donde le aconsejaba que, en la medida de lo posible, «obedeciera las órdenes del rey, hablara poco y no interviniera en nada».

El 2 de enero Catalina recibió una sorpresa que fue «un bálsamo para su soledad». Esta vez era Chapuys que finalmente había conseguido permiso del rey para ir a verla dada la gravedad de su estado. La reina yacía postrada en la cama y apenas pudo incorporarse para recibirlo. El embajador se sobrecogió al ver su extrema delgadez y su rostro demacrado. No imaginaba encontrarla tan consumida y casi sin fuerzas. Catalina era muy consciente de que su fin estaba cerca pero aún tenía que resolver algunos asuntos. «Me consuela poder morir en vuestros brazos, y no abandonada y sola como un animal», le dijo visiblemente emocionada. El cariño de María de Salinas y las largas conversaciones con Chapuys mejoraron algo su salud. Durante los cuatro días que permaneció en el castillo, su amigo se reunió cada tarde con ella dos horas. Hablaron del futuro de su hija María, que era su mayor preocupación, y le pidió que tras su muerte escribiera al emperador Carlos para que la protegiera y lograra que un día ciñera la corona de Inglaterra. También del dolor que le causó la ruptura de Enrique con la Iglesia católica y de los remordimientos que sentía por haber podido ser la culpable de tanto daño y del asesinato de sus hombres más leales. Pero en todo momento evitaron hablar de Ana Bolena que estaba embarazada de nuevo tras sufrir dos abortos. Chapuys se despidió de ella el 5 de enero y le juró por su vida que cuidaría de su hija y cumpliría con sus deseos.

Al día siguiente Catalina parecía encontrarse mejor, recuperó el apetito y el buen humor. La reina quiso escribirle una última carta a Enrique, pero como no podía sostener la pluma se la dictó a una de sus damas. Fue breve pero en sus palabras aún mostraba su dignidad y firmeza. Le recordaba a su amado esposo el rey que debía salvar su alma y abandonar las tentaciones de la carne. Le perdonaba todos sus pecados y no le guardaba rencor. Solo le pedía que cuidara de la princesa María como un buen padre. Lo más conmovedor fue su despedida: «Hago testigo a Dios. Y es que a ti solo en esa vida desean mis ojos. Dios te guarde».

La mejoría fue breve. Por la noche volvieron los dolores tan intensos y las náuseas que no podía comer ni beber. María de Salinas se quedó a su lado y a ella le pidió que llamara al capellán para que le diera la comunión porque temía no ver amanecer. Después de rezar y confesarse, firmó de su puño y letra un documento dirigido a Enrique en el que le indicaba que renunciaba a todas sus posesiones y que deseaba ser enterrada en una capilla perteneciente a sus queridos monjes franciscanos. El 7 de enero de 1536, a las dos de la tarde, la reina exhaló su último suspiro. Murió en los brazos de su querida María de Salinas y su cuerpo fue instalado en la capilla de Kimbolton donde fue velado por sus tres damas de compañía. Cuando le practicaron la autopsia el embalsamador encargado de preparar su cadáver descubrió que «todos los órganos internos estaban de lo más saludable y normales, a excepción de su corazón, que estaba bastante negro y resultaba espantoso mirarlo». Es probable que Catalina de Aragón falleciera de cáncer, lo que le provocó en sus últimos días una terrible agonía. Despiadado hasta el final, el rey no permitió a su hija María acudir junto al lecho de su madre enferma ni asistir al funeral.

La noticia fue recibida con gran dolor por Chapuys, la persona más próxima a ella y quien mejor la conocía. Más adelante recordando a la desdichada reina dijo: «Era excesivamente compasiva. La mujer más virtuosa que he conocido y la más bondadosa, pero demasiado rápida en confiar en que los demás fuesen como ella, y demasiado lenta en hacer un poco de daño que podía causar mucho bien». Según el embajador al rey su muerte apenas le afectó, se vistió de amarillo de arriba abajo, con una pluma blanca en el sombrero, y dio un gran baile en Greenwich. Muy risueño se paseó entre los invitados con su hija, la princesa Isabel, en sus brazos, enseñándola a todos y diciendo: «Sea alabado Dios, ahora que la vieja bruja ha muerto ya no hay temor de que haya guerra». Si Ana Bolena pensaba que con la muerte de su odiada rival se acabarían sus problemas, estaba equivocada. El mismo día que Catalina era enterrada discretamente en una ceremonia privada, ella sufrió un aborto de su hijo varón. Solo unos meses después sería decapitada en la Torre de Londres acusada de adulterio, alta traición e incesto.

El último deseo de la reina de ser enterrada en un austero convento de sus amados franciscanos no se cumplió. Tras los funerales propios de una princesa viuda y no de una reina, su cuerpo fue conducido a la abadía de Peterborough. Catalina de Aragón sobrevivió a intrigas, penurias, humillaciones y a la crueldad de su esposo. Nunca se rindió y luchó hasta el último suspiro para defender los derechos dinásticos de su hija, María Tudor, nieta de los Reyes Católicos, quien finalmente fue coronada como la primera reina de Inglaterra por derecho propio. Hoy en día, nunca faltan en la tumba de la reina española flores rojas y amarillas y ofrendas de granadas, símbolo de su escudo y de su fruta favorita en sus tiempos felices en la Alhambra. En una sencilla placa se puede leer: «Una reina amada por el pueblo inglés por su lealtad, piedad, coraje y compasión».

ISABEL I
DE INGLATERRA

La soledad del poder

Sé que poseo un débil y frágil cuerpo de mujer, pero tengo el corazón y el coraje de un rey, más aún, de un rey de Inglaterra.

ISABEL I DE INGLATERRA

A finales de agosto de 1533 Ana Bolena se despidió de su familia y en compañía de sus damas se recluyó en la llamada Cámara de las Vírgenes en el palacio real de Greenwich, a las afueras de Londres. La reina de Inglaterra se encontraba a punto de cumplir su noveno mes de embarazo y en esta habitación, cuyas paredes se decoraron con ricos tapices religiosos, debía esperar la llegada de su hijo. Astrólogos, hechiceros y parteras estaban convencidos de que traería al mundo a un varón. Pero el 7 de septiembre, hacia las tres de la tarde, la reina dio a luz a una niña sana y fuerte. Fue un parto rápido y sin complicaciones. La recién nacida tenía el pelo rojizo y la nariz prominente de su padre y los ojos oscuros de su madre. El rey Enrique VIII estaba tan seguro de que sería un niño que había organizado un espléndido torneo en su honor y ya tenía elegido el nombre del heredero, Eduardo. Su decepción fue tan grande que ni siquiera entró a ver a su esposa, pero enseguida ordenó que la pequeña princesa fuera tratada con toda la dignidad que exigía su rango. Se le dio el nombre de Isabel, en honor a sus dos abuelas, la reina Isabel de York y la noble Isabel Howard.

Tres días más tarde fue bautizada con gran pompa en la iglesia franciscana cercana al palacio real. A la desdichada Catalina de Aragón, exiliada en el castillo de Buckden y denigrada al rango de «princesa viuda de Gales», se le pidió que donara para la ceremonia la rica mantilla que había traído de España y había servido para el bautismo de su hija María Tudor. Una humillación más que le causó un profundo disgusto. «¡Dios no lo permita —exclamó indignada—, que yo colabore en un asunto tan horrible y detestable como este!». El rey obligó a toda la nobleza a asistir al bautismo de Isabel. Eligió como padrino al arzobispo de Canterbury, Thomas Cranmer, y la madrina fue la duquesa viuda de Norfolk, abuela adoptiva de la reina Ana Bolena, que sostuvo en brazos a la recién nacida durante todo el acto religioso. El obispo de Londres ofició la solemne ceremonia por el rito católico y la princesa entró en la iglesia bajo palio y cubierta por un manto de terciopelo púrpura cuya larga cola forrada en armiño era llevada por cuatro lores. Detrás de un tapiz se había instalado un brasero para que la niña no tuviese frío. Tras ser bendecida en la pila bautismal de plata que se alzaba en el centro del templo, el heraldo gritó: «¡Que Dios, en su bondad infinita, otorgue feliz y larga vida a la poderosa lady Isabel, princesa de Inglaterra!», y sonaron las trompetas.

A la salida de la iglesia repicaron todas las campanas de la ciudad mientras un largo cortejo formado por guardias reales y nobles desfilaba a la luz de las antorchas de regreso a la cámara de la reina. En las tabernas corrió el vino y hubo bailes y fiestas improvisadas en las calles. Pero este ambiente festivo no era sino una manera de humillar a Ana Bolena por no haber sido capaz de concebir un varón. Enrique lo sabía y fue el gran ausente en las celebraciones. Encerrado en sus aposentos se mostraba afligido y muy preocupado. El destino parecía haberse burlado de él concediéndole otra hija. La presión por dar un heredero a la Corona le había hecho anular su matrimonio con Catalina de Aragón y enfrentarse al emperador Carlos V y a la Iglesia de Roma para casarse con Ana Bolena. Pero esta dama culta, sofisticada y ambiciosa que le había robado el corazón, tampoco le había dado el hijo que necesitaba. Aunque en Inglaterra no existía una ley sálica que impidiera que una mujer pudiera reinar, había una gran oposición contra semejante posibilidad. Enrique temía que si se cuestionaba la Corona, podrían estallar peligrosas revueltas como en el pasado. Pero el rey superó pronto su desilusión y recobró la alegría. A sus cuarenta y dos años aún era un hombre fuerte y la joven Ana había demostrado ser fértil y saludable por lo que podían tener más hijos. Tras largas deliberaciones el monarca promulgó la Ley de Sucesión para asegurar la supervivencia de la casa Tudor. Isabel, hasta el nacimiento de un hijo varón, se convirtió en «la única y legítima heredera del trono de Inglaterra» y solo ella podía ostentar el título de princesa de Gales. Con esta decisión su hermanastra María Tudor era despojada de todos sus derechos y declarada ilegítima.

A los tres meses de edad, Isabel fue separada de su madre y llevada con un gran séquito al castillo de Hatfield, a treinta y dos kilómetros de Londres. Era el lugar elegido para mantener a los hijos del rey a salvo de las frecuentes epidemias de peste o gripe y también para apartarlos de las intrigas de la corte. Hasta allí llegó la princesa de Gales escoltada por algunos de los caballeros más importantes de Inglaterra, entre ellos el duque de Norfolk, y numerosas doncellas que lucían llamativos y ricos vestidos. El soberano quiso demostrar con este espectacular desfile que si «Dios no le daba un varón, aquella niña se sentaría algún día en el trono». La princesa Isabel tendría su casa propia y quedó al cuidado de su institutriz lady Bryan. Por su rango la niña contaba con un servicio de más de ochenta personas. Entre ellas María Tudor, obligada por su padre a ejercer como dama de honor. Era su forma de castigar su orgullo y rebeldía. María solo reconocía a su madre Catalina de Aragón como la legítima reina de Inglaterra.

Desde el principio se negó a acompañar a la princesa en sus paseos por los jardines y se encerraba en su habitación. Para mortificarla, la reina ordenó al duque de Norfolk que le confiscase todas sus joyas y guardarropa. El embajador de España en la corte, Eustace Chapuys, aliado de la joven, escribió que su terquedad se convirtió en una obsesión para la nueva soberana. Ana se quejaba al rey de que en Hatfield trataban María con demasiada indulgencia y ordenó a su gobernanta, lady Shelton, tía de Ana Bolena, «castigarla como la maldita bastarda que era». El plan de intentar acercar a las dos hermanas había fracasado y para Ana la hija mayor de Enrique era su peor pesadilla. Su obstinación le parecía una seria amenaza para Isabel y le preocupaban las simpatías y los apoyos con los que contaba. Tras el bautizo de la niña, Enrique VIII había roto definitivamente con Roma y se había proclamado jefe supremo de la Iglesia de Inglaterra para conseguir la anulación de su primer matrimonio. Las ejecuciones de algunos de los hombres católicos más respetados de Londres y la supresión de los monasterios y abadías para reflotar el tesoro real provocaron un gran malestar. Para el pueblo la única responsable era Ana Bolena, a la que los católicos consideraban «un instrumento del demonio», y en toda Inglaterra se detenía y condenaba a hombres por llamarla «bruja» o «la ramera francesa».

Ajena a las intrigas y rivalidades que existían en su entorno, la princesa Isabel creció rodeada de privilegios y de los afectuosos cuidados de lady Bryan. Mientras, su padre hacía planes para

ISABEL I DE INGLATERRA   133

casarla y negociaba su unión con el duque de Angulema, tercer
hijo del rey Francisco I, que entonces contaba doce años de
edad. Los embajadores franceses fueron invitados a Hatfield para
conocer a la candidata que apareció suntuosamente vestida en
los brazos de su institutriz. Después la niña fue exhibida toda
desnuda para que los enviados del rey de Francia pudieran comprobar que no tuviera ningún defecto físico. La pequeña les
pareció una criatura muy vivaz, bien formada y robusta, y se fueron satisfechos llevando buenos informes al rey de Francia.

En sus primeros años nunca estuvo enferma y el único hecho relevante que destacan las crónicas fue que «por orden del
rey y con acuerdo de su majestad la reina, la princesa fue deste-
tada al cumplir los veinticinco meses de edad». Ana Bolena estaba orgullosa de su hija y no disimulaba el amor que sentía
hacia ella. Cuando la visitaba en Hatfield se mostraba muy maternal y solía cogerla en brazos y colocarla a su lado en un cojín
hasta que se durmiera. Estas muestras de afecto eran impropias
de una soberana y avergonzaban a los cortesanos. Aunque Ana
no pudo criar a su hija se aseguró de que su modo de vida fuera
digno de su rango. La reina mantenía un estrecho contacto con
lady Bryan y ella misma se involucraba en la compra de la ropa
y los complementos de Isabel. En su lista de gastos se mencio-
nan, entre otros, «un vestido de terciopelo naranja, refajos de
terciopelo color ocre, satén amarillo, un gorro de satén blanco
bordado en hilos de oro, cintas de Venecia, mangas bordadas, un
cubrecama de damasco azul y satén verde, una gorra de tafetas
con redecilla de oro y otra de satén violeta».

En la corte la hostilidad hacia Ana Bolena era cada vez más
opresiva y lo único que se esperaba de ella es que diera un nuevo
hijo al rey. En abril de 1534 se anunció que la reina estaba embarazada y se la veía «radiante de felicidad y con el vientre redondeado». Debido a su estado de gestación se pospuso un viaje de

la pareja real que tenía previsto para encontrarse con el rey Francisco I. Pero en verano, Ana Bolena sufrió un aborto y su pérdida fue doblemente dolorosa porque se trataba de un varón de ocho meses. El monarca ya no disimulaba su disgusto y comenzó a cortejar a otras jóvenes. El embajador de Venecia escribió que «el rey está cansado y harto de su nueva reina que no duda en montar en cólera humillada por los celos». La angustia por dar a luz un hijo y las intrigas que se tejían a su alrededor empezaron a pasarle factura. En público la reina se mostraba nerviosa y muy tensa. A medida que perdía las esperanzas de concebir un heredero al trono, su carácter se endureció y «presentaba signos de histeria». También su belleza se había resentido y un cortesano inglés la describía como «sumamente fea, consumida por el esfuerzo constante y la ansiedad». Al rey que antaño su lengua afilada e ingeniosas réplicas le resultaban de lo más excitantes, ahora le suponían un fastidio. Tras unos meses en que los despachos diplomáticos resaltaban las continuas disputas de la pareja real y las conquistas femeninas de Enrique, llegó la reconciliación.

Durante el verano de 1535 Ana y Enrique partieron de vacaciones al condado de Hampshire donde el monarca tenía sus mejores cotos de caza. Allí, en medio de la campiña inglesa, disfrutaron del buen clima y de momentos de intimidad en alguno de los castillos de su propiedad. Según testigos, los esposos se mostraban «alegres y con buena salud» y se divertían paseando y cazando con halcones. Antes de regresar a Londres y mientras Ana continuaba viaje al palacio de Windsor, el rey se hospedó en Wolf Hall, la casa de los Seymour, una familia respetable y de antiguo linaje que gozaba del favor real. A lo largo de la semana que pasó en compañía de sir John Seymour el monarca tuvo oportunidad de conocer a su hija, una dulce joven de cabellos rubios y ojos claros. Juana Seymour contaba veinticinco años y era una dama de la corte que había estado al servicio de la reina

Catalina y también de Ana Bolena antes de su coronación. No era una gran belleza pero poseía un carácter dócil y tranquilo. Al rey su compañía debió parecerle un remanso de paz en comparación con su temperamental y celosa esposa. Como en el caso de Ana Bolena, tenía una ambiciosa familia dispuesta a aprovechar al máximo el interés del monarca por la dama, y sobre todo su hermano Edward, escudero del cuerpo del rey. La táctica de Juana fue idéntica a la de lady Ana y rechazó con educación las proposiciones de Su Majestad. Un día Enrique le envió con un mensajero una bolsa llena de monedas de oro y una carta de amor. Pero ella se negó a aceptar el regalo aludiendo a su castidad y honor, y añadió que «si el rey se dignaba hacerle un obsequio de dinero, rogaba que fuera cuando ella tuviera un matrimonio honorable». El monarca se sintió encantado con su rechazo y sus virtuosas palabras excitaron aún más el deseo de casarse con ella.

En septiembre Ana supo que estaba embarazada de nuevo, pero tras su último aborto se mantuvo la cautela. Aún tenía varios meses por delante y hasta el feliz acontecimiento podían ocurrir muchas cosas. En cambio la inesperada noticia de que Catalina de Aragón se encontraba gravemente enferma tuvo una gran repercusión en la corte. A finales de diciembre ya no podía abandonar su cama debido a «tan punzantes y violentos dolores que la dejaban exhausta». Eran muchos los que pensaban que Catalina había sido envenenada y señalaban a Ana Bolena como la culpable de hacer desaparecer a su odiosa rival. Pero su buen amigo el embajador Chapuys pudo visitarla en el castillo y tras pasar unos días con ella comentó que «el médico no ve los signos y apariencias de un simple veneno». El 7 de enero de 1536 la infeliz reina falleció sin poder despedirse de su querida hija María Tudor.

A pesar de todo para Ana Bolena aquellas fueron unas Navidades alegres. Parecía que ninguna nube podía ensombrecer su reinado ahora que Catalina había muerto y ella se encontraba embarazada de tres meses. Enrique VIII se enteró de su fallecimiento en el palacio de Greenwich y se sintió liberado y feliz. Pero la alegría de la pareja real duró poco y aquel año comenzó con malos presagios. El 29 de enero, el mismo día en que se daba sepultura a Catalina de Aragón en la catedral de Peterborough, la reina tuvo un tercer aborto. Los médicos anotaron que el feto «era de aproximadamente tres o cuatro meses y se trataba de un varón». Unos días antes Enrique había sufrido una grave caída de su caballo que le dejó inconsciente durante dos horas. Ana, muy alterada, dijo que la noticia de su accidente le había impactado tanto que le había provocado un parto prematuro. Pero esta excusa no impresionó al rey, que se mostraba de muy mal humor y sintió que una maldición pesaba sobre él. Al igual que con su primera esposa, estaba convencido de que Ana jamás podría darle un heredero. «Veo que Dios no desea darme hijos varones», exclamó devastado. Enrique empezó a urdir un plan con la ayuda de su secretario Thomas Cromwell para deshacerse de ella y casarse con Juana Seymour. De nuevo, como le sucedió a la infeliz Catalina de Aragón, la maquinaria de mentiras e injurias se puso en marcha. El soberano encontró enseguida una explicación a todas sus desgracias: había sido embrujado por Ana Bolena, «seducido y obligado a este segundo matrimonio mediante sortilegios y encantos».

En las semanas siguientes Ana tuvo que soportar la frialdad y las humillaciones del rey. Enrique invitó a su amada Juana, a la madre de esta, lady Seymour, y al hermano, sir Edward, a instalarse en unos apartamentos desocupados en Greenwich. El monarca podía llegar a estas habitaciones por unas galerías sin ser visto. La reina sabía que su matrimonio se había roto, pero aún tenía la esperanza de volver a quedarse embarazada y despertar de nuevo la pasión de Enrique. Para aliviar su soledad y alejar la melancolía que sentía, comenzó a frecuentar la compañía de algunos caballeros de la corte. Se la vio participar como antaño en las animadas veladas de Greenwich danzando, bebiendo vino y tocando el laúd. Parecía haber recuperado la alegría y se prestaba a juegos peligrosos, aceptando encantada las galanterías de los hombres de su entorno, como el apuesto bailarín y músico Mark Smeaton que sentía un amor platónico por ella. Enseguida circularon por Londres rumores y crueles habladurías. Se decía que la reina Ana daba mal ejemplo a sus damas, que había cometido adulterio e, incluso, que mantenía horribles e incestuosas relaciones con su hermano George. El astuto Thomas Cromwell se dio cuenta en ese instante de que la presencia de Ana como soberana amenazaba la seguridad del reino. A partir de entonces centró todos sus esfuerzos en destruir a «la reina-hechicera», como era llamada por los cortesanos que nunca le perdonaron su acceso al trono siendo una mujer sin títulos nobiliarios.

Ana Bolena no podía intuir la tragedia que se avecinaba. El 30 de abril de 1536, tras un largo Consejo de Ministros en el palacio de Greenwich, se ordenó la detención del músico Mark Smeaton acusado de cometer adulterio con ella. Tras ser cruelmente torturado el joven confesó sus pecados y señaló a otros caballeros de la corte que también fueron detenidos. Finalmente el 2 de mayo tres miembros del Consejo —entre ellos su tío el duque de Norfolk— irrumpieron en los aposentos de la reina en Greenwich y la sometieron a un duro interrogatorio. Acusada de adulterio, alta traición e incesto con su hermano, fue arrestada y transportada en barco a la temible Torre de Londres. El único detalle piadoso que se tuvo con ella fue permitirle que se alojara en las lujosas habitaciones que había ocupado antes de su coronación en lugar de en los lúgubres calabozos. También pudo contar con la presencia de cinco damas para atenderla y se mantuvo el tratamiento de reina.

Tras quince días de cautiverio e incertidumbre se celebró el juicio en presencia de dos mil personas. Era una farsa organizada por su peor enemigo, Thomas Cromwell, porque Ana Bolena ya estaba condenada a muerte. Enrique VIII necesitaba eliminarla para poder contraer matrimonio por tercera vez. La reina mostró en todo momento una gran dignidad y respondió de manera prudente y discreta a sus acusadores. Nunca admitió ninguno de los cargos pero aceptó respetuosa el veredicto del jurado. Declarada culpable fue condenada a morir quemada en la hoguera o decapitada. Enrique VIII tendría que elegir entre la pira o el hacha y escogió esta última. Hasta el final Ana mantuvo la esperanza de que el rey la perdonara y la enviara a un convento lejos de la corte para pagar allí por sus pecados.

Pero Enrique no tuvo clemencia con su esposa y a lo único que accedió fue a reemplazar el hacha por una fina espada para que su muerte fuera rápida. El 19 de mayo de 1536, vestida de negro, la reina subió las escalinatas del cadalso con paso firme y serena. Al igual que Catalina, en las últimas palabras que dirigió al pueblo se mostró agradecida y leal al monarca para proteger así a sus familiares y evitar represalias. Cuando el verdugo finalizó eran las nueve en punto de la mañana. Ana Bolena tenía cerca de veintinueve años, había sobrevivido cuatro meses a Catalina de Aragón y su reinado sería conocido como «el de los mil días». Una salva de cañón resonó por todos los rincones de la ciudad de Londres anunciando que la sentencia se había cumplido. Enrique VIII se encontraba en ese instante en palacio hablando con el duque de Richmond y le dijo con lágrimas en los ojos que debía dar gracias a Dios por haber escapado «de esa maldita ponzoñosa ramera que había deliberado hacerlos envenenar». Las ganas de venganza del soberano eran tan grandes que no se contentó con dar muerte a su esposa sino que quiso borrar su nombre de la memoria del pueblo. Dos días antes de la ejecución de Ana, el arzobispo Cranmer declaró nulo su matrimonio. La pequeña Isabel se vio, como su hermanastra María, relegada a la condición de hija ilegítima.

La princesa bastarda

Apenas once días después de la ejecución de Ana Bolena, Enrique VIII se casó con Juana Seymour en el palacio de Whitehall en Londres. En aquel verano de 1536 al rey se le veía relajado y feliz gracias al carácter afectuoso y conciliador de su tercera esposa. Ya antes de su matrimonio Juana manifestó la intención de que su hijastra María recobrara el favor de su padre. La joven tenía veinte años —siete menos que ella— y seguía viviendo un humillante e injusto exilio. Pero Enrique solo estaba dispuesto a reconciliarse con su hija si esta admitía la nulidad del matrimonio de su madre Catalina de Aragón. Finalmente y tras fuertes presiones, lady María cedió y aceptó firmar un documento proclamando «que su padre y su madre nunca habían estado casados, y por lo tanto, ella no era más que una bastarda». En recompensa fue autorizada a regresar a la corte y aunque no recuperó su título de princesa, al menos se le concedió una casa digna de su posición con cuarenta y dos servidores.

Mientras, el futuro de la pequeña Isabel era muy incierto. La niña permanecía en el palacio de Hatfield al cuidado de lady Bryan pero, tras ser declarada ilegítima, sus privilegios terminaron. Los embajadores extranjeros se interesaban menos por ella y en sus despachos apenas la mencionaban. Isabel tenía solo dos años y nueve meses y había perdido a su madre y el título de princesa y heredera al trono de Inglaterra. A tan corta edad permanecía ajena a estos cambios en su vida, que sí se hicieron notar en su entorno más cercano. Se recortaron los gastos de su casa y la situación llegó a tal extremo que a finales de verano su institutriz no sabía cómo hacer para vestirla: «Ahora que lady Isabel ha perdido su título, ya no sé cuál es su posición ni cómo debo dirigirme a ella [...]. Ya no tiene vestidos, enaguas, camisas, gorros, pañuelos, puños, tocas ni refajos y, a fe mía, ya no sé con qué vestirla decentemente». A estas quejas dirigidas al ministro Thomas Cromwell, su institutriz añadía que su pupila era «la niña más viva y más encantadora que jamás se haya visto y a buen seguro le dará muchas satisfacciones a Su Majestad». Sin duda Isabel era tan encantadora que se ganaba a todos los que la conocían. Pero su padre solo tenía ojos para su «buena y virtuosa» esposa Juana Seymour que se encontraba embarazada.

De nuevo en la corte todos estaban convencidos de que sería un varón y en esta ocasión no se equivocaron. El 12 de octubre de 1537 nació en la residencia real de Hampton Court un niño que recibió el nombre de su bisabuelo, Eduardo. Tres días después se celebró el suntuoso bautismo al que acudieron los más importantes nobles de Inglaterra y representantes de la realeza europea. La pequeña Isabel, de cuatro años, asistió a la ceremonia y a causa de «su tan tierna edad» fue llevada en brazos por Edward Seymour, hermano de la reina. María Tudor actuó como madrina y debió disimular su desagrado porque el padrino elegido fue el arzobispo Cranmer, el mismo hombre que había anulado el matrimonio de su madre. A sus cuarenta y seis años Enrique VIII había logrado su sueño y no pudo reprimir las lágrimas de emoción cuando el pequeño príncipe abandonó la iglesia bajo un rico palio entre el clamor del pueblo.

Pero mientras su hijo recibía las aguas del bautismo, Juana Seymour, debilitada por una infección contraída tras el parto, se vio obligada a guardar cama. La felicidad del rey no duró mucho tiempo. El 24 de octubre, apenas doce días después de dar a luz, falleció consumida por la fiebre puerperal. Tenía veintiocho años y había sido reina de Inglaterra diecisiete meses. Enrique se encontraba tan roto por el dolor que no acudió al funeral que se celebró con todos los honores reales. Con el tiempo el monarca confesó que Juana Seymour fue la que más había amado de sus seis esposas y ordenó que a su muerte su cuerpo reposara en la capilla de San Jorge en Windsor junto al de ella. El cortejo fúnebre de la reina estuvo encabezado por la joven María Tudor, quien se volvió «loca» por la pena tras la muerte de su muy querida madrastra y protectora.

Eduardo se había quedado huérfano de madre y el soberano decidió enviarle a Hatfield donde vivía Isabel. Los dos niños compartieron juegos, estudios y complicidad. Para Isabel, que hasta la fecha había crecido sola y alejada de la corte, su llegada fue un regalo. No importaba que ella fuera una bastarda y él un futuro rey, ambos estaban muy unidos. Isabel recibió una educación muy refinada, pero no incluía el arte de gobernar ya que no estaba destinada a ocupar el trono. Sus tutores la definían como «una niña muy precoz, orgullosa, inteligente y llena de curiosidad». Su plan de estudios era severo y estricto y solo podía distraerse con otras actividades como la música, la danza, la costura y el bordado. Aprendió latín y llegó a dominarlo tanto que fue capaz durante su reinado de improvisar largos discursos en esa lengua. Leyó a Cicerón, Platón, Séneca, Aristóteles; se formó en moral, filosofía y griego; leyó las obras clásicas y las Sagradas Escrituras y aprendió varios idiomas, entre ellos el francés y el italiano que hablaba con fluidez. También estudió matemáticas, geografía, historia y astronomía.

Con una educación tan completa y rigurosa no es de extrañar que Isabel fuera una niña muy seria y formal. Cuando cumplió los seis años y recibió la visita del secretario de Estado, este la encontró «tan madura como una mujer de cuarenta». También influía la manera en que vestía y que le hacía parecer «una pequeña adulta». La ropa era un suplicio y tan incómoda que no le permitía jugar, correr ni moverse en libertad. Desde muy niña llevaba corsé, ballenas, faldas y vestidos de pesadas telas y cuellos rígidos además de recargadas joyas. En los retratos posa seria y siempre suntuosamente vestida. Con apenas ocho años ya asistía a las procesiones y ceremonias acompañando a su padre y a todos sorprendía «su comportamiento regio y ejemplar».

Desde la muerte de la reina Juana Seymour la corte había sido un lugar triste y sombrío. Pero en 1540 y tras tres años de viudedad el rey Enrique VIII decidió contraer de nuevo matrimonio por motivos políticos. Esta vez la elegida fue Ana de Cleves, una noble alemana cuya unión permitió consolidar la reforma protestante en Inglaterra. El retrato que había realizado el pintor de la corte Hans Holbein de la dama, y que tanto había gustado a Su Majestad, no se parecía a la realidad. Enrique la encontró fea y no se sintió nada atraído por ella. La boda se celebró en el palacio de Greenwich, pero el matrimonio no se consumó y seis meses más tarde el rey la repudió. Tras este humillante rechazo Ana se quedó a vivir en Inglaterra, donde con el tiempo gozó de una honorable posición en la corte y se ganó el afecto de la familia real, especialmente de Isabel.

Su quinta esposa sí fue del gusto del monarca y era una de las damas de compañía de Ana de Cleves. La elegida, Catalina Howard, tenía diecisiete años —treinta y dos menos que él— y era prima hermana de Ana Bolena. De pequeña estatura, no resultaba una belleza pero todos elogiaban «su gracia y la dulzura de su expresión». Isabel aún no había cumplido siete años cuando le informaron de que su padre iba a casarse de nuevo. A pesar de que Enrique no había demostrado mucho interés ni afecto por su hija, ella le adoraba y admiraba su poder y riquezas. Era una buena noticia porque tras quedarse viudo Enrique había envejecido, estaba cada vez más obeso y su carácter se había vuelto aún más irascible, caprichoso y violento. Su decadencia física y moral —fuera de Inglaterra le apodaban el Nerón inglés— resultaba evidente hasta tal punto que fijó para el mismo día de su boda la ejecución de su más fiel consejero, el poderoso ministro Thomas Cromwell, acusado de traicionar su confianza tras el infructuoso matrimonio con su última esposa. El enlace se celebró en el verano de 1540 en el palacio de Oatlands y tanto Isabel como su hermanastra lady María estuvieron presentes en la ceremonia. Su Majestad se había vuelto a enamorar y la dulce y tierna Catalina Howard le parecía «una joya de la feminidad». Pero al cabo de un año, la joven reina caería en desgracia, como su prima Ana Bolena. Fue acusada de adulterio y de haber llevado «una vida abominable, baja, carnal, voluptuosa y viciosa» antes del matrimonio. A pesar de declararse inocente, en febrero de 1542 el hacha del verdugo acabó con su vida. Aún no había cumplido los veinte años.

Tras la ejecución de Catalina Howard, el rey entró en un estado de profunda apatía. Después de cinco esposas y de más de treinta años de matrimonio, se sentía solo. Su salud también preocupaba porque empezó a sufrir graves achaques y su excesivo peso no ayudaba en su recuperación. Solo a comienzos de 1543 se le vio más alegre y regresaron los bailes y las fiestas a Greenwich presididas por su hija, lady María, «a falta de una reina». Enrique se había fijado en una dama inglesa de la corte llamada Catalina Parr que sería su sexta y última esposa. Tenía treinta y un años, había enviudado dos veces, no tenía hijos y era una ferviente protestante. Noble, abnegada y piadosa, reunía las condiciones que ahora buscaba en una buena compañera. A Enrique ya no le interesaba tener más hijos y también dejó a un lado sus conquistas femeninas. En esta etapa de su vida, cansado y prematuramente envejecido, solo deseaba tranquilidad y que cuidaran de él.

La boda se celebró en «el gabinete de la reina» en el palacio real de Hampton Court, una de las residencias preferidas de Enrique VIII. A la ceremonia se invitó a las dos hijas del rey, que en esta ocasión se mostraron complacientes con la elección de su padre. Catalina Parr sería para ellas lo más parecido a una madre. Con ella comenzó una etapa dulce en la vida de la familia real y desde el principio se esforzó en establecer una relación afectuosa con sus tres hijastros, a pesar de las diferencias de edad y rango. Isabel tenía nueve años, María veintisiete y Eduardo seis. Tras haber asistido a la boda de su padre, Isabel no vio a su madrastra hasta el año siguiente. Pero Catalina, firme defensora de la educación de las mujeres, estuvo muy pendiente de su instrucción e influyó en sus convicciones religiosas. Al cumplir nueve años Eduardo inició la etapa conocida como «dejar a las mujeres» para recibir la educación masculina adecuada al heredero. Mientras, Isabel debía aprender las habilidades «propias de su sexo». Catalina Parr se opuso firmemente a que la joven abandonara sus estudios y la princesa continuó su formación con los mejores profesores universitarios de Cambridge. Los elegía la reina en persona y no por casualidad eran todos protestantes. La precoz erudición de lady Isabel sorprendía a sus propios tutores. Con el fin de agradar a Catalina, en Año Nuevo ella misma tradujo a tres idiomas —francés, italiano y latín— un manual religioso que la soberana publicó titulado *Plegarias y meditaciones*.

En Londres, la salud del rey seguía empeorando y a finales de 1546 se vio obligado a guardar cama por su grave enfermedad. Por primera vez preocupaba el espinoso asunto de la sucesión dinástica y qué pasaría con sus dos hijas, Isabel y María, tras su muerte. Nadie cuestionaba la legitimidad de su único hijo y heredero al trono —un niño débil y enfermizo—, pero sus dos hijas eran oficialmente bastardas y por lo tanto no podrían acceder al trono en caso de que Eduardo falleciera sin descendencia. Cuando el soberano se encontraba ya casi moribundo comenzaron las luchas por el poder en la corte y en el Consejo Privado. Por un lado estaban los Howard, con el duque de Norfolk al frente, que representaban el bando «católico» encabezado por el obispo Gardiner. Por el otro los Seymour presididos por Edward Seymour, conde de Hertford y hermano de la difunta reina Juana, y el arzobispo Cranmer, quienes simpatizaban con la Reforma.

Para sorpresa general, cuando Enrique VIII se encontraba al borde de la muerte, animado por Catalina redactó un nuevo testamento que firmó el 30 de diciembre de 1546. En él reconocía a sus tres herederos: en primer lugar Eduardo, después lady María y por último, lady Isabel. De esta manera las dos hermanastras recuperaban sus derechos dinásticos.

El rey Enrique VIII falleció en la madrugada del 28 de enero de 1547. Tenía cincuenta y cinco años y había estado en el trono más de tres décadas. Su hijo, el príncipe heredero, fue nombrado Eduardo VI de Inglaterra. Como tenía solo nueve años la regencia fue confiada a su tío materno Edward Seymour que enseguida ascendió a duque de Somerset. El hermano menor de Edward, Thomas Seymour, con quien mantenía una deplorable relación, era lord almirante de Inglaterra. Con la ayuda de sus partidarios el duque asumió el título de protector del reino. Era el hombre más poderoso de Inglaterra y junto a Thomas Cranmer iba a dar un impulso definitivo a la reforma protestante en Inglaterra.

En apenas unas semanas lady Isabel había pasado de ser una bastarda real a convertirse en heredera del trono de Inglaterra. Pero para ella el gran cambio vino de la mano de Catalina Parr quien, tras quedarse viuda, vivía en una elegante mansión en Chelsea a orillas del Támesis y la invitó a quedarse con ella. Isabel, a sus trece años de edad, apenas recordaba a su madre Ana Bolena, ejecutada siendo ella una niña. La relación con sus diferentes madrastras, salvo con Ana de Cleves, había sido casi inexistente. De ahí la felicidad que sintió cuando por primera vez pudo trasladarse a vivir con su madre adoptiva por la que sentía un profundo y sincero afecto. La personalidad de esta mujer de fuerte carácter y firmes convicciones religiosas caló hondo en la joven princesa. Gracias a la generosidad del difunto Enrique VIII su viuda contaba con una cuantiosa asignación, una espléndida herencia y una residencia en el mejor barrio de Londres.

En la corte todos sabían que, en su juventud, Catalina Parr había estado enamorada del atractivo Thomas Seymour. Alto, de buena constitución física, con una espesa barba y cabello castaño tirando a pelirrojo, era un cortesano instruido y elegante aunque «vacío de contenido». A punto de cumplir los cuarenta años aún estaba soltero y tenía fama de irresistible entre las mujeres. También era un hombre ambicioso y sin demasiados escrúpulos. Tras la muerte del rey pensó en pedir matrimonio a la segunda heredera en la línea dinástica, Isabel, aunque le triplicaba la edad. En febrero de 1547 le escribió una carta en la que le declaraba su más rendido amor y finalizaba con estas palabras: «[...] Si mi buena estrella pudiese inspiraros buenos sentimientos en mi favor y haceros consentir el matrimonio, podríais estar segura de haber hecho la felicidad de un hombre que os adorará hasta la tumba».

Isabel rechazó sin miramientos a lord Seymour que solo buscaba el poder y acceder al trono. Con su habitual prudencia y diplomacia le respondió: «Me habéis escrito, milord, la carta más halagüeña del mundo y la más elocuente al mismo tiempo. Pero tengo el deber ante tanta honestidad de deciros mis verdaderos sentimientos [...]. No podría decidirme a convertirme en mujer casada antes de alcanzar la edad de la discreción […], pero permitidme, milord, deciros que si rehúso la felicidad de ser vuestra esposa, no dejaré de interesarme siempre en todo lo que os concierna y que será para mí un gran placer ser siempre vuestra servidora y buena amiga, Isabel».

Tras la negativa de Isabel, el siguiente paso de Thomas Seymour fue reanudar su relación con la rica heredera Catalina Parr de manera discreta y pedir su mano. La reina aceptó encantada, había cumplido treinta y cinco años y no estaba dispuesta a pasar sola el resto de su vida. Seis meses después de quedarse viuda se celebró la boda en la intimidad y Catalina Parr se convirtió en lady Seymour. Cuando unas semanas después la dama se quedó embarazada fue una sorpresa. Se creía que era estéril dado que no había tenido ningún hijo con sus tres anteriores esposos. La inesperada noticia preocupó a Isabel porque su madrasta ya no era joven y se trataba de su primer embarazo. Sin embargo, para la reina fue un motivo de gran felicidad y se dispuso a esperar tranquila la llegada del bebé en su casa de Chelsea y en alguno de los castillos de su propiedad.

Pero lo que no imaginaba Catalina era que su depravado marido antes había puesto los ojos en su pupila Isabel, que ahora vivía con ellos. Esbelta, de tez pálida, ojos castaños y largos cabellos rojizos, la princesa no destacaba por su belleza pero, tal como aseguró el embajador de Escocia al conocerla, «sí resultaba graciosa y de personalidad atrayente». La gobernanta de la casa de Catalina Parr en Chelsea, Kate Ashley, fue testigo de cómo lord Seymour empezó a acosar sexualmente a lady Isabel. Ocurría por las mañanas cuando estaba aún dormida en su cama y él aparecía de improviso en la habitación de su hijastra y tras «darle los buenos días, le preguntaba cómo le iba y le daba familiarmente pequeñas palmadas en la espalda y en las nalgas». A veces mientras ella aún se estaba vistiendo él entraba en el dormitorio con un camisón corto y las piernas desnudas, y comenzaba a perseguirla intentando besarla y escondía la llave de la habitación para que no pudiera escapar.

Isabel nunca le habló a su madrastra de las visitas matinales de su esposo, que le provocaban dolores de cabeza y ataques de angustia. Pero Catalina pudo verlo con sus propios ojos y tomó cartas en el asunto. Un día, cuando se encontraban los tres en su finca de Hanworth, participaron en un juego aparentemente inocente. Estando en el jardín lord Seymour comenzó a perseguir a Isabel con unas tijeras en la mano. Al principio Catalina, embarazada de seis meses, pensó que era una simple diversión y se prestó a sujetar a su hijastra mientras su esposo cortaba trozos de su vestido negro. Cuando la princesa intentó escapar visiblemente incómoda, ella ordenó parar el juego. Su esposo había llegado demasiado lejos y para cortar de raíz esta relación ilícita y evitar un escándalo público envió de inmediato a Isabel a vivir al castillo de Cheshunt con unos parientes.

Aunque Isabel acató las órdenes sin protestar, se sintió desolada por tener que abandonar a su madrastra. Así lo demuestra la carta que le escribió con un ampuloso estilo y que fue muy del agrado de la reina: «Me sentí muy abrumada por la pena al separarme de vuestra alteza, y más porque os dejaba con dudosa salud. Cuando dijisteis que me advertiríais de todos los males de que os enterarais lo sopesé profundamente, pues si vuestra alteza no tuviera una buena opinión de mí no me habría ofrecido amistad de esta manera. Solo puedo dar gracias a Dios por disponer de amigos tan leales para mí...». Isabel no volvería a verla pero seguirían en contacto mediante una abundante correspondencia.

En junio de 1547 Catalina se retiró a su castillo de Sudeley en Gloucershire para dar a luz a su hijo. A finales de agosto nació una niña hermosa y sana a la que llamó María en honor a su hijastra. La felicidad de los padres duró poco. Unos días más tarde, al igual que le ocurrió a Juana Seymour, la reina fallecía a causa de las fiebres provocadas por el parto. Cuando Isabel se enteró de la noticia se quedó destrozada. Su muerte la entristeció como ninguna otra lo había hecho. Hasta el final de su vida recordó los días que pasó en su compañía como los mejores en su solitaria y errática adolescencia.

La inesperada muerte de Catalina Parr dejaba a su esposo libre para una nueva unión que ya tenía en mente. Thomas Seymour, que ya había demostrado su falta de escrúpulos en vida de su esposa, decidió volver a su antiguo plan de contraer matrimonio con lady Isabel. Para conseguirlo contaba con el apoyo de dos miembros de la casa de la princesa Tudor, la gobernanta Kate Ashley y el tesorero Thomas Parry. La joven se vio muy presionada por ellos y finalmente escribió una carta a su pretendiente dejando claro los sentimientos hacia él: «Milord, [...] me he dado cuenta por las frecuentes visitas que hacéis, que abrigáis otros sentimientos, y aunque yo no me hubiese apercibido, tanta gente me ha hablado de vuestra parte que no los puedo ignorar [...]. Os ruego pues, milord, poner vuestro corazón en paz a este respecto y persuadiros de que, hasta ahora, no tengo la menor intención de casarme, y de que, si se me ocurriera pensarlo, lo que no creo, seríais el primero a quien haría conocer mi designio». Aunque le rechazó no pudo evitar los rumores que se propagaron en la corte. Se decía que Isabel estaba embarazada de lord Seymour y que planeaba casarse con él.

Muy pronto se descubrió la conspiración secreta que urdía Thomas Seymour para derrocar a su hermano Edward, el lord protector con quien mantenía una deplorable relación. El 17 de enero de 1549 fue arrestado y llevado a la Torre de Londres y posteriormente fue acusado de treinta y tres cargos de alta traición. Y tres días más tarde sus fieles colaboradores Kate Ashley y Thomas Parry aguardaban en los calabozos para ser interrogados sobre la posible implicación de la princesa Isabel en esta trama. Cuando llegó a oídos de Edward Seymour que entre los planes de su hermano había estado el de casarse con la segunda hija de Enrique VIII, pidió a sir Robert Tyrwhitt, uno de los hombres del Consejo, que fuera a su residencia en Hatfield para comprobar si la princesa conocía el complot de su pretendiente. Como quedaría demostrado, Isabel no sabía nada de las intrigas políticas y en los siguientes días se pondría a prueba su madurez y dignidad real.

Isabel aún no había cumplido los dieciséis años y ante el anuncio de la visita de Tyrwhitt tuvo que guardar cama aquejada de fuertes dolores de cabeza. A lo largo de su vida, cuando se encontraba expuesta a fuertes presiones, siempre enfermaba o se sentía muy débil. Al enterarse de la noticia de la detención de la señora Ashley y el tesorero en la Torre se pasó toda la noche llorando con amargura y temiendo por su vida. Pero durante el interrogatorio controló sus nervios y negó enérgicamente todas las acusaciones, pidiendo con insistencia las pruebas en su contra. Defendió su honor con valentía y para finalizar declaró que consideraba una ofensa que alguien pudiera pensar que ella era capaz «de traicionar a su querido hermano». Unos días más tarde Isabel escribió con su exquisita caligrafía una carta magistral al lord protector en que negaba todas las acusaciones: «[...] Se me ha dicho que circulan rumores altamente perjudiciales para mi honor, como que me encuentro prisionera en la Torre y encinta del lord almirante. Estas, milord, son infames calumnias y, para confundir a mis calumniadores, deseo ser conducida a la corte y llevada en presencia de su majestad el rey, a fin de encontrarme con vuestra señoría y poder mostrarme como soy. Su amiga siempre segura, en la medida de su débil poder. Isabel».

Ante la falta de pruebas y su vehemente defensa Edward Seymour decidió no acusar a Isabel. No solo el joven rey confiaba

plenamente en su hermana sino que sus dos servidores detenidos en la Torre habían declarado que era inocente. Pero por
quien no tuvo piedad el gran lord protector fue por su maquiavélico hermano a quien mandó decapitar. Cuando Isabel fue
informada de la ejecución de Thomas Seymour, se limitó a
murmurar: «Hoy ha muerto un hombre de mucho ánimo y muy
poco juicio».

En octubre de 1549 un golpe de Estado orquestado por
John Dudley, duque de Northumberland, apartó para siempre a
Edward Seymour de la regencia. Este inesperado cambio de gobierno mejoró la situación de Isabel. Tras años confinada en
Hatfield fue readmitida en la corte y reanudó la relación con su
querido hermano. El rey se había convertido en un muchacho
frágil y vulnerable que veía cómo se le escapaba la vida. A finales de 1552 su salud empeoró y una vez más se planteó el problema de la sucesión al trono. En su testamento Enrique VIII
había dispuesto que la heredera del joven soberano fuera su hermana mayor María Tudor. Para el duque de Northumberland,
flamante lord protector, y el partido protestante que ahora gobernaba el país, esta posibilidad resultaba catastrófica. Todos sabían que si María alcanzaba el trono restablecería de inmediato
el catolicismo y tendría el apoyo mayoritario de la población.
Aprovechándose del estado de debilidad de Eduardo, el duque
influyó en él para que cambiase el testamento de su padre ate-
morizándole sobre las calamidades que sacudirían al reino si una
fanática católica ocupaba su lugar. En una arriesgada maniobra
pretendía apartar tanto a María como a Isabel en beneficio de su
sobrina segunda Juana Grey, descendiente de la hermana menor
de Enrique VIII. Y no solo eso, mientras el pequeño monarca de
quince años agonizaba en su lecho, se celebró la boda precipita-
da de lady Juana con lord Guildford Dudley, hijo del propio
Northumberland. De esta manera, si su plan salía bien, se con-

vertiría en suegro de la nueva reina y padre del rey consorte, en otras palabras, rey de facto.

El infeliz Eduardo VI falleció el 6 de julio, pero su muerte se mantuvo en secreto mientras Northumberland movía los hilos para afianzarse en el poder. Rápidamente Juana Grey, descendiente de los Tudor y ferviente protestante, fue proclamada reina. A sus dieciséis años, esta muchacha, considerada una de las mujeres más cultas de su tiempo y a quien no le interesaba el poder, sería otra víctima inocente de las ambiciones de su propia familia. Cuando María Tudor se enteró de la muerte de su hermano y de las maniobras de Northumberland para apartarla del trono, no vaciló ni un instante. Curtida desde niña en un mundo de intrigas y conspiraciones no permitiría, tras veinte años de frustraciones y humillaciones, que una usurpadora ocupase su lugar. Desde el castillo de Framlingham, en el condado de Sufforlk, convocó a sus partidarios y reunió un ejército de más de cuatro mil hombres con los que partió rumbo a Londres para reclamar su trono como legítima sucesora de la Corona. María mandó encarcelar a lady Juana en la Torre mientras el duque de Northumberland, su principal aliado, fue decapitado un mes después.

Isabel recibió la noticia de la muerte de su hermano en Hatfield y también supo que, al igual que a María, la había eliminado de la sucesión. Su primera reacción fue escribir al lord protector para protestar contra sus sucias maquinaciones y reclamar el trono para su hermana. Después mandó ensillar su caballo y atravesando a galope los campos y aldeas alentó a la gente a unirse a ella. El 29 de julio de 1553 la princesa, seguida de mil jinetes, entró a caballo en la capital para unirse a María, ahora reina de Inglaterra. Cuatro días más tarde las dos hijas de Enrique VIII atravesaron juntas la puerta de Londres y ambas fueron aclamadas por la multitud. Se llevaban casi diecisiete años, apenas se conocían y profesaban religiones distintas. Pero les unía la sangre de los Tudor y en aquella histórica mañana de verano sus destinos volvieron a cruzarse.

María e Isabel

Como había soñado en su día Catalina de Aragón, su hija se había convertido en reina por derecho propio. Tras la entrada triunfal en Londres, las dos hermanas mantuvieron una relación amistosa las primeras semanas. La presencia de la joven Isabel no pasó inadvertida en la corte y ya entonces comenzó a labrarse su reputación de princesa erudita y virtuosa. Aunque María no amaba a su hermanastra Isabel porque representaba todo lo que detestaba, respetaba el testamento de su padre que la designaba heredera al trono mientras ella no tuviese hijos. Estaba dispuesta a aceptarla a su lado siempre que se mostrase leal, lo que implicaba que debía acercarse a su fe. Isabel había sido educada en el protestantismo pero no sentía un fervor tan extremo como el de María por la religión. Al principio, para contentarla, accedió a asistir a misa con la reina, que se mostró feliz por la armonía familiar. Isabel fue colmada de honores y atenciones, y se la obsequió con algunos magníficos regalos como un prendedor de diamantes y rubíes, un rosario de coral y dos libros encuadernados en oro. En el día de la coronación en la abadía de Westminster, se le destinó un lugar de honor e Isabel acudió con un precioso vestido de terciopelo carmesí de larga cola y una corona de princesa en la cabeza.

Inicialmente María encontró en Isabel un apoyo. Si bien contaba con el amor del pueblo, muchos de los nobles y diplomáticos del antiguo Consejo la recibieron con frialdad y suspicacia. En los últimos años de su reinado, Enrique VIII, como cabeza de la Iglesia anglicana, había emprendido una auténtica cruzada contra la Iglesia católica, persiguiendo a sus fieles, expropiando sus tierras e iglesias. Todos sus bienes fueron repartidos entre estos nobles de su Consejo y del Parlamento para ganarse su apoyo y lealtad. Con la llegada de María al trono temían que la nueva soberana católica acabase con sus títulos y privilegios. No se equivocaban porque desde que la reina ciñó la corona solo tenía en mente restaurar el catolicismo y reconciliarse con el papa de Roma.

Pero había una cuestión prioritaria para la monarca y era la necesidad de contraer matrimonio y garantizar la continuidad a la Corona. A pesar de la larga lista de posibles pretendientes en Europa, María tenía muy claro que solo se desposaría con un príncipe católico. El elegido Felipe, hijo de su sobrino el emperador Carlos V, era el heredero del Imperio español y María sentía gran simpatía hacia la tierra natal de su madre Catalina de Aragón. El emperador deseaba casar a su hijo con la reina de Inglaterra para sellar así una alianza que apartase de sus dominios a los reyes de Francia. El 14 de enero de 1554 se anunció públicamente la boda española y la reacción no se hizo esperar. El descontento fue general, se temía que Inglaterra acabara reducida al rango de colonia de España, sus riquezas expropiadas y sus súbditos convertidos en vasallos de un rey extranjero. Nada se alejaba más de la realidad porque el contrato matrimonial negociado por el obispo Gardiner, lord canciller y el hombre de confianza de María, limitaba el papel de Felipe a mero consorte y salvaguardaba la independencia y los intereses de Inglaterra.

En esa época Francia y España estaban inmersas en una larga guerra en varios frentes (Picardía, Lorena, el Piamonte, la Toscana, entre otros…) y este enlace irritaba especialmente al monarca francés, Enrique II de Valois, que temía el poder que alcanzaría Felipe, futuro rey de España y consorte de la reina de Inglaterra. Decidido a impedir esta boda y con la ayuda de un grupo de nobles protestantes y de su embajador en Inglaterra, Antoine de Noailles, puso en marcha una conspiración para derrocar a María Tudor. El 25 de enero, Thomas Wyatt, el líder de la revuelta, llegaba a Londres a la cabeza de un pequeño ejército y se preparaba para atacar la ciudad. Gracias de nuevo al valor y la templanza de la reina, que se negó a abandonar el palacio de Whitehall, y al apoyo del pueblo, la rebelión fue sofocada. Wyatt fue capturado junto al duque de Suffolk, el padre de Juana Grey, y ambos fueron encarcelados en la Torre de Londres. En sus calabozos permanecía cautiva la infeliz Juana tras verse obligada a renunciar a la corona. Aunque durante unos meses se libró de la muerte, la rebelión de su padre en contra del matrimonio de María y Felipe II precipitó el fatal desenlace. La «reina de los nueve días», como pasó a ser conocida, fue decapitada junto a su esposo el 12 de febrero de 1554 y su padre la siguió dos días después.

En aquellos momentos tan críticos, la soberana le pidió a Isabel, que se encontraba en su residencia de Ashridge, que por su seguridad regresara a la corte. Pero la princesa puso como excusa que se sentía enferma y que por este motivo no podía viajar: «Tengo un catarro tan fuerte y un dolor de cabeza como nunca he sentido algo similar, y ello desde hace tres semanas, sin ningún respiro, aparte de un dolor que me ha bajado al brazo...».

La respuesta de Isabel levantó las sospechas de la reina y de los miembros de su Consejo Privado. Cuando unos días más tarde interceptaron un mensaje de Thomas Wyatt dirigido a Isabel en el que este le aconsejaba que se pusiera a salvo ante las inminentes revueltas, su destino quedó sellado. Wyatt fue interrogado y confesó que la carta era auténtica y que la princesa estaba al tanto del levantamiento. Simón Renard, embajador de España en Inglaterra, presionó a María para que arrestaran a Isabel y fuera acusada de alta traición. El 10 de febrero tres co-

misarios de la reina fueron enviados a Ashridge para traer a la
princesa de regreso a la corte. Isabel no opuso ninguna resistencia pero, como dijo que aún se encontraba débil, viajó a Londres cómodamente tumbada en una litera y descansando en varias etapas.

Pronto se extendió la noticia de su llegada a la ciudad y la
princesa, sabiendo la imagen que quería proyectar ante el pueblo, preparó a conciencia la puesta en escena. Al llegar al palacio
de Whitehall una multitud se agolpaba para verla. Entonces Isabel hizo abrir las cortinas de su litera y se mostró ante ellos con
su largo cabello suelto, muy pálida y luciendo un vestido blanco
que parecía una túnica. Así, escoltada por doscientos caballeros
de la reina, franqueó las puertas del palacio. Lady Isabel era una
prisionera pero quería que todos la vieran como una mártir. Los
londinenses que la habían aclamado el día de su entrada triunfal,
ahora lloraban por ella y rezaban por su alma. El golpe de efecto
funcionó y aquel día se ganó el corazón del pueblo.

María Tudor se negó a recibirla y la confinó con un pequeño séquito en unas dependencias separadas del palacio. A estas
alturas la reina estaba convencida de que su hermana la había
engañado y que, pese a acompañarla a misa, seguía siendo protestante de corazón; que a sus espaldas le hacía el juego a Francia y era cómplice en la rebelión. Pero aún dudaba en enviarla a
la Torre porque no solo era su única familia, sino que las pruebas
contra ella no demostraban a las claras que la hubiera traicionado. Finalmente la presión del embajador Renard y sus propias
dudas la hicieron tomar una dolorosa decisión. El 16 de marzo
ordenó que la princesa fuera trasladada de inmediato a la Torre
de Londres. Cuando Isabel recibió la noticia se desmoronó y le
entró el pánico. A la mañana siguiente el conde de Sussex acudió a buscarla y aunque le rogó que le permitieran hablar con su
hermana para aclarar la situación, fue inútil. Solo accedieron a

que pudiera escribir su célebre carta a la reina donde Isabel se mostraba preocupada por su futuro, pero firme en su inocencia: «Suplico muy humildemente a vuestra majestad […] que no sea condenada sin haber sido escuchada por ella. He aquí que estoy, sin que exista ninguna prueba contra mí, en la Torre, un lugar hecho para los traidores y no para súbditos leales. Sé bien que no lo merezco, pero a los ojos de todo el reino aparezco como una criminal […]. En cuanto a mí, suplico a Dios me haga morir de la muerte más cruel antes que consentir en que un pensamiento traidor entre en mi corazón. […] Jamás he hecho, aconsejado ni aprobado ninguna acción capaz de dañar a vuestra persona en lo que sea, o de poner en peligro al reino. Es por eso por lo que suplico humildemente a vuestra majestad me permita responder a mis acusadores en su presencia, antes de ser llevada a la Torre y que se dicte una condena contra mí. […] Ruego a Dios que los malos argumentos y los falsos informes no persuadan a mi hermana contra mí».

En un lluvioso Domingo de Ramos, Isabel fue llevada en una falúa real por el Támesis hasta llegar a la llamada Puerta de los Traidores en la Torre de Londres. Al entrar en la lúgubre fortaleza, la princesa no pudo evitar pensar en el trágico final de su madre Ana Bolena, de Catalina Howard y de la pobre Juana Grey entre aquellos húmedos muros de piedra. Aunque llovía, Isabel rechazó la capa que el marqués de Winchester le ofreció. «Jamás un súbdito más fiel subió esta escalera desde que Julio César la construyó», exclamó al cruzar uno de sus patios. Los guardias, emocionados ante su presencia, gritaban: «¡Qué Dios bendiga a vuestra gracia!».

La anhelada respuesta a la carta que envió a su hermana María Tudor jamás llegó. La reina se encontraba en una encrucijada, le horrorizaba la idea de tener que ordenar la ejecución de un miembro de su familia y más cuando estaba próximo su enlace con el príncipe Felipe de España. Por el momento la mantuvo presa en la Torre aunque dio la orden de que fuera tratada con amabilidad. Isabel podía escuchar misa por las mañanas y después de unas semanas de encierro se le permitió pasear por el jardín. Pero a medida que pasaban los días comenzó a perder la esperanza y pensó que jamás saldría con vida de este siniestro lugar. Tras soportar duros interrogatorios por parte de los miembros del Consejo, donde siguió defendiendo su inocencia, se derrumbó. Más adelante confesaría que durante su encierro llegó a estar segura de que la iban a ejecutar y lo único que pidió fue el favor de «que llegado el momento de subir al cadalso, le cortase la cabeza, como a su madre, un verdugo francés, con espada en vez de hacha».

Al cabo de dos terribles meses Isabel recibió una inesperada noticia. El 19 de mayo de 1554 unos consejeros de la reina se presentaron ante ella para comunicarle que debía abandonar la Torre rumbo a un destino desconocido. Ignorando su suerte, se despidió de sus sirvientes y subió a un carruaje. A pesar del temor inicial a medida que avanzaba hacia el norte pudo observar cómo los campesinos la aclamaban y vitoreaban a su paso. Cuando finalmente llegó a su nuevo hogar, la residencia real de Woodstock, cerca de Oxford, comprendió el porqué de su repentino traslado. Ante la inminente llegada de su prometido Felipe a Inglaterra, la soberana había decidido alejarla de la corte pero no para ejecutarla sino porque no podía celebrar su boda estando ella prisionera en la Torre de Londres. Isabel al fin pudo respirar tranquila porque por el momento María no parecía desearle ningún mal y había ordenado que fuera tratada con respeto y acorde a su rango por todo el personal a su servicio. Para sir Henry Bedingfield, encargado de su custodia, no sería tarea fácil pues lady Isabel, tras su cautiverio, se mostraba «petulante, altiva, caprichosa, enferma e irritable».

Una vez más Isabel había salvado su vida, pero pronto se enfrentó a la dura realidad. Aunque a su alrededor todos velaban por su seguridad y atendían sus necesidades, seguía siendo una prisionera obligada a vivir en el exilio. Estaba de nuevo lejos de la corte, tenía prohibido recibir visitas y hablar con desconocidos. Nunca le permitían quedarse sola y estaba estrechamente vigilada, incluso cuando paseaba por los jardines. El palacio de Woodstock era una solariega casa de campo pero muy poco confortable y anticuada. Añoraba la compañía de las damas de su séquito y las diversiones de la corte. Se aburría y empezó a escribir misivas a María en que le solicitaba el permiso para ir a verla y defender su causa. Pero la reina le respondió tajante que «no la molestara más con sus cartas engañosas». Isabel no se dio por vencida y para contentar a su hermana decidió confesarse y recibir la comunión, un gesto que llegó al corazón de la monarca.

El 20 de julio de 1554 el príncipe Felipe de España desembarcó en Southampton acompañado de un impresionante cortejo de tres mil hombres vestidos con sus mejores galas. Tenía veintisiete años y era viudo de su primera mujer, María Manuela de Portugal, con quien tuvo un hijo. Físicamente resultaba poco agraciado, pero lo que nadie podía imaginar es que la reina María se enamoraría de él al primer instante. En cambio Felipe sufrió una enorme decepción. Su futura esposa era once años mayor que él y tenía un aspecto muy envejecido debido a las penalidades sufridas. Al fastidio de abandonar su amado país para gobernar en un reino de «infieles», se unía ahora la escasa atracción que sentía por su prometida. El pueblo londinense lo recibió con frialdad y acusaron a los caballeros españoles que le acompañaban de «tener la cara olivácea y de oler a ajo».

La boda se celebró con gran solemnidad católica cinco días después en la catedral de Winchester. Eran muchos, incluido el propio Felipe, quienes se preguntaban si María a sus treinta y

ocho años podría ser madre. Engendrar un heredero era ahora
la única preocupación de la reina y cuando apenas unos meses
después anunció su embarazo, la noticia causó una gran sorpresa en la corte. El parto estaba previsto para abril de 1555 y
mientras el feliz acontecimiento llegaba la soberana siguió adelante con su particular cruzada para «sacar a Inglaterra de la
herejía». En noviembre llegó de Roma el cardenal Pole, tío
tercero de la reina, exiliado por Enrique VIII a causa de su
oposición al divorcio de Catalina de Aragón. A principios de
año Inglaterra volvía a ser oficialmente católica y la monarca se
mostraba feliz por haber devuelto su reino a la verdadera fe.
Ahora ya podía esperar tranquila la llegada de ese hijo que tanto anhelaba. Pero a finales de abril, cuando se suponía que salía
de cuentas, la reina no mostró signos de ponerse de parto. Fue
entonces cuando de manera inesperada, y seguramente por influencia de Felipe, reclamó la presencia de Isabel en la corte.
Temía morir al dar a luz a su hijo y su esposo la instó a que se
reconciliara con su hermana para estar en paz con Dios y consigo misma.

Isabel llegó a Londres el 29 de abril de 1555 y se alojó en
Hampton Court, el palacio donde María se había recluido con
sus damas para prepararse para el parto. La princesa, que había
pasado once meses aislada en Woodstock, ocupó los aposentos
que le destinaron pero no se le permitió ver a nadie, ni siquiera
a su hermana. La única visita que tuvo fue la de su cuñado el rey
Felipe, a quien aún no conocía desde su boda con la reina el año
anterior. Al parecer se trató de un encuentro breve y cordial.
A Felipe le preocupaba que si su esposa al final no podía darle
un hijo o este moría al nacer, y si no se reconciliaba con Isabel,
la corona de Inglaterra pudiera pasar a su sobrina segunda la reina
María Estuardo de Escocia, católica pero aliada de sus enemigos
los franceses. De ahí que el soberano utilizara toda su influencia

para que Isabel se ganara de nuevo la confianza de la reina y recuperase su puesto en la corte.

Dos semanas más tarde, y en plena noche, fueron a buscarla. La soberana la requería a su lado y a la luz de las antorchas fue conducida por sir Henry Bedingfield a los aposentos reales. María Tudor, muy envejecida y cansada, la esperaba sentada en su sillón de las audiencias con gesto severo. Cuando Isabel se encontró frente a ella se arrodilló a sus pies y con lágrimas en los ojos le rogó su perdón asegurándole que siempre le había sido leal. Esta vez María creyó en sus sentidas palabras y le concedió la libertad. Tras una breve estancia en Londres, la princesa regresó al palacio de Hatfield para esperar el nacimiento del heredero.

Mientras tanto pasaban las semanas y la reina seguía sin dar a luz. En la corte se desataron los rumores y finalmente, en julio, era evidente que María Tudor nunca había estado embarazada. Al parecer se había tratado de un embarazo psicológico o nervioso. Para la pareja real fue una enorme decepción y su relación ya no volvió a ser la misma. Felipe estaba seguro de que su esposa nunca podría darle hijos y no se sentía a gusto en Inglaterra donde los españoles eran vistos como los eternos enemigos. Así, cuando su padre el emperador Carlos V le reclamó que debía partir de inmediato para Bruselas para tratar importantes asuntos, lo embargó un gran alivio.

María se despidió de Felipe con la sensación de que jamás volvería a verle. Su felicidad conyugal había durado apenas un año. Sola, abandonada por un esposo al que seguía amando, creía que Dios la había castigado sin hijos por algún pecado que ella desconocía. A partir de ese instante decidió imponer a fuego y espada el catolicismo en Inglaterra. Empujada por sus consejeros más fanáticos promulgó leyes contra la herejía que llevaron a la hoguera a varios obispos y predicadores protestantes. Cientos de personas, hombres y mujeres, fueron detenidas y brutalmente ejecutadas. Fue solo el principio y al poco tiempo el miedo y el terror invadieron el país. La reina tan amada antaño por su pueblo, devota, piadosa y austera ahora era conocida con el apodo de María la Sanguinaria.

Ante estos trágicos acontecimientos Isabel intentó mantenerse en un segundo plano. A estas alturas de su vida ya había descubierto lo difícil que era para una reina sobrevivir en un mundo de hombres. Debía tener los ojos bien abiertos, actuar con mucha cautela y pasar desapercibida. María Tudor seguía desconfiando de ella pero ahora estaba muy sola y más aún tras la muerte de su leal amigo y consejero el canciller Gardiner. Aunque en sus cartas Felipe le aseguraba que pronto estarían juntos, eran falsas promesas. Solo en una ocasión volvieron a verse cuando en marzo de 1557 regresó a Londres para pedir a la soberana que Inglaterra apoyara a España en la guerra contra Francia. María, que seguía muy enamorada de él, dio su consentimiento pero la flota inglesa sufrió un serio revés y perdieron el importante enclave militar de Calais. Unos meses más tarde el rey abandonó para siempre a su esposa. La desdichada creía que estaba de nuevo embarazada pero nadie la tomó en serio. Triste, abatida y humillada por la toma de Calais a manos de los franceses, empezó a sufrir los síntomas de una grave enfermedad que ningún médico podría curar. Padecía un cáncer de útero avanzado que explicaba los síntomas de su falso embarazo.

A finales de febrero de 1558 María, postrada en su lecho, autorizó a Isabel a instalarse en Londres en su casa de Somerset Place. Ambas hermanas retomaron su relación que se volvió más cercana y afectuosa. Mientras la vida de María Tudor se apagaba, ella gozaba de una gran popularidad y del cariño del pueblo. Felipe II no acudió junto a su esposa pero envió a un emisario, el embajador conde de Feria, quien le hizo llegar a Isabel su total apoyo cuando llegase al trono y se ofreció a guiarla en sus primeros días de reinado. Al borde de la muerte, y tras muchas dudas de conciencia, la reina decidió proclamar a Isabel como su legítima sucesora. A cambio le pidió que mantuviera la religión católica en Inglaterra y que pagara todas las deudas de la Corona. Isabel, que había aprendido a mentir y disimular sus sentimientos para salvar su cuello, aceptó de inmediato.

María Tudor falleció en la madrugada del 17 de noviembre de 1558 en el palacio de Saint James. Isabel se enteró mientras se encontraba en el gran parque de Hatfield leyendo a la sombra de una vieja encina. Cuando vio llegar a un grupo de concejales a caballo supo enseguida lo que había pasado. Se arrodillaron frente a ella y la reconocieron como soberana. Isabel se quedó un minuto en silencio y después pronunció en latín un versículo de los Salmos: «Es la obra de Dios y una maravilla ante mis ojos». La nueva reina de Inglaterra Isabel I tenía veinticinco años y, aunque era inexperta en los asuntos de Estado, desde niña había vivido en un mundo de intrigas y traiciones que la habían hecho muy desconfiada. Así, cuando le comunicaron la noticia en Hatfield, en un primer momento no lo creyó y para asegurarse pidió una prueba irrefutable: mandó que se le trajera el anillo de boda que Felipe II había regalado a María Tudor y del cual nunca se despojaba. Solo así se convenció de que su muerte era cierta y sin perder el tiempo fue directa a palacio a nombrar su Consejo Privado. Consciente de la profunda división que había en el país, intentó mostrarse lo más moderada y ecuánime posible. De los treinta y dos consejeros católicos de su hermana ella conservó a trece, los que no habían participado en las persecuciones a los protestantes. Tres días después Isabel reunió a todos los miembros del Consejo en el salón principal y pronunció un discurso que mostraba el tono que iba a imprimir en su nuevo reinado: «Os pido a todos, cada uno en su rango, que me ayudéis a gobernar de tal manera que, llegado el día, pueda dar

cuentas a Dios de mi reinado y dejar un reino próspero a mi
sucesor [...]; os acepto a todos para aconsejarme y advertirme.
No dudéis de mi buena voluntad y de mi confianza mientras os
conduzcáis como buenos y leales súbditos».

A diferencia de María Tudor, quien apenas intervino en los
asuntos de Estado, Isabel estaba dispuesta a imponer su autoridad. Sentía que había sido elegida por Dios para gobernar y se
rodeó de hombres que en el pasado le habían dado muestras de
su lealtad. Para ello designó como su principal asesor a William
Cecil, un protestante radical y hombre de total confianza cuya
amistad duró cuarenta años y llegó a ser el hombre más poderoso de Inglaterra. Isabel era muy autocrítica, pero también exigía
a sus consejeros una absoluta lealtad y obediencia. Así, el primer
acto de la reina fue nombrar a Cecil secretario de Estado con
estas memorables palabras: «Os doy esta responsabilidad, pues
tengo de vos la opinión de que jamás os dejaréis corromper por
obsequios y que seréis fiel al Estado. Me daréis los consejos que
consideréis mejores sin pensar en opiniones personales. Si tenéis
que confiarme algún secreto, lo haréis a solas conmigo, y os
prometo que no traicionaré vuestra confidencia». William Cecil tenía treinta y ocho años y una gran experiencia como secretario del Consejo Privado de Eduardo VI. Además desde 1550
era el encargado de supervisar las cuentas de Isabel, así como de
administrar sus rentas y bienes. Sentía gran admiración por la
joven reina y apreciaba en ella su «inteligencia, orgullo, lucidez,
prudencia y extrema sutileza».

Seis días después Isabel partió hacia la capital a la cabeza de
un cortejo compuesto por más de mil nobles y por sus damas
de honor. Tras varias etapas, el 28 de noviembre hizo su entrada
solemne montada en una jaca blanca ricamente engalanada. La
multitud la aclamó y gritó su nombre mientras ella se dirigía a
la Torre de Londres donde iba a alojarse. El obispo católico de

la ciudad, Edmund Bonner, salió a recibirla pero la soberana rehusó que besara su mano. Este clérigo había sido el más sanguinario perseguidor de los protestantes y era muy impopular en la ciudad. Isabel sabía que sus más pequeños gestos se examinaban minuciosamente y con este desaire público quiso mostrar su total ruptura con la política religiosa de su hermana María Tudor.

Aunque el país estaba sumido en la bancarrota no escatimó en gastos para los festejos de su coronación. El 14 de enero, previo al gran día, se trasladó desde la Torre a Westminster en una suntuosa litera. La joven lucía un deslumbrante vestido largo de tela brocada en oro y ribeteado de armiño, y en la cabeza una corona de oro y piedras preciosas. Durante cuatro horas y bajo una fina nevada, desfiló con su cortejo de lores y damas por las calles de la ciudad que habían sido ricamente engalanadas. A lo largo del trayecto no dejó de recibir ofrendas, ramos de flores, poemas en su honor y de agradecer las muestras de afecto de sus súbditos. «Si alguna persona tenía el don o el estilo para ganarse el corazón de la gente, era esta reina, y si alguna vez expresó lo mismo, fue en ese momento, combinando la apacibilidad con majestad como ella lo hizo, y al inclinarse majestuosamente ante la clase más mezquina», comentó un testigo. Cuando una niña en un desfile alegórico le presentó una Biblia traducida al inglés, prohibida durante el reinado de María Tudor, ella besó el libro, lo levantó con reverencia y luego lo puso sobre su pecho. Y cuando el abad y los monjes de la abadía de Westminster acudieron a saludarla a plena luz del día portando velas en sus manos, ella los despidió sin miramientos diciendo: «¡Fuera esas antorchas! Podemos ver lo suficientemente bien». A todos los presentes les quedó claro que de la mano de esta joven y decidida reina había regresado la Reforma a Inglaterra.

Isabel pasó la noche en el palacio de Westminster y al día siguiente caminó sola y con paso firme sobre la alfombra de terciopelo azul que se extendía hasta la antigua abadía. Al entrar se sentó en la silla de coronación frente al altar entre el sonido triunfal de las trompetas. La interminable y fastuosa ceremonia se celebró siguiendo el mismo rito y protocolo que los anteriores reyes. Isabel fue ungida e investida con la tradicional túnica, las sandalias, las espuelas, el cinturón, la espada, las botas, la corona, los guantes, el cetro, el globo y el manto de armiño. El obispo deslizó en el dedo de Su Majestad el anillo de oro y rubíes que simbolizaba su unión con el pueblo y que llevaría hasta su muerte. Pero en la misa que siguió a la investidura sí hubo un cambio significativo: no se ofició en latín sino en inglés, según el credo protestante, y se prohibió al capellán que elevara la hostia consagrada, un ritual de la liturgia católica.

Tras la coronación Isabel deseaba disfrutar de este dulce momento, pero los asuntos de gobierno la reclamaban. Inglaterra atravesaba una grave crisis debido a las divisiones y luchas internas. La reina había heredado de su hermana María Tudor un reino inestable y con las arcas vacías. Las hostilidades con Francia y Escocia marcarían los primeros meses de su reinado. En muy poco tiempo y pese a su juventud tendría que afrontar importantes retos, entre ellos la ruptura con Roma, la presión para elegir un esposo para ocupar el trono de Inglaterra, la paz con Francia tras la guerra iniciada por su hermana y la delicada alianza española. Pero había otro frente abierto que le daría más quebraderos de cabeza y era la amenaza de Escocia, aliada de los franceses. En abril de 1558 el delfín de Francia, hijo de Enrique II, había contraído matrimonio con María Estuardo, la reina de Escocia y sobrina de Isabel. La joven de quince años y educada en la corte francesa desde niña, era hija del rey Jacobo V de Escocia y su segunda esposa María de Guisa. Pero además era descendiente directa de Margarita Tudor, la hermana mayor de Enrique VIII. Para las potencias europeas católicas el único matrimonio válido del rey inglés había sido el de su primera esposa Catalina de Aragón y consideraban a María Estuardo la reina legítima y a Isabel una usurpadora. La reclamación del trono inglés sería un permanente punto de fricción entre ambas soberanas.

En medio de estas tensiones Isabel contó desde el primer momento con el apoyo de su cuñado, el rey Felipe II de España. Aunque era un ferviente católico no estaba dispuesto a apoyar la candidatura de María Estuardo al trono inglés y permitir a los franceses que se apoderaran del reino de Inglaterra. Y fue entonces cuando de manera inesperada el monarca español se mostró dispuesto a contraer matrimonio con Isabel. Resultaba inimaginable que ella le aceptara y más con la impopularidad que tenía tras su matrimonio con María, pero sus consejeros la animaron a dar el paso. En realidad, no deseaba casarse de nuevo con una Tudor y menos con esta joven que no profesaba su misma religión, pero prefería el sacrificio con tal de evitar mayores conflictos. Así, en una carta a su embajador el conde de Feria, le dijo: «A pesar de todo, dada la importancia de esta unión para el bien de la cristiandad y la conservación de la religión [...], he decidido dejar de lado cualquier consideración y servir a Dios pidiendo la mano de la reina [...] a condición de que se comprometa a profesar la misma religión que yo y a mantenerla en su país». Isabel nunca se tomó en serio la propuesta de matrimonio de Felipe pero en los primeros meses de su reinado su ayuda contribuyó a legitimarla en el trono y no tuvo prisa en rechazar su oferta.

Dos meses y medio después de su coronación, Isabel se estrenó en el complejo mundo de la diplomacia. Tras el largo conflicto entre Francia y España en el que Inglaterra se había involucrado por iniciativa de María Tudor, ambos países firmaron la paz. En abril de 1559 vio la luz el Tratado de Cateau-Cambrésis que acabó con cuarenta años de lucha entre españoles y franceses. Para consolidar aún más la alianza entre las dos potencias católicas se concertó la boda de Felipe II con la futura reina Isabel de Valois, hija del rey Enrique II de Francia. Isabel reaccionó con gran disgusto a esta alianza y sobre la boda de su pretendiente Felipe le comentó al embajador de España que «Su Majestad no debía de estar muy enamorado de ella cuando no pudo esperar cuatro meses para ver si yo cambiaba de opinión». Pero detrás de su ironía se escondía una gran inquietud. Con esta firma se fortalecía una poderosa alianza católica que unía Francia, España y el Vaticano frente a una Inglaterra protestante. Por su parte, Enrique II se mostró muy satisfecho con el acuerdo y cesaron de inmediato las hostilidades hacia la vecina Inglaterra. El 21 de abril el delfín de Francia y María Estuardo se dirigieron en una carta a Isabel como «nuestra muy querida y muy amada hermana y primera reina de Inglaterra». Por el momento la reina de Escocia renunciaba a reclamar la corona de los Tudor.

Al principio Isabel se mostró muy prudente en la toma de decisiones y siempre se asesoraba por su experto consejero Cecil. En la apertura del Parlamento y tras ser confirmada como soberana legítima, declaró: «Espero gobernar y reinar este nuestro reino en términos de buena justicia, paz y tranquilidad, así como lo hizo mi padre». Su mayor deseo era conseguir una transición pacífica y equilibrada. Una vez firmada la paz con Francia y Escocia y manteniendo buenas relaciones con España, quedaba pendiente el espinoso tema de la cuestión religiosa en Inglaterra. La reina quería acabar con los privilegios de los obispos católicos y restablecer las leyes protestantes, pero no era una fanática creyente como su hermana. Isabel se sentía más atraída por el protestantismo en el que había sido educada desde niña, pero algunas costumbres como el matrimonio de los sacerdotes la horrorizaban y tampoco le gustaba el calvinismo austero. Para ella la religión constituía un asunto político y lo que pedía a la Iglesia era unidad y lealtad a la Corona. Dispuesta a encontrar un camino intermedio a principios de 1559 comenzó unas largas y arduas negociaciones para hallar una solución que contentara a los dos bandos enfrentados. Finalmente proclamó como religión oficial el protestantismo moderado. El 28 de abril se aprobó la Ley de Supremacía que rompía el vínculo de la Iglesia de Inglaterra con Roma. Pero a diferencia de su padre Enrique VIII y temiendo que a los protestantes les pudiera chocar ver a una mujer como jefe supremo de la Iglesia lo sustituyó por el título de «gobernador supremo». Se abolió la misa y el único libro legítimo de culto fue el Libro de las Oraciones. Con estas medidas Isabel pasaba página al sangriento reinado de su antecesora.

«Es más graciosa que verdaderamente bella y muy blanca de piel. Tiene lindos ojos y hermosas manos, que le agrada mostrar. Su inteligencia es excepcional, como lo ha demostrado su habilidad en los peligrosos momentos que ha pasado. [...] habla bien el latín, poco el griego y muy fluido el italiano. Es vanidosa y hasta altanera, y aunque sabe de qué madre ha nacido no considera su cuna inferior a la de la reina María Tudor. Está muy orgullosa de su padre y todos dicen que se le parece más que su otra hija». Así describía a Isabel el embajador de Venecia en aquellos primeros meses de su reinado. Cierto que no era bella ni tenía finas facciones y su cutis era de un color oliva como el de su madre Ana Bolena, pero todos destacaban su fuerte personalidad. Isabel pronto cumpliría veintiséis años y aunque gozaba de buena salud el tema de su descendencia preocupaba a todos. Si moría sin hijos, la línea Tudor llegaría a su fin y su sobrina María Estuardo de Escocia sería su heredera más directa. El matrimonio de la reina era de vital importancia no solo por la sucesión al trono, sino porque Inglaterra, aislada y militarmente débil, necesitaba las provechosas alianzas que una adecuada boda podía ofrecer.

A principios de 1559, el Parlamento ya le había planteado a Isabel la urgencia de buscar un esposo. Pero aunque durante unos meses procuró eludir el asunto, el 10 de febrero sir Thomas Hargraves, portavoz de la Cámara de los Comunes, se presentó en el palacio de Whitehall a la cabeza de una delegación de treinta diputados con una petición formal a Su Majestad instándola a «satisfacer los deseos de sus fieles súbditos casándose lo antes posible dentro del reino». La respuesta de la reina fue de lo más inesperado:

> Para darles satisfacción, me he unido ya en matrimonio a un esposo, a saber, el reino de Inglaterra [...]. No me reprochéis la miseria de la falta de hijos, pues todos y cada uno de vosotros y todos los ingleses sois mis hijos y parientes, y a menos que Dios me prive de vosotros (y Dios no lo permita) no podré sin calumnia ser declarada estéril. Y será para mi satisfacción plena que, para recordar tanto mi nombre como mi gloria, se grabe en mi tumba de mármol al exhalar mi último aliento: AQUÍ YACE ISABEL, QUE REINÓ VIRGEN Y MURIÓ VIRGEN.

El discurso de la reina dejó sin palabras a los diputados pero como había otros importantes asuntos que tratar decidieron no insistir y retomar el tema más adelante. Pero el hecho de que Su Majestad no deseara contraer matrimonio ni tener hijos resultaba inaudito para una soberana de su época. Y empezaron los crueles rumores y libelos de sus adversarios, quienes hicieron correr la voz de que en realidad «Isabel tenía una membrana que le hacía incapaz de conocer varón, si bien probaba a muchos para su deleite». Pretendientes no le faltaban y en la lista había un príncipe austriaco, otro italiano, un escocés y hasta un francés. Pero el más extravagante de todos fue el príncipe heredero Erik de Suecia que escribía a la reina apasionadas cartas de amor en latín hasta que la soberana le dejó claro que por el momento «no sentía deseo de cambiar su vida solitaria».

Su aversión al matrimonio no significaba que Isabel no se sintiera atraída por los hombres. Por el contrario, a mediados de 1559 se había enamorado de lord Robert Dudley, a quien nombró su escudero mayor. Era hijo del duque de Northumberland, el mismo que ideó el complot para tratar de poner en el trono a su nuera, la infeliz Juana Grey, y que había sido ejecutado por orden de María Tudor. Isabel y Robert tenían la misma edad, se conocían desde la infancia y compartían idénticos gustos. Dudley era atractivo, joven, atlético, galante y divertido. También era campeón de justas y torneos, gran bailarín, tocaba el laúd y le gustaba el arte y la pintura italiana. Pocas mujeres se resistían a sus encantos varoniles y la reina no fue una excepción. Con el tiempo le concedió un condado, algo inaudito porque Dudley no era miembro de la familia real.

En la corte se rumoreaba que la soberana y su apuesto escudero eran amantes y el embajador conde de Feria, en una carta a Felipe II, le escribió: «Desde hace algún tiempo, lord Robert goza de tanto favor que hace lo que le place, y se dice, incluso, que Su Majestad lo visita en sus aposentos en horas del día o la noche». Dudley tenía apartamentos próximos a los de la reina en la mayoría de sus residencias principales. Isabel disfrutaba de su compañía pero su romance, que solo duró dieciocho meses, escandalizó a la corte. En verano le nombró caballero de la Jarretera y le obsequió con doce mil libras para «ayudarlo a mantener su rango». Pero el problema era que Robert llevaba casado diez años con Amy Robsart, hija de un rico gentilhombre de Norfolk. Su matrimonio no funcionó y ambos vivían separados y no tenían hijos. Mientras su esposa residía en Cumnor Place, cerca de Oxford, él se había instalado en Londres y visitaba con frecuencia a la reina. Isabel tenía veintisiete años y por primera vez disfrutaba de su libertad y los placeres de la vida. Le encantaba bailar hasta la madrugada, participar en fiestas, cazar por sus tierras y asistir a los torneos y justas. Su antigua y muy querida institutriz Kate Ashley la reprendía por su «imprudente» comportamiento y le advertía de los riesgos que corría. Isabel, altiva y orgullosa, le respondía que a ella «nadie podía prohibirle nada».

Con la llegada del otoño, los rumores se extendieron por todo Londres y la reina no podía ignorarlos. Las atenciones y privilegios que había tenido con su leal escudero habían despertado los celos de algunos nobles de la corte y se alarmó al saber que incluso habían conspirado para matar a lord Dudley en un banquete y envenenarla a ella. El descontento del pueblo también se hizo notar en las calles, donde se hablaba públicamente del embarazo de Su Majestad e incluso se decía que había tenido un hijo secreto con su amante. Mientras el escandaloso romance se hallaba en boca de todos, la esposa de lord Robert, enferma de cáncer, languidecía en su casa. Incluso se llegó a decir que el favorito estaba tan deseoso de casarse con la reina que había planeado matar a su esposa. Álvaro de la Quadra, el nuevo embajador de Felipe II en Inglaterra, escribió a su rey confirmando estos rumores: «Una persona digna de fe me ha contado que Dudley ha intentado varias veces envenenar a su mujer».

Así estaba el ambiente cuando a Isabel la reclamaron otros asuntos urgentes. El 10 de julio de 1559 el rey francés Enrique II murió en un accidente durante un torneo. Heredaba el reino su hijo el delfín Francisco II de quince años, casado con María Estuardo, quien se convertía en reina consorte de Francia. De nuevo la actitud desafiante de su sobrina volvía a ser motivo de preocupación. El 21 de septiembre, en la ceremonia de coronación en la catedral de Reims, los jóvenes monarcas lucieron en sus estandartes el escudo de Inglaterra junto a los de Francia y Escocia. Un gesto que no pasó desapercibido a Isabel, quien se lo tomó como una grave ofensa y marcaría para siempre la relación entre ambas soberanas. La provocación aún fue mayor cuando al cabo de unos meses al escudo de armas de la reina francesa se le agregó una corona imperial y debajo una leyenda que decía:

LAS ARMAS DE MARÍA, REINA-DELFINA DE FRANCIA,
LA MÁS NOBLE DE TODAS LAS DAMAS DE LA TIERRA,
REINA DE ESCOCIA, DE INGLATERRA Y TAMBIÉN DE IRLANDA.
DIOS ASÍ LO HA DISPUESTO.

Mientras la vida sentimental de la reina estaba en boca de todos, en Francia la joven María Estuardo disfrutaba de su nueva posición en la corte. Isabel seguía muy atenta todos sus movimientos a través de los despachos de sus embajadores, pero ahora debía hacer frente a la grave crisis económica que golpeaba su reino. Desde su llegada al trono y siguiendo los consejos de William Cecil se preparó en secreto la gran reforma monetaria necesaria para salir de la recesión. Era un asunto delicado y nada fácil porque la moneda inglesa estaba muy devaluada y había que reemplazarla por piezas más ricas en metal precioso que devolvieran la confianza a los comerciantes. Para tener una moneda fuerte había que retirar el dinero circulante de baja calidad acuñado en tiempos de Enrique VIII. La reina ignoraba cómo reaccionaría el pueblo al saber que las actuales monedas iban a disminuir su valor; las de dos peniques no valdrían más que un penique y medio, y las de seis peniques pasarían a valer cuatro y medio. Pero la retirada de las piezas antiguas y su reemplazo por nuevas, que duró todo un año, no provocó los disturbios esperados. Las severas medidas económicas que se establecieron consiguieron que en pocos meses la mitad de la deuda del reino estuviera saldada. Fue un gran éxito para William Cecil y para la joven Isabel, que vio acrecentado su prestigio.

Cuando parecía que reinaba la calma otro grave escándalo salpicó de nuevo a la soberana. El 8 de septiembre Amy Robsart, la esposa de lord Dudley, fue hallada muerta en su casa de Oxford. Ese día había dado permiso a sus criados, cuando cayó por una escalera y se rompió el cuello. Al conocerse la noticia la opinión pública señaló al instante a su esposo. Estaba claro que él había ordenado su asesinato para casarse con la reina y ocupar el trono. El ambiente de crispación en Londres era tan virulento que el embajador De la Quadra llegó a afirmar a su señor Felipe II que temía que la soberana «fuera destronada y llevada a la Torre». Pero el favorito de Su Majestad no acabó en el cadalso como muchos pensaban. El tribunal, tras estudiar las pruebas presentadas, dictaminó que había sido «un lamentable accidente en el que lord Dudley no había tenido nada que ver». Isabel estaba fascinada con su escudero y aunque hubiera deseado casarse con él, tras este trágico suceso comprendió que era imposible. Su boda con un hombre implicado en el asesinato de su esposa podría haber puesto en peligro su reinado. Muy afectada por el rumbo que tomaban los acontecimientos, le confesó al embajador español con quien tenía gran confianza: «No soy un ángel y no niego sentir afecto por lord Robert a causa de sus muchas cualidades, pero nada inconveniente ocurrió jamás entre lord Robert y yo, aunque me sea muy querido». Para Isabel su reino siempre estaría por encima de sus sentimientos y jamás daría un paso en falso.

En diciembre de 1560 Isabel recibió una inesperada noticia. María Estuardo se había quedado viuda tras la muerte de su débil y enfermizo esposo el rey Francisco II. María tenía dieciocho años y había sido reina consorte de Francia casi un año y medio. El nuevo soberano, Carlos IX, era menor de edad y su madre Catalina de Médicis se hizo cargo de la regencia. Ahora María Estuardo solo era la «reina viuda» sin ningún poder y con pocos amigos en la corte francesa. Las relaciones con su suegra Catalina nunca fueron buenas y ante este cambio de rumbo la joven decidió regresar a Escocia. Vestida de blanco en señal de luto se retiró a una cámara privada para pasar en soledad el duelo. Tras los cuarenta días de reclusión María se preparó para emprender viaje a su país natal del que apenas nada conocía pues había estado ausente trece años.

En la distancia la reina Isabel seguía con suma atención el desarrollo de los acontecimientos y cuando se enteró de que su sobrina regresaba a Escocia, sintió una gran inquietud. Durante la larga ausencia de María muchas cosas habían cambiado en el reino vecino. Su madre, María de Guisa, que había sido la regente tras la temprana muerte de su esposo Jacobo V, había fallecido un año atrás y el gobierno de Escocia estaba en manos de un Consejo de lores que actuaban en su nombre. Si antes el reino era en su mayoría católico ahora Escocia era oficialmente protestante, pero había una profunda división en los dos bandos. Isabel temía que con la llegada de María Estuardo los clanes católicos conspiraran para colocarla en el trono de Inglaterra. Pero por las muestras de afecto que recibía de ella, parecía que sus sospechas resultaban infundadas. En aquellos días se mostraba dispuesta a mantener una buena relación con Isabel, a quien llamaba «mi muy querida hermana», y, aunque todos a su alrededor intentaban enfrentarlas, pronto descubrirían que las dos tenían mucho en común.

DUELO DE REINAS

A pesar de su desconfianza inicial, en agosto de 1561 la reina Isabel aceptó que barcos ingleses escoltaran a María Estuardo en su viaje desde Francia a tierras de Escocia. En una carta le escribió: «Me he enterado de que estáis decidida a regresar a vuestro reino a pedido de vuestro consejo, y os aseguro que no deseo nada más que vuestra amistad, como lo quieren la naturaleza y nuestro parentesco». El 14 de agosto la reina María se embarcó en Calais con su séquito y en alta mar fue escoltada hasta el puerto de Leith, al norte de Edimburgo, a donde llegó cinco días más tarde en medio de una densa bruma. En apenas seis meses había perdido a su esposo, a su madre y su título de reina de Francia y regresaba sola a una tierra que le era extraña. Aunque temía la reacción de la gente fue recibida con una cálida bienvenida por sus súbditos y algunos nobles. Pero pronto iba a descubrir que Escocia era un reino muy atrasado y empobrecido, desgarrado por las constantes luchas entre los clanes rivales.

Ya instalada en el castillo de Holyrood, en Edimburgo, la reina escocesa envió a su embajador protestante William Maitland a la corte inglesa para convencer a su tía de que la nombrara su heredera oficial. Isabel se negó a pronunciarse en tan delicado asunto y le aclaró al diplomático que ni su pueblo ni el Parlamento aceptarían, aunque fuera su familia más cercana, a una soberana católica y extranjera en el trono. «Soy consciente de la inconsistencia propia del pueblo inglés, siempre disconforme con el gobierno actual y con la mirada puesta en quien le sucederá después», comentó. Sin embargo, aseguró a Maitland que entre todos los posibles herederos, María Estuardo «era su favorita y la que tenía más derechos legítimos». Esta respuesta no desalentó a la destituida reina de Escocia, quien estaba convencida de que si llegaba a reunirse con ella lograría convencerla.

Si al principio Isabel adoptó una actitud hostil hacia María por las ofensas y humillaciones que había recibido de esta, con el paso de los meses su relación fue más cordial. Desde su llegada a Escocia, ambas comenzaron a intercambiarse cartas donde poco a poco se fueron conociendo. Las dos eran huérfanas, habían vivido una traumática infancia separadas de sus madres y estaban solteras. María tenía dieciocho años e Isabel diez años más y ambas se respetaban. La reina escocesa admiraba el valor de su tía que había conseguido sobrevivir a intrigas y adversidades hasta llegar al trono de Inglaterra. Eran las únicas soberanas por derecho propio en Europa y estaban consideradas entre las más preparadas de su época, aunque Isabel la superaba en erudición. En lo religioso las dos se declaraban moderadas y rechazaban la violencia que había golpeado a sus reinos. Si algo las diferenciaba era su forma de gobernar. En Escocia se decía que «María gobernaba atendiendo a sus emociones, mientras su tía en Inglaterra lo hacía desde la razón».

La reina tenía una gran curiosidad por conocer a María Estuardo y a su emisario escocés James Melville no dudaba en asaltarle a preguntas sobre sus gustos y su aspecto físico. Ya desde niña a María se la reconocía en Francia por su hermosura y encanto. Medía casi un metro ochenta de alto y su regia presencia imponía. Isabel, bastante más baja que ella, no tenía sus finos rasgos ni su cutis de alabastro y sentía celos de su juventud y lozanía. El embajador, que conocía la vanidad de la monarca inglesa y lo mucho que le gustaba que la halagaran, trató de contentarla con sus respuestas: «El cabello de su majestad la reina era más rojizo que amarillo, con rizos al parecer naturales y me preguntó qué color le sentaba mejor y a cuál de las dos reinas consideraba más agraciada. Dije que ella era la más hermosa reina de Inglaterra y que la mía la reina más hermosa de Escocia. Como insistía le respondí que las dos eran las más bellas damas de sus reinos y que Su Majestad era más blanca, pero que mi reina era muy bonita. Preguntó cuál de las dos era más alta. Dije que mi reina. Entonces repuso: es demasiado alta, porque yo soy de estatura media. Luego preguntó qué clase de ejercicios practicaba y respondí que le gustaba la caza, que cuando se lo permitían sus negocios serios, leía cuentos y tocaba el laúd. Preguntó si tocaba bien y dije que bastante bien para una reina». Melville llegó a proponer a la soberana que podía llevarla a Escocia secretamente disfrazada de paje para que ambas se conocieran y ella lo tomó con humor y comentó: «¡Ay, si pudieses hacerlo!».

Isabel y María se escribían cada semana y pronto comenzaron a hacer planes para reunirse en el verano de 1562 en York o en Nottingham. Pero el ansiado encuentro tuvo que posponerse. A principios de julio estalló en Francia una sangrienta guerra civil entre católicos y hugonotes protestantes, lo que obligó a Isabel a anular su viaje y posponerlo para el año siguiente. Para complicar más las cosas el 10 de octubre la reina enfermó de manera repentina en Hampton Court. Cuando se supo que había contraído la viruela la fatal noticia se extendió por todo el país. María, que había pasado esta enfermedad, se apresuró a escribirle una carta donde le ofrecía la fórmula de un ungüento especial que ella había utilizado para evitar que las pústulas dejasen marcas en su rostro. En aquellos tiempos era una enfermedad mortal y ante la gravedad de su estado una pregunta flotaba en el aire: ¿qué ocurriría si la reina fallecía? Pero una semana más tarde Isabel recobró milagrosamente la salud y reunió a sus más fieles consejeros alrededor de su lecho. Estos le plantearon la urgencia de designar a un sucesor, pero Isabel se mostró firme en su negativa. En cambio manifestó su deseo de nombrar a lord Dudley miembro del Consejo y protector del reino con una renta de veinte mil libras. Para el embajador español quedó claro que Isabel no tenía intención de elegir un heredero y que de nuevo lord Robert Dudley gozaba de su favor.

El motivo por el cual la reina de Inglaterra no quería casarse resultaba un misterio para todos y objeto de todo tipo de especulaciones. En su decisión estaba claro su espíritu independiente y rebelde. Deseaba mantener su soltería para no depender de nadie a la hora de gobernar. «Odio la idea de casarme por razones que no confiaría ni a mi alma gemela», le dijo en una ocasión a lord Sussex. También su rechazo al matrimonio provenía al parecer del nefasto ejemplo que había visto en su padre Enrique VIII, que se había casado hasta en seis ocasiones y repudiado o asesinado a sus esposas cuando estas no podían darle un hijo o dejaban de atraerle. Para los médicos de su época la explicación era otra: la reina sufría una supuesta malformación sexual, una atresia vaginal, que la incapacitaba para tener hijos. Un cronista de la corte inglesa comentó que el día que Isabel se enteró de que María Estuardo había dado a luz a su primer y único hijo, comentó muy afligida a sus damas de compañía: «Ay, la reina de Escocia ha tenido un hermoso hijo, y yo no soy más que un tronco estéril». La realidad solo ella la sabía y jamás se la confesó a nadie.

En cuanto al matrimonio, María Estuardo pensaba de modo muy diferente a Isabel. Tras quedarse viuda se concentró en encontrar un nuevo esposo procedente de la realeza europea que le garantizase una alianza política útil. Isabel, llevada por sus propios intereses, le sugirió un candidato que sorprendió a todos. Se trataba de su favorito, lord Robert Dudley. Aunque pudiera parecer una idea descabellada o una forma de desprecio hacia ella, en realidad constituía una inteligente maniobra política. Con su buen amigo en el trono de Escocia, estaría asegurada para siempre la alianza con el reino vecino. Y dado que ella no pensaba casarse con él, si María y Robert tenían un hijo seguramente sería su ahijado y posible heredero. William Cecil explicó con estas palabras lo que había detrás de esta propuesta: «Al proponer a lord Robert, Su Majestad ofrece lo que conoce mejor, un hombre comparable a todos los príncipes del mundo y hasta superior a muchos, muy estimado por ella, y más apto que nadie para garantizar la amistad entre ambas reinas». María se sintió muy ofendida ante la inesperada proposición de su tía que le ofrecía casarse con su antiguo amante, al que ella misma había descartado. Cuando Isabel intentó persuadirla recordándole las ventajas que tendría para ambas su boda con Dudley, reaccionó muy enojada: «¿Esa es pues la promesa que me hizo vuestra reina de tratarme como hermana o como hija, proponiéndome a uno de sus súbditos? ¿Qué ocurriría si yo aceptara y luego ella misma se casara y tuviera hijos? ¿Quién no pensaría entonces que actué de manera estúpida?». A los nobles escoceses la propuesta de Isabel también los escandalizó y se sintieron humillados, dado que lord Dudley «no pertenecía a una grande y antigua casa y su sangre no era inmaculada». A esta objeción Isabel pronto encontró una solución y le nombró conde de Leicester, un alto honor que le permitiría ceñir la corona de Escocia.

El plan de matrimonio con Dudley fue un fracaso y él además no estaba dispuesto a casarse con una católica como María Estuardo y mucho menos a «exiliarse» a Edimburgo. Sin embargo, en julio de 1565 la reina de Escocia ya tenía muy claro con quién quería contraer matrimonio. El elegido era su primo carnal Enrique Estuardo, lord Darnley, que vivía en la corte de Isabel con el tratamiento de príncipe. Un joven rubio muy atractivo e inmaduro sin experiencia en las tareas de gobierno y amante de los placeres de la vida. Cuando María lo conoció le pareció «el hombre más apuesto y hermoso que nunca había visto». La reina viuda estaba fascinada con él pero el altivo Darnley no gustaba a nadie. Cuando llegó a oídos de Isabel que pensaban contraer matrimonio, se enfureció. Escribió de inmediato a su sobrina advirtiéndole de que si se casaba con él pondría en peligro su amistad. Lo que más le preocupaba era que tanto María como Darnley eran católicos y nietos de Margarita Tudor, hermana de Enrique VIII. Su unión fortalecería aún más el derecho de la reina de Escocia a sucederla en el trono de Inglaterra.

Las amenazas de Isabel no surtieron efecto y por el contrario hirieron profundamente a María. Cuando escogió a lord Darnley como esposo creyó que el hecho de que fuera un noble inglés y además que estuviera emparentado con la reina de Inglaterra sería del agrado de esta. Al embajador inglés en Escocia, Thomas Randolph, le confesó: «Cuánto mejor sería si nosotras que somos reinas tan cercanas por linaje, vecinas y habitantes de una misma isla, fuéramos amigas y viviéramos juntas como hermanas, en vez de distanciarnos de extrañas maneras en detrimento de ambas». María lamentaba que el asunto de su matrimonio las hubiera separado y aunque durante el breve cortejo ya había descubierto que Darnley era una persona conflictiva, no iba a dar marcha atrás para contentar a Isabel. En realidad no estaba enamorada de él, había sido solo un «breve capricho», pero ya no tenía más remedio que seguir adelante con los planes de boda y asumir las consecuencias.

El enlace se celebró el 29 de julio de 1565 en la capilla privada del castillo de Holyrood, en Edimburgo. Para María Estuardo fue un matrimonio de conveniencia que la ayudó a afianzar su posición y a ganar mayor seguridad en sí misma. Ahora era una reina casada y con la posibilidad de dar a luz un heredero al trono. Pero en su luna miel comenzaron los problemas entre la pareja. María lamentó no haber escuchado los consejos de Isabel, que conocía bien la mala fama del hombre que ahora era su esposo y rey de Escocia. Enseguida descubrió que tras su seductora fachada se escondía un hombre cruel y arrogante que cuando bebía perdía los modales y se mostraba muy violento con ella. Lord Darnley era un conspirador nato y aunque la reina escocesa le nombró duque de Albany y le concedió la Orden del Cardo, su ambición no tenía límites y pretendía apartarla del poder ahora que se encontraba embarazada.

Sintiéndose humillada por el comportamiento de su marido, la reina buscó el apoyo en David Rizzio, un talentoso músico al que nombró su secretario y hombre de confianza. Su amistad con este refinado joven italiano católico sería un gran consuelo frente a su despótico esposo. Su relación era tan estrecha que se empezó a rumorear que eran amantes. También decían que el bebé que María esperaba en realidad era de su querido favorito al que tanta atención prestaba. Estas falsas habladurías llegaron a oídos de lord Darnley, quien herido en su orgullo y temiendo perder su poder aceptó participar en una conspiración secreta puesta en marcha por un grupo de nobles protestantes contrarios a la reina. La noche del 9 de marzo de 1566, María se encontraba cenando en sus estancias privadas en compañía de Rizzio y unas damas de su séquito. De repente, su esposo irrumpió en la estancia junto a varios hombres armados y su amigo fue brutalmente asesinado a puñaladas en su presencia. Tras dar muerte a Rizzio, los rebeldes encerraron a la soberana en su gabinete, custodiada por su esposo.

Cuando Isabel se enteró de lo ocurrido su primera reacción fue intervenir y mandar a sus soldados a Escocia, pero su secretario William Cecil le rogó que no lo hiciera. Le preocupaba la seguridad de su sobrina y del niño que estaba esperando. Pero María demostró su astucia y aquella noche utilizó todos sus encantos para reconciliarse con su marido y convencerle para escapar con ella. Lord Darnley acabó poniéndose del lado de su esposa y ambos consiguieron huir de palacio en mitad de la noche y llegar cabalgando al castillo de Dunbar, en la costa. Toda una proeza teniendo en cuenta que la reina estaba embarazada de cinco meses. Allí la esperaban sus más fieles seguidores y apenas una semana después de la conjura, regresó a Edimburgo al frente de ocho mil hombres y restableció el orden sin derramar una gota de sangre. María jamás volvió a confiar en su marido y nunca le perdonó. Su matrimonio estaba roto cuando el 19 de junio de 1566 dio a luz a su hijo tras un parto largo y difícil. El anuncio del nacimiento de un varón llamado Jacobo fue recibido con gran júbilo en toda Escocia. María propuso a su tía Isabel que fuera la madrina del niño y esta aceptó a pesar de que la noticia le provocó nuevos celos.

Otros trágicos acontecimientos iban a empañar la felicidad de María Estuardo tras el nacimiento de su heredero. En la noche del 10 de febrero de 1567 la residencia donde se alojaba lord Darnley, cercana al castillo de Holyrood, estalló en una explosión y quedó en ruinas. En el jardín se encontró su cadáver con signos de haber sido estrangulado. El brutal atentado conmocionó a Europa y cuando la reina Isabel supo que su primo había fallecido en extrañas circunstancias exigió una investigación sobre su muerte. Preocupada por la seguridad de María le escribió una carta instándola a que «castigara de inmediato a los asesinos, asegurándose, por su propio bien, de que no escapara ninguno».

Pronto se hizo público que el principal sospechoso del asesinato del rey era James Hepburn, conde de Bothwell, uno de los cabecillas protestantes. Este noble, profundamente hostil a Inglaterra, gozaba de una gran influencia en la corte y había heredado el título de lord almirante y alguacil de Edimburgo. La noticia se extendió con rapidez y causó un enorme revuelo en las calles, donde ya comenzaban a correr rumores de que María y Bothwell se hallaban implicados en el asesinato del esposo de la reina. La complicidad de María, al igual que su supuesto adulterio con el conde, estaba en boca de todos. Los amigos más leales y fieles de la soberana de Escocia se sentían desconcertados por su temerario comportamiento. La propia Isabel no daba crédito a los informes que le llegaban y le escribió una carta en francés donde se mostraba conmocionada: «Señora, mis oídos han quedado tan aturdidos, mi entendimiento tan triste y mi corazón tan aterrado al oír la terrible noticia de la muerte de vuestro difunto marido, mi primo, que casi no tengo ánimos para escribir [...]. Sin embargo, no puedo ocultaros que sufro más por vos que por él».

En abril de 1567 Bothwell fue juzgado por el asesinato de lord Darnley, pero fue absuelto porque sus hombres presionaron a los jueces para declararle inocente. Tras quedar libre el conde se mostraba muy arrogante y solo pensaba en contraer matrimonio con María para proclamarse rey de Escocia. Apenas dos meses después del atentado, María Estuardo se casaba en la capilla de Holyrood por el rito protestante con el hombre a quien todos consideraban el asesino de su esposo. Acababa de sellar su destino y su reputación se vio muy dañada. Las excusas que dio para justificar esta boda no convencieron al pueblo. Ella contó que cuando viajaba a Stirling para visitar a su hijo Jacobo fue raptada por Bothwell y llevada al castillo de Dunbar, donde su captor la violó. Para defender su honra se vio obligada a casarse con él. Pero en las calles y en las tabernas de la ciudad se comentaba que el secuestro era una invención de la soberana para salvaguardar las apariencias, y que en realidad estaba enamorada de él. Desde ese día su popularidad tocó fondo y perdió el favor de los católicos que siempre la habían apoyado. En la noche del 15 de junio una multitud invadió las calles de Edimburgo al grito de «¡Muera la ramera!», «¡Quemad a la bruja!». La reina fue detenida y encarcelada.

Isabel seguía horrorizada los acontecimientos. Resultaba intolerable que unos lores rebeldes se atrevieran a apresar y encerrar a una monarca reinante como ella. María permanecía cautiva en el castillo de Lochleven, en una isla en medio de un lago a cuarenta y seis kilómetros de la capital. Lo que Isabel ignoraba es que su sobrina estaba embarazada de Bothwell. A finales de julio de 1567, cuando llevaba un mes y medio secuestrada, perdió a los mellizos que esperaba y su salud se resintió tanto que tuvo que guardar cama. Mientras yacía en su lecho débil y desesperada, recibió la visita de una delegación de lores quienes la presionaron para que abdicara a favor de su hijo, de un año de edad. Unos días más tarde los lores coronaron al futuro rey Jacobo VI. Cuando Isabel se enteró de que María había sido obligada a abdicar estaba tan indignada que amenazó con declarar la guerra a los escoceses.

El 2 de mayo de 1568, tras once meses de cautiverio, María Estuardo volvió a ser libre. Había conseguido huir ayudada por hombres leales y llegar al castillo de Hamilton, donde reunió a sus partidarios y proclamó la nulidad de su abdicación. Isabel respiró tranquila al saber que su sobrina se encontraba sana y había recobrado la libertad. Unos días más tarde le escribió una carta en la que mostraba sus nobles sentimientos hacia ella:

> Señora, la feliz noticia de vuestra libertad, tanto como el afecto que debo a mi parienta más cercana, me incitan a enviaros esta carta con mis consejos concernientes a vuestro estado y a vuestro honor, que me preocupa tanto como podéis desearlo y del que, para hablar francamente, habéis hecho poco caso en el pasado. Si os hubieseis preocupado por vuestro honor tanto como por un desgraciado malvado como Bothwell, el mundo entero os compadecería, lo que hoy no ocurre, si he de hablaros con sinceridad. [...] Recordad que quienes tienen dos cuerdas en su arco suelen tirar más fuerte, pero rara vez aciertan. Vuestra afectuosa buena hermana y tía, Isabel R.

Esta carta nunca llegaría a sus manos. Cuando la escribió María Estuardo se encontraba en un punto sin retorno. Vencida y desengañada no le quedó más remedio que huir al sur. En la noche del 16 de mayo de 1568 se subió a una barca de pescadores y puso rumbo a Inglaterra. Dos días más tarde desembarcó en el puerto de Workington y solicitó la ayuda de Isabel. María había sido engañada y derrotada pero estaba decidida a recuperar su honor y el trono. En la primera carta que le dirigió a la reina ya en suelo inglés le anunciaba que solo aspiraba a la venganza y al castigo de los traidores. En ella le rogaba: «No os convirtáis en la serpiente encantada que deja de escuchar, pues no soy una encantadora de serpientes, sino vuestra leal hermana».

Cuando Isabel recibió la noticia de la llegada de María a las costas inglesas huyendo de Escocia su primera reacción fue invitarla a Londres y tratarla con los honores de su rango. Pero William Cecil frenó su generoso impulso. Para su principal y astuto consejero María Estuardo era su acérrima enemiga y la consideraba una grave amenaza. A lo largo de los años que estuvo al servicio de la reina de Inglaterra haría todo lo posible para que ambas soberanas no llegaran jamás a reunirse. Cecil le recordó que su sobrina estaba acusada de complicidad en el asesinato de su esposo. Le recomendó que hasta que no se esclareciera lo ocurrido no resultaba prudente verse con ella porque se hallaba en juego su honor. Isabel era por aquel entonces una monarca muy querida y respetada. No podía dar un paso en falso que afectara a su gran popularidad.

Siguiendo los consejos de Cecil, decidió alojarla en el castillo de Carlisle, cerca de la frontera de Escocia. En realidad la historia se repetía. Si en el pasado la reina inglesa había vivido largos meses confinada y alejada de la corte por orden de María Tudor, quien la consideraba una peligrosa rival, ahora era ella quien mantenía cautiva a María Estuardo. Durante los siguientes dieciocho años sería su prisionera y al principio le concedería todas las atenciones dignas de una soberana reinante en el exilio. A pesar de mantener algunos privilegios, como el permiso para seguir con sus más leales sirvientes y recibir visitas, con el paso del tiempo su cautiverio sería más duro y traumático.

A María le parecía imperdonable este exilio forzoso cuando solo deseaba poder defenderse de las acusaciones que pesaban sobre ella y ser escuchada por la reina. Ante su reacción de mantenerla lejos, respondió con brusquedad y llevada por su fuerte temperamento le escribió a Isabel: «[...] ¡Ay, señora!, ¿dónde habéis visto que se critique a un príncipe por escuchar en persona las quejas de los que lamentan ser falsamente acusados?». Para Isabel lo más preocupante fue la sutil amenaza con la que despedía su carta. Sin rodeos le dio a entender que si se negaba a escucharla pediría ayuda a los reyes de Francia y España, que al ser católicos como ella no dudarían en recibirla como correspondía.

Isabel se sintió muy dolida por las palabras de su sobrina, a la que siempre había defendido, y sus sentimientos hacia ella eran encontrados. María Estuardo era una joven de veinticinco años marcada por la fatalidad, dos veces viuda, destronada y a la que le habían arrebatado a su hijo casi recién nacido. Pero también era una orgullosa soberana católica, posible heredera del trono de Inglaterra, y estaba involucrada en el asesinato de un súbdito inglés. Al refugiarse en Inglaterra la había puesto en una situación política muy delicada. Cuando los nobles católicos del norte de Inglaterra se enteraron de que se encontraba alojada en el castillo de Carlisle no dudaron en viajar hasta allí para rendirle homenaje y proclamarla como «su reina legítima». «¿Qué debo hacer con María?», era la pregunta que mortificaba y quitaba el sueño a Isabel en aquellos difíciles días.

William Cecil, siempre dispuesto a proteger a Su Majestad, encontró la solución al problema. Propuso crear una comisión para investigar la muerte del súbdito inglés lord Darnley. Aunque al principio María, muy indignada, se negó a colaborar, finalmente se vio obligada a acceder. Las sesiones, presididas por el duque de Norfolk, comenzaron en la ciudad de York el 28 de julio de 1568 en medio de una enorme expectación. María Estuardo se enfrentaba a los nobles que la acusaban, encabezados por Jacobo Estuardo, conde de Moray, su hermanastro y regente de Escocia que la había traicionado. Moray era protestante y aunque a su llegada a Escocia fue su principal consejero, tras su matrimonio con lord Darnley se convirtió en su enemigo y en el cabecilla de una rebelión. El conde estaba dispuesto a demostrar la culpabilidad de María, aunque para ello tuviera que falsificar pruebas y testimonios. Así presentó unos documentos que según él probaban de manera incuestionable la complicidad de María. Se trataba de unas cartas halladas en un cofrecillo de plata y supuestamente escritas por ella a su amante Bothwell, en las que ambos planeaban matar a Darnley para compartir juntos el trono de Escocia. Aunque María insistió en que eran falsas y se le negó el derecho a poder verlas, todos los expertos allí reunidos las consideraron auténticas. Las cartas fueron hábilmente manipuladas por su hermanastro, quien llegó incluso a falsificar la letra de la reina, pero el efecto que causaron fue muy negativo para ella. Todos daban por hecho su culpabilidad y la soberana de Inglaterra se encontró de nuevo en una encrucijada.

Tras largos meses de debate, el 10 de enero de 1569 Isabel dio un veredicto que pretendía contentar a ambas partes. William Cecil hizo saber que «nada había sido presentado contra la reina de Escocia que pudiese llevar a Su Majestad a concebir una mala opinión de su buena hermana y por otra parte, nada se había probado contra el honor y la lealtad del conde de Moray y de sus amigos». Tanto María Estuardo como su hermanastro quedaron limpios de todo delito, pero mientras el conde regresaba a Escocia para gobernar hasta la mayoría de edad de Jacobo VI a favor de los intereses de los ingleses, María se convertía en prisionera de la reina de Inglaterra.

Isabel había tomado esta decisión pensando en sus propios intereses y no en el futuro de su sobrina. Sabía que si María regresaba a Escocia sería de inmediato arrestada y ejecutada. Pero si la liberaba huiría a Francia o España. Ninguna de las dos soluciones era aceptable y así, con la excusa de proteger a su «invitada», la mantendría alejada de la corte. Aunque no cesaba de repetir al embajador de Francia que estaba decidida a «defender la causa de la reina escocesa y restituirla a su país y a su autoridad real mediante un acuerdo entre ella y sus súbditos», la realidad era bien distinta. A ella le interesaba más tener al conde de Moray en el poder con un gobierno protestante y moderado que a una soberana católica y profrancesa como María. También le sugirió a su sobrina que abdicara y reconociera a su hijo como rey y a cambio se le concedería el título de princesa de Inglaterra, lo que le permitiría vivir holgadamente en su reino. Pero ella rechazó de inmediato la propuesta: «Estoy resuelta y decidida a morir antes que a abdicar, y la última palabra que diga en mi vida será la de una reina de Escocia». A pesar de su juventud María Estuardo se iba a convertir en una dura rival para Isabel I de Inglaterra.

Tener en su reino a María Estuardo implicaba que debía actuar con cautela para no despertar las suspicacias y recelos de los monarcas europeos católicos, como su antiguo cuñado, el rey Felipe II. Para ello eligió con sumo cuidado al hombre que en los siguientes quince años se encargaría de custodiar a su prisionera. El elegido fue George Talbot, conde de Shrewsbury, uno de los aristócratas más importantes de su gobierno y el candidato ideal para manejar a una reina católica en el exilio. Pero Isabel ignoraba que mientras la soberana estaba bajo su custodia mantenía correspondencia con España y Francia y se dejaba arrastrar a una nueva y peligrosa intriga, esta vez protagonizada por Thomas Howard, el cuarto duque de Norfolk. Este influyente y ambicioso noble inglés era primo segundo de Isabel y el terrateniente más rico del país. Norfolk tenía grandes aspiraciones y sentía que Isabel lo menospreciaba porque solo se dejaba aconsejar por William Cecil. Convencido por el conde de Moray, decidió pedir en matrimonio a María. Una unión muy ventajosa que le daría a Norfolk la corona de Escocia. Cuando el embajador de España informó a Felipe II sobre las intenciones del duque, este se mostró muy escéptico: «Si lo que me decís de la boda de la reina de Escocia con el duque de Norfolk es cierto, ello puede ayudar a la restauración de la verdadera fe [...] pero hay que asegurarse primero de la religión del duque».

Mientras María Estuardo intercambiaba cartas de amor con su pretendiente, al que llamaba cariñosamente «mi Norfolk», este le envió un anillo de diamantes en señal de compromiso. El duque no perdió el tiempo y se dedicó a buscar apoyos en el norte del país, donde la mayoría eran católicos. En septiembre Isabel descubrió las negociaciones secretas que se estaban maquinando a sus espaldas. Enfurecida, hizo que llevaran al duque de Norfolk a la Torre de Londres, donde pasaría diez meses preso.

La reina pensó que con el arresto de Norfolk todo había terminado pero se equivocaba. Un mes más tarde, se le comunicó que los principales nobles de las provincias católicas del norte se habían alzado contra ella. Era la primera vez en sus once años de reinado que se producía una rebelión armada en Inglaterra. Los sublevados no deseaban atacarla, sino atemorizarla para que instaurara de nuevo el catolicismo en todo el reino. Planeaban como primer paso en su estrategia ir al castillo de Tutbury y liberar a María Estuardo para proclamarla de inmediato heredera al trono de Inglaterra. Pero Cecil se les adelantó y ordenó que la reina escocesa fuera trasladada a Coventry, mucho más al sur y lejos del alcance de sus partidarios.

Gracias a la rápida reacción de Isabel que mandó a sus ejércitos al norte y detuvieron a los nobles implicados, la sublevación fue sofocada. La soberana demostró un gran coraje y determinación pero también que no le temblaba el pulso a la hora de castigar cruelmente a sus súbditos. Isabel, que por primera vez sintió que podía ser derrotada y que se jugaba la corona, emprendió una sangrienta represión contra los condes del norte, y con su consentimiento se llevaron a cabo ejecuciones sumarias. Esta violencia tuvo sus consecuencias. En abril de 1570 el papa Pío V excomulgó a la reina de Inglaterra a través de la bula *Regnans in Excelsis*. Esta situación provocó en los católicos ingleses un serio dilema: ser leales a Su Majestad o traicionar su fe. Si al principio de su reinado Isabel se había mostrado respetuosa con sus súbditos que profesaban la religión de Roma, a partir de esta bula papal decidió imponer mano dura. El Parlamento promulgó un acta «de debida obediencia» donde se estipulaba que «todo aquel que pretendiera convertir al catolicismo a cualquier súbdito de Su Majestad sería considerado culpable de alta traición y condenado a muerte».

El propio Norfolk, que ahora se declaraba católico, tampoco se salvó de la muerte. Tras ser liberado de su encierro urdió una nueva conspiración para derrocar a Isabel en la que intentó contar con el apoyo de Felipe II y el papa de Roma. Su idea era instalar a María Estuardo en el trono inglés invadiendo el reino con el apoyo de España. Pero el 7 de septiembre de 1571, tras descubrirse este nuevo complot, fue detenido y conducido una vez más a la Torre de Londres. En esta ocasión fue condenado por alta traición. La reina, que a diferencia de su padre no había hecho rodar ninguna cabeza desde el inicio de su reinado, firmó tres veces la orden de ejecución y las tres las anuló. Aunque estuviera convencida de su culpabilidad, no se decidía a enviar a la muerte a su sobrina y al primer lord de Inglaterra. En una nota que escribió de su puño y letra para aplazar la ejecución, expuso: «Milord, pienso que estoy más influenciada por la parte posterior de mi cabeza que inclinada a atreverme a confiar en el lado anterior de la misma, y por consiguiente, enviad la orden, en la forma que mejor os parezca, de diferir la ejecución hasta nuevo aviso». Finalmente el desdichado noble inglés fue decapitado. Isabel sacrificó a Norfolk para salvar a María Estuardo.

Tanto William Cecil como los miembros de su camarilla en el Parlamento reclamaban que la soberana de los escoceses fuera también ejecutada. Para ellos María se había convertido en una «malvada y sucia mujer» y mientras viviera no habría seguridad para su reina: «Ha demostrado ser la asesina de su marido, una adúltera, una vulgar perturbadora de la paz de este reino, y por todo ello, es preciso tratarla como a un enemigo. Por eso mi consejo es cortarle la cabeza y acabar con este asunto», se oyó decir en la Cámara de los Comunes. Sin embargo Isabel no cedió porque María Estuardo era, como ella, una reina ungida y su única familia. Fueron muchos los que se quedaron admirados de la firmeza que la reina demostró enfrentándose sola a los miembros de su Consejo y al Parlamento «con las únicas armas de su instinto y su sentido común», como alabó un embajador. Aunque salió fortalecida tras estos sucesos, la relación con su sobrina ya nunca sería la misma pues había perdido su confianza.

Durante su largo cautiverio a María Estuardo se la cambió en repetidas ocasiones de residencia para mantenerla alejada de los nobles católicos del norte y de los puertos cercanos a Londres. Isabel temía que pudiera huir por mar o que sus simpatizantes asaltaran su castillo para liberarla. Cada traslado suponía una compleja logística porque desde el inicio de su cautiverio la reina escocesa no renunció a mantener su rango. Se negó a vestir las ropas que le envió su tía y el conde de Shrewsbury tuvo que encargarse de hacerle llegar sus vestidos desde el castillo de Lochleven y sus carruajes y trajes de Edimburgo. Dispuesta a dejar pasar el tiempo y que los ánimos se apaciguaran, Isabel la instaló en el castillo de Tutbury, en el corazón de Inglaterra. Para su mudanza fueron necesarias treinta carretas cargadas con sus efectos personales. La fortaleza era tan fría y húmeda que al poco de llegar María tuvo que guardar cama debido al reumatismo. El conde de Shrewsbury, encargado de su custodia, negoció con Isabel y Cecil para que pudiera ser llevada a otras residencias más confortables.

Durante el tiempo que Shrewsbury se encargó de su custodia, María Estuardo siempre fue tratada con dignidad. Sus aposentos privados se decoraron tan lujosamente como los de Holyrood y se mantenía el protocolo real. Pero la realidad era que vivía en una prisión y su arresto empezó a pasarle factura a su salud. Si en Escocia hacía ejercicio todos los días y disfrutaba de largas cabalgadas, durante su cautiverio apenas caminaba ni salía a cazar. Pasaba sus tediosos días rezando, conversando con sus damas de compañía y bordando, su única distracción. Comenzó a enfermar con frecuencia debido a la inactividad y a su vida sedentaria. Sentía que envejecía prematuramente y perdía su legendaria belleza. Algunas de estas enfermedades eran producidas por la soledad y el estrés que la embargaban, sobre todo cuando Isabel la ignoraba o no respondía a sus cartas. «Nadie puede curar esta enfermedad mejor que la reina de Inglaterra», se lamentaba. Pero lo que le rompía el corazón era no poder ver ni comunicarse con su hijo Jacobo, que vivía en el castillo de Stirling. En una ocasión no pudo contener sus emociones y escribió: «¿Acaso es justo y apropiado que a mí, una madre, no solo me prohíban aconsejar a mi oprimido hijo, sino también comprender el angustiante estado en que se encuentra?».

Preocupado por su grave estado de salud, el conde de Shrewsbury escribió a William Cecil y se la autorizó a visitar el balneario de Buxton y sus famosas termas. Allí pasaría varios veranos, siempre vigilada muy de cerca y sin poder hablar con nadie. Pese a estas muestras de benevolencia por parte de Isabel, esta le seguía negando lo que más ansiaba: libertad de movimiento. Solo cuando era su cumpleaños hacían una excepción y le permitían salir a pasear en un carruaje para tomar un poco el aire, aunque escoltada por hombres armados. A sus treinta años para caminar necesitaba la ayuda de dos sirvientas debido a la inflamación y las úlceras que tenía en ambas piernas.

A pesar de su deteriorada salud María seguía mostrándose desafiante con Isabel. Le escribía largas y emotivas cartas pidiendo que la liberaran y le permitieran regresar a casa. En ocasiones le enviaba algún regalo, como confituras importadas de Francia o una rica falda de satén bordada por ella misma, en un intento por ablandar su corazón. Pero de nada sirvieron sus obsequios ni que le asegurase que «preferiría morir en cautiverio antes que huir humillada». William Cecil no se fiaba de ella y sabía que jamás dejaría de conspirar para conseguir sus fines. La caída de María Estuardo era cuestión de tiempo, porque nunca se daría por vencida. Solo había que tener paciencia y esperar a que diera un paso en falso para poder condenarla.

La Reina Virgen

El 7 de septiembre de 1573 la reina Isabel cumplía cuarenta años y gozaba de una gran popularidad. Desde el púlpito los predicadores repetían a sus fieles que era «la nueva Débora» elegida por Dios para guiar a la nación por los caminos de la ley, el poder y la gloria. Los poetas ensalzaban su figura y se referían a ella como Gloriana, la eternamente joven reina de las hadas. Para el pueblo llano era «la Buena Reina Bess», una soberana amada y respetada por su absoluta entrega a su país. Pero su imagen oficial era la de una especie de diosa intocable y pura, casada con su reino y madre de sus súbditos. «Me llaman la Reina Virgen —diría ella con orgullo—. Sin esposo, no tengo señor. Sin hijos, soy la madre de mi pueblo. Que Dios me dé fuerza para soportar mi carga».

A pesar de las alabanzas que recibía, su rostro reflejaba en el espejo a una mujer que aparentaba más años y cuyo atractivo declinaba. Isabel enfermaba con frecuencia, padecía dolorosas jaquecas, bronquitis, fiebres, ataques de reumatismo y una úlcera de estómago que la amargó hasta su muerte. También sus dientes le provocaban un enorme malestar. «Su Majestad tenía debilidad por la fruta y los dulces y su dentadura se hallaba en un estado tan deplorable que le causaba un cruel sufrimiento. Para ella, que cuidaba con tanto esmero su aspecto, era un motivo de gran preocupación», anotó un cronista. La viruela que había contraído en otoño de 1562 le había dejado el rostro surcado de cicatrices y tras esta grave enfermedad se le había empezado a caer el cabello. Antaño estaba tan orgullosa de su larga y frondosa melena rojiza —herencia de su padre Enrique VIII— que mandaba teñir de este color la cola del caballo que tuviera que montar. Ahora tenía que recurrir a costosas pelucas para ocultar su prematura calvicie.

Obsesionada con lucir un cutis de alabastro tan apreciado en su época, se maquillaba de manera exagerada pintándose de blanco la cara con albayalde, un pigmento elaborado a base de plomo y vinagre, muy tóxico para la salud. Siguiendo la moda utilizaba el bermellón de mercurio para dar color a sus labios y cubría sus angulosas mejillas con colorante rojo y clara de huevo. También resaltaba sus profundos ojos castaños delineándolos con kohl y lucía unas altas y finas cejas muy arqueadas. El cabello siempre lo llevaba recogido y rizado en pequeños bucles en los que se entremezclaban perlas y joyas que se coronaban con plumas. Solo sus damas de honor sabían las largas horas que pasaba acicalándose con ayuda de sus doncellas antes de mostrarse en público.

Consciente del aspecto que quería proyectar, la soberana emitió una proclama real prohibiendo a todo artista pintar o difundir su imagen sin autorización de su Consejo Privado. Se anunció que tenía la intención de encargar un retrato a un hábil pintor de la corte para que sirviera de modelo a todos los demás. No deseaba que el pueblo fuera testigo de su deterioro para seguir imponiendo respeto. A partir de 1570 Isabel I de Inglaterra quedó inmortalizada en sus cuadros eternamente joven.

Sin embargo, lo que más impactaba a los visitantes extranjeros era la suntuosidad de su ropa. La corte inglesa gozaba de gran fama por sus atrevidos y estrafalarios atuendos, pero el estilismo de la Reina Virgen no tenía precedentes. Todos se quedaban asombrados ante aquella mujer de porte altivo vestida de manera tan opulenta y recargada que parecía una hierática esfinge. «Cuando se mostraba en público iba siempre magníficamente vestida y ricamente enjoyada, suponiendo que así los ojos del pueblo, deslumbrados por el brillo de esos adornos, no notarían las huellas de la edad», escribiría el secretario de William Cecil. Desde que Isabel ascendió al trono posó para los pintores de la corte con lujosos vestidos confeccionados con las mejores telas, bordados a mano con hilos de oro y plata y adornados con kilos de perlas, símbolo de la virginidad y su joya favorita, además de diamantes, rubíes, zafiros y otras piedras preciosas. Sus enormes y rígidas gorgueras hechas de reticella, un tipo de encaje italiano muy caro, le daban un aire mayestático. Cuando al anochecer sus damas la desvestían y retiraban sus pesados ropajes de terciopelo, sus rígidos corses de hierro o madera, sus enaguas, medias y cuellos almidonados, la reina estaba tan extremadamente delgada que podían contársele los huesos.

Para su círculo más cercano Isabel no era un ídolo ni la viva encarnación de la Virgen María, sino tan solo una mujer llena de contradicciones. Sus consejeros temían su franqueza y sus bruscos arrebatos de cólera. William Cecil recordaba que sus accesos eran tan terribles como breves: «Cuando ella sonreía, era como el sol brillando en el cielo; todos se sentían reconfortados. Pero pronto se formaban nubarrones y caía el rayo de improviso sobre todo el mundo, sin excepción». También había heredado el gusto de su padre por el lenguaje vulgar y los gestos soeces. Isabel juraba, escupía en el suelo, daba puñetazos en la mesa y podía romper a carcajadas cuando estaba contenta. «Tengo cóleras de leona», confesó en una ocasión. Sus doncellas la temían porque cuando se enfadaba perdía el control y las golpeaba o castigaba. Podía ser atenta y delicada, sencilla y cercana y al mismo tiempo despótica y tirana con las personas a su servicio. Pese a sus cambios de humor, a nadie dejaba indiferente. «Era un hada hechicera», diría su ahijado, el escritor John Harington.

Incluso con sus achaques, Isabel fue una mujer fuerte y muy activa hasta el final de sus días. Cuando las fiebres o el reumatismo no la obligaban a guardar cama, aún maravillaba a la gente con su erudición y vitalidad. Le apasionaba la música y se sentía orgullosa de su habilidad para tocar el virginal y cantaba muy bien según los testigos. Mantenía en la corte una gran orquesta que actuaba durante las comidas y las fiestas. Se hacía enviar de Francia y de Italia las partituras más recientes. Pero su auténtica debilidad era el baile, la diversión favorita. «Siempre le gustó bailar y lo hizo hasta su vejez. Y no solo las danzas más ceremoniosas y lentas como la pavana sino también las que suponían pasos

rápidos y saltos en el aire como la gallarda, en la que Isabel sobresalía por su gracia. No había mejor manera de ganarse sus favores
que siendo un talentoso bailarín», escribió Harington.

La caza era otro de sus pasatiempos. Desde muy joven,
montaba a caballo como una experta amazona y obligaba a sus
damas de honor a seguirla a través de los frondosos bosques y
extensos prados de la campiña inglesa. «Se burla de sus jóvenes
damas y de su fatiga. Aunque para ellas sea más una dura obligación que un placer acompañar a la reina en sus paseos ecuestres»,
comentó el embajador español en una carta a Felipe II. Con la
llegada del buen tiempo los largos paseos en barco por el Támesis constituían otro de los placeres de la soberana. Era todo un
espectáculo para el pueblo ver desde la orilla la procesión de
barcas ricamente engalanadas con terciopelos y telas de oro, cargadas de músicos, que acompañaban a la galera real. Sentada en
la cubierta, exquisitamente ataviada, recibía a los nobles y embajadores extranjeros que deseaba honrar a la vista de todos en un
ambiente festivo y más distendido.

La corte pasaba el invierno en el palacio de Whitehall y a
principios de la primavera se trasladaba a Hampton Court,
Greenwich o Richmond. En verano, cuando el polvo y los malos olores invadían Westminster, la reina se retiraba a algunas de
sus residencias en el campo. El majestuoso palacio de Nonsuch,
en Surrey, mandado construir por su padre Enrique VIII, era su
preferido. Allí se preparaba para su viaje anual junto a una comitiva formada por un interminable séquito de nobles, criados
y servidores de todo tipo. La soberana amaba estas giras por sus
condados que le permitían abandonar su monótona y protoco-
laria vida en los palacios reales y conocer a sus súbditos, de todas las clases sociales. Eran viajes largos y agotadores por polvorientos y enfangados caminos que Isabel hacía a caballo o en
su carroza dorada. El pueblo llano nunca olvidaba la visión de

aquel espectacular cortejo formado por largas filas de mulas cargadas, carretas con los equipajes, caballos finamente enjaezados montados por los nobles, literas transportando a las damas de honor y guardias armados a pie custodiando la reluciente carroza desde donde saludaba al pueblo. A su llegada repicaban las campanas en las aldeas y su presencia era motivo de una gran algarabía. «Con la gente sencilla era la afabilidad en persona, dejaba que todos se le acercaran, escuchaba las quejas de los afligidos, tomaba con sus propias manos las peticiones que le hacían y velaba por que se les diese curso», anotó el conde de Sussex.

Isabel llevaba quince años en el trono y había conseguido mantener la estabilidad política. Cuando en sus giras oficiales escuchaba a los campesinos o los comerciantes, todos confesaban estar cansados de las sangrientas guerras religiosas y de las luchas contra Francia y Escocia que golpeaban la economía del reino. Ella también detestaba la guerra no solo porque no quería más derramamientos de sangre sino porque le parecía un despilfarro inútil. Gracias a su habilidad diplomática Inglaterra viviría veintisiete años en paz, florecería el comercio y crecería como una gran potencia naval. «Es posible que se atribuya a estupidez de mi parte que en todo este tiempo de mi reinado no haya tratado de ensanchar mis territorios y de agrandar mis dominios. Reconozco mi condición de mujer y mi debilidad a este respecto, pero debo decir que nunca tuve en mente invadir a mis vecinos ni usurpar a nadie. Estoy contenta con reinar entre los míos y gobernar como un príncipe justo», confesó Isabel a un diplomático extranjero en la corte.

Su éxito se debía también a los leales y muy eficaces consejeros que había elegido al ser coronada en su juventud y que aún seguían con ella. A su alrededor pululaban muchos favoritos, pero sus hombres de confianza se podían contar con los dedos de la mano. Robert Dudley, conde de Leicester, era una de esas personas de su círculo más cercano. Aunque había sido su amante, ahora se refería a él como «su querido hermano». Tras renunciar a casarse con Isabel su antiguo escudero había madurado y adquirido experiencia en los asuntos de Estado. Pero incluso a él le llamaba al orden si era necesario. En una ocasión, en la que Dudley le hizo enfadar, delante de todo el mundo le gritó: «¡Por Dios, milord! Yo os estimo, pero mi favor no es tan escaso que se limite a vos. […] Si creéis que vais a mandar aquí, me ocuparé de que así no sea. En este país hay una sola soberana, sabedlo, y ningún soberano».

William Cecil, de quien llegó a decir con orgullo que «ningún príncipe en Europa tiene un consejero como el mío», seguía siendo una figura capital pero a medida que envejecía se mostraba demasiado conservador. Como premio a su larga y brillante carrera la reina lo había ascendido a barón de Burghley y nombrado lord tesorero. Su nuevo secretario de Estado era Francis Walsingham, antiguo embajador en Francia y máximo responsable de su política exterior. Isabel reinaba en un mundo de hombres y los celos que sentía por las mujeres, sobre todo jóvenes y hermosas, le impedían otorgarles un cargo. Con el transcurso de los años sorprendía su dominio del juego de la política. Aunque tenía sus favoritos siempre cuidaba que nadie adquiriera un peso demasiado importante. Tanto lord Burghley como Leicester ejercían una notable influencia sobre la soberana, pero la última palabra siempre la tenía ella. «Era la dueña absoluta de todos, incluso los más favorecidos de sus íntimos jamás tenían más poder que el que ella les otorgaba o les retiraba los privilegios», escribió Robert Naunton.

Pero lo que desesperaba a sus consejeros era su indecisión cada vez más acentuada a medida que avanzaba su reinado y que solía paralizar los asuntos durante semanas. Poco amante de las confrontaciones y los gestos heroicos de otros monarcas, Isabel prefería postergar las decisiones importantes y ganar tiempo. «Su Majestad es en exceso reflexiva […] esto me hace la vida insoportable. El tiempo pasa, se pierden las oportunidades, y nada se resuelve. No puedo ni hacer firmar las cartas, ni enviar las que están firmadas; día tras día, hora tras hora, todo es demorado, postergado, diferido», se lamentaba Thomas Smith, antiguo secretario de Estado, a su predecesor y amigo lord Burghley. También sus más próximos le reprochaban su avaricia y legendaria tacañería. Los salarios que recibían los funcionarios y los más altos dignatarios resultaban muy bajos en comparación con otras cortes europeas. «Entre sus numerosas y raras virtudes le faltó la de saber recompensar a quienes lo merecían. Si hubiese dedicado veinte o treinta mil libras a aliviar la situación de sus viejos servidores y pagar sus deudas, habría sido un ejemplo para su sexo», se quejaba sir Roger Wilbraham, procurador general de Irlanda.

Aunque a la reina no le gustaba la guerra, su país no podía mantenerse al margen de los graves conflictos religiosos que tenían lugar en Francia y en los Países Bajos. Isabel y su antiguo cuñado Felipe II habían mantenido una aparente cordialidad pero ninguno confiaba en el otro. El rey de España toleraba los frecuentes ataques de los piratas ingleses, liderados por el astuto Francis Drake, a los galeones españoles que navegaban el Atlántico trayendo a Europa el suculento botín de las colonias. Mientras, Isabel miraba hacia otro lado ante la represión con la que España trataba a los rebeldes flamencos en Flandes. Desde 1549 el monarca español era el soberano de las «diecisiete provincias» que formaban los Países Bajos, entre ellas Holanda y Flandes, y algunas habían abrazado el calvinismo. El ejército de Felipe II sometió con dureza las revueltas de los sublevados protestantes liderados por Guillermo de Orange, a quien Isabel prestaba apoyo económico en la sombra y no solo por una cuestión religiosa. Una de las principales fuentes de ingresos de Inglaterra derivaba de la exportación de lana y los Países Bajos constituían su principal mercado.

Los recelos de Isabel hacia el rey Felipe II eran tan grandes que en abril de 1572 firmó con Francia el Tratado de Blois. Según esta alianza tanto Inglaterra como Francia se comprometían a ayudarse en caso de que cualquiera de ambos países fuera invadido por un tercero. En aquel tiempo gobernaba en Francia el débil y enfermizo rey Carlos IX, de veintiún años, pero estaba muy dominado por su poderosa madre Catalina de Médici. Tanto ella como Isabel veían España un potencial enemigo. Este pacto era un éxito sobre todo para Inglaterra porque incluía ventajosos acuerdos comerciales. Mientras negociaba en secreto con Francia, la soberana inglesa seguía el doble juego para evitar un conflicto armado con España y le escribía a Felipe afectuosas cartas mostrándole su «sincera amistad».

Lo que no podía imaginar Isabel es que apenas cuatro meses después de firmar este tratado un terrible episodio cambiaría el escenario político. En París, durante la noche del 23 de agosto, dio comienzo la matanza de San Bartolomé contra los hugonotes, cristianos protestantes franceses, a manos de fanáticos ciudadanos católicos y fuerzas militares del país. Miles de hugonotes fueron asesinados y la masacre se extendió a otras ciudades francesas del reino. La influencia que ejercía el almirante Gaspar de Coligny, líder del partido de los hugonotes, en el joven Carlos IX hizo temer que estos se levantaran en armas y tomaran el poder. Catalina de Médici, viendo el inminente peligro de una guerra civil, hizo creer a su hijo Carlos que los protestantes tramaban un complot contra él y que para evitarlo debía aplacar con dureza la rebelión y matar a los principales jefes hugonotes.

«Esta noticia conmueve grandemente a mi reino», lamentó Isabel a sus más allegados. Este asesinato en masa causó una enorme conmoción en toda Europa y la reina se encontraba en una situación delicada. Isabel, como jefa de la Iglesia protestante en Inglaterra, no podía permanecer indiferente ante estos trágicos sucesos y más cuando las víctimas eran ciudadanos que habían sido asesinados por su fe protestante. El pueblo inglés se echó a las calles reclamando su ruptura total con el rey Carlos IX, al que consideraban un «Herodes sanguinario». Sus consejeros Leicester y Walsingham la empujaban a que se comprometiera también a favor de los partidarios de la Reforma en los Países Bajos que se rebelaban contra el yugo español. Pero Isabel era profundamente respetuosa con el derecho monárquico y nunca hubiera atacado a uno de «sus hermanos», otro monarca legítimo ungido por Dios, por mucho que desaprobara su forma de gobernar. Unos días más tarde el embajador de Francia solicitó una audiencia con ella para darle la versión oficial de la masacre. Isabel cuidó mucho la puesta en escena y le recibió fría y distante, vestida de negro de los pies a la cabeza y rodeada de su séquito, también de riguroso luto. El diplomático justificó lo ocurrido alegando una conspiración de Gaspar de Coligny para atentar contra el rey y su familia. La reina aceptó las explicaciones, no sin antes manifestar el «profundo dolor que le causaba el que se hubiera derramado tanta sangre». Pero para mantener la alianza con Francia y mostrarse a la vez justa frente a sus súbditos, decidió en un gesto de solidaridad abrir las puertas de su reino a todos los hugonotes que temiendo por su vida quisieran huir de Francia. Fue un brillante golpe de efecto y la soberana salió airosa gracias a su astucia diplomática y a la prudencia que tanto molestaba a sus colaboradores.

Mientras se enfrentaba a estos graves conflictos, su sobrina, María Estuardo, seguía exigiendo con mayor insistencia su regreso inmediato a Escocia y su restitución en el trono. Isabel hacía oídos sordos a sus demandas y más cuando tras la conspiración de Ridolfi, en la que María Estuardo se vio envuelta, había reconocido oficialmente a su hijo Jacobo VI como rey de Escocia. Tras la masacre de San Bartolomé y el apoyo que Isabel había dado a los rebeldes de los Países Bajos, los católicos ingleses y hasta el rey de España aún tenían más motivos para liberar a María y reinstaurar su religión en el reino. El miedo a que sus fieles partidarios consiguieran su propósito hizo a Isabel endurecer todavía más las condiciones de su cautiverio. «La reina de Escocia se queja de ser tratada mal pero todos sus sinsabores provienen de su mala conducta. He abierto los ojos sobre su ambición, y si ella hubiese querido aceptar las ofertas que le hice, hoy estaría en paz y en reposo», diría la soberana.

Después de vivir con cierto confort en el castillo de Sheffield, donde gozó durante casi catorce años de cierta libertad y de las atenciones de su guardián, el conde de Shrewsbury, finalmente fue transferida primero a Wingfield Manor y luego otra vez al húmedo y maloliente castillo de Tutbury, bajo la vigilancia de sir Amyas Paulet. Su nuevo carcelero era un fanático y severo puritano calvinista que se mostró implacable con su prisionera. María Estuardo estaba prácticamente incomunicada y aislada. Hasta la llegada de Paulet aún podía recibir y mandar cartas cifradas de manera clandestina, gracias a sus sirvientes cómplices. Pero a partir de entonces en Tutbury se reforzó la guardia armada, se prohibieron las visitas y se sustituyó a su antigua servidumbre. María solo podía pasear por la azotea o por los patios interiores del castillo y ya no podía disfrutar de los paseos por el campo. También le impidieron asistir a misa o distribuir limosnas entre los más pobres. «Si la dama escapa, no mereceré ningún perdón, pues antes de dejarla partir, aun por la fuerza, haré que la maten», escribió Paulet a Walsingham.

Lo que María ignoraba era que el nuevo consejero de Estado de la reina de Inglaterra, sir Francis Walsingham, además de ocuparse de la política exterior había creado una compleja red de espionaje para destapar cualquier conspiración católica para liberarla o derrocar a Isabel. Sus agentes infiltrados la vigilaban muy de cerca, interceptaban sus cartas, descifraban sus ingeniosos códigos secretos y escuchaban sus conversaciones. Poco a poco Walsingham fue acorralándola y reuniendo pruebas que sellarían su trágico destino. Sus espías descubrieron de manera fortuita a un jesuita, el padre Crichton, en posesión de unos documentos secretos. En ellos se tramaba una conspiración para asesinar a Isabel, colocar a María Estuardo en el trono de Inglaterra y restablecer el catolicismo en el reino. Tras la gravedad de estos hechos los miembros del Parlamento inglés promulgaron la Ley para la Seguridad de la Reina en defensa de Su Majestad. Así quedó establecido que si se descubría un complot para destronar a la única y legítima soberana de Inglaterra, se ordenaría la inmediata ejecución de María Estuardo, estuviera o no implicada en el intento de asesinato.

Isabel seguía con preocupación los acontecimientos y aunque María negó cualquier relación con el padre Crichton y aseguró desconocer el plan para destronarla, el pueblo inglés empezó a inquietarse y a pedir su cabeza. En 1585 María Estuardo llevaba diecisiete años prisionera en Inglaterra, pero su espíritu de lucha permanecía intacto. En Navidad, y debido a que ya no podía soportar el ambiente malsano de Tutbury, decidieron trasladarla a una mansión solariega en Chartley rodeada de un foso, residencia del conde de Essex. La reina Isabel sabía que nunca se rendiría y unos meses antes, en un último intento por ayudarla, escribió a su hijo Jacobo VI de Escocia. En su carta le decía que por clemencia estaba dispuesta a dejar que su madre regresara a su país y reinar junto a él. Pero para su sorpresa el joven, que ya contaba dieciocho años y aspiraba a heredar la corona de Inglaterra, rechazó la oferta. A estas alturas no tenía ninguna intención de compartir el trono con una madre acusada de conspiración, a la que apenas recordaba y cuyo regreso podría desestabilizar su reino. Para María fue un golpe muy cruel y se sintió abandonada a su suerte. Durante unos días cayó enferma y no se pudo levantar de su lecho. «Os ruego que advirtáis —le respondió a su hijo en tono amenazador— que soy vuestra verdadera y única reina. No me volváis a insultar con este título de reina madre... no hay en Escocia ningún rey, ni reina que no sea yo».

Año tras año Francis Walsingham seguía reuniendo pruebas para convencer a su reina de que María Estuardo «constituía su mayor y más peligroso enemigo». Sin embargo, hasta la fecha no había encontrado nada consistente que le permitiera incriminarla. Pero cuando en la mañana del 25 de julio de 1586 el jefe del espionaje inglés solicitó verla con urgencia, comprendió la gravedad del asunto. Walsingham le informó de que sus hombres habían interceptado una carta en el doble fondo de un tonel de cerveza y que se trataba de una prueba irrefutable. En la conocida como «la carta sangrienta» la reina escocesa conspiraba abiertamente para asesinar a Su Majestad. Cuando Isabel la leyó se quedó horrorizada y asustada, como «herida por un rayo». En un párrafo de la misma decía: «Para deshacernos de la usurpadora, de cuya obediencia nos hemos liberado con su excomunión, contamos con seis nobles caballeros, todos amigos personales, que por respeto a la causa católica y a Su Majestad están dispuestos a cometer la trágica ejecución».

Isabel controló en público sus emociones, pero se sentía furiosa, traicionada y agotada. Durante casi veinte años la relación con María había sufrido muchos altibajos y le había supuesto un enorme desgaste pero siempre se habían respetado. En su juventud Isabel también había sido alejada de la corte y confinada en la Torre de Londres y en lúgubres castillos y, como ella, nunca se había dado por vencida. Antes de condenar a la que durante tanto tiempo consideró «su única y muy querida hermana» solicitó pruebas más contundentes por si la transcripción de la famosa carta —escrita originalmente en clave— hubiera sido manipulada. En agosto de 1586 ordenó un minucioso registro en las habitaciones privadas de María Estuardo. Durante el mismo se incautaron nuevos documentos y cartas de sus parientes franceses, los Guisa, y de los enviados de Felipe II que probaban sin lugar a dudas su implicación en el complot.

El 21 de septiembre María Estuardo fue detenida y abandonó Chartley en dirección al castillo de Fotheringhay, en el condado de Northampton, donde comenzaría el interrogatorio ante una comisión elegida por su eterno enemigo, William Cecil. Desde el castillo de Richmond la reina Isabel seguía con gran inquietud los avances del proceso pero en ningún momento hizo acto de presencia. En el gran salón donde se reunió el tribunal su trono simbólico permaneció siempre vacío. María Estuardo e Isabel Tudor nunca llegarían a conocerse. La reina de Escocia sabía que ya estaba condenada de antemano y entre sollozos no dejó de negarlo todo y de repetir conmovida que «nunca haría naufragar mi alma conspirando para destruir a mi querida hermana».

Dos meses después finalizó el interrogatorio y los comisarios declararon a María culpable. A sus cuarenta y tres años, enferma y envejecida, la reina de Escocia esperaba la reacción de su tía al conocer el veredicto. El 29 de octubre estaba previsto que se reuniera el Parlamento para tratar este espinoso asunto, pero por primera vez en todo su reinado Su Majestad se ausentó. «Deseo evitar oír citar ante mí cosas infames, y por eso he resuelto no presentarme», declaró. Cuando la noticia llegó a oídos de la prisionera, esta, según testimonios de sus sirvientes, comenzó a reír. Para María, aunque había sido condenada, era su gran triunfo. Sabía que si Isabel ordenaba la ejecución de una reina ungida por Dios cometería un grave sacrilegio, un crimen que provocaría la indignación de los otros soberanos de Europa y por el que sería recordada en siglos venideros.

Isabel se vio enfrentada al más duro dilema de su reinado. Durante seis largos meses intentó retrasar la ejecución de María Estuardo a pesar de las presiones que sufría por parte de los miembros del Parlamento y del pueblo inglés que exigía acabar con la «peligrosa bruja de Escocia». No solo le angustiaba que el asesinato de una reina extranjera sentara un fatal precedente, sino que temía la reacción de las potencias católicas como Francia o España. Ante esta responsabilidad Isabel llamó a su secretario Walsingham y le dijo fríamente que la mejor salida sería hacer desaparecer a su sobrina de manera discreta. Le pidió que contactase con su carcelero Amyas Paulet para ordenarle en su nombre «acabar con la vida de su prisionera en su celda para evitar el gran peligro que supone para Su Majestad en cada instante que esa reina viva». Pero él se negó a obedecer a su soberana por motivos de conciencia. Cuando Isabel se enteró exclamó indignada: «¡Cuánto me cansan estos servidores delicados y escrupulosos, que todo prometen, y luego no cumplen nada, echando a una la carga a la espalda!». Finalmente fue la propia María Estuardo quien, harta de luchar y esperar, tomó la decisión por ella.

En noviembre de 1586 María escribió a su tía una carta en que le pedía de corazón que acabara con su insoportable agonía y que firmara su sentencia de muerte: «Señora, doy gracias a Dios de todo corazón por complacerme en poner mi fin a mi vida. No pido que me sea prolongada, habiendo tenido demasiado tiempo para experimentar sus amarguras». Isabel lloró al leer estas líneas aunque en su interior sabía que no había vuelta atrás y que María la Católica debía morir. El 1 de febrero de 1587, tras muchos titubeos, la reina llamó a su secretario Davison para que le trajera la orden de ejecución. La firmó y se la devolvió añadiendo con un humor siniestro: «Mostradla de paso a Walsingham y cuidad que la pena no le mate a él también cuando la lea». Con la orden en la mano William Cecil reunió a todos los consejeros y se dispuso a hacerla llegar de inmediato a Fotheringhay. Siete días más tarde María Estuardo, que aún no había cumplido los cuarenta y cinco años, subía con paso firme al cadalso instalado en el gran salón del castillo. Cuando los verdugos la ayudaron a desvestirse descubrieron que debajo de su vestido negro llevaba un corpiño escarlata, el color del martirio para la Iglesia católica. Sus últimas palabras antes de ser decapitada fueron: «En tus manos, oh, Señor, encomiendo mi espíritu».

Cuando Isabel fue informada por un mensajero de que María Estuardo había sido ejecutada, sufrió un ataque de nervios. «Su semblante se alteró, su voz se quebró y repentinamente la invadió una profunda tristeza, dando rienda a su dolor, vistiéndose de luto y derramando profusas lágrimas», se describe en los *Annales* de William Camden. En los días siguientes perdió el apetito, no quería recibir a nadie y padecía de insomnio. Pero la reacción que más sorprendió fue cuando, de modo muy dramático y teatral, culpó a Davison y a los miembros de su Consejo de no haber seguido sus instrucciones. Negó una y otra vez que ella hubiera ordenado ejecutar a su sobrina porque pensaba «usar su derecho de gracia». Ordenó castigar a los «culpables» de su muerte y envió a la Torre de Londres a su desdichado secretario. Finalmente Isabel, gracias a los sabios consejos de lord Buckhurst, un veterano y leal jurista, renunció a seguir con sus represalias y Davison quedó libre tras pagar una multa. Llevada por los remordimientos escribió varias cartas, una de ellas a Jacobo VI donde lamentaba la pérdida de su madre: «Mi querido hermano, deseo que sepáis en qué dolor está inmersa mi alma por el deplorable accidente que se ha producido muy a mi pesar».

La noticia de le ejecución de María Estuardo no provocó, como tanto temía Isabel, ninguna reacción armada por parte de Francia, donde ahora reinaba el rey Enrique III, ni de Escocia. Jacobo VI, quien sabía que era el probable sucesor al trono de Inglaterra, le escribió una carta muy comprensiva a la reina donde le decía: «[...] os habéis eximido de toda complicidad en este desgraciado acontecimiento. Deseo que vuestra honorable conducta sea conocida para siempre en el mundo entero». La gran mayoría de los ingleses sintieron alivio tras su muerte pero en España la noticia no fue bien recibida. Hasta el momento Felipe II no había querido declarar la guerra a Inglaterra, a pesar del malestar que le causaban las incursiones de los corsarios ingleses. Pero por más que fuera conocido como Felipe el Prudente, la ejecución de la reina de Escocia le hizo reaccionar. No solo deseaba vengar su crimen sino impedir que la corona de Inglaterra pasase a su hijo el «hereje» Jacobo VI. El monarca español se dejaba tentar con la idea de suceder él mismo a Isabel aferrándose a su calidad de descendiente de la dinastía de Lancaster.

Desde hacía un tiempo Felipe II había estado armando una poderosa flota con la que pensaba atacar Inglaterra y de paso librar a los mares de la piratería. Aunque los ingleses no podían participar de la conquista del Nuevo Mundo, pues España y Portugal tenían el derecho exclusivo, Isabel supo cómo aprovecharse de las riquezas que transportaban los galeones españoles. Urdió un plan para dar cobijo en su reino, a cambio de una parte de los beneficios, a todos los corsarios ávidos de aventuras que deseaban capturar los tesoros que los españoles traían de las

«Indias». La reina seguía mostrándose poco decidida a entrar en guerra pero presionada por su Consejo, dio su beneplácito a una expedición liderada por Francis Drake. Dos meses después de la ejecución de María Estuardo, el temido corsario zarpó de Plymouth con veinte naves rumbo a España. La escuadra inglesa llegó por sorpresa a Cádiz el 29 de abril de 1587 y en pocas horas destruyó treinta y tres naves españolas, así como los depósitos de la marina y los edificios del puerto. De regreso se llevó cuatro galeones cargados de provisiones y material de guerra. «Le he tirado de la barba al rey de España», bromeaba Drake ante el éxito de la incursión. Para Felipe II fue su mayor humillación y, tras el inesperado ataque, se preparó para la guerra.

Con el paso de los meses la reina Isabel dejó de preocuparse por la amenaza del «enemigo» español, pese a que sus consejeros no dejaban de alertarla sobre los preparativos de una importante flota que pensaba atacar su reino. El rey Felipe II no había olvidado el golpe infligido y a finales de mayo de 1588 la imponente armada, compuesta por ciento treinta barcos, diecinueve mil soldados y ocho mil marinos, partió a la conquista de Inglaterra. El viaje comenzó con malos augurios y pronto la flota española se vio azotada por fuertes tempestades que causaron graves destrozos en las naves, y la disentería y las fiebres debilitaron a las tripulaciones. Cuando llegaron a las costas inglesas a finales de julio el tiempo era tan deplorable como si fuera el invierno. Nuevas tormentas, naufragios y el ataque implacable de los barcos ingleses, mucho más livianos y mejor preparados para la guerra en el mar, dieron la victoria a Inglaterra. Ocho días después del sangriento combate, invitada por su amigo Robert Dudley al que había confiado la defensa terrestre, la reina se desplazó al campamento de Tilbury para levantar el ánimo a sus tropas. Isabel I de Inglaterra, con el rostro maquillado de blanco, tocada con un casco de plata con plumas, vestida como una aguerrida amazona con un corsé de plata y falda de terciopelo, apareció como un espejismo ante sus soldados. Montaba su caballo blanco, y consciente de la importancia de la puesta en escena, levantó en alto su bastón plateado y pronunció un discurso que forma parte de su leyenda:

> ¡Mi amado pueblo ¡El miedo es para los tiranos […]. Heme aquí, en medio de vosotros […] para vivir o morir como vosotros, poniendo en juego por Dios, por mi reino y por mi pueblo, mi honor y hasta mi sangre. Sé que poseo un débil y frágil cuerpo de mujer, pero tengo el corazón de un rey, más aún, de un rey de Inglaterra, y considero un desprecio inconsciente que el duque de Parma de España o cualquier príncipe de Europa se atrevan a invadir las fronteras de mi reino. De ser necesario, antes que sufrir vergüenza y deshonor, yo misma tomaré las armas. Seré vuestro general y vuestro juez.

Tras estas emotivas palabras sus hombres se postraron de rodillas en el barro, llorando por la emoción y eclipsados por la figura de Su Majestad a la que veneraban como a un ídolo. Isabel jamás olvidaría ese instante que fue el mayor triunfo en su largo reinado. A su regreso a Westminster fue recibida con grandes muestras de júbilo. Se acuñaron medallas conmemorativas y asistió a una solemne misa de acción de gracias en San Pablo. La reina se trasladó a la catedral con toda la pompa real «en un carro de triunfo en forma de trono con la corona imperial y tirado por dos caballos tan blancos como la leche». En todo el reino repicaron las campanas y se encendieron fogatas de alegría. Sin embargo, días más tarde muchos ingleses sintieron una gran decepción al saber que Isabel había ordenado desmantelar los campamentos y había abandonado a su suerte a los soldados y marineros heridos en el combate. Enfermos de tifus, hambrientos, muchos de estos jóvenes acabaron deambulando por pueblos y ciudades, y viviendo de la caridad.

Entre las víctimas de las epidemias y las enfermedades se encontraba Robert Dudley, conde de Leicester, que había fallecido a causa de un enfriamiento en Tilbury. La noticia fue un duro revés para Isabel del que nunca se repuso. Había perdido a su gran amor, a su confidente y fiel amigo durante treinta años. Pese a que Dudley en ese momento estuviera casado con Lettice Knollys, sobrina segunda de la reina, siempre ocuparía un lugar importante en su corazón. Isabel conservaría como una reliquia la carta que Leicester le envió desde el campo de batalla pocos días antes de su muerte. La colocó dentro de un pequeño cofre en el que escribió de su puño y letra «Su última carta» y lo tuvo cerca de su cama hasta el final de sus días.

La pérdida de su antiguo amante significó para ella el fin de una época. Con su muerte se desvanecía también su juventud. La reina se encerró en sus aposentos, prohibió a sus damas que la molestaran y se negó a ver a nadie durante varios días. Ni siquiera el viejo Cecil pudo convencerla para que abandonara su reclusión. Cuando se encontraba en la cima de su popularidad y sus súbditos la querían y aclamaban, ella se sentía como una desconsolada viuda y lloraba la pérdida de su gran amor.

SOLEDAD Y OCASO

Cuando los ingleses derrotaron a la que llamaban con ironía la Armada Invencible, Isabel estaba a punto de cumplir treinta años en el trono. Para la mayoría de sus súbditos, que no habían conocido otro monarca, todo el mérito se debía a su amada Reina Virgen. Esta victoria sobre la flota española provocó un gran entusiasmo patriótico. Ella misma solía decir con orgullo a sus embajadores: «Soy la mujer más inglesa del reino». Isabel asistía complacida a las muestras de cariño y veneración que le prodigaban. Los caballeros se arrodillaban ante ella, le besaban las manos y el ribete de sus ricas vestiduras; los poetas le dedicaban versos y todos querían agasajarla. Pese a que Isabel parecía disfrutar de su momento de gloria, no podía disimular su melancolía y tristeza. Tras la muerte de Robert Dudley cada vez estaba más sola. En poco tiempo fueron desapareciendo uno a uno sus ministros más veteranos y hombres de total confianza, como su secretario y «maestro de espías» sir Francis Walsingham. De sus primeros colaboradores solo sobrevivía el anciano William Cecil que ya tenía más de setenta años. Una nueva generación de jóvenes audaces y ambiciosos, dispuestos a todo para ganarse su favor, hicieron su aparición en la corte. El más arrogante y descarado de todos ellos se llamaba Robert Devereux, segundo conde de Essex e hijastro de su antiguo favorito. El apuesto muchacho era uno de los seis hijos del primer matrimonio de Lettice Knollys y tras perder a su padre había sido pupilo de Cecil. Más tarde su padrastro Robert Dudley lo educó como a su hijo. Isabel, a sus cincuenta y tres años, no podía disimular la fascinación que sentía por este caballero audaz y seductor que sabía halagarla con bellas palabras.

En los meses siguientes la soberana y el conde de Essex eran inseparables. Daban largos y románticos paseos a caballo por los parques y bosques cercanos a Londres. Por la noche, cuando las estancias de Whitehall se quedaban vacías, jugaban durante horas a los naipes o al ajedrez compartiendo risas y confidencias. «Milord de Essex no regresa a su casa hasta que los pájaros de la mañana comienzan a cantar», se murmuraba en los pasillos de palacio. En 1587 lo había nombrado escudero mayor y un año más tarde lo hizo caballero de la Jarretera. Tenía solo veintitrés años y su rápida ascensión fue motivo de un gran malestar en la corte.

El comportamiento de la reina provocó un nuevo escándalo y se desataron los rumores no solo por la diferencia de edad sino por el parentesco que los unía. Pero el conde no disfrutaba del ambiente cortesano y soñaba con protagonizar grandes hazañas militares. Isabel, eufórica por el triunfo naval contra la armada española, se había animado a financiar nuevas incursiones en aquellas tierras. En la primavera de 1589 el conde solicitó a la monarca un permiso para embarcarse en una expedición rumbo a Portugal, auspiciada por Francis Drake y destinada a destruir los restos de la flota española. El rey Felipe II estaba preparando su revancha y construyendo una segunda flota para atacar a los ingleses. Isabel, que no deseaba separarse de su protegido, le prohibió abandonar el reino. Pero él desobedeció sus órdenes y en la noche del 3 de abril huyó a galope dejando una nota a la reina en la que se disculpaba por su comportamiento. Dos días más tarde llegó a Plymouth y enseguida embarcó en una de las naves de Su Majestad. Al enterarse, Isabel estalló en cólera y envió un mensajero con una carta dirigida al almirante Drake donde le decía: «[...] En cuanto al conde de Essex, si se ha unido ahora a vuestra flota, os ordenamos, sin ninguna excusa de vuestra parte, enviarlo de inmediato ante nosotros. Seréis personalmente responsable de la ejecución de esta orden». Pero las amenazas de la reina llegaron demasiado tarde cuando Essex ya se encontraba frente a las costas de España. En esta ocasión los ingleses sufrieron una humillante derrota perdiendo cuarenta navíos después de atacar La Coruña y Lisboa. Cuando el conde regresó a Londres tuvo que armarse de valor para enfrentarse a la ira de la soberana. Isabel, tras un intercambio de gritos y reproches, acabó perdonándole. Aquella misma noche se les vio bailar juntos y alegres en una fiesta en honor del embajador flamenco, como si nada hubiera pasado.

«Los ataques de furia de Su Majestad son cada vez más frecuentes y desconcertantes», escribió un miembro de su Consejo. Y así ocurrió cuando meses después Isabel se enteró de que Essex se había casado. Tras un arrebato, su enfado no duró más de dos semanas. La elegida fue la hija viuda de sir Francis Walsingham y la reina no puso ninguna objeción. Aquel matrimonio no iba a suponer ningún cambio en la relación que ambos mantenían. El conde continuó desplegando sus armas de seducción para conseguir nuevos favores de la soberana. Se enviaban cartas llenas de pasión en las que ambos se juraban amor eterno y recordaban que «estaban hechos el uno para el otro y que nada podría separarles». Pero con la edad el carácter de Isabel se había vuelto más agrio, suspicaz y violento. Sus temidos ataques de celos, cada vez más recurrentes, solo conseguían provocar las burlas de los cortesanos. La reina no ignoraba que mientras Essex le escribía románticas cartas de amor también cortejaba a otras damas de la corte como lady Howard. Un día, tal como recordó John Harington, la soberana se tomó la revancha. «Su Majestad está descontenta de lady Mary Howard pues recibe muchas muestras de favor y amor de parte del conde de Essex. Lo que desagrada mucho a la reina, que desea que todas sus damas permanezcan en estado de virginidad como ella. Lady Mary se ha presentado con un suntuoso vestido bordado en perlas y Su Majestad le ha pedido que se lo prestara, pero, al probárselo y mientras se pavoneaba con él, ha observado: "Este vestido no me sienta bien; es demasiado corto para mí. Tampoco os sienta bien a vos; es demasiado rico; no nos conviene ni a vos ni a mí"». El vestido fue devuelto a su propietaria, quien, tras esta humillación pública, no volvió a lucirlo en la corte.

En 1591 el heredero al trono de Francia, Enrique IV, un protestante poco querido por su pueblo, pidió ayuda a Isabel para hacerse con el gobierno de su reino de mayoría católica. La

ISABEL I
DE INGLATERRA

Fruto de la relación entre Enrique VIII y Ana Bolena, el 7 de septiembre de 1533 vino al mundo una niña de pelo rojizo y nariz prominente a la que bautizaron con el nombre de Isabel, en honor a sus dos abuelas. Recibió una formación completa y rigurosa que pronto hizo de ella una joven seria, muy madura y de una inteligencia excepcional. Vestía como «una pequeña adulta»: desde muy niña llevaba corsé, ballenas, faldas y vestidos de pesadas telas y cuellos rígidos, además de recargadas joyas. En los numerosos retratos que se hizo a lo largo de su vida, arreglada y vestida suntuosamente, se aprecia la evolución de un estilo propio, con mucha personalidad, que marcó una época.

La felicidad del matrimonio de Enrique VIII y Ana Bolena fue breve. Obsesionado con engendrar un heredero varón y cautivado por Juana Seymour, el rey buscó la manera de librarse de su segunda esposa. Acusada de adulterio, alta traición e incesto con su hermano, fue arrestada y llevada en barco a la temible Torre de Londres, donde recibió la noticia de su condena a muerte. Hasta el último momento, Ana Bolena albergó la esperanza del indulto, pero Enrique VIII no mostró clemencia.

❋

Juana Seymour dio al rey su ansiado heredero, un niño frágil y enfermizo al que bautizaron Eduardo, como su bisabuelo. El príncipe de Gales fue enviado a Hatfield tras la
desgraciada muerte de su madre, donde creció junto a su
hermana Isabel. Eduardo VI contaba solo nueve años cuando ascendió al trono de Inglaterra en 1547. La regencia
quedó a cargo de su tío Thomas Seymour y abrió la puerta
a un sinfín de conspiraciones en la corte. La delicada salud
del joven rey se quebró definitivamente en 1553 y provocó
una importante crisis sucesoria.

Isabel fue coronada con veinticinco años. En la ceremonia lució un deslumbrante vestido largo de tela brocada en oro y ribeteado de armiño, y en la cabeza una corona de oro y piedras preciosas. Isabel fue ungida e investida con la tradicional túnica, las sandalias, las espuelas, el cinturón, la espada, las botas, la corona, el cetro, el globo y el manto. El obispo deslizó en el dedo de la reina el anillo de oro y rubíes que simbolizaba su unión con el pueblo y que llevó hasta su muerte.

❋

Las potencias católicas consideraban a la escocesa María Estuardo la reina legítima de Inglaterra. Isabel I tuvo que desarrollar sus grandes dotes políticas y diplomáticas para sortear los peligros derivados de las alianzas de intereses entre las distintas coronas europeas. La tensión entre ambas mujeres se alargó durante décadas hasta que Isabel se vio obligada, con gran pesar, a firmar su ejecución. Estuardo subió al cadalso con paso firme y decidido, despertando la admiración y la compasión de los presentes. Bajo el vestido negro llevaba un corpiño escarlata, símbolo del martirio para los católicos.

❋

AMOR ET VIRTUTE

ÆTATIS SVÆ 34
AN 1588

Pese a las presiones que recibió desde su llegada al trono para casarse y concebir un heredero que solucionase la cuestión sucesoria lo antes posible, Isabel no ligó su destino al de ningún varón y murió soltera. Tuvo pretendientes y vivió apasionados romances de forma discreta y clandestina. Algunos de ellos, como el atractivo corsario Walter Raleigh, le escribieron poemas glosando sus virtudes. El pueblo le dedicó el sobrenombre de Reina Virgen, que ella llevó con orgullo hasta el final de sus días.

❀

A Isabel le gustaban los retratos y construyó su imagen en ellos a conciencia. Tras la celebrada victoria sobre la Armada Invencible, quiso ser representada como una reina poderosa, al frente de un Imperio. En esta pintura alegórica se la ve ataviada con ricas prendas y joyas. En la ventana a su espalda se recrea la humillante derrota española, mientras su mano se posa elegante sobre el orbe terráqueo, tomando posesión de los mares controlados por su flota.

❋

Desde su llegada al trono, Isabel nunca se separó de su anillo de coronación, una preciosa joya de oro, rubíes y diamantes. Cuando sus damas preparaban su cuerpo amortajado para la ceremonia de su entierro, al colocarlo en su dedo descubrieron que guardaba una sorpresa. El anillo podía abrirse y en su interior se ocultaba un compartimento secreto donde había dos retratos en miniatura: uno de Isabel en su juventud y el otro de una mujer con capucha francesa, Ana Bolena. Pese a haber sido separadas de manera cruel en su infancia, Isabel siempre llevó a su madre en el corazón.

❋

soberana, que no deseaba embarcarse en más guerras ni gastos innecesarios, finalmente decidió ayudarle y enviar un ejército de cuatro mil hombres a Normandía para unirse a los hugonotes. Essex, que había cumplido veinticinco años y cuyo reciente matrimonio no había aplacado su espíritu aventurero, suplicó a la reina que le pusiera al frente de las tropas. Pensó que sería una oportunidad única para alcanzar la fama y la gloria que tanto anhelaba. Isabel, que desconfiaba de la inmadurez de su protegido, le negó el permiso hasta en tres ocasiones. El embajador francés en la corte, Beauvoir La Noche, que era buen amigo del conde, escribiría al rey Enrique: «Milord de Essex me dijo que la reina se negó en tres ocasiones y que él permaneció más de dos horas por lo menos de rodillas ante ella [...]». Una vez más Essex se salió con la suya y partió el 21 de julio de 1591. Aunque estaba encantado de abandonar la corte y poder participar en esta nueva aventura, desde Dover le escribió una carta a su soberana mostrándose muy afligido por la separación: «Mi muy querida dama, no puedo dejar pasar esta jornada sin expresaros mi miseria al verme alejado de vos. Ya no tendré alegría en mi vida hasta que haya terminado este asunto de Francia y pueda reencontrar la dulzura de vuestra presencia». Pero la expedición fue otro estrepitoso fracaso debido a la osadía y la incompetencia militar de su amado favorito. Isabel se enfureció al ver que una vez más había desobedecido sus órdenes. Aunque el conde de Essex le escribió conmovedoras cartas, cuando la reina lo recibió en palacio se mostró distante y reservada.

A pesar de sus aventuras fallidas, Isabel volvería a apoyar a Essex en contra de la opinión de sus consejeros. Hubo más expediciones fracasadas, pero el desastre de 1595 fue un duro golpe moral para ella. Francis Drake y John Hawkins, los grandes héroes de las aventuras marítimas, la convencieron para hacerse a la mar y reanudar sus antiguas hazañas. En esta ocasión el objetivo era atacar los asentamientos españoles en el mar Caribe y establecer una colonia inglesa permanente en Panamá. Pero los españoles se adelantaron al ataque inglés y la misión les costó la vida tanto a Drake como a Hawkins. La aplastante derrota de esta misión liderada por los dos corsarios más temidos demostró la superioridad de la armada española.

En aquel año de 1596 el rey Felipe II, gravemente enfermo por la gota, continuaba gobernando su vasto imperio desde su despacho del palacio en El Escorial. Había envejecido y el dolor le torturaba pero seguía obsesionado con vengarse de Isabel. Con el tiempo había aumentado su odio hacia esta «reina hereje» que desde hacía treinta y ocho años le desafiaba. Viendo cercana su muerte solo pensaba en atacar Inglaterra para reparar la deshonra sufrida en el pasado. El conde de Essex también tenía un sueño y no era otro que seguir los pasos de su admirado Francis Drake y acabar definitivamente con la amenaza española. Persuadió a la reina de que era posible repetir el éxito de la expedición a Cádiz de 1587 y lanzar una ofensiva para destruir la escuadra que el rey estaba preparando para alcanzar las costas inglesas. «Vuestra majestad será así la dueña de los mares, el más glorioso título que pueda ambicionar en este mundo», le dijo exultante Essex.

Isabel aceptó que su protegido y el gran almirante Howard de Effingham estuvieran al frente de la operación marítima, una de las más ambiciosas emprendidas hasta entonces por Inglaterra. Justo antes de embarcar en junio de 1596 el conde recibió una emotiva carta de Isabel preocupada por su seguridad: «Ruego a Dios os proteja, mi muy fiel Robert, y que vele porque vuestro retorno me haga feliz, y a vos mejor. Que Dios os bendiga como lo haría yo misma si estuviese a vuestro lado como lo desearía». A punto de partir de Plymouth aún sacó tiempo para responder a la soberana: «Humildemente beso vuestras reales lindas manos y mi alma toda se derrama en apasionados celosos deseos de toda genuina alegría para el caro corazón de vuestra majestad, que ha de tenerme por el más humilde y devoto vasallo de vuestra majestad. Essex». Isabel guardó la carta, como todas las que recibía de su galante caballero, y que disfrutaba releyendo en su ausencia.

Pero el plan no salió como estaba previsto. Si bien los barcos ingleses lograron penetrar en la bahía del puerto de Cádiz y las tropas de lord Essex tomaron la ciudad y su castillo, el botín obtenido fue muy escaso. La reina Isabel, que había invertido una buena suma de dinero en la misión, estaba muy contrariada porque ni siquiera habían podido cubrir los gastos de la expedición. Estas tensiones y disgustos debilitaron su salud. En aquel verano estuvo enferma y tuvo que guardar cama. Sufría insomnio, dolorosas jaquecas y se quejaba de un dolor agudo en el pecho. Pero, como era su costumbre, se negó a llamar a su médico. Estaba a punto de cumplir sesenta y tres años y aunque unas semanas más tarde se recuperó, su frágil estado preocupaba a sus ministros.

A su regreso el conde de Essex fue recibido como un héroe en las calles de Londres y hasta Felipe II, al conocer los detalles del ataque, reconoció refiriéndose a él: «Jamás se vio gentilhombre semejante entre los herejes». La reina al enterarse aún se enojó más y le recibió profundamente irritada. No le gustaba que uno de sus súbditos, y menos aún su protegido, fuera tan admirado por su pueblo. A Isabel se la oyó exclamar: «Aquí hay una sola soberana y ningún soberano». Su disgusto quedó en evidencia cuando antes del retorno de Essex decidió otorgar el cargo de secretario de Estado, que tanto ambicionaba el conde, a su rival el joven sir Robert Cecil, hijo de su antiguo consejero. La muerte de William Cecil, a quien la reina llamaba «mi espíritu», en el verano de 1598 le había causado una impresión tan profunda que sentía un enorme vacío. Isabel le visitó durante su larga enfermedad y según los testigos «le daba tiernamente el alimento con su propia mano y le prodigaba palabras de sincero afecto».

Ya no quedaba junto a ella nadie que la hubiera conocido cuando era una joven princesa independiente y rebelde, decidida a reinar sola en un mundo de hombres. A esta dolorosa pérdida se unió apenas un mes más tarde la muerte del rey Felipe II, su gran enemigo. Con él desaparecía toda una época y aunque en sus últimos años solo sentía odio hacia él, no pudo evitar recordar cuando lo conoció y trató de ayudarla intercediendo por ella ante su hermanastra María Tudor.

En aquellos días, el erudito Francis Bacon, sobrino del anciano Cecil, escribió al conde de Essex una carta reveladora: «Sois uno de esos hombres cuya naturaleza orgullosa no puede someterse a nadie. Vuestra popularidad es inmensa y el ejército está con vos. Ante ello me pregunto: ¿no resulta peligrosa en exceso tal situación para un soberano? Quiero recordaros esto: Su Majestad es una mujer y, además, desconfiada por naturaleza». Essex tenía que haber escuchado las palabras de su sabio amigo porque la reina ya empezaba a cansarse de su altanería. En 1598 protagonizó una escena nunca vista en la corte. Ocurrió durante una reunión del Consejo para debatir la necesidad de elegir un candidato capaz de restablecer la autoridad real en Irlanda, sumida en una sangrienta rebelión. Isabel, que detestaba que la contradijeran, ante la insistencia de su favorito que proponía el nombre de un amigo, le dijo que la elección ya estaba hecha y que era ella quien tenía la última palabra. Essex, muy ofendido, se levantó y le dio la espalda con un gesto despectivo. Entonces ella se abalanzó y le golpeó con el puño en la cabeza. El joven se llevó la mano a la espada, pero Charles Howard, primer conde de Nottingham, se interpuso entre ambos para proteger a la soberana. «Es un ultraje —le soltó Essex en la cara a la reina— que no he de soportar. No lo hubiera tolerado ni en manos de vuestro padre». Se hizo un silencio glacial y el conde, fuera de sí, abandonó la estancia gritando que no volvería a poner los pies en la corte.

Al día siguiente no se hablaba de otro asunto en los pasillos de palacio. Todos esperaban la reacción de la reina ante tan grave insulto. Unos pensaban que lo arrestaría y lo mandaría ahorcar, otros comentaban que varios consejeros le habían pedido a Essex que se disculpase ante la soberana si quería conservar su vida. Pero él respondió altivo que jamás se rebajaría y que no podía pedir disculpas por una ofensa que no había cometido. Y no solo no se mostraba arrepentido sino que desde su retiro en Wanstead House, a las afueras de Londres, escribió una larga carta a Isabel reprochándole su comportamiento para con él: «[...] Nunca fui orgulloso hasta que vuestra majestad trató de rebajarme demasiado. Y ahora, puesto que mi destino no es mejor, mi desesperación será como era mi amor: sin arrepentimiento...».

La reina sabía que todas las miradas estaban puestas en ella, pero no tomó ninguna represalia contra él. Muchos creyeron que le había perdonado pero a estas alturas y por mucho afecto que sintiera por Essex resultaba evidente que era un joven incontrolable y suponía un serio peligro. Cuando al cabo de unos días el conde se enteró de que el ejército inglés había sufrido una importante derrota contra los rebeldes en Irlanda, decidió ofrecer sus servicios a Su Majestad. Marchó hasta el palacio de Whitehall donde se encontraba Isabel pero, para su sorpresa, esta se negó a recibirle: «Ya ha jugado bastante conmigo —se la oyó comentar— y ahora me propongo ser yo la que se divierta un poco con él». La soberana solo esperaba una disculpa y hasta que esta no llegase no le recibiría en la corte. En otoño de 1599, viendo que la rebelión se había extendido por toda Irlanda, la reina y sus consejeros decidieron enviar una misión para atrapar a su líder, un rebelde llamado Hugh O'Neil, conde de Tyrone. Essex, que ansiaba regresar al campo de batalla, la convenció para que le pusiera al frente de su ejército. Isabel, para desembarazarse de él o con la esperanza de verlo fracasar y arruinar su carrera, le nombró «teniente y gobernador general de Irlanda». Aunque parecía que se habían reconciliado, tras el tenso incidente del Consejo, se había roto la confianza entre ambos.

A finales de marzo Essex partió a Irlanda al frente de su tropa formada por dieciséis mil soldados y mil quinientos jinetes. El pueblo de Londres se echó a la calle para despedirle entre vítores y aplausos. Pero la expedición acabó en un auténtico desastre porque el conde, además de no ser un brillante militar, desoyó como de costumbre las advertencias de Isabel y cometió un gravísimo error. Desesperado al no poder sofocar la rebelión, aceptó reunirse con Tyrone y firmó una tregua en nombre de Su Majestad sin autorización de la reina. Cuando la noticia llegó a la corte la soberana se mostró muy enojada. Hacía tres meses que esperaba con ansia un despacho anunciando la derrota del jefe rebelde y en su lugar Essex se había prestado a negociar con él. En una carta llena de reproches, le escribió: «Tyrone siempre ha buscado este tipo de escapatorias. Confiar en sus juramentos es tan ingenuo como creer en la religión del diablo. [...] Nos asombra que hayáis hablado media hora con ese traidor fuera del alcance del oído de vuestros oficiales. Por la honestidad del asunto y por vuestra propia seguridad deberíais haber contado con testigos». Mientras tanto, en la corte se rumoreaba que su antiguo favorito pretendía traicionarla y regresar a Londres con sus hombres más leales para derrocar al gobierno y que ella se viera obligada a reconocerlo oficialmente como heredero.

Al llegar a la capital lord Essex se dirigió directamente al castillo de Nonsuch donde residía la corte. Cansado y sucio de polvo y barro, tras un largo viaje, irrumpió en el dormitorio real sin que nadie le detuviera. En aquel instante Isabel aún se encontraba en bata de cama, sin maquillar y sin peluca. Para la soberana fue una inesperada sorpresa porque ella no había ordenado su regreso pero fingió alegrarse al verlo. A estas alturas desconfiaba de sus intenciones y para ganar tiempo se mostró amable y escuchó atenta sus explicaciones. Él se sintió aliviado y creyó que había reconquistado su favor. Sin embargo, Isabel tenía un plan muy bien trazado. Al día siguiente le indicó que debía comparecer ante el Consejo para dar cuenta de sus actos. Después de la sesión ordenó que el conde fuera conducido a Londres y quedara bajo arresto en su casa de York House.

A pesar de los cargos que había contra él, Essex seguía contando con el apoyo del pueblo, quien acusaba a la soberana de otorgarle un trato injusto y severo. Pero a medida que pasaban los días, Isabel tenía más claro que su protegido merecía un castigo ejemplar por sus graves delitos. «¡Por Dios, yo no soy reina si ese hombre está por encima de mí!», exclamó enfurecida. Por su parte el conde no dejaba de escribirle proclamando su arrepentimiento y lealtad. En una sentida carta le decía: «Soy arrojado por vos como pasto a las más viles criaturas del mundo. Hablan de mí los charlatanes de la taberna; me difaman los autores de libelos, inventándose escritos y palabras; acabaré algún día en una obra de teatro. Y vos, mi dama, que siempre me habéis protegido, ni siquiera queréis recibir mis cartas ni escucharme, y esto no lo habéis hecho ni con los traidores». Por primera vez Isabel se mantuvo firme y aún supo cómo castigarle más anulando el monopolio de los vinos dulces que ella le había concedido en los tiempos felices y que era su principal fuente de ingresos.

La carrera de lord Essex estaba acabada, pero todavía intentó recuperar su antigua influencia. Cubierto de deudas y humillado, comenzó a conspirar con otros importantes nobles de Inglaterra para dar un golpe de Estado y derrocar a Su Majestad. Gracias a sus informadores y espías, su secretario Robert Cecil se enteró de la conjura y de inmediato informó a los miembros del Consejo. Cuando Isabel conoció la noticia, con una calma y frialdad que sorprendieron a todos, ordenó que detuvieran a Essex y al resto de los implicados y que fueran llevados a la Torre de Londres. El 19 de febrero de 1601 un tribunal le declaró culpable de alta traición y fue condenado a muerte. No hubo duda, ante las pruebas y testimonios presentados contra él, de que era el cabecilla de la conspiración.

Durante el juicio la reina se recluyó sola en el palacio de Whitehall y pidió que nadie la molestara. Debía firmar la orden de ejecución y por el afecto que había demostrado por Essex sus ministros creyeron que retrasaría su decisión. Pero mientras Isabel deliberaba si concederle un indulto, en su interior sabía que nunca más podría confiar en él. Aquel joven arrogante había puesto en peligro el trono de Inglaterra y la había humillado públicamente. Cuando se enteró de que Essex comentó en público que «Su Majestad es ahora una vieja tan cochambrosa y retorcida de espíritu como su cuerpo», le bastó un día para sellar su fatal destino. En los últimos meses su corazón se había endurecido y no mostró ni una pizca de piedad cuando el desdichado, dejando a un lado su orgullo, le suplicó perdón. Isabel solo accedió a su petición de no ser ejecutado en público. En la madrugada del 25 de febrero Robert Devereux, conde de Essex, fue decapitado en el patio de la Torre de Londres a la edad de treinta y cinco años.

Tras su ejecución la reina decidió ocultar su tristeza y ante el asombro de todos se mostró en público más alegre que nun-

ca. Volvieron las diversiones, las fiestas más brillantes, las copiosas cenas, las mascaradas, los bailes y conciertos de música. En el
crepúsculo de su reinado comenzó la verdadera «Edad de Oro»
de Inglaterra, floreciendo la poesía, la música, la literatura y el
teatro que tanto le apasionaban. En Greenwich la soberana
asistía complacida a las funciones privadas de las obras del joven
William Shakespeare, por el que sentía una especial debilidad.
En el gran salón se instalaba en un extremo un enorme escenario y un espacio en el balcón de la galería se reservaba para los
músicos. En el lado opuesto se encontraba el estrado real lujosamente decorado con finos tapices desde donde Isabel Tudor
asistía a las representaciones del genial dramaturgo. No había
perdido su erudición, su legendaria memoria y su dominio de
los idiomas. Su regia presencia aún impactaba a los visitantes.
Un viajero alemán la describió cuando se trasladaba con toda la
pompa a la capilla de Greenwich: «Después venía la reina, de
sesenta y siete años, muy majestuosa. […] Llevaba dos perlas
con ricos colgantes en las orejas; usaba cabello postizo de color
rojizo. Tenía en la cabeza una pequeña corona de oro y lucía un
collar con gemas extraordinarias. Su forma de hablar era suave y
muy atrayente. […] Al caminar entre toda esta pompa y magnificencia hablaba muy graciosamente primero con uno, luego con
otro, ya fuesen ministros extranjeros o sus consejeros. Cualquiera que se dirija a ella ha de hacerlo arrodillado y de vez en cuando levanta a alguno con su mano».

Tras esta deslumbrante puesta en escena de la reina en todas
sus apariciones públicas, su decadencia era evidente aunque
solo la conocían sus más allegados. Su ahijado John Harington
fue testigo del deterioro físico que sufrió tras la muerte de Essex y del intento de golpe de Estado de 1601: «Estos disgustos
le han causado mucho daño. Se muestra desconcertada y afectada, y está completamente descuidada y desaliñada. No cuida

su aseo, come únicamente pan blando y sopa de achicorias. [...] Cada mensaje que le traen de la ciudad la altera y gruñe a las damas... Las numerosas conspiraciones contra su persona han destruido el genio dulce de Su Alteza. Pasea mucho en su cámara privada y golpea con los pies cuando recibe malas noticias, lanzando a veces estocadas rabiosas a los cortinajes con su espada enmohecida». Sus damas de compañía temían aún más sus violentos arranques y cambios de humor.

A pesar de sus achaques y decrepitud Isabel seguía siendo tan vanidosa y coqueta como antaño. Le gustaba rodearse de jóvenes cortesanos, ambiciosos y aduladores, que con tal de conseguir su favor no dudaban en halagar su belleza. Ella escuchaba embelesada sus cumplidos, incluso bailaba con ellos una gallarda si se encontraba de buen humor, pero era consciente de que su encanto se había esfumado. «Mi hermano el rey de Francia —dijo a un visitante italiano— me escribe que tengo que enseñaros las cosas más bellas de este reino y lo primero que veis es a mí, que soy la más fea».

Con sesenta y ocho años la reina parecía, según expresión de un mordaz cortesano, «una patética momia descarnada y cubierta de joyas». Poco a poco Isabel se transformó en una sombra de sí misma. Ya nada quedaba de aquella princesa alegre y llena de vitalidad que cabalgaba como una intrépida amazona y bailaba con la gracia de «las hadas». Su larga melena rizada había desaparecido prematuramente y exageró aún más la palidez de su rostro demacrado recurriendo a la «cerusa veneciana». Aunque los médicos le advirtieron de que este preparado era «un potencial asesino letal» debido a la alta concentración de metal, Isabel lo utilizaba en abundancia para cubrir las imperfecciones y manchas de la piel. Ya no le quedaban dientes pero no por ello dejó de sonreír mostrando sus descarnadas encías y para evitar las mejillas hundidas, metía trapos en su boca. Su influencia en aquel momento era tan poderosa que algunas mujeres de la corte llegaron a ensombrecer sus dientes para imitar su apariencia.

Estaba casi en los huesos y muy encorvada, pero aún conservaba su porte majestuoso y lucidez. En todas sus apariciones públicas seguía ordenando a sus damas de honor que la vistieran lujosamente y la adornaran con sus mejores joyas para ocultar su decrepitud. El embajador francés De Maisse escribió: «Su guardarropa comprende más de tres mil vestidos y no cabría en una casa de dimensiones medianas. Sus cremas y perfumes llenan varios armarios; su colección de pelucas es notable, no hay para ella orfebrería suficientemente maciza ni bordados suficientemente entrelazados de perlas, ni encajes bastante preciosos, ni joyas suficientemente caras...». La reina estaba totalmente obsesionada por la belleza y eso traía de cabeza a sus damas, que tenían órdenes de vestir colores lisos y poco llamativos para no eclipsarla. «A nadie se le permitía competir con la apariencia de Su Majestad y más de una dama de honor fue castigada o reprendida por usar un vestido que era demasiado lujoso para ella. Estas jóvenes eran simples objetos decorativos a su lado, y nunca podían hacerle sombra», escribió el embajador italiano.

El pueblo de Inglaterra que antes la veneraba ahora se mostraba más crítico e insatisfecho con su anciana soberana. Los últimos años del reinado de Isabel I fueron mucho menos románticos que su leyenda y tal vez ella no fuera consciente del descontento que había en la población. Una serie de malas cosechas, inflación, impuestos elevados, desempleo y los costes de la guerra con Irlanda contribuyeron a un aumento de la pobreza. El 27 de octubre de 1601 se convocó el último Parlamento al que Isabel asistiría. La reina parecía muy cansada y envejecida, y apenas podía caminar cubierta con el pesado manto real. Tuvieron que ayudarla a subir las escalinatas del trono y hubo que sostenerla porque se tambaleaba. Sabiendo que aquella sería la última ocasión en la que podría reunirse con sus leales hombres, pronunció un sentido discurso que ha pasado a la historia:

> Puedo aseguraros, mis fieles súbditos, que ningún príncipe ha amado jamás a su pueblo más de lo que yo lo he hecho. Ninguna joya, por más valiosa que sea, tiene para mí más precio que vuestro amor. [...] Si he cometido algunas acciones que, muy a mi pesar, han podido ofender a uno u otro de mis súbditos, os ruego que me perdonéis. Sé que la corona de un rey es algo glorioso, pero estad seguros de que es más deslumbrante de mirar que liviana de llevar. [...] Ha habido sin duda en el pasado príncipes más poderosos y más sabios que yo, pero ninguno que haya amado más que yo a su pueblo.

Los diputados, conmovidos por sus palabras, no pudieron evitar la emoción y las lágrimas. Tras su discurso, la soberana se levantó del trono y les tendió la mano para que pudieran besarla. Aquella anciana enjuta, de rostro arrugado que ahora se despedía, era un símbolo de Inglaterra y reinaba desde hacía cuarenta y tres años.

Durante 1602, a pesar de su delicada salud, continuó con sus actividades y, aunque renunció a montar a caballo porque se quejaba de reuma en un brazo, seguía asistiendo al teatro y a sus espectáculos favoritos. Los que la conocían bien notaban que había perdido la alegría, se la veía apática y cada vez más melancólica. En ocasiones le embargaba la nostalgia y recordaba los días felices junto a su querido lord Essex. «Los que osan tocar el cetro de los príncipes no merecen piedad alguna», se la oyó murmurar con lágrimas en los ojos. A su ahijado John Harington, que trataba de distraerla con sus versos, le confesó con un suspiro: «Cuando sientas que el tiempo se arrastra a tu puerta, te agradarán menos estas tonterías; ya he pasado de la edad de disfrutar con tales cosas; ya ves que mi cuerpo no me responde ni disfruta; solo he comido desde anoche un mal pastelillo y no me gustó».

El invierno de 1603 fue excepcionalmente frío y húmedo. La peste causaba estragos en Londres y la reina decidió abandonar Whitehall por el castillo de Richmond, donde el aire era más sano y ella se sentía más a gusto. El 6 de febrero Isabel recibió con todo el boato al embajador de Venecia, quien la encontró muy lúcida y con un aspecto saludable. «Vestida de tafetán blanco y plata, con bordados de oro. Tenía el vestido abierto y mostraba el pecho hasta los senos. Llevaba un collar de perlas y rubíes, y doble hilera de perlas en las muñecas a modo de pulseras; sus cabellos eran de un rubio desconocido en la naturaleza, salpicados de joyas, granates, rubíes y brillantes y, sobre ellos, descansaba la corona imperial», escribió el diplomático. Pero en las semanas siguientes se acatarró y se cancelaron todos sus compromisos oficiales.

A principios de marzo su salud empeoró y se hundió en un profundo sopor. La noticia de la muerte de la condesa de Nottingham, una de las pocas amigas que la habían acompañado durante su largo reinado, la dejó muy abatida y ya no se recuperó. A pesar de los fuertes dolores que padecía, se negaba a ser atendida por los médicos y a tomar medicinas. Cuando uno de sus consejeros le rogó que se cuidara, ella todavía autoritaria le respondió: «Hombrecito, hombrecito, ¡la palabra "debes" no se le dice a una monarca!». Apenas dormía, pasaba largas horas sin hablar, con la mirada fija, y rechazaba la comida que le ofrecían. «No sufro —diría en una ocasión—, pero me alejo». Una mañana se rindió y se tumbó sobre unos almohadones extendidos en el suelo de su dormitorio. Y así pasó cuatro noches, completamente vestida y acostada de lado con un dedo metido en la boca. «Comprobé que su enfermedad no procedía más que de la melancolía de la que no la podían persuadir ni los consejeros, ni los eclesiásticos, ni los médicos, ni sus damas de compañía. Ni siquiera aceptaba los posibles remedios. Se encontraba obstinadamente silenciosa la mayor parte del tiempo; y estaba convencida de que, si se acostaba, nunca más se levantaría. No fue posible llevarla a su cama hasta que la obligaron a hacerlo unos días antes de su muerte», escribió el embajador francés Beaumont. Se le habían hinchado tanto los dedos de la mano que hubo que cortarle el anillo de la coronación que jamás se había quitado porque se le había encarnado en la piel. Fue una señal de mal augurio y toda la corte temió que su final estaba próximo.

En la madrugada del 24 de marzo de 1603, a los sesenta y nueve años, Isabel Tudor se despidió del mundo no sin antes nombrar, entre susurros, a su sucesor, Jacobo I de Inglaterra, el hijo de María Estuardo, la misma a quien mandó ejecutar. Con este último golpe de gracia la reina sellaba una época y el fin de la dinastía Tudor que durante más de un siglo había gobernado en Inglaterra. Isabel, según los testigos, se apagó serenamente mientras dormía. Su cuerpo fue embalsamado y siguiendo el protocolo inglés se vistió con el traje real y sobre su cabeza se colocó la corona imperial. En el último momento sus damas decidieron ponerle de nuevo en su mano el anillo de la coronación que era una de sus alhajas más queridas. Fue entonces cuando descubrieron que guardaba una sorpresa. La preciosa joya de oro, rubíes y diamantes, se podía abrir. En su interior se ocultaba un compartimento secreto donde había dos retratos en miniatura, uno de la propia Isabel en su juventud y el otro de una mujer con capucha francesa, Ana Bolena. Durante su largo reinado Isabel nunca había mencionado a su madre ni reivindicado su figura. Pero este anillo, del que jamás se separaba, era la prueba de que siempre la llevó en su corazón.

En las calles de Londres la muerte de la reina Isabel se anunció al son de trompetas y en las iglesias repicaron las campanas. Un impresionante cortejo fúnebre formado por más de un millar de personas partió de Whitehall en dirección al palacio de Westminster, junto al Támesis. Allí, en el salón principal engalanado con colgaduras de luto, la velaron día y noche sus ministros y más leales hombres. Su cadáver no se expuso al público por expreso deseo de ella. Un mes más tarde el féretro fue conducido con gran solemnidad a la abadía de Westminster, donde Isabel había sido coronada cuarenta y cuatro años antes en el día más glorioso de su vida. Tras el oficio religioso su ataúd, cubierto de terciopelo púrpura, fue depositado en la capilla de Enrique VII, su abuelo y el primer Tudor que había llevado la corona en la historia de Inglaterra. Allí Jacobo I haría levantar un bello y majestuoso monumento en mármol con la efigie de la soberana serena y ricamente ataviada, portando el cetro y el globo terráqueo con la cruz. Quiso el destino que unos años más tarde el rey hiciera trasladar desde Peterborough a esta misma capilla los restos de su madre, María Estuardo, y levantara otra tumba aún más espléndida justo frente a la de Isabel. Así, las dos reinas y eternas rivales, que nunca llegaron a conocerse, descansan al fin juntas para siempre.

CARLOTA
DE MÉXICO

Una corona envenenada

Si ella hubiera sido un hombre a la cabeza de un
gobierno poderoso, la hubieran considerado el
soberano eminente de su era.

FREDERIC HALL, consejero de Maximiliano

A principios de junio de 1840 Luisa María de Orleans abandonó París en compañía de su madre, la reina María Amelia de Francia, y su dama de honor favorita, la condesa de Hulst. Se acercaba la fecha prevista para el parto y Luisa deseaba llegar cuanto antes al castillo de Laeken, en las afueras de Bruselas, donde todo se hallaba preparado para recibir al que sería su cuarto hijo. A sus veintiocho años, la reina estaba pálida y cansada tras un duro embarazo que la había obligado a guardar cama las últimas semanas. En la madrugada del 7 de junio dio a luz a una niña «hermosa, de buen color y sana». Aunque sufrió un parto largo y difícil, la llegada de la pequeña la colmó de felicidad.

El nacimiento de la princesa real belga fue celebrado con salvas de cañón, música y fuegos artificiales. El pueblo se echó a la calle para mostrar su alegría por «nuestra bella princesita». El único que no parecía satisfecho era el padre de la pequeña, el rey Leopoldo I de Bélgica, que hubiera deseado otro varón. A pesar de que el monarca, nacido en el pequeño ducado alemán de Sajonia-Coburgo, era protestante, accedió a que su hija fuera bautizada en la fe de su madre, el catolicismo. Leopoldo tenía casi cincuenta años cuando vino al mundo la princesa y su decepción fue tan grande que a los pocos días abandonó solo el castillo y se marchó a cazar a los bosques de las Ardenas. Su primer hijo y heredero a la corona de Bélgica, Luis Felipe, había fallecido repentinamente a los nueve meses. Fue una pérdida muy dolorosa para el matrimonio, que no tardó en tener otro varón al que bautizaron con el nombre del padre, Leopoldo. Después llegó otro niño, Felipe, que llenó de esperanza y alegría al soberano. Agotada por los molestos embarazos y partos tan seguidos, Luisa pensó que ya había cumplido con su deber conyugal. Pero el rey de los belgas quería más varones para asegurar la continuidad dinástica y volvió a quedarse encinta.

Deseosa de contentar a Leopoldo, que se mostraba muy desilusionado, la reina Luisa decidió ponerle a la niña el nombre de su primera esposa, la princesa inglesa Carlota Augusta de Gales. Única hija del futuro monarca Jorge IV y heredera a la corona de Inglaterra, había sido su primer y gran amor. Una muchacha bella, rebelde y apasionada que le robó el corazón. Tras su boda multitudinaria en Londres la pareja se instaló en el castillo de Claremont, en el condado de Surrey, y pronto Carlota se quedó embarazada. En medio del estallido de alegría que provocó entre sus súbditos la noticia, nadie podía intuir la tragedia que se avecinaba. El parto se prolongó durante más de cincuenta horas y la princesa dio a luz a un niño muerto. Pocas horas después ella también falleció. Tenía veintiún años y su feliz matrimonio había durado año y medio.

El rey Jorge IV se quedó sin un sucesor al trono y el duque Leopoldo era un joven viudo desconsolado que jamás se recuperaría de la pérdida de su amada. En 1831 aceptó ceñir la corona de Bélgica, que se había independizado de Holanda, y se convirtió en el primer rey de los belgas. Cuando Luisa se casó en segundas nupcias con él tuvo que disimular los celos que sentía por la difunta princesa, a la que su esposo no había podido olvidar. El monarca se llevó a Bruselas el retrato de Carlota que ella le había regalado cuando se prometieron y que guardaba en su gabinete privado. Luisa, para ganarse el afecto de su marido, colgó otro retrato de la princesa de Gales en los aposentos reales, un detalle que emocionó a Leopoldo. La futura emperatriz Carlota de México llevaría desde su cuna el nombre de una princesa inglesa marcada por la fatalidad.

La reina María Amelia sabía por experiencia que el enfado de Leopoldo no duraría mucho y que su nieta se convertiría en su favorita. Y no se equivocó, porque al cumplir los cuatro años la pequeña era la preferida de su padre y Luisa, muy feliz, escribió a París: «Carlota se ha convertido, como tú habías predicho, en la favorita de Leopoldo; fue recibida incluso hoy mejor que nunca en la mañana cuando cumple cuatro años [...]. Esta noche cenará con nosotros, rodeada de sus regalos y coronada de rosas». La reina añadió que era una niña animada, impaciente, locuaz y muy inteligente que «aprendió a leer desde los dos años y medio y habla desde entonces como una persona adulta, con los más bellos giros en las frases». Los únicos defectos que apreciaban sus institutrices eran «ser muy testaruda, caprichosa, temperamental y propensa a las rabietas».

En uno de los primeros retratos oficiales que su madre encargó al afamado pintor de la realeza Franz Xaver Winterhalter, cuando la princesa tenía dos años de edad, Carlota posó sentada sobre un cojín rojo con un vestido blanco de satén, adornado con enormes lazos azules, y sujetando un ramo de rosas y jacintos. Luisa la llamaba «mi sílfide de cuento de hadas» y fue siempre su mayor apoyo y alegría. Era una niña encantadora con un cutis delicado y mejillas sonrosadas, grandes ojos negros, boca diminuta, nariz larga y delgada y fino cabello castaño oscuro peinado con bucles. Pero llamaba la atención por su mirada melancólica, gesto serio y actitud algo arrogante que la hacían parecer mucho mayor.

Carlota vivió sus primeros años feliz y despreocupada entre Amberes, Bruselas y Laeken. Leopoldo sentía debilidad por esta niña risueña y de buen carácter que adoraba a «su querido papá». Pero aunque estaba orgulloso de ella decidió educarla de manera estricta, al igual que a sus dos hijos varones. Los tres hermanos crecerían marcados por la disciplina y la sobriedad sin distinción. El rey dejó que su esposa, la austera y muy devota reina Luisa, se encargara de su instrucción y ella misma eligió a sus tutores y profesores. A diferencia de otras princesas de su época, Carlota recibió una formación muy completa que incluía latín, historia, geografía, matemáticas, literatura, caligrafía, dicción, oratoria y catecismo. Tenía mucha facilidad para los idiomas y llegó a hablar con fluidez inglés, francés y alemán, y más adelante estudiaría italiano y español. Era una niña precoz que aprendía muy rápido. También recibió lecciones de piano, pintura y mostraba gran destreza para el bordado. Sus días transcurrían entre una larga sucesión de clases que comenzaban a las ocho de la mañana y se alargaban hasta las ocho de la noche, con breves pausas para la comida y una frugal merienda. Luisa era una madre afectuosa, sencilla y austera que inculcó a Carlota las virtudes «de la simplicidad, el decoro y la devoción», los pilares que regían su vida. No permitía a sus hijos caprichos ni privilegios por su rango. Dormían en un colchón de crin y la reina era tan ahorradora que ella misma remendaba sus trajes y vestidos cuando ya estaban muy desgastados.

Los fines de semana la familia real belga los pasaba en el castillo de Laeken, la residencia favorita del rey porque le recordaba al castillo de Claremont en Inglaterra. Este espléndido edificio neoclásico, construido a finales del siglo xviii a escasos kilómetros de la capital, estaba rodeado de espesos bosques, jardines, estanques y lagos. Aquí llevaban una vida apacible, sin ostentación y lejos de toda etiqueta. Carlota podía nadar, montar a caballo y jugar con sus dos hermanos en el inmenso parque del castillo. Siempre tuvo más afinidad con el menor, Felipe, conde de Flandes, un muchacho alegre, bonachón y cariñoso, todo lo opuesto al mayor, Leopoldo, duque de Brabante, engreído y autoritario, quien disfrutaba provocándola hasta hacerla llorar. En sus días felices en Laeken los hermanos se enviaban mensajes secretos y Carlota comenzó a encontrarle gusto a la escritura. A los siete años ya tenía su propio escritorio de caoba y le mandó la primera carta a su padre: «Querido papá: tengo que pedirte un favor. Me gustaría mucho que me permitieras que encierren al cisne grande, que es muy latoso. Ya no disfruto paseando por el parque porque me da miedo. Eres tan bueno y quieres tanto a tu pequeña Carlota que seguro que no le negarás lo que te pide».

Debido a las largas ausencias del rey Leopoldo, la princesa estaba casi siempre con su madre, que llevaba una vida solitaria y nunca gozó de buena salud. La reina Luisa era una mujer tímida, profundamente católica y poco agraciada que pasaba desapercibida entre sus nueve hermanos. Había nacido en una de las familias nobiliarias más importantes de Europa, la Casa de Orleans, sufrió el exilio y conoció el esplendor de la corte francesa cuando tras la revolución en 1830 su padre Luis Felipe se convirtió en soberano de los franceses. La familia se instaló en el palacio de las Tullerías que no era del agrado de su madre, María Amelia de Borbón-Dos Sicilias, quien hubiera preferido otra residencia a las afueras de París. Al ser la hija mayor de los reyes de Francia y ostentar el título de princesa de Orleans, su futuro quedó sellado. En 1832 se casó en matrimonio de conveniencia con el primer rey de los belgas, Leopoldo de Sajonia-Coburgo y Gotha. Ella tenía veinte años y él cuarenta y uno. Apenas se conocían y Luisa no sentía ninguna atracción por este príncipe alemán luterano que le parecía «frío, distante y demasiado formal». Del día de su boda en el castillo de Compiègne, su madre María Amelia recordaría: «Luisa estaba tan pálida y triste que daba pena verla».

Desde su llegada a Bruselas, Luisa vivió prácticamente recluida en una corte donde nunca encajó. Era tan extremadamente tímida que solo se relacionaba con su esposo, sus hijos y sus damas de compañía. Los primeros años fueron difíciles, pero encontró refugio en la religión, las obras de caridad y en sus hijos. También en sus momentos libres pintaba bellas acuarelas y era una gran lectora. Estaba muy unida a su familia y mantenía una estrecha relación con sus padres y sus hermanos a los que hacía frecuentes visitas. Estos viajes a Francia en su niñez quedaron para siempre grabados en la memoria de Carlota y la hicieron consciente de que no era una princesa cualquiera ya que por sus venas corría sangre de grandes dinastías.

En comparación con la provinciana y austera corte belga, los palacios y castillos de los monarcas franceses le parecían un sueño, aunque en nada recordaran la magnificencia de los tiempos del Rey Sol. En aquellos felices días Luisa y sus hijos se alojaban en las Tullerías, donde eran atendidos por un ejército de sirvientes vestidos con la librea azul y roja de la Casa de Orleans. Carlota correteaba por los interminables pasillos y salones decorados con tapices, arañas de cristal, galerías de espejos y valiosas colecciones de arte.

En el mes de mayo la corte francesa abandonaba el palacio y se instalaba en el castillo de Neuilly, la residencia estival de los Orleans. Esta inmensa finca campestre a orillas del Sena era el lugar preferido de los monarcas de Francia y aquí Carlota, además de ver a sus abuelos, se reunía con sus tíos, tías, primos y primas en un ambiente más íntimo e informal. También pasaban unas semanas en el palacio de Saint-Cloud que había pertenecido a la desdichada María Antonieta. Ahí el escenario era más refinado y los niños tenían menos libertad, pero a Carlota le encantaba pasear por sus jardines de estilo francés, considerados los más hermosos de Europa, con sus cascadas en terraza, estanques de peces y fuentes mitológicas. A pesar de las diversiones no olvidaba nunca a su adorado padre. En una carta le dijo: «Pese a que aquí me divierto mucho, quisiera irme, porque un mes sin verte se hace interminable [...]. Me siento triste de estar en Saint-Cloud sin ti, aunque me gusta mucho venir para ver al abuelo y a la abuela». Carlota también estaba muy unida a su abuela materna María Amelia, una mujer de fe inquebrantable, conocida en su familia como «la santa», que nunca deseó la corona de Francia. Era dulce y cariñosa con ella y le permitía todos los caprichos que su madre le prohibía.

De entre todos los miembros de la realeza que Carlota conoció durante su infancia quien más le impresionó fue su prima hermana la reina Victoria de Inglaterra, una de las mujeres más poderosas y admiradas de la época. La primera vez que vio a Su Majestad fue en una visita que esta efectuó a la modesta villa de veraneo que la familia real belga tenía en Ostende, famosa por sus baños de mar. Ese día la soberana le regaló a la niña una muñeca que le gustó tanto que le escribió una carta en perfecto inglés agradeciéndole el obsequio: «Todas las mañanas visto a mi muñeca y le doy un buen desayuno; al día siguiente de su llegada, di una recepción a la que asistieron todas mis muñecas. Ten la amabilidad, queridísima prima, de expresarles mi cariño a mis pequeños primos, y créeme siempre tu más amante prima».

La reina Victoria, que había perdido a su padre con apenas ocho meses de edad, sentía un gran afecto por su tío Leopoldo, que acabó convirtiéndose en su tutor de por vida. El rey de Bélgica tenía fama de hábil casamentero y siempre estaba dispuesto a colocar a los miembros de su familia entre lo mejor de la realeza europea. Así cuando Victoria accedió al trono a los dieciocho años y le pidió consejo matrimonial, este le sugirió que su sobrino Alberto, hijo de su hermano Ernesto, sería el esposo perfecto. Cuando la joven le conoció fue un flechazo y se casó muy enamorada con su primo el príncipe Alberto de Sajonia-Coburgo y Gotha, el mismo año que nació Carlota. La reina era veintiún años mayor que su prima belga y siempre la trató con gran cariño, como si fuera una hija.

En febrero de 1848 estalló en París una revolución y el anciano rey Luis Felipe de Orleans se vio obligado a abdicar y a huir del país junto a su familia. Las noticias que llegaban a Bruselas eran muy alarmantes y Carlota escuchaba atemorizada cómo el palacio de las Tullerías había sido saqueado por una muchedumbre enfurecida. El castillo de Neuilly, el hogar más apreciado de los Orleans, también fue arrasado por un incendio y se desconocía el paradero de Luis Felipe y María Amelia. Los idílicos escenarios donde la princesa belga pasó parte de su niñez habían sido destruidos. Pero quien más sufría en silencio era la reina Luisa, que no había olvidado el trágico final de otros monarcas franceses derrocados y temía lo peor. Profundamente afectada por la desgracia sufrida por sus padres, buscó consuelo en su hijita, quien la acompañaba en sus oraciones y largas noches en vela. Tras muchos días sumida en una terrible angustia e incertidumbre, al fin recibió una breve carta de su madre en la que le indicaba que tras su huida habían conseguido llegar a la costa normanda y de ahí embarcar a Inglaterra, donde se encontraban bien de salud y a salvo. La reina Victoria, siempre generosa con ellos, les cedió el castillo de Claremont para que pudieran instalarse, el mismo donde había vivido el joven Leopoldo con su primera esposa Carlota. En esta acogedora mansión de estilo palladiano en medio de la campiña inglesa, los reyes desterrados de Francia pasarían sus últimos años de vida. El resto de la familia también consiguió escapar y se exiliaron en distintas ciudades europeas.

El año 1850 comenzó con malos presagios. En la corte belga preocupaba la mala salud de su reina que estaba muy delgada, pálida y débil. Su estado alarmó a María Amelia, quien en una carta suplicaba a su hija que se cuidase y se dejara aconsejar por los médicos. Aunque le diagnosticaron una leve gastritis, Luisa creía que padecía asma porque tenía dificultad para respirar y una tos persistente que le impedía dormir. En aquellos sombríos días Carlota también cayó enferma de gravedad por primera vez. La princesa había contraído la tosferina y pensando que un cambio de aires le iría bien, su madre se la llevó al castillo de Tervuren, cerca de Bruselas, situado en medio de un bosque. Al poco de llegar Carlota empeoró y comenzó a tener problemas gástricos y fiebre alta. Luisa, aún conveleciente, no se separó de su hija y apenas comía ni dormía. Lo que peor llevaba era el no tener a su lado a su esposo, al que apenas veía y con quien ya no compartía el lecho. Ante el empeoramiento de la niña, decidió trasladarla de nuevo, esta vez al castillo de Laeken, donde fue tratada con homeopatía y remedios naturales a base de plantas y empezó a mejorar.

La muerte del rey Luis Felipe en el exilio fue un nuevo revés para Luisa que afectó aún más su frágil constitución. Su salud se agravó de tal manera que su esposo decidió enviarla a Ostende. La reina Victoria, alarmada por las noticias que recibía, escribió a su tío preguntándole por qué no la llevaba a un balneario en Inglaterra en lugar de a esa villa pequeña e incómoda lejos de la capital. El monarca le respondió que los paseos junto al mar le sentarían bien y que él la visitaría a menudo.

Pero lo que Victoria ignoraba era que el verdadero motivo por el que Leopoldo había elegido este destino se debía al deseo de estar cerca de su amor secreto, Arcadia Claret.

Desde el principio de su desdichado matrimonio Luisa sufrió en silencio las infidelidades de su esposo, a quien tras su fachada de gobernante serio y prudente le gustaba coleccionar amantes. Pero al salir a la luz su romance con una menor, recibió un golpe terrible. Arcadia era hija de un oficial belga y tenía dieciséis años cuando comenzaron su relación. En esta ocasión se trató de algo más que una aventura porque el monarca se enamoró y ella llegó incluso a acompañarlo en algunos de sus viajes oficiales. Mandó construir para su amada un palacete en la vía Royale, cercana al palacio real de Bruselas, y allí la visitaba con frecuencia. Sin embargo, su relación se descubrió y la prensa publicó el idilio real. Para acallar los rumores, en 1845 el soberano decidió casar a la joven con un funcionario viudo de la corte. Tras la boda Leopoldo envió al marido lejos de la capital y continuó disfrutando de su compañía en su nido de amor. Por entonces ella tenía diecinueve años y él cincuenta y cinco. En 1849 tuvieron un hijo, Jorge, y tres años más tarde nacería Arturo. A diferencia de otras cortesanas reales, Arcadia nunca fue discreta y se paseaba por los barrios elegantes de la ciudad en un lujoso carruaje y pavoneándose vestida a la última moda de París. Los belgas la despreciaban y un día, harta de los insultos y abucheos que recibía cuando salía a la calle, huyó a Alemania para gran enfado del rey.

Luisa de Orleans no pudo soportar la humillación pública de este escándalo y cayó en una depresión. Deseosa de abandonar la corte, no puso objeción a su traslado a Ostende. La acompañaron sus hijos y la pequeña Carlota, quien tuvo que presenciar el sufrimiento y el lento deterioro de su madre. La llegada del frío y el húmedo invierno en la costa del mar del Norte no contribuyeron a su mejoría. La princesa no olvidaría aquellos días oscuros cuando la casa se convirtió en un hospital y la reina ya no tenía fuerzas para abandonar la cama. Tras varios diagnósticos erróneos, finalmente se reconoció que se estaba muriendo a causa de una tuberculosis avanzada. Aunque Luisa no era una soberana popular porque apenas se dejaba ver en público, los belgas recibieron la noticia con sincero dolor. En los últimos tiempos habían descubierto que tras esta mujer que prefería estar siempre en un segundo plano se escondía una reina que había hecho grandes obras de caridad y contribuido a mejorar la vida de sus súbditos. Incluso utilizó la totalidad de la asignación que recibía del Estado belga para ayudar a los más necesitados. Su popularidad creció en aquel triste otoño de 1850 y en todas las iglesias del país se encendieron velas y se rezó por su salvación.

A principios de octubre la reina María Amelia, avisada del grave estado de su hija, abandonó el castillo de Claremont para estar junto a su ella. En torno a su lecho de muerte estaban su esposo, su madre, sus hijos, su confesor y la condesa de Hulst. Ajena a su propio dolor, Luisa comentó muy afligida: «Mi única pesadumbre es que los demás estén sufriendo por mí». Su otra preocupación era el destino de sus hijos, sobre todo el de Carlota que no dejaba de sollozar. Cuando estaba agonizando le confió su hija a la condesa de Hulst rogándole que se encargara de su educación. La mañana del 11 de octubre la reina Luisa de Bélgica falleció rodeada de sus seres más queridos. Su esposo dijo de ella: «Durante dieciocho años, Luisa fue una verdadera amiga que era todo amor y devoción para los suyos. Es una gran pérdida, porque nuestra amistad fue muy cordial y nunca tuvimos problemas en nuestro matrimonio, ni por un momento». Carlota tenía diez años cuando se quedó huérfana y siempre recordaría a su madre como un ángel.

Tras el entierro María Amelia, devastada por la pérdida de su hija predilecta, regresó a Inglaterra. A los pocos días su nieta se sentó en su escritorio y le redactó esta carta: «Mi querida abuela, tuvimos el consuelo de tenerte cerca de nosotros después de nuestra pena, pero ahora que te has ido, Laeken está muy triste. He pensado mucho en ti durante el viaje y espero que no hayas enfermado. No te encontrabas muy bien los últimos días de tu estancia aquí; espero que todo haya pasado. Estás muy afligida, pero yo seré una buena niña para reemplazar, en todo lo que pueda, lo que has perdido».

Carlota se encerró en sí misma y se volvió muy reservada y seria. «Estoy frecuentemente de mal humor», escribía en su diario. Apenas veía a su padre, quien se relacionaba con ella por medio de cartas. El ambiente familiar era cada vez más lúgubre y tenso. Ella ignoraba que las ausencias del rey se debían a que tenía otra familia. Mientras el país estaba de luto su amante Arcadia regresó a Bruselas, pero en esta ocasión se comportó de manera más discreta. Leopoldo adquirió el castillo de Stuyvenberg, a escasos metros de Laeken, como residencia para ella y sus dos hijos. Allí pasaba largas temporadas y se preocupó de que sus bastardos recibieran la educación propia de unos príncipes y les entregó títulos nobiliarios. Su pasión por Arcadia fue tan grande que en 1863 la ascendió a baronesa de Eppinghoven.

En el verano de 1851 Carlota fue invitada por la reina Victoria al castillo de Osborne, en la isla de Wight. Era la residencia estival de la familia real británica y la soberana intentó ganarse la confianza de su prima, pero esta había cambiado mucho. La princesa sensible, alegre, dulce y comunicativa, según la había definido su madre, se había transformado en una adolescente pensativa, seria y callada. Ya entonces atravesaba fases depresivas que la sumían en una profunda tristeza y que preocuparon a la reina Victoria. Nadie podía intuir entonces que estos rasgos de su comportamiento contribuirían a su trágico final. Carlota añoraba tremendamente a su padre y prefería la compañía de su abuela materna María Amelia, que era su confidente. A pesar de todos los nietos que tenía, sentía predilección por ella. No solo porque se había quedado huérfana sino porque era la hija de la infeliz Luisa, su adorada hija muerta prematuramente a los treinta y ocho años. La princesa pasaba varias semanas al año en el castillo de Claremont, que tan buenos recuerdos le traía, y allí se reunía con sus tíos y primos. Siempre se sintió más unida a los Orleans, aunque a medida que crecía a todos les parecía que era «un Leopoldo en miniatura». De su padre heredaría la fuerza de voluntad, la firmeza de carácter, la ambición y el gusto por el poder.

La condesa de Hulst, la tutora de Carlota, había sido amiga de la infancia de la reina. Mujer culta y con un gran sentido del deber, provenía de una familia ligada a la Casa de Orleans y se tomó muy en serio la responsabilidad de educar a la princesa huérfana, que ya mostraba la rebeldía propia de la pubertad. Ella misma eligió a sus nuevos profesores y supervisó bien de cerca sus estudios. Su educación religiosa corrió a cargo del padre Deschamps, uno de los mejores predicadores de la Iglesia belga, que le inculcaría la noción del deber, el pecado y el sacrificio. Deschamps fue su confesor y el que la preparó para su primera comunión.

Pero la persona que tuvo una mayor influencia en la formación de Carlota fue el rey Leopoldo, quien aplicó a su educación las mismas directrices que le había marcado a su sobrina la princesa Victoria, futura reina de Inglaterra. Así, en una carta fechada el 21 de mayo de 1855, su padre le escribió: «Mi querido amor: Ya tienes catorce años; has llegado a un momento en el que los deliciosos pasatiempos de la infancia deben combinarse con las reflexiones que corresponden a una edad más madura. [...]

Aprender, querida mía, a conocerse y a juzgarse uno mismo con sinceridad e imparcialidad, esa es la finalidad elevada a la que deben tender nuestros esfuerzos y no se pueden lograr sino a través de exámenes de conciencia reflexivos y constantes». Carlota deseaba con anhelo alcanzar la perfección moral y espiritual de la que tanto le hablaba su padre y se volvió muy exigente y crítica consigo misma. «No puedo vencer mi vergonzante y desgraciada pereza y en ocasiones no tengo deseos de rezar y me gustan demasiado poco mis deberes. Es terrible sentirse frecuentemente tan frustrada», anotó en su diario.

Era una alumna dócil, brillante y aplicada con una memoria privilegiada. De su madre había heredado la pasión por la lectura y su autor favorito era Plutarco. A su querida institutriz le escribió: «No he perdido el tiempo este año como el pasado. Estudié historia, dibujé, estudié piano (que ahora me gusta más). Conozco todos los reyes de Inglaterra, con todas las fechas y sin equivocarme y, cosa maravillosa, en matemáticas voy muy bien, resuelvo hasta tres problemas en una lección, y no son fáciles. Tampoco voy mal en el aprendizaje de lenguas».

En 1853 Leopoldo, duque de Brabante, hermano mayor de Carlota y heredero al trono, contrajo matrimonio con la archiduquesa María Enriqueta de Austria. Fue un matrimonio de conveniencia y aunque al principio su cuñada le agradó, pronto comenzó a criticarla y a burlarse de ella por su afición a la música y a la ópera. La tachó de «insípida» y también le molestaba que fuera rubia, de piel muy blanca, y bastante alta, todo lo opuesto a ella. Pero no tenía motivos para sentir celos de su cuñada porque, según proclamó su padre el rey, «la princesa Carlota de Bélgica es la más hermosa de Europa». Un halago sin duda exagerado porque Carlota no era una belleza, tenía unos rasgos duros y un gesto desdeñoso, pero podía presumir de una buena figura gracias a la gimnasia y la natación que

practicaba a diario. Orgulloso de ella, el monarca le pidió que
lo acompañase a los actos protocolarios ocupando el lugar de
su difunta madre. Entonces Leopoldo se dio cuenta de que su
adorada hija se había convertido en una «encantadora mujercita»
que ya estaba preparada para el matrimonio. A partir de ese instante empezó a buscarle el mejor partido posible entre la realeza
europea.

AMOR Y DESENGAÑO

La princesa belga había celebrado su dieciséis cumpleaños y no
le faltaban pretendientes. La lista de candidatos la encabezaba el
joven rey Pedro de Braganza, tres años mayor que ella, quien
acababa de acceder al trono de Portugal. Era el favorito de la
reina Victoria, que no podía evitar inmiscuirse en los matrimonios de la familia y dar siempre su opinión. Así le escribió a su
tío Leopoldo: «No dudes de que es el más distinguido príncipe
joven y estoy segura de que una reina amigable y bien educada
representaría para Portugal una enorme bendición, ya que nunca han tenido allá una de tal calidad. Debes convencerte de que,
entregada a Pedro, asegurarás la felicidad de Charlotte [Carlota];
con él encontrará lo que jamás podrían ofrecerle los innumerables archiduques que la pretenden…». Pero sorprendentemente
el rey Leopoldo dejó que fuera Carlota quien eligiera al esposo
que le resultase más atractivo.

En mayo de 1856 se anunció la visita oficial de Su Alteza
Imperial Maximiliano de Habsburgo a la corte de Bélgica. El
archiduque de Austria era hermano del emperador Francisco
José, casado con Isabel de Baviera —la famosa Sissi—, y pertenecía a una poderosa dinastía imperial que se mantenía en el
trono desde hacía casi cinco siglos. Alto, rubio y de ojos azules,

lucía unas largas patillas y un porte distinguido. A sus veinticuatro años recorría Europa en busca de una esposa que contara con la aprobación de la Casa de Austria. Maximiliano había pasado unos días en París en representación de su hermano para felicitar al emperador Napoleón III y a su esposa Eugenia de Montijo por el nacimiento de su hijo y heredero al trono de Francia, el príncipe imperial. A finales de mayo continuó su recorrido por las cortes europeas y viajó a Bruselas con el propósito de conocer a la única hija del rey Leopoldo I.

Cuando Carlota vio por primera vez a Maximiliano en uno de los salones del castillo de Laeken tuvo un auténtico flechazo. El joven, almirante de la flota imperial austriaca, le pareció un príncipe de cuento de hadas, con su mirada soñadora, su vistoso uniforme, su esbelta figura y su aire altivo. Aunque tenía un mentón hundido que disimulaba con su tupida barba y el labio superior prominente característico de los Habsburgo, ella no le encontró ningún defecto: «Es encantador bajo todos los aspectos. Físicamente me parece hermoso y moralmente no se puede desear más». Su hermano Leopoldo, que acudió a recibir a Maximiliano al puerto de Ostende, tras pasar unas horas con él también se quedó cautivado con el ilustre invitado: «El archiduque es un ser superior, desde todos los puntos de vista. Si yo encontrase algo que decir en su contra, sin duda lo manifestaría. Pero no encuentro nada. Puedes estar seguro de ello». El único defecto que mencionó en su diario fue que «el príncipe tiene una salud delicada. Desde su llegada no ha habido un solo día en que Maximiliano no haya sufrido dolor de cabeza, de estómago y de muelas, pero sobre todo problemas de hígado».

A Maximiliano la princesa belga no le impresionó demasiado y su padre Leopoldo I, un hombre que debido a su veteranía política era conocido como «el Néstor de los monarcas de Europa», le pareció «un aburrido que envolvía a los demás con interminables conversaciones políticas, cuyas noticias extraía de los diarios». Durante los seis días que pasó en Laeken apenas pudo conversar con Carlota porque tanto el rey como su hijo mayor le tenían preparada una apretada agenda de visitas culturales por el pequeño reino, banquetes, recepciones y comidas familiares. Pero los pocos momentos que la joven pudo estar con él descubrió que era un hombre sensible, de gran corazón y firmes valores; un soñador romántico que adoraba la poesía, diseñaba palacios y jardines, y amaba la botánica y los animales. Aunque Maximiliano esperaba que fuera más hermosa y dulce, en conjunto su apariencia le resultó agradable. Cuando por primera vez se refirió a la princesa en una carta a su hermano Carlos Luis, lo hizo con estas palabras poco apasionadas: «Ella es bajita y yo soy alto, como debe ser. Ella es morena y yo soy rubio, lo que igualmente está bien. Ella es muy inteligente y con un poco de mal carácter, pero sin duda finalmente nos entenderemos».

El archiduque abandonó Bélgica sin pronunciarse sobre sus intenciones matrimoniales, y el rey Leopoldo le escribió a su sobrina Victoria: «Dio por terminada la visita sin dejar entrever los propósitos que algunos le atribuían con respecto a mi hija Carlota. Ni lo lamento ni me preocupa. Creo que ya me habría olvidado hasta de la existencia de este joven príncipe, a no ser porque veo en mi hija algo que me apena y me conmueve. Carlota es una joven impresionable y parece haberse enamorado del Habsburgo con novelesco frenesí». La reina de Inglaterra seguía prefiriendo al joven Pedro V de Portugal y tras consultar el asunto con Alberto, su esposo, escribió de nuevo a su tío: «Tengo esperanzas todavía, después de leer tu carta, ya que Carlota no ha expresado finalmente su decisión y ambos estamos profundamente persuadidos de la inmensa superioridad de Pedro sobre cualquier otro joven príncipe [...]. Si Carlota me consultase, yo no dudaría ni un momento».

Pero Carlota estaba convencida de que había encontrado al marido perfecto. Su carácter afable, su honradez, su fe religiosa y su amplia cultura eran algunas de las cualidades que más pesaron en su decisión. También apreciaba que fuera un gran conversador, ingenioso y muy bromista. En cambio Pedro V de Portugal no le gustó nada e incluso se mostró bastante desagradable con ella durante su visita a Bélgica. La condesa de Hulst, partidaria de Maximiliano, influyó en la decisión final. En una carta, y con muy poco tacto, le advirtió: «Los portugueses no son sino orangutanes. No tienen recursos, ni siquiera un sacerdote allá capaz de comprenderte». A finales de 1856, siete meses después de la visita del archiduque, la princesa ya había hecho su elección y nadie la haría cambiar.

A su regreso a Viena y presionado por su madre, la poderosa archiduquesa Sofía, Maximiliano escribió al rey de Bélgica pidiéndole la mano de su hija. Este dio su consentimiento porque era el deseo de su «pequeña Carlota, la flor de mi corazón». El archiduque redactó su primera y muy formal carta a su prometida, que esta conservaría hasta el día de su muerte: «Madame: la gentil respuesta de Su Majestad, vuestro augusto padre, que me hace profundamente feliz, me autoriza a dirigirme directamente a vuestra alteza real para expresaros los sentimientos de agradecimiento cordial y el sentir más vivo por el consentimiento que habéis dado generosamente a la solicitud que asegura la felicidad de mi vida. Aspiraba a esta felicidad desde el momento en que pude apreciar las elevadas cualidades de alma y corazón que ornan a mi amable y augusta prometida…». En una segunda carta, se mostró menos solemne y se dirigió a Carlota como mi «gentil prima». Pero lo que más ilusión le hizo a la princesa fue recibir un retrato del príncipe vestido de uniforme, junto a una nota en la que le decía que en Austria la noticia de su compromiso había sido muy bien recibida en todos los rincones del imperio y que el pueblo estaba ansioso por conocerla.

El 23 de diciembre el archiduque regresó a Bruselas invitado por el rey Leopoldo para pasar allí las Navidades y fue recibido en la estación por los hermanos de Carlota, el duque de Brabante y el conde de Flandes. En su honor se celebraron banquetes, una ópera de gala en el Teatro Real y un gran baile en la corte, para el cual se enviaron mil cuatrocientas invitaciones. En esta ocasión la pareja pudo pasear por los jardines nevados de Laeken y conversar relajadamente, aunque el rey no permitía que se quedaran a solas y siempre iban acompañados de una carabina. Su futura familia política le llamaba afectuosamente Max. En una carta a la condesa de Hulst la princesa le confesaba: «Viene todas las mañanas a almorzar y se queda hasta las tres o las cuatro conversando juntos muy agradablemente. [...] Me ha comunicado sus planes y me ha compartido el encantador diseño de una villa que va a construir en Miramar, cerca de Trieste [...]. Tendrá una terraza con una fuente y, en el parque, un quiosco morisco amueblado a la oriental. Cuenta también con hacer un jardín de invierno con pájaros de todas las especies». Además Maximiliano le había prometido que en Miramar habría una capilla donde ambos podrían oír misa a diario.

Carlota estaba exultante por las atenciones de Maximiliano, quien se mostraba «tan gentil, considerado conmigo, tan lleno de ternura y afecto». El día de Navidad le regaló un juego de broche y pendientes de diamantes, un brazalete que llevaba un rizo de Max y un retrato de la emperatriz Sissi, famosa en toda Europa por su legendaria belleza.

Mientras Carlota vivía en una nube, a sus espaldas se negociaba su dote. Maximiliano llegó a Bruselas acompañado de su secretario, el barón de Pont, un hábil y joven diplomático encargado de discutir el contrato matrimonial con el consejero de finanzas de Leopoldo I. El rey belga ofreció a su futuro yerno la herencia materna de Carlota más una pensión que votaría el Parlamento de Bélgica. El archiduque encontró insuficiente la propuesta y, a través de su secretario, le respondió que esperaba una aportación del propio monarca. A Leopoldo las pretensiones del joven austriaco le parecieron abusivas y solo estaba dispuesto a contribuir con el ajuar y una colección de joyas de la familia.

La fecha de partida de Maximiliano se aproximaba y este decidió jugar su última carta. Escribió una nota de su puño y letra al soberano belga en la que le decía que Austria no recibiría de buen grado la noticia de que el rey se negaba a dar una parte de su inmensa fortuna a su encantadora hija. Finalmente Leopoldo cedió y aceptó otorgar tres millones de francos como suplemento a la dote. A esas alturas el hermano mayor de Carlota, que tanto había admirado a su llegada al príncipe, se mostraba muy decepcionado: «Raras veces he encontrado tanta rapacidad ni semejante deseo de riquezas. No contento con conocer la fortuna actual de mi hermana, quería además una pensión de mi padre el rey y saber exactamente cuándo Carlota heredará la fortuna del padre. […] Max quería, sobre todo, un matrimonio por dinero». El archiduque, después de las intensas negociaciones, estaba eufórico y escribió a Francisco José: «Estoy contento de haber obligado, al fin, al viejo tacaño a desprenderse de una parte de lo que más ama».

Pero Leopoldo I no se conformó con que su hija fuera la esposa de un príncipe imperial y almirante de la modesta flota austriaca. Deseaba para ella más poder y extender la influencia de la casa real belga. El rey no ignoraba que Maximiliano era el segundo en la línea dinástica. Hasta la fecha el emperador Francisco José y su esposa Sissi habían tenido dos niñas y a falta de un varón él era oficialmente el heredero directo al trono de Austria.

Pero también sabía que los nacionalismos que sacudían Europa no vaticinaban un buen futuro a las monarquías europeas. Así, exigió a Francisco José que le proporcionara a su yerno «un puesto que fuese digno de su nacimiento y que al mismo tiempo le diese un amplio campo de actividad». El emperador no tenía ninguna intención de otorgarle más autoridad a su hermano, al que consideraba demasiado romántico, ingenuo y carente de dotes de mando. Pero presionado por el rey belga y conociendo la gran influencia que aún tenía sobre su sobrina la reina Victoria, acabó por aceptar. Cinco meses antes de la boda, Francisco José nombró a su hermano gobernador general de las provincias italianas de Lombardía-Venecia bajo la soberanía de Austria. Se trataba de un cargo muy importante pero a la vez un regalo envenenado porque la población se mostraba muy hostil a la dominación austriaca.

La boda quedó fijada para finales de julio de 1857 y mientras el novio pasó sus últimos días de soltero viajando por las provincias del norte de Italia que iba a gobernar, Carlota comenzó con los preparativos y a recibir los primeros regalos que llegaron de Viena. El emperador Francisco José le envió una diadema, un collar y una pulsera de diamantes. Su futura suegra, la archiduquesa Sofía, que se dirigía a ella como «tu querida madre», le obsequió un broche antiguo cuyo interior escondía una miniatura de Maximiliano. A pesar de su felicidad la novia se sentía muy sola y añoraba especialmente a su madre. No tenía hermanas con quien compartir sus miedos e inquietudes, su abuela María Amelia era muy anciana para darle consejos matrimoniales y su antigua institutriz la condesa de Hulst había regresado a Francia.

Solo las cartas que recibía de Maximiliano le levantaban el ánimo y en ellas le describía la belleza arquitectónica de Milán y el esplendor de los palacios renacentistas que muy pronto serían su hogar. El príncipe le recomendó que empezara a aprender italiano cuanto antes, pues en su nuevo destino «sin dominar esta lengua no podrás comunicarte con nadie». Pero el archiduque le ocultó a su prometida la delicada situación política que atravesaba esta región, muy agitada por las revueltas contra el opresor austriaco y las luchas nacionalistas aplastadas con mano dura por el ejército invasor. Unos meses antes su hermano Francisco José y la emperatriz Sissi habían realizado una visita oficial a Milán y en una gala en La Scala, las damas de la aristocracia se negaron a asistir y en su lugar enviaron a sus doncellas. Fue una gran humillación para los emperadores y un aviso de que no eran bienvenidos.

A principios de junio Maximiliano, como nuevo gobernador, visitó al papa Pío IX, de vacaciones en Pésaro, quien lo acogió con extraordinaria cordialidad. El archiduque se mostró muy conmovido de que le permitieran asistir a la misa privada del pontífice, un favor que jamás se le había concedido a ningún monarca. Tras un almuerzo privado con Su Santidad, fue distinguido con la Orden de Pío IX, que «no tenía en sí un gran valor en el mundo, pero que para mí era como una reliquia porque procedía del Santo Padre», escribió a su prometida. A Carlota, una joven muy religiosa, le conmovieron los detalles de este encuentro y consideró de buen augurio que la visita papal «hubiera sido en extremo tan afectuosa».

Un mes antes de la boda la reina Victoria invitó a Maximiliano a Londres. Su tío Leopoldo se lo había pedido porque deseaba que conociera al futuro esposo de Carlota. El archiduque se quedó sobrecogido ante la magnificencia de la corte inglesa y la veneración que despertaba Su Majestad. Tras pasar unos días con Victoria y su esposo Alberto, estos se quedaron tan encantados con el príncipe que pronto olvidaron al candidato portugués. La soberana escribió al rey belga: «No puedo expresar cuánto me ha gustado el archiduque. Es encantador, inteligente, natural, bondadoso, amable, tan inglés en sus sentimientos y gustos [...]. Espero que estés realmente contento, queridísimo tío, de haber conseguido tal marido para la querida Carlota. Estoy segura de que él hará su felicidad y de que es por completo digno de ella».

El 27 de julio, un día de un sofocante calor, se celebró la boda entre Carlota de Sajonia-Coburgo y Orleans y Maximiliano de Habsburgo. Ella tenía diecisiete años y él veinticinco. La novia llegó al Salón Azul del palacio real de Bruselas luciendo «un hermoso vestido de seda blanca bordado en plata con detalles exquisitos, un velo inmenso, obra maestra de las artesanas de Bruselas, que descendía en ondas sobre los hombros, y una diadema de flores de azahar y de diamantes artísticamente combinados que se sujetaban al peinado». El archiduque vestía el uniforme de gala, azul y oro, de almirante de la marina austriaca. El alcalde de la ciudad ofició la breve ceremonia civil y a continuación una larga comitiva de miembros de la realeza e invitados se trasladaron a la capilla del palacio donde el cardenal y arzobispo de Malinas dio la bendición a la pareja. Una misa sencilla, rápida y sin música porque no se trataba de una boda real. Uno de los testigos fue María Amelia de Borbón-Dos Sicilias, abuela de Carlota y última reina de Francia. En representación del emperador Francisco José llegó su hermano pequeño, el archiduque Carlos Luis. De Inglaterra asistió el príncipe consorte Alberto en nombre de la reina Victoria. Al finalizar la ceremonia la princesa salió del brazo de Maximiliano al balcón y recibió una gran ovación de la multitud congregada en la plaza.

Al día siguiente, el hermano mayor de la novia se encontró a la pareja recién levantada y comentó que Carlota tenía «el semblante cansado pero resignado». Leopoldo, que lo anotaba todo en un diario y era bastante indiscreto en sus comentarios, escribió acerca de la noche de bodas: «La abuela le había hablado a Carlota de los deberes del matrimonio y de la operación natural de ese acto. Parece ser que ella no se asustó. Por la noche Max intentó la operación; se durmieron juntos. Según su marido, Carlota se mostró muy razonable. Todo fue bien. Simplemente mi hermana estaba muy desconcertada y no paraba de repetir: "Esto es sorprendente, estoy sorprendida". Huelga decir que pasaron una noche malísima y se acaloraron mucho».

Antes de abandonar para siempre los escenarios de su niñez y a sus seres más queridos, Carlota quiso visitar la tumba de su madre. Acompañada solo por Maximiliano fueron a la iglesia de Laeken y rezaron en la capilla donde reposaban los restos de la reina Luisa de Orleans. La princesa se arrodilló frente al sepulcro y se quedó unos minutos absorta en sus pensamientos. Aún tuvo que afrontar otra triste despedida, la de su anciano padre Leopoldo I, quien muy emocionado no pudo evitar las lágrimas y la estrechó entre sus brazos.

La vida de la pareja comenzó como un sueño romántico. Lo tenían todo para ser felices: eran jóvenes, ambiciosos, ricos y un brillante futuro los esperaba en Italia. Maximiliano ostentaba un cargo de gran relevancia y la oportunidad de demostrar sus aptitudes para gobernar, siempre puestas en duda por su celoso hermano mayor. Carlota, ahora archiduquesa de Austria, también sintió que junto a su esposo podría desempeñar un importante papel y ayudarle en sus funciones. Tras las tristes despedidas, abandonaron Bruselas en tren rumbo a la ciudad alemana de Bonn. Después prosiguieron viaje en un barco de vapor que los condujo en una dulce travesía por el Danubio hasta Viena. La archiduquesa Sofía los fue a recibir a Linz y los acompañó en el último tramo del viaje.

Maximiliano, hijo de Francisco Carlos de Habsburgo y Sofía de Baviera, había nacido en el palacio de Schönbrunn. Era la residencia de verano de la familia imperial austriaca y un lugar idílico que traía felices recuerdos al archiduque. Fue la primera parada en su viaje a Milán y la presentación oficial de Carlota en la corte de Viena. La princesa, que había pasado su niñez en las Tullerías y en el palacio de Saint-Cloud, se quedó impresionada por la grandeza y el lujo de este edificio barroco que contaba con más de mil cuatrocientos salones y habitaciones y estaba rodeado por un grandioso parque con fuentes, estatuas, monumentos, alamedas y una glorieta desde donde se divisaba una magnífica vista de la ciudad. Maximiliano le mostró el jardín botánico del palacio, repleto de plantas y aves exóticas donde se refugiaba de niño.

En uno de los opulentos salones de estilo rococó la pareja fue recibida por el emperador Francisco José y sus otros dos hermanos, el archiduque Carlos Luis, que había asistido a su boda, y el más pequeño, el archiduque Luis Víctor. Su suegra, la archiduquesa Sofía, desde el primer instante se sintió satisfecha con una nuera que le pareció «un ejemplo de virtudes». En sus cartas Carlota no dejaba de hablar de la buena acogida que le había hecho su familia política: «Mi buena suegra vino a encontrarnos desde Linz y se portó muy maternal conmigo. El emperador y la emperatriz estuvieron también encantadores después, igual que toda la familia. Me siento ya archiduquesa de sangre, porque los amo mucho a todos y, desde el primer día, me sentí como en casa con ellos».

Pero el cálido recibimiento no podía ocultar el ambiente sombrío que invadía Schönbrunn. La corte imperial estaba sumida en el luto y las tensiones familiares. La emperatriz Sissi hacía pocos meses que había perdido a su primera hija de dos años de edad. Desde su llegada a Viena siendo apenas una niña para casarse con el emperador de Austria, la relación con su suegra había sido muy tensa. Con la excusa de que Sissi era demasiado joven e inexperta, la archiduquesa Sofía se apropió de sus dos nietas, que fueron separadas de su madre al nacer y educadas bajo su estricta vigilancia. Sissi, que llevaba una vida solitaria y desdichada en una corte donde se sentía prisionera en una jaula de oro, convenció al emperador para que sus hijas pudieran acompañarlos en su primer viaje oficial a Hungría. La fatalidad quiso que ambas enfermaran y la mayor y más débil, Sofía, murió de tifus.

Fue un trauma terrible para Sissi, a quien su suegra culpó de lo sucedido. Durante su breve visita a Schönbrunn la princesa Carlota tuvo la oportunidad de conocer a la emperatriz, que interrumpió su luto para saludarla y felicitarla por su boda. A la princesa le sorprendió su imponente figura y belleza, a pesar de vestir rigurosamente de negro. Medía metro setenta y dos, era muy delgada, con una cintura de avispa y una larguísima melena color caoba que llevaba recogida en una original corona hecha con trenzas. Carlota había oído que cuidaba de manera obsesiva de su cabello, que se lavaba cada tres semanas con costosas esencias y una mezcla de coñac y yema de huevo.

Sissi tenía entonces diecinueve años y atravesaba un delicado momento emocional. Tras perder a su pequeña estaba inconsolable, apenas salía de su dormitorio y se negaba a comer. La llegada de Carlota aún empeoró más los conflictos familiares. Para fastidiarla la archiduquesa Sofía se dedicó a hacer comparaciones entre sus dos nueras. Así, mientras que la hermosa Sissi era una «sencilla y provinciana princesa bávara que hablaba mal el francés y tenía modales de campesina», Carlota era hija y nieta de rey. Sofía no dejó de alabar en público lo muy «culta, intelectual, brillante y de noble linaje» que era la joven esposa de Maximiliano. La emperatriz Sissi siempre culpó a «esa pretenciosa pequeña Coburgo» de todas las desgracias que golpearían a la pareja. En privado se refería a ella como «el pato belga». La competencia entre las dos, propiciada por la archiduquesa Sofía, las enfrentó de por vida y ambas cuñadas no se soportaban.

DELIRIOS DE GRANDEZA

Antes de proseguir viaje a Milán el archiduque quiso mostrarle a su esposa el castillo que estaba construyendo en la costa italiana, a pocos kilómetros de Trieste. Le contó que dos años atrás, en su época de marino, mientras navegaba por el Adriático se vio sorprendido por una fuerte tormenta. El barco buscó refugio en la costa; allí descubrió maravillado la hermosa bahía de Grignano y decidió que un día levantaría una fortaleza sobre uno de sus acantilados rocosos. Al año siguiente el terreno ya era suyo y el 1 de marzo de 1856 comenzó la construcción de Miramar, como bautizó al castillo de sus sueños. Maximiliano trabajó estrechamente con su arquitecto Carl Junker en el diseño del edificio y el extenso parque que lo rodeaba, supervisando todos los detalles. Era una mansión algo extravagante, muy del gusto de los Wittelsbach, de estilo «romántico-gótico-alemán», de piedra blanca caliza con altas torres y garitas adornadas con almenas. Se elevaba como un espejismo al borde de un promontorio rocoso frente al cristalino mar Adriático. Sus escaleras de mármol descansaban en una terraza construida con granito del Tirol. Los arquitectos le prometieron que la obra estaría finalizada en 1858, pero no imaginaban las dificultades del terreno, y se demoró dos años más.

El 6 de septiembre de 1857, seis semanas después de su boda, Maximiliano y Carlota hicieron su entrada oficial en Milán, la sede del gobierno austriaco en Italia. Fueron saludados con salvas de artillería y la música de las bandas militares que tocaron el himno imperial de Austria y Bélgica. En la calle el pueblo los recibió con indiferencia pero sin hostilidad. La archiduquesa Carlota llevaba un vestido de seda color cereza y en la cabeza una corona compuesta por un manojo de rosas mezcladas con diamantes. En la espléndida sala de las cariátides del palacio real fue presentada a los miembros de la corte y de la aristocracia y a los principales funcionarios. De entre todos ellos destacaba la figura del conde Gyulai, comandante militar de la Lombardía y Venecia con fama de implacable, y el hombre elegido por el emperador Francisco José para reprimir a los sublevados.

Ajena por el momento a los graves problemas que se avecinaban, Carlota parecía flotar en una nube. Los primeros días se alojaron en el palacio real de Milán, junto al Duomo. Aunque era una residencia incluso más opulenta que Schönbrunn a Carlota le resultó agobiante porque estaba en el corazón de la ciudad vieja y no tenía jardines. Así a los pocos días se trasladaron a la Villa Real de Monza, una joya neoclásica de grandes dimensiones pero menos lujosa y rodeada de un extenso parque de estilo inglés con fuentes, árboles centenarios y praderas de césped. En todos los palacios que tenían a su disposición en Milán, Monza y Venecia, los jóvenes archiduques contaban con una verdadera y espléndida corte real de lacayos uniformados, chambelanes, mayordomos, pajes moros, criados negros, damas de honor y guardias armados. Carlota, tras una infancia solitaria y austera junto a su madre, disfrutaba de la animada vida social. «Le confieso, mi estimada condesa, que en cuanto a mí, no sé si es una gracia personal o debida al buen Dios, pero las recepciones me divierten, las reuniones, las cenas me entretienen sin jamás agobiarme. Quizá cuando sea un poco más vieja todo ello me aburrirá, pero estoy aún en el feliz momento en el que le encuentro encanto y novedad», le comentó a su antigua institutriz. A sus diecisiete años se sentía como una reina e interpretaba a la perfección su papel, para el que había sido muy bien preparada.

Pero Carlota también tenía un corazón solidario, herencia de su madre, y siguiendo su ejemplo no descuidó las obras de caridad: visitaba orfanatos y hospitales y aportó importantes donaciones para la educación de las jóvenes sin recursos. Poco a poco se fue haciendo popular entre la gente más humilde que apreciaba su corazón bondadoso y que les hablase en un italiano casi perfecto. Sus primeras cartas desde Italia rebosaban de optimismo y felicidad. «Estoy que no se puede ser más feliz —anotó en su diario—. Max es la perfección en todos los aspectos. ¡Tan perfecto, tan piadoso, tan tierno! Disfruto de la felicidad más completa y no extraño mi vida anterior, esta que vivo ahora es todo lo que necesita mi espíritu y mi corazón».

Unos meses después de la boda corrió la noticia de que Carlota estaba embarazada e incluso llegó a oídos de su abuela materna María Amelia, quien enseguida le envió una cariñosa felicitación. Pero fue un falso rumor que agravó aún más la presión por la obligación de tener un hijo. Tras las primeras semanas de euforia por su nueva vida en Italia, en sus siguientes cartas a la familia aparecía con frecuencia la palabra soledad. Su esposo se hallaba tan ocupado, tenía tantos planes y obligaciones que pasaban mucho tiempo separados. No era la vida de casados que había imaginado.

Desde un principio Francisco José desconfió de su hermano, al que consideraba «un liberal, carismático y humanista». Sus ideas políticas eran totalmente opuestas a las del emperador, un monarca absoluto y representante del Antiguo Régimen. Desde Viena le exigió a Maximiliano menos tacto con los italianos y que fueran tratados con más rudeza para corregir «sus malos hábitos». Pero al archiduque le horrorizaban las sangrientas represalias impuestas por el emperador y su prioridad era «ayudar al pueblo», y así se dedicó a impartir justicia, mejorar las condiciones de vida de sus súbditos, sanear sus ciudades, proteger su rico patrimonio, impulsar la educación y la sanidad... Tenía una actividad frenética, viajando de un lugar a otro, construyendo a la vez astilleros y puertos, parques, museos, sistemas de alcantarillado y regadío, diseñando campañas contra la malaria, restaurando palacios y bibliotecas. A Carlota le preocupaba su salud pues apenas se cuidaba, tan absorto como estaba en sus proyectos, y lamentaba que no la llevase con él. Sus largas ausencias se le hacían cada vez más insoportables. «Es menester que las princesas aprendan a aburrirse con gracia», le había recordado en una ocasión su antigua institutriz. Pero ella, que había sido educada para gobernar, se sentía poco valorada por un esposo que la trataba con condescendencia como a una niña.

A pesar de su incansable trabajo y de que muchos italianos apreciaban y valoraban los esfuerzos de Maximiliano, este solo contaba con el apoyo de una minoría. La nobleza de la Lombardía, las grandes familias de los Visconti, los Dandolo o los Borromeo rehusaban sus invitaciones. Los levantamientos contra las fuerzas de ocupación extranjeras estaban a la orden del día y la lucha por la unidad italiana, liderada por el carismático conde de Cavour, ganaba cada vez más terreno. En la primavera de 1858, el archiduque se sentía agotado y sin fuerzas para luchar. Su frustración también se debía a que los militares del ejército austriaco recibían órdenes directas del emperador Francisco José y él no tenía poder de decisión. Sus hombres lo consideraban débil y poco viril. El general Gyulai, a cargo del mando militar en el reino, escribió: «Detrás de esa apariencia romántica y emotiva, hay mucho de impotente y, lo peor, de afeminado. Se dice que su exterior vanidoso solo oculta un ser libertino».

El 21 de agosto de 1858 Sissi y Francisco José fueron padres de su primer hijo varón y heredero al trono del Imperio de Austria, el príncipe Rodolfo. Maximiliano pasó a ser el tercero en la línea de sucesión y aunque se alegró por su hermano, la noticia agravó su bajo estado de ánimo. A Carlota seguía ocultándole la gravedad de la situación, solo se sinceraba con su madre: «Ahora es una única voz, la de la indignación y el descontento, la que resuena por todo el país, frente a la cual estoy yo, solitario y sin fuerza; no es que tenga miedo, que no es costumbre de los Habsburgo tenerlo, pero me avergüenzo y callo […]. Si las cosas prosiguen como hasta ahora, pronto me veré forzado a enviar a Carlota a Bruselas con su padre; donde existe peligro, nada tienen que ir a buscar las mujeres jóvenes y sin experiencia. Actualmente vivimos en un completo caos», le escribió muy abatido.

A finales de año empezó a temer que su joven esposa sufriera insultos o amenazas en las calles, así que dejaron de aparecer en público. Ya no podían asistir a La Scala porque los abucheaban. La popularidad de la que gozaron en los primeros meses se había desvanecido. Para proteger a su esposa Maximiliano decidió que fuera a visitar a su familia en Bélgica. Pero ella se negó a refugiarse en Bruselas e insistió en permanecer a su lado. Continuó como de costumbre viajando en su carruaje a sus palacios de Milán y Monza y paseando a pie por las calles y plazas de Venecia sin escolta. A principios de enero de 1859 comenzaron las primeras movilizaciones en el norte de Italia. El conde de Cavour, en una reunión secreta con Napoleón III, había obtenido el apoyo del emperador en caso de guerra con Austria, a cambio de la cesión de Saboya. El futuro de Italia ya se había decidido sin que Maximiliano lo supiera.

El archiduque, temiendo que la situación empeorase, mandó a Carlota a Trieste, a la villa Lazarovich, donde él vivió en sus años felices cuando era oficial de la marina imperial. Situada en la ladera de una colina frente al mar, la villa había sido decorada por él con un gusto exquisito. A la princesa la mansión le resultó cómoda y muy acogedora, pero le angustiaba que si estallaba una guerra su esposo se viera obligado a participar en una batalla naval: «Después de un mes he pasado muchos momentos dolorosos, temblando sin cesar por el ser al que pertenezco tan completamente y que está solo, rodeado de enemigos. Toda separación de mi querido archiduque me es dolorosa, pero ¡cuánto más ahora!». A medida que pasaban los días Carlota recuperó la serenidad y la esperanza de reunirse pronto con su amado. La cercanía del mar, la ausencia de obligaciones y la tranquilidad del entorno la ayudaron a olvidar el estrés de los últimos meses.

Mientras ella disfrutaba de unos días de descanso en Trieste, la amargura de su esposo iba en aumento y así lo expresaba a su madre: «Ver destruidas las obras que más esfuerzo costaron; no saber ningún día cómo acabará, sitiado por parásitos hostiles; siempre dudando de si lo que se decide será aprobado en Viena, siempre con la angustia de saber a tu esposa enfrentada o disgustada, ignorando si seremos silbados en el teatro y si volveremos con vida del paseo. Una terrible situación».

En el palacio real de Milán se sentía muy solo y desterrado, no vivía más que para el trabajo y parecía un ermitaño. La separación parecía haber unido al matrimonio y Maximiliano escribía con frecuencia a su esposa tratando de tranquilizarla y mostrándose más cariñoso con ella. Pero la realidad era que la guerra estaba cada vez más cerca. Preocupado por el aumento de la tensión y los disturbios en las calles, Francisco José le retiró el apoyo y le apartó de sus funciones. A partir de ese momento todo el poder militar de las provincias de Italia estaría en manos del conde Gyulai, que quedó al mando de las fuerzas austriacas. El 10 de abril de 1859 el archiduque recibió una carta formal de despido que le produjo una profunda tristeza. Su hermano no solo lo cesó como gobernador sino que también le humilló al relevarle de su cargo de almirante de la armada austriaca. Esa primavera los franceses derrotaron a los austriacos en la batalla de Magenta y en verano en la de Solferino. El 11 de julio Francisco José se vio obligado a firmar la paz con Napoleón III. Austria tuvo que abandonar Italia y ceder la Lombardía pero conservó Venecia. Napoleón sabía que los venecianos apreciaban mucho a los jóvenes archiduques, por lo que le sugirió a Francisco José crear un reino autónomo cuyos soberanos serían Maximiliano y Carlota. Su respuesta fue fría y tajante: «Antes de que algo así suceda, Austria continuaría la guerra».

Solo dos años había durado Maximiliano de Habsburgo al frente de su cargo y sus últimas horas en la Villa Real de Monza fueron especialmente dolorosas para él. Sentía que había fracasado y que su hermano le había dado la espalda. Napoleón, que tan amable se había mostrado con él en París, le había decepcionado. Sin embargo, quien iba a reconocerle sus méritos era su adversario y el héroe de la unidad italiana, el conde de Cavour. Tras conocer la noticia de la caída del archiduque respiró tranquilo y confesó: «¿Sabéis quién era nuestro enemigo más terrible en Lombardía, al que más temíamos y cuyos avances medíamos todos los días? El archiduque Maximiliano, joven, activo, emprendedor, que se entregaba por completo a la difícil tarea de ganarse a los milaneses y que iba a conseguirlo. Su perseverancia, su forma de actuar, su espíritu justo y liberal ya nos había quitado a muchos partidarios. Las provincias lombardas nunca habían sido tan prósperas ni estado tan bien administradas. Gracias a Dios, el buen gobierno de Viena intervino, y siguiendo su costumbre, pilló al vuelo la ocasión de cometer una estupidez, un acto contrario a la política, el más funesto para Austria y el más beneficioso para el Piamonte».

En aquel verano de 1859 Maximiliano pudo reunirse al fin con Carlota y juntos se instalaron en el Castelletto, un modesto palacete de dos pisos situado junto a un bosque frente al parque de Miramar. Fue construido por el emperador como residencia temporal mientras finalizaban las obras del edificio principal. El brillante destino que anhelaba el rey Leopoldo I para su hija se había desvanecido y el pesimismo se adueñó de la pareja. Maximiliano a sus veintisiete años no tenía ningún cargo y su futuro era muy incierto. Exhausto y deprimido, con la salud debilitada, se sentía un fracasado. Encerrado en su despacho escribía poemas trágicos donde hablaba de la muerte que «podía ser un dulce respiro». Carlota bordaba, pintaba, leía, tocaba el piano y escribía a diario a su padre, sus hermanos, su abuela materna y la condesa de Hulst. El archiduque dedicaba todo su tiempo y energías a su adorado castillo. Su mayor orgullo eran los cuidados jardines de inspiración inglesa que lo rodeaban. Había sido necesario traer tierra fértil de muy lejos para recubrir las veintidós hectáreas de roca y terreno desigual hasta transformarlo en un oasis de naturaleza. En sus senderos y alamedas crecían cipreses del Líbano, higueras del Himalaya, cedros del norte de África y secuoyas de California, así como palmeras, olivos y coníferas de todos los países de Europa.

Por primera vez desde su boda Maximiliano y Carlota se encontraban solos y en un espacio reducido. Apenas recibían visitas y pasaban mucho tiempo juntos en el Castelletto, rodeados de objetos exóticos, cuadros, bustos, antigüedades y montones de libros que él había traído de sus viajes por Oriente Próximo. Durante esta forzosa convivencia salieron a flote las diferencias de la pareja que tenían muy poco en común. Carlota era brillante pero muy reflexiva, rígida y analítica, las tragedias que la golpearon en su infancia la hicieron reservada y con tendencia a la melancolía. Maximiliano era todo lo contrario, había tenido una niñez feliz en Schönbrunn y era el niño mimado de su madre que le consentía todos los caprichos. «El bueno de Max», como le llamaban sus hermanos pequeños, poseía un temperamento ingenuo, bromista y soñador. Los viajes y el mar eran sus grandes pasiones. Le gustaba referirse a sí mismo como «el príncipe marinero».

En el otoño de 1859, mientras continuaban las obras en el castillo de Miramar, descubrieron un paraíso, Lacroma, en la costa de Dalmacia. Se trataba de un islote cubierto de frondosa vegetación y plantas aromáticas con un minúsculo lago de agua salada. El rey Ricardo Corazón de León naufragó en su pequeña playa a su regreso de las Cruzadas. El único edificio era un antiguo convento benedictino en ruinas. Al llegar el matrimonio se enamoró al instante del lugar, pero como Maximiliano se había endeudado tanto con el castillo de Miramar, fue Carlota quien compró el islote. «Lacroma, nuestra isla de Robinson, está muy poco frecuentada, pero me encanta como casa de campo. Aquí tomamos baños de mar, montamos a caballo, navegamos, atravesamos el bosque. Tenemos siempre mil maneras de gozar de su maravillosa naturaleza y buen clima», escribió. Nadie le contó que sobre este paraje tan idílico bañado por las aguas del Mediterráneo pesaba una maldición. Según una leyenda, todos los dueños de la isla estaban condenados a morir de manera violenta. Fue un mal presagio de las tragedias venideras. Maximiliano no pudo disfrutar de este refugio donde pensaba retirarse en su vejez y escribir sus memorias. La isla pasó a manos de su sobrino, Rodolfo, el único hijo de Francisco José y Sissi, y heredero al trono del Imperio austriaco, que en 1889 se suicidó en el pabellón de caza de Mayerling, cerca de Viena.

En Bruselas el padre de Carlota y sus hermanos se mostraban preocupados por la situación en la que se encontraba la princesa, pero aún más por el hecho de que no tuviera hijos. Habían pasado casi tres años desde la boda y los rumores se acrecentaban. Unos suponían que ella era estéril, otros que Maximiliano podía haber contraído una enfermedad venérea por los puertos de Tánger y Argelia que había frecuentado en sus años de juventud como marino. La realidad, por mucho que la ocultara a su familia, era que la felicidad con su esposo había durado poco y ambos se habían distanciado. El archiduque aún seguía traumatizado por la muerte de un primer gran amor que no había conseguido olvidar. Su larga soltería siempre se atribuyó a la dolorosa pérdida de su prometida María Amelia de Braganza, hija de la emperatriz de Brasil. Cuando la conoció durante una visita a Lisboa él estaba a punto de cumplir veinte años y se enamoró al instante. Era rubia, hermosa y delicada. Unos meses después le propuso matrimonio mientras paseaban por los jardines del palacio real de Alvor-Pombal, la residencia familiar de los reyes portugueses. Al regresar a Trieste formalizó su compromiso con ella. Pero el 4 de febrero de 1853 la joven falleció de tuberculosis en Funchal, la capital de Madeira. Tenía veintiún años y su madre la emperatriz legó todas sus pertenencias a Maximiliano, «a quien a ella le hubiera gustado tener como yerno, si Dios hubiera conservado a su amada hija María Amelia».

A medida que pasaban los meses Maximiliano se mostraba más apático y le pesaba la vida ociosa que llevaban en el Castelletto de Miramar. Una mañana le anunció a Carlota que quería viajar a Brasil para visitar a su primo, el emperador Pedro II. De paso también pensaba organizar una expedición botánica para recolectar especies vegetales e insectos. Para su sorpresa su esposo la invitó a acompañarla en su aventura. La princesa se entusiasmó con la idea de poder compartir este viaje con su marido. Sería la luna de miel que no pudieron disfrutar por el nombramiento de Maximiliano. Muy emocionada, empezó a preparar el equipaje. Le escribió eufórica a su padre anunciándole que a principios de noviembre de 1859 embarcarían a bordo del vapor Fantasie y en su travesía por el Atlántico harían escalas en Málaga, Algeciras y Gibraltar.

La primera etapa del viaje concluyó en la isla portuguesa de Madeira donde había muerto María Amelia de Braganza. Al pisar de nuevo estos escenarios a Maximiliano le invadió la nostalgia y en su diario mostraba su pesadumbre y el hastío de su vida de casado: «Vuelvo a ver con tristeza el valle de Machico y la amable Santa Cruz donde, siete años atrás, vivimos tan dulces momentos, siete años llenos de gozos y de penas, fecundos en pruebas y amargas desilusiones [...]. Fiel a mi palabra, vuelvo a buscar en las olas del océano un reposo que la vacilante Europa no puede ya dar a mi alma agitada. Pero una melancolía profunda me sobrecoge cuando comparo las dos épocas. Hace siete años despertaba yo a la vida y marchaba alegremente hacia el porvenir. Hoy, resiento ya la fatiga, mis hombros no están ya libres y ligeros, llevan el fardo de un pasado amargo». Aún no había superado el duelo y aunque se encontraba en la compañía de Carlota se dejó llevar por lúgubres pensamientos. Mientras ella describía en sus cartas los verdes campos de azúcar de caña, las deliciosas frutas tropicales y los soberbios paisajes del interior de la isla, su esposo visitaba en Funchal el hospital para tuberculosos que llevaba el nombre de la infortunada María Amelia y que fundó su madre en su recuerdo. También se acercó a la casa donde murió su amada y «se apagó la vida que parecía destinada a garantizar mi única y tranquila felicidad».

Cuando debían proseguir viaje a Brasil, y de manera inesperada, Maximiliano decidió dejar a Carlota en Madeira. Aunque nunca se mencionaron las razones de este cambio de planes, oficialmente se anunció que estaba enferma. Más adelante el archiduque comentó que había tomado esta decisión porque su mujer se mareaba. Leopoldo I no dio crédito a que su yerno hubiera abandonado a su hija en una isla remota en medio del Atlántico. Durante los tres meses que permanecieron separados Carlota ocultó como de costumbre su triste realidad, incluso el hecho de que tuvo que pasar sola esas Navidades. Al menos disfrutó de un cálido invierno en esas latitudes y se dedicó a hacer excursiones, pintar, pasear y sobre todo a escribir dos pequeños libros: *Un invierno en Madeira* y *Recuerdos de un viaje a bordo del Fantasie*. En ninguno de los dos mencionó su tristeza ni su soledad, tampoco el desengaño sufrido cuando en lo que imaginaba iba a ser su luna de miel, descubrió que su esposo no había olvidado a su primer y verdadero amor.

Maximiliano tampoco se refirió a Carlota en su diario de viaje durante su estancia en Brasil y donde vivió «los días más felices de su vida». Sin su mujer a su lado se sentía libre y había recuperado las ganas de vivir. Al llegar escribió desde Bahía: «Es uno de esos días felices, tan raros en la vida de un hombre, en que la sensación entusiasta de triunfo, la certeza de haber alcanzado lo difícil, se unen en un éxtasis indescriptible por explorar y contemplar todo un mundo nuevo. Mi espíritu y mis sentimientos estaban agudizados para capturar todo lo nuevo, lo maravilloso que hasta ahora solo conocía a través de los libros y la fantasía». En Madeira la princesa belga continuaba sola en aquel triste invierno mientras su esposo hacía turismo en Brasil. Aunque su padre y sus hermanos seguían intrigados y le preguntaban en sus cartas el motivo por el que ella no le había acompañado, no dio a nadie ninguna explicación. Jamás salió de su boca un reproche o una crítica a su marido. A principios de enero de 1860 Maximiliano le envió desde Brasil la primera carta amorosa: «Este país excluye todo paseo o excursión para las mujeres. Tan solo un hombre capaz de superar grandes pruebas puede sentirse a gusto en Brasil [...]. Muy pronto regresaré a Bahía, y a continuación emprenderé vuelo con las alas del amor en dirección a Madeira, hacia ti, mi vida».

El 5 de marzo de 1860 Maximiliano se reunió con su esposa en Madeira. Habían pasado tres meses separados y el rencuentro fue poco romántico. Para todos resultaba evidente que la relación de la pareja se había dañado profundamente en este viaje. Ni el obsequio de una valiosa joya bautizada Diamante Maximiliano, que adquirió para ella en Brasil, consiguió aplacar su enfado. Al cabo de una semana embarcaron rumbo a Miramar, donde se alojaron de nuevo en el Castelletto porque aún no podían mudarse al castillo. Un mes más tarde el hermano mayor de Carlota, Leopoldo, hizo una escala durante un crucero por el Mediterráneo y pasó a visitar a los archiduques. El heredero al trono de Bélgica fue recibido con grandes muestras de afecto por la pareja, pero el ambiente era sombrío y tenso. Descubrió que Carlota, que ya tenía diecinueve años, dormía sola y había perdido su jovialidad. En su diario Leopoldo escribió: «Mi pobre hermana me da lástima. Ha pasado de la grandeza de Milán y Venecia a esta pequeña casa, refugio de todos los esplendores pasados y un auténtico guardamuebles. Mi cuñado está más gordo [...] y tiene los dientes peor; en una palabra, el pobre muchacho, que además se ha quedado casi calvo, no está favorecido». Maximiliano llevó a su invitado a conocer el castillo de Miramar, cuyas obras ya estaban muy avanzadas. En el parque le mostró un lago con cisnes, un chalet suizo, terrazas salpicadas de estatuas de estilo griego y romano, invernaderos de orquídeas y un pabellón oriental de descanso. Junto al castillo habían construido un diminuto muelle custodiado por una esfinge egipcia traída por el archiduque de uno de sus viajes a El Cairo. A Leopoldo el lugar le pareció soberbio, aunque consideró que la desbordante imaginación de su «estrafalario» cuñado había llegado demasiado lejos. Pero lo que más le asombró fue que se gastara la fortuna de la dote en la construcción de este castillo y que su hermana hubiera invertido en él una importante suma de dinero.

A los tres años de casados Maximiliano y Carlota pudieron al fin trasladarse al castillo de Miramar. La pareja se instaló en la planta baja porque los obreros aún estaban trabajando en el primer piso. En innumerables cartas a sus familiares y a la condesa de Hulst la princesa describió el interior de la residencia, decorada con gran opulencia y una extravagante mezcla de estilos. Cada estancia tenía su temática, así el Salón Azul estaba embellecido con muebles rococó holandés y el Salón Japonés con mobiliario y fina porcelana oriental. En el Salón de la Música la princesa tocaba el piano por las tardes. Los temas marinos, muy a gusto del archiduque, se hallaban bien presentes en su dormitorio, decorado como la cabina de un barco, y su gabinete de estudio era una réplica del camarote de mando de la fragata Novara, el orgullo de la flota austriaca. En el techo de la Sala de la Rosa de los Vientos, giraba una gran rosa náutica gracias a la que se podía observar la dirección del viento sin salir del castillo. También había una capilla imitación de la iglesia del Santo Sepulcro de Jerusalén y sus paredes eran de cedro del Líbano.

El archiduque recuperó la vida social y disfrutaba de las veladas en Miramar en compañía de los oficiales de la guarnición austriaca y de su buen amigo el conde Charles de Bombelles, hijo de su antiguo preceptor. Este joven estaba especialmente unido desde su infancia al archiduque y le acompañó en todos sus viajes, así como en su aventura mexicana. También asistía a estas reuniones Scherzen Lechner, un hombre inculto y vulgar, primer ayuda de cámara de Maximiliano y a quien nombró canciller a pesar de que todo su entorno, incluida Carlota, lo detestaba por su arrogancia y comportamiento déspota. Cada semana Maximiliano y Carlota invitaban a algunos extranjeros a visitar la galería de cuadros del castillo y a oír tocar al archiduque el gran órgano en el salón principal.

A pesar de que en público ofrecían una imagen de perfecta armonía, a estas alturas hacían vidas separadas. Nadie se explicaba los motivos de esta enigmática separación y solo José Luis Blasio, secretario privado de Maximiliano, consiguió reunir alguna prueba y en sus memorias escribió: «Al principio se les veía enamorados el uno del otro y viviendo en la intimidad más estrecha pero tras cierto viaje a Viena se había arruinado esta felicidad conyugal y en la intimidad el amor y la confianza habían desaparecido, y desde entonces dormían separados todas las noches». Apuntaba a que quizá una infidelidad del archiduque pudo llegar a oídos de Carlota y jamás le perdonó. La realidad era que no tenían hijos que los obligasen a permanecer unidos y ella sufría en silencio los rumores sobre su posible esterilidad. Maximiliano pasaba mucho tiempo en su biblioteca de más de seis mil volúmenes decorada con globos terráqueos y bustos en mármol de Dante, Homero y Goethe. Leía a los clásicos, redactaba su libro de memorias sobre su viaje a Brasil y estudiaba aeronáutica, su última pasión: «Si la hipótesis de los globos aerostáticos se convierte alguna vez en realidad, me dedicaré a volar y encontraré en ella el mayor placer, con toda certeza», anotó. Los jardines se abrieron al público y los domingos los visitantes podían pasear por sus senderos y alamedas y admirar cómo este joven Habsburgo había sido capaz de transformar un páramo árido y rocoso en una obra maestra del paisajismo. «Todos los extranjeros, y mire que hay muchos que vienen aquí, se sorprenden de todo lo que el archiduque ha hecho en Miramar, y uno lo admira continuamente. Todos los domingos el jardín abierto al público se llena de multitudes. Hay música frente al castillo. Cenamos entonces en un balcón desde el que se domina todo y desde el que vemos a los paseantes», le contaba Carlota a la condesa de Hulst.

Lo que peor llevaba Maximiliano eran las visitas que en ocasiones se veía obligado a hacer a Viena y que le llenaban de amargura y tristeza. Aunque su madre solía darle una cálida bienvenida, sentía el frío rechazo de su hermano Francisco José. En cambio la emperatriz Sissi siempre se alegraba de verle. Cuando tras su regreso de Madeira el archiduque visitó la corte imperial le describió con todo detalle las bellezas de esta isla portuguesa que a él le había cautivado. Sissi, a punto de cumplir veinticuatro años y con sus recurrentes problemas de salud, solo deseaba huir de Viena a un lugar de clima más cálido. Las conversaciones con su cuñado favorito despertaron su interés por conocer este paraíso en medio del Atlántico. En contra de la voluntad de todos, embarcó rumbo a Madeira donde pasó cinco meses en aquel invierno de 1861. Francisco José, que amaba con pasión a su esposa a pesar de sus caprichos y extravagancias, aún se enfadó más con su hermano. Le acusó de animar a la emperatriz de Austria a abandonar sus obligaciones en la corte y alejarla de él.

A su vuelta Sissi hizo escala en Miramar, donde el emperador se apresuró a ir a buscarla. La pareja imperial se alojó unos días en el castillo que solo sirvieron para acrecentar las tensiones entre ambas cuñadas. Fue entonces cuando Carlota, viendo a su esposo compartir risas y confidencias con Sissi, se dio cuenta de que Maximiliano se sentía cautivado por ella. Los dos se parecían mucho, amaban la poesía, el arte, el mar, los barcos, los viajes a lugares remotos y exóticos… eran dos seres fantasiosos y de espíritu aventurero que no encajaban en la estricta y pomposa corte imperial vienesa. Carlota de repente se percató de que su esposo estaba secretamente enamorado de la emperatriz Sissi, y la mala relación que ya existía entre ellas se agravó aún más por sus terribles celos.

Aunque su vida de casada era muy desdichada y monótona, se negaba a aceptar que todo se hubiera acabado. Con su abuela y confidente María Amelia se lamentaba de que «somos muy jóvenes para estar ociosos». Y añadía: «... hasta ahora he conocido poco de la vida para no desear tener algo que amar y por qué luchar fuera de mi propio círculo doméstico. [...] Todo lo que deseo es hacer algo bueno en el mundo y necesito un horizonte más amplio que el que tengo ahora». Su anciano padre el rey Leopoldo I comprendía su frustración y le disgustaba que su hija, que se había entregado al estudio con tanto esfuerzo, hubiera quedado relegada a un papel secundario dentro de la realeza. En la distancia sufría por ella y en sus cartas aseguraba que no podían continuar en esta situación, «desocupados y viendo pasar la vida en una roca a orillas del mar».

Carlota seguía enamorada de Maximiliano y nunca le abandonaría. Estaba muy orgullosa de él y no perdía la esperanza de que su suerte cambiase. En una carta a la condesa de Hulst reconoció que anhelaba una vida mejor, creía con firmeza que un día al archiduque Maximiliano le llegaría la gloria y el reconocimiento que hasta el momento le habían negado: «Porque ha nacido para ello y dotado por la providencia de todo cuanto hace a los pueblos felices, y me parece imposible que esas dotes permanezcan encerradas para siempre tras haber brillado apenas tres años». Y ese día estaba a punto de llegar cuando recibieron en Miramar una visita inesperada que cambió su destino.

UN NIDO DE INTRIGAS

El 4 de octubre de 1861 el conde Rechberg, ministro de Asuntos Exteriores del Imperio austriaco, anunció su llegada al castillo de Miramar. Su visita era secreta y cuando se reunió con sus anfitriones fue muy directo al asunto que le traía con tanta urgencia. Su misión, como enviado de los gobiernos de París y de Viena, era saber si el archiduque estaría dispuesto a aceptar la corona de México. Tanto su hermano el emperador Francisco José como Napoleón III coincidían en apoyar su candidatura. En la reunión, que duró largas horas, el conde no le ocultó la grave situación que atravesaba el país cuyo trono le ofrecían. Tras independizarse de España esta antigua colonia vivía una gran agitación política donde liberales y conservadores se disputaban el poder. México había sufrido más de doscientos golpes de Estado y se sucedían los presidentes, que apenas duraban un año. En medio de este caos político hasta había tenido un emperador, Agustín de Iturbide, un caudillo militar mexicano que reinó bajo el nombre de Agustín I. El Primer Imperio de México que él fundó había durado tan solo diez meses y el soberano acabó fusilado. Desde enero de 1858 en México gobernaba Benito Juárez, un indio zapoteca que había instaurado una república y era el azote de los conservadores. Tenía cincuenta y dos años y aunque en su infancia había conocido la pobreza, con su inteligencia y fuerza de voluntad se hizo abogado y llegó a lo más alto de la política.

Maximiliano y Carlota escucharon con atención a su visitante, quien también les explicó que los miembros de algunas de las más nobles y ricas familias de la nación que vivían en el exilio se oponían a Juárez y querían establecer una monarquía y un gobierno firme que garantizara la estabilidad de su país. Uno de estos conocidos monarquistas mexicanos residía en París y se llamaba José Manuel Hidalgo. Este apuesto y embaucador diplomático mexicano, hijo de españoles y poseedor de una gran fortuna, tenía muy buena relación con la emperatriz Eugenia de Montijo, esposa de Napoleón III, a quien conocía desde niña. En los años que trabajó en la embajada de España solía frecuentar el palacio de Ariza en Madrid, residencia de los padres de Eugenia. En septiembre de 1861 Hidalgo coincidió con la emperatriz en Biarritz, donde ambos pasaban sus vacaciones, y esta le invitó a cenar en su Villa Eugénie. Pepe Hidalgo, como ella le llamaba afectuosamente, le contó que en su amado México reinaba la anarquía y que la Iglesia católica había sido expoliada de sus bienes y se perseguía al clero. También afirmó que la única manera de salvar a México era acabar con «el impío indio Benito Juárez» y fundar, con la ayuda de Francia, un gran imperio cristiano. La primera reacción de la soberana tras escucharle fue exclamar: «Pero, amigo mío, ¿cree usted que seguimos viviendo en tiempos de Felipe II?».

Las dotes persuasivas de José Manuel Hidalgo acabaron convenciendo a Eugenia, quien se dispuso a asumir su papel de defensora de la fe. La emperatriz, nacida en Granada, que llevaba a España en su corazón y era una devota católica, sintió que era «su deber moral salvar la que fuera antigua joya del Imperio español durante trescientos gloriosos años». Eugenia atravesaba un delicado momento personal. Tenía treinta y cinco años, y sufría una profunda depresión y problemas de salud. Un año atrás había muerto de tuberculosis su hermana mayor, Paca, a la que estaba muy unida, y aún no se había recuperado del golpe. Su vida matrimonial era muy infeliz y aunque había conseguido dar un heredero varón al trono de Francia, su esposo Napoleón no había renunciado a sus conquistas femeninas. Una de sus últimas amantes había sido la seductora condesa de Castiglione que durante el año que duró el romance la humilló públicamente y se convirtió en su máxima rival. Aquel encuentro fortuito en Biarritz con su simpático y locuaz amigo mexicano le dio un motivo para luchar y afirmar su poder frente a su esposo.

Napoleón no tardó en entusiasmarse con una idea que acariciaba desde hacía tiempo y con el apoyo irrevocable de la emperatriz de Francia, Hidalgo y otros importantes exiliados mexicanos empezaron a barajar nombres de posibles candidatos al trono. José María Gutiérrez de Estrada era buen amigo de Hidalgo y un político conservador profundamente católico. Antiguo ministro de Asuntos Exteriores y rico hacendado de Yucatán, llevaba años recorriendo las cortes europeas en busca de apoyo para instaurar una monarquía en México. Se daba la circunstancia de que Gutiérrez de Estrada era el yerno de la condesa Lützow, una de las antiguas damas de los archiduques en la corte de Milán que había acompañado a sus señores en su desdicha hasta Miramar. La condesa sabía la frustración y el desencanto que se había apoderado de la pareja y no dudó en escribir a su yerno para decirle que si buscaban un príncipe católico europeo para sentar en el trono de México, el más idóneo era Maximiliano de Habsburgo.

Desde un primer instante a Carlota el proyecto mexicano le pareció «algo bastante atractivo», tal como le confió a su hermano Leopoldo. No dudaba de que su esposo tenía las cualidades necesarias para dirigir un gran imperio. La idea de ser emperatriz y estar a la altura de su cuñada Sissi inflamó aún más su imaginación. También pensó que alejándose de Miramar y de la corte de Viena, fundando un nuevo imperio en un país lejano, el amor en su matrimonio volvería a florecer. Pero el archiduque se mostraba menos romántico y más prudente. Llevado por su gran sentido del honor, plasmó en su diario esta reflexión: «Se me encontrará siempre dispuesto, en todas las circunstancias de mi vida, a hacer los sacrificios más duros por Austria y por el poder de mi Casa. En el caso presente, el sacrificio sería tanto mayor, para mi esposa y para mí, en cuanto que se trata de dejar Europa y sus condiciones de vida». Antes de despedir al conde Rechberg, el archiduque puso como primera condición que se realizase un plebiscito entre el pueblo mexicano para conocer su opinión sobre si deseaban una república o una monarquía. Solo tras conocer el resultado de la votación aceptaría la corona.

Lo que Maximiliano y Carlota ignoraban era que cuando el conde Rechberg le ofreció al archiduque el antiguo trono de Moctezuma, la capital de este país ya había sido ocupada por el ejército francés. En julio de 1861, el presidente de México, Benito Juárez, había decidido suspender por dos años los pagos de las deudas contraídas con Inglaterra, España y Francia. Una cruenta guerra civil, la Guerra de Reforma, que durante tres años había enfrentado a los liberales y los conservadores, dejó el país devastado y en la bancarrota. El sangriento conflicto terminó con la derrota de los conservadores y con Benito Juárez, el líder de los liberales, como presidente. Ahora necesitaba sanear el país y la deuda externa de millones de pesos era por el momento impagable. Las represalias no se hicieron esperar y en la Convención de Londres las tres potencias acordaron enviar fuerzas militares a México para reclamar sus derechos. Pero tras desembarcar en las costas de Veracruz en enero de 1862, los representantes de Inglaterra y España enseguida vieron que la intención de Napoleón III era invadir México para imponer una monarquía favorable a su política colonial. Tras negociar la deuda con Benito Juárez, ambas naciones abandonaron Veracruz. Aprovechando que Estados Unidos estaba en plena guerra de Secesión, el emperador francés vio la oportunidad para extender su presencia en América y frenar el expansionismo estadounidense.

En Miramar los archiduques pasaron largas horas de su tiempo en la biblioteca del castillo informándose y leyendo distintas obras sobre historia, economía y política de México. En la imaginación de la época este país era el paraíso que había descrito el gran geógrafo Alexander von Humboldt, con sus espesas selvas y bosques, flores tropicales, volcanes humeantes, cascadas, templos de antiguas civilizaciones, playas infinitas y pájaros exóticos.

También aprendieron español de la mano del sacerdote católico Tomás Gómez, confesor de la archiduquesa. Más adelante también estudiarían algo de la lengua náhuatl. En aquellos días Maximiliano y Carlota parecían más unidos ante la perspectiva de su aventura mexicana y las personas a su servicio los veían pasar más tiempo juntos. En su diario él escribió: «Ahora, de la nada, aparece la oferta del trono mexicano que me da la oportunidad de liberarme de una vez por todas de todos los escollos y la opresión de una vida falta de acción. ¿Quién en mi posición, con juventud y salud, con una esposa solidaria y llena de energía, que me inspira e impulsa, haría sino aceptar la oferta?».

Antes de aceptar la corona, Carlota participó activamente con su esposo en los asuntos políticos y redactó de su puño y letra un Proyecto de Constitución del Imperio Mexicano en el que decretaba medidas hasta entonces inimaginables como «la abolición del trabajo para los menores de edad, libertad de cultos, libertad de prensa, prohibición de los castigos corporales, libertad para elegir el lugar de trabajo, obligación de los patrones de pagar en efectivo, escuela obligatoria y gratuita para todos los niños, fomento de hospitales y asilos». Cuando el borrador llegó a manos del emperador de Francia en octubre de 1863, este opinó que «no es la libertad parlamentaria con la que se regenera un país que es presa de la anarquía».

Mientras Carlota se preparaba para su «misión divina», Napoleón III proseguía con sus ambiciosos planes para conquistar México. El 5 de mayo de 1862 seis mil soldados franceses atacaron la ciudad colonial de Puebla, donde fueron derrotados por un ejército formado por estudiantes, seminaristas y campesinos. La noticia de este fracaso fue una humillación para el emperador y una calamidad para Francia. Herido en su orgullo, un año después envió una nueva dotación de hombres, esta vez más de treinta mil, y Puebla, a pesar de su heroica resistencia, cayó en manos de los franceses en mayo de 1863. Ante la cercanía del invasor Benito Juárez abandonó con su gobierno la capital mexicana y se dirigió al norte. A principios de junio el general Forey entró triunfante en Ciudad de México y unos días después se formó un gobierno provisional y una Asamblea de Notables, todos conservadores monárquicos, quienes proclamaron el Segundo Imperio. El camino para Maximiliano y Carlota quedó despejado.

A inicios de octubre de 1863 una delegación de conservadores mexicanos llegó a Miramar para confirmar la buena noticia. Reunidos en uno de los salones del castillo informaron al archiduque de que gracias a la intervención del ejército francés contaban con la adhesión de Puebla, Orizaba, Córdoba y Veracruz y que el país se encontraba gobernado por una regencia encabezada por el general conservador Juan N. Almonte. El diplomático Gutiérrez de Estrada leyó un breve discurso donde afirmó que la Asamblea de Notables había aprobado por unanimidad restablecer la monarquía y ofrecer la corona de México a Maximiliano de Habsburgo. Antes de despedir a la comisión el archiduque volvió a insistir en que solo aceptaría ser el emperador de México si se hacía un referéndum que demostrara que los mexicanos realmente deseaban su presencia. Gutiérrez de Estrada y José Manuel Hidalgo, que con sus artimañas e intrigas ya habían conseguido el apoyo incondicional de la emperatriz Eugenia, se pusieron manos a la obra. En Navidad, el archiduque ya tenía en su poder «el voto de tres cuartas partes de la nación mexicana que se mostraba favorable a la monarquía». Maximiliano no puso en duda la legalidad de las firmas ni los métodos utilizados para conseguirlas. Con esta evidencia aceptó ilusionado el trono de los antiguos aztecas y se dispuso a diseñar un nuevo escudo nacional para acompañar el que sería el lema de su gobierno: «Equidad en la Justicia». Carlota escribió muy emocionada a su padre:

«Desean ardientemente que vayamos allí. El pueblo mexicano se ha pronunciado y nos acogerá con un grito unánime de agradecimiento y amor».

A partir de ese instante no cesaron de llegarles avisos en contra de la idea de implantar un trono imperial en México. El cónsul de Estados Unidos en Trieste, amigo de la pareja, les informó: «Sé bien que los mexicanos tienen una terrible antipatía por reyes y aristócratas y quienquiera que aspire al trono de México, si en realidad llega a poseerlo, tendrá que alegrarse si escapa con vida». Desde Europa todas las mujeres de la familia más cercanas a ella se oponían al viaje. Tanto su suegra la archiduquesa Sofía, como la reina Victoria, la condesa de Hulst o su abuela María Amelia no cesaban en recordarle a Carlota los peligros y la desconfianza de este proyecto. Pero ella tenía claras sus obligaciones y su destino y respondió a su abuela con estas firmes palabras: «[…] Cuando uno siente que es llamado a reinar, ello se convierte en una vocación, como cualquier vocación religiosa. […] Me dices, mi querida abuela, que esperabas que yo tuviera un futuro mejor, pero México es un país bellísimo, y hay muy pocos tronos que no sean inestables. En cuanto a Maximiliano, siendo la constitución austriaca lo que es, podría haber vivido noventa años sin nada mejor que hacer que construir otra casa, diseñar otro jardín y, ocasionalmente, partir en algún largo viaje. En este caso, ¿te sorprende que un hombre joven y activo de treinta y un años se sienta tentado a aceptar un trabajo que implica tan inmensas posibilidades?».

Unas semanas más tarde la pareja comenzó una gira por las cortes europeas para despedirse de sus familiares y reunirse con Napoleón III, quien los había invitado a París. Carlota estaba deseosa de conocer a la emperatriz Eugenia con la que llevaba unas semanas carteándose. Ambas, patrióticas y muy católicas, coincidían en sus opiniones: «Vuestra majestad, que siempre favorece el

bien, parece visiblemente designada por la Providencia para iniciar una obra que podríamos llamar santa, por la regeneración
que está destinada a realizar, y sobre todo por el nuevo impulso que va a dar a la religión en un pueblo en el que la discordia
civil aún no ha podido extinguir la ardiente fe católica de sus
ancestros», le escribió desde Miramar. Antes de su entrevista
con Napoleón los archiduques consultaron por carta al rey Leopoldo I, quien, como veterano estadista, les advirtió que debían
asegurarse de los apoyos económicos del emperador y dejar por
escrito el plazo de estancia en México del ejército francés: «Sin
dinero, sin algún tipo de contrato, yo no me movería. [...] Todo
el asunto es de la mayor importancia para el emperador Napoleón, porque él se metió en ello, mientras que tú estás todavía
libre de cualquier embrollo», le escribió a su yerno.

En París, Carlota y Maximiliano fueron recibidos con todos
los honores. En el palacio de las Tullerías, que tantos recuerdos de
su niñez traían a Carlota, se les preparó una fastuosa recepción.
Eugenia recibió a su invitada con un espléndido vestido de Worth,
su diseñador favorito, y luciendo sus más lujosas joyas. Los emperadores de Francia les hicieron grandes obsequios de cuadros,
muebles y tapices y además Eugenia les regaló un enorme servicio de mesa de casi cinco mil piezas del orfebre imperial Christo-
fle. En la cena las dos damas conversaron amistosamente en
español, idioma que la archiduquesa hablaba ya con bastante
soltura. Durante su visita Carlota acudió al estudio parisino del
pintor Franz Xaver Winterhalter, quien ya la había retratado
de niña en dos ocasiones, para posar en el que sería su cuadro
oficial como emperatriz de México. En la estación de tren y antes
de separarse, Eugenia le dio a Carlota un medallón de oro con
una imagen de la Virgen. «Os dará suerte», le dijo.

Maximiliano y Carlota prosiguieron su viaje a Inglaterra
para visitar a la reina Victoria. Llevaban consigo la promesa de

Napoleón de mantener las tropas francesas en México hasta la formación de un ejército nacional. Al despedirse les dio a ambos su palabra de que «cualesquiera que sean los acontecimientos que pudieran ocurrir en Europa, la ayuda de Francia nunca le faltará al nuevo imperio». Cuántas veces recordó indignada Carlota estas falsas promesas del emperador de Francia que quedaron plasmadas en el Tratado de Miramar unas semanas después.

La reina Victoria, que hacía más de dos años que había perdido a su amado príncipe Alberto y se hallaba sumida en la tristeza, se mostró desde el principio contraria al proyecto mexicano y también desconfiaba de las promesas de Napoleón. Temía los peligros a los que iba a enfrentarse la joven pareja pero entendía el estado de ánimo de su prima: «Él siente el gran deseo de distinguirse y de salir de su presente *dolce far niente*. Ella está venturosa e iría con Max al fin del mundo», comentó. Para Carlota el encuentro con su prima fue un jarro de agua fría porque no consiguieron el apoyo económico ni militar que le habían solicitado al primer ministro lord Palmerston, opuesto a apoyar tan «insensata aventura».

Pero el momento más duro del viaje fue cuando visitaron a la abuela de Carlota en el castillo de Claremont, donde vivía tranquila rodeada de algunos de sus hijos y sus nietos. María Amelia, la destronada reina de Francia, tenía ochenta y dos años y recibió muy emocionada a su nieta favorita. Tras reunirse con ellos y escuchar los detalles de su aventura mexicana, la anciana se mostró muy alterada y les rogó llorando que abandonaran la idea. También les vaticinó que la Casa de Habsburgo obligaría a Maximiliano a renunciar a sus derechos dinásticos y lo perderían todo. Sus damas de compañía procuraron calmarla pero fue inútil. En el instante de la separación, les gritó: «¡Os asesinarán! ¡Os asesinarán!». Carlota se mantuvo firme y serena ante la desgarradora reacción de su abuela, pero a Maximiliano le afectó mucho y no pudo evitar las lágrimas.

Su viaje por las cortes europeas finalizó en Viena el 19 de marzo. En el palacio de Hofburg fueron recibidos con honores imperiales, una cena de gala y una recepción. Pero al día siguiente el conde Rechberg le entregó a Maximiliano el «Pacto de Familia», un documento que debía firmar antes de recibir la corona del Imperio mexicano. Cuando lo leyó, el archiduque enfurecido explotó. Francisco José le obligaba a renunciar a él y a sus descendientes a la corona de Austria, así como a su parte de la fortuna familiar. Los dos hermanos tuvieron una acalorada discusión ante su madre, que trató de calmarlos. En vano intentó hacer entrar en razón al emperador, pero este se mostró firme e intransigente. La indignación de Maximiliano fue tal que aquella misma noche él y su esposa abandonaron Viena y subieron a un tren rumbo a Trieste. Sofía, muy afectada por la pelea de sus hijos mayores, se recluyó en el castillo de Laxenburg.

Maximiliano tenía muchas dudas y se mostraba moralmente decaído y exhausto. Durante aquellos días se aisló en su despacho para escribir lúgubres poemas que reflejaban su dolor por tener que abandonar Miramar y la preocupación por el incierto futuro. Deseaba la corona de México pero el precio a pagar era muy elevado. Los archiduques de nuevo escribieron al rey Leopoldo para conocer su opinión y este les respondió: «Ya no es posible retirarse; el asunto ha ido muy lejos y un cambio originaría una confusión sin límites».

Se decidió como último intento que Carlota regresara a la corte de Viena para negociar personalmente con el emperador de Austria. En la breve reunión que la archiduquesa mantuvo con Francisco José, perdió los nervios y llegó a amenazarle con recurrir al papa para exponerle los motivos de su renuncia al

trono de México. En sus memorias la emperatriz Sissi recordaba la angustia que sintió su esposo ante la postura «tan violenta
e irracional» de Carlota. Esta visita rompió para siempre la relación de la archiduquesa con los Habsburgo. No la quisieron
ver nunca más y cortaron todo contacto con ella, incluida su
suegra Sofía. Sissi la llamó «el ángel de la muerte para Maximiliano» y la detestó hasta el final de sus días. A su regreso a Miramar, Carlota se dio finalmente por vencida. Debían tomar
una decisión y apostaron por seguir adelante con el viaje a México. Aquella misma noche Maximiliano escribió a Napoleón
anunciándole que firmaría el documento a pesar del enorme
dolor que le causaba.

El 9 de abril de 1864 el emperador Francisco José llegó en
un tren especial a la pequeña estación privada del parque de
Miramar acompañado de sus principales ministros y siete archiduques. Venía a recoger la firma de la renuncia de Maximiliano.
Ambos se encerraron solos en la biblioteca del castillo, donde
permanecieron varias horas. Tras esta reunión tensa y dolorosa
en la que Maximiliano firmó el Pacto de Familia, se celebró un
banquete en honor de los visitantes. Después toda la comitiva se
dirigió a la estación porque el emperador austriaco debía regresar a Viena. En el último momento este emocionado estrechó a
su hermano entre sus brazos y gritó: «¡Max!».

Al día siguiente tuvo lugar la simbólica coronación de Maximiliano de Habsburgo. En Miramar el Salón del Trono aún se
encontraba en obras por lo que la ceremonia tuvo lugar en una
sala pequeña de la planta baja. El archiduque, vestido con el uniforme de almirante austriaco, estaba pálido y muy tenso. En presencia de un grupo reducido de expatriados mexicanos liderado
por Gutiérrez de Estrada y José Manuel Hidalgo, y algunos
miembros de la Casa de Habsburgo, la pareja pronunció el juramento imperial frente al obispo de Trieste. Carlota llevaba un

vestido de seda carmesí con adornos de encajes de Bruselas, una pequeña corona de diamantes y en el pecho la cinta de la Orden de Malta. Una gran bandera de México, verde, roja y blanca, se izó desde la torre más alta del castillo y en la bahía la fragata austriaca Novara y otros navíos de guerra dispararon salvas en su honor. Después Maximiliano pasó a otra estancia contigua con el representante de Francia, el general Frossard, y firmó el Tratado de Miramar en el que Napoleón III se comprometía a que «su ejército formado por 38.000 hombres los protegería en México mientras Maximiliano creaba un ejército nacional y la Legión Extranjera, cuerpo de élite compuesto por ocho mil hombres, se quedaría para dar apoyo al imperio durante seis años». La ceremonia fue breve y concluyó con los gritos de los asistentes mexicanos: «¡Dios salve a Maximiliano, emperador de México!». La «ridícula farsa», como la bautizó el presidente legítimo de México, Benito Juárez, había concluido.

El 11 de abril era la fecha prevista para emprender el gran viaje, pero tras la partida de Francisco José y la lúgubre ceremonia de coronación, Maximiliano se sentía tan abatido y débil que su médico le ordenó unos días de aislamiento y de reposo absoluto. El archiduque se encerró solo en el Castelletto. No quería ver a nadie y estaba de muy mal humor. Cuando su esposa fue a visitarlo para mostrarle los telegramas de felicitaciones enviados por Napoleón, le gritó: «¡No quiero oír hablar de México en este momento!». Sin embargo, no podían posponer mucho su partida y a los tres días se encontró más recuperado y con fuerzas para hacerse a la mar. Como era supersticioso por naturaleza retrasó la salida para que no coincidiera con el día 13. La víspera de la travesía paseó solo por los salones del castillo y el jardín tratando de guardar en su memoria cada detalle de aquel paraíso que dejaba atrás y que nunca volvería a ver.

EMPERATRIZ DE MÉXICO

El 14 de abril de 1864 llegó el día señalado. El pintor Cesare dell'Acqua plasmó en un cuadro, que todavía se conserva en el castillo de Miramar en Trieste, el momento exacto de la partida de los emperadores a México. La bahía estaba repleta de botes y los barcos de guerra que los escoltarían hasta salir del puerto. Junto al pequeño embarcadero del castillo y en las rocas de la costa se agolpaba una multitud que los vitoreaba y las mujeres agitaban en el aire sus pañuelos. Maximiliano y Carlota, cogidos del brazo, descendieron los peldaños de mármol del muelle en medio de las salvas de honor y la alegría desbordante de la gente. Ella levantaba el brazo y sonreía y él lloraba de emoción. De uno de los botes que les rendían homenaje se escuchó una potente voz improvisada que cantó una bella canción de despedida. El último estribillo decía:

Massimiliano...
non ti fidare!
Torna al castello
di Miramare!

Mientras iban en una chalupa tripulada por remeros uniformados que los llevó hasta la fragata Novara, Carlota no pudo olvidar la letra tan lúgubre de la canción y más adelante confesó que sintió que era «un mal presagio». A bordo ya se encontraban las quinientas piezas que componían su voluminoso equipaje, entre ellas la carroza barroca de gala de oro y tapizada en seda, regalo de sus antiguos súbditos de la Lombardía y que el emperador quiso llevarse con él. A las órdenes del almirante Von Tegetthoff la nave desplegó las velas y levó anclas. Esta hermosa fragata de guerra de tres mástiles armada con cincuenta cañones era muy querida por Maximiliano y había dado la vuelta al mundo en una expedición científica. En ella había completado su formación naval y muy joven había realizado una inolvidable travesía por el Mediterráneo.

En cubierta los esperaban las ochenta y cinco personas que formaban su séquito imperial, entre ellos, la condesa Paula Kolonitz, una de las damas que acompañaron a la emperatriz hasta llegar a México. En sus memorias la condesa describió así el histórico momento: «Él, con los ojos hinchados por las lágrimas, no podía decir una palabra y solamente saludaba con ademanes, mientras que la emperatriz estaba alegre y tranquila, con fe miraba el porvenir y con gran satisfacción gozaba las pruebas de afecto que se le prodigaban». Mientras Maximiliano se refugió lloroso y abatido en su cabina, Carlota permaneció de pie en el puente de mando sin volver la vista atrás y dispuesta a afrontar este gran desafío que Dios le había puesto en su camino. Las palabras de la emperatriz Eugenia de Montijo en su última carta habían calado profundamente en ella: «La tarea que ha emprendido usted puede tener dificultades, pero el corazón que es capaz de acometerla tendrá siempre la fuerza para remontarlas».

Justo antes de embarcar le entregaron a Maximiliano un telegrama de su madre, la archiduquesa Sofía, quien le decía de manera profética: «Adiós. La bendición de papá y mía, nuestras oraciones y nuestras lágrimas te acompañan. Que Dios te proteja y te guíe. Adiós por última vez desde la tierra natal donde, desgraciadamente, no te veremos más. Te acompaña nuestra bendición y nuestro corazón profundamente entristecido». También recibió una carta de Napoleón III, que le dio ánimos entre tanto desencanto, y que decía así: «Le ruego que cuente siempre con mi amistad y sepa que aprecio en su justo valor los elevados sentimientos que mueven a Vuestra Alteza real a aceptar el trono de

México. Regenerar a un pueblo y fundar un imperio sobre los principios que la razón y la moral aprueban es una bella misión digna de provocar una noble ambición. Puede estar seguro de que mi apoyo no le faltará para el logro de la tarea que emprende con tanta valentía». El emperador estaba agotado por las tensiones de los últimos días, las disputas con su familia, las intrigas palaciegas y las arduas negociaciones. Pero lo que más le afectó fue la dureza y la inflexibilidad demostrada por su hermano al arrebatarle sus derechos dinásticos.

En cambio Carlota parecía haber revivido, estaba alegre, tranquila y conversaba con todo el mundo. Este viaje era al fin la oportunidad que tanto esperaba y una evasión de su ociosa y monótona vida. Aunque el tiempo en alta mar no era bueno y sufrió mareos llegaron sin incidentes al puerto de Civitavecchia y de ahí tomaron un tren a Roma para despedirse del papa Pío IX. Escucharon misa en la Capilla Sixtina, donde recibieron su bendición. El papa no podía ocultar su satisfacción por que finalmente hubieran aceptado el trono de México. En el emperador veía a un fiel católico que devolvería a la Iglesia los bienes incautados por Benito Juárez.

De nuevo a bordo prosiguieron su larga travesía por el Atlántico haciendo escalas en Gibraltar, Madeira, Martinica y Jamaica. En estas dos últimas islas, donde se detuvieron por unas horas y les brindaron una cálida acogida, Carlota descubrió entusiasmada unos paisajes embriagadores: «Estoy embelesada con el trópico y no sueño sino con mariposas y colibríes. La belleza de esta naturaleza, tan rica y variada, es indescriptible; mi corazón se aproxima a ella intensamente, sin que sufra mi cuerpo». Durante el viaje la emperatriz apenas salía de su camarote absorta en sus lecturas, en la redacción de su diario, o en el estudio del español y preocupada en ordenar su Casa y su corte en el nuevo imperio. Maximiliano por su parte trabajaba en la redacción del «Reglamento Provisional para el Servicio de Honor y el Ceremonial de la Corte», un extenso documento que recogía las reglas sobre los asuntos de protocolo y etiqueta que debían regir en su futura corte, basándose en el estricto ceremonial de la Casa de Habsburgo. Sus más de seiscientas páginas incluían desde la organización de recepciones hasta las listas de los vinos que debían servirse en las comidas oficiales, el diseño de los uniformes de la guardia imperial y las libreas de los criados, las nuevas medallas y condecoraciones, o la etiqueta en los bailes de salón. No se olvidó de ningún detalle, incluso de los objetos que debían ponerse en la mesilla de noche del emperador: «Tabaquera, cigarrillos, puros y agua» y la forma en que había que hacer sonar la campanilla para despertarle por las mañanas.

El 27 de mayo de 1864 Carlota divisó desde el puente del barco la cima nevada del Pico de Orizaba, la montaña más alta de México. Al día siguiente llegaron a la costa del golfo de México. La condesa Kolonitz escribió: «El navío de guerra francés Themis nos había precedido para anunciar nuestra llegada; no había ni una señal de vida; nadie se movía en el puerto; no había nadie en la costa. El nuevo soberano de México estaba frente a su imperio, pero sus súbditos se habían escondido. Nadie los recibía. Nuestras impresiones fueron dolorosísimas y nuestro corazón estaba angustiado». La fragata Novara fondeó en el puerto de Veracruz a la espera de que llegara la delegación de México y el comité de bienvenida. Los emperadores habían arribado un día antes de lo previsto y hasta las seis de la tarde no se presentó el general Almonte, miembro de la Asamblea de Notables. No hubo tiempo para grandes recepciones porque la ciudad sufría una de sus habituales epidemias de vómito negro o fiebre amarilla y había centenares de muertos. Las campanas que sonaban no eran en honor a los emperadores sino por los di-

funtos. Enseguida Maximiliano y Carlota, los oficiales franceses y todo su séquito fueron conducidos a la estación de tren.
Atravesaron en un carruaje descubierto las calles desiertas y
polvorientas de la ciudad, donde flotaba un olor nauseabundo
y los zopilotes revoloteaban en el aire. Ante este desolador panorama Carlota no pudo contener las lágrimas. Sin embargo, ya
en el vagón y más relajada, aprovechó para escribir su primera
carta desde México a su abuela María Amelia: «Acabamos de
llegar muy felizmente. Salimos mañana bien temprano hacia la
capital y aún nos queda un largo trayecto. El aspecto de Veracruz me gusta infinitamente, es como Cádiz, un poco más
oriental».

Para su gran decepción la línea del ferrocarril solo llegaba
hasta Paso del Macho y de ahí en adelante debían continuar en
viejas diligencias tiradas por mulas, una auténtica tortura. El co-
ronel Miguel López había sido enviado por el general Almonte
para recibir al emperador y acompañarlos hasta la capital. Este
oficial atractivo y caballeroso, rubio y de ojos azules que más
parecía alemán que francés enseguida atrajo la atención de
Maximiliano, quien muy pronto le nombró jefe de la escolta
imperial. El viaje fue lento y peligroso, y se complicó con la
llegada de fuertes lluvias. Las ruedas de los carruajes se hundían
en el barro de los caminos repletos de baches y surcos. A causa
de los saltos y traqueteos de los vehículos resultaba imposible
entablar una conversación y Carlota escribió en su diario: «Los
mexicanos se deshacían en excusas por el mal camino y les ase-
guramos que no era nada. Pero no hay palabras para expresarlo.
Se necesitaba nuestra edad y buen humor para evitar un desvío
de la columna o acabar con una costilla rota». El escenario que
desfilaba ante sus ojos era tan salvaje y solitario que llegó a temer que los hombres de Benito Juárez pudieran atacarles. Pero
el legítimo presidente de México se encontraba muy lejos de

allí, en marcha hacia el norte y dispuesto a seguir luchando para expulsar a los invasores.

Tras recorrer áridas colinas salpicadas de chozas y cactus, a finales de mayo llegaron a Orizaba. El paisaje era más verde y a Maximiliano le recordó el Tirol. La pequeña ciudad descansaba al pie de un gran volcán de nieves perpetuas y estaba rodeada de campos de café. Los emperadores fueron recibidos con enorme entusiasmo por una multitud, entre ellos grupos de indígenas vestidos con sus mejores trajes tradicionales. Un año antes habían empezado a circular por todo el país fotografías de Maximiliano y Carlota realizadas por Giuseppe Malovich, famoso fotógrafo de la corte en Trieste, con la idea de que la gente fuera conociendo a sus emperadores. En una de ellas la soberana posaba con un ampuloso vestido blanco adornado con tules, encajes, flores y numerosas joyas. Las mujeres, llenas de curiosidad, se acercaban sonrientes a Carlota y le lanzaban ramilletes de flores silvestres.

Desde el primer instante los emperadores sintieron un profundo afecto y respeto por los indígenas. En una de sus frecuentes cartas a la familia, ella expresó su desagrado por la discriminación que sufrían a pesar de ser mayoría en México: «Casi todos los indios saben leer y escribir, son inteligentes en extremo y si el clero los instruyera como debe, sería una raza ilustrada. Los gobiernos efímeros nunca han tenido raíces en la población indígena que es la única que trabaja y que permite que sobreviva el Estado». Durante su breve reinado Carlota impulsaría importantes leyes para mejorar las duras condiciones de vida de los indígenas.

Maximiliano, alto y bien erguido, con sus ojos azules y poblada barba rubia llamaba mucho la atención de los indígenas. «Para ellos —comentó un sacerdote local— el emperador parecía un dios, la digna reencarnación de Quetzalcóatl, y todos le admiraban y miraban con asombro. Durante la conquista Moctezuma pensó que Cortés era Quetzalcóatl. Pero más blanco, rubio y barbudo que Maximiliano no habían visto a ningún europeo». Los dos días que pasaron en Orizaba quedarían para siempre grabados en la memoria del emperador como los favoritos de su estancia en México y las muestras de afecto de la población indígena le hicieron olvidar la decepción de su llegada. Allí por unas horas se olvidaron de la etiqueta y probaron por primera vez la sabrosa y picante comida mexicana.

El 7 de junio llegaron a Puebla y se alojaron en Villa Guadalupe, la residencia del arzobispo Labastida, quien les ofreció un banquete donde probaron el delicioso mole poblano y el pulque, una bebida fermentada de origen prehispánico. La villa colonial había quedado muy destruida debido a los duros combates contra las tropas francesas, pero aún se veía hermosa con sus cúpulas, altos campanarios, sus fuentes recubiertas de azulejos de Talavera y sus casas con las fachadas pintadas de vivos colores. Las familias más nobles de Puebla salieron a recibir a los soberanos y en las calles se agolpaba una multitud entusiasmada que gritaba a su paso: «¡Viva el emperador!», «¡Viva la emperatriz!». El cortejo se detuvo ante la espléndida catedral, una de las joyas coloniales más importantes del país, donde se cantó un tedeum.

Ese día Carlota cumplía veinticuatro años y, abrumada por las muestras de cariño de la gente, escribió una larga carta de agradecimiento que entregó al prefecto de la ciudad: «El afecto, las atenciones y las pruebas de simpatía de las que he sido objeto en Puebla me recuerdan que estoy en mi nuevo país, entre mi propia gente. Desde hace mucho tiempo me he sentido unida a los mexicanos, pero aún más ahora, con lazos más fuertes y cariñosos de gratitud». La emperatriz donó dinero de su bolsillo para reparar los hospitales que se encontraban casi en ruinas por la guerra. Más adelante escribió a la emperatriz Eugenia: «La sangre derramada en Puebla no habrá sido en vano, porque habrá hecho germinar una nación y erigir un imperio, con otra águila por símbolo, en la costa opuesta del Atlántico. La alianza entre estos dos imperios puede llegar a ser uno de los grandes hechos de la historia».

Los emperadores siguieron su avance triunfal, pero Carlota quiso dar un rodeo y a la salida de Puebla se detuvieron en Cholula, en otros tiempos la ciudad sagrada más importante de los aztecas. Allí una multitud de cincuenta mil indios asistió a la ceremonia de coronar de flores a los soberanos, que se sentaron en un alto trono. Se celebró una gran fiesta al pie de la imponente pirámide del dios Quetzalcóatl. A Carlota le impresionó el recibimiento y rezó en el santuario de los Remedios, construido sobre el tecali donde se practicaban sacrificios humanos.

La emperatriz antes de llegar a la capital eligió pasar por el santuario de Santa María de Guadalupe, lugar sagrado en México donde había tenido lugar la aparición de la Virgen. Así describió la bienvenida que les brindaron: «Frente a nosotros más de doscientos vehículos descubiertos repletos de damas mexicanas en atavíos de lujo y atrás un asombroso cortejo de quinientos jinetes en traje negro con guantes blancos y millares de indígenas agitando ramas verdes». Fueron recibidos por el arzobispo de México y la pareja imperial entró en la basílica bajo un palio de seda entre los aplausos y vítores del pueblo. Carlota, frente a la venerada Virgen y en voz baja, pero deseando que la oyeran los más próximos, le dijo a su esposo en perfecto español: «¡Qué bella imagen! Me ha conmovido profundamente». Después de la ceremonia salieron a una gran explanada donde la multitud intentaba acercarse a ellos para tocarlos y abrazarlos, pero gracias a los cordones de seguridad se pudo evitar un accidente. En el último tramo de su largo viaje se les unió el general Tomás Mejía, un valiente militar indígena, religioso y muy humilde, a cargo de la caballería imperial y que fue uno de los más fieles colaboradores del emperador.

El domingo 12 de junio de 1864 hicieron su entrada en la capital conducidos por la guardia imperial. La ciudad de México tenía entonces doscientos mil habitantes y estaba asentada sobre la antigua Tenochtitlán, capital del Imperio azteca. Para dar la bienvenida a los emperadores fue espléndidamente engalanada y las casas se adornaron con guirnaldas, banderas, flores y tapices. Desde los balcones las damas, vestidas de negro y envueltas con la mantilla española, les lanzaban flores, tiras de papel con poemas de bienvenida y una lluvia de confeti dorado que en realidad era auténtico polvo de oro. En su fastuosa carroza tirada por seis corceles recorrieron las calles, las largas avenidas adoquinadas y los arcos de triunfo levantados en su honor. Uno de ellos, adornado con flores, estaba dedicado a Carlota y encima del mismo se podía leer: «De México, oh, Carlota, los vergeles os brindan palmas, rosas y laureles. Como el iris que brilla en la tormenta en México, Carlota se presenta».

El conde de Bombelles y el general Achille Bazaine cabalgaban junto al carruaje imperial seguidos de autoridades y miembros del gobierno de la ciudad. Este militar vestido con su uniforme de gala era el comandante en jefe de las tropas francesas y de él dependía la suerte de los emperadores. El cortejo llegó al Zócalo, el corazón de la capital, y en la catedral se celebró para ellos un tedeum. Toda la ciudad salió a recibirlos y los aclamaban con júbilo. Los soberanos marcharon del brazo a pie por la enorme plaza y llegaron al antiguo Palacio Nacional, ahora bautizado como Palacio Imperial, que sería su residencia. En uno de sus salones Maximiliano pronunció un breve discurso lleno de buenas intenciones. Por la noche hubo un espectáculo de fuegos artificiales y toda la ciudad se iluminó.

Finalmente pudieron retirarse a descansar. Apenas un año después de que el ejército francés ocupara la ciudad de México los emperadores se instalaron en «ese viejo palacio de los virreyes que, desde Moctezuma hasta Juárez, siempre fue el centro del poder en este país», como anotó Maximiliano. Ahora el poder lo tenían ellos y ocuparon sus añejas dependencias. Para no preocupar a Carlota le había ocultado la carta de Benito Juárez que había recibido cuando desembarcaron en Veracruz. Estaba escrita de su puño y letra y finalizaba con estas palabras: «Es dado al hombre, señor, atacar los derechos ajenos, apoderarse de sus bienes, atentar contra la vida de quienes defienden su libertad, hacer de sus virtudes un crimen y de sus vicios una virtud; pero hay una cosa que está fuera del alcance de la perversidad, y es el tremendo veredicto de la historia. Ella nos juzgará. Soy su obediente servidor». Era la firme respuesta del hombre que legalmente era el presidente de la República y al que Maximiliano, en su prepotencia e ingenuidad, le había ofrecido por escrito el cargo de ministro de Justicia. Juárez no solo se negó categóricamente a formar parte del Segundo Imperio mexicano, sino que mantuvo una «presidencia itinerante» en el norte de México durante toda la ocupación francesa.

El bautizado con el pomposo nombre de Palacio Imperial, que había sido antaño la lujosa residencia de los primeros virreyes, era un inmenso caserón de mil cien habitaciones situado frente a la plaza de armas que no estaba preparado para alojar a los monarcas. Tras medio siglo de guerras civiles se encontraba en un estado lamentable, abandonado y sin apenas mobiliario. El general Almonte había mandado acondicionar temporalmente unas habitaciones a la espera de que Maximiliano eligiese su residencia oficial definitiva. La primera noche fue una pesadilla, los chinches no dejaron dormir al emperador que acabó tumbado sobre una mesa de billar. Carlota estaba exhausta y cayó rendida en un sillón.

En los tres días siguientes se sucedieron las fiestas oficiales: bailes, revistas militares, cenas de gala, conciertos y banquetes. Hubo una función de ópera en el gran Teatro Imperial y en el entreacto el público al completo se puso en pie para cantar un himno en honor de los emperadores. Con la llegada de la monarquía se restituyeron los títulos de nobleza de las antiguas familias y todas las damas comenzaron a desempolvar sus trajes de gala y sus joyas. Para que Carlota pudiera recibir en palacio, lo primero que hubo que hacer fue devolverle el brillo al polvoriento edificio. Maximiliano, llevado por su pasión por la construcción y la decoración, se puso manos a la obra y en un breve espacio de tiempo transformó totalmente su interior. «Fue el emperador quien dispuso que todos los salones que daban al frente de la fachada se convirtieran en un solo inmenso salón que llamó de los Embajadores y que se destinó para las recepciones de autoridades y diplomáticos extranjeros, para los grandes bailes y las fiestas de la corte. En esa época estaba tapizado con tela carmesí traída de Europa y sobre la cual lucía bordado el escudo de armas del imperio, con el lema "Equidad en la Justicia". De Venecia fueron traídas las colosales y magníficas arañas de cristal y los espejos; de otros puntos de Europa, los candelabros de bronce que adornan las escaleras de honor así como los bellos jarrones de mármol blanco, con el monograma imperial y las hermosas estatuas», escribió su secretario particular José Luis Blasio, una de sus personas más cercanas. Este joven mexicano de veintitrés años publicó sus memorias cuando se jubiló, *Maximiliano íntimo*, donde recoge los recuerdos de sus años al servicio del segundo emperador de México.

Al igual que en la Villa Real de Monza en Milán, el emperador se encargó de diseñar los uniformes de sus empleados, en especial el de la guardia palatina cuyo jefe al mando era su amigo el conde de Bombelles. Los apuestos soldados lucían «levitas de paño rojo con bordados y botones de plata, pantalones ajustados a la pierna, guantes de ante blancos, botas de charol negro y casco de plata bruñida con el águila imperial y que parecían sacados de una opereta», según comentó un diplomático de la corte.

Aunque las obras de restauración del palacio aún tardarían unos meses en concluir, a las pocas semanas Carlota pudo abrir algunos de los salones y recibir a los miembros del cuerpo diplomático, a altos cargos militares y a la alta sociedad mexicana. De inmediato se instaló el ceremonial de la corte y un estricto protocolo para evitar, entre otros incidentes, las efusivas muestras de cariño a la emperatriz. La esposa de un prominente conservador intentó besarla en la mejilla y ella se apartó indignada. Tal gesto era inconcebible en Europa, hasta que fue informada de que era «una costumbre habitual en México». También se prohibió dirigirse a Su Majestad Imperial con nombres afectuosos o diminutivos. La esposa del alcalde de la ciudad la llamaba «Carlotita». Lo que tampoco le gustaba a la emperatriz era ver fumar a las damas en el teatro o en la ópera, e incluso alguna tuvo la osadía de ofrecerle a ella un puro.

Las damas extranjeras que acompañaron a la emperatriz a bordo de la Novara, como la condesa Paula Kolonitz, regresaron a Europa al cabo de seis meses y fueron sustituidas por damas mexicanas. Carlota seleccionó a sus treinta damas de honor de entre las familias de más antiguo linaje y de políticos conservadores que les habían ayudado a llegar hasta allí. Así doña Dolores Quesada de Almonte, esposa del general Almonte, recibió el título de primera dama de palacio y la madre del diplomático José Manuel Hidalgo y las hijas de José María Gutiérrez de Estrada también se colocaron en la corte de la emperatriz.

Había una enorme expectación en poder conocer a Maximiliano y Carlota. Cada aparición de la pareja imperial provocaba un gran revuelo y murmullos de admiración. Cuando los lacayos vestidos con sus casacas bordadas en oro abrían de par en par las puertas batientes y anunciaban con voz grave: «Señores, Sus Majestades», todos los ojos se posaban en ellos. Los banquetes, servidos en vajilla de porcelana de Sèvres, cristalería de Bohemia y cubertería de plata, incluían de quince a veinte clases de vino y duraban tres horas. Todos los presentes permanecían en pie hasta que Carlota y su esposo, acompañados del gran chambelán, se sentaban cada uno en el extremo de la larga mesa.

Parecían perfectos, tan encantadores, elegantes y distinguidos. Él tenía treinta y un años, rubio, alto y delgado; aunque poseía una incipiente calvicie imponía su porte, vestido con su uniforme de gala y condecoraciones. Ella, a sus veinticuatro años, con los ojos oscuros, el cabello moreno y la piel tostada por el sol del viaje, semejaba más una mexicana que una extranjera. Sus modales y refinamiento eran exquisitos. Vestía un rico traje de seda de color rosa con un vuelo de encaje de Bruselas, una corona de diamantes y un collar de doble vuelta de gruesas perlas. Cuando visitó París en 1864, Carlota acudió al estudio del famoso diseñador Charles Frederick Worth, el favorito de la emperatriz Eugenia de Montijo, y le encargó: «Diversos vestidos de clima cálido, y varios trajes de emperatriz en seda y terciopelo con perlas y brocados», que se llevó a México y causaron sensación. Las duquesas, marquesas y grandes de España pronto copiarían sus voluminosos y elegantes modelos de alta costura y originales tocados de flores frescas.

Paseando a las afueras de la ciudad, Maximiliano descubrió el castillo de Chapultepec, construido sobre un escarpado cerro. En su cima el emperador azteca Moctezuma había levantado su palacio de verano y cuando este fue derribado, durante la época

colonial el virrey Bernardo de Gálvez mandó construir un castillo como su lugar de descanso. Con la retirada de los españoles
la finca quedó abandonada y fue durante un tiempo colegio
militar y la residencia presidencial de Miguel Miramón. El emperador se quedó fascinado por el lugar. Desde lo alto se divisaba el valle de México y en el horizonte las altas y nevadas cimas
de los volcanes Popocatépetl e Iztaccíhuatl. Sin dudarlo decidió
restaurarlo y anotó en su diario: «Si el otro, que daba al mar, se
llamaba Miramar, a este lo bautizaré como castillo de Miravalle».

En una carta a su hermano, el archiduque Carlos Luis, y
como de costumbre llevado por su exceso de imaginación, bautizó Chapultepec como el «Schönbrunn de México», «construido sobre una roca de basalto, rodeado por los gigantescos árboles de Moctezuma, desde el cual puede verse un paisaje de una
belleza como no he visto yo nunca, excepto tal vez en Sorren-
to». En realidad el viejo castillo abandonado nada tenía que ver
con el esplendor del palacio vienés donde Maximiliano había
nacido, pero el emperador decidió de inmediato que sería su
residencia oficial. Al día siguiente se lo mostró a Carlota, quien
quedó tan entusiasmada como él y se enamoró del frondoso
bosque que lo rodeaba, donde volaban miles de mariposas y
colibríes y crecían árboles centenarios gigantescos que nunca
antes habían visto los europeos.

El 25 de junio, apenas dos semanas después de haber llegado a la ciudad de México, los emperadores ya se habían cambiado de residencia. Maximiliano encargó a su joven arquitecto
vienés de la corte la restauración y rehabilitación tanto del Palacio Imperial como del antiguo fortín de Chapultepec. El emperador decidió comprar los terrenos de las inmediaciones para
unir su castillo con el centro de la capital mediante una colosal
avenida bordeada de eucaliptus y de césped. Lo bautizó como
paseo de la Emperatriz, pero no quedó acabado hasta mucho

después del fin de su reinado, y para entonces se llamó el paseo de la Reforma.

La primera noche los mosquitos no los dejaron dormir. Durante los días siguientes llegaron a trabajar centenares de artistas, albañiles, carpinteros y pintores para restaurar el castillo y convertirlo en una residencia digna de un emperador. El monarca no reparó en gastos a la hora de decorar su interior y los jardines. Como de costumbre fue Maximiliano quien se encargó de todos los detalles y Carlota, orgullosa de los resultados, escribió a su abuela: «Chapultepec embellece día a día bajo la mano feliz de Max». Al igual que en Miramar comenzó una frenética actividad y el modesto edificio de los virreyes se transformó en un regio castillo de estilo francés al que añadió columnas, una terraza cubierta, arcadas y miradores. Se tapizaron y pintaron todas las habitaciones y de Europa llegaron muebles, cuadros, arañas de cristal, tapices gobelinos, alfombras, esculturas de bronce, leones de mármol venecianos, jarrones de Sèvres, dos pianos obsequiados por Napoleón III y un sinfín de objetos decorativos.

Los emperadores ocuparon habitaciones separadas, algo habitual en la realeza, pero lo que sorprendió a la servidumbre fue que estuvieran cada una en un lado opuesto del castillo y que «Maximiliano nunca visitara de noche a su esposa». Los primeros días estaban agobiados de trabajo y apenas coincidían. Él se levantaba a las cuatro de la mañana y su secretario Blasio le llevaba una carpeta a su dormitorio con los asuntos urgentes. A las siete salía a montar dos horas «un caballo de andar ligero, al que había bautizado con el nombre de Anteburro», según contó Blasio. Tras galopar al emperador le gustaba darse un baño en un estanque natural que había descubierto en el bosque. Después de un rápido desayuno mientras ojeaba la prensa, a las nueve se marchaban en un carruaje al Palacio Imperial, donde Maximiliano se encerraba en su despacho y se sumergía en las tareas de gobierno. Casi siempre almorzaba en el palacio, tal como anotó uno de sus asistentes: «Todos los días comen con él diez o doce personas de todos los partidos y opiniones. Algunos no están muy contentos pues el emperador les parece demasiado republicano y liberal».

Carlota se levantaba más tarde y desayunaba en sus aposentos contemplando desde su ventana las hermosas vistas. «El país es muy bonito, los alrededores de México, encantadores. Nunca hace calor ni nunca hace frío; es el clima de los bellos días otoñales. Chapultepec domina uno de los panoramas más bellos del mundo, la capital y los lagos se ven al fondo, la cordillera, todo alrededor y por doquier verdes caminos entre campos de trigo y de maíz», le contó a la condesa de Hulst. A ella también le gustaba montar a caballo unas horas entre los fresnos y milenarios ahuehuetes del bosque de Chapultepec. Luego se trasladaba al Palacio Imperial donde se dedicaba a los «asuntos de caridad, beneficencia y enseñanza». Visitaba hospitales, asilos y escuelas. En sus ratos libres cosía con sus propias manos camisas y prendas de vestir para los enfermos y los indigentes. A las cuatro de la tarde se reunía en los salones del castillo con su esposo y cenaban juntos. Ahí tenían más intimidad, podían conversar relajados y se acostaban temprano. En una carta a la emperatriz Eugenia, ella le comentaba: «Estamos encantados con Chapultepec, donde ya vivimos; el panorama quizá sea uno de los más bellos del mundo; creo que supera al de Nápoles. El aire aquí es excelente y nos hace mucho bien. […] Si vuestra majestad viera este país, estoy segura de que le gustaría, pero no creo que se haga una idea del estado en que se encuentra». Estaban en un nuevo paraíso rodeados de una corte que esperaban alcanzase la elegancia y el brillo de las europeas. En un país hermoso y lleno de posibilidades que «cada día nos ama

más», como Carlota le aseguró a su padre. La joven emperatriz
soñaba con que Chapultepec fuera al fin su nido de amor y poder
recomponer su matrimonio. Pero, nada más instalarse, Maximiliano le anunció que partía de viaje. Llevaban apenas dos meses
en México y de nuevo se quedaba sola.

UNA MISIÓN DIVINA

El 10 de agosto de 1864 Carlota le escribió a su abuela: «Max
salió hoy hacia un viaje por el interior que espero no sea demasiado largo, pero seguramente reportará felices resultados. Las
operaciones militares están muy avanzadas. El progreso de la opinión pública es inmenso. Max, estimado y respetado desde el
primer día, ahora es adorado. Los miembros del partido republicano dicen que, aunque aún no son monárquicos, son "maximi-
lianistas"». En aquellos primeros días, y por las noticias que recibía, Napoleón III también se mostraba eufórico y en París no
dudó en proclamar: «En México, el nuevo trono se consolida, el
país se pacifica, sus inmensos recursos se desarrollan. Gracias al
valor de nuestros soldados, del buen sentido de la población
mexicana, de la inteligencia y la energía del soberano».

Pero la realidad era que Maximiliano aún no había nombrado a todo su equipo de gobierno y su nulidad como estadista resultaba evidente. Para reconciliar a los mexicanos había
elegido un gabinete con una mayoría de liberales moderados,
lo que provocó el descontento de su mayor apoyo, los conservadores. Entre ellos no solo no se entendían sino que sus celos
y rencores impedían que los proyectos avanzaran. Un destacado
miembro del partido conservador que impulsó su investidura
escribió sobre el gabinete imperial: «Era una oficina políglota,
una especie de torre de Babel, en la que había alemanes, aus-

triacos, belgas, franceses, húngaros [...] hombres la mayoría sin antecedentes conocidos, llenos de codicia, sin nada que les ligara al país: no tenían afecto a Maximiliano, a quien solo veían como un instrumento para hacer sus negocios; y ni sabían el idioma, ni conocían las costumbres de México, cuyo porvenir les era completamente indiferente». Al frente de su gabinete el soberano nombró a Félix Eloin, un ingeniero belga enviado por el rey Leopoldo I y reconocido por ser un enemigo de la Iglesia y de Francia. Su buen amigo, el húngaro Scherzen Lechner, enemistado con todos, fue ascendido a consejero de Estado. Maximiliano mandó inexplicablemente al exterior a los dos generales mexicanos que más prestigio tenían entre los conservadores. En noviembre, Miguel Miramón, expresidente de México y antecesor de Juárez, abandonó el país para hacer un curso de artillería en Berlín, y en diciembre, Leonardo Márquez marchó a encabezar una misión en Constantinopla. Carlota seguía estos nombramientos con inquietud pero se mantuvo al margen.

En estas circunstancias Maximiliano anunció otra gira, deseaba conocer los nuevos territorios de su vasto imperio y conseguir con su presencia la adhesión del pueblo. También quería demostrar a Europa que se podía viajar por México con seguridad y atraer a futuros inversores. En realidad su itinerario se ciñó a las zonas donde el ejército francés pudiera protegerlo no solo de los hombres de Juárez sino de los forajidos que abundaban por los caminos. Carlota le hubiera acompañado encantada, pero su esposo le explicó las dificultades e incomodidades de este viaje y la necesidad de que ella se quedara en palacio. Asimismo le encargó que en su ausencia presidiera el Consejo de Ministros. Fue otra decepción para la emperatriz y cuando Maximiliano abandonó la capital escoltado por un destacamento de caballería, cayó enferma. Tuvo que guardar cama unos días debido al abatimiento y «a unos dolorosos cólicos y diarreas».

En los días siguientes Carlota recuperó la salud y el ánimo. Siguiendo las instrucciones del emperador, asumió el poder y desempeñó las funciones de gobierno. Vestida siempre de riguroso gris sin adornos ni joyas, que solo utilizaba en las fiestas y actos oficiales, su severa presencia imponía. Se tomó muy en serio su cometido y todos se quedaban asombrados de su carácter firme y disciplinado, de sus «cualidades masculinas» cuando pensaban que no era más que una joven princesa belga criada entre algodones. Lo que ignoraban es que Carlota había sido educada para gobernar al igual que sus hermanos y estaba muy capacitada para hacerlo. En pleno siglo XIX, en un país como México donde las mujeres vivían relegadas a un segundo plano, fue un escándalo que la emperatriz tomara las riendas del Imperio. Poco a poco fue asumiendo más responsabilidades, pronunciaba discursos, inauguraba escuelas y mantenía reuniones con los diplomáticos y destacados cargos militares. Fue la única mujer que gobernó México. Unas décadas más tarde *Scribner's Magazine* publicó: «Maximiliano era tal vez el peor gobernante que pudieron haber escogido para México, sin sentido práctico. No solo era incapaz de ver las cosas con claridad por su cuenta, también era incapaz de rodearse de consejeros inteligentes. El país necesitaba un gobernante guerrero, práctico, perspicaz, duro. Maximiliano era un príncipe tradicional. Carlota era realmente la mente maestra de los dos, aunque solo tenía veinticuatro años».

La emperatriz se levantaba a las cinco de la mañana, hacía sus rezos y dedicaba un tiempo a la meditación. Tras un frugal desayuno, a las seis ya estaba lista para comenzar sus labores de gobierno y a esa hora mandaba llamar a sus ministros para pedirles cuentas. Carlota tenía menos paciencia que su esposo y gobernaba «con arrogancia, energía e inteligencia». «En ausencia del emperador, era bastante autoritaria, pues no sometía los asuntos a discusión, sino que presionaba su aprobación», se quejaba un ministro. Llegaba muy bien informada y cuando presidía el Consejo todos se sorprendían de los conocimientos tan detallados que tenía de las leyes que defendía con vehemencia. Uno de sus colaboradores cercanos dijo: «Los asuntos marchaban rápido cuando ella gobernaba como regente y rara vez abandonaba el Consejo con un proyecto rechazado».

En ausencia de su esposo, llenó su soledad escribiendo a diario cartas a sus familiares, especialmente a su abuela en Inglaterra. En una, le decía: «Estoy regresando de una visita a Tlaxcala, donde pasé el día, desayuné en el campo en un lugar encantador, además visité las escuelas y dos fábricas, una de papel y la otra de algodón. Mañana presidiré el Consejo de Ministros, por expreso deseo de Max. Todos los domingos doy, también en su nombre, audiencias públicas e intento satisfacer las peticiones que me hacen en tanto me es posible. No obstante, espero con impaciencia que Max regrese porque me es mucho más dulce verle que gobernar». Carlota trabajaba infatigable, pero a pesar de su probada eficacia sus ideas eran demasiado adelantadas para su tiempo en México. Al tomar las riendas del gobierno y mostrarse firme, brillante y autoritaria se granjeó muchos enemigos.

«Yo soy liberal —diría un día Maximiliano—, pero eso no es nada comparado con la emperatriz, quien es roja». Los ministros no la soportaban ni aceptaban órdenes de una señora que «debía dedicarse a las obras de caridad, a visitar enfermos y a inaugurar escuelas y jardines». Sin embargo algunos altos dignatarios descubrieron que estaba más capacitada para gobernar que el monarca. El propio general Bazaine destacó las cualidades de gobernante de Carlota y no dudó en reconocer que «ella podría dirigir mejor que su esposo este imperio, si se le dejara el poder en sus manos». Otro de sus allegados admitió: «Si México alguna vez tuviera un presidente con la mitad de determinación, energía y honestidad de la emperatriz, estaría en una situación próspera».

Pero no solo la criticaban los ministros, también las damas de la alta sociedad confinadas tras los muros de sus lujosas mansiones para quienes Carlota, llevada por la ambición de poder, lo único que deseaba era notoriedad. Al tanto de estos rumores que también llegarían a las cortes de Europa, la emperatriz se defendió en una extensa carta a su abuela donde, entre otras cosas, le explicaba que jamás pretendió hacer sombra a Maximiliano: «Lo único que hago es ayudar a Max en lo que puedo; en este momento actúo como jefe de gabinete en servicio extraordinario, pero lo único que hago es ahorrarle trabajo y aunque lo haga bien o mal, nunca alardeo con nadie. Todo esto, abuelita, te lo cuento para que juzgues la veracidad de las críticas que llegan, donde me toman como una especie de marimacho, cuando soy la misma que tú has conocido. Mi única ambición es hacer el bien, pero no para que hablen de ello, sino para que se haga».

Concepción Lombardo, la esposa del general Miguel Miramón, que en su vejez publicó sus memorias, dejó para la posteridad un retrato muy poco amable de Carlota: «Desgraciadamente, esa soberana carecía de la amabilidad y dulzura que tanto adorna a los grandes de la tierra. Su desmedido orgullo hacía insoportable su persona para las personas que tuvieron la desgracia de servirla como damas de honor. […] Sus damas de honor temblaban de salir a pasear con ella, pues les hacía mil preguntas a las cuales no sabían contestar. Les preguntaba: "¿Bajo qué virrey se construyó la Escuela de Minería?". "No sé", respondía la dama de honor asustada. "¿Cuántos años tiene la catedral?". "No lo recuerdo, majestad". Y así seguía aquel paseo en el cual la emperatriz pretendía saber hasta el nombre de las piedras de nuestra capital. Esto a la emperatriz le disgustaba y le daba ocasión de decir que las mexicanas éramos unas ignorantes». Molestas por la cultura y la preparación de la emperatriz que las hacía quedar a ellas como tontas, corrían muchas anécdotas como estas para demostrar que «se sentía superior a todas las damas que la rodeaban».

Y no solo recibía estas críticas, había otras que la atormentaban más. El hecho de que aún no se hubiera quedado embarazada tras casi ocho años de matrimonio provocaba tanta extrañeza en la corte que no cesaban los rumores sobre su salud o su posible esterilidad. Aunque en público jamás mostraba sus sentimientos, a menudo sus damas de compañía la encontraban triste, llorosa y pensativa. Justo un mes antes había recibido la noticia de que su hermano mayor, Leopoldo, el duque de Brabante, había sido padre por tercera vez y en esta ocasión era una niña que entre otros nombres llevaría el suyo. «Sin embargo, me hubiera gustado que fuese otro niño; nosotras las mujeres cuando venimos al mundo parecemos en general entremeses». Con frecuencia recibía cartas donde se anunciaba la llegada de nuevos miembros de la familia en Bélgica y en Austria. Ella agradecía el detalle y que le enviasen fotografías de los niños, pero en su interior sentía una gran frustración.

Fue en aquellos días cuando recibió una nota de Maximiliano, quien aún seguía ausente recorriendo el interior del país, que le causó un gran disgusto: «Me olvidé de escribirte que en Querétaro me regalaron un indio chiquitín; me lo enviaron como presente desde la Sierra Gorda; nadie sabe quiénes son sus padres. En todo caso eran demasiado pobres para poderlo bautizar. Lo recogí y mandé bautizarlo; recibió los nombres de Fernando Maximiliano Carlos José. Mandé buscar una buena nodriza y por lo pronto lo establecí en Querétaro; más tarde lo mandaré traer a México». El niño, recién nacido, apenas sobrevivió dos días, pero la prensa se hizo eco de la noticia antes que Carlota y para la mayoría quedó muy claro que «Maximiliano sabía que su esposa no podía tener hijos y lejos de abandonarla, decidió llevarle un niño indígena para hacerle compañía». Ella mantuvo su habitual dignidad y su silencio. Siempre que él estaba de viaje, le escribía cartas de amor como esta: «Mi queridísimo ángel: una nostalgia indescriptible por ti me consume. Este viaje largo y fatigoso, tan lejos de ti, mi vida, es un gran sacrificio que hago al país. Te estrecho contra mi corazón». El romanticismo se acababa cuando regresaba a su lado.

Maximiliano recorrió las ciudades de la región del Bajío donde fue recibido con gran entusiasmo. Pasó por San Juan del Río, Querétaro, Celaya, Irapuato, Guanajuato, San Miguel de Allende y Dolores Hidalgo. Allí, el 16 de septiembre de 1864, tuvo el honor de ser el primer gobernante de México que dio el Grito de Independencia. A estas alturas estaba enamorado de la belleza y la variedad étnica del país. En sus viajes le gustaba mezclarse con la gente, comer los platillos tradicionales, beber pulque en las cantinas, asistir a los toros y vestirse de charro, el atuendo mexicano. Lucía con orgullo su sombrero grande de paño, chaqueta negra y pantalón con botones de plata. «Es más mexicano que los mexicanos», comentó un testigo. Sus adversarios se reían de él y lo apodaban el Pulque Austriaco. La pareja imperial apreciaba mucho los textiles de México y especialmente los sarapes. En sus paseos a caballo usaban estas finas mantas de lana y Carlota, fascinada por su calidad y diseño, encargó dos sarapes en Saltillo como regalos a las emperatrices Eugenia de Montijo y a su cuñada Sissi.

Tras una larga separación, el 2 de octubre de 1864 la emperatriz decidió salir al encuentro de Maximiliano acompañada de Bazaine, que en su ausencia había sido investido mariscal de Francia. Llevaban alejados más de dos meses y medio y estaba

El 7 junio de 1840 nació la hija del rey Leopoldo I de Bélgica y Luisa María de Orleans en el castillo de Laeken. La reina decidió llamarla Carlota en honor a la primera
esposa del rey, fallecida trágicamente tras dar a luz a un niño muerto. La «bella princesita» llevó desde la cuna el nombre de otra mujer marcada por la fatalidad.

Leopoldo I quiso que su hija fuese educada de manera estricta, sin distinción con sus hermanos varones. A diferencia de otras princesas de su época, Carlota recibió una formación muy completa que incluía latín, historia, geografía, matemáticas, literatura, caligrafía, dicción, oratoria y catecismo. Además, tenía mucha facilidad para los idiomas y llegó a hablar con fluidez inglés, francés, alemán, italiano y español. Heredó de su madre la pasión por la lectura y siempre mostró gran interés por cuestiones sociales y políticas.

❋

Maximiliano de Habsburgo, archiduque de Austria, era hermano del emperador Francisco José. Alto, rubio, de ojos claros y frondosas patillas, llamaba la atención por su porte elegante y refinado. La joven Carlota sucumbió a sus encantos nada más verlo con su vistoso uniforme, su esbelta figura y su aire distante y altivo. Ella no causó la misma impresión en él, lo que no impidió que la eligiera como esposa, pues se ajustaba a la perfección a los cánones de la corte austríaca. Se casaron en 1857, él tenía veinticinco años y ella diecisiete.

❋

En el siglo XIX las potencias europeas se disputaban distintos intereses coloniales en la otra orilla del Atlántico. Francia tenía sus propios planes para México, que se encontraba arruinado y sumido en un caos político interminable tras su independencia de España. Napoléon III propuso a Maximiliano ceñirse la corona mexicana para estabilizar el país. Carlota, que había sido educada para reinar por empeño de su padre, se convirtió en un gran apoyo para su esposo y juntos emprendieron con entusiasmo el reto de modernizar la nación.

❀

El carácter romántico y melancólico de Maximiliano era muy semejante al de
su cuñada Isabel de Baviera, la emperatriz Sissi, con la que siempre tuvo una
conexión especial. Ambos compartían el gusto por los viajes, la literatura y,
sobre todo, por la poesía. Carlota se sentía eclipsada por la belleza y la elegancia de esa mujer de cintura esbelta y largos cabellos color caoba, lo que
hizo que la relación entre ambas fuese distante y complicada.

❀

Las condiciones del Palacio Imperial a su llegada a México eran pésimas. Maximiliano, que sentía verdadera afición por los castillos y la decoración, se quedó fascinado al descubrir el de Chapultepec, y decidió restaurarlo siguiendo el modelo de los palacios vieneses en los que se había criado. La habitación de Carlota, que aún se conserva, estaba decorada en tonos azules y dorados, vestida de ricos tapices y lujosos objetos enviados desde Francia.

❁

El Segundo Imperio fue una aventura efímera que terminó de forma trágica, aunque fueron los años más felices de la vida de Carlota, que pudo demostrar sus grandes dotes para la política durante las largas ausencias de su marido. En su corto reinado se desarrollaron los ferrocarriles, el telégrafo y se impulsaron leyes de libertad religiosa y de pensamiento. Carlota suprimió los castigos corporales y mejoró las condiciones de vida de la población índigena. Fue la primera mujer que gobernó México, pero su sueño se vio truncado por las fuerzas rebeldes que capturaron y ejecutaron a Maximiliano en 1867. Desde ese momento, el luto se apoderó de su vestimenta.

❈

Los graves sucesos que la dejaron viuda con tan solo veintitrés años empujaron a Carlota al abismo de la enfermedad mental: temía constantemente por su vida, sospechaba de envenenamientos y planes de asesinato dirigidos contra ella. Como consecuencia de su comportamiento errático y escandaloso pasó casi sesenta años recluida en distintos castillos belgas, tutelada por familiares que buscaban hacerse con sus riquezas y sumergida en las tinieblas de los recuerdos de un pasado glorioso, en el que había llegado a ser la emperatriz de México.

❋

impaciente por reunirse con él. El matrimonio se encontró en Toluca y se mostraron en público muy alegres y emocionados de volver a verse. Maximiliano le presentó a Carlota al comandante del Estado Mayor francés, Joseph Loysel, un oficial discreto y leal, que se ganó la confianza del emperador durante su viaje a lo largo de su nuevo imperio.

Al día siguiente, cuando paseaban a caballo por los alrededores de la ciudad, de repente vieron a un grupo de hombres avanzar hacia ellos. Eran guerrilleros de los que abundaban por la región, pero también podía tratarse de republicanos. Enseguida fueron perseguidos por los soldados franceses, quienes no pudieron atraparlos. Para Maximiliano fue evidente la inseguridad que aún existía en todo el imperio donde los secuestros, saqueos y asaltos estaban a la orden del día. Pese a que el mariscal Bazaine lo tranquilizaba, asegurándole que las tropas francesas ocupaban la parte central y meridional del país arrebatando cada vez más territorios, aún quedaba un largo camino por recorrer para la verdadera pacificación que exigía Francia.

Cuando llegaron a la capital les esperaba una noticia que sumió a ambos en el desánimo. Napoleón III reclamaba que diez mil soldados franceses regresaran a casa. El anuncio de la marcha de una importante parte de las tropas de ocupación cayó como un jarro de agua fría. Según el Tratado de Miramar, los soldados comenzarían su progresiva retirada cuando Maximiliano hubiera formado su propio ejército, pero hasta la fecha el emperador, que odiaba la sangre y la violencia, había tenido otras prioridades.

Unos días más tarde Carlota sintió una gran alegría. Su padre, el rey Leopoldo I, decidió colaborar en la «aventura mexicana» de su hija enviándole mil doscientos legionarios belgas para integrarse a su guardia personal. No eran soldados para combatir en el ejército sino voluntarios encargados exclusivamente de su seguridad. Al frente de la Guardia de Honor de Su Majestad se encontraba su comandante en jefe, el barón Alfred van der Smissen. Era un veterano militar belga de cuarenta y un años, viril y con un llamativo bigote imperial, que tenía fama de duro e indomable. En la emotiva carta que esa noche Carlota le escribió a su querido padre, agradeciéndole la llegada de estos jóvenes para protegerla, no le dedicó ni una línea a Van der Smissen, con quien más adelante establecería una estrecha relación que tuvo graves consecuencias para ella.

En agosto de 1864 llegó a México el enviado especial del papa, monseñor Meglia. Tenía fama de poseer un carácter «obstinado y poco conciliador». El nuncio les entregó una carta de Pío IX que pedía abolir las leyes de la Reforma decretadas por Juárez que separaban la Iglesia y el Estado. Los puntos más relevantes eran restituir de manera inmediata los bienes expropiados a la Iglesia y que solo se reconociera la religión católica en todo el territorio. Maximiliano, exasperado tras leer estas exigencias, se negó a ver al nuncio. No hubo forma de hacer entrar en razón a monseñor, que con su actitud prepotente sacó de quicio a Carlota, quien confesó que sintió ganas de lanzar al clérigo por la ventana. Ante la intransigencia del prelado la emperatriz se reunió a solas con él para intentar convencerle. Pero Meglia no solo se aferró a sus ideas, sino que acabó diciendo que «había sido el clero el que había construido el imperio». A este comentario que Carlota recibió como un insulto, ella le respondió desafiante: «Un momento, no fue el clero, sino el emperador quien hizo el imperio el día que llegó aquí». El nuncio se marchó de la sala dando un portazo y regresó a Europa sin despedirse de Sus Majestades.

En febrero de 1865 Maximiliano publicó un decreto confirmando las leyes de Juárez, entre ellas, la nacionalización de los bienes del clero, la libertad de cultos y el matrimonio civil. Para muchos estaba claro que el Imperio seguía los pasos de la República. Con estas medidas el emperador declaró la guerra total a la Santa Sede y los conservadores más católicos se mostraron indignados y les dieron la espalda. El clero mexicano, que en un principio estaba de su lado, comenzó a llamarlo «el empeorador». En París, la emperatriz Eugenia, profundamente devota del papa, censuró las medidas de Maximiliano y culpaba principalmente a Carlota del mal resultado de la entrevista con el nuncio apostólico. «El conflicto con Roma me preocupa y en tanto que no sea resuelto, mi corazón permanecerá lleno de tristeza», le escribió a la emperatriz. Ella le respondió: «Hablé con el nuncio dos horas. Puedo decir a vuestra majestad que nada me podía dar una idea más exacta del infierno que esta entrevista, ya que el infierno no es otra cosa que un callejón sin salida». La correspondencia entre ambas emperatrices pronto adquirió un tono más áspero y lleno de recriminaciones por ambas partes.

Con el regreso de Maximiliano se reanudó la vida social en la corte. A principios de 1865 existía una gran actividad cultural en la ciudad de México y las fiestas y los banquetes volvieron a brillar en la capital. Las obras en Chapultepec ya habían finalizado y los salones se habían embellecido con el mobiliario traído de Europa, y sus jardines de césped, palmeras y flores exóticas eran un oasis de frescor. En aquellos días Carlota instauró «los lunes de la emperatriz», imitando a Eugenia de Montijo, y recibía a miembros de la buena sociedad mexicana que conservaban sus invitaciones como tesoros de gran prestigio. Ese día había música, la soberana lucía sus elegantes modelos del diseñador Worth y se servían bocadillos en la cumbre del cerro del Chapulín, donde se podía contemplar el hermoso atardecer sobre el valle de México. El matrimonio también organizaba veladas literarias y llegó a fundar la Academia de Ciencias y Literatura. Maximiliano había conocido en la hacienda de los Reyes al poeta español José Zorrilla, que en aquellos años vivía en México.

Tras leer uno de sus poemas ante los emperadores, Maximiliano, que también era poeta, quedó fascinado con él. A raíz de este encuentro Zorrilla entró por la puerta grande en la corte del monarca llegando a ser su amigo y confidente. El emperador lo nombró lector imperial y director del Teatro Imperial. Al año siguiente en uno de los salones de palacio se representó *Don Juan Tenorio* y su autor se quedó asombrado al comprobar que la emperatriz Carlota se había aprendido de memoria la obra. Zorrilla fue un habitual de Chapultepec y se sentaba a menudo a la mesa imperial. «El emperador me fue simpático desde la primera vez que lo vi, pero además de que la emperatriz no me lo fue nunca, comprendí desde su llegada que jamás el imperio echaría raíces en aquel país; porque ni Maximiliano podía llegar a comprenderlo nunca, ni México a Maximiliano», escribió el poeta.

A medida que pasaron los meses Carlota ya no era tan optimista y veía la realidad mientras su esposo vivía «en un mundo de fantasía». El 9 de abril de 1865 acabó la guerra de Secesión en Estados Unidos y al ganar el Norte, que se oponía a una monarquía en México, la continuidad del Segundo Imperio estaba seriamente amenazada. Tras el asesinato de Lincoln apenas unos días después, su sucesor, el presidente Johnson, solo reconoció la República mexicana y a Benito Juárez como su legítimo gobernante. Estas noticias inquietaban a la emperatriz, quien al año siguiente de su llegada a México, llevada por el pesimismo y la frustración, confesó: «Nadie está contento con nosotros. Los conservadores que nos apoyaron antes, encuentran ahora muy liberal a Maximiliano, mientras que los liberales le llaman tirano. Los franceses promueven disgustos diarios porque estiman que el emperador no tiene en cuenta los intereses de Francia. El representante del Vaticano también se ha disgustado con nosotros y nos amenaza con una ruptura con la Santa Sede si no damos inmediata satisfacción a las pretensiones

del clero mexicano. Otros muchos que en Miramar nos ilusiona-
ron con el país, no solo no nos han acompañado, sino que prefie-
ren la vida placentera de Europa y reclaman tierras y cuantiosas
indemnizaciones. Nos prometieron que encontraríamos la paz a
nuestra llegada, pero nada más lejos de la realidad». Las relaciones
con el mariscal Achille Bazaine tampoco atravesaban por su mejor momento. El emperador mexicano se quejaba de la ineficacia
de sus tropas y de la lentitud con que se pacificaba el país, mientras Carlota le escribía a la emperatriz Eugenia opinando que
daba la impresión de que tantos honores otorgados al mariscal
parecían haberle sumido en un profundo letargo. Pronto la pareja
imperial descubrió que el problema del comandante en jefe de las
fuerzas francesas era que estaba perdidamente enamorado. Bazaine, viudo y de cincuenta y cuatro años, había conocido en un
baile a la señorita Pepita Peña, y desde entonces solo pensaba en
ella. El romance era la comidilla de la corte porque la hermosa
Pepita tenía diecisiete años, pero el militar estaba decidido a casarse con ella. Cuando anunció la boda, Carlota escribió en sus
diarios: «Parece un indolente moscardón que devora con los ojos
a aquella novia infantil. ¿Por qué los hombres de este tipo parecen
tan demoniacos cuando están enamorados?».

Maximiliano y Carlota, para limar asperezas con el mariscal,
aceptaron ser los padrinos de la boda que se celebró por todo lo
alto en el Salón de los Embajadores del Palacio Imperial en el
Zócalo. También cedieron a los recién casados mientras vivieran
en México el palacio de Buenavista, uno de los edificios neo-
clásicos más hermosos de la ciudad. Pero todas estas atenciones
no evitaron que Bazaine continuara enviando a Francia informes sobre la «ineptitud del emperador» e intrigando a sus espaldas. Sin embargo Pepita Peña sentía una enorme devoción por
Carlota y se convirtió en un gran apoyo para ella en los momentos más difíciles y cuando se encontraba muy sola.

En abril de 1865 Maximiliano, para celebrar el primer aniversario del imperio, de nuevo salió de gira por el país y dejó a Carlota al frente del gobierno. Ella ya había demostrado su eficacia y al separarse, le escribió: «No te preocupes [...]. Le he dicho a Bazaine que cuente conmigo si las circunstancias requieren de su presencia en el frente. Denme algunos buenos soldados y uno o dos oficiales capaces y puedo enfrentarme a cualquier situación». Carlota se consideraba capaz de conducir un ejército si era necesario.

La emperatriz se entregó con alegría y responsabilidad a sus tareas de regente. Pero en esta ocasión antes de partir Maximiliano había dejado por escrito unas largas instrucciones que limitaban sus poderes. Presionado por los ministros que no estaban dispuestos a acatar de nuevo las órdenes de una mujer, o celoso por los buenos informes que el mariscal Bazaine enviaba a Francia sobre su esposa, restringió sus actividades a las inauguraciones y actos de beneficencia. A partir de este instante los documentos del gabinete eran presentados a Carlota, pero la firma quedaba reservada al emperador. Su esposa podría presidir en su nombre el Consejo de Ministros y conceder audiencias públicas, pero la última palabra la tendría él. Maximiliano ya había manifestado la opinión que tenía sobre el sexo femenino en sus reflexiones y no estaba dispuesto a que ella le hiciera sombra: «Las mujeres tienen, por lo general, más tacto, imaginación y finura que los hombres, pero nada de lógica ni de razón; discutir con ellas es perder el tiempo».

Semejante humillación pública no pareció afectarla, por el contrario, durante las ausencias del emperador ella siempre aprovechó para emprender proyectos sociales. Decretó, entre otras, leyes que garantizaron la educación primaria gratuita y obligatoria, además fundó escuelas y academias. Ahora su prioridad era poner sobre la mesa un asunto que ya hacía tiempo deseaban legislar los emperadores. Desde su llegada a México se habían quedado sobrecogidos por el trato inhumano y la explotación que sufría la mayoría de la población. El país entonces contaba con ocho millones de habitantes, de los cuales cinco eran indígenas. Durante meses Maximiliano había trabajado en una propuesta de reformas para mejorar su situación y, dispuesta a sacarlas adelante, Carlota presentó a los ministros una ley urgente para reconocerles «su condición de seres humanos». Con su habitual vehemencia y autoridad, consiguió la adhesión de los ministros y la ley fue aprobada. Entre los grandes avances se limitó la jornada laboral, se abolieron los castigos corporales y el trabajo infantil. Al salir del Consejo, exultante escribió en tono triunfal a su esposo: «Han sido adoptados todos mis proyectos. El de los indios, después de haber provocado un estremecimiento en el momento de su presentación, fue aceptado con una especie de entusiasmo». Cuando el decreto se publicó causó un profundo malestar entre los dueños de las haciendas, que dejaron de apoyarlos.

Al acabar su gira Maximiliano le propuso a su esposa reunirse con ella en Puebla, pues consideraba que «causaría muy buena impresión» celebrar allí el cumpleaños de Carlota. El viaje se había demorado más de lo previsto debido a que el emperador, siempre delicado de salud, había estado enfermo de disentería o la «venganza de Moctezuma», como allí la llamaban. El 6 de junio de 1865 la pareja imperial se encontró en esta hermosa ciudad colonial que siempre los recibió con gran hospitalidad. Él había llegado el día anterior acompañado del secretario Blasio, quien en sus memorias describió el extraño comportamiento de Su Majestad: «Visitó Maximiliano, después del almuerzo, las habitaciones que se habían preparado para su imperial consorte y se mostró muy satisfecho al ver el magnífico lecho matrimonial con pabellón de finísimos encajes y de cintas de seda que para la augusta pareja se había preparado; pero tan luego como se alejó nuestro anfitrión, Su Majestad ordenó a las camaristas que buscasen una habitación distante de la recámara imperial y allí armasen su famoso catre de viaje plegable». No solo Blasio sino las personas de su entorno más cercano eran incapaces de comprender el misterio que rodeaba la intimidad de los emperadores. A estas alturas resultaba evidente que algo extraño ocurría en el matrimonio, tal como anotó Blasio: «Ni en Puebla ni en México, ni en el palacio imperial de Chapultepec dormían juntos los soberanos, y esto no podía escapársele a la servidumbre, porque las camaristas de la emperatriz dormían cerca de ella, y los del emperador en la pieza contigua en que reposara Su Majestad».

De todos los rumores lo que más daño hizo a la emperatriz fueron las sospechas que corrían por la corte de que era estéril. Maximiliano tenía treinta y tres años y ella veinticinco, aparentemente formaban una buena pareja llena de complicidad, pero llevaban ocho años casados y no tenían hijos. La necesidad de tener un heredero al trono resultaba cada vez más apremiante. Cuando llegaron a México sabían que una de las prioridades era fundar una dinastía y adquirieron por escrito el compromiso de que «el emperador de México designaría un heredero en el plazo de tres años, en caso de que en este tiempo no tuviera descendencia». Carlota aún tuvo que afrontar otro nuevo golpe cuando a principios de septiembre de 1865 su esposo, sin consultarle a ella, le anunció su decisión de adoptar a Agustín de Iturbide, un niño de dos años, nieto del primer y malogrado emperador de México. Su madre, Alice Green, era estadounidense y se negó a separarse de él, pero finalmente los demás miembros de la familia Iturbide la presionaron para que aceptara entregar a su hijo. Para que el pequeño no estuviera solo le buscaron un compañero, su primo Salvador de quince años, y los dos quedaron al cuidado de su tía Josefa que se trasladó con ellos al castillo de Chapultepec.

La abuela de Carlota se enteró por la prensa de la noticia y le pidió a su nieta una explicación. Ella le respondió en una carta: «Varios miembros de la familia del emperador Iturbide han sido elevados al rango de príncipes. No es más que un acto de justicia de parte de un emperador reinante que toma bajo su protección a los descendientes de un emperador destronado que no tenía sangre real. Tenemos en el castillo, en espera de que se les prepare una morada, a la princesa Josefa de Iturbide, educada en Estados Unidos, y al pequeño Agustín de dos años, fresco y rosado, no muy bien educado hasta ahora». A los miembros de la familia Iturbide no solo se les concedió rango de altezas reales y una generosa compensación económica, sino que se les hizo creer que su hijo sucedería a Maximiliano en el trono de México. Lo que Carlota nunca contó a sus familiares fue que a ninguno de los pequeños Iturbide se los adoptó legalmente. En realidad, la familia recibió quinientos mil dólares por la entrega del niño y, a cambio, Carlota tuvo que aceptar la tutela de su tía Josefa, quien se encargó de la educación y el cuidado de Agustín. La emperatriz nunca quiso a este niño ni se ocupó de él, y tampoco lo llegaron a considerar como «un digno heredero de la corona de México». El pequeño la llamaba Mamá Carlota, una expresión que más adelante se utilizaría en canciones populares para burlarse de su posible embarazo. El príncipe Agustín de Iturbe fue devuelto a su madre tras el desmoronamiento del imperio.

A principios de noviembre de 1865, Maximiliano se preparó para organizar un nuevo viaje a la remota provincia de Yucatán. Esta vez tenía planeado que le acompañara Carlota. Pero en esa época del año las carreteras eran casi intransitables y para llegar a esa provincia había que ir a Veracruz y desde allí en barco a Mérida. Sus consejeros le advirtieron de que su viaje podría ser interpretado por sus súbditos como una huida de la capital en un momento muy delicado. Presionado por Napoleón, que le pedía mayor firmeza para salir del estancamiento en que se hallaba la situación en México, Maximiliano publicó un decreto según el cual todo rebelde al que se encontrara con armas en la mano sería fusilado en el acto, sin un juicio previo. El emperador, que era de talante pacifista, tomó esta decisión empujado por los que le reprochaban ser excesivamente débil, «un pobre fantasma de soberano», como le apodaba un general francés. El resultado fue un baño de sangre. Por toda la nación hubo detenciones arbitrarias y ejecuciones sumarias contra los rebeldes.

Mientras, Carlota por primera vez viajó sola por el interior del país y su estancia en Yucatán fue la temporada más feliz de su vida, a pesar de las secuelas que le dejó en su salud. En la madrugada del 4 de noviembre de 1865 la emperatriz y un cortejo de cinco carruajes partió en dirección a Veracruz, a seis días de distancia de la capital. La acompañaban dos ministros, un embajador, un capellán, un médico, dos damas de honor y el ingeniero belga Félix Eloin. Al día siguiente de su partida, Maximiliano se sentía perdido, como en todas sus separaciones, y escribió: «Cuanto más te alejas, más te añoro y más melancólico me siento. Vago como un alma en pena por las salas vacías y para empeorar la depresión el tiempo es glacial». Al poco de irse Carlota, enfermó y el médico le prescribió «hierro y quinina para combatir la melancolía».

Viajar a Yucatán en la segunda mitad del siglo xix suponía una peligrosa aventura. Esa inmensa región constituía un universo aparte, lleno de frondosas junglas habitadas por jaguares, serpientes venenosas y espléndidas ruinas ocultas de los antiguos mayas. El clima resultaba sofocante y muy insalubre. Abundaban las fiebres y las enfermedades. Pocos europeos se aventuraban por estas tierras habitadas en su mayoría por población indígena. Carlota afrontó con gran entereza tormentas tropicales, carreteras repletas de barro, ataques de insectos y la inseguridad de los caminos donde los asaltos eran habituales. Al llegar a Veracruz le esperaba la majestuosa corbeta austriaca Dandolo, pero ella decidió navegar en un barco local y en su diario de viaje reconoció que fue «la travesía más horrorosa de todas las que he hecho». Al día siguiente llegó a Mérida, la capital de Yucatán, una ciudad colonial blanca y llena de encanto. A Maximiliano le escribió: «Parece todo tan bello, tan pacífico y tranquilo comparado con la ciudad de México que uno empieza a creer en el ser humano otra vez. La gente nos da la impresión de ser tan buena, dulce y franca».

Carlota había recuperado la alegría después de las tensiones de los últimos meses. Maximiliano le había dado instrucciones detalladas, entre ellas sabía que había movimientos para declarar la independencia en el estado de Yucatán. Ella llevaba consigo propuestas de leyes para conseguir la adhesión total al imperio y la posibilidad de instaurar un virreinato. Durante las siguientes semanas tuvo una intensa actividad presidiendo bailes, banquetes, inaugurando escuelas, hospitales, asistiendo a misas y celebrando audiencias públicas. El ritmo era tan frenético que pronto el cansancio se hizo notar y tuvo que guardar cama por una afección de garganta. Después, ya recuperada, y a pesar del calor y la humedad sofocantes, continuó visitando fascinada las ruinas de templos y palacios mayas ocultos entre la espesa vegetación. El viaje fue una de las experiencias que Carlota jamás olvidaría, pero allí sufrió sus primeras crisis nerviosas y delirios de persecución. Ya entonces comenzó a decir a sus damas de compañía que tenía temor a ser envenenada y pasaba las noches sin dormir y rezando.

Tras dos meses ausente, Maximiliano fue a recibir a su esposa a las afueras de la capital y la invitó a pasar unos días en Cuernavaca para recuperarse del viaje. Esta ciudad, famosa por su eterno clima primaveral, le había cautivado y allí iba cuando llegaba el frío a Chapultepec. Era un lugar encantador en un valle rodeado de bosques y montañas que le recordaba a Suiza. Al principio se alojaron en el Palacio Municipal, pero cuando el emperador descubrió el maravilloso jardín Borda, quedó enamorado y decidió alquilar la casa. La vivienda principal sería su residencia de campo, donde pasaba dos semanas cada mes disfrutando del buen clima y de un ambiente más relajado y libre que en la corte. Mientras el imperio estaba al borde del colapso total, Maximiliano se dedicó a restaurar la Quinta Borda, como así se llamaba, a desbrozar su gran jardín y a limpiar las veredas. Ya instalado, le describió a su amiga, la baronesa de Binzer, este idílico lugar: «En este feliz valle, pocas horas alejado de la capital, vivimos en medio de un jardín frondoso en una apacible quinta sin pretensiones. En la terraza cuelgan nuestras hamacas y mientras los pájaros multicolores nos encantan con sus trinos, nos hundimos en los más dulces sueños». Más tarde mandó construir en un rancho de Acapantzingo, una villa de descanso que llamó Olindo y que le obsequió a Carlota como refugio, aunque ella nunca pudo disfrutarla. Así se lo contaba Carlota en una carta a la emperatriz Eugenia: «Desde hace quince días estoy en Cuernavaca, un sitio encantador que une al atractivo de los trópicos, un calor que hace bien y del que nos habíamos visto privados desde hace mucho tiempo en nuestra residencia del altiplano. Al emperador, que vino a reunirse conmigo, le agrada mucho Cuernavaca porque aquí puede trabajar más tranquilamente. Para él, es el Plombières o Biarritz. Hay que construir en el pueblo de Acapantzingo un pequeño "chalet" al que dará el nombre de Olindo, que está rodeado por espesos bosquecillos de laureles, de naranjos y plátanos distribuidos por la naturaleza con graciosa profusión».

En Cuernavaca, la emperatriz descansó unos días y cuando parecía que se encontraba más animada llegó una triste noticia con un mes de retraso. El 6 de enero de 1866 le informaron de la muerte de su amado padre, el rey Leopoldo I, en Laeken. Había fallecido a los setenta y cuatro años y en brazos de su amante oficial Arcadia Claret, que lo cuidó hasta el último suspiro. La pareja partió enseguida a Chapultepec y en la corte mexicana se dispuso tres meses de luto. Rota por el dolor agradeció las muestras de cariño de sus súbditos, quienes pusieron lazos negros en las ventanas, y le llegaron sentidas cartas de pésame de todas las cortes europeas. El general Van der Smissen se presentó de manera inesperada en el castillo para ofrecer sus condolencias a la emperatriz. Su presencia fue un gran apoyo en aquellos duros momentos. Este militar que casi le doblaba la edad, de aspecto viril y carácter irascible, era amigo íntimo del rey Leopoldo y compartió con Carlota sus recuerdos y anécdotas. En aquellos días se los vio caminar juntos por los jardines y en una ocasión los dos dieron un paseo nocturno en una canoa por el lago de Chalco. Los rumores de esta relación tan estrecha llegaron al emperador, que se encontraba ausente, y enseguida tomó medidas para alejarlo de su lado. Envió al barón Van der Smissen y a sus legionarios belgas a la región de San Luis de Potosí. Carlota se quedó de nuevo sola y sumida en una profunda melancolía. Su padre había sido un gran apoyo moral y su consejero político. La llegada al trono de su hermano mayor Leopoldo II de Bélgica, duque de Brabante, cuya relación no había mejorado con los años, desató unas luchas por la herencia que la alejarían aún más de él.

El 18 de marzo de 1866, la princesa le escribió a la condesa de Hulst para agradecerle su carta de condolencia por la muerte de su padre. Su antigua institutriz vivía en Francia y así aprovechó para desmentir los rumores que circulaban en Europa sobre el fracaso del imperio en México. Como de costumbre se mostraba optimista a pesar de las dificultades que atravesaban: «Querida y buena condesa, mil veces gracias por su afectuosa carta y por su simpatía en mi desgracia [...]. La soberana de México no ha dejado jamás de ser su niña y cada palabra suya la recibe siempre de corazón. Sin embargo, nuestra tarea que juzga tan severamente y que considera como imposible, no lo es tanto; lo que sucederá lo sabe únicamente el cielo; pero no será nunca por nuestra culpa ni fallo. [...] Póngase en mi lugar y pregúntese si la vida en Miramar era preferible a la de México. No, cien veces no, y yo prefiero, por mi parte, una posición que ofrece actividad y deberes, aun con dificultades, a contemplar el mar sobre una roca hasta los setenta años. Esto es lo que he dejado y lo que aquí tengo y ahora corra la cortina y no se asombre de que ame a México».

Tres meses después de la trágica pérdida de su padre, Carlota tuvo que sufrir la muerte de su querida abuela materna, la reina María Amelia, a los ochenta y cuatro años en su exilio en el castillo de Claremont en Inglaterra. Se sentía más sola y más vulnerable que nunca, con nadie con quien compartir su dolor y con un esposo cada vez más distante. Para empeorarlo todo descubrió que su marido le era infiel. Este golpe fue definitivo y ya nada sería como antes. Había llegado a sus oídos que el emperador viajaba con tanta frecuencia a Cuernavaca porque allí tenía varios amores, pero últimamente sentía predilección por una muchacha indígena de diecisiete años, hija del jardinero de la Villa Olindo. Se llamaba Concepción Sedano, pero la gente la conocía como «la India Bonita». En una carta Maximiliano se refirió a ella con estas palabras: «Una joven india inocente que me testimonia un afecto ingenuo que me es muy dulce. ¡Se está tan solo en la vida!». Un día corrió la voz de que la bella Concepción se había quedado embarazada y la gente señaló a Maximiliano.

Mientras en Cuernavaca el emperador dedicaba su tiempo a cazar espléndidas mariposas, a dar largos paseos a caballo por el valle y a disfrutar en su Quinta Borda de divertidas veladas donde corría en abundancia el vino y el champán, el 25 de enero de 1866 recibió una carta demoledora de Napoleón III que le sacó de su ensoñación. En ella le decía que ante la insostenible situación que atravesaba el imperio, con las arcas vacías, una décima parte del país pacificada y la carencia de un ejército nacional, había decidido retirar de inmediato todas sus tropas de México. Le ocultó la presión que sufría de Estados Unidos y que le había obligado a tomar esta drástica medida que suponía el fin del Imperio mexicano.

Carlota recibió la noticia en un momento de su vida en el que había tocado fondo emocionalmente. Las cartas de la emperatriz, escritas a principios de 1866, desvelan su estado de ánimo: «Siento melancolía y depresión, como si no hubiera nada en la vida que me confortara o brindara consuelo». La salud de su esposo también le preocupaba. En dos años su aspecto físico se había deteriorado rápidamente. Había perdido mucho peso debido a la disentería crónica que padecía y al paludismo que le provocaba fiebres intermitentes. Él, que antaño era coqueto y le gustaba cuidarse, se había dejado mucho. Casi nunca se afeitaba y estaba prácticamente calvo, por lo que en ocasiones llevaba peluca. Bebía mucho, fumaba puros y la comida picante del país le había dañado su ya delicado estómago. Tenía la dentadura muy deteriorada y sufría frecuentes dolores de muelas. Carlota ya casi no reconocía al apuesto y altivo archiduque austriaco de ojos claros y barba rubia enfundado en su uniforme de gala que le había robado el corazón cuando era una princesa llena de sueños románticos.

Pero Carlota, a pesar de todas las adversidades, no estaba dispuesta a rendirse. De manera inesperada anunció a Maximiliano que iría a Francia a exigir a Napoleón que cumpliera su palabra y prolongara la presencia francesa en México. El emperador, cansado y enfermo, aceptó su propuesta.

La repentina decisión de la emperatriz de viajar a Europa en plena temporada de lluvias, cuando los caminos a Veracruz eran casi intransitables y muy peligrosos, para muchos solo tenía un motivo: Carlota estaba embarazada y huía para ocultarlo. En las calles sonaba una canción popular con el siguiente estribillo:

> *Adiós, Mamá Carlota,*
> *la gente se alborota*
> *al verte tan gordota.*

En un mundo de tinieblas

El 7 de julio de 1866, el *Diario del Imperio* para acallar los rumores publicó: «Su Majestad sale mañana para Europa. Va a tratar de los intereses de México y a arreglar varios asuntos internacionales. Esta misión, aceptada por nuestra soberana con verdadero patriotismo, es la mayor prueba de abnegación que haya podido dar el emperador a su nueva patria, tanto más cuando que la emperatriz va a arrostrar el peligro del vómito negro en la costa de Veracruz, tan peligrosa en la estación de lluvias. Damos esta noticia para que el público conozca el verdadero objeto del viaje de Su Majestad». La partida de Carlota se fijó para las cuatro de la mañana del 8 de julio de 1866. Ese día en el patio del castillo se congregó su modesto séquito formado por doce personas, entre ellas el conde Charles de Bombelles, a quien Maximiliano había encargado que cuidara de su esposa. También viajaron dos ministros, varios miembros de la Casa de Carlota, el gran chambelán, el tesorero y su mujer, su médico personal, su dama de compañía la marquesa Manuela del Barrio y su camarista vienesa Mathilde Doblinger. Hasta el último momento la emperatriz intentó no dejarse llevar por la emoción que sentía pero, al despedirse de sus damas de palacio y sus más leales sirvientes, apenas pudo contener las lágrimas. Pese a que Maximiliano aún se encontraba enfermo y débil, decidió acompañarla hasta las afueras de la ciudad. Cuando llegó el momento de separarse abrazó a su esposa y muy abatido se subió al carruaje que le llevó de regreso a la capital.

En la soledad de su despacho en el castillo de Chapultepec, el emperador le escribió estas emotivas palabras: «Lo que siento en estos días, lo que sufre mi corazón herido, no te lo puedo expresar, mi ángel y mi estrella. Se ha muerto mi gusto por vivir y solo el deber me mantiene en pie […]. Por Dios, no comas fruta, no te expongas al sol y no desembarques ni en La Habana ni en Saint Thomas. Si no te sientes bien, me muero de angustia. Te estrecho contra mi corazón herido y sufriente. Tu siempre fiel Max». Consciente de que su correspondencia privada sería de dominio público Maximiliano se esforzaba en mostrarse como un esposo enamorado y afectuoso. En realidad su historia de amor —si alguna vez existió— había acabado mucho antes de llegar a México. A estas alturas «ni él era "siempre fiel", pues Concepción Sedano iba a tener un hijo, ni ella tampoco, pues estaría embarazada ya de casi tres meses del barón Van der Smissen, razón por la cual apresuraba tanto el viaje a Europa, donde aún no sabría qué tendría que hacer para aislarse durante los seis meses siguientes», escribió Martha Zamora, biógrafa de la pareja imperial.

El viaje a Veracruz en plena época de lluvias fue una verdadera temeridad y Carlota empezó a mostrar un comportamiento extraño y errático que iría en aumento al llegar a Europa. A la altura de Córdoba las tormentas fueron más violentas y el calor y la humedad resultaban asfixiantes. Los caminos estaban tan anegados de barro que el vehículo que transportaba los baúles volcó y el carruaje de la emperatriz sufrió un accidente al romperse una de las ruedas. Ella, muy exaltada, ordenó que le trajesen un caballo para continuar cabalgando hasta Paso del Macho, donde pretendía tomar el tren. Por fortuna llegó el carruaje de repuesto y escoltada por el ejército francés, continuó la travesía hasta Veracruz. Dos años después esta ciudad tristemente célebre por su alta mortandad debida a las epidemias la recibía de nuevo con la misma indiferencia y frialdad. Corría el rumor de que la emperatriz se marchaba para no volver y que pronto la seguiría su esposo.

Fondeado en la bahía de Veracruz la esperaba el vapor francés Impératrice Eugénie, que llevaba el nombre de la soberana que ahora consideraba su gran esperanza para poder seguir en el trono. «Dentro de unos meses estaré de vuelta», les prometió a todos antes de partir de Chapultepec. Al subir a bordo no quiso quedarse en cubierta ni ver desaparecer las costas de su querido México, donde dejaba atrás tantos sueños rotos. En las tres semanas y media que duró la travesía no cesó de quejarse, protestar y sufrir dolores de cabeza debido al ruido de las máquinas que oía en su camarote y que la afectaban «hasta el punto de volverla loca». En su viaje de regreso apenas se la vio en cubierta y cuando lo hacía permanecía callada, con la mirada ausente y el gesto serio. A su camarista Mathilde Doblinger le preocupaba su estado de ansiedad y el que «destrozara sus pañuelos con los dientes».

La mañana del 8 de agosto de 1866 el barco llegó al puerto de Saint-Nazaire donde el único que la recibió fue el representante del Imperio mexicano en París, el general mexicano Almonte y su esposa. Enojada por no tener una recepción digna de su rango, Carlota abordó un tren a París y en la estación envió un telegrama a Napoleón: «He llegado hoy a Saint-Nazaire, con misión, conferida por el emperador, de tratar con Vuestra Majestad varios asuntos relacionados con México. Ruégole transmita a Su Majestad la emperatriz mis sentimientos de amistad y créame que será un placer para mí ver nuevamente a Vuestra Majestad». La respuesta del emperador de los franceses no tardó en llegar: «El telegrama de Vuestra Majestad ha llegado a mis manos. He regresado de Vichy enfermo, me veo obligado a guardar cama y no puedo por consiguiente verla. Pero como supongo que Vuestra Majestad visitará primeramente Bélgica, tendré tiempo de reponerme». Carlota se quedó helada. Para ella, nieta de un rey de Francia, suponía una humillación mendigar favores al que consideraba el usurpador del trono de sus antepasados. La excusa que le puso Napoleón era cierta pues se encontraba muy enfermo y convaleciente. La emperatriz Eugenia intentó por todos los medios retrasar la entrevista que podría agravar aún más su delicada salud.

Todo eran malas noticias y parecía que Carlota había llegado a Europa en el peor momento posible. El general Almonte la informó de que unos días antes Austria, atacada por Prusia, había sufrido la aplastante derrota de Sadowa y, vencido y humillado, el emperador Francisco José había tenido que pedir la paz. La emperatriz no tenía prisa por viajar a Bélgica y su hermano Felipe, conde de Flandes, en una carta a la familia escribió: «Me temo que desconozco los planes concretos de Carlota. Sus movimientos me parecen muy erráticos y están dictados por una susceptibilidad que linda en lo ridículo. Creo que vendrá aquí más tarde, pero no sé cuándo, y dudo de que vuelva a México. Es más probable que su marido esté pronto de regreso en Europa». Tampoco tenía ningún interés en poner el pie en la corte de Viena, donde sabía que no iba a ser bien recibida. El emperador Francisco José, al enterarse de su llegada a Francia, exclamó: «Confío en que no venga a Austria, porque es lo único que nos falta».

Carlota, que no se rendía fácilmente, decidió continuar con sus planes y viajar a París. A su llegada a la ciudad la recibió Gutiérrez de Estrada, uno de los impulsores del Segundo Imperio mexicano. El diplomático, anciano y enfermo, la acompañó al Grand Hôtel en el boulevard des Capucines. Para mitigar la humillación de Carlota al no haber sido invitada a alojarse en las Tullerías, reservó para ella toda una planta del edificio. Al día siguiente, el general de Genlis, ayudante de campo de Napoleón III, se presentó en el hotel para pedir excusas a la soberana por los errores de protocolo cometidos y para comunicarle que la emperatriz Eugenia estaba dispuesta a venir a visitarla y quería saber a qué hora le era conveniente. «A la hora que desee», fue su escueta respuesta. Cuando el general se retiró, Carlota se encerró en su suite y no permitió que nadie la molestara. Así finalizó su primer día en París, donde había soñado que sería recibida con todos los honores de una digna descendiente de los Orleans. Sola, abatida y triste se sentó a escribir una carta a Maximiliano en la que, como de costumbre, le ocultó sus problemas y se mostró de lo más optimista.

Eugenia de Montijo llegó al día siguiente al Grand Hôtel acompañada de dos damas de honor y se encontró con Carlota en uno de los salones. Ambas se abrazaron y besaron afectuosamente. Eugenia enseguida notó el cambio que había sufrido la princesa belga y su estado de excitación. Aún vestía de riguroso luto por la muerte de su padre y aunque tenía veintiséis años parecía mucho mayor. Estaba demacrada y cansada. De inmediato empezó a hablar de las dificultades que tenían en México, pero Eugenia la abrumó con preguntas superficiales sobre las fiestas en Chapultepec o cómo vestían las damas de la buena sociedad mexicana. Al final, al ver que no atendía a sus razones, la presionó para que Napoleón la recibiera cuanto antes. Eugenia se escudó en la mala salud de su esposo, pero Carlota le dijo en tono amenazante:

«Si el emperador se niega a verme, irrumpiré». La cita quedó fijada para el día siguiente. Asombrada ante la ignorancia que tenía la emperatriz sobre México, comentó posteriormente a Maximiliano: «Yo sé más de China que esa mujer sabe de México».

Un carruaje imperial recogió a Carlota y la condujo al palacio de Saint-Cloud. De nuevo la invadió la nostalgia al atravesar el inmenso parque de este palacio donde había pasado tantos felices veranos en su infancia con sus abuelos, aún reyes de Francia. La emperatriz apenas había dormido y pasó la noche releyendo las instrucciones de Maximiliano, memorizando cifras y estadísticas. Sabía que de aquella entrevista dependía la suerte del Imperio mexicano y el futuro de Maximiliano y el de ella. Napoleón la recibió en su gabinete de trabajo rodeado de libros, mapas y pilas de carpetas. Ella apenas reconoció al emperador, que estaba muy desmejorado y envejecido. La reunión fue privada, solo con la presencia de Eugenia, y duró hora y media porque él sufría un fuerte dolor debido a los cólicos que padecía. En una carta a Maximiliano le reveló la decadencia del soberano y que su esposa ya no se hallaba en condiciones de llevar asuntos de gobierno: «Se ha hecho viejo; y ambos se han vuelto infantiles y lloran con frecuencia; no sé si esto conducirá a algo».

Carlota comenzó su exposición argumentando la necesidad de mantener la presencia de las tropas francesas durante los seis años, como se acordó en el Tratado de Miramar, y de extender la ayuda económica para salvar el imperio. Acusó al mariscal Bazaine de haberse gastado grandes sumas de dinero sin haber conseguido la pacificación del país ni la creación de un ejército propio. Mientras hablaba se dio cuenta de que el emperador parecía ausente y cabizbajo. Hacía tanto calor que por encargo de una de las damas de compañía de Eugenia un lacayo se presentó en el gabinete con una jarra de naranjada. Esta interrupción se le antojó intolerable a Carlota, quien finalmente accedió a beber un vaso del refresco que le ofreció su anfitriona. Prosiguió con sus quejas y aludió a las promesas que les había hecho a ella y a Maximiliano cuando partieron a México. Entonces Napoleón se vino abajo y confesó entre lágrimas que no podía hacer nada en la delicada situación política de Francia. Por último, ansioso por acabar la tormentosa reunión, le prometió consultar de nuevo con sus ministros antes de darle una respuesta final. De regreso en el carruaje Carlota se desmoronó y lloró amargamente en brazos de la señora Manuela del Barrio. Nunca olvidó la humillación, el dolor y la angustia que sintió y que dañaron gravemente su salud mental.

«Hice lo humanamente imposible», le escribió a Maximiliano cuando al día siguiente le informaron de que el Consejo de Ministros había votado por unanimidad poner término a la intervención en México. Carlota se negó a aceptar esta resolución y al presidente del Consejo le dijo: «Yo solo recibo respuestas del propio emperador, a quien he hecho las preguntas». Así las cosas, Napoleón se vio obligado a acudir al Grand Hôtel para comunicarle personalmente que todo había acabado y que no podía actuar en contra de la opinión pública y el Parlamento. Fue de nuevo una entrevista breve y muy tensa. Napoleón escuchó en silencio cómo le pedía que reuniera a la Asamblea Legislativa para que autorizaran un préstamo de noventa millones de francos para México. Agotado y con ganas de desembarazarse de ella, el emperador dio por terminada la reunión y afirmó que no debía hacerse ilusiones. Entonces Carlota, fuera de sí, le gritó: «Vuestra majestad no debe hacérselas tampoco». Él se levantó, hizo una fría reverencia y salió en silencio de la habitación. No volverían a verse.

Después de la entrevista Maximiliano recibió un cable telegráfico de Carlota redactado en español y que decía: «Todo es inútil». Aún no tenía ni idea de la profunda crisis que sufría su esposa ni de la magnitud de la tragedia que se avecinaba. La emperatriz odiaba a Napoleón III y su comportamiento se tornó más violento. Ante una de sus damas de compañía refiriéndose a él, gritó: «¡Charlatán! ¡Hipócrita!». La señora Del Barrio recordó oírla a través de la puerta exclamar: «Cómo he podido olvidar quién soy y quién es él; debí recordar que la sangre de los Borbones corre por mis venas y no deshonrar mi raza y mi persona al humillarme ante un Bonaparte». También se refirió a la naranjada que le ofrecieron en Saint-Cloud y con la que según ella querían envenenarla. Durante las dos noches siguientes se paseó por la habitación murmurando que Napoleón era Satán y advirtiendo en sus cartas a Maximiliano que «debía librarse cuanto antes del demonio». El médico que la acompañaba le administró tranquilizantes en sus bebidas para frenar su estado de agitación y hacerla dormir.

El 23 de agosto, dos semanas después de su llegada a Saint-Nazaire, la emperatriz abandonó París en un tren especial de la corte que dispuso para ella Napoleón, aunque Carlota nunca lo supo. Ahora su prioridad era llegar a Roma y ver al papa. Tras su fracaso en París tenía esperanzas de poder negociar con el Vaticano un concordato «que traería la paz con el clero y los conservadores en México».

A la espera de recibir la confirmación de su visita al Santo Padre, y ante su estado de angustia y nerviosismo, se decidió que descansara unos días en su castillo de Miramar hasta poder viajar a Roma. Al llegar al pequeño muelle a bordo del vapor Neptuno fue recibida con salvas en su honor y por primera recobró el ánimo. Tras tantas humillaciones de nuevo era la emperatriz y la trataban con el respeto que merecía. Se sentía al fin en casa y Miramar aún le pareció más hermoso rodeado de los jardines que lucían espléndidos con sus altas palmeras, sauces llorones, cedros, pinos y pérgolas cubiertas de rosaledas. En los días siguientes se mostró más tranquila, recuperó el apetito y disfrutó recorriendo los salones ricamente decorados de la primera planta, cuyas obras ya habían concluido. En aquel ambiente imperial volvió a recobrar las esperanzas y escribió a su esposo recomendándole que se mantuviera firme, que la abdicación de la corona de Francia había destruido a su propio abuelo Luis Felipe, y que él aún era joven y valeroso. «Debes decir a todos que tú eres el emperador. Tienen que inclinarse ante ti. Buscaré dinero donde lo haya […]. Y tú te sostendrás ante todo el mundo, apoyado por tu propio pueblo […]. Será el más hermoso imperio del mundo».

Aquellos dulces días en Miramar solo se vieron ensombrecidos por una carta que le causó un profundo impacto. Unos días antes había enviado a su antigua institutriz, la condesa de Hulst, la condecoración de la Orden de San Carlos. La dama no solo rechazó el honor, sino que le escribió a su antigua pupila una misiva llena de recriminaciones: «Te lo había dicho, te había predicho que no debías aceptar la corona de México. Tú la aceptaste y ahora pagas por ello. No sigas tentando a la Providencia, sal lo antes posible de esta fatal empresa con honor y sin exponerte demasiado. Cuécete en la salsa de tu amargura y reflexiona en esta verdad tan vieja como el mundo: "¡Ay de los vencidos!", sobre todo cuando estos vencidos se han expuesto voluntariamente a la derrota, y ello sin la sanción de un auténtico deber cumplido». Estas palabras hirieron en lo más profundo a Carlota para quien la condesa había sido como una madre y su mayor apoyo moral.

Por fortuna, tenía a su lado a Mathilde Doblinger, la dama de compañía que había traído con ella desde México y que se había ganado su confianza hasta el punto de que solo aceptaba que ella la sirviera. Le gustaba esta mujer austriaca robusta, eficaz y silenciosa que la acompañó en los momentos más duros.

También llegó a Miramar el joven secretario personal de Maximiliano, José Luis Blasio, a quien este decidió enviar a Europa para ayudar a su esposa. Los días pasados en Miramar la habían tranquilizado, pero de nuevo ante la proximidad de su viaje a Roma empezó a comportarse de manera extraña y a desconfiar de algunas personas de su séquito. Estaba convencida de que Napoleón III había sobornado a su personal de servicio y acompañantes para que la matasen. Entre ellos estaba Charles de Bombelles, a quien no permitió viajar con ella al Vaticano. Durante todo el trayecto no dejó de interrogar a Blasio y de advertirle que «espías del emperador de Francia habían podido tener acceso a documentos confidenciales que él trajo consigo desde México».

El 25 de septiembre de 1866, Carlota llegó a la estación de Roma, donde fue recibida por los cardenales, ministros extranjeros y miembros de la alta sociedad italiana. La emperatriz y su pequeño séquito fueron conducidos con gran pompa hasta el Albergo di Roma en el Corso, donde ocuparon la primera planta. Un día después recibió la visita del cardenal Antonelli, secretario de Estado de Su Santidad. Reunidos en uno de los salones, el prelado, muy poco amistoso, le recordó que Maximiliano no había devuelto los bienes del clero ni había prohibido la libertad de cultos en México. Luego se limitó a fijar con ella los detalles de la audiencia con el Santo Padre y le rogó que no hablara con él de política.

Por la mañana un carruaje tirado por cuatro caballos y con lacayos de librea de gala llevó a la emperatriz al Vaticano. Tal como imponía el protocolo, vestía de negro, llevaba la cabeza cubierta con una mantilla y como únicas joyas unos pendientes de perlas. En la sala del trono papal la esperaba Pío IX, quien la saludó con cordialidad y dio la bendición a su séquito mexicano. Después se quedaron los dos solos y Carlota le entregó el proyecto de concordato que Maximiliano y ella habían elaborado para conseguir la pacificación del país. La reunión duró algo más de una hora y el papa se escondió tras evasivas mientras ella se ponía cada vez más crispada. Al despedirse le confesó atemorizada: «Santo Padre, me están envenenando». Dos días más tarde, el papa le devolvió la visita y llegó al hotel acompañado de una gran comitiva. Fue un breve encuentro protocolario en un salón privado y Pío IX nada comentó sobre el documento del concordato que le había entregado para su estudio. Así dio por finalizada su audiencia a la emperatriz de México. Por la noche ella presidió una cena en el hotel para todo su séquito y aunque el menú imperial constaba de casi una veintena de platos, solo tomó naranjas y nueces. No bebió ningún líquido ni el agua ni el vino que le ofrecieron.

A las ocho de la mañana del 30 de septiembre, citó a la señora Del Barrio en su habitación, donde ya la esperaba vestida. Ordenó al cochero que las llevara a la Fontana di Trevi y al llegar saltó del vehículo y se acercó para beber el agua con sus manos al tiempo que decía: «Aquí, al menos, no estará envenenada». Después dio orden de que la llevasen al Vaticano y se presentó sin anunciarse ante el Santo Padre, que se encontraba desayunando. Sin mediar palabra se abalanzó sobre la taza de chocolate que él se estaba tomando, metió los dedos dentro y se los chupó al tiempo que exclamaba: «Tengo mucha hambre, pero no me atrevo a comer nada porque todos quieren envenenarme». El papa, atónito ante su reacción, trató de calmarla y le ofreció que desayunasen juntos, pero Carlota se negó: «No, solo quiero beber de la taza de vuestra santidad. Si saben que es para mí, habrán echado veneno dentro», y de nuevo metió los dedos en el chocolate. En ese instante vio sobre el escritorio un vaso de plata y se apoderó de él: «Démelo, santísimo padre, para que pueda beber en él sin ser envenenada». Pío IX no sabía cómo reaccionar ante el insólito comportamiento de la emperatriz y dejó que se desahogara. Entonces le explicó que había una confabulación contra ella y que todo su séquito estaba a sueldo de Napoleón, quien había encargado matarla. «Protéjame, santísimo padre, solo estoy segura aquí». Alarmado al verla tan seriamente perturbada, el papa le sugirió que visitase la biblioteca del Vaticano. Carlota aceptó y en compañía de la señora Del Barrio y algunos dignatarios le mostraron diversas joyas bibliográficas y se entretuvo ojeando varios libros. Mientras, el papa aprovechó para retirarse por una puerta lateral sin despedirse de la emperatriz. Tras un almuerzo con el cardenal Antonelli y la señora Del Barrio, en el que Carlota de nuevo no probó bocado, cuando llegó la hora de la partida se negó a regresar al hotel y pidió ser alojada en el Vaticano, el único lugar donde se sentía segura. Los cardenales le explicaron que ninguna mujer podía quedarse a dormir en el hogar de Su Santidad, pero ella exclamó gritando que nadie la movería de allí.

El papa, informado del incidente, ordenó que se dispusieran dos camas en la biblioteca para la emperatriz y su dama de compañía. Esa noche Carlota consiguió dormir bajo la atenta vigilancia de la señora Del Barrio que no pegó ojo. Cuando despertó parecía más serena, pero de repente hizo llamar al cardenal Antonelli y le pidió papel y una pluma para redactar su testamento porque sentía que se iba a morir. Fechado en Roma el 1 de octubre de 1866, en él legaba toda su fortuna a Maximiliano y dejaba algunas joyas para sus hermanos y la marquesa Del Barrio. También escribió una carta de despedida al emperador: «Mi muy amado tesoro: te digo adiós. El Señor me está llamando. Te doy las gracias por la felicidad que me has dado siempre. Dios te bendiga y te conceda la paz eterna. Tu fiel Carlota».

Para conseguir que abandonara las dependencias del Vaticano, una madre superiora le propuso visitar un orfanato de su compañía. Carlota aceptó y ya en el convento cuando la llevaron a la cocina donde estaban preparando la comida de las niñas, metió la mano en una de las ollas humeantes para coger un pedazo de carne y se desmayó por el dolor de las quemaduras. La trasladaron en brazos a un carruaje que la condujo al hotel, donde quedó a cargo de sus damas de compañía. Durante los cinco siguientes días permaneció confinada en su habitación por orden de su doctor. Solo aceptaba la compañía de la señora Del Barrio y su abnegada Mathilde Doblinger. A partir de entonces bebió únicamente del vaso del Santo Padre y solo comía naranjas y nueces que le parecían seguras porque podía pelarlas ella misma. Ante la gravedad de su señora, Mathilde compró unos pollos vivos, un hornillo de carbón y un cesto de huevos que ocultó en la habitación. La emperatriz, que le tenía gran confianza, aceptó comer siempre que sacrificara las aves en su presencia.

En aquellos días recluida mandó llamar al secretario Blasio para dictarle una carta donde despedía a todos los miembros de su séquito traído de México por formar parte de un complot para envenenarla. En sus memorias el secretario describió así su encuentro con Carlota: «La emperatriz recorría la habitación de un lado a otro, en apariencia estaba tranquila. De cuando en cuando yo elevaba la mirada para observar su fisonomía. ¡Dios mío, cuánto la habían cambiado en pocos días tantas emociones y sufrimientos! Su cara estaba tirante y delgada, sus pómulos prominentes y rojos; sus pupilas dilatadas y en cuanto a su mirada, era incapaz de posarla en un punto fijo [...]. Observé el aspecto de la habitación de la enferma. Al fondo, una cama suntuosa [...], pero se adivinaba que nadie se había acostado allí en varias noches [...]. Además, un armario, un tocador provisto de objetos de plata, algunas sillas y una mesa sobre la que se había instalado un pequeño horno para que Mathilde preparase los alimentos de tan augusta enferma. A las patas de esta mesa se habían atado algunos pollos vivos. Sobre un mueble, una cesta y la jarra de agua que la emperatriz había hecho llenar en una fuente pública».

El grave incidente que Carlota protagonizó en el Vaticano corrió por todas las cortes europeas y las noticias eran tan alarmantes que el 7 de octubre se presentó en Roma el conde de Flandes, el hermano más querido de Carlota. Felipe creía que todo era una exageración hasta que llegó al hotel y entró en la habitación de su hermana. Aquella noche se dio cuenta de los delirios de persecución que sufría y enseguida telegrafió a los bancos en París, Viena y Londres, donde estaba depositada gran parte de la fortuna de la emperatriz, para advertirles de que no atendieran las instrucciones que recibiesen de ella. El emperador Francisco José envió a Roma a los doctores Riedel, director del Manicomio de Viena, y Jilek, médico personal de Maximiliano, para que hicieran un diagnóstico del estado mental de su cuñada y quedaran a su cuidado.

Felipe convenció a su hermana para regresar a Miramar y le prometió que él la acompañaría y permanecería un tiempo con ella. El 9 de octubre la emperatriz Carlota y el conde de Flandes salieron del brazo del hotel y se encaminaron a pie hasta la estación para proseguir viaje a Trieste. Cuando visiblemente emocionada desembarcó de nuevo en el pequeño muelle de Miramar la emperatriz no podía imaginar que este lugar iba a convertirse en su prisión. A su llegada se la instaló en el Castelletto, la villa construida por Maximiliano en la época en la que supervisaba las obras del gran castillo. Su situación más alejada, sus reducidas dimensiones y sus ventanas con rejas facilitaban la vigilancia de la paciente y que esta no pudiera escaparse. La emperatriz quedó bajo la estrecha vigilancia del conde de Bombelles y al cuidado de sus doctores. A su dama de compañía Manuela del Barrio no se le permitió visitarla y un tiempo después regresó a México con su esposo. Mathilde Doblinger y su nueva ayudante, Amalia Stöger, fueron las únicas que se quedaron a su servicio.

En los primeros días la acompañó también su hermano Felipe, se sentaban a comer juntos y por la tarde paseaban un rato por los jardines siempre vigilados en la distancia. Pero pronto la emperatriz comenzó a insultarle, a desconfiar de él y a tratarlo de forma violenta. El conde de Bombelles le convenció de que su presencia empeoraba el estado de ansiedad de su hermana, por lo que era conveniente que regresara a Viena. Y así lo hizo, dejando a Carlota sola y aislada del mundo. Meses después Felipe, conde de Flandes, se casó con María Luisa de Hohenzollern y se negó a volver a Miramar. Nadie de la familia Habsburgo fue tampoco a visitarla.

Cuando Carlota ya se encontraba encerrada en Miramar, el emperador Maximiliano recibió en Chapultepec dos telegramas. El primero, de Gutiérrez de Estrada, decía: «Su majestad la emperatriz Carlota ha sido atacada el día 4 de octubre en Roma de una congestión cerebral de bastante gravedad. La augusta princesa ha sido conducida a Miramar». El segundo, más esperanzador, lo envió su íntimo amigo Charles de Bombelles: «El profesor Riedel aún no ha perdido la esperanza de una curación». Maximiliano le preguntó a su médico personal Samuel Basch quién era el doctor Riedel de Viena y este le respondió: «Majestad, es el director del manicomio». Al oír sus palabras se quedó desolado, de repente comprendió la terrible tragedia y se enfrentó a la realidad. Su esposa, en la flor de la vida, había perdido la razón y ya nunca podría regresar a su lado.

Preocupado por la salud de Carlota y tras recibir una carta donde Napoleón le decía que no podría dar «ni un centavo más

ni un hombre más», el emperador decidió abandonar el país. Se
sentía derrotado y la situación se había vuelto insostenible: el
imperio tenía las arcas vacías, las tropas de Benito Juárez avanzaban sin descanso recuperando las ciudades ocupadas y la República cada día se hallaba más cerca de retomar el poder que
les habían arrebatado. Con el anuncio de la inminente retirada
de las tropas francesas, estaba todo perdido. Maximiliano solo
pensaba en reunirse con Carlota en su castillo de Miramar y en
la madrugada del 13 de febrero de 1867 abandonó la capital
con sus hombres y se encaminó a Querétaro. Ordenó que todas
sus pertenencias del castillo de Chapultepec fueran enviadas en
cajas a Veracruz donde esperaba la corbeta austriaca Dandolo
que lo llevaría a Europa. No le importó dejar atrás a su supuesto hijo, fruto de su relación con la joven Concepción Sedano,
nacido el 9 de agosto y bautizado con el nombre de Julio Sedano. La existencia de este niño no era un secreto. En una carta
enviada por un oficial francés a su familia les contaba: «La gran
preocupación de Su Majestad es ir continuamente a Cuernavaca
a ver a una joven mexicana con la que acaba de tener un hijo,
lo que le agrada más allá de toda expresión; está muy orgulloso
de haber comprobado su aptitud para la paternidad, tan puesta
en duda».

En el Castelletto la emperatriz preguntaba todos los días por
su esposo, pero siempre le ocultaban la verdad. Incluso cuando
llegó a Europa la dramática noticia de que el 15 de mayo de
1867 Maximiliano había sido hecho prisionero en Querétaro
por el ejército republicano de Juárez. En una ocasión, como
para justificar su cautiverio, comentó: «Me encierro porque así
lo quiere Max y debo esperarlo aquí». Mientras, el grave estado
mental de Carlota se difundió con gran rapidez por México y
empezaron a circular un sinfín de rumores sobre las causas de su
«locura». Se decía que tomaba los brebajes que le preparaba una

de sus sirvientas de la corte, una indígena mulata que le hizo creer que aquellas infusiones la ayudarían a quedarse embarazada. Pero en realidad esta criada era una aliada de Juárez y trató de envenenarla con unas infusiones a base de teyhuinti, una seta que, en concentraciones muy altas, podía producir un estado de locura permanente. Otros aseguraban que en Yucatán le habían dado una «pócima del amor» a base de toloache para atraer a su lecho a Maximiliano y que esta planta medicinal le había dañado el cerebro... Todo eran infundios, conjeturas, leyendas que corrían veloces como el viento.

Para los doctores de Viena que la examinaron estaba claro que su desequilibrio mental tenía un origen en las dificultades vividas en México y el fracaso de su misión en París y en Roma. Pero hubo otros detonantes que agravaron su situación. En apenas diez meses Carlota había perdido a su padre y a su abuela, había sufrido las infidelidades de su esposo —que tuvo varias amantes entre las grandes damas de la corte— y supo que en Cuernavaca la joven India Bonita esperaba un hijo suyo. A su vez, ella podría haber estado embarazada. En Europa se encontró con que nadie la apoyaba, estaba sola y el imperio se desmoronaba. Fueron muchos los motivos por los que la joven emperatriz pudo ver alteradas sus facultades mentales y verse arrastrada a un mundo de oscuridad.

Pero el conde de Flandes tenía otra teoría del repentino trastorno de Carlota y en una carta a su hermano, el rey de Bélgica, le confesó: «Yo creo que la impotencia notoria y reconocida de su marido ha influido de forma decisiva. Si hubiera tenido hijos, su mente se habría ocupado de otras cosas aparte de la política, y la sangre habría seguido en otra dirección. Se dice que Maximiliano no la ha tocado nunca». Más adelante ella misma escribió: «El matrimonio que realicé me dejó como estaba; nunca le negué hijos al emperador Maximiliano, mi matrimonio fue consagrado en apariencia. El emperador me lo hizo creer pero no lo fue, no por mi parte porque yo siempre le obedecí, sino porque es imposible que lo fuera o yo no me habría quedado como lo que soy».

Carlota permaneció aislada diez meses en Miramar, hasta el 29 de julio de 1867. Todo lo que ocurrió tras los muros del Castelletto en ese tiempo está rodeado de misterio, pero una de las hipótesis que se barajó fue que por orden del emperador Francisco José de Austria encerraron a Carlota con la excusa de su demencia para que diera a luz en secreto. Su supuesto hijo, fruto de su relación con el general Van der Smissen, jefe de las tropas belgas que llegaron a México, habría nacido el 21 de enero de 1867 en Miramar. Se llamó Maxime Weygand y tras su nacimiento se lo arrancaron de los brazos y fue entregado a una mujer que lo crio y cuidó de él hasta su juventud. La presencia de este niño suponía una seria amenaza para el futuro dinástico de los Habsburgo. Maxime creció como hijo de padres desconocidos, pero fue educado en Francia y sus estudios pagados por la casa real belga. Alcanzó el rango de general y tuvo una brillante carrera en la armada francesa.

Charles de Bombelles fue estrechando cada vez más el cerco a Carlota hasta el punto de prohibirle las visitas y toda comunicación con el exterior. A este misterioso encierro se sumó la repentina defunción de su camarista, Mathilde Doblinger, fallecida en extrañas circunstancias de un «dolor de vientre», y el suicidio de su doncella, Amalia Stöger, a quien encontraron ahorcada en su habitación. Con sus muertes desaparecieron los dos únicos testigos de lo que ocurrió en este tiempo en el Castelletto. Fue la reina María Enriqueta, esposa de Leopoldo II, quien en julio de 1867 decidió acudir al rescate de la infeliz emperatriz. La cuñada de Carlota, a la que esta tachó de «insípida» en el pasado, le salvó la vida y cuidó de ella hasta el final como de su propia hija.

La reina María Enriqueta consiguió, con muchas dificultades, llevarse a Carlota al castillo de Laeken en Bélgica. En una carta a su esposo, le decía: «No puedo evitar temer que hayan sucedido cosas muy desagradables alrededor de la pobre emperatriz y que el terror que le tiene al conde de Bombelles sea el resultado de la complicidad por su parte». También le comunicó que al verla en Miramar se abrazó a ella diciendo: «¡Tengo tanto miedo! Dime, ¿van a venir a amarrarme los pies y las manos? Júrame que no me pasará nada, que no me atarán a la cama». Una vez que quedó al cuidado de su familia belga, el conde de Bombelles regresó a la corte de Viena. Como premio a su lealtad, el emperador Francisco José lo nombró gran chambelán al servicio de su hijo, el príncipe imperial Rodolfo.

Todos los que vieron a Carlota tras su largo encierro en Miramar se quedaron horrorizados al descubrir su terrible deterioro. Leopoldo II, tras visitarla en Laeken, declaró: «Mi hermana llegó en un estado espantoso; no era más que piel y huesos. El tratamiento y el aislamiento de Miramar resultaron muy perjudiciales. Mi pobre hermana vivía allí en una zozobra constante, abandonada por los suyos». El ministro Jules Devaux la describió como: «Un fantasma lívido, delgado, sin frescura, belleza ni expresión, como una pobre criatura a la que le habían pegado con saña». La propia María Enriqueta llegó a decir: «¡De qué entorno bárbaro o impío hubo que apartar a la pobre Carlota! No creo que haya en la historia un ejemplo de una joven tan abandonada como lo estaba la desdichada emperatriz».

Tras su rescate la familia de Carlota comenzó a recoger testimonios de personas cercanas a la emperatriz para intentar descubrir qué pudo ocurrir en México para que llegara tan traumatizada a Europa. Así salió a la luz que «las relaciones que mantenía con el emperador no eran las de una mujer con su esposo» o que «él se mostraba indiferente hacia ella y la hería a menudo debido a su falta de atenciones». La romántica historia de amor que la pareja proyectaba en público y en sus cartas poco a poco se iba desmoronando. Auguste Goffinet, jefe de la casa real de la emperatriz Carlota, realizó sus propias investigaciones y en un comunicado a la familia belga declaró: «La emperatriz no parece haber sido feliz con su marido. El emperador nunca quería estar a solas con ella. La señora Kuhacsevich [esposa del tesorero] duda de que hayan mantenido alguna vez alguna relación. Cuando su marido iba a sus aposentos, la emperatriz experimentaba una especie de ahogo. He oído decir que el emperador era de costumbres dudosas». Por primera vez se sugirió que Maximiliano podría ser homosexual, un rumor que ya había corrido cuando vivían en México.

Los primeros meses que Carlota pasó en el castillo de Laeken, lleno de recuerdos felices de su infancia, contribuyeron a su mejoría. Rodeada del cariño de su familia y de sus nuevas damas de honor se mantenía lúcida y sus crisis nerviosas remitieron. Se dejaba vestir y peinar, jugaba con sus sobrinos y mostraba como antaño una memoria excepcional. México seguía siendo un tema prohibido, nunca se hablaba de política delante de ella y cada vez que preguntaba por Maximiliano le daban evasivas. La reina María Enriqueta en una carta a la condesa de Hulst le escribió: «Nuestra querida hija —pues la considero ahora como mi hija— va tan bien como es posible, gracias a Dios. Pasa tranquila las noches, tiene buen apetito y salimos dos veces al día. Los progresos son tan evidentes desde nuestra llegada que me hacen concebir grandes esperanzas, y si continuamos así creo que la curación no podrá tardar». Ante esta inesperada mejoría se decidió dar a Carlota una fatal noticia que ya no se podía postergar más.

Cuando el 19 de junio de 1867 Maximiliano fue fusilado junto a sus leales generales Miramón y Mejía en el cerro de las Campanas de Querétaro por orden de Benito Juárez, los doctores se habían opuesto a que su viuda tuviera conocimiento de su muerte «temiendo que la sacudida que recibiría al anunciarle el terrible fin de Maximiliano pudiera provocar el deseo de escapar para ir a México a reemplazarlo». Cinco meses después llegó a Viena el cuerpo embalsamado del emperador y se le dio sepultura en la cripta de los Habsburgo en la iglesia de los Capuchinos. No se podía continuar ocultándole la verdad y se pidió al arzobispo Deschamps, su antiguo director espiritual, que fuera él quien le anunciara la muerte de su esposo. Al oír la terrible noticia Carlota rompió a llorar y se arrojó a los brazos de su cuñada, diciendo: «¡Ah, si pudiera hacer las paces con el cielo y confesarme!». Al día siguiente se confesó y de nuevo vestida de riguroso luto, pidió que le dieran los detalles sobre el final de su marido. Aunque todos esperaban con temor una crisis, asumió con su habitual dignidad el papel de viuda. Se dedicó a responder en varios idiomas las tarjetas de pésame que le enviaban y mandó imprimir recordatorios que mostraban al emperador Maximiliano abrazando una bandera mexicana sobre un barco que se hundía. Después, en una carta a la condesa de Hulst acabó comparando la muerte de su esposo con el martirio de Jesucristo en el monte del Calvario. Estaba cansada de vivir y solo tenía un deseo: «Poder reunirme pronto con mi querido Max».

Pero Carlota aún sobrevivió a Maximiliano casi sesenta años encerrada en sus recuerdos y paranoias mientras a sus espaldas las familias Sajonia-Coburgo y los Habsburgo se disputaban su fortuna. Tras confesar que su matrimonio no había sido consumado, este fue anulado y la familia real de Bélgica recuperó la dote que con tanta avaricia había peleado el archiduque Maximiliano. Así, la Casa de Austria la borró de su historia y de su linaje. Ya ni siquiera a su muerte Carlota podría ser enterrada, como todas las esposas de los archiduques, en la cripta de los Habsburgo en Viena. Su gran fortuna fue a parar a manos de su hermano el rey Leopoldo II, el que más detestaba y que se convirtió en su tutor legal. Años más tarde se descubrió que el rey belga invirtió buena parte de las propiedades y joyas de la emperatriz en una colonia africana que fue su propiedad privada y que explotó sin una pizca de humanidad: el Congo.

Con solo veintiocho años comenzó para ella un triste peregrinar por distintos castillos de Bélgica, donde vivió largos confinamientos hasta que acabó en un profundo abismo. De Laeken fue trasladada a Tervuren, el castillo sobre una colina donde la llevó su madre de pequeña cuando enfermó gravemente de tosferina. Allí de nuevo se derrumbó y volvieron las crisis y los delirios. Sus damas de compañía descubrieron perplejas que había decorado su habitación con su traje de novia, su largo velo de encaje y un ramo de flores marchitas. También mandó hacer un maniquí a tamaño natural de Maximiliano y por la noche se la oía mantener conversaciones con él. De regreso a Laeken entre febrero y junio de 1869 la emperatriz se volcó de manera obsesiva en la escritura. Durante largos días y noches Carlota no dejó de escribir frenéticamente cientos de cartas dirigidas a Napoleón III, a Maximiliano, al teniente francés Joseph Loysel, a Leopoldo II y a innumerables generales franceses. En estas páginas plagadas de delirios megalómanos y fantasías sadomasoquistas evocó sus recuerdos en México, «los más felices de mi vida». Escribía casi a diario de una a veinte cartas desgarradoras que nunca se enviaron, pero que nos adentran en un mundo imaginario que nadie pudo comprender porque se encontraba ya muy perturbada. En una de ellas, dirigida al general Douay, confesó: «Estuve embarazada nueve meses de la redención del Diablo, nueve meses de la Iglesia y ahora estoy embarazada del Ejército; hágame dar a luz en octubre». En otras quería dejar de ser mujer porque su sexo le impidió poder gobernar de verdad su imperio. «Quiero ser un hombre. Si lo hubiera sido, Querétaro no hubiera caído», escribió, y al doctor Delhaie le pedía: «Venga esta tarde a mi habitación entre las siete y media y las ocho, y azote a la emperatriz de México, despedácela, que no quiero serlo más».

El 1 de mayo de 1869 Carlota regresó al castillo de Tervuren donde sus delirios se intensificaron. Tras cuatro meses de escritura frenética, se liberó y se encerró más en sí misma. Salvo unas notas puntuales, no volvió a escribir nunca más. Después de estas crisis nerviosas los médicos reunieron a los familiares para darles un diagnóstico final: la emperatriz sufría demencia precoz (hoy conocida como esquizofrenia) y no creían que pudiera recuperarse. Sin embargo, a todos llamaba la atención su buena salud y el aspecto rejuvenecido gracias a que se mantenía en forma y comía bien. Aquí en Tervuren vivió casi diez años con su pequeña corte de cuarenta servidores, rodeada de toda la elegancia y el protocolo digno de su rango y que ella apreciaba. A pesar de su enfermedad conservaba su actitud altiva y no había olvidado que era una soberana. «Tuve un esposo emperador y rey —dijo a sus damas de compañía—; un gran matrimonio y después, la locura, la locura producida por los acontecimientos».

El 3 de marzo de 1879 Tervuren sufrió un grave incendio y Carlota fue trasladada al castillo de Bouchout donde residió hasta su muerte. En esta fortaleza medieval transformada en un castillo de cuento de hadas a orillas de un estanque, Carlota fue descendiendo lentamente hacia la noche más oscura. Aunque pasaba periodos tranquilos, sufría con más frecuencia ataques violentos y entonces rompía la vajilla, desgarraba los vestidos o se agredía arrancándose mechones de su cabello. Cuando estaba más serena tocaba el piano, bordaba y hablaba sola sobre México y Maximiliano, sus dos obsesiones. En su habitación tenía un retrato del emperador que aún contemplaba extasiada durante las frías noches de invierno. Poco a poco se fue distanciando del mundo, ignorando que todos los protagonistas de su tragedia habían muerto. Cuando su familia la visitaba, y en sus escasos momentos de lucidez, se disculpaba por los arrebatos de mal humor o los ataques que sufría y decía: «No haga usted caso si decimos tonterías; es que somos viejos, somos tontos, somos locos [...]. La loca vive todavía, señora, está usted en casa de una loca».

La princesa Carlota de Bélgica, emperatriz de México, falleció el 19 de enero de 1927, a las siete de la mañana, a causa de una neumonía. Tenía ochenta y seis años y había pasado las últimas seis décadas de su solitaria existencia acompañada de las sombras de su tormentoso pasado. La dama de compañía que estuvo junto a su lecho anotó las misteriosas palabras que la emperatriz susurró antes de exhalar el último suspiro: «Todo esto terminó y no tendrá salida». México seguía en sus pensamientos. Después de su muerte las puertas del castillo de Bouchout se abrieron por primera vez al público para que el pueblo pudiera desfilar ante su lecho y despedirse de la emperatriz. Tenía el rostro sereno, llevaba un gorro de encaje en la cabeza y sujetaba un rosario entre las manos. En su funeral se le rindieron los honores militares y su féretro, cubierto con las banderas de Bélgica y México, fue llevado en un carruaje tirado por seis caballos negros bajo una copiosa nevada hasta el panteón de la casa real belga en Laeken, su pueblo natal. Allí descansa junto a su querido padre, Leopoldo I, y a su madre que tan pronto la abandonó. Tiempo atrás Carlota ya se había despedido de Maximiliano, al que en sus delirios llamaba «dueño de la Tierra y soberano del universo». Tras conocer su asesinato, desgarrada por el dolor y la impotencia, escribió: «Yo tuve la culpa de todo, mi querido bienamado. Pero ahora estoy contenta. ¡Tú triunfaste! Eres parte de la victoria de Dios sobre el Mal [...]. Tus ojos se posan sobre mí dondequiera que yo esté y escucho tu voz en todos lados».

CATALINA
LA GRANDE

Dueña de un imperio

Quizá soy buena, y normalmente bondadosa,
pero por mi situación me veo obligada a desear
con terrible firmeza lo que quiero.

CATALINA II de Rusia

«Me han contado que, como esperaban un niño, no causó gran ale-
gría que llegase yo la primera; mi padre, sin embargo, dio muestras de mayor satisfacción que los que le rodeaban. Mi madre
creyó morir al traerme al mundo». Así recordaba su nacimiento
la emperatriz Catalina II de Rusia que vio la luz el 2 de mayo
de 1729 en Stettin, Pomerania. En esta ciudad prusiana remota
y amurallada frente al mar Báltico dio sus primeros pasos Sofía
Federica Augusta, nombre con el que fue bautizada. Su padre,
el príncipe Cristián Augusto de Anhalt-Zerbst, era un comandante del ejército prusiano destinado en Stettin. Un hombre
sencillo y austero, un luterano marcado por la disciplina militar
y por su fidelidad al rey Federico Guillermo I de Prusia. Cuando
Cristián contaba treinta y siete años, presionado por su familia,
se casó con Juana de Holstein-Gottorp, una princesa de quince
años a quien apenas conocía. De buena familia pero con poco
dinero, la joven tuvo que aceptar este matrimonio de conve-

niencia con un hombre de rango menor, que casi le doblaba la edad y a quien no amaba. Aquella boda se hallaba condenada al fracaso porque los dos esposos no podían ser más distintos: ella era alegre, superficial y vanidosa, le gustaba agradar y ser el centro de todas las miradas.

Tras la boda Juana se fue a vivir a la desolada Stettin, donde su marido estaba al mando de un regimiento. Su decepción aún fue mayor al contemplar por primera vez la sencilla casa de piedra azotada por la lluvia y el viento que iba a ser su nuevo hogar. Cristián Augusto vivía de la exigua paga del ejército y no podía ofrecerle nada mejor. Acostumbrada al ambiente sofisticada de la espléndida corte del ducado de Brunswick, donde fue educada, sintió una gran humillación. La vida en este remoto lugar de Pomerania, junto a su apático esposo, resultaba monótona y asfixiante. Tenía dieciocho años cuando supo que estaba embarazada y su único deseo era dar a luz a un heredero varón. Pero su sueño se desvaneció cuando en aquella cálida mañana de primavera nació una niña a la que llamaron Sofía Augusta Federica. Desde el primer instante, y a pesar de ser un bebé hermoso y saludable, su madre la rechazó. Enseguida la entregó al cuidado de sus niñeras y amas de cría. Nunca la acariciaba, ni la cogía en sus brazos o la acunaba. El parto casi costó la vida y durante diecinueve semanas tuvo que guardar cama para recuperarse. «Tan solo mi padre, al que veía muy pocas veces —recordó en su madurez Catalina—, creía que yo era un ángel; mi madre no me prestaba demasiada atención».

La felicidad de Juana llegó con el nacimiento del hijo que tanto ansiaba, Guillermo Cristián, que vino al mundo apenas diecisiete meses después de la pequeña Sofía. La dicha de los padres pronto se truncó al descubrir que el niño padecía raquitismo. Se convirtió en el preferido de Juana, que lo mimó en exceso y le dio todo el amor que le había negado a su hija. Los besos y el cariño que recibía su hermano menor provocaron los celos de Sofía y marcaron a fuego su carácter. En sus *Memorias*, que escribió siendo ya emperatriz de Rusia, aún mostraba resentimiento hacia él: «Al cabo de un año y medio, mi madre dio a luz a un hijo que idolatró. A mí me toleraba, nada más, y me reprendía con una violencia y una cólera que no merecía». Cuando Cristián Augusto fue ascendido a gobernador la familia se trasladó a vivir a una de las alas del castillo de Stettin. Allí nacieron sus siguientes hijos, un niño y una niña, pero el matrimonio ya estaba roto.

Juana y su esposo vivían de acuerdo con su posición social. Los Anhalt-Zerbst eran príncipes a pesar de las penurias económicas y los niños contaban con preceptores, maestros de baile, profesores de música, de danza y de hípica. A edad muy temprana se les enseñó la etiqueta y aprendieron las normas del protocolo. La educación de Sofía recayó en Isabel (Babet) Cardel, una institutriz que ejerció una gran influencia en la futura emperatriz de Rusia. Era francesa, hija de un hugonote refugiado en Alemania, y desde el primer momento entendió que la agresividad y rebeldía de su pupila se debían a la soledad y a la falta de amor de su madre. También se dio cuenta de que era una niña muy vivaz, inteligente y curiosa. «Ella sabía casi todo sin haber aprendido nada», comentaría Babet. Catalina II no escatimó elogios ni gratitud hacia esta mujer que le dejó una profunda huella: «Poseía un alma noble, una mente cultivada, un corazón de oro; era paciente, delicada, alegre, justa y constante; en resumen, el tipo de institutriz que uno querría para todos los niños». Fue Babet quien le inculcó su amor por la lengua francesa y le descubrió a Corneille, Racine y Molière. En contraste, Sofía detestaba al aburrido y pedante pastor herr Wagner, el capellán elegido por su padre para enseñarle religión, geografía e historia y que la obligaba a memorizar y repetir. Tampoco tenía buen oído musical y su profesor no consiguió que apreciara una bella melodía. «Deseo escuchar música —reconoció en una ocasión— y disfrutar de ella, pero me esfuerzo en vano. En mis oídos todo es ruido, nada más».

Juana instruyó pronto a su hija en el ceremonial de los bailes, los banquetes y las fiestas de disfraces que organizaban las familias nobles de la región. Para que la niña se acostumbrara al ambiente de los salones, la vestía como a una mujercita con ricos atuendos de terciopelo y encaje, le empolvaba los cabellos y la lucía entre sus amistades. A los cuatro años Figchen, como llamaban en familia a Sofía, ya sorprendía a todos por su insaciable curiosidad y la vivacidad de sus respuestas, pero a su madre le preocupaba su arrogancia y rebeldía. Si quería que su hija hiciera un buen matrimonio, tenía que corregir su fuerte carácter y aplacar con dureza su orgullo. Para conseguirlo era intransigente con ella y optó por criticarla constantemente. No solo le repetía que era fea e impertinente, sino que le prohibía hablar con la gente y la obligaba a hacer reverencias y a besar el dobladillo de los vestidos de todas las mujeres importantes que las visitaban en el castillo. Sofía la obedecía y se mostraba más dócil y sumisa. Pero en su interior nada había cambiado y aprendió a ocultar sus sentimientos, una táctica que le sería muy útil como emperatriz de Rusia.

Durante la infancia Sofía no gozó de buena salud y eso preocupó seriamente a sus padres. Con apenas cuatro años sufrió una grave infección y le tuvieron que cortar el cabello para eliminar las costras. A los siete una pleuresía casi acaba con su vida. Tras pasar largas semanas postrada en la cama, cuando se recuperó vieron que padecía una severa desviación de la columna vertebral. «Mi hombro derecho era más alto que el izquierdo; la columna vertebral zigzagueaba, y el lado izquierdo formaba un hueco», recordaba. Los médicos se mostraron incapaces de corregir esta inesperada deformación y llamaron a un famoso curandero que en realidad era el verdugo de Stettin. El hombre, tras examinar a la pequeña, recomendó a sus padres que llevara un corsé de hierro que él mismo le fabricó y que solo podía quitarse para bañarse y cambiarse de ropa. El suplicio duró cuatro años y la princesa lo soportó con gran resignación. A los once años su espalda ya se había corregido y su salud había mejorado considerablemente.

A medida que Sofía crecía, su madre empezó a hacer planes sobre su futuro. Juana soñaba con alcanzar la gloria en la alta aristocracia. Decidió visitar a sus parientes adinerados y frecuentar la rica corte de Brunswick, donde había pasado su niñez. Cuando Sofía cumplió ocho años se la llevaba en sus viajes para que la buena sociedad supiera que esta pequeña princesa estaba disponible. Juntas recorrieron todo el norte de Alemania de castillo en castillo. Apenas era una niña pero sabía muy bien lo que ocultaban aquellos viajes y la idea del matrimonio no le desagradaba. Por el contrario, veía en él la posibilidad de huir de su posesiva madre y no acabar como alguna de sus tías solteronas, relegadas al olvido en algún remoto castillo o languideciendo en un convento protestante.

Pero a Sofía no le resultó fácil encontrar un buen marido por su escaso atractivo físico. Sabía que no podía competir con las bellas y sofisticadas princesas adolescentes que brillaban en las cortes europeas del siglo XVIII, pero con el tiempo descubrió que su carisma y personalidad eran un imán para los hombres. Poseía un rostro con un cutis delicado, una larga y algo aguileña nariz, una barbilla delgada y puntiaguda y unos ojos de un azul profundo. Su fina melena color castaño solía llevarla casi siempre recogida. Su institutriz Babet le recomendaba que procurase esconder el mentón. Ya en su madurez Catalina escribió acerca de su aspecto físico: «No sé si de niña era realmente fea, pero recuerdo bien que me lo decían con frecuencia y que, por tanto, tenía que esforzarme por mostrar virtudes interiores e inteligencia. Hasta los catorce o los quince años, estuve plenamente convencida de mi fealdad y por eso me ocupaba más de mis estudios. He visto un retrato mío de cuando yo tenía diez años y era verdaderamente feo. Si es verdad que se me parecía, no me dijeron ninguna mentira».

En estas visitas a los castillos familiares, escuchando los cotilleos y murmuraciones de los adultos, Sofía aprendió la genealogía de casi toda la realeza europea. En 1739 su madre la llevó a Kiel para presentarla en una fiesta que ofrecía su hermano Adolfo Federico, tutor de Carlos Pedro Ulrico, duque de Holstein. Este niño, considerado «un soltero de oro», tenía por delante un futuro prometedor como aspirante al trono de Suecia y a zar de Rusia, al ser el único nieto vivo de Pedro el Grande. Había cumplido once años, uno más que Sofía, y eran primos segundos por parte de madre. Juana no quiso desaprovechar la oportunidad de que ambos se conocieran y se mostró muy complacida al ver que se intercambiaron algunas palabras y tímidas sonrisas.

Pero, en realidad, Pedro Ulrico no era un príncipe azul. De pequeña estatura y muy enclenque, los ojos saltones y unas marcadas ojeras le daban un aire aún más enfermizo. Vivía aislado, rodeado de adultos sin escrúpulos que lo manipulaban para sus propios intereses. Apocado y solitario, con tres meses se había quedado huérfano de madre y acababa de morir su padre, que nunca se interesó por él. La idea de que un día aquel niño tan feo y extraño se convirtiera en su esposo no parecía importarle. En sus *Memorias* ya se imaginaba a sí misma viviendo en un palacio de cuento de hadas: «Sabía que un día él [Pedro Ulrico de Holstein] se convertiría en rey de Suecia, y aunque yo era todavía una niña, el título de reina me sonaba muy bien. A partir de entonces, la gente en mi círculo me tomaba el pelo con él y poco a poco me fui acostumbrando a pensar que estaba destinada a ser su esposa».

La seguridad que Sofía iba adquiriendo también se debía a que su aspecto físico iba mejorando. Cuando ahora se miraba al espejo, veía a una niña de trece años delgada, con una melena larga y frondosa de color castaño, una frente despejada y unos hermosos ojos azul oscuro. Su llamativo mentón apenas se notaba porque tenía el rostro más redondeado. Pero sus mayores cualidades seguían siendo su inteligencia, curiosidad e ingenio. Mientras que para su madre aún era un ser invisible, a otras personas les fascinaba su buen juicio y madurez. Un diplomático sueco que conoció a la futura zarina en aquellos años, le dijo a Juana en presencia de su hija: «Madame, vos no conocéis a vuestra hija. Os aseguro que tiene más cabeza y más carácter del que imagináis. Os ruego que le prestéis más atención porque se la merece, en todos los sentidos». Sofía jamás olvidó aquellas palabras que en nada impresionaron a su fría y distante progenitora.

A los catorce años empezó a descubrir su sensualidad. Por las noches en su habitación para aplacar su fogosidad se sentaba en la cama, se ponía una almohada entre las piernas y montaba a horcajadas sobre un caballo imaginario «galopando hasta caer rendida». Cuando entraban las doncellas alarmadas por el ruido, la encontraban plácidamente dormida. «Nunca me pillaron *in fraganti*», reconoció. En esa época vivió un breve romance con el hermano menor de su madre, su tío Jorge Luis. El apuesto teniente era diez años mayor que Sofía y desde el primer instante se sintió atraído por su frescura e inocencia. Comenzó a hacerle la corte a escondidas hasta que un día, y de manera inesperada, le propuso matrimonio. Sofía se quedó aturdida y le respondió que sus padres se negarían a este enlace, pero él le aseguró que el parentesco no sería un obstáculo pues este tipo de uniones eran frecuentes en la alta aristocracia europea. Ella siguió adelante con su aventura romántica y más adelante escribió: «En aquella época era muy guapo, tenía unos ojos bonitos y conocía mi temperamento. Yo estaba acostumbrada a él. Empecé a sentirme atraída y no lo esquivaba». Se dejó seducir por el atractivo caballero, pero tenía muy clara la naturaleza de su relación: «Aunque mi tío aprovechaba cualquier oportunidad para abrazarme y era muy hábil provocando esos momentos, aparte de unos pocos besos, todo fue muy inocente». El romance con su tío acabó de manera abrupta con la llegada de una carta de Rusia que marcó para siempre el destino de la joven.

En diciembre de 1741, Isabel, la hija menor de Pedro el Grande, había dado un golpe de Estado en el que se había apoderado del trono ruso. La nueva emperatriz tenía unos sólidos lazos con la casa de Holstein. Su hermana Ana, la hija mayor de Pedro el Grande, se había casado con el primo de Juana, el duque Carlos Federico de Holstein. De este matrimonio había nacido el desdichado Pedro Ulrico a quien Sofía había conocido en Kiel, pero unos meses después de haber dado a luz, la princesa Ana murió. Otras terribles desgracias habían golpeado a la emperatriz, quien no solo perdió a su querida hermana mayor sino al amor de su vida: a los diecisiete años Isabel se había prometido con uno de los hermanos de Juana, el encantador Carlos Augusto. En 1726, el joven príncipe de Holstein había viajado a San Petersburgo para casarse, pero unas semanas antes de celebrarse la boda, contrajo la viruela y falleció en los brazos de su amada. Isabel quedó destrozada, nunca se casó ni tuvo hijos, pero siempre sintió un especial afecto por la casa de Holstein, a cuyos miembros consideraba parte de su familia.

Cuando Juana supo que la mujer que estuvo a punto de convertirse en su cuñada era la nueva zarina de Rusia, le escribió sin demora para felicitarla. Isabel Petrovna le respondió en un tono muy afable y cariñoso. Juana, aprovechando la buena sintonía entre ambas, se llevó a Sofía a Berlín para que el pintor de la corte prusiana le hiciera un retrato y así mandárselo a la emperatriz como regalo. Al llegar el cuadro a San Petersburgo, la respuesta fue prometedora: «Su Alteza Imperial está muy agradecida y encantada con los expresivos rasgos de la joven princesa». Desde ese instante, Juana no dejó pasar ninguna oportunidad para demostrar a la emperatriz su afecto y estrechar los vínculos con la dinastía Romanov de la Rusia imperial. Así, cuando nació su segunda hija, la única hermana de Sofía, la bautizó con el nombre de Isabel en honor a Su Alteza. También le pidió que aceptase ser su madrina. Isabel dio su consentimiento y envió a Stettin un retrato suyo con el marco engastado en diamantes.

Al mes siguiente, Juana recibió otra grata noticia. En enero de 1742, Pedro Ulrico había abandonado repentinamente Kiel para trasladarse a San Petersburgo, donde su tía la emperatriz lo había proclamado su sucesor. Aquel joven huérfano apocado e infantil era ahora el futuro emperador de Rusia. Como condición para que el príncipe pudiera heredar un día el trono, tuvo que renunciar a su derecho a la corona de Suecia. La emperatriz Isabel designó al sustituto de su sobrino en el trono de Suecia y para mayor alegría de Juana escogió a su hermano Adolfo Federico, el que fuera tutor de Pedro Ulrico. Fue así como en apenas unos meses y debido a todos estos cambios la buena fortuna pareció acompañar las ambiciones de Juana, quien ahora tenía un sobrino que podía ser emperador de Rusia y un hermano mayor que pronto se convertiría en el rey de Suecia. Toda esta agitación angustiaba a Sofía, que no era más que un peón en el gran juego diplomático. «Todo esto me inquietaba mucho, y tenía para mí que estaba destinada a él [Pedro Ulrico] porque de todos los partidos que me proponían era el más importante».

El 1 de enero de 1744 toda la familia se encontraba a punto de sentarse a la mesa a comer para celebrar el comienzo del año, cuando llegó un correo con una carta sellada y urgente dirigida a Juana de Holstein-Gottorp. La princesa la abrió muy nerviosa y comprobó que la había escrito Otto Brümmer, gran mariscal de la corte del gran duque Pedro Ulrico en San Petersburgo. En ella le comunicaba que Su Majestad Imperial, la emperatriz Isabel Petrovna, la invitaba a viajar lo antes posible a Rusia junto a su encantadora hija mayor Sofía. La extensa carta de Brümmer también detallaba que Juana no podía ir acompañada de su esposo Cristián Augusto bajo ningún pretexto. Además se ordenaba a la princesa que viajase de incógnito hasta Riga, en la frontera con Rusia, y que mantuviera su destino también en secreto. Por supuesto, los gastos del viaje corrían a cargo de la emperatriz y se incluía un pagaré por valor de diez mil rublos en un banco de Berlín. No era una cantidad importante, pero convenía no despertar la curiosidad del entorno. El texto finalizaba recordando que «tan pronto se encuentren en Rusia, la princesa y su hija serán tratadas con todas las consideraciones debidas a su rango». La misma no aclaraba el objetivo de este viaje urgente pero unas horas más tarde llegó otra que dejó las cosas más claras. Provenía de Federico II de Prusia e iba dirigida de nuevo solo a Juana: «No os ocultaré que como siento especial estima por vos y por la princesa vuestra hija, siempre deseé otorgarle un destino extraordinario; he pensado si no sería posible casarla con su primo en tercer grado, el gran duque Pedro de Rusia».

Juana releyó varias veces la carta sin poder ocultar su emoción. Después de dieciséis años de un matrimonio aburrido, gracias a su hija, por la que nunca mostró especial interés, ahora ella podría ocupar un lugar en la historia. Su alegría contrastaba con el malestar de su esposo que, siendo el cabeza de familia, se veía excluido de esta invitación. El príncipe sabía que si los planes seguían adelante se exigiría a su hija que para casarse con el futuro zar de Rusia abandonara su fe protestante y se convirtiera a la doctrina ortodoxa. Para un devoto luterano como él esto resultaba inaceptable. Pero a pesar de sus discrepancias estaba dispuesto a apoyar a su querida Figchen, por la que siempre sintió un especial cariño. La idea de que la mandasen a un país tan «violento, inestable y salvaje» como Rusia, también le preocupaba. Cristián Augusto no tenía elección y debía obedecer las órdenes del rey de Prusia. Al cabo de tres días Juana envió una carta a Federico II en la que le decía: «El príncipe, mi esposo, ha expresado su consentimiento. El viaje, que en esta época del año es en extremo peligroso, no me asusta en absoluto. He tomado una decisión y estoy del todo convencida de que cuanto suceda responderá plenamente al interés de la Providencia».

Mientras, a la princesa Sofía la mantenían en un segundo plano y nadie le consultaba sobre este importante asunto que afectaba a su futuro. Harta de tanto secretismo, se armó de valor y se encaró a su madre. Juana acabó confesándole el contenido de la carta y le advirtió sobre lo que suponía este viaje: «Me dijo que esto también implicaba un riesgo importante, dada la inestabilidad del país. Yo le contesté que Dios nos proveería de estabilidad, si esa era su voluntad; y que yo disponía del coraje suficiente para hacer frente al riesgo, y que mi corazón me decía que todo saldría bien», escribió Catalina.

Era tal la presión que sufrió la princesa Juana por llegar cuanto antes a la corte imperial de Rusia que tardó solo diez días en ultimar los preparativos del viaje. Se gastó una buena suma de dinero en mejorar su guardarropa, aunque Sofía se tuvo que contentar con llevar en su baúl «tres vestidos viejos, una docena de camisas, varios pares de medias y unos pocos pañuelos». La ropa de cama del ajuar de novia se confeccionó con algunas sábanas usadas de su madre. Sofía sabía muy bien la importancia de aquel viaje y también que debía guardar secreto sobre su destino. La última semana que pasó con su apreciada institutriz Babet, con gran pesar le ocultó los planes que tenía porque sus padres le habían prohibido que hablara de ellos. Su despedida fue muy emotiva y no pudo evitar las lágrimas. Los príncipes hicieron creer a todos los habitantes del castillo que se trataba de un mero viaje de placer a Berlín. Pero el nerviosismo de Juana, las idas y venidas de los mensajeros, las compras de última hora y el equipaje que transportaban, levantó las sospechas del vecindario y la servidumbre.

El 10 de enero de 1744, Juana, su esposo y su hija partieron rumbo a Berlín donde los recibió el rey Federico antes de proseguir viaje a Rusia. El príncipe Cristián Augusto había decidido acompañarlas durante este tramo y no dejó de dar consejos prudentes a la joven princesa sobre cómo comportarse en la corte rusa: «Junto con la emperatriz, Su Majestad —le dijo—, debéis respetar al gran duque Pedro por encima de todo como a vuestro señor, padre y soberano; y al mismo tiempo, mediante vuestra atención y ternura, ganaos su confianza y amor en cada ocasión. Vuestro señor y su voluntad han de ser preferidos a todos los placeres y tesoros del mundo y nada debe hacerse que le disguste». Para Sofía no fue una despedida triste pues siempre había soñado, al igual que su madre, con poder escapar de aquel lugar tan lúgubre y aislado. Tras besar a sus hermanos, Federico de nueve años y la pequeña Isabel de uno, se subió muy excitada al carruaje. Sofía no miró atrás y durante su largo reinado como emperatriz de Rusia no regresó jamás a estos escenarios de su niñez.

El viaje a Rusia

El rey Federico II llevaba entonces poco tiempo en el trono. A sus treinta y tres años había conquistado el corazón de los príncipes alemanes gracias a su cultura, genio militar y lucidez política. Prusia era un Estado pequeño rodeado de potencias enemigas, pero entre ellas Austria y Rusia constituían su mayor preocupación, pues en caso de que ambas decidieran aliarse supondría una gran amenaza para su reino. Consciente de este peligro, cuando Federico II supo que la emperatriz rusa buscaba una esposa para su sobrino y heredero Pedro Ulrico, movió los hilos para hallar una candidata adecuada a sus intereses. Tras asumir el trono, Isabel Petrovna había designado como su nuevo canciller y hombre fuerte de la política exterior al conde Alekséi Bestúzhev, abiertamente antiprusiano. El clan del conde presionaba a la zarina para que eligiese como prometida de su sobrino a una princesa sajona, Mariana, tercera hija del rey de Polonia. Dispuesto a impedir como fuera este matrimonio, Federico se inclinó por Sofía de Anhalt-Zerbst, una joven princesa alemana de una casa ducal distinguida pero sin influencia. A la emperatriz le agradó esta candidata porque consideraba que una princesa de un rango menor sería dócil y manipulable, y su familia no se inmiscuiría en los asuntos del imperio.

Federico esperaba ansioso la llegada de la princesa para poder comprobar en persona si era digna de ser la esposa del futuro zar de Rusia. Pero cuando la familia llegó a Berlín, fue la madre de Sofía quien se adelantó sola para presentarse ante la corte. Al preguntar el rey por la joven, Juana la excusó diciendo que se encontraba indispuesta. Pasaron dos días y la princesa aún no había hecho acto de presencia. Finalmente, la madre confesó que su hija no podía ir porque no tenía ropa apropiada. Federico, harto de esperar, ordenó que le prestasen un vestido de su propia hermana y que acudiera de inmediato a palacio. El soberano la recibió en la antecámara y se encontró frente a una niña sonriente, natural y encantadora. No era hermosa ni sofisticada, pero después de intercambiar unas palabras con ella se quedó tan satisfecho que la invitó a cenar en su mesa. Sofía trató de disimular su nerviosismo cuando la sentaron junto al monarca. Para sorpresa de todos los invitados, durante la velada la princesita alemana mantuvo una amena conversación con Su Majestad. A Sofía, a la que nunca habían prestado atención, sentirse el centro de todas las miradas, agasajada por el rey de Prusia, le parecía un sueño.

Al día siguiente Federico escribió una carta a la emperatriz Isabel Petrovna donde le decía: «La joven princesa de Zerbst combina la alegría y la espontaneidad naturales en su edad con la inteligencia e ingenio sorprendentes en alguien tan joven». Después se reunió en privado con su madre, a quien le propuso que durante su estancia en Rusia se convirtiera, de manera extraoficial, en agente diplomática prusiana. Le advirtió de que Bestúzhev haría todo lo posible para impedir esta boda y le pidió que ejerciera toda su influencia en favor de Prusia. No le resultó difícil convencer a Juana, que se mostró muy excitada con la misión secreta. Tan eufórica estaba que olvidó los sabios consejos de su esposo, quien le había recomendado mucha prudencia y que no se mezclara en asuntos políticos que podían dar al traste con el matrimonio de su hija y el gran duque Pedro Ulrico.

Unos días más tarde, Sofía abandonó Berlín con sus padres en una discreta procesión de apenas cuatro carruajes. Siguiendo las instrucciones que indicaba en su carta el mariscal Brümmer, las dos princesas iban acompañadas de un reducido grupo: un oficial, una dama de honor, dos doncellas, un ayuda de cámara y un cocinero. Tal como se había convenido, Juana y Sofía viajaban con nombres falsos. A unos ochenta kilómetros de Berlín, el príncipe Cristián Augusto se despidió de su hija. Ambos se abrazaron y no pudieron evitar emocionarse. Sabían que no volverían a verse, y en una carta que Sofía le escribió dos semanas más tarde, para agradarle le hizo la promesa de que seguiría siendo luterana de corazón.

Tenían por delante un largo y agotador viaje a San Petersburgo. La travesía en pleno invierno era aún más peligrosa y las incómodas berlinas avanzaban lentamente por los caminos helados mientras el viento gélido entraba por las rendijas del suelo. Aún no había comenzado a nevar, pero el frío era muy intenso. Sofía y su madre se acurrucaban envueltas en abrigos y mantas de pieles, con el rostro cubierto con unos antifaces de lana que protegían la nariz y las mejillas. Pese a que un pequeño brasero les calentaba los pies, a la joven princesa se le entumecían tanto que necesitaba que alguien la ayudase a descender del carruaje en las paradas. Las etapas eran largas, monótonas y agotadoras. Los alojamientos en las postas prusianas dejaban mucho que desear: «Como las habitaciones no disponen de calefacción y están heladas —escribió Juana a su esposo—, tuvimos que refugiarnos en la habitación del propio jefe de la oficina que en poco se distinguía de una pocilga... Él, su esposa, el perro guardián y unos pocos niños, todos dormían uno encima del otro, como coles y nabos... Yo me hice traer un banco y dormí en medio de la estancia». Para Sofía, a pesar de las penurias y el cansancio, este viaje fue una excitante aventura que jamás olvidó.

Al llegar a la ciudad rusa de Riga las condiciones de las viajeras mejoraron notablemente. A partir de ahí se desplazaron en un lujoso trineo imperial que en realidad era una casa de madera sobre patines decorada y tirada por diez caballos. En este vehículo mucho más confortable y rápido, y escoltadas por un escuadrón de caballería, llegaron al Palacio de Invierno, en San Petersburgo. Aquí, y por orden de la emperatriz, las invitadas debían descansar dos noches y proveerse de guardarropas rusos antes de reunirse con ella en la corte que ahora se encontraba en Moscú. La princesa Juana olvidó pronto las penurias pasadas ante el respeto con el que la trataban los cortesanos y diplomáticos. En contraste con la austeridad de la corte prusiana, la opulencia y el lujo de la Rusia de los zares la dejaron impactada. La primera noche escribió a su esposo: «Aquí todo es tan esplendoroso y ceremonial que tengo la sensación de que estoy viviendo un sueño... Ceno sola, con las damas y los caballeros que Su Majestad Imperial ha designado para mí; me sirven como a una reina... Cuando entro a cenar, las trompetas en el interior de la casa y los tambores de la guardia fuera suenan a modo de saludo. No parece real que yo, pobre de mí, esté en el centro de todo esto...».

El 5 de febrero, escoltadas por la guardia imperial, las princesas partieron de noche rumbo a Moscú en una comitiva de treinta trineos. La emperatriz Isabel las había apremiado a llegar a tiempo para celebrar el decimosexto cumpleaños de su sobrino, el gran duque Pedro. Tenían por delante seiscientos cincuenta kilómetros, pero en esta ocasión fue un viaje placentero y sin incidentes. A Juana le sorprendió la fortaleza de su hija, que apenas parecía cansada pese a que llevaban ya viajando más de un mes. Al rey Federico le escribió: «Mi hija soporta admirablemente la fatiga; como un buen soldado que desprecia el peligro, porque no lo conoce, ella goza de la grandeza que la rodea». Al llegar por fin a Moscú la ciudad estaba sumida en la oscuridad y fueron directamente al palacio Golovín, donde les dio la bienvenida el gran mariscal Otto Brümmer. Habían pasado cincuenta días desde que Juana recibiera la invitación de la emperatriz y ahora llegó el momento de conocerla.

Mientras Juana y su hija esperaban a ser recibidas por la zarina, apareció de improviso Pedro Ulrico quien no podía aguardar más para ver a su prometida. Sofía sintió una enorme decepción que supo disimular ante la severa mirada de su madre. Su primo, al que había conocido cuando era un niño, apenas había cambiado su aspecto: era igual de bajo y desgarbado, con el rostro muy pálido y delgado. A punto de cumplir los dieciséis años se había convertido en un adolescente cínico, maleducado y prepotente fruto de su traumática infancia. Pedro se dirigió a su prometida en alemán, su lengua nativa, y debido al nerviosismo no dejó de caminar de un lado a otro. Cuando llegó el momento de ser presentadas a la emperatriz, le ofreció el brazo a Juana y una dama de honor dio el suyo a Sofía. Seguidos por un largo cortejo atravesaron pasillos iluminados con velas y una sucesión de salas lujosamente decoradas repletas de altos dignatarios y damas de la corte que se inclinaban a su paso.

Por fin llegaron a la entrada de los aposentos imperiales y una enorme puerta de dos hojas se abrió de par en par y apareció Isabel Petrovna, emperatriz de Rusia. Era una mujer alta y hermosa, de treinta y cuatro años y cuerpo robusto. Llevaba un vestido plateado con miriñaque adornado con encaje dorado. Juana había oído rumores de que era muy vanidosa, coqueta y amante de las fiestas. Poseía un guardarropa con más de quince mil vestidos de gusto francés confeccionados con las más ricas telas, y miles de zapatos que se cambiaba hasta cuatro veces al día y nunca volvía a usar. «Lucía sobre la cabeza una pluma negra puesta de costado, en línea recta, y los cabellos peinados estaban adornados con muchos diamantes», observó Sofía. Las princesas alemanas quedaron deslumbradas por su belleza y la majestuosidad de su porte. Juana besó su mano y le agradeció todos los favores que les había otorgado. Isabel la abrazó cariñosamente y le dijo: «Todo lo que he hecho por vosotras hasta ahora no es nada comparado con lo que haré por vuestra familia en un futuro. Mi propia sangre no me es más querida que la vuestra». Después la emperatriz se fijó en la joven Sofía, quien se inclinó e hizo una reverencia a la francesa. La observó con detenimiento y a primera vista pensó que la elección no podía ser mejor. Le pareció una muchacha saludable, inteligente, discreta y sumisa, que poseía las facciones de los Holstein que tanto le recordaban a su difunto prometido, el duque Carlos Augusto.

Al día siguiente se celebró el cumpleaños del gran duque Pedro con magníficas recepciones, bailes y fiestas hasta la madrugada. Isabel Petrovna estaba deslumbrante con un vestido marrón bordado en plata y «la cabeza, cuello y pecho cubiertos de joyas», como anotó Sofía. Ese mismo día la zarina, que mostraba un excelente humor, les concedió a ambas la Orden de Santa Catalina. Alekséi Razumovski la acompañaba portando en una bandeja de oro los galones y la insignia de la orden. Este imponente cosaco era el amante oficial de la emperatriz desde hacía doce años y hasta Sofía quedó deslumbrada y dijo de él que le parecía «el hombre más apuesto» que había visto nunca. Juana no daba crédito a la generosidad de la emperatriz y a la fastuosidad de la corte de los zares. Ahora disponían de su propio servicio, con chambelanes, damas de honor y gentilhombres de cámara y un personal de sirvientes a su entera disposición. Eufórica y feliz, escribió a su marido: «Vivimos como reinas. Todo está adornado, incrustado en oro, maravilloso. Viajamos esplendidamente a lo grande».

Desde su llegada a la corte rusa, Sofía tuvo pocas oportunidades para estar a solas y conversar con su prometido. Más tarde recordó: «En los primeros diez días, parecía contento de vernos a mi madre y a mí... En aquel corto espacio de tiempo me di cuenta de que le importaba poco la nación que estaba destinado a gobernar, que seguía siendo un luterano convencido, no le gustaba su séquito, y que era muy infantil. No dije nada y escuché, lo que ayudó a obtener más confianza». Es cierto que al principio el gran duque Pedro pareció encantado de estar al lado de su prima, de la misma edad y con quien podía hablar abiertamente. Pero el joven fue demasiado honesto con ella y un día le confesó que en realidad estaba enamorado de la hija de una antigua dama de honor de la emperatriz. Él todavía la amaba y deseaba casarse con ella, pero su madre había caído en desgracia y se hallaba exiliada en Siberia. Isabel jamás habría permitido este matrimonio. El duque estaba resignado a casarse con Sofía porque «su tía así lo quería» y sus sentimientos no contaban para nada. Sofía tenía solo catorce años, pero demostró una gran sensatez al encajar este duro golpe y disimular en público su disgusto. Si ya intuía cuando inició su viaje a Rusia que su matrimonio junto a un joven tan inmaduro y poco agraciado no iba a ser fácil, ahora ya tenía claro que no estaba allí para vivir un gran amor, sino por razones políticas.

Tras estas dolorosas confidencias de su prometido, se refugió en el estudio de la lengua rusa y en comprender la religión ortodoxa. A diferencia de Pedro que solo hablaba fluidamente el alemán y no mostraba ningún interés por la cultura rusa, ella desde el primer instante comprendió que para ganarse el corazón de la emperatriz y la simpatía del pueblo debía dominar su idioma. Así se entregó con ahínco a aprender la gramática rusa de la mano de su profesor Adodurov. Para profundizar en la nueva religión eligieron a Simón Todorski, un hombre cultivado y tolerante que hablaba alemán con soltura. Este sacerdote explicó a la princesa alemana que la fe ortodoxa no era tan distinta de la luterana y que no traicionaría a su padre si se convertía. Sofía llegó a la conclusión de que la diferencia entre ambas religiones radicaba tan solo en el «culto externo». A ella, educada en la austeridad del luteranismo, todo este universo de pompa oriental, iconos, cirios y cantos místicos la desconcertaba, pero guiada por Todorski acabó aceptando el cambio de religión.

Era tal el deseo de Sofía de aprender ruso que se levantaba de la cama por la noche, en camisón, cogía un libro y una vela, y empezaba a caminar descalza, memorizando y repitiendo palabras rusas. Fue así como se resfrió y su madre Juana, temerosa de que pudieran criticar a su hija de tener una salud delicada, intentó ocultar su enfermedad ante la corte. Hasta que una mañana la joven se desmayó por la fiebre. Los médicos le diagnosticaron una neumonía aguda y exigieron que se sangrara a la enferma de inmediato. Juana se negó en rotundo recordando que una sangría excesiva había provocado la muerte de su hermano Carlos Augusto, y no deseaba que este método acabara con la vida de su hija. Sofía recordó más adelante: «Ahí estaba yo tendida con una fiebre elevada entre mi madre y los médicos, que discutían. No pude evitar gemir, por lo que fui reprendida por mi madre quien esperaba que sufriera en silencio».

La emperatriz se enteró de la noticia mientras se encontraba en un retiro en el monasterio de Troitsa. Alarmada al saber que la vida de la princesa corría peligro, regresó a toda prisa a Moscú para acudir junto al lecho de la enferma. Isabel reprendió duramente a Juana por oponerse a las indicaciones de los médicos, y ordenó que se le practicara una sangría sin demora. Como Juana seguía protestando, la emperatriz hizo que la expulsaran de la habitación. Durante los días siguientes ella misma cuidó de la joven y no se separó de su lado. Como la fiebre no descendía, la zarina pidió a los médicos que le realizaran varias sangrías. En total la joven fue sangrada hasta dieciséis veces en menos de un mes. En varias ocasiones la princesa perdió el conocimiento y cuando se despertaba lo hacía en brazos de la emperatriz. Durante cuatro semanas aquella mujer poderosa y que muchos temían se había comportado con ella como una verdadera madre.

Mientras estaba convaleciente, Sofía ignoraba que acababa de ganarse el corazón del pueblo. Pronto corrió la voz de que la princesa alemana amaba tanto Rusia que había enfermado de gravedad al intentar aprender el idioma con rapidez en las gélidas noches moscovitas. Pero fue otra historia la que le dio aún mayor popularidad. Cuando su salud se agravó, su madre, pensando en lo peor, quiso traer a un pastor luterano para que le diera consuelo. Pero para su sorpresa su hija, aún muy débil por la fiebre y las sangrías, murmuró: «¿Para qué? Llamad a Simón Todorski en su lugar. Preferiría hablar con él». La emperatriz, al oír estas palabras, se emocionó tanto que no pudo contener las lágrimas. Aquel mismo día toda la corte y la ciudad conocieron este episodio y si antes miraban con recelo a esta princesa extranjera, ahora contaba ya con el respeto y la devoción de muchos.

A finales de abril reapareció en la corte por primera vez después de su grave enfermedad. Ese día cumplía quince años, pero se sentía preocupada por su mal aspecto: «Estaba tan delgada como un esqueleto. Había crecido, pero mi cara y todas mis facciones estaban demacradas; me caía el pelo y mostraba una palidez cadavérica. Me veía a mí misma terriblemente fea; ni siquiera reconocía mi propio rostro. La emperatriz me envió un tarro de colorete y me ordenó usarlo». Isabel le regaló un magnífico collar de diamantes y un par de pendientes que valían veinte mil rublos. El gran duque Pedro le envió un reloj con incrustaciones de rubíes.

Ya recuperada, escribió a su padre una carta difícil porque sabía el dolor que le causaría. En ella le anunciaba que había decidido convertirse a la religión ortodoxa y le solicitaba de manera formal su permiso. Para la princesa fue un paso importante y muy meditado, pero había llegado el momento de dejar atrás su pasado alemán: su compromiso debía ser con Rusia. Pero, mientras ella se esforzaba en adaptarse a su nuevo país, su entrometida madre estaba a punto de estropearlo todo. Sofía enseguida reparó en que «el comportamiento de mi madre durante mi enfermedad la había hecho descender en la estima de todo el mundo». Juana se había tomado muy en serio su papel de agente secreto al servicio del rey de Prusia. A su llegada a Moscú, pronto comenzó a conspirar con amigos de Francia y de Prusia para derrocar a Bestúzhev. Durante la convalecencia de su hija se había reunido con Mardefeld, el embajador prusiano y con el embajador francés, La Chétardie, que se convirtieron en sus confidentes. Pero no solo celebraron reuniones secretas, también urdieron planes y se enviaron cartas en clave a París y a Berlín que Bestúzhev acabó interceptando y descifrando. En esta correspondencia el embajador de Francia escribía de manera muy irrespetuosa sobre la emperatriz, a quien calificaba de «frívola, indolente, con propensión a la gordura y que ya no tenía suficiente energía para gobernar el país». Además de criticar la frivolidad y la pereza de la zarina La Chétardie nombraba como una de las fuentes a la princesa Juana de Anhalt-Zerbst, agente al servicio del rey Federico. Bestúzhev esperó pacientemente a reunir más pruebas y a encontrar el momento apropiado para mostrárselas a Isabel.

El 1 de junio de 1744, la emperatriz viajó a otro de sus retiros en el monasterio de Troitsa, pero esta vez invitó a Pedro, Sofía y Juana a que la acompañasen. Bestúzhev aprovechó esta ocasión para entregarle a la zarina las pruebas que había reunido. Isabel, al descubrir que Juana estaba implicada en esta conspiración para derribar a su canciller, montó en cólera. Se sintió traicionada por esta mujer a la que había colmado generosamente de títulos, regalos y toda clase de lujos. Dos días más tarde la mandó llamar y, tras una agria conversación a puerta cerrada, la emperatriz abandonó la habitación «crispada y con el rostro encendido». Detrás la seguía Juana muy afectada «con los ojos enrojecidos y bañados en lágrimas». Isabel no tomó represalias contra Sofía porque supo distinguir entre la culpabilidad de la madre y la inocencia de la hija. Pero este grave suceso iba a afectar a la princesa, ya que Isabel había decidido enviar a la intrigante y ambiciosa Juana de regreso a Alemania lo antes posible.

Ante estos acontecimientos Isabel ordenó que el 28 de junio de 1744 se realizara al fin la ceremonia de conversión de Sofía a la religión ortodoxa. Aquel emotivo día cambió su nombre por el de Catalina, en honor a la madre de la emperatriz. El rito se celebró en la capilla de palacio y todos los asistentes se quedaron admirados ante la elegancia y el porte de esta princesa extranjera que, arrodillada sobre un almohadón, representó a la perfección su papel. Tranquila, con voz alta y clara, recitó de memoria en ruso el credo de su nueva fe. La emperatriz se emocionó y su madre Juana, a la que se le permitió asistir, estaba tan orgullosa de su hija que escribió a su esposo: «Su porte durante toda la ceremonia estuvo tan lleno de nobleza y dignidad que la habría admirado incluso de no haber sido para mí lo que es». Aunque la joven mantuvo la compostura durante el largo ritual, al abandonar la capilla estaba tan agotada que pidió permiso a Isabel para no asistir al banquete posterior. La nueva Catalina debía guardar fuerzas para todas las celebraciones, que seguirían hasta el día de la boda.

Al día siguiente Catalina y el gran duque Pedro se comprometieron en la catedral de la Asunción en Moscú, y la propia emperatriz les entregó los anillos para que se los intercambiaran. La antaño princesa Sofía de Anhalt-Zerbst ostentaba ahora el rango de «gran duquesa de Rusia» y el título de alteza imperial. Pero la fecha de la boda que tanto anhelaba la emperatriz debió posponerse. En noviembre Pedro contrajo la viruela y como Catalina no había padecido esta enfermedad, su madre atemorizada decidió abandonar Moscú de inmediato y dirigirse con ella a San Petersburgo. Por el contrario Isabel se instaló junto al lecho de su sobrino y cuidó de él seis semanas. Durante este tiempo Catalina, que residía con su madre en el imponente Palacio de Invierno, esperó angustiada las noticias sobre la salud de su prometido. Y comenzó a inquietarle su propio futuro. Si Pedro moría, ella ya no sería nadie en la corte. Pasaba sus tediosos días dedicada a orar y a escribir cartas llenas de afecto a Isabel. Finalmente, una mañana recibió un mensaje de la emperatriz donde le informaba de que su sobrino había recuperado la salud y «para mayor alegría nuestra y gracias a Dios, ha retornado a nosotros».

A principios de febrero de 1745, la emperatriz regresó con el gran duque a San Petersburgo. Catalina, que estaba impaciente por reunirse con él, los esperaba en uno de los salones principales del palacio. Pese al tiempo transcurrido no había olvidado al joven tímido y enfermizo por el que sentía, sobre todo, ternura. Pero cuando lo tuvo frente a ella casi no lo reconoció. «Tenía todos los rasgos deformados —escribió Catalina— y el rostro aún estaba muy hinchado y era indudable que la enfermedad le dejaría muchas señales; como le habían cortado los cabellos, usaba una inmensa peluca que lo desfiguraba todavía más. Se me acercó y me preguntó si me parecía difícil reconocerlo. Atiné a balbucear un cumplido acerca de su convalecencia, pero la verdad era que se había convertido en un ser horrible». Esta vez no fue muy diplomática y, tras felicitarle por su recuperación, huyó a sus aposentos y rompió a llorar.

Pedro cumplió diecisiete años, pero la emperatriz se negó a que apareciera en público hasta que tuviera un mejor aspecto. Sin embargo, preocupada porque Catalina rechazara a su futuro esposo y anulara el compromiso, la invitó a cenar a solas. La zarina se mostró muy cariñosa y atenta con ella, la felicitó por las cartas que le escribió en ruso, la animó a seguir practicando el idioma y destacó su buena pronunciación. También la halagó diciendo que se estaba convirtiendo en una joven cada vez más hermosa. Antes de despedirse, Isabel le obsequió con un collar y un broche de diamantes. En realidad, tal como confesó Catalina, en ningún momento tuvo la intención de romper su compromiso ni regresar a Alemania por más que su futuro esposo le resultara físicamente repulsivo. A estas alturas, y a pesar de todas las decepciones, se sentía dispuesta a representar a la perfección su papel.

Mientras ella brillaba en la corte con su encanto, alegría y espontaneidad, el gran duque estaba devastado. Le angustiaba sentirse tan repulsivo a los ojos de su prometida y no le perdonaba la reacción que había tenido al verle tras su enfermedad. La amistad, y cierta complicidad que había conseguido tener con su prima, ahora se había desvanecido. Pedro le guardaba un gran rencor y empezó a mostrarse cada vez más grosero y hasta violento con ella. Su débil salud mental se puso de manifiesto en la primavera de 1745 cuando inesperadamente se encerró en palacio y se refugió en sus juegos infantiles. Allí, deprimido, pasaba sus días en la única compañía de sus sirvientes, a los que ordenó que se vistieran con uniformes militares y que desfilaran ante él.

Cuando tres años atrás Isabel mandó traer a su sobrino a la corte desde Alemania había sentido una enorme decepción. Aquel niño triste y frágil creció sin amor, en un estricto ambiente militar y rodeado de preceptores crueles e ignorantes. Los malos tratos físicos y psicológicos que había recibido marcaron su complicada personalidad. Tras nombrarle oficialmente su heredero, le buscó una esposa inteligente y saludable que compensara su ineptitud. Pero Catalina ya no podía soportar el comportamiento desquiciado de un prometido con quien nada la unía. «Jamás se parecieron menos entre sí dos mentes. No teníamos nada en común en nuestros gustos o nuestro modo de pensar. Nuestras opiniones eran tan distintas que jamás habríamos estado de acuerdo en nada [...]. Me dejaban constantemente sola y la sospecha me rodeaba por todas partes. No había diversión, ni conversación, ni amabilidad o atención que me ayudara a aliviar tanta angustia. Mi vida su tornó insoportable», confesó ella. La emperatriz fue testigo del distanciamiento de la pareja y ante esta situación reaccionó adelantando la fecha de la boda. Lo único que a ella le importaba era asegurar la continuidad dinástica con la llegada de un heredero. No quiso escuchar los consejos de los médicos, quienes opinaban que el gran duque, de diecisiete años, era aún demasiado inmaduro para consumar el matrimonio y todavía no se había repuesto de las secuelas de su enfermedad. Esta vez Isabel no se dejó convencer y en marzo de 1745 un decreto imperial fijó la fecha para el 1 de julio.

Era la primera vez que la casa imperial rusa celebraba una boda real pública y la emperatriz Isabel Petrovna decidió que fuera suntuosa y un reflejo del poder de los Romanov. Quería que en toda Europa se hablara de este enlace y para ello solicitó la ayuda del embajador ruso en París, quien le informó de todos los detalles de las últimas bodas reales en Versalles. Cuando el río Neva quedó libre de hielo, empezaron a llegar a San Petersburgo barcos de todos los rincones de Europa cargados de mobiliario, carrozas, vajillas preciosas, lámparas de araña, fardos de seda, terciopelo y brocados... También arribaron a la ciudad artistas, músicos, pintores, sastres, cocineros y carpinteros franceses. Nunca se había visto tanta actividad en la corte rusa que bullía de excitación ante la boda real. La emperatriz en persona se encargó de supervisar todos los detalles hasta la elección de la tela del vestido de novia de Catalina. Durante semanas Isabel estuvo tan ocupada en la organización que desatendió los asuntos de Estado.

Debido a la magnitud de los preparativos, la boda volvió a posponerse y esta vez quedó fijada para el 21 de agosto. A pesar de que en público Catalina mostraba un comportamiento ejemplar, en su interior tenía sentimientos encontrados. Hacía un año y medio que había llegado a Rusia llena de románticos sueños y ahora se sentía atemorizada. «A medida que el día de mi boda se aproximaba —escribió— estaba melancólica, y muy a menudo lloraba sin saber del todo por qué. Mi corazón predecía poca felicidad; solo la ambición me sustentaba. En el fondo de mi alma había algo que nunca ni por un solo momento me permitió dudar de que, más tarde o más temprano, me convertiría en la emperatriz soberana de Rusia por derecho propio».

PRISIONERA EN PALACIO

El 21 de agosto de 1745, Catalina se levantó a las seis de la mañana y, mientras se estaba bañando, la emperatriz apareció inesperadamente para examinar desnuda a la gran duquesa que debía proporcionar un heredero a la monarquía rusa. Tras inspeccionarla sin el menor rubor, consideró que era «apta para el servicio que debía prestar a Rusia». Después, al tiempo que las doncellas la vestían, la emperatriz y la peluquera discutieron sobre qué peinado debía lucir la joven para poder mantener mejor la pesada corona. Isabel lo supervisó todo y, aunque a Juana se le permitió estar presente, no pudo intervenir. El vestido de la novia era de brocado de plata con falda amplia y larga, un corsé tan ajustado que casi le impedía respirar y mangas cortas. Las costuras, ribetes y la cola estaban bordados con rosas de plata. Sobre sus hombros le colocaron una capa tan pesada que Catalina apenas podía moverse. La emperatriz eligió las más espléndidas joyas para que la novia las luciera y finalmente le colocó

ella misma en la cabeza la corona de diamantes de una gran
duquesa. A mediodía montó en compañía de Pedro e Isabel en
la carroza imperial, tirada por ocho caballos blancos y seguida
de un largo cortejo de carruajes que recorrieron lentamente las
calles de Moscú.

De la boda, que tuvo lugar con gran boato en la catedral de
Nuestra Señora de Kazán, Catalina solo recordaría su larga du-
ración y el excesivo peso de la corona que le provocó un terrible dolor de cabeza. Más adelante escribió: «La ceremonia duró
cuatro horas, durante las cuales fue imposible sentarse ni un
momento. No es ninguna exageración decir que tenía la espalda
entumecida de todas las reverencias que me había visto obligada
a hacer mientras abrazaba a las numerosas damas…». Tampoco
olvidaría la frustración de su noche de bodas cuando se quedó
sola en su alcoba esperando a su esposo que llegó borracho y al
tumbarse en la cama junto a ella, le dijo riéndose: «Cómo di-
vertiría a mis sirvientes vernos en la cama juntos». Y a continuación se quedó dormido. Catalina, en cambio, no pudo pegar
ojo preguntándose qué hacer en semejante situación. Nadie le
había hablado de sexo ni de lo que se esperaba de ella la noche
de bodas. Aunque días antes intentó interrogar sobre el tema a
sus damas de honor, no consiguió ninguna respuesta. También
al plantearle la cuestión a su madre —casada a los quince años—,
esta rehusó contestar y en su lugar la «regañó con severidad por
tener tan indecente curiosidad».

Las noches siguientes fueron idénticas y continuó acostán-
dose junto a un marido que se mostraba indiferente. En sus
Memorias confesó: «Las cosas continuaron de este modo sin el
menor cambio durante los siguientes nueve años». Tampoco
mejoró el comportamiento del gran duque hacia ella: «Mi querido esposo no me hacía el menor caso, pasando todo el tiempo
jugando a los soldados en su habitación con sus sirvientes, ha-

ciéndoles hacer instrucción o cambiándose de uniforme veinte veces al día. Yo bostezaba y bostezaba de aburrimiento, sin tener a nadie con quien hablar». Dos semanas después de la boda, Pedro se dignó dirigirle la palabra y con una sonrisa burlona le anunció que se había enamorado de Catalina Karr, una de las damas de honor de la emperatriz.

Catalina encajó esta nueva humillación de su esposo con su habitual templanza y madurez, a pesar de sus dieciséis años, y aunque creía que Pedro se había inventado esta historia para justificar su falta de interés sexual por ella, en sus *Memorias* escribió: «Estaba muy dispuesta a amar a mi reciente esposo, y para lograrlo le hubiera bastado un poco de amabilidad. Pero en los primeros días de nuestro matrimonio, llegué a una triste conclusión con él. Me dije a mí misma: "Si llegas a amar a este hombre, serás la criatura más desdichada de esta tierra. Con tu carácter, esperarás que te corresponda mientras que este hombre apenas te mira, no habla de otra cosa que no sean muñecos, y presta más atención a cualquier otra mujer que a ti misma. Eres demasiado orgullosa para quejarte, por lo tanto, mantén a raya cualquier afecto que pudieras sentir por este caballero; tienes que pensar en ti, mi querida muchacha"».

Las festividades posteriores a la boda duraron diez días y fueron una interminable sucesión de bailes, mascaradas, óperas, banquetes de gala y cenas. Los festejos llegaron a su fin y la princesa Juana de Holstein-Gottorp fue expulsada de la corte y enviada de vuelta a Alemania. Llevaba veinte meses ausente y aunque su esposo le había pedido en repetidas ocasiones que volviera, ella se excusaba diciendo que su deber era estar junto a su hija «para guiarla y supervisar su matrimonio». Su desmedida ambición, sus intrigas y conspiraciones políticas habían acabado con la paciencia de la emperatriz. Para Catalina, a pesar de todos los errores que había cometido su madre, fue una despedida triste y más todavía en plena crisis de su matrimonio, cuando se sentía abandonada por todos y muy infeliz. Siempre le estaría agradecida: por sus desvelos y esfuerzos, ella había pasado de ser una modesta princesa alemana a una gran duquesa imperial y futura emperatriz de Rusia.

Cuando la madre de Catalina dejó la corte, Isabel empezó a mostrarse hostil con la joven. Habían transcurrido nueve meses desde la gran boda y aún no había señales de embarazo. La emperatriz la culpaba a ella por no poder darle un heredero y este asunto le quitaba el sueño. En 1741 se había apoderado del trono ruso y había puesto fin al reinado del pequeño zar Iván VI y la regencia de su madre, la princesa alemana Ana Leopóldovna. El desdichado niño tenía solo quince meses cuando fue separado de su familia y encerrado en una fortaleza. Pero para Isabel esa criatura indefensa que languidecía en una celda fuertemente custodiada, era una seria amenaza. Si Catalina y Pedro no tenían hijos, cabía la posibilidad de que Iván fuera liberado y elevado al trono.

Para el canciller Bestúzhev, que siempre se había opuesto a esta unión entre los dos príncipes alemanes, el problema era de otra índole. Tras descubrir las intrigas de Juana, desconfiaba de su hija Catalina y sospechaba que esta conspiraba en secreto con el rey Federico de Prusia. El gran duque Pedro también era admirador de este monarca, así que a Bestúzhev no le resultó difícil convencer a la emperatriz de que debía imponer al joven matrimonio una estrecha vigilancia y aislarlos del mundo exterior. Además, recomendó que se designara a una mujer enérgica y leal a Su Majestad para vigilar la conducta de Catalina y que la ayudara en sus problemas maritales. La elegida por Bestúzhev para ejercer de institutriz fue María Choglókova, de veintitrés años y prima segunda de la emperatriz. Una dama de virtud intachable a quien Catalina odió desde el primer instante y que se convirtió en su carcelera los siguientes siete años. Una espía «de mirada helada» a quien la gran duquesa consideraba «simple, malvada, caprichosa y muy interesada».

La emperatriz Isabel Petrovna, por la que Catalina había llegado a sentir una gran admiración y un sincero aprecio, era ahora su peor enemiga. Si al principio la había idealizado y hasta la consideraba una «segunda madre», ahora estaba a punto de descubrir su rostro más terrible. Cuando madame Choglókova la informó de que la gran duquesa la había recibido con muy poco entusiasmo, Isabel irrumpió en los aposentos de Catalina y la condujo a una habitación donde por primera vez le habló en privado y sin testigos. Tras lanzarle una larga serie de quejas y acusaciones, le reprochó que fuera la causa de que su matrimonio aún no se hubiera consumado. Catalina empezó a llorar y ella continuó elevando el tono de voz y diciendo que «si yo no amaba al gran duque, era mía la culpa, que ella no me había casado contra mi voluntad, que sabía muy bien que yo amaba a otro hombre, y mil horrores más de los cuales he olvidado la mitad». Al verla tan crispada y fuera de sí, pensó que en cualquier momento la emperatriz le pegaría como la había visto hacer con las mujeres a su servicio cuando estaba enfadada. «Fui a mi dormitorio, todavía llorando y pensando que la muerte era preferible a una vida de persecución como aquella. Cogí un cuchillo grande y me tumbé en el sofá, con la intención de hundírmelo en el corazón. Justo entonces, una de mis doncellas entró, se arrojó sobre el cuchillo y me detuvo», escribió en sus *Memorias*.

En aquella difícil etapa de su vida, en la que Catalina se sentía muy sola y abandonada por todos, otra desgracia la sumió aún más en la tristeza. En marzo de 1747 su padre, el príncipe Cristián Augusto, murió repentinamente. Ella tenía diecisiete años y hacía tres que lo había visto por última vez. Tampoco ahora podía escribirle cartas como antaño pues se lo habían prohibido la emperatriz y el canciller debido a que las relaciones entre Prusia y Rusia no atravesaban su mejor momento. Muy afectada por la noticia, se encerró y no dejó de llorar durante una semana. Al ver que no salía de su habitación, Isabel envió a madame Choglókova para que le dijera que a una gran duquesa de Rusia no se le permitía llorar a nadie más de una semana «porque, después de todo, vuestro padre no era un rey». Catalina respondió muy dolorida «que no era un rey pero que era su padre». Finalmente se vio obligada a reaparecer en público, tan afligida que la emperatriz le autorizó vestir de luto seis semanas.

Catalina y Pedro estaban cada vez más solos y aislados. Las restricciones que les impusieron se hicieron aún más severas cuando en aquellos días Bestúzhev nombró al esposo de madame Choglókova tutor de Pedro. «Fue un golpe espantoso para nosotros —escribió Catalina— porque era un idiota arrogante, brutal, un hombre estúpido, engreído, malicioso, pomposo, reservado, silencioso que nunca reía y al que todos temían». Los Choglókov prohibieron que nadie, ni sus amigos más cercanos, pudiera entrar en sus dependencias privadas. Por su parte la emperatriz Isabel despidió a las jóvenes damas de honor rusas de la gran duquesa, entre ellas a María Zhúkova, su favorita. «Llevo una vida que a otras diez personas las habría llevado a volverse locas, y a otras veinte a morir de melancolía», confesó. Sufría depresión y constantes dolores de cabeza.

Isabel estaba convencida de que aislando a la joven pareja conseguiría una mayor intimidad entre ellos y llegaría el deseado heredero. Pero a sus dieciocho años, Pedro seguía jugando en su habitación con soldaditos de madera, y cañones en miniatura. Durante el día escondía debajo de la cama sus juguetes, pero después de la cena, cuando la pareja ya se retiraba para acostarse, le pedía a su esposa que participara en sus batallas.

A estas alturas la gran duquesa daba por hecho que él era impotente, pero no añoraba sus besos ni caricias porque le resultaba un ser repulsivo. Uno de sus pasatiempos consistía en maltratar sin piedad a sus perros de caza que dormían en la habitación o matar ratas enormes en una horca en miniatura hecha por él mismo.

Hacía siete años que Catalina había contraído matrimonio y aún permanecía virgen. Su esposo seguía ignorándola y bebía cada vez más. La realidad era que, aparte de su inmadurez y sus trastornos psicológicos, el gran duque sufría una «pequeña imperfección» que le impedía consumar el acto sexual con su esposa. Pedro padecía fimosis y aunque bastaba una simple operación quirúrgica para liberarlo de esta molestia, el joven temía el bisturí y había preferido permanecer en la infancia y en su propio mundo. Entonces la gran duquesa se sintió atraída por un apuesto caballero de la corte. Se trataba de Serguéi Saltikov, el chambelán de cámara del gran duque Pedro Ulrico. La familia Saltikov pertenecía a uno de los linajes más antiguos y nobles de Rusia. Cuando Catalina se fijó en él, hacía dos años que se había casado con una dama de honor de la emperatriz Isabel. Saltikov era «hermoso como el amanecer», muy varonil, de tez morena, estatura media y bien proporcionado, todo lo opuesto a su esposo. Su matrimonio hacía tiempo que se había roto y se dedicaba con esmero a conquistar los corazones de algunas bellas damas de la corte que caían rendidas ante su ingenio y sus artes de seducción. Saltikov se percató de cómo la gran duquesa era ignorada por su esposo y se sentía muy sola y aburrida en su «jaula dorada». El hecho de que Catalina estuviera estrechamente vigilada excitaba aún más su imaginación y se convirtió en un preciado trofeo.

En el verano de 1752 el noble Nicolái Choglókov invitó a Catalina, a Pedro y a su joven corte a una partida de caza en su isla en el río Neva. Entre sus huéspedes se encontraba Serguéi

Saltikov, quien aprovechó el encuentro para declararle su amor a la gran duquesa. Aunque al principio ella le rechazó, él aprovechando una fuerte tormenta que los dejó aislados en la casa de su anfitrión, continuó con su campaña de seducción. Catalina, que se sentía muy atraída, escribió más tarde: «Él ya se creía victorioso, pero no era en absoluto lo mismo para mí. Un millar de preocupaciones me inquietaban. Había pensado que sería capaz de gobernar tanto su pasión como la mía, pero ahora me daba cuenta de que iba a ser difícil y tal vez imposible».

Catalina tenía veintitrés años cuando descubrió el placer del sexo en los brazos de su experimentado amante Saltikov. Tras siete años repudiada por su esposo se sentía liberada y feliz. Su única inquietud era que nadie se enterase de su aventura, aunque su esposo Pedro desde el principio estuvo al tanto de su romance. Lejos de enfadarse, le pareció un capricho pasajero y no le dio la menor importancia. Por su parte a Serguéi, a quien la gran duquesa describía como «un apuesto seductor y demonio de la intriga», empezó a inquietarle que Catalina pudiera quedarse embarazada, pues se suponía que aún era virgen, y la difícil situación en la que él quedaría siendo su amante. Fue así como durante una alegre cena organizada por Saltikov y otros compañeros del gran duque, sacaron a la luz el tema de los placeres del sexo. Cuando Pedro, bajo los efectos del alcohol, les confesó que no podía experimentar tales placeres, Saltikov le animó a que se sometiera a una pequeña intervención para poder gozar del sexo. Aquella misma noche, el gran duque fue operado por un cirujano de la corte y liberado de su impedimento.

En diciembre de 1752 Catalina estaba embarazada de Saltikov, pero no se lo comunicó a nadie. Le preocupaba el extraño comportamiento de su amante quien «se mostraba distraído, a veces presumido, arrogante y disipado; me irritaba». Serguéi justificaba su actitud alegando que debían ser discretos y evitar despertar sospechas. Pero ella estaba desesperada porque lo amaba y quería seguir disfrutando de su compañía. A finales de año Catalina y Pedro partieron de San Petersburgo junto a la emperatriz y la corte rumbo a Moscú. La gran duquesa viajó día y noche en trineo y en una de las postas, antes de llegar a la ciudad, sufrió un aborto espontáneo.

En mayo de 1753, cinco meses después de su aborto, volvía a estar embarazada. Esta vez se cuidó más y pasó varias semanas en una finca cerca de Moscú, donde se limitó a dar paseos a pie por la campiña y a descansar. Cuando regresó a la ciudad, empezó a sentir fuertes contracciones y sufrió un nuevo aborto, esta vez muy doloroso. «Durante trece días, corrí grave peligro, porque se sospechaba que parte de la placenta no había sido expulsada... Finalmente, al decimotercer día salió por sí misma sin dolor... A causa de este accidente me obligaron a permanecer seis semanas en mi dormitorio, con un calor insoportable». La emperatriz Isabel parecía muy afectada por esta pérdida y visitaba con frecuencia a la gran duquesa. Hacía tiempo que estaba al tanto de la aventura de Catalina y Saltikov y la había consentido con la esperanza de que su amante le diera el hijo que nunca le daría su inmaduro sobrino. Por su parte Serguéi Saltikov, que ya no la amaba, se sentía atrapado en la corte. Creía que hasta que no hubiera cumplido con su función y la gran duquesa consiguiera llevar a buen término su embarazo, él no podría ser libre.

En febrero de 1754 Catalina volvía a estar encinta por tercera vez. A medida que se acercaba la fecha del parto estaba más convencida de que la emperatriz y su círculo más cercano conspiraban contra su felicidad. «Estaba siempre al borde de las lágrimas y experimentaba mil sentimientos de aprensión; en una palabra, no podía quitarme de la cabeza la idea de que todos trataban de alejar a Serguéi Saltikov». A finales de agosto la gran duquesa recibió «un golpe casi mortal» cuando le mostraron las dos habitaciones preparadas en el Palacio de Verano de San Petersburgo para el nacimiento de su hijo y que en realidad se encontraban dentro de la suite de la propia emperatriz. Se sentía muy sola y desdichada, añoraba a su padre, quien siempre le daba buenos consejos, y la compañía de su madre, que vivía refugiada en París y tenía la entrada prohibida en Rusia.

A mediodía del 20 de septiembre de 1754, Catalina dio a luz a un niño. Fue un parto difícil que se prolongó hasta el mediodía del día siguiente. La emperatriz, que había estado presente, no podía ocultar su alegría. Enseguida bañaron y envolvieron al recién nacido al que llamaron Pablo Petróvich, «hijo de Pedro». Apenas pudo tenerlo en sus brazos porque Isabel ordenó a la comadrona que cogiera al niño y la siguiera a su dormitorio. La gran duquesa se quedó echada en la cama de parto, un duro colchón instalado en el suelo, empapada de sudor y en la única compañía de madame Vladislavova, su dama de confianza. Así pasó tres interminables horas sin que nadie le diera un vaso de agua, ni le cambiase las sábanas ni la ayudara a instalarse en la cama principal porque a ella le faltaban las fuerzas. Su dama no se atrevía a hacer nada sin el permiso de la comadrona. Al llegar la gobernanta, la condesa Shuválova, y verla aún en el suelo salió de inmediato a buscar a la comadrona, quien por orden de la emperatriz se había quedado al cuidado del recién nacido. Catalina recordó más tarde con amargura el momento en que pudo acostarse en su lecho: «Me depositaron en mi cama tras varias horas acostada en un lecho inapropiado e incómodo, después de un parto duro y doloroso. Y durante el resto del día no vi a nadie, ni tampoco enviaron a nadie a preguntar por mí. El gran duque se limitaba a beber con sus amigos, y la emperatriz se ocupaba del niño».

No volvió a ver a su hijo durante una semana. Tras dar a luz al heredero había perdido todos sus derechos sobre él y la emperatriz se lo había arrebatado. Isabel mandó instalar la cuna del niño en su propia habitación y cada vez que lloraba, ella misma corría a atenderlo. Un día pudo verlo de manera fugaz y le preocupó porque «lo tenían en una cámara sumamente calurosa, envuelto en franelas, acostado en una cuna revestida de piel de zorro [...] el sudor le bañaba la cara y todo el cuerpo, de modo que cuando creció la más leve corriente de aire lo enfriaba y se enfermaba. Además estaba rodeado de matronas ancianas, que con sus atenciones poco inteligentes y sin el menor sentido común, le hacían infinitamente más mal que bien, tanto en lo físico como en lo moral».

Durante el bautizo hubo salvas de cañones, fiestas, bailes, banquetes y fuegos artificiales que Catalina contempló desde la ventana de su habitación. Aquel día la emperatriz le trajo a su hijo en brazos y le permitió que lo contemplara apenas un instante. «Pensé que era hermoso y verlo me levantó un poco el ánimo», relató. A los dieciséis días de dar a luz una noticia le causó una gran conmoción. Se enteró de que Isabel había enviado a Serguéi Saltikov de misión diplomática para anunciar el nacimiento del hijo de la gran duquesa a la corte real de Suecia. «Esto significaba que me iban a separar de la única persona que me importaba de verdad. Me enterré en mi lecho y no hice más que llorar. Para poder seguir allí, fingía tener un dolor constante en la pierna que me impedía levantarme. Pero la verdad era que no podía, ni quería, ver a nadie en mi dolor», escribió Catalina.

La zarina jamás perdonó el sufrimiento de aquellos días. El parto de su primer hijo fue traumático y la sensación de soledad y abandono le dejaron huella. «Me negué a abandonar la habitación hasta que me sintiera lo suficientemente fuerte para superar mi depresión», recordó en sus *Memorias*. Pasó todo el invierno de 1754 encerrada en aquella pequeña habitación, fría y húmeda, cuyas ventanas daban al Neva. Mientras su esposo se emborrachaba con sus amigos, ella encontró consuelo en la lectura y se sumergió en las obras de Tácito, Montesquieu, Voltaire y «todos los libros rusos que pude conseguir para familiarizarme con la lengua de mi país». Solo la noticia del regreso de Saltikov consiguió levantar su ánimo. Hacía cinco meses que no se veían y aunque sabía que lo volverían a mandar al extranjero aún tenía la esperanza de poder despertar de nuevo en él la pasión. Pero cuando su amante acudió a su alcoba se dio cuenta no solo de que ya no la amaba, sino de que para él se había convertido en una pesada carga. Su relación había durado casi tres años y le había provocado a Catalina una gran angustia y dolor. No volverían a verse. Aunque se sentía humillada y abatida decidió dejar de sufrir por un hombre que no lo merecía. Por primera vez afloró su orgullo y fue consciente de su nueva posición en la corte. Isabel le había arrebatado a su hijo, pero para el pueblo ruso ella era la madre del heredero al trono de Rusia. Decidió «hacer que quienes me habían causado tanto sufrimiento comprendiesen que no podían ofenderme y maltratarme impunemente».

El 10 de febrero de 1755 reapareció en un baile en honor del cumpleaños de su esposo Pedro, celebrado en el palacio de Oranienbaum, la residencia de verano de los grandes duques. Cuando los pajes anunciaron su presencia en el enorme salón principal, todas las miradas se posaron en ella. «Llevaba un vestido magnífico, creado especialmente para la ocasión, de terciopelo azul con bordados de oro. [...] Me mantenía muy erguida, caminaba con la cabeza alta, más como la jefa de una facción muy numerosa que como una persona humillada u oprimida», recordó. Nadie reconocía a esta nueva Catalina altiva y desafiante, que tras su maternidad había ganado belleza y seguridad en sí misma. Sus principales enemigos en la corte, los nobles Shuválov, que tanto poder tenían por ser familia del favorito de la emperatriz, fueron el blanco preferido de sus ácidas observaciones: «Los traté con un profundo desprecio. Señalé su estupidez y malicia. Allí donde iba, los ridiculizaba y siempre tenía un comentario sarcástico preparado para ellos, que al final correría por toda la ciudad. Como eran muchas las personas que los odiaban, encontré numerosos aliados».

Desde el principio evitó ponerse del lado de ninguna facción de la corte, y al contrario que su madre, detestaba las intrigas políticas y trató de cultivar amistades de todas las ideologías. Entre sus nuevos aliados se encontraba el poderoso canciller Bestúzhev, quien desde su llegada a Rusia había sido su enemigo más implacable. Pero desde la ascensión del nuevo favorito de Isabel, el conde ruso Iván Shuválov, su posición en la corte se había debilitado. El último amor de la emperatriz era profrancés y sus tíos y primos se convirtieron en los principales ministros de su gobierno. Bestúzhev hacía tiempo que había descubierto que Catalina era mucho más inteligente que su esposo y que siempre defendería los intereses rusos. Todo lo opuesto al gran duque Pedro que no dejaba de añorar su Holstein natal y veneraba al rey Federico de Prusia.

En 1755, fue la anfitriona de una cena y un baile en honor del nuevo embajador británico, sir Charles Hanbury-Williams, encargado de convencer a Isabel de que se sumara a una alianza contra Francia y Prusia, postura que apoyaba Bestúzhev. Inglaterra envió a San Petersburgo a uno de sus diplomáticos más preparados, un hombre cultivado y de trato amable que pronto se ganaría la confianza de Catalina. Sir Charles conocía las dificultades económicas que atravesaba la gran duquesa, a quien a las deudas de juego que le había dejado su madre se sumaban las de su gasto en ropa y diversiones. Enseguida se ofreció a ayudarla en sus finanzas a través de su banquero, que le daría los préstamos que necesitara. Desde este instante se hicieron amigos y fue él quien le presentó a uno de los hombres importantes en la vida de la futura zarina: el conde Estanislao Poniatowski, su secretario y protegido. Tenía veintidós años y por parte de madre pertenecía a una de las más ilustres familias polacas. Aunque no alcanzaba el atractivo de Saltikov, su encanto y conversación le abrían todas las puertas. Era un erudito, hablaba seis idiomas, había visitado todas las cortes europeas y frecuentado los salones más refinados. «Mi desgracia es que mi corazón no puede contentarse, ni siquiera una hora, si no tiene amor», confesó Catalina quien, al instante, se sintió atraída por él.

La forma en que el conde Poniatowski describió a Catalina muestra que también sucumbió a los encantos de la gran duquesa que acababa de cumplir veintiséis años y ya se había recuperado de su penoso parto: «Tenía el cabello negro, un cutis de una blancura deslumbrante; sus ojos eran grandes, redondeados, azules y cargados de expresión, con una pestañas oscuras y largas, nariz griega, una boca que parecía pedir ser besada, hombros, brazos y manos perfectas, una figura alta y delgada y un porte grácil, ágil y aun así de una nobleza señorial, una voz suave y agradable y una risa tan alegre como su temperamento. Tan pronto podía divertirse con el juego más salvaje e infantil, como sentarse al rato en un escritorio y manejar las más complejas cuestiones financieras y políticas». Tardaron unos meses en hacerse amantes y en esta ocasión fue Catalina quien le inició en el sexo pues el joven polaco aún era virgen.

Después de sentirse humillada y rechazada por Saltikov, la devoción que Estanislao le mostró la ayudó a tener más confianza en sí misma. La gran duquesa se dejó llevar por esta pasión juvenil y Lev Narishkin, el mismo que facilitó sus encuentros amorosos con Serguéi Saltikov, asumió el papel de cómplice en su nueva aventura amorosa. Era él quien se encargaba de organizar los encuentros furtivos para no levantar sospechas. En ocasiones los amantes se veían a escondidas en los aposentos de la gran duquesa, contiguos a los de su esposo, o el propio Poniatowski acudía a buscarla a palacio en trineo y ella, vestida de hombre, se perdía con él en plena noche rumbo a un refugio secreto. Pero en esta nueva relación Catalina ya no se entregó con la misma ingenuidad pues no había olvidado el dolor causado por Saltikov y se mostraba más astuta y lúcida. «Yo adoptaba el papel de un caballero sincero y leal cuyo espíritu era infinitamente más masculino que femenino; pero por eso mismo me mostraba hombruna y se encontraban en mí, unidos al espíritu y el carácter de un hombre, los adornos de una mujer amable», confesó.

Mientras, su esposo Pedro Ulrico disfrutaba de la compañía de cantantes y bailarinas de «mala reputación», a las que invitaba a cenas íntimas en su alcoba. Pero su verdadera pasión era Isabel Vorontsova, una de las damas de honor de Catalina, sobrina del rival de Bestúzhev, el vicecanciller Miguel Vorontsov. Aunque pertenecía a una de las familias más antiguas de Rusia la joven se comportaba «como la sirvienta de una casa de mala fama». Tenía modales vulgares, era algo jorobada, bizca y con la cara picada de viruela. Pedro parecía haber encontrado en ella a su alma gemela y por primera vez estaba enamorado. Aunque seguía mostrando indiferencia hacia su esposa y vivían separados, no dudaba en recurrir a ella para pedirle consejos de índole política, sobre sus amantes o mantenerla al tanto de sus correrías. La llamaba en tono irónico mi «Señora Recursos». «Cuando él se veía perdido, acudía a mí, corriendo, en busca de consejo y luego, cuando ya lo tenía, se marchaba tan rápido como le permitían las piernas», contaría la gran duquesa.

En el verano de 1756 la salud de la emperatriz Isabel Petrovna era tan delicada que en su entorno más cercano se temía por su vida. Preocupada por su futuro, Catalina insistió a su esposo en que hiciera todo lo posible por ganarse el afecto de los rusos y le alentaba a no abandonar sus funciones. «Pero él me repetía con franqueza —escribió Catalina— que sentía que no había nacido para vivir en Rusia, que su persona no convenía a los rusos, y que en este país acabaría por morir». Para mayor incertidumbre, circulaban rumores de que la emperatriz había amenazado con eliminar de la sucesión a su sobrino y pensaba designar heredero al pequeño Pablo Petróvich. En este delicado contexto, Rusia iba a modificar sus alianzas políticas alineándose con Francia y Austria en contra de Prusia y de Inglaterra. El embajador inglés y buen amigo de Catalina, sir Charles Hanbury-Williams, tras fracasar en su misión diplomática, abandonaría la corte y regresaría a su país. Pero el canciller Bestúzhev iba a seguir apoyando lealmente a Catalina, que conquistaría la amistad del poderoso general Apraxin, el comandante en jefe del ejército ruso.

Mientras la emperatriz languidecía en su alcoba, la noticia de que el rey Federico II había enviado a su ejército a invadir Sajonia generó mayor inseguridad en el plano político. Era el comienzo de la guerra de los Siete Años y Rusia, obligada por su alianza con Austria, se hallaba ahora oficialmente en guerra con Prusia, la primera gran guerra del reinado de Isabel Petrovna, pero el ejército ruso estaba mal equipado y con la moral muy baja. El fin de la zarina se veía cada vez más próximo y tras su muerte la corona de Rusia la portaría un joven que mostraba una incondicional admiración hacia Federico. Catalina se encontraba atrapada en la compleja política de la corte rusa, pues muchos creían que estaba del lado de Prusia, pero su relación con Bestúzhev le imponía apoyar una política antibritánica y antiprusiana.

Tras la invasión de Sajonia por parte del ejército de Federico II, la emperatriz desde su lecho ordenó enviar un contingente de setenta mil hombres, al mando del mariscal Apraxin, para ocupar la Prusia oriental. En agosto de 1757 el ejército ruso consiguió su primera victoria en la batalla de Gross-Jägersdorf y en las calles de San Petersburgo y Moscú estalló la euforia. Se celebró la victoria con un tedeum y todas las campanas de las iglesias repicaron durante la noche. Para demostrar su patriotismo, Catalina ofreció una espléndida fiesta en los jardines de su palacio de Oranienbaum. El gran duque Pedro no podía ocultar su disgusto. «Veía con pesar a las tropas prusianas derrotadas, porque él las consideraba invencibles», escribió Catalina. Sin embargo, la alegría del pueblo no duró mucho porque inesperadamente llegaron noticias de que el mariscal Apraxin había decidido batirse en retirada. Bestúzhev estaba tan alarmado que pidió a Catalina que escribiera «como amiga» al general, instándole a suspender la retirada. La gran duquesa aceptó y le suplicó que retomase el avance y cumpliera las órdenes del gobierno. En total Catalina intercambió tres cartas con Apraxin, pero en el entorno de la emperatriz ya se hablaba de que había actuado y conspirado a sus espaldas. Isabel, enfurecida, ordenó una investigación y acusó al militar de traición. Sospechaba que había un complot en su contra y que todos a su alrededor confabulaban para derrocarla. Apraxin fue relevado de su cargo y enviado a una de sus fincas mientras esperaba la conclusión del proceso. Después se supo que la decisión de Apraxin de retirarse se debió a los problemas que afrontaba su ejército: los soldados rusos no cobraban la paga desde hacía meses, les faltaba munición y estaban hambrientos.

Tras este escándalo la emperatriz no ocultaba su enfado y desconfiaba de Catalina. Le reprobaba que interfiriera en los asuntos de la Corona y mandó vigilar a Bestúzhev, quien había sido su mano derecha. Pero la noticia de que la gran duquesa estaba de nuevo embarazada apaciguó su enojo. Al enterarse, Pedro comentó con ironía: «Dios sabe de dónde saca mi mujer sus embarazos. No tengo ni idea de si este niño es mío o tendré que responsabilizarme de él». En la corte todos conocían el nombre del verdadero padre, que no era otro que su amante Poniatowski. El 9 de diciembre de 1757 Catalina empezó a tener contracciones y cuando se informó al gran duque, este se presentó en los aposentos de su esposa vestido con uniforme de Holstein, con botas y espuelas, una banda alrededor del cuerpo y una enorme espada en el cinto. Sorprendida, su mujer pensó que era una broma infantil de las suyas, pero enseguida se dio cuenta de que estaba muy borracho. Le convenció para que se marchara y evitar así un disgusto a la emperatriz que, a pesar de sus achaques, hizo acto de presencia. Unas horas más tarde la gran duquesa dio a luz a una niña y la emperatriz eligió el nombre: Ana Petrovna, en honor a su hermana fallecida. Al igual que hizo con su primer hijo tres años atrás, la emperatriz se apropió de la recién nacida que fue llevada a sus habitaciones. «Dijeron que las celebraciones fueron espléndidas —escribió Catalina—, pero yo no pude ver ninguna. Permanecí en la cama, sola, sin más compañía que la de madame Vladislavova. Nadie pisó mis aposentos ni envió a preguntar cómo me encontraba». Pero esta vez y después del abandono y la soledad que sufrió tras el parto de su hijo Pablo, se preparó de otra manera. Su habitación era más confortable y amueblada a su gusto. Además, para que sus amigos más íntimos pudieran ir a visitarla de incógnito, colocó una enorme cortina detrás de su lecho que ocultaba una estancia secreta con mesas, sillas y un cómodo sofá. De este modo también podía visitarla su amante Poniatowski que acudía a diario disfrazado con una peluca rubia y la capa que usaba en sus escapadas nocturnas a palacio.

Aunque tras el nacimiento de su hija Catalina estaba bien acompañada, no podía disimular su preocupación por el proceso que se había abierto al general Apraxin. El anciano militar había fallecido de un ataque de apoplejía tras el primer interrogatorio, pero la investigación proseguía. A medida que pasaban los días los hombres más leales a la gran duquesa fueron encarcelados, entre ellos su antiguo profesor de ruso, Adodurov, el joyero veneciano Bernardi, que actuaba como su correo secreto, y finalmente le tocó el turno al canciller Bestúzhev. Los hermanos Shuválov, tíos del favorito de la emperatriz Isabel, el vicecanciller Miguel Vorontsov, y el nuevo embajador de Francia, el marqués de L'Hôpital, la acusaban de traición y de haber recibido durante años una pensión desde Inglaterra. Catalina comprendió que ella misma podía verse implicada al ser amiga y aliada del canciller. Intentó mantener la calma y no mostrar en público su debilidad. Así, pasados unos días, acudió deslumbrante a un baile en palacio y se atrevió a preguntarle al príncipe Nikita Trubetskói, uno de los comisarios de la investigación: «¿Habéis descubierto más crímenes que criminales o tenéis más criminales que crímenes?». El príncipe, sorprendido ante su audacia, le respondió que el canciller había sido detenido pero «en cuanto a sus delitos aún no habían encontrado nada».

Al día siguiente Catalina recibió una nota del conde Bestúzhev donde le comunicaba que había tenido tiempo de «quemar todo» y que ninguna prueba podría implicarla en una intriga. Sin embargo, fueron encontradas unas líneas de Poniatowski al canciller donde se la mencionaba a ella. Catalina, temiendo por la seguridad de su amante, le rogó que dejara de visitarla y se ocultara en su residencia. De nuevo estaba sola y aislada, y le preocupaba que pudieran condenarla por traición.

El último día del Carnaval de 1758, se preparaba para asistir a una representación en el teatro cuando su chambelán le comunicó que el gran duque Pedro se oponía a esta salida. Ella enseguida comprendió la razón: si acudía al espectáculo, tendrían que acompañarla sus damas de honor, y entre ellas se encontraba «la favorita» de Pedro, su amante Isabel Vorontsova, con quien pensaba pasar una divertida velada. Mientras insistía en acudir al evento, su esposo irrumpió en su habitación gritando y le prohibió subirse al carruaje. En sus *Memorias* recordaba que tras trece años siendo bastante discreta y tímida, ya no iba a aguantar más sus groserías. «Por mi orgullo natural, la idea de ser desgraciada se me hacía intolerable», confesó. Decidió quejarse a la emperatriz y le escribió una larga y sincera carta en la que reconocía que, tras los últimos y tristes acontecimientos, «no era merecedora de sus favores» y le suplicaba el permiso para regresar a Alemania con su familia.

Catalina no tenía ninguna intención de abandonar Rusia y sabía que la emperatriz compartía sus opiniones acerca de su indigno y arrogante sobrino. Pero había llegado el momento de plantar cara a las humillaciones y al mal trato que recibía de él. Si Pedro hubiera sido cariñoso con ella cuando llegó a Rusia, ella le habría podido amar y abrir su corazón. Ya no estaba dispuesta a seguir soportando esta situación y lamentaba que su esposo no valorara sus muchas cualidades: «Si se me permite ser sincera a este respecto, diría de mí que era un auténtico caballero, con una mentalidad más masculina que femenina, pero al mismo tiempo, no resultaba en absoluto masculina y, junto a la mentalidad y el carácter de un hombre, poseía los atractivos de una encantadora mujer», escribió. Mientras esperaba impaciente la respuesta de Isabel, decidió fingir que estaba enferma y guardó cama sin querer ver a nadie.

Finalmente, el 13 de abril de 1758, la emperatriz le concedió una audiencia en plena noche. Dos guardias escoltaron a la gran duquesa hasta los aposentos imperiales donde descubrió que también se encontraba su esposo Pedro. Detrás de un biombo adivinó la presencia del conde Alejandro Shuválov, el temido jefe de la policía secreta. Con los nervios a flor de piel, Catalina se arrodilló frente a la zarina y le rogó que la enviara a Alemania. Isabel, muy enojada, le echó en cara que quisiera abandonar a sus hijos y ella le respondió que con nadie se criarían mejor que con Su Alteza Imperial. Cuando abordó el espinoso tema de las cartas que le envió al general Apraxin, Catalina reconoció su imprudencia y alegó que su único deseo era animarlo a seguir avanzando para vencer al enemigo prusiano. Le suplicó el perdón y le aseguró que no volvería a actuar a sus espaldas. Fue una reunión muy tensa en la que al final la emperatriz se mostró benevolente, pero le ordenó que no se inmiscuyera más en asuntos políticos. Al día siguiente llegó a oídos de Catalina un halagador comentario de Isabel a un cortesano: «Ella [la gran duquesa] ama la verdadera justicia; es una mujer con mucho espíritu, pero mi sobrino es una bestia».

Tras esta reunión la relación entre ambas se suavizó. El 21 de abril de 1758 la gran duquesa cumplió veintinueve años y aunque cenó a solas en su habitación, por primera vez en muchas semanas durmió tranquila. Cuando reapareció en la corte fue muy bien recibida por Isabel y se le permitió ver a sus hijos, que vivían en el palacio imperial de Peterhof, una vez por semana. A sus leales amigos acusados de traición, entre ellos el canciller Bestúzhev, se les perdonó la vida, pero se les obligó a exiliarse en sus tierras, lejos de San Petersburgo. Sin embargo, el castigo más amargo que le impuso la zarina fue el destierro de su amante, Estanislao Poniatowski. Aunque él se resistió a partir alegando que estaba enfermo y por las noches seguía visitando en palacio a su amada, finalmente fue enviado de regreso a Polonia. Se despidió de él con lágrimas en los ojos y en las cartas que se escribieron durante años siempre hablaron de la esperanza de reencontrarse. Siendo ya emperatriz de Rusia, confesó: «Poniatowski fue amante y querido mío desde 1755 a 1758 y la relación hubiera durado para siempre si él no hubiera partido. Ese día yo estaba más afligida de lo imaginable. Creo que no he llorado tanto en toda mi vida». Al dolor de su marcha se sumaría siete meses más tarde el fallecimiento de su hija pequeña Ana. Solo vivió quince meses y aunque apenas pudo conocerla, su muerte le afectó mucho.

Tras caer en desgracia sus amigos más próximos, Catalina empezó a buscar nuevos aliados políticos en la corte. Mientras, lejos de los salones imperiales, la guerra contra Prusia continuaba desangrando al pueblo ruso. Las simpatías del gran duque por el rey Federico provocaban la indignación de muchos oficiales rusos y algunos llegaron a insinuar que el heredero al trono estaba traicionando a Rusia y pasando información secreta a su «héroe militar». Para complicar aún más esta situación, durante el verano de 1759 Pedro había dado cobijo a uno de los prisioneros, el conde Schwerin, un oficial prusiano y ayuda de campo del rey de Prusia. Lo alojaba en una residencia próxima al palacio imperial en San Petersburgo y disponía de una guardia especial para acompañarle, los hermanos Orlov. Los cinco Orlov —Ivan, Alekséi, Fiódor, Vladímir y Grigori— eran oficiales de la guardia imperial y sus hazañas hacían las delicias de la corte y de la ciudad. Uno de ellos era el joven teniente Grigori Orlov que había mostrado una conducta heroica en la batalla de Zorndorf, la misma donde había sido hecho prisionero el conde. Además de por sus proezas militares, a este valiente oficial se le conocía por su amor al juego, la bebida y las bellas mujeres. De los cinco hermanos Orlov, Grigori era el más atractivo. Muy alto, de cuerpo atlético y mirada seductora, levantaba pasiones entre las damas de la alta sociedad.

La primera vez que la mirada de Catalina se posó en Grigori Orlov ella acababa de tener una fuerte y acalorada discusión con el gran duque. Harta de oír sus groserías, se asomó llorosa a la ventana de su habitación para tomar un poco de aire, y allí se hallaba el joven oficial observándola con respeto y admiración. Se sintió profundamente atraída y enseguida deseó conocerle. Aunque Grigori Orlov era más apuesto que Estanislao Poniatowski, provenía de una familia modesta y no tenía el linaje suficiente para ser aceptado en el círculo cortesano de la gran duquesa. Ella sabía que sus enemigos estaban decididos a destruir su reputación, así que no podía arriesgarse a dar un paso en falso. El verano de 1761 comenzaron discretamente su romance y sus encuentros secretos tuvieron lugar lejos de la corte en una casita de una isla del río Neva. Muchos se preguntaban cómo una dama cultivada, lectora de Montesquieu y Voltaire, podía tener como amante a un rudo soldado sin apenas educación. Catalina, a sus treinta y dos años, estaba en su floreciente madurez y él tenía veintiséis. Con Grigori no podía mantener las conversaciones intelectuales que tanto la complacían, pero en su compañía se sentía de nuevo viva y disfrutaba de los placeres del sexo. Para ella este joven y sus hermanos encarnaban lo mejor del ejército ruso y tener su apoyo le garantizaba protección de cara a su incierto futuro. Gracias a ellos también contaba con las simpatías de Nikita Panin, chambelán de la emperatriz y tutor principal del gran duque. Nikita, que gozaba de un gran prestigio en la corte, sabía que Pedro era incapaz de gobernar y consideraba necesario apartarlo de la sucesión. Él deseaba ver a Pablo en el trono y a su madre como regente. Los planes de Catalina eran otros y no estaba dispuesta a ceder la corona a su hijo.

La emperatriz Isabel ya nunca abandonaba su lecho en los aposentos del ala antigua del Palacio de Invierno. A sus cincuenta y un años, envejecida y debilitada, pasaba sus tristes días rezando y «comiendo y bebiendo de manera desmedida». A la espera de su muerte la corte era un nido de intrigas y especulaciones. Todos conspiraban y hacían apuestas sobre quién reinaría, si Pedro, Pablo o Catalina. Mientras, el gran duque celebraba consultas secretas en las que no mostraba reparo en comentar que lo primero que haría cuando fuera emperador sería poner fin a la guerra con Prusia. También anunció sin rodeos que pensaba divorciarse y casarse con su amante Isabel Vorontsova. Corrían rumores de que previamente planeaba asesinar a Catalina y repudiar a su hijo bastardo. Sin duda, ella iba a necesitar la ayuda de los «cinco Orlov» para combatir los malvados planes del gran duque.

En agosto la gran duquesa supo que estaba embarazada de Grigori Orlov y la noticia la llenó de inquietud. Temblaba ante la idea de que Pedro descubriera su estado y lo utilizara como pretexto para repudiarla oficialmente. Cuando empezó a notarse su gravidez comenzó a vestir ropas holgadas y optó por recluirse en su habitación y no recibir a nadie.

El 23 de diciembre de 1761 la emperatriz Isabel sufrió un ataque y viendo próxima su muerte hizo llamar a Pedro y a Catalina junto a su lecho. Aunque hubiera deseado nombrar al pequeño Pablo como su sucesor, no fue capaz de hacer ningún cambio. La mañana de Navidad, tras recibir la extremaunción, pidió perdón a todos por el sufrimiento que pudiera haberles causado. En aquella habitación en penumbra que olía a cirios y al incienso que quemaban los monjes vestidos de negro, Catalina, arrodillada y embarazada, no pudo ocultar las lágrimas. A las cuatro de la tarde la zarina murió. Pocos minutos después el príncipe Nikita Trubetskói, presidente del Senado, anunció a la multitud: «Su Majestad Imperial, la emperatriz Isabel Petrovna, duerme ya en los brazos del Señor. Dios guarde a nuestro gracioso soberano, el emperador Pedro III».

EMPERATRIZ DE TODAS LAS RUSIAS

El cuerpo de la emperatriz Isabel Petrovna fue trasladado a la catedral de Kazán, donde se colocó en un féretro abierto para que el pueblo ruso pudiera despedirse de ella. Durante los diez días que permaneció expuesto Catalina visitó con frecuencia la capilla ardiente. Vestida de negro y cubierta por un velo, sin joyas, se arrodillaba en el frío suelo al pie del ataúd rezando largas horas entre suspiros y llantos. No sentía una gran pena por la desaparición de Isabel, pero quería que los nobles, burgueses y campesinos que acudían a mostrar sus respetos a la fallecida vieran que ella era una mujer humilde y devota. Y lo hizo tan bien que el embajador francés escribió a París: «Cada vez conquista con más entusiasmo el corazón de los rusos».

Su ejemplar conducta contrastaba con la de su esposo Pedro, quien no disimulaba en público su alegría al verse liberado de la férrea tutela de su tía. En el funeral se dedicó a hacer chistes, a reírse y a hablar en voz alta interrumpiendo a los sacerdotes. El nuevo zar tenía treinta y tres años y se comportaba como un niño malcriado y prepotente. Detestaba tanto a Catalina que se negaba a pronunciar su nombre y se refería a su esposa como «ella». Sin embargo en público guardaban las apariencias y juntos inspeccionaron los nuevos aposentos del Palacio de Invierno donde iban a residir.

La misma noche de su ascenso al trono Pedro ordenó que las tropas en el frente se rindiesen ante el ejército de Prusia. No contento con esta vergonzosa retirada, el emperador firmó una serie de tratados para devolver al rey Federico II los territorios conquistados. También decidió imponer el uniforme prusiano a su ejército y nombrar un nuevo comandante, el príncipe Jorge Luis de Holstein-Gottorp. Llevado por su ciego amor a Alemania llegó incluso a reemplazar su guardia personal por un regimiento de Holstein. Y aún daría un paso más: tras firmar la paz perpetua con Prusia, declaró una guerra absurda a Dinamarca para recuperar una antigua provincia de sus ancestros, que no tenía ningún interés para Rusia. Pese a que las arcas del imperio estaban vacías y los militares furiosos porque se les había obligado a retirarse tras seis años de guerra, ordenó a las tropas y a la flota que se preparasen para partir. Después de toda una vida jugando con soldados de plomo el zar Pedro III quería pasar a la acción en el campo de batalla.

Tras enfrentarse al ejército, el emperador dirigió sus ataques contra la Iglesia ortodoxa, que él odiaba porque nunca había dejado de ser un luterano de corazón. Sus doctrinas y ritos le parecían absurdos y dispuso que se eliminara la veneración de iconos, exigió a los sacerdotes rusos que se afeitaran y sustituyeran sus túnicas de brocado por sotanas negras como las de los pastores luteranos. También ordenó la confiscación de los bienes de la Iglesia rusa, muy rica y poderosa. Y por último declaró que el protestantismo tendría en Rusia los mismos derechos que la religión ortodoxa. Estas medidas provocaron la indignación de los obispos y los popes que, ante este desafío, acusaron al zar de ser «un herético, un luterano y el Anticristo en persona».

Mientras Pedro se dejaba llevar por sus delirios de grandeza, Catalina había sido confinada por su esposo en las habitaciones de un extremo del Palacio de Invierno. Este alejamiento le permitió seguir ocultando su embarazo que ya estaba muy avanzado. Ahora era la emperatriz de Rusia pero su vida apenas había cambiado y no se la había vuelto a ver en público. Prefirió mantenerse en un segundo plano y esperar a ver los pasos que daba su esposo. El 10 de febrero de 1762, día del cumpleaños del emperador, se vio obligada a entregar a la amante de este, Isabel Vorontsova, la insignia de la Orden de Santa Catalina, un honor reservado a las emperatrices y grandes duquesas. Pero las humillaciones de su esposo no acabaron aquí. Pedro aprovechó todos los actos públicos a los que la obligaba a asistir para desprestigiarla aún más. La pésima relación que mantenían quedó patente cuando se celebró una cena de Estado para festejar la firma de la paz con Prusia. Acudieron más de cuatrocientos invitados, y el zar presidió la cena vestido con el uniforme azul prusiano. Al final de la velada Pedro propuso un brindis por la familia imperial y todos se pusieron en pie menos Catalina que, en el otro extremo de la mesa, permaneció sentada. Furioso ante su desafiante actitud, mandó a un ayudante para preguntar por qué no se había levantado. Ella, muy serena, respondió que no tenía por qué hacerlo ya que pertenecía a la familia imperial. Tras recibir su respuesta, el zar se puso en pie y mirando fijamente a su esposa, gritó: «Idiota». Catalina llena de rabia no pudo contener las lágrimas, pero intentó mantener la calma y le pidió al conde Stróganov, sentado a su lado, que le contase alguna anécdota graciosa para distraerla.

El embajador francés Breteuil, que presenció la bochornosa escena, escribió a su rey: «La emperatriz Catalina II se encuentra en la más cruel condición y se la trata con el más acentuado menosprecio». Pero la principal preocupación de Catalina en aquellos momentos no eran las ofensas del emperador sino dar a luz en palacio sin despertar sospechas. Al aproximarse la fecha puso como excusa que se había torcido un tobillo y debía guardar reposo en su habitación. La noche del 11 de abril en que comenzaron los dolores del parto estaba atemorizada ante la idea de que el llanto del bebé la delatara. Pero Vasili Shkurín, su fiel ayuda de cámara, ideó un plan para distraer la atención. Incendiaría su propia casa y avisaría al emperador —conocido por su afición al fuego y a los explosivos— para sacarlo de palacio mientras ella daba a luz. Conmovida por la devoción de su ser-

vidor, se tranquilizó y con la ayuda de la comadrona dio a luz
en secreto a su tercer hijo, Alekséi Grigórievich, «hijo de Grigori». Al pequeño lo envolvieron en una suave piel de castor y
lo sacaron a escondidas de palacio. Shkurín lo entregó a un familiar suyo, que vivía en el campo, para que se encargara de
cuidarlo. La zarina nunca descuidó a este hijo bastardo, de débil
salud, al que más tarde otorgó el título de conde de Bóbrinski.
Esta vez se recuperó con rapidez de su parto y en apenas diez
días pudo recibir a los más altos dignatarios y embajadores que
acudieron a felicitarla por su treinta y tres cumpleaños.

El ambiente que se respiraba en San Petersburgo era muy
tenso y el desprecio que el emperador profesaba a su esposa, a la
Iglesia y al ejército le hizo ganarse más enemigos. Aunque Pedro quería romper su matrimonio y apartarla de la vida pública,
la zarina ocupaba una posición muy poderosa: era la madre del
futuro heredero y todos en la corte admiraban su inteligencia,
su coraje y su patriotismo. Las afrentas del emperador solo habían conseguido aumentar su popularidad. Catalina contaba
además con una nueva e inesperada aliada, la princesa Dáshkova, la hermana menor de Isabel Vorontsova, la amante de Pedro III. Cuando la zarina la conoció en 1758 tenía quince años
y era una muchacha rusa inteligente, culta, que hablaba francés y
compartía los mismos gustos intelectuales que ella. La princesa
se convirtió en una de sus mejores amigas y sentía auténtica
idolatría por Catalina: «Me tenía cautivos el corazón y la mente,
y me inspiraba con entusiasmo fervoroso. La devota unión que
sentía yo solo era comparable con el amor que profesaba a mi
esposo y mis hijos», confesó.

En estos últimos meses Catalina también había conquistado
la lealtad incondicional de los hermanos Orlov quienes, viendo cómo el zar traicionaba Rusia, planearon un golpe de Estado
contra él. La idea inicial era apresar a Pedro en sus aposentos de

palacio y declararlo incompetente para gobernar, y después colocar en el trono a Catalina. Pero los planes de los conspiradores se trastocaron cuando Pedro abandonó San Petersburgo custodiado por su regimiento de fieles soldados de Holstein y se trasladó con su amante al palacio residencial de Oranienbaum. Allí pensaba descansar unos días antes de iniciar su campaña militar contra Dinamarca. Antes de partir el zar dejó instrucciones de que su esposa fuese llevada provisionalmente a Peterhof. Ella acató las órdenes, pero precavida dejó a su hijo Pablo en la capital al cuidado de Nikita Panin. El 19 de junio la emperatriz y sus dos sirvientes más leales se instalaron en la villa de recreo Monplaisir (Mi Placer), mandada construir por Pedro el Grande en los jardines del complejo palaciego de Peterhof. Allí permaneció a la espera de recibir noticias de los Orlov y preparar su huida si los partidarios de Pedro venían a detenerla. A su llegada se le informó de que el emperador tenía previsto visitarla al cabo de diez días para celebrar la fiesta de San Pedro y que debía estar preparada para recibirle. Esta noticia la llenó de inquietud porque desconocía sus verdaderas intenciones.

La noche del 28 de junio de 1762 los acontecimientos se precipitaron. Mientras Catalina dormía, una doncella la despertó y le anunció que Alekséi Orlov, el hermano menor de su amante Grigori, deseaba hablar urgentemente con ella. La zarina le recibió sentada en su lecho y cubierta con una bata. Alekséi era el más inteligente y temerario de los Orlov, un tipo alto y muy corpulento apodado Cara Cortada por la profunda cicatriz que tenía en el rostro debida a un sablazo. El joven oficial le comunicó que el capitán Pássek, uno de los militares dispuestos a apoyarla, había sido arrestado y podía llegar a delatarlos a todos si lo torturaban. Tanto los hermanos Orlov como los leales a la zarina estaban en peligro y si no actuaban de inmediato, todos serían descubiertos, incluida ella. «Ha llegado el momento —le dijo Alekséi—, debéis prepararos y venir conmigo. Está todo dispuesto para proclamaros emperatriz».

Catalina no lo dudó un instante y sin decir palabra se levantó y se vistió con un sencillo vestido de luto. Después subió al carruaje en compañía de su doncella y de su ayudante Shkurín, y Alekséi Orlov se sentó al lado del cochero. Partieron veloces a la capital, situada a treinta kilómetros, pero a mitad del trayecto tuvieron que detenerse porque los animales estaban agotados y no podían continuar. Por fortuna apareció en el camino un carro tirado por dos caballos y el campesino accedió a cambiar los suyos para que pudieran proseguir el viaje. Cuando se encontraban cerca de la capital, se cruzaron con otro carruaje en cuyo interior viajaba Grigori Orlov, quien hizo señas a Catalina para que se subiera a su vehículo y así entrar juntos en San Petersburgo. Pero la zarina le ordenó que antes se detuvieran en los cuarteles que se encontraban a su paso para asegurarse de la lealtad de los hombres.

A las siete de la mañana llegaron a los cuarteles del regimiento Izmailovski, donde Catalina fue recibida en el patio por un numeroso grupo de soldados. «Enseguida corrieron a besar mis manos, mis pies, el borde de mi vestido», recordó ella. Tras dirigirles unas emotivas palabras en que les pedía su protección para ella y para su hijo Pablo, rompieron filas y gritaron exaltados: «¡Hurra! ¡Larga vida a nuestra mátushka [madrecita] Catalina!». Después llegó el comandante Kiril Razumovski, quien postrándose ante ella, le besó la mano y la nombró: «Su majestad Catalina II, soberana única y absoluta de todas las Rusias».

La misma escena tuvo lugar en el regimiento Semionovski, cuyos hombres corrieron al encuentro de la zarina para jurarle también lealtad. Cuando entró en San Petersburgo con su larga comitiva en medio de la ovación de la gente que se agolpaba en las calles, cabalgó hasta la catedral de Kazán. Allí la esperaba el arzobispo de Nóvgorod quien la proclamó solemnemente «soberana autócrata de toda Rusia». Después de esta breve e improvisada ceremonia la emperatriz recorrió a pie la avenida Nevski hasta el Palacio de Invierno. Antes de llegar se toparon con el regimiento más antiguo de la guardia, el Preobrazhenski, cuyos soldados habían jurado fidelidad al emperador y muchos consideraban a su esposa una usurpadora. Al mando estaba el capitán Simón Vorontsov, hermano de la amante de Pedro III. Tras un acalorado enfrentamiento en el que los leales a la zarina estuvieron a punto de abrir fuego, los soldados se arrancaron sus uniformes prusianos y abrazaron a sus camaradas mientras gritaban eufóricos: «Viva la emperatriz». Los mandos superiores de Preobrazhenski fueron detenidos y la comitiva pudo proseguir el camino.

Apenas Catalina se instaló en el Palacio de Invierno, ordenó que trajeran a su hijo y enseguida apareció Panin con Pablo en los brazos, medio dormido y en camisón. La zarina se dirigió al balcón principal y presentó a la multitud a su hijo de siete años como heredero al trono. La dinastía de los Romanov estaba garantizada. Eufórica, mandó abrir de par en par las puertas del palacio para que todo aquel que quisiera pudiera acercarse a ella. Los miembros del Senado y del Santo Sínodo, los embajadores y los más altos funcionarios se mezclaron con los burgueses y mercaderes que se apretujaban en los salones para postrarse ante la nueva emperatriz Catalina II. Su buena amiga la princesa Dáshkova, al enterarse de que había regresado triunfal a la capital, corrió de inmediato a reunirse con ella. Al caer la tarde la zarina se había hecho con el mando de la capital «sin disparar un solo tiro ni derramar una sola gota de sangre».

En Oranienbaum, Pedro, ajeno a lo que estaba ocurriendo, se preparaba para partir al palacio de Peterhof donde esperaba reunirse con su esposa. Cuando el cortejo llegó a Monplaisir le

sorprendió ver las puertas y ventanas cerradas y que nadie saliera a recibirlos. Un criado les informó de que la emperatriz se
había marchado muy temprano aquella misma mañana con un
destino desconocido. Tras largas horas de incertidumbre, el emperador supo por su canciller Miguel Vorontsov que Catalina
había sido proclamada emperatriz en San Petersburgo. Aunque
los asesores más cercanos al zar le recomendaron enviar de inmediato a la capital a su regimiento de soldados de Holstein
para sofocar el golpe de Estado y recobrar el trono, Pedro rechazó el enfrentamiento. Furioso, abatido y borracho, regresó con
su séquito a la residencia de verano de Oranienbaum donde
creyó que estaría más seguro. Pero al llegar se enteró de que un
poderoso contingente de la guardia leal a Catalina se dirigía hacía allí. Ante esta noticia se dio por vencido y despidió a todo el
mundo con lágrimas en los ojos, pero su amante Isabel se negó
a abandonarlo. Poco después, y más tranquilo, dirigió una carta
en francés a su esposa en la que se disculpaba por el modo en
que la había tratado y se ofrecía a compartir con ella el trono. Al
no recibir respuesta, Pedro le mandó otra carta donde aceptaba
abdicar pero a cambio de que le permitiesen exiliarse a Holstein
en compañía de su amante.

Lo que Pedro ignoraba era que la propia Catalina se había
puesto a la cabeza de catorce mil soldados que se dirigían a Oranienbaum para arrestarlo. Un oficial del regimiento Semionovski le prestó un uniforme militar y antes de partir escribió de su
puño y letra la siguiente nota al Senado: «Parto de la ciudad a la
cabeza del ejército, para dar paz y seguridad al trono. Con absoluta confianza, dejo al cuidado del Senado mi poder supremo, la
patria, el pueblo y a mi hijo». Catalina abandonó el palacio y
frente a las tropas allí reunidas montó con agilidad su caballo
blanco. Después se dio cuenta de que le faltaba la borla de su
espada y solicitó una a los oficiales. Un joven sargento de la guar-

dia montada se acercó rápidamente y le ofreció la suya. Catalina quiso saber su nombre y él respondió que se llamaba Grigori Potemkin y se inclinó con respeto ante ella. La emperatriz no olvidaría su nombre ni su galante gesto.

La zarina se puso en marcha al frente de sus hombres, que habían desechado los uniformes azules prusianos y llevaban, como ella, los antiguos trajes militares de Pedro el Grande. El pueblo contemplaba extasiado a esta mujer valiente de larga melena castaña al viento que vestía de hombre, empuñaba una espada y se había colocado en la cabeza una corona de laurel. Junto a ella cabalgaban la princesa Dáshkova y Grigori Orlov. Avanzaron durante largas horas en medio de la noche y a las tres de la madrugada se detuvieron para acampar y que la tropa de a pie pudiera descansar. Catalina y los altos mandos se alojaron en un modesto albergue de la zona, pero la emperatriz, que compartió un estrecho y duro camastro con la princesa, no podía conciliar el sueño. A las cinco de la madrugada llegó el canciller Vorontsov a mediar con la emperatriz, pero impresionado ante su autoridad, se arrodilló frente a ella y le juró lealtad. Finalmente tras un viaje largo y agotador, llegaron al complejo palaciego de Peterhof donde los leales al zar ya habían huido. Instalada de nuevo en la villa Monplaisir dictó ella misma la carta de abdicación de su esposo, quien seguía refugiado con su amante en Oranienbaum. Grigori Orlov y el general Ismailov fueron los encargados de llevar el documento que el emperador depuesto firmó sin replicar: «Como un niño a quien se envía a la cama», según palabras del rey Federico II. Pedro fue detenido sin prestar ninguna resistencia y subió a un carruaje que partió de inmediato de regreso a Peterhof. Al llegar al palacio pidió ver a la emperatriz, pero ella se negó a recibirlo.

El zar era ahora un prisionero de Estado y fue llevado a Ropscha, una residencia palaciega a las afueras de San Petersburgo, hasta que la zarina decidiera su futuro. Su amante Isabel no le acompañó como era su deseo y fue enviada a Moscú. Toda la familia Vorontsov le había dado la espalda para apoyar a Catalina. La emperatriz eligió a Alekséi Orlov para que custodiara al prisionero y ordenó que le «hicieran la vida lo más llevadera posible y brindarle cuanto deseara». Así concluía el fugaz reinado de Pedro III que había durado apenas seis meses.

Un soleado domingo, el 30 de junio de 1762, Catalina regresó triunfal a San Petersburgo a lomos de un caballo blanco. Estaba al límite de sus fuerzas y aún vestía el uniforme militar, pero el entusiasmo de la multitud que se agolpaba en las calles para recibirla y las salvas de artillería hicieron que olvidara todas las penurias. De nuevo una mujer —la quinta en la historia— dirigía los destinos del país, aunque el pueblo ruso estaba acostumbrado a ser gobernado por zarinas fuertes y valientes. Enseguida se instaló en su despacho y comenzó a atender los asuntos más urgentes de gobierno. Para granjearse el apoyo del ejército y de la Iglesia, antes que nada revocó las medidas tan impopulares impuestas por Pedro III. Convocó al Senado y firmó los primeros decretos imperiales. Ordenó el cese de hostilidades con Dinamarca, el fin de la alianza con Prusia, aunque dejó claro al rey Federico que su intención era seguir manteniendo la paz, y suspendió la confiscación de los bienes de la Iglesia.

Apartado del poder y muy infeliz, Pedro le escribió varias cartas a su esposa donde le suplicaba el perdón. En una de ellas le decía:

> Majestad:
> Si no deseáis destrozar a un hombre que ya es lo bastante desdichado, tened compasión de mí y enviadme a mi único consuelo: Isabel Vorontova. Sería el mayor acto de caridad de

vuestro reinado. Y si me concedieseis el derecho a veros unos instantes, tened por seguro que satisfaríais mis mayores anhelos. Vuestro humilde servidor,

PEDRO

La emperatriz no respondió a ninguna de las cartas ni se atrevió a visitarlo, pero accedió a enviarle su enorme lecho de Oranienbaum porque Pedro se quejó de que jamás podría dormir si no era en su propia cama. También le pidió que le mandasen «su violín, su caniche, su médico alemán y a su criado negro», sin embargo Catalina ignoró sus extravagancias. A estas alturas ella y sus consejeros aún no tenían muy claro qué debían hacer con él. La idea de mantenerlo preso en Rusia lejos de la capital parecía la mejor opción, pero siempre estaría expuesta a un golpe de Estado. El plan original de encerrarlo en la fortaleza de Schlüsselburg había quedado descartado porque entre sus muros ya se encontraba cautivo otro emperador depuesto, Iván VI. Mientras se tomaba una decisión sobre el futuro del zar, Catalina no dejó de cuidar de él y cuando al tercer día de su encierro Pedro enfermó le envió enseguida a su médico personal de Holstein.

Pero el 6 de julio, la zarina recibió una inquietante nota de Alekséi Orlov donde le informaba de que Pedro había muerto. Catalina no sabía si se trataba de un accidente o de un asesinato premeditado y ejecutado por los hermanos Orlov para servir a su causa. A su amiga, la princesa Dáshkova, que acudió a su lado para consolarla, le confesó: «No puedo expresar el horror que ha despertado en mí esta muerte. ¡Para mí ha sido un golpe brutal!». Fue Nikita Panin quien recomendó informar al pueblo de que el fallecimiento del emperador había sido debido a causas naturales. Al día siguiente Catalina II publicó una proclamación donde se indicaba que «el zar había sufrido un violento cólico hemorroidal» y que los médicos no habían podido hacer nada para salvarle la vida. Esta explicación no convenció en su círculo más cercano, donde se señalaba que Alekséi Orlov lo había estrangulado para que así su hermano Grigori tuviera el camino allanado al trono. El cadáver de Pedro III, vestido con su amado uniforme azul de Holstein, fue depositado en un monasterio a las afueras de San Petersburgo. Catalina no veló el cuerpo ni asistió a las exequias. El Senado le rogó que no lo hiciera «con el fin de que Su Majestad Imperial conserve la salud, por amor a la patria rusa y a sus súbditos realmente fieles».

Tenía treinta y tres años y estaba a punto se sentarse en el trono con el apoyo del ejército, la Iglesia, la mayor parte de la nobleza y el pueblo ruso. Pero a diferencia de los anteriores zares Catalina no era descendiente de Pedro el Grande y ni la emperatriz Isabel ni su esposo Pedro III la habían nombrado heredera. Pese a sus esfuerzos por dejar de ser alemana y convertirse en una auténtica zarina rusa sabía que para sus detractores nunca dejaría de ser una usurpadora. Consciente de su delicada situación se mostró muy espléndida y otorgó ascensos, condecoraciones, dinero y propiedades a quienes la habían ayudado a llegar al trono. A Grigori Orlov le dio el título de conde y, al igual que sus hermanos, recibió miles de rublos. Su querida amiga, la princesa Dáshkova, disfrutó de una generosa pensión anual. Nikita Panin y Kiril Razumovski también recibieron su recompensa y su estimado sirviente Shkurín pasó a formar parte de la nobleza. Ascendió a Grigori Potemkin, el joven y apuesto oficial que le prestó la borla de su espada cuando encabezó la marcha a Peterhof, y cuyo atento gesto siempre recordó. Todos los soldados de la guarnición de San Petersburgo recibieron una paga extra por sus servicios y lealtad. Tampoco se olvidó de sus amigos y aliados e hizo llamar a la corte a su antiguo canciller, Alekséi Bestúzhev, que llevaba cuatro años desterrado.

El asunto que más preocupaba a la nueva zarina tras el golpe de Estado era su coronación. Ella sabía que para afianzar su poder debía ser coronada en el Kremlin de Moscú, ciudad sagrada en la que habían sido investidos todos los zares. Deseaba que la ceremonia fuera tan espléndida y emotiva que quedara para siempre grabada en la memoria del pueblo y nadie pudiera dudar de su legitimidad como emperatriz de todas las Rusias. Catalina destinó más de cincuenta mil rublos para hacer frente a los gastos de este gran evento. Entregó una importante cantidad de oro y plata para que los mejores joyeros le fabricaran una espectacular corona y a los modistos cuatro mil pieles de armiño para que confeccionaran el manto imperial.

El 22 de septiembre de 1762 el pueblo se había echado a la calle desde muy temprano para aclamar a la emperatriz y a su alteza imperial el gran duque Pablo. La ciudad se despertó decorada con colgaduras, tapices y guirnaldas de flores que adornaban las fachadas y los balcones de las casas. El día de la coronación lucía un cálido sol otoñal. Catalina entró en la catedral de la Asunción y se dirigió hasta el altar. Allí aguardaban su llegada cincuenta y cinco altos dignatarios eclesiásticos formando un medio círculo y vestidos con sus ricas túnicas y mitras. La ceremonia duró cuatro horas y el punto culminante fue cuando ella misma se despojó de su largo manto de armiño y se colocó sobre los hombros un manto de púrpura imperial. Retiró de un cojín dorado la pesada corona de cuatro kilos, una magnífica joya de orfebrería elaborada con miles de diamantes engarzados, perlas rosas y en lo alto una enorme espinela roja rematada con una cruz, y después se la colocó ella misma sobre su cabeza, como mandaba la tradición. El embajador inglés la describió como «una mujer de altura mediana y cabello brillante y teñido de castaño recogido bajo la corona enjoyada. Estaba hermosa y sus ojos azules llamaban la atención por su brillo. Caminaba con la cabeza erguida transmitiendo una sensación de orgullo, poder y voluntad». Acto seguido tomó los símbolos del poder, el cetro y el orbe, y recibió la santa unción del arzobispo de Nóvgorod. Ahora era la jefa de la Iglesia ortodoxa y a los ojos de todos los presentes la encarnación de la gran madre de Rusia.

Acabada la ceremonia, la emperatriz recién coronada subió a una carroza dorada desde donde no dejó de saludar a una multitud que la ovacionaba y gritaba su nombre. Aún tenía por delante una larga y agotadora jornada. En el palacio de las Facetas, destinado a las recepciones oficiales de los zares, Catalina recibió las felicitaciones de la nobleza y de los embajadores extranjeros. En la plaza del Kremlin se dispusieron largas mesas al aire libre para invitar al pueblo a carne asada, golosinas y bebida en abundancia. Por la noche el cielo de Moscú se iluminó con un espectáculo de fuegos artificiales. Cuando a las doce al fin se quedó sola, caminó hasta lo alto de la Escalera Roja, escenario histórico de las grandes ceremonias oficiales del Kremlin, para observar desde allí la ciudad dormida a sus pies. La humilde princesa alemana había cumplido su sueño de reinar en Rusia y este era su amado y verdadero hogar. «No me mueve otro fin que la mayor gloria y bienestar de nuestra patria, y nada quiero sino la felicidad de mis súbditos», dijo.

Catalina pasó ocho meses y medio en Moscú tras su coronación antes de regresar a San Petersburgo. A pesar de que era su momento de gloria, aquella no fue una época fácil para ella. En Moscú no se sentía «cómoda» y le parecía una ciudad del pasado, sucia, bulliciosa y propensa a las intrigas. «En San Petersburgo la gente es más dócil, más cortés, menos supersticiosa, y está más acostumbrada a los extranjeros», escribió. Si la estancia en Moscú le resultaba desagradable, otra preocupación aún mayor la mantuvo en vilo. Era la salud de su hijo Pablo, un niño frágil que parecía un ángel con su piel blanca, rizos rubios y ojos

azules como su madre, y que enfermaba con frecuencia. Los
médicos desconocían la causa y no sabían qué recetarle. Una
semana después de la coronación el pequeño sufrió una recaída
y tuvo que guardar cama debido a la fiebre alta. La emperatriz,
muy afectada, no se apartó de su lecho mientras la noticia de su
misteriosa enfermedad se extendió por toda la corte. Temía que
si tres meses después de la muerte repentina de su esposo, fallecía también su hijo, la culpa recaería sobre ella. Para su alivio, en
una semana la fiebre remitió y el gran duque Pablo se recuperó.

La zarina no ignoraba que muchos a sus espaldas le reprochaban que no hubiera coronado a su hijo y que ella no se hubiese limitado al papel de regente. También llegó a sus oídos
que una facción del ejército consideraba que había que liberar
de su encierro a Iván VI y devolverlo al trono. El joven emperador llevaba casi veinte años encerrado en una oscura y fría
mazmorra desde que Isabel Petrovna lo mandara apresar. Los
guardias tenían órdenes estrictas de vigilarlo y muy pocos conocían la identidad del llamado «prisionero número 1». Impulsada
por la curiosidad, la nueva zarina decidió visitarlo en la fortaleza
de Schlüsselburg y cuando lo tuvo delante se estremeció. Des-
calzo, sucio y con la mirada extraviada, hablaba con dificultad
y no recordaba nada de su pasado ni tampoco quién era. Tras
examinarlo unos minutos fría y atentamente, Catalina abandonó el fuerte. «Fuera de un chapurreo penoso y casi incompren-
sible carecía de comprensión y entendimientos humanos», comentó. Pero a pesar de su deterioro y de tener las facultades
mentales mermadas aún podía ser una amenaza para ella. La
gente humilde del pueblo lo consideraba un emperador mártir
que desde niño sufría un inhumano encierro y al que llamaban
cariñosamente Ivanushka. Cuando en octubre de 1762 decretó
que se reforzara la vigilancia, a las estrictas prohibiciones impuestas agregó que, si caía enfermo, no fuera atendido por un

médico. Además, dio orden expresa de que si alguien intentaba liberarlo Iván debía ser fusilado de inmediato y sin misericordia.

La emperatriz regresó a San Petersburgo y se sumergió de lleno en sus tareas de gobierno. Ahora que había conseguido sentarse en el trono de Pedro el Grande tenía que gobernar el mayor imperio del mundo. Su prioridad era ser una buena emperatriz para sus veinte millones de súbditos. En su diario dejó claras sus intenciones: «Sed dulce, humana, accesible, compasiva y liberal. Que vuestra grandeza no os impida jamás descender bondadosamente hasta los pequeños para poneros en su lugar, y que esta bondad no debilite jamás vuestra autoridad y respeto». Catalina II se rodeó de algunos de los mejores y más veteranos estadistas. Nikita Panin se convirtió en su asesor principal y a él le confió la política exterior. Bestúzhev no recuperó su cargo de canciller del imperio debido a su avanzada edad, pero sería otro de sus grandes apoyos. También mantuvo en su puesto de canciller al conde Miguel Vorontsov, quien tras cambiar de bando era uno de sus acérrimos defensores. Grigori Orlov fue nombrado ayudante general o gran chambelán, título que desde los tiempos de Isabel Petrovna significaba el «amante imperial».

Catalina II comenzó su reinado sin tener ninguna experiencia en el mundo de la política, pero con unas ganas enormes de aprender. Todos los ojos estaban puestos en ella y lejos de acobardarse nunca dudó en su capacidad para dirigir «este imperio tan vasto e ilimitado...», como ella lo definía. Aunque la mayoría de los embajadores extranjeros al principio la vieron como «una joven aventurera» incapaz de gobernar con la suficiente autoridad, pronto cambiaron de opinión. Sus más allegados alababan su inteligencia, tolerancia, eficacia y su voluntad de reinar en bien del pueblo. El valor, la sangre fría y la determinación que había demostrado durante el golpe de Estado la ayudaron a ganarse la lealtad de sus antiguos opositores.

La zarina tenía grandes proyectos para Rusia, entre ellos, modernizar este inmenso país y expandir sus fronteras. Pero cuando celebró en el Palacio de Verano una sesión del Senado descubrió que no iba a ser tarea fácil. La guerra de los Siete Años contra Prusia había dejado en la ruina al Estado. En su madurez Catalina aún recordaba con angustia su primer contacto con la realidad: «El ejército que servía en el extranjero hacía ocho meses que no cobraba su paga. La flota estaba abandonada, el ejército en desorden, los fuertes eran ruinas; el presupuesto tenía una deuda de diecisiete millones de rublos [...]. Casi todas las ramas del comercio estaban monopolizadas por particulares. Alrededor de doscientos mil campesinos se negaban a obedecer y a pagar las rentas de los señores. La justicia se vendía al mejor postor. Las torturas y castigos crueles por pequeñeces fomentaban el descontento. Por doquier el pueblo se quejaba de la corrupción, los abusos y todo tipo de malversaciones e injusticias».

A diferencia de la emperatriz Isabel Petrovna, que apenas se involucró en las tareas de gobierno, Catalina desde el primer día quiso leer ella misma todos los despachos diplomáticos y los informes ministeriales. Deseaba conocer de primera mano los problemas a los que se enfrentaba Rusia antes de tomar una decisión. Así, tras escuchar a los senadores y para llenar de nuevo las arcas vacías, sorprendió a todos renunciando a su propia asignación de la Corona, lo que equivalía a un tercio de los ingresos del Estado. También abolió los monopolios privados en manos de las grandes familias nobles, como la de los Shuválov, y fundó un banco para emitir papel moneda cuando el tesoro imperial lo necesitara. Durante todo su reinado ordenó producir una enorme cantidad de rublos que, lejos de provocar la inflación y la bancarrota, contribuyó a ganar la confianza de los inversores extranjeros. En apenas unas semanas el barón de Breteuil, embajador de Francia, escribió a su rey: «Su particular estilo de gobernar es una mezcla de encanto y dureza, de generosidad y desconfianza».

Catalina se entregó a las tareas de gobierno con verdadera pasión. Era una trabajadora infatigable y su vitalidad sorprendía a sus colaboradores. «El tiempo no me pertenece a mí, sino al imperio», solía decir siguiendo el ejemplo de Pedro el Grande. Presidía todos los Consejos de Ministros y las reuniones del Senado y desconcertaba a los funcionarios con sus inesperadas preguntas y sus implacables críticas. Para dar ejemplo, se levantaba a las cinco de la mañana y durante doce o catorce horas diarias se volcaba en leer informes, memorándums, en revisar las cuentas del imperio y en responder la correspondencia diplomática y los cientos de cartas de sus súbditos que le suplicaban algún tipo de ayuda. Apenas tenía tiempo para comer y por la noche, tras una cena liviana, disfrutaba de una breve sobremesa con su círculo más íntimo y caía rendida en la cama junto a su amado Grigori Orlov. Al contrario que la emperatriz Isabel Petrovna, gran aficionada a los bailes y a las fiestas, a ella esas celebraciones la aburrían. Catalina II acabaría de un plumazo con el derroche y la frivolidad de la corte rusa. Las reformas pendientes, el papeleo que se acumulaba sobre la mesa de su despacho, las largas reuniones con sus consejeros y diplomáticos, absorbían todo su tiempo.

En los primeros años de su reinado, siempre tuvo a su lado a Grigori Orlov, a quien consideraba un verdadero héroe porque, junto a sus hermanos, la había ayudado a subir al trono. De todos sus amantes este hombre bien parecido y musculoso, vestido con su uniforme militar rojo, era el que más satisfacciones le había dado en la cama. Además de ser el padre de su hijo menor Alekséi, había arriesgado su vida por ella, algo que jamás olvidó. Pero Orlov también era celoso y posesivo y con el transcurso de los meses le recriminó que no pasara más tiempo con él y que dedicara tantas horas a los deberes imperiales. La zarina no tenía mucho tiempo para coqueteos ni juegos amorosos y por su carácter reservado rehuía la vida cortesana. Dispuesta a contentar a todos, elaboró una agenda semanal donde intentó compaginar la pasión amorosa, la diversión y el trabajo. Por las mañanas se entrevistaba con sus ministros y redactaba con ellos sus decretos. A las once, se retiraba para arreglarse y se encontraba con Grigori para dar juntos un paseo por los jardines en la única compañía de sus galgos. Tras un frugal almuerzo a la una se encerraba en su despacho hasta las seis de la tarde, la «hora del amante», cuando recibía a Orlov en sus aposentos privados antes de asistir a algún evento. Los lunes y los miércoles había teatro, los jueves ópera francesa o tragedia griega y los viernes baile de máscaras en los salones de palacio. Los martes y los sábados se los dejó libres para disfrutar de las *soirées* con su círculo más íntimo. En estas reuniones alegres y relajadas la zarina impuso unas normas que debían cumplir sus invitados, entre ellas, estaba prohibido hablar mal de otras personas, usar palabras groseras, irritarse y mentir. Un ambiente muy distinto al de la corte de Versalles y que el embajador de Inglaterra, acostumbrado a la etiqueta, describió así: «Prevalece allí un ambiente de armonía y buen humor tal que uno creería estar en un paraíso de paz».

A pesar de todas las atenciones que prodigaba a Grigori Orlov, este no se sentía satisfecho. Cuando llevaban tres años siendo amantes la relación comenzó a enfriarse. Grigori le había pedido que se convirtiera en su esposa y aunque Catalina estaba enamorada, siempre rehuía una respuesta, pues la nobleza nunca lo aceptaría y el pueblo no vería bien esta unión de su zarina con un hombre sobre el que pesaba la sospecha de haber participado en la muerte de Pedro III. Era tal la presión de Orlov, que en un momento dado Catalina estuvo a punto de acep-

tar su propuesta de matrimonio. Fue Nikita Panin, su hombre
de mayor confianza, quien le abrió los ojos y le dijo: «La señora de Orlov jamás podrá ser emperatriz de Rusia». Catalina
no quiso herir a su amante y decidió postergar su decisión.
A modo de compensación lo nombró príncipe del imperio y le
regaló dos palacios y grandes extensiones de tierra. Además era
el único que tenía el honor de poder lucir en el pecho de su
uniforme un medallón con el retrato de Catalina rodeado de
diamantes que ella le había regalado al empezar su romance.

Había otro hombre que no había olvidado a Catalina: el noble Estanislao Poniatowski, que vivía exiliado en su Polonia natal desde que la emperatriz Isabel Petrovna lo mandara de regreso a casa. Seguía soltero y enamorado de ella y no había dejado
de enviarle apasionadas cartas, ignorando que el corazón de la
zarina lo ocupaba Grigori Orlov. Tras el golpe de Estado pretendía regresar a su lado y continuar su relación amorosa.
La emperatriz tuvo que escribirle para que fuera consciente de
la realidad: «Os ruego, por lo que más queráis, que no vengáis,
pues, en las circunstancias presentes, vuestra llegada sería peligrosa para vos y podría hacerme a mí no poco daño. […] Estoy
muy entregada a mis ocupaciones y dudo que pudiese consa-
grarme a vos. […] Llevo tres noches sin dormir y he comido
solo dos veces en cuatro días».

La emperatriz aún sentía un sincero afecto por Poniatowski, padre de su pequeña hija Ana, fallecida en la infancia. Para
contentarle ideó el plan de colocarlo en el trono de Polonia a
la muerte del rey Augusto III, gravemente enfermo. La noticia,
lejos de alegrarle, sumió a su enamorado en una profunda tristeza. Él no quería la corona de Polonia, sino estar junto a la
mujer que lo era todo en su vida y a la que aún llamaba por su
nombre de pila, Sofía. En una última carta, le suplicaba: «Os
ruego que me escuchéis. ¡Sofía, Sofía, cómo me hacéis sufrir!

Prefiero ser mil veces embajador ante vos que rey en esta tierra». Pero Catalina ya había tomado una decisión y no había vuelta atrás. Iba a serle de gran utilidad tener a su enamorado y fiel Poniatowski en el trono polaco.

Cuando un mes más tarde la zarina recibió la noticia del fallecimiento de Augusto III, reunió treinta mil soldados en la frontera polaca en previsión a las reacciones de sus poderosos vecinos. Francia y Austria enseguida protestaron por esta injerencia en la sucesión polaca. Polonia era un país católico y monárquico gobernado por una dieta que elegía al sucesor al trono. Federico II de Prusia aceptó al candidato propuesto por la emperatriz tras asegurarle esta que sería «un soberano dócil», y ella movió los hilos en Varsovia para ejercer presión en la elección del nuevo soberano. El 26 de agosto de 1764, Estanislao Poniatowski fue elegido monarca de este inmenso reino, dividido y caótico, que en otro tiempo había arrebatado grandes extensiones de tierra a Rusia y a Ucrania. Era el primer éxito internacional de la emperatriz y con esta hábil jugada política había resuelto de una vez dos problemas: Polonia estaba más cerca de caer bajo la influencia rusa y ella mantenía lejos de la corte a su antiguo amante.

Un mes antes de esta «victoria polaca», Catalina había recibido una noticia tan grave que no le había permitido conciliar el sueño: Iván VI había sido asesinado en su celda. En aquel verano Vasili Miróvich, un joven teniente de veinticuatro años, descontento y con mala fortuna, fue destinado a la fortaleza de Schlüsselburg. Allí se enteró por sus guardias de que el «prisionero número 1» era en realidad el emperador Iván VI. Cuando conoció la verdadera identidad del preso, llevado por la compasión, decidió liberarlo. Temprano por la mañana arengó a sus compañeros, los armó y les ordenó que pusieran fin al calvario del futuro zar de Rusia. Después de un breve tiroteo, los asaltantes entraron en su celda y encontraron a Iván moribundo, desangrándose por las múltiples puñaladas recibidas. Los guardianes leales a Catalina habían cumplido sus órdenes: Iván nunca debería salir vivo de su mazmorra. Cuando Nikita Panin le contó los detalles de la ejecución a la zarina, esta comentó: «Los caminos de Dios son maravillosos e imprevisibles. La Providencia me ha demostrado claramente su favor llevando a buen término este asunto».

UNA DÉSPOTA ILUSTRADA

Los años en los que Catalina fue gran duquesa soportó la soledad y el aburrimiento devorando los libros de pensadores franceses que marcaron su pensamiento político. Tras haber leído las obras maestras de la Ilustración, desde que se había sentado en el trono soñaba con borrar la imagen que se tenía en el resto de las cortes europeas de una Rusia campesina y atrasada. Al igual que en tiempos de Pedro el Grande, ella atrajo a su corte a destacados sabios, artistas, científicos, ingenieros y arquitectos que convertirían San Petersburgo en la capital de la cultura. También entre sus intereses estaba encontrar intelectuales extranjeros que limpiaran su reputación ante las sospechas que la relacionaban con los asesinatos de su esposo Pedro III y del zar Iván VI. Así, nueve días después del golpe de Estado, invitó a la corte al escritor y filósofo Diderot para continuar en Rusia la impresión de su *Enciclopedia*, cuya edición había sido censurada en Francia tras la publicación de los primeros volúmenes, pero Diderot declinó la invitación porque no deseaba relacionarse con una soberana que había llegado al trono de manera poco legítima. En una irónica carta a su amigo Voltaire y, haciendo alusión al informe oficial de la muerte del zar, le confesó las verdaderas razones de su negativa: «Soy muy propenso a las hemorroides; esta enfermedad es demasiado grave en Rusia y preferiría enfermarme de mis partes posteriores sin correr riesgos».

Aunque Catalina se sintió ofendida por el rechazo, un año después consiguió su rendida admiración. La emperatriz se enteró de que el ilustre pensador había decidido vender su valiosa biblioteca para financiar la dote de su hija y ella adquirió su colección de libros por dieciséis mil libras con la condición de que permanecieran en poder de su propietario mientras este viviera. «Sería una crueldad separar a un erudito de sus libros», dijo. Con este gesto benefactor logró que se hablara de ella en toda Europa y que Diderot se convirtiera en uno de sus mayores aliados políticos. Además lo contrató como bibliotecario personal con una renta de mil libras anuales. Maravillado por su generosidad, Diderot escribió a su mecenas: «¡Oh, Catalina! Tened la certeza de que vuestro reino es más poderoso en París que en San Petersburgo».

Otro gran admirador de Catalina II, con quien mantuvo una estrecha relación, fue Voltaire. Cuando llevaba unos meses en el trono le escribió por primera vez presentándose humildemente como su más ferviente discípula. El anciano filósofo le envió un poema dedicado y ella, embargada por la emoción, le escribió una emotiva carta que finalizaba con estas palabras: «[...] puedo aseguraros que desde 1746, el año que comencé a disponer de más tiempo, que tengo con vos las mayores obligaciones. Antes de esa época leía solo novelas; pero la casualidad determinó que vuestras obras cayeran en mis manos; después jamás interrumpí su lectura, y no acepté libros que no estuviesen bien escritos, ni en los que no hubiese el mismo caudal aprovechable. Pero ¿dónde encontrarlos?». Voltaire había publicado dos tomos de su *Historia de Rusia* en homenaje al zar Pedro el Grande y Catalina lo consideraba «su maestro de pensamiento». Para él, la llegada al trono de esta emperatriz ambiciosa y culta, que además tenía talento literario y escribía versos y obras teatrales, despertó un gran interés. Ella se ganó pronto su estima y mantuvieron una fluida correspondencia durante quince años.

Catalina se sirvió de su amistad con Voltaire y Diderot, dos de las mentes más brillantes de la época, para presentarse ante el mundo como una soberana progresista. En los salones literarios de París ambos se encargaron de propagar las excelencias de esta mujer «liberal y humanista» impulsora del cambio en Rusia. Un miembro destacado de los círculos intelectuales franceses era el escritor alemán Frédéric-Melchior Grimm, que llegó a ser otro de los amigos más íntimos de la zarina. En sus largos años de amistad ella le invitó a San Petersburgo y en sus cartas hablaban libremente de política, religión, literatura o arte. Grimm fue además su confidente y la única persona a la que abrió su corazón y le habló con total franqueza de su vida personal, incluidos sus amantes.

La emperatriz se tomó muy en serio el apelativo de «madrecita», como la llamaban sus súbditos, y centró sus energías en la educación y la sanidad. «Id a una aldea y preguntad a un campesino cuántos hijos tiene. Generalmente os dirá que diez o doce, y hasta veinte. ¿Cuántos viven? Os responderá que uno, dos, o cuatro. Es primordial remediar esta mortalidad, ocuparse de los cuidados necesarios para estos niños pequeños. Corren desnudos sobre la nieve y el hielo. El que sobrevive tiene una constitución robusta, pero mueren diecinueve, y qué pérdida para el Estado», escribió. Durante su segundo año de reinado fundó la primera Facultad de Medicina del imperio para formar a médicos, cirujanos y enfermeras. También creó en Moscú, con fondos propios, una casa de niños abandonados y un hospital anexo para parturientas. Cuando disponía de algún rato libre se reunía en su despacho con el célebre pedagogo ruso Iván Betski y juntos redactaron un «Reglamento general para la educación de los hijos de ambos sexos» inspirado en las ideas de Rousseau. Pero sin duda de lo que más orgullosa se sentía era del famoso Instituto Smolny, una escuela-internado donde se formaron generaciones de jóvenes damas de la nobleza y algunas de la burguesía, abriendo el camino a la educación de las mujeres.

Admiraba profundamente a Pedro el Grande, quien había convertido Rusia en una gran potencia europea, pero su muerte prematura, a los cincuenta y dos años, dejó inacabado su plan reformista. Desde que ascendió al trono su único deseo era finalizar esta magna obra que había emprendido el legendario zar y cambiar las leyes antiguas que regían la sociedad rusa. Dedicó los primeros esfuerzos de su reinado a renovar el anticuado código legal ruso que llevaba vigente desde los tiempos del zar Alexis I, padre de Pedro el Grande. En enero de 1765 comenzó a trabajar en este proyecto, la *Nakaz* o «Instrucción», donde pretendía aplicar los principios de justicia, igualdad y tolerancia que proclamaban los admirados pensadores de la Ilustración. La emperatriz dedicó dos años a escribir de su puño y letra este texto que pretendía ser una guía para los futuros legisladores. En realidad era una recopilación de las ideas de Montesquieu, Diderot, John Locke y el jurista italiano Cesare Beccaria. Ella misma confesó al rey Federico de Prusia acerca de su autoría: «En nombre de mi imperio he robado a Montesquieu su espíritu sin mencionar su nombre. Si está viendo mi obra desde el otro mundo, espero que sepa perdonar este plagio que he cometido por el bien de veinte millones de personas».

Pasó largas horas al día encerrada en su despacho del Palacio de Invierno dando forma a este código de leyes que consideraba su gran contribución a Rusia. Los únicos que la acompañaban en la soledad de su estudio eran sus galgos, que dormían en su habitación y por los que sentía una auténtica debilidad. Nadie podía molestarla mientras escribía y solo permitió a Grigori Orlov y a Panin leer los primeros borradores del tratado. Su amante se deshizo en halagos, pero a Panin le llenó de inquietud porque estos textos suponían una amenaza a todo el orden establecido. Honesto como siempre, le advirtió: «¡Estos axiomas están llamados a hacer temblar la tierra!». En su texto defendía a capa y espada el absolutismo, pero se presentaba como una monarca liberal y moderada. Sin embargo, había un abismo entre la Rusia real y la nación moderna con la que soñaba Catalina. Condenaba la esclavitud, pero no podía acabar con una práctica de casi dos siglos de antigüedad instaurada en el imperio sin exponerse a una revolución. Cuando subió al trono de Rusia había más de diez millones de siervos, en su mayoría campesinos que trabajaban duro a las órdenes de sus señores, ricos terratenientes que podían castigarlos, venderlos o regalarlos a su antojo. En su nuevo código recomendaba que se tratara con humanidad a los siervos, incitaba a los ricos a evitar la opresión, criticaba la tortura y la pena de muerte (excepto en delitos políticos) y proclamaba que los reyes debían estar al servicio del pueblo y no a la inversa.

En otoño de 1766 Catalina presentó su obra en el Senado y ordenó la formación de una comisión para conocer la opinión del pueblo ruso sobre las reformas que proponía. Esta idea provocó un auténtico revuelo entre los senadores que no daban crédito a que se permitiera al pueblo llano participar en la elaboración de las leyes. Pese a las objeciones de Panin, quien creía con firmeza que la sociedad rusa no estaba preparada para dar este paso, a partir de 1767 comenzó a reunir una gran comisión y más de quinientos delegados se desplazaron a Moscú desde todas las provincias del imperio. Catalina, dispuesta a impresionarlos, los recibió en los salones del palacio de las Facetas en el Kremlin, sentada en un trono elevado y con el gran duque Pablo, los ministros del gobierno y los embajadores extranjeros, de pie, a su lado. Tras el discurso de apertura, la zarina obsequió a cada uno de los delegados con un ejemplar de la *Nakaz* encuadernado en piel roja y una medalla de oro con cadena. Tenía grabadas su imagen y la siguiente inscripción: «Por el bienestar de uno y de todos».

Antes de iniciar su trabajo, los miembros de la asamblea legislativa insistieron en debatir el título que debían otorgarle a la emperatriz en agradecimiento a esta importante iniciativa. «Los he convocado para estudiar leyes y se entretienen discutiendo sobre mis virtudes», escribió al general Bíbikov, presidente de la comisión. Irritada por esta pérdida de tiempo ante asuntos de mayor envergadura, tuvo que aceptar resignada el título de «Catalina la Grande», que había obtenido el mayor número de votos. Un nombre que en el fondo la llenaba de orgullo pues se lo había ganado en apenas cinco años, pero que jamás utilizó oficialmente. Cuando sus amigos en Francia, tanto Grimm como Diderot o Voltaire, se referían a ella en sus cartas adulándola con este pomposo apelativo o por el de «Santa Catalina», ella siempre respondía: «Os ruego que no me llaméis así, no soy grande ni una santa y me llamo Catalina II».

Tras cinco meses en Moscú y viendo que las reuniones de la comisión no avanzaban, en diciembre decidió que ya había oído suficiente y ordenó a los delegados que continuaran su trabajo en San Petersburgo. A principios de enero Catalina partió en un trineo por carreteras heladas y seguida de un largo cortejo. Un mes más tarde tuvo que enfrentarse a su primer conflicto armado. En febrero de 1768 las noticias que llegaban de Polonia eran preocupantes. En la pequeña ciudad polaca de Bar, no lejos de la frontera turca, un movimiento de patriotas descontentos se rebeló contra la intervención rusa. Entre las medidas que querían imponer estaba la de limitar los derechos civiles de los polacos no católicos y frenar así el avance de los rusos ortodoxos. La zarina vio la oportunidad de aumentar su poder en la región y reprimir a los rebeldes con la excusa de defender la tolerancia religiosa. Sus tropas, que aún seguían desplazadas en la frontera con Polonia, entraron en acción y atacaron brutalmente estas bandas desorganizadas de rebeldes que huyeron a los países vecinos. Voltaire aplaudió el valor de Catalina con su habitual ironía: «El ejemplo que ofrece la emperatriz de Rusia es único en el mundo. Ha enviado a cuarenta mil rusos a predicar la tolerancia, con la bayoneta en la punta del fusil...».

Pero en Francia hasta el rey Luis XV estaba indignado y veía en este ataque un peligroso antecedente. Sin embargo, el gobierno francés no tenía intención de embarcarse en una guerra contra un rival como Rusia. Para apartar de su trono a la «usurpadora» Catalina II los franceses prefirieron provocar una guerra entre Rusia y el Imperio otomano. Lejos de temer este conflicto, la zarina lo deseaba de todo corazón. Tras ser coronada emperatriz había manifestado su deseo de cumplir el sueño de expansión de Pedro el Grande: anexionar la rica Crimea, destruir el poder turco, el acceso al mar Negro y a los Dardanelos, y la conquista de la ciudad santa de Constantino, cuna de la Iglesia ortodoxa. «Solo entonces tendría derecho a llamarme Catalina la Grande», comentó a Panin con su habitual ironía.

Un incidente en la frontera desató la guerra que ella tanto anhelaba. En una de las habituales escaramuzas con los rebeldes polacos, un destacamento ucraniano entró en territorio turco y se apoderó de la ciudad otomana de Balta. El sultán, enfurecido, exigió a la emperatriz que retirase sus tropas de Polonia de inmediato. Catalina estaba encantada con la situación y rechazó la petición del sultán. Como represalia el embajador ruso en Constantinopla fue detenido y encerrado en el castillo de las Siete Torres. Así comenzó la guerra «de los ciegos contra los paralíticos», como la bautizó el rey Federico II, por la falta de preparación y el mal estado en que se encontraban tanto el ejército ruso como el otomano. La emperatriz se reunía casi a diario con su Consejo de Guerra y no dejaba de mandar cartas de ánimo a sus generales mientras participaba en todos los desfiles militares a caballo y vestida de uniforme.

El conflicto con Turquía seguía su curso y Catalina estaba desesperada por los lentos avances de la comisión. Después de dieciséis meses y más de doscientas sesiones no se había redactado ni una sola ley. Al final se vio obligada a admitir que en Rusia no existía la opinión pública. Tras siglos de obediencia, nadie se atrevía a quejarse por temor a las represalias. Con la excusa de la guerra contra los turcos, ordenó al conde Bíbikov disolver la asamblea y el nuevo código legal jamás llegó a redactarse. Tras esta frustrante experiencia Catalina escribió: «El Imperio ruso es tan grande que cualquier forma de gobierno que no sea la de un emperador absoluto lo perjudicaría». Había descubierto que solo la mano firme de una autócrata como ella podía gobernar esta vasta y dividida nación que aún no estaba preparada para cambios de envergadura.

La tensión de los últimos meses y las largas horas de trabajo en su despacho acabaron por dañar su salud. A finales de año estaba agotada y le confesó a su jefe de gabinete Nikita Panin: «Estoy muy enferma, la espalda me está haciendo sufrir como no lo había hecho nunca desde que nací. Anoche hasta tuve algo de fiebre debido al dolor, y no sé a qué atribuirlo». Aunque la emperatriz luchó para mejorar la sanidad en Rusia y se interesaba por los avances científicos, no sentía simpatía por los médicos. Siendo gran duquesa había enfermado en varias ocasiones y nunca recurrió a ellos. A pesar de cuidar su salud y su alimentación, padecía frecuentes dolores de cabeza y de espalda. Siempre se negó a tener un médico personal en la corte hasta que, presionada por Panin, eligió a un joven doctor escocés al que solía describir a sus amigos como «un embaucador matasanos de las comedias de Molière» y con quien acabó congeniando.

En la primavera de 1768, una nueva epidemia de viruela había arrasado el país y Catalina sintió una gran preocupación. Era una enfermedad mortífera y los que sobrevivían quedaban con el rostro marcado. Su mayor temor era que su hijo Pablo, con doce años y salud débil, pudiera contagiarse. Ante la gravedad de la situación la emperatriz pensó seriamente en introducir en su país el nuevo y controvertido método de la inoculación que se estaba probando en Inglaterra. Discutió el asunto con el barón de Cherkásov, presidente del Instituto de Salud, un hombre sensato y muy cultivado que al igual que ella confiaba en este gran descubrimiento de la ciencia. Pero el barón dudaba de cómo iban a reaccionar los súbditos de Su Majestad ante un método que consistía en inyectar el virus de la viruela a un paciente sano para conseguir la inmunidad y que contaba con muchos detractores. Entonces la zarina decidió que antes que poner en peligro la vida de otras personas sería ella la primera en probar la vacuna. Le pidió a Cherkásov que trajera de Inglaterra al mayor especialista, el doctor Thomas Dimsdale, que ese mismo año había publicado un tratado sobre el método de inoculación para la viruela.

En el mes de agosto de 1768, el médico inglés llegó de incógnito a San Petersburgo y la zarina lo recibió de inmediato en el Palacio de Invierno. Se quedó maravillado ante «su entendimiento extremo y lo acertado de las preguntas que formuló Su Alteza Imperial respecto de la práctica y el éxito de la inoculación». Dimsdale intentó persuadirla de que primero se inoculase a otras mujeres de su edad, pero ella se negó. Tampoco sirvieron los ruegos y las súplicas de las personas de su entorno que lo consideraban «un gran riesgo innecesario». Federico de Prusia le escribió intentando convencerla para que no lo asumiera y ella le respondió que siempre había temido a la viruela y deseaba vencer ese miedo.

La noche del 12 de octubre el médico realizó una incisión en ambos brazos de la emperatriz y le inyectó el virus. Grigori Orlov fue el siguiente y aceptó que lo inoculasen como gesto de apoyo a Catalina. Aunque se intentó mantenerlo en secreto, la noticia recorrió la corte y en el ambiente se vivía una enorme preocupación por la salud de la emperatriz que se confinó en Tsárskoye Seló para recuperarse. Catalina superó el periodo crítico sin ningún malestar y todos elogiaron su valor. Unos días más tarde el gran duque Pablo también fue vacunado sin el menor problema. En los meses siguientes buena parte de la nobleza rusa se vacunó y en las principales ciudades del imperio se crearon clínicas de inoculación que contribuyeron a inmunizar a miles de habitantes.

A principios de noviembre de 1768 Catalina regresó a San Petersburgo, donde pasaba los crudos inviernos, y reanudó enseguida sus actividades. Junto a los hombres más veteranos y de mayor edad que formaron su gabinete desde el inicio de su reinado, aceptó jóvenes mentes brillantes como Jacob von Sievers, agrónomo y economista a quien nombró gobernador de Nóvgorod. Para el cargo de procurador general, el mayor puesto administrativo del imperio, eligió al príncipe Aleksandr Viázemski, su portavoz y más próximo colaborador. La zarina se reunía a diario con él y desde el principio le dejó muy claro por escrito cuáles serían sus obligaciones y añadió: «Es necesario que sepáis con quién estáis tratando […]. Amo la verdad y podéis decírmela sin temor. También podéis discutir conmigo sin ningún género de inquietud… Quiero agregar que no me agradan las lisonjas y que no las espero de vos. Lo que exijo es franqueza en nuestras relaciones y energía en vuestras funciones».

Mientras el conde Rumiántsev derrotaba a los turcos en Jotín y seguía avanzando y ocupando ciudades de los «infieles», Catalina II se evadía soñando con tener su propia galería de arte para exponer las colecciones de pintura y escultura que iba atesorando. Apenas un año después de su coronación, fundó la espléndida colección de arte que hoy alberga el Museo del Hermitage en San Petersburgo. Todo había comenzado en 1764 cuando, por medio de un emisario en Berlín, compró una serie de doscientas veinticinco obras de pintura flamenca que el rey Federico II había rechazado por su elevado precio y que ahora adornaban las paredes del Palacio de Invierno. En los años siguientes y gracias a los embajadores y agentes que tenía en Europa, adquirió magníficas colecciones privadas de Rafael, Rembrandt, Van Dyck, Tiziano, Murillo, Rubens... Una avalancha de obras maestras de las escuelas francesa, italiana, holandesa y flamenca llegaban por barco en grandes cajas hasta el muelle del palacio.

A Catalina le gustaba rodearse de belleza, pero era de gustos austeros y odiaba la pompa. Nunca se sintió a gusto en el Palacio de Invierno, residencia oficial de los zares de Rusia, un edificio barroco de colosales proporciones obra del italiano Rastrelli. Con 1.500 habitaciones y 117 escaleras se sentía abrumada por su tamaño y su recargada decoración. En 1765 encargó al arquitecto francés Jean-Baptiste Vallin de la Mothe un anexo al palacio. La emperatriz deseaba disponer de un espacio amplio y luminoso, de líneas elegantes que sirviera de galería de arte para exponer sus obras y a la vez de retiro privado para leer, trabajar o conversar con sus amigos más íntimos. Lo llamó «Hermitage» (Ermita, en francés) y estaba unido al edificio principal por un puente cubierto. Para sentirse aún más cómoda durante la estación fría, ordenó instalar en el segundo piso del nuevo edificio un hermoso y acogedor invernadero con techo de cristal, árboles, flores, chorros de agua y pájaros en libertad. Cuando caía una gran nevada en San Petersburgo y el río Neva se helaba, ella disfrutaba en aquel lugar de un agradable microclima mientras veía caer los copos de nieve a través de los cristales.

Si deseaba evadirse de los problemas o reflexionar, se recreaba paseando sola por el nuevo Hermitage y recorriendo sus inmensas salas repletas de tesoros, pinturas, muebles, esculturas... Años más tarde, cuando su colección se amplió a cuatro mil pinturas, lo que la convirtió en la mayor coleccionista de arte y mecenas de la historia de Europa, confesó a Diderot: «Mi pequeño reducto tiene tales proporciones que recorrer el camino de ida y vuelta desde mi habitación significa dar tres mil pasos. Allí me paseo entre muchas cosas a las que amo y que me complacen y precisamente estas caminatas invernales conservan mi salud y mis fuerzas». Catalina reconocía que no era una experta en arte, pero que le encantaba comprar lo que otros monarcas no podían adquirir. «No es amor al arte sino voracidad. Soy una glotona».

No se limitó a coleccionar piezas de museo, también dedicó sus esfuerzos a embellecer San Petersburgo y sus alrededores. Mandó construir espléndidos edificios públicos como la Academia de las Artes, palacios, mansiones y teatros de un estilo neoclásico sobrio y elegante que contrastaba con la exuberancia barroca de la emperatriz Isabel Petrovna. «Esta manía mía por la construcción es algo diabólico —escribió a su amigo Grimm—, consume muchísimo dinero, y cuanto más construye uno, más quiere construir. Es una enfermedad como la adicción al alcohol». En los siguientes años su pasión se dirigió hacia los parques y jardines ingleses que rediseñó con ayuda de algunos de los mejores arquitectos y paisajistas franceses e italianos.

Al finalizar su larga jornada de trabajo, y cuando el buen tiempo lo permitía, disfrutaba dando largos paseos al aire libre con sus perros mezclándose con la gente. Un día de verano de 1770 mientras se encontraba en el palacio de Tsárskoye Seló diseñando el nuevo parque con su jardinero inglés, Nikita Panin le informó de que la flota rusa al mando de Alekséi Orlov había entrado en el Mediterráneo y tras hacer una escala en Venecia, había seguido rumbo al mar Egeo donde había atacado a la flota turca en la sangrienta batalla de Chesme. La zarina sintió tal emoción que le dijo a Panin: «Temo morir de alegría». En cambio, en las cortes europeas los reyes Federico II y Luis XV contemplaban el avance de los ejércitos rusos con suma preocupación y temor. Por primera vez consideraban a Catalina un serio rival en la política internacional y temían la rápida expansión de su poderío. Ella no ocultaba su desprecio hacia los franceses y escribió: «Los turcos y los franceses tuvieron la idea de despertar el gato que dormía… y ahora la gata correrá tras los ratones. […] y los turcos serán derrotados, y los franceses serán tratados como tratan a los corsos».

La emperatriz se encontraba en lo más alto de su popularidad. Querida por el pueblo y temida por sus adversarios, gobernaba con mano firme el mayor imperio del siglo xviii, y era la mujer más rica y poderosa de su época. Pero como madre había fracasado y la relación con su hijo, el gran duque Pablo, era fría y distante. En 1770, el mismo año en que celebraba las victorias sobre los turcos, su hijo cumplió los dieciséis. Aquel pequeño y encantador ángel de rizos rubios y ojos azules se había convertido en un niño nervioso, enclenque y poco agraciado. Había crecido rodeado de rumores que señalaban a la emperatriz como cómplice del asesinato de su padre. También sabía que el conde Grigori Orlov era su amante y lo odiaba. Además sentía que su madre le había arrebatado el trono que le correspondía a él. En plena adolescencia, y para desagrado de Catalina, el joven mostraba los mismos gustos que su padre por las armas, los ejércitos y los uniformes. A sus espaldas Pablo la criticaba con rabia y trataba de evitarla. El encargado de negocios francés en la corte escribió: «Es verdad que la emperatriz muestra siempre con su hijo la autoridad y el trato de una soberana y a esto agrega con frecuencia la sequedad y las desatenciones que irritan al joven príncipe. Ella jamás lo trató como una madre. Por eso mismo el gran duque se siente frente a ella como ante un juez».

Catalina reconocía que había demostrado un cariño más maternal a su hijo menor, el pequeño Alekséi, fruto de su relación con Orlov. Pero las discusiones con el conde, de quien antaño se sentía tan orgullosa por su valor y lealtad, eran cada vez más frecuentes. Llevaban juntos diez años y la ardiente pasión que antes los unía había desaparecido. Grigori no era un intelectual y, aunque se había dedicado a leer y a mantener correspondencia con Rousseau, ella no le permitía interferir en sus asuntos ni opinar sobre política. Se sentía frustrado porque la emperatriz no le había dejado ir a la guerra contra los turcos como a su hermano Alekséi, cuyas victorias en el frente envidiaba. Pero Catalina lo retenía a su lado porque aún le satisfacía sexualmente y no le gustaba dormir sola. Grigori añoraba la acción y tras años de inactividad quería demostrar a su amada que aún era el héroe valeroso que la había enamorado. Cuando llegó la noticia de que en Moscú había estallado una epidemia de peste bubónica que estaba diezmando a la población y que había desatado el caos en la ciudad, Orlov se ofreció para controlarla y restablecer el orden. Esta vez la zarina aceptó su ofrecimiento porque parecía el hombre más indicado para esta misión. En la corte algunos murmuraban que enviaba a su amante a la muerte, harta de sus exigencias y pretensiones.

En la noche del 21 de septiembre Grigori Orlov partió hacia Moscú con su comitiva. Aunque Catalina temía que pudiera contagiarse y morir lejos de ella, los primeros informes que llegaron de la capital daban cuenta de su excelente trabajo. Gracias a su dedicación, valor y eficacia, a los tres meses la epidemia estaba controlada. La noticia produjo un gran alivio a Catalina que temía que la peste se propagara hacia el noroeste, en dirección a San Petersburgo. Orlov regresó como un héroe victorioso y la emperatriz lo cubrió de honores. Mandó acuñar monedas de oro con su perfil y se levantó un arco de triunfo en el parque de Tsárskoye Seló donde podía leerse: «Al héroe que salvó a Moscú de la plaga». Pero los homenajes públicos que le rindió la emperatriz se contradecían con la frialdad que le mostraba en privado. El amor se había extinguido y sabía que Orlov tenía aventuras con otras mujeres. «Ama igual que come. Se contenta con una campesina calmuca o finlandesa igual que con la joven más linda de la corte. Así es este Orlov», comentó un diplomático francés. Además de su fama de mujeriego, a la zarina también le pesaba que su hijo Pablo lo detestara por ser uno de los implicados en el asesinato de su padre. Catalina puso fin a su relación y, siempre generosa con sus amantes, le obsequió el espectacular Palacio de Mármol. Él, por su parte, le regaló un gran diamante blanco con reflejos azules de la India que ella bautizó como «diamante Orlov» y que acabó luciendo en su cetro imperial.

En el verano de 1772, tras su ruptura con Grigori Orlov, la emperatriz intentó reconciliarse con su hijo. Juntos permanecieron unas semanas en la residencia estival de los zares y su relación mejoró «Jamás lo habíamos pasado mejor que en Tsárskoye Seló que en estas nueve semanas que he pasado allí con mi hijo, que se está convirtiendo en un muchacho agradable. Parece disfrutar sinceramente de mi compañía», escribió a una amiga. Con el paso de los años Pablo se parecía más al zar Pedro III, aunque no fuera su padre biológico. Sus angelicales facciones de niño habían cambiado y ahora tenía el mentón hundido y su labio inferior era muy prominente. Cuando Catalina lo observaba no podía evitar tener amargos recuerdos de una época que prefería olvidar. Sin embargo, siempre se ocupó de su educación y eligió al conde Nikita Panin como tutor y a los mejores profesores para que le dieran clase. Era inteligente pero muy nervioso y enfermizo. Tras las vacaciones regresaron a San Petersburgo a tiempo para celebrar su dieciocho cumpleaños. Panin le sugirió entonces a Catalina que debía buscar una esposa «joven y de buena salud» que ayudase a madurar al díscolo príncipe. De este modo, le aseguró su leal consejero, ella podría tener pronto un nieto a quien educar según su criterio. La idea agradó a la zarina y enseguida recurrió a Federico II, conocido como el gran casamentero de Europa. El rey de Prusia pensó en las hijas menores del landgrave de Hesse-Darmstadt. Amalia, Guillermina y Luisa aún estaban solteras y le gustó la idea de que fueran princesas alemanas de una corte menor, al igual que ella. Catalina invitó a Rusia a las tres princesas de Hesse y a su madre, que llegaron a la corte en la primavera de 1773. El plan era que su hijo Pablo escogiera a una de ellas como esposa.

Dos días tardó el gran duque Pablo en elegir a la candidata. Desde el primer instante se sintió atraído por la mayor de las hermanas, Guillermina, la más bonita, alegre y exuberante. La joven tenía diecisiete años y aunque se sintió decepcionada ante la fealdad y la torpeza del príncipe, su destino ya estaba sellado. Para Catalina la historia se repetía y ante sus ojos desfilaba su propio pasado. Como ella, la princesa tuvo que cambiar de religión y convertirse a la ortodoxia. A partir de ese momento pasó a llamarse Natalia y tras el compromiso oficial recibió el trato de gran duquesa. La boda se celebró con espléndida pompa el 29 de septiembre y le siguieron diez días de fiestas y bailes en la corte. Pablo estaba entusiasmado con su esposa y por primera vez se le veía feliz y relajado. Catalina, al igual que en su día la emperatriz Isabel Petrovna, observaba a la joven pareja deseando que pronto tuvieran descendencia.

Cuando aún no se había recuperado de los festejos, la emperatriz recibió un informe de su secretario de Estado, Nikita Panin, que la llenó de inquietud. Era la primera vez que oía hablar de Yemelián Pugachov, el hombre que había desencadenado una rebelión popular que amenazaba el imperio. En realidad era un humilde cosaco de la región del Don obligado a luchar en la guerra de los Siete Años contra los prusianos y que había desertado. Lo condenaron, pero consiguió huir haciéndose pasar por un viejo monje y después pregonando que era el emperador Pedro III que se había salvado milagrosamente de sus asesinos. Aunque físicamente no se parecía en nada al anterior zar, su mensaje de liberar a los siervos, repartir las tierras, respetar la libertad religiosa y vengar a los opresores caló hondo en una población cada vez más oprimida, hambrienta y descontenta. El jefe rebelde Pugachov dirigía su ira directamente contra Catalina II afirmando que ella había intentado asesinarlo, pero Dios lo había salvado en el último momento y ahora «la alemana», «la hija del Mal» debía pagar por este crimen.

A partir de octubre de 1773 millares de cosacos, campesinos, siervos fugitivos y miembros de tribus descontentas se unieron a este extravagante personaje que recorría las despobladas estepas de los Urales. En público vestía una túnica dorada, un gorro de piel en la cabeza y el pecho cubierto de medallas. Catalina, sentada en su despacho, leía a diario horrorizada los informes de cómo Pugachov y su ejército incontrolado habían atacado a los ricos en sus mansiones, degollado a los hombres y a los niños y violado a las mujeres en grupo antes de estrangularlas. Aunque la zarina había enviado refuerzos militares estos eran insuficientes. Las noticias que llegaban eran muy preocupantes porque los rebeldes habían tomado la ciudad de Kazán y seguían su devastador avance hacia Moscú y San Petersburgo. «Desde hace dos años debo soportar la peste en el corazón de mi imperio, ahora hay en sus fronteras una peste política que nos da que pensar... Con la ayuda de Dios venceremos, pues en este tropel de vagabundos no hay razón, orden ni habilidad; no son más que bandidos de todas partes y los encabeza uno tan audaz como descarado», escribió. Alarmada ante la situación, decidió firmar la paz con los turcos y consagrar todos los esfuerzos de su ejército para acabar con Pugachov, ahora su más temido enemigo.

En julio de 1774, tras seis años de una cruel y violenta guerra que se había cobrado miles de víctimas en ambos bandos, los turcos aceptaron la rendición. En la localidad de Kuchuk-Kainarji se firmó un tratado entre el Imperio ruso y el muy debilitado Imperio otomano. Para Catalina II supuso ver realizado el anhelado sueño de Pedro el Grande: Rusia recibió las fortalezas del litoral del mar de Azov, el protectorado sobre el Kanato de Crimea y la estepa sobre los ríos Bug y Dniéper. Este vasto territorio incluía el estratégico puerto de Jersón, que permitiría a los rusos el acceso directo al mar Negro y al Egeo, así como los puertos de Kerch y Yeni-Kale en Crimea, y el paso a través de los Dardanelos.

Con el fin de la contienda, la zarina ordenó a su ejército que se dirigiera hacia el norte de Rusia para acabar con las bandas del impostor Pugachov y apresar a su fanático líder. Para esta misión, Catalina nombró como general en jefe a Pedro Panin, hermano de Nikita, un veterano oficial. Atemorizado por este gran despliegue de tropas, Pugachov y sus hombres renunciaron a atacar Moscú y se replegaron hacia el sur. En los meses siguientes sus partidarios fueron desertando, y él cada vez se encontraba más solo y sitiado por las tropas rusas. Finalmente, en septiembre de 1774 Catalina recibió una noticia que la llenó de júbilo: Pedro Panin le anunciaba que, tras un duro combate, habían capturado a Pugachov. Encadenado y prisionero en una jaula de hierro, el detenido fue exhibido como un peligroso animal por los pueblos y campos donde le habían recibido como un héroe. Una vez en Moscú, la zarina prohibió que le torturasen, pero se mostró implacable en su condena. El 10 de enero de 1775 Yemelián Pugachov fue decapitado frente a una multitud y posteriormente su cuerpo fue descuartizado. Tras un año de temor y angustia, ella respiró tranquila. Puchagov había sido la primera amenaza seria de su reinado y le había vencido. En el extranjero muchos criticaron que la emperatriz ilustrada hubiera olvidado los principios de justicia y libertad que antaño tanto pregonaba. Tras doce años en el trono, el corazón de Catalina II de Rusia se había endurecido y en la cúspide de su poder no permitiría que nadie desafiara su autoridad.

LUJURIA Y PODER

«No puedo vivir un día sin amor», confesó Catalina a los cuarenta y cuatro años cuando su corazón latía de nuevo por un hombre que fue su verdadero compañero de vida. Se trataba de Grigori Potemkin, aquel joven soldado que en 1762 le había ofrecido la borla que le faltaba a su espada cuando estaba a punto de partir para detener a su esposo Pedro III. Su porte orgulloso y su caballerosidad gustaron a la emperatriz, que le había agradecido el obsequio con una sonrisa. Después Potemkin se unió a los cinco hermanos Orlov y a Nikita Panin en el golpe que la colocó en el trono de Rusia.

Desde ese instante aquel muchacho que había llamado su atención comenzó a frecuentar las veladas íntimas del Hermitage. Tenía veintidós años, era inteligente, educado, ameno conversador y hacía reír a todos con sus geniales imitaciones. Ya en aquellas reuniones quedó en evidencia que existía una mutua admiración entre ambos, algo que no gustó a los Orlov. Por entonces Grigori Orlov aún era el favorito y su familia no estaba dispuesta a perder el poder y los privilegios de los que gozaban en la corte. Un día el violento oficial Alekséi Orlov se peleó con Potemkin, le hirió en el ojo izquierdo y le dejó tuerto. Tras aquel incidente el joven había abandonado precipitadamente la corte sin despedirse de la zarina.

Catalina admiraba su valía y lealtad y le ayudó a ascender en su carrera militar. En la guerra contra Turquía se había unido al ejército del general Rumiantsev y gracias a sus buenos servicios fue ascendido a general de división. En San Petersburgo lo recibieron con honores militares y la emperatriz, para agasajarlo, le invitó a comer. Antes de regresar al frente, le pidió a Catalina permiso para escribirle de manera privada. La zarina aceptó, pero le sorprendió que pasaran las semanas y no recibiera ninguna carta suya. En diciembre de 1773, cuando Potemkin se encontraba en Silistra, una fortaleza turca en el Danubio asediada por el ejército ruso, le envió una nota que era toda una declaración de amor: «Señor teniente general, supongo que estáis tan ocupado en Silistra que no tenéis tiempo para leer cartas... De todos modos estoy segura de que todo lo que hacéis no podrá atribuirse sino a vuestro ardiente celo por mi persona, y de un modo general por la querida patria a la que amáis y servís. Pero como deseo conservar a los hombres valerosos, listos y hábiles, os pido que no os pongáis en peligro... Al leer esta carta podéis preguntaros con qué propósito fue escrita. A esto puedo responderos diciendo que lo hice para que tengáis una confirmación de mi modo de pensar respecto de vos, pues me siento siempre de lo más benévola hacia vos. Catalina».

Potemkin hacía tiempo que estaba enamorado de la zarina, así que al leer la carta, en enero de 1774, cogió un permiso para regresar rápidamente a la corte. Pero al llegar sufrió una gran desilusión porque Catalina tenía un nuevo favorito, elegido para ocupar el vacío de Grigori Orlov. Fue Nikita Panin quien, para levantar el ánimo de su emperatriz, le había presentado al joven Aleksandr Vasílchikov, un oficial de veintiocho años, apuesto, de carácter dulce y modales refinados. No tardó mucho en ganarse los favores de Su Majestad, quien lo instaló junto a sus aposentos y lo nombró asistente general. Catalina no lo amaba, pero necesitaba un compañero sumiso que estuviera siempre disponible. Vasílchikov aunque era atractivo no estaba a la altura intelectual de Catalina y su conversación resultaba muy limitada. Pronto se cansó de su compañía y en una carta a Panin le confesó: «[...] Es un aburrimiento. Me pillé los dedos, y no volveré a hacerlo».

Aunque Potemkin estuvo unas semanas en la corte porque la emperatriz le pidió que «permaneciera cerca de ella», no pudo soportar la presencia de Vasílchikov. Para presionarla decidió ingresar en un monasterio a las afueras de San Petersburgo y amenazó con hacerse monje. La zarina no estaba dispuesta a perder a un hombre tan «valiente, inteligente y culto» y enseguida mandó a su dama de honor, la condesa Prascovia Bruce, con la orden de traerlo de regreso a la corte donde sería muy bien recibido. Potemkin, entusiasmado por su interés, volvió veloz en un carruaje. Mientras, Catalina ya había ordenado a Vasílchikov que abandonara la capital, no sin antes compensarle con un palacio en Moscú, siervos, propiedades, joyas y miles de rublos.

A las pocas semanas de su llegada a palacio Potemkin se instaló en el apartamento que había ocupado Grigori Orlov. Solo debía caminar unos pasos, subir una escalera de caracol y ya estaba en el dormitorio de la emperatriz. Potemkin no era atractivo, pero lucía una imponente figura, muy alto, varonil y robusto. Tenía entonces treinta y cuatro años —diez menos que ella—, los cabellos negros, la piel bronceada y llevaba un parche en su ojo herido. El embajador inglés, cuando lo conoció, escribió: «El cíclope tiene un cómico defecto, se come frenéticamente las uñas, hasta la carne». Aunque había ganado peso, a Catalina le fascinaba su aire salvaje y primitivo. Cada noche aparecía desnudo en su alcoba envuelto solo con una bata y ella se entregaba a él con una pasión libre y desenfrenada. Se rumoreaba que Potemkin estaba «muy bien dotado para el sexo» y la zarina no ocultaba su atracción. En una carta le decía: «Seré para ti una "mujer de fuego", como tú mismo dices tan a menudo. Pero trataré de disimular mis llamas». A su lado se sentía rejuvenecer y compartían placeres y gustos comunes. Aunque el gran duque Pablo, Nikita Panin y los hermanos Orlov desaprobaban esta relación, no había duda de que Potemkin ocupaba un lugar muy especial en su corazón. «¡Sin duda se quieren mucho, pues se parecen en todo!», comentó un senador.

Catalina estaba embelesada con su nuevo amante y cuando se encontraba trabajando en su despacho o reunida con sus ministros no dejaba de pensar en él. A diario se escribían notas; ella por precaución las quemaba y él las guardaba como un precioso tesoro. La emperatriz inventaba para Potemkin nombres como «mi faisán dorado», «queridísimo pichón», «tigre», «león de la jungla»… Consciente de su infantil comportamiento, le confesó en una carta: «De mi cabeza brota un río de palabras absurdas. No comprendo cómo puedes soportar a una mujer con ideas tan incoherentes. ¡Oh, señor Potemkin! ¡Qué lamentable milagro habéis realizado al desordenar de este modo una cabeza a la que el mundo creía una de las mejores de Europa…! ¡Qué vergüenza, Catalina II entregada a tan loca pasión!». Junto a su amado el tiempo le pasaba veloz porque disfrutaba de su amena conversación repleta de anécdotas y se divertía con sus ocurrencias: «Querido mío, ¡qué historias me contaste ayer! Cuando las recuerdo no puedo contener la risa… Estuvimos juntos cuatro horas sin aburrirnos ni un instante y cuando me separo de ti siempre lo hago de mala gana. Mi palomo querido, te quiero mucho. Eres bello, inteligente y divertido». Para ella su amado general poseía unas cualidades difíciles de encontrar todas juntas en un hombre. No solo era valiente e ingenioso, también destacaba como músico, poeta, aficionado al arte, constructor y ávido lector.

Pero Potemkin tenía un humor variable que pasaba de la alegría más desbordante a hundirse en la tristeza. También era muy celoso y posesivo, hasta el punto de reprocharle a Catalina que hubiera tenido quince amantes antes que él. Muy ofendida, ella le escribió una larga carta titulada «Una confesión sincera», donde le explicaba con detalle sus relaciones anteriores y le confesaba haber tenido solo cinco amantes: «[...] Ahora, señor caballero, tras esta confesión, ¿puedo esperar recibir la absolución de mis pecados? Os complacerá ver que no fueron quince, sino una tercera parte de ese número: el primero (Saltikov) por necesidad, y el cuarto (Vasílchikov) por desesperación. En cuanto a los otros tres (Poniatowski, Orlov y vos mismo), Dios sabe que no fue por libertinaje, por el cual no siento la menor inclinación». Potemkin aceptó las explicaciones de su amada, pero le dejó muy claro que no iba a conformarse con el puesto de favorito imperial. Para demostrarle la naturaleza de su amor y su compromiso, Catalina dio un paso más que se mantuvo en el más absoluto secreto.

En la corte se rumoreó que llevada por la pasión y para contentar a Potemkin se había casado con él. Al parecer la boda se celebró el 8 de junio de 1774 en la iglesia de San Sansón, en San Petersburgo, con apenas cinco invitados, entre ellos la doncella y el chambelán de la zarina y un sobrino de Potemkin. La novia vestía el uniforme de regimiento y él su uniforme de general. A partir de ese instante en los mensajes que la emperatriz le enviaba a diario se dirigía a él como «querido esposo» y firmaba como «vuestra devota esposa».

En poco tiempo Grigori Potemkin alcanzó los puestos más elevados: miembro del Consejo Privado, general en jefe del Consejo de Guerra y gobernador general de las provincias del sur de Rusia. Se le colmó de títulos y honores recibiendo las más altas condecoraciones rusas y extranjeras, entre ellas la Orden de San Andrés, y le fue concedido el título de príncipe y tratamiento de Su Alteza Serenísima. Al igual que a Grigori Orlov, le regaló un retrato suyo en miniatura enmarcado en diamantes, que solo él podía lucir sobre su uniforme. La generosidad de la emperatriz no tenía límites y la madre, la hermana y las cinco sobrinas de Potemkin fueron invitadas a vivir en palacio. Le llovían los regalos, títulos, altos cargos, riquezas, tierras, siervos y palacios. El modesto oficial iba camino de convertirse en uno de los hombres más ricos y poderosos de Rusia.

En el otoño de 1774 Catalina empezó a delegar algunas funciones en su compañero Potemkin y descubrió complacida su gran capacidad de trabajo. Era un hábil consejero, diplomático y brillante estratega. Pasaba los días ocupado examinando los informes de los ministros, los despachos de los embajadores o trabajando con la zarina, quien le consultaba importantes asuntos de Estado. Las reuniones políticas, militares o teológicas le absorbían todo su tiempo. Catalina le veía menos de lo que deseaba y en una ocasión protestó: «Ni siquiera a las nueve de la noche puedo hablaros solo. Acudí a vuestros aposentos y encontré a una multitud de gente que daba vueltas, tosía y hacía gran cantidad de ruido. Sin embargo yo había ido exclusivamente para deciros que os amo en exceso». Pero a pesar de la pasión que ambos sentían, su relación fue compleja desde su inicio.

Los dos tenían un fuerte carácter autoritario, orgulloso y muy temperamental. Y si al principio Catalina se sentía feliz por tener por primera vez a su lado a un compañero que le parecía su «alma gemela» y podía ayudarla a reinar «este vasto y conflictivo imperio», con el paso de los meses las discusiones entre la pareja eran cada vez más frecuentes. Las cartas de amor dieron paso a notas o mensajes que se enviaban a diario y que reflejaban cómo sus peleas empezaban a afectar a la salud de la zarina: «Hacedme este único favor por mi bien: calmaos. Estoy un poco más alegre tras mis lágrimas, y únicamente vuestra agitación me apena. Mi querido amigo, cariño mío, dejaos de atormentaros, ambos necesitamos paz o de lo contrario acabaremos como pelotas en un partido de tenis». En otra ocasión le dijo: «Queridísimo amor, cogí una cuerda con una piedra y la até alrededor del cuello de todas nuestras riñas, y luego la arrojé al interior de un agujero en el hielo... Y si esto os complace, por favor, haced lo mismo». Pero Catalina acabó cansándose de los arrebatos de Potemkin. Ella había buscado en él un refugio de paz a las presiones y la soledad de su cargo, pero ahora solo obtenía crispación y dolor. En una de sus últimas notas le decía: «Repito y os he repetido esto un centenar de veces: detened vuestra ira de modo que mi ternura natural pudiera regresar, o de lo contrario seréis mi muerte».

Al cumplirse los dos años de su relación la tensión entre la pareja iba en aumento. El príncipe Potemkin lo tenía todo para ser feliz pero se sentía insatisfecho y desdichado. Deseaba un poder ilimitado y supremo que jamás tendría porque él no era el zar de Rusia. Catalina, dispuesta a seguir manteniendo una amistad con un hombre al que todavía amaba y necesitaba, le animó a que abandonara el Palacio de Invierno y le obsequió con el palacio de Anichkov para que se trasladara allí. Los hermanos Orlov a estas alturas lo odiaban. Alekséi Orlov le habló con franqueza a la emperatriz y le dijo que debía darse cuenta del daño que este hombre le estaba causando y que si ella no lo despedía, él se ofrecía a hacerle «desaparecer de inmediato». No fue necesario porque Potemkin y Catalina llegaron a un acuerdo que les permitió seguir su relación sentimental —aunque compartiendo el lecho muy ocasionalmente— y trabajar juntos en los asuntos de Estado, pero siendo libres ambos para vivir otras aventuras. A sus cuarenta y siete años a ella la atraían los jóvenes oficiales, al igual que a él las muchachas hermosas. Potemkin se encargó de elegir a los favoritos que le sucederían en el lecho de la zarina y de esta manera poder seguir cerca de la soberana y conservar su influencia. Se trasladó a vivir a una residencia privada contigua al palacio imperial y ella solo tenía que cruzar una galería cubierta para visitarlo cuando lo deseara.

El nuevo amante que Potemkin le propuso fue Pedro Zavadovski, un galán militar ucraniano de treinta y seis años, educado y atento. A ella le gustó su buen físico, discreción y su carácter tranquilo, y en apenas unas semanas se convirtió en el sustituto de Potemkin. Este cedió sus aposentos al nuevo favorito imperial previo pago de cien mil rublos, una lucrativa costumbre que mantuvo en los siguientes años. Potemkin no solo seleccionaba a todos los «elegidos» de Catalina sino que controlaba el «reinado» de cada uno, que no duraba más allá de unos meses. Al finalizar su relación con la emperatriz todos recibían títulos, regalos y honores. Cuando Zavadovski perdió el favor de la zarina abandonó el palacio resentido pero muy satisfecho. «Recibió de Su Majestad ochenta mil rublos, una pensión anual de cinco mil y cuatro mil campesinos en Ucrania. Este oficio sin duda aquí en Rusia es muy solvente», escribió el caballero de Corberon, un diplomático francés.

El papel que desempeñaba el príncipe Potemkin como «proveedor» de favoritos de Catalina asombraba a todos porque no existía un precedente igual en ninguna corte europea. Cuando Zavadovski desapareció, enseguida buscó otro candidato y el elegido fue Simeón Zorich, un atractivo y cortés oficial ruso de ascendencia serbia. Un hombre de negocios francés escribió acerca de Potemkin: «Goza de más respeto que nunca y ahora representa el papel que tenía la Pompadour hacia el final de su vida con Luis XV, y ha presentado a la emperatriz a otro joven, esta vez un tal Zorich, mayor de húsares, y el nuevo favorito ya cenó con ella». El hermoso Zorich se sentía feliz por su ascenso como ayudante personal de la zarina y pagó gustoso los cien mil rublos a Potemkin «en señal de agradecimiento». Pero su reinado duró poco porque a Zorich se le subió su nuevo puesto a la cabeza y cuando le exigió a Catalina ser nombrado príncipe al igual que Orlov o Potemkin, ella enfurecida escribió: «Ayer estaba enamorada de él; hoy ya no puedo soportarlo».

La vida privada de la emperatriz Catalina II era objeto de toda clase de rumores y causó un gran escándalo entre los diplomáticos extranjeros. «Su corte —escribió el nuevo embajador de Inglaterra, sir Harris— se ha convertido paulatinamente en escenario de depravación e inmoralidad. El príncipe Potemkin la gobierna de un modo absoluto. Conoce profundamente sus flaquezas, deseos y pasiones, y los encauza de acuerdo con su voluntad. La emperatriz exhibe el más alto grado de debilidades que se atribuyen generalmente a su sexo: el gusto por la lisonja y la vanidad, el rechazo a escuchar y seguir buenos consejos, y una voluptuosidad que la arrastra a excesos que deshonrarían a cualquier mujer, sin importar su condición». Pero la zarina nunca se avergonzó de su comportamiento y jamás ocultó a sus favoritos, con los que se mostraba muy exigente pero también generosa. Para ella no se trataba solo de sexo, necesitaba a su lado un compañero que la hiciera olvidar unas horas la pesada carga del imperio y con el que poder compartir momentos de risas y caricias. Lo que escandalizaba a sus contemporáneos no era el número de amantes sino la gran diferencia de edad entre Catalina y estos últimos. La soberana explicaba que eran alumnos a los que ella instruía para convertirlos en un futuro en hombres ilustrados de su corte. Y no valía cualquiera porque además de apuestos y corteses, debían ser cultos y tener talento. Cuando el elegido carecía de estas cualidades, duraba poco tiempo a su lado porque se aburría.

Lamentaba que se la juzgara tan severamente en Europa por su comportamiento y que no se tuvieran en cuenta los logros conseguidos durante su reinado. Sus ambiciones políticas y militares no tenían límites. Se sentía orgullosa de haber completado la obra del zar Pedro el Grande. Había expandido su imperio hacia el sur de Ucrania y la península de Crimea. Había vencido a los turcos y conquistado una salida al mar Negro y la libre navegación a través de los estrechos del Bósforo y los Dardanelos, lo cual le permitía el acceso al Mediterráneo. También se había enfrentado con éxito a la revuelta de los cosacos de Pugachov y acabado con la amenaza que suponía la presencia del zar Iván VI. Su imagen oficial gozaba de enorme respeto y admiración en los círculos intelectuales y en los salones parisinos. Ella creó el Hermitage, su galería de arte privada que albergaba una de las mejores colecciones de arte europeo, y era conocida por su labor como mecenas de artistas y promotora de las ciencias. Solo le faltaba tener un nieto, un heredero al trono que pudiera suplantar al gran duque Pablo al que ella consideraba un inepto para gobernar.

La única preocupación importante de la emperatriz al comenzar el año 1775 era su hijo, cuyo matrimonio con Natalia había fracasado. Llevaban casados más de un año y no solo no habían tenido un heredero, sino que toda la corte estaba al tanto de las infidelidades de la gran duquesa. Los rumores de que Natalia mantenía una relación secreta con el joven y seductor Andréi Razumovski, el mejor amigo del gran duque Pedro, llegaron a oídos de Catalina. Pero cuando la zarina le insinuó a su hijo la conveniencia de alejar a Razumovski de palacio, Pablo se negó porque, después de Natalia, era la persona a la que se sen-

tía más unido. Aunque podía haberle desvelado la conducta de
su esposa, Catalina prefirió callar y más cuando en otoño recibió la noticia de que su nuera estaba embarazada. No le importaba quién era el padre sino que el embarazo llegara a buen
término por el bien del imperio y de la dinastía Romanov. La
fecha del alumbramiento se esperaba para la primavera de 1776
y la zarina ordenó a los grandes duques que se trasladaran a
Tsárskoye Seló hasta el día del feliz acontecimiento.

En la madrugada del 10 de abril Pablo despertó a su madre
para comunicarle que su esposa estaba de parto. Catalina corrió
al lecho de su nuera. Se puso un gran delantal y junto a la par-
tera trató de tranquilizar a la madre primeriza que sufría fuertes
contracciones. Tras un largo y traumático parto de tres días,
Natalia dio a luz a un niño que nació muerto. Catalina, muy
afectada, comprobó que se trataba de «un varón de gran tamaño
y bien formado». Los médicos no le practicaron una cesárea
porque entonces no era habitual y se trataba de una operación
de alto riesgo. Poco después, Natalia murió. Tenía veinte años y
Pablo se quedó devastado. Pese a la tristeza y al agotamiento, la
emperatriz intentó mantener el ánimo pero a su amigo Grimm
le confesó: «Estuve sin comer ni beber durante tres días. Hubo
momentos en que su sufrimiento me hacía sentir el desgarro en
mi propio cuerpo. Luego me quedé helada. Yo, que soy dada al
llanto por naturaleza, la vi morir y jamás solté una lágrima. Me
dije a mí misma: "Si tú sollozas, los demás se desmayarán"».

A Pablo le afectó tanto la muerte de su esposa que se aferraba a su cadáver y no quería separarse de ella. Catalina le hizo
entrar en razón, pero su hijo estaba inconsolable. No asistió al
entierro y sí lo hizo Catalina, acompañada de Potemkin y de
Grigori Orlov. Pablo se encerró sin querer ver a nadie. A ratos,
llevado por la furia, destrozaba los muebles de su habitación,
gritaba y maldecía a la servidumbre o amenazaba con quitarse la

vida saltando por la ventana. Para acabar con esta situación y hacer reaccionar a su hijo, Catalina decidió mostrarle las cartas de amor que Natalia había escrito a Razumovski y que ella había encontrado escondidas en un pequeño secreter. Fue una decisión cruel pero cuando Pablo descubrió que las dos personas que más amaba le habían engañado, montó en cólera. A partir de ese instante se mostró más dócil y dispuesto a seguir los consejos de su madre. Ella estaba consternada por la trágica muerte de su nuera y reconoció que «jamás en toda mi vida me vi en una situación más odiosa, más dolorosa», pero lo que más le afectaba era haber perdido a su nieto. En una carta a su amiga, la señora Bielke, se mostraba fría y pragmática: «De hecho, puesto que se ha demostrado que no podía alumbrar a un niño vivo, no debemos pensar más en ella».

Mientras la corte vivía el duelo por la prematura muerte de la gran duquesa, Catalina ya pensaba en un nombre para sustituirla: Sofía de Wurtemberg. Había sido la primera candidata de la emperatriz para casarse con Pablo, pero la descartó porque contaba solo catorce años. Ahora la joven tenía dieciséis y le parecía la elección perfecta para su hijo. Aprovechando la estancia en la corte del príncipe Enrique de Prusia, le propuso organizar un encuentro en Berlín entre el gran duque Pablo y la princesa casadera alemana. Federico II, siempre dispuesto a contentar a Catalina, aceptó de buena gana y tras hablar con los padres de Sofía preparó la cita entre los dos jóvenes. La idea era que el gran duque viajara a Berlín para reunirse con ella y de paso pudiera conocer al rey Federico II de Prusia, una figura que despertaba en él enorme admiración.

El plan no pudo salir mejor porque cuando el joven viudo conoció a Sofía de Wurtemberg se quedó prendado de ella. Era alta, rubia y de carácter afable. El hecho de que fuera sobrina nieta de Federico II aún le resultaba más atractivo. Pablo olvidó pronto su duelo y disfrutó de su compañía en todas las recepciones, cenas y bailes que organizaron en su honor. En la distancia Catalina leía con satisfacción las cartas que le enviaba su hijo describiendo todos los encantos de la princesa, que deseaba ser una buena y fiel esposa y aprender el ruso. La joven pareja aún tardó diez días en regresar a Rusia y mientras tanto la emperatriz hizo llegar a la futura novia un impresionante collar de diamantes y unos pendientes a juego.

«Mi hijo ha regresado entusiasmado con su princesa. Os confieso que yo estoy encantada con ella. Es precisamente lo que se desea; bien torneada como una ninfa, con el cutis de las lilas y las rosas, la piel más hermosa del mundo, alta pero grácil; en su rostro se refleja modestia, dulzura, amabilidad e inocencia...», escribió Catalina en una carta a una amiga. A finales de agosto, la zarina los recibió en Tsárskoye Seló. Tras unos días de descanso viajaron a San Petersburgo y la joven princesa alemana siguió los mismos pasos que sus antecesoras. Se convirtió a la religión ortodoxa, asumió el título de gran duquesa y cambió su nombre por el de María Fiódorovna. Al día siguiente del compromiso le dijo a su futuro marido: «Juro amaros y adoraros durante toda mi vida y permanecer siempre unida a vos, y nada en el mundo me hará cambiar respecto a vos. Estos son los sentimientos de vuestra siempre afectuosa y fiel prometida».

Apenas cinco meses después de la muerte de Natalia, se celebró la boda de Pablo y María. En esta ocasión Catalina no se equivocó y su nuera demostró ser una excelente esposa. El gran duque nunca había sido tan feliz, y en una carta al príncipe Enrique de Prusia le confesó: «Allí donde va, tiene el don de desplegar alegría y sosiego. Y cuenta con la habilidad no solo de disipar mi melancolía sino de devolverme el buen humor que había perdido por completo en estos últimos tres desventurados años». Además de todas sus cualidades, María era muy fértil y

Sofía Augusta Federica vino al mundo el 2 de mayo de 1729 en Sttetin, Pomerania. Era una niña muy vivaz, inteligente y curiosa que atravesó graves problemas de salud durante toda su infancia. Su estado físico fue mejorando con el tiempo hasta que, a los trece años, se convirtió en una joven delgada, con una melena larga y frondosa de color castaño, una frente despejada, unos hermosos ojos azul oscuro y el rostro más redondeado, lo que disimulaba su prominente mentón. Sin embargo, sus mayores cualidades eran su inteligencia, curiosidad e ingenio.

Su madre buscó sin descanso un buen marido para ella, prodigándose en visitas por todas las cortes europeas. Sus desvelos dieron fruto al lograr concertar matrimonio entre su hija y el gran duque Pedro de Rusia, un joven delgado, desgarbado, cínico y prepotente. Con apenas quince años, la madura adolescente tuvo claro que no había viajado hasta Rusia para vivir una gran historia de amor sino para casarse con el heredero de un poderoso imperio. La joven princesa protestante Sofía Augusta tuvo que convertirse a la iglesia ortodoxa y eligió ser bautizada con el nombre de Catalina, en honor a la madre de la emperatriz Isabel I, a quien debía el enlace.

Pedro III subió al trono el 5 de enero de 1762 y dio comienzo un reinado repleto de excentricidades en el que sembró enemigos por doquier. La pareja real nunca había estado muy unida, pero la distancia entre ellos se hizo insalvable hasta el punto de que su esposa se sumó al golpe de estado para derrocarlo tan solo seis meses después. La audaz Catalina se vistió el uniforme del ejército, montó su caballo blanco y se puso al frente de doce mil soldados, a los que condujo hasta el palacio de Oranienbaum. Tras dictar la carta de abdicación de su marido, hizo su entrada triunfal en San Petersburgo, donde fue recibida con entusiasmo por la multitud que se agolpaba en las calles.

El día de la coronación, Catalina se despojó de su largo manto de armiño y se
colocó sobre los hombros un manto de púrpura imperial. La corona que había encargado para la ocasión pesaba cuatro kilos y era una magnífica joya de orfebrería
elaborada con miles de diamantes engarzados, perlas rosas y una espinela roja
rematada con una cruz en lo alto. Después tomó el cetro y el orbe y recibió la santa
unción que la designaba como jefa de la Iglesia ortodoxa y gran madre de Rusia.

❀

Pablo Petróvich fue el fruto de la relación extramatrimonial de
Catalina con Serguéi Saltikov, pero él siempre consideró al zar
Pedro III su padre. Desde su nacimiento, fue apartado de los brazos de su madre y educado por la zarina Isabel, que quiso forjar
en él el carácter de un emperador de Rusia. Sin embargo, era enclenque, nervioso y poco agraciado. Fue un niño frágil que enfermaba con frecuencia y, aunque tenía la piel blanca, rizos rubios y
ojos azules como su madre, la relación entre ellos se mantuvo fría
y distante hasta el último de sus días.

❄

Catalina conoció a Grigori Potemkin el día en que puso fin al reinado de su esposo Pedro III. A punto de marchar sobre Oranienbaum, se percató de que a su espada le faltaba la borla y él le ofreció galantemente la suya. Grigori era inteligente, educado y un gran conversador, atractivos más que suficientes para Catalina. Se casaron en secreto y ella siempre lo consideró su esposo, incluso cuando ya no compartían lecho. Fue un hábil consejero y diplomático, así como un brillante estratega en el que la zarina confió importantes tareas de gobierno. Potemkin fue su verdadero compañero de vida.

Catalina destacó desde niña por sus aptitudes intelectuales. Siempre manifestó un enorme interés por la filosofía, el arte, la literatura o la música. Entre sus admiradores se encontraban grandes figuras de la época como Diderot, Rousseau o Voltaire, con los que mantuvo una fecunda relación epistolar. En 1765 encargó un anexo al Palacio de Invierno, donde fundó la espléndida colección de arte que en la actualidad es el Museo Hermitage. Le gustaba pasear por sus salas repletas de tesoros, pinturas, muebles y esculturas. Con más de cuatro mil piezas de gran calidad, se convirtió en la mayor coleccionista de arte y mecenas de la historia de Europa.

❇

En los treinta y cuatro años que duró su reinado, Catalina se entregó a las tareas de gobierno con verdadera pasión y vitalidad: «El tiempo no me pertenece a mí, sino al imperio», solía decir. Se tomó muy en serio el apelativo de «madrecita», como la llamaban sus súbditos, y centró sus energías en la educación y la sanidad. En los últimos años de su vida, disfrutaba de los paseos con sus perros y, aunque su deterioro físico era evidente, su vitalidad y capacidad de trabajo aún asombraban a los visitantes extranjeros. Ella fue la soberana más respetada de Europa y la última mujer que gobernó Rusia.

tuvieron diez hijos. Para satisfacción de Catalina el primero que vino al mundo el 12 de diciembre de 1777 fue un varón que nació sin complicaciones, con buen peso y sano. Recibió el solemne nombre de Alejandro y las campanas de la catedral de Kazán anunciaron el feliz acontecimiento. A la zarina le habían impedido ejercer de madre, pero como abuela se volcó en su nieto. Al igual que la emperatriz Isabel, y con la excusa de que una madre joven e inexperta no podía criar y educar a un futuro zar, se apropió del pequeño. Sus padres podrían verlo cuando quisieran, pero ella se encargaría de criarlo.

Dieciséis meses más tarde la corte se llenó de júbilo con el nacimiento de un segundo niño, al que bautizó como Constantino porque esperaba que un día reinara sobre el imperio de Constantinopla. La continuidad en el trono estaba asegurada y la emperatriz no podía ocultar su absoluta felicidad. Fue abuela con cuarenta y ocho años y se encontraba en un momento tranquilo de su vida, con tiempo para dedicarlo a sus dos nietos mayores. Prácticamente se entrometió en todo eligiendo no solo sus nombres, también a sus nodrizas, médicos y profesores. Cuando Alejandro contaba siete años y Constantino seis, ella nombró a sus tutores, pero antes redactó unos consejos de puericultura y unas instrucciones para orientarlos en su educación. Los niños debían acostarse pronto, en habitaciones bien ventiladas y en camas lisas con colchones de cuero. Debían lavarse cada día en agua fría y, en invierno, acudir a los baños de vapor rusos. Era importante que aprendieran lo antes posible a nadar y sus comidas debían ser sencillas y poco copiosas con abundante fruta. En 1784 Catalina eligió como tutor principal a La Harpe, un francés ilustrado y republicano que se ganó el afecto y el respeto de Alejandro, y cuyas ideas libertarias calaron hondo en él.

La emperatriz trataba a sus nietos como si fueran sus propios hijos. Era habitual ver a los pequeños jugar a su lado en el despacho mientras dictaba informes o recibía a sus ministros. Por las noches les leía cuentos infantiles que ella misma escribía para ellos. A su íntimo amigo Grimm le confesó la fascinación que sentía por el mayor, al que llamaba «Señor Alejandro» y al que consideraba un pequeño prodigio: «Es asombroso que, aunque aún no sabe hablar, a los veinte meses sabe cosas que están fuera del alcance de otro niño que ya haya cumplido los tres». Más adelante, cuando Alejandro llegó a esta edad, añadió: «Apreciado Grimm, ojalá supierais qué maravillas logra Alejandro como cocinero, como arquitecto; cómo pinta, mezcla colores, corta leña; cómo aprende él solo a leer, dibujar, calcular y escribir». La orgullosa abuela y emperatriz de Rusia estaba convencida de que al Señor Alejandro le esperaba un gran futuro y que esto se debía exclusivamente a su influencia: «Lo estoy convirtiendo en un niño delicioso», dijo.

En junio de 1778 Catalina recibió una triste noticia del embajador de Francia en la corte. Su muy apreciado amigo Voltaire había fallecido en París el día 30 de mayo, a los ochenta y tres años. Aunque nunca llegaron a conocerse, desde el inicio de su amistad el filósofo no ocultó su admiración hacia la emperatriz declarándose «catalino hasta la muerte». La zarina, muy afectada, escribió a Grimm comunicándole su deseo de comprar la biblioteca del escritor que, junto a la de Diderot, reunió en los archivos del Hermitage: «He experimentado un sentimiento de desaliento universal y un desprecio muy hondo por todas las cosas de este mundo —le confesó—. ¿Por qué no os habéis apoderado de su cuerpo en mi nombre? Habríais debido enviármelo y por Dios os prometo que hubiera tenido una tumba más preciosa. Comprad su biblioteca y todo lo que queda de sus papeles, incluso mis cartas. Por mi parte de buena gana pagaré generosamente a sus herederos, quienes según creo, desconocen el valor de todo eso».

Al duelo por su admirado Voltaire se unía la cada vez más difícil relación con su hijo Pablo. Tras la muerte de su antiguo favorito imperial, Grigori Orlov, la emperatriz compró el palacio de Gátchina a cincuenta kilómetros de San Petersburgo y se lo regaló al gran duque. Allí Pablo se retiró con su familia quejándose de que a pesar de ser el heredero al trono, su madre lo apartaba del poder y de sus responsabilidades. En cambio Catalina volcaba todo su amor y dedicación en su pequeño Señor Alejandro, hasta el punto de que llegó a pensar muy en serio en desheredar a Pablo y pasar la sucesión directamente a su nieto. El gran duque lo sabía y la odiaba aún más porque con su comportamiento lo enfrentaba a su propio hijo. Los años de frustración y el gran temor de sufrir el mismo destino que el zar Pedro III de Rusia acabaron afectando a su salud mental. Pablo se volvió desconfiado, miedoso y excéntrico. Hasta a su abnegada esposa María, a quien trataba con desprecio y violencia, le preocupaba su estado: «Día tras día no hay nadie que no haga un comentario sobre el desorden de sus facultades». En Gátchina, los delirios militares de Pablo recordaban a los de Pedro III. El gran duque, humillado por no poder estar al mando de su propio ejército, se creó el suyo. Vestido con el uniforme prusiano, entrenaba a sus hombres hasta agotarlos o los castigaba con una vara. «Nadie puede contemplar todo lo que hace el gran duque sin verse movido a la piedad o el horror. Uno creería que trataba de hallar formas para hacerse odioso y detestable. Se le ha metido en la cabeza que la gente lo desprecia y quiere mostrarle su falta de respeto; partiendo de esta idea, la toma con todo y castiga de forma indiscriminada. El menor retraso, la menor contradicción y monta en cólera», escribió el conde Rostopchín. Alejado de la corte, Pablo apenas veía a su madre salvo en las ceremonias oficiales y podía visitar a sus hijos mayores, Alejandro y Constantino, muy de vez en cuando. Para mantener el contacto con la emperatriz se intercambiaban frías y protocolarias cartas que ponían en evidencia su pésima relación.

EL ÚLTIMO VIAJE

En 1779 Catalina cumplió cincuenta años y la imagen que reflejaba en el espejo era la de una mujer corpulenta, de mirada escrutadora y actitud altiva. Un visitante inglés en la corte la describió así: «La emperatriz de Rusia no es muy alta y muestra tendencia a engordar. Posee aún un hermoso cutis que trata de embellecerlo con *rouge*, como hacen todas las mujeres de este país. Sus ojos azules muestran una expresión severa y dominante, tiene el rostro alargado, y sobre todo el mentón, una sonrisa eterna en los labios, la boca hundida y la nariz levemente aquilina... bonita más bien que fea, pero no inspira pasión». Aunque en su madurez disfrutaba de su nuevo papel de abuela no renunció a la compañía de sus favoritos. Entonces apareció en su vida Aleksandr Lanskói, su querido Sacha, un joven oficial de veintidós años que ella describió como «amable, risueño, honesto y lleno de dulzura». En realidad se conocían desde hacía tiempo porque Lanskói se había educado en palacio al mismo tiempo que Alekséi Bóbrinski, el hijo ilegítimo de Catalina y Grigori Orlov. La zarina, decepcionada con su hijo Pablo, volcó todo su amor materno en este joven encantador que despertaba en ella una gran ternura por sus ganas de aprender. Al fin parecía que la emperatriz había encontrado al compañero ideal, un muchacho inteligente y sensible al que no le interesaban las intrigas, la política ni el poder. Los dos compartían el gusto por la literatura, la historia rusa, la pintura y el diseño de jardines. Iban juntos a los conciertos, a la ópera y al teatro. Existía tal complicidad entre ellos que por primera vez Potemkin se sintió desplazado.

El verano de 1784 Catalina lo pasó en Tsárskoye Seló con su inseparable Sacha y sus nietos Alejandro y Constantino de seis y cinco años. Gozaba de buena salud y se sentía feliz paseando por los hermosos jardines del brazo de su amado y viendo jugar a sus niños. Pero a finales de junio y de manera inesperada Lanskói se quejó de que le dolía la garganta y tenía fiebre muy alta. A medida que pasaban las horas respiraba con dificultad hasta que dejó de hablar. Los médicos le diagnosticaron difteria y le pidieron a Su Majestad que se alejara para evitar el contagio. Ella se negó y no se separó de su lecho día y noche hasta que dio el último suspiro entre sus brazos. Tenía veintiséis años y fue un golpe tan doloroso para la emperatriz que tuvo que guardar cama. Durante tres semanas no quiso ver a nadie y ante su preocupante estado, los médicos le recomendaron reposo. En el jardín privado de Tsárskoye Seló ordenó erigir una urna funeraria con la siguiente inscripción en francés: «De Catalina a su amigo más querido».

En estos tristes días la emperatriz añoraba al príncipe Potemkin que se encontraba lejos de San Petersburgo, en los nuevos territorios conquistados en la llamada Pequeña Rusia (Ucrania) y Crimea. Pero cuando Potemkin se enteró de la trágica muerte de Sacha, regresó para consolarla. El desgarro que sentía Catalina quedó reflejado en las emotivas cartas que le mandó a Grimm en aquellos días y donde le confesó: «Estoy sumida en la pena más profunda y mi felicidad ya no existe. Pensé que yo misma moriría por la pérdida irreparable de mi mejor amigo. Había tenido la esperanza de que se convirtiera en el sostén en mi vejez… Este era un joven a quien estaba educando, que era agradecido, amable y honrado, que compartía mis dolores y se regocijaba con mis alegrías. Me he convertido en una desesperada criatura lacónica. Me arrastro por ahí como una sombra…». Al final solo Potemkin consiguió tranquilizarla y convencerla para que abandonara su habitación. «Él logró despertarme del sueño de los muertos», dijo.

Por el lecho de Catalina desfilaron otros favoritos, pero al príncipe Grigori Potemkin lo seguía considerando su esposo. Su valor, ingenio, lealtad y excéntrica personalidad cautivaban a la zarina, quien lo tenía por un héroe. Cuatro años atrás, la emperatriz había anunciado la anexión de la península de Crimea. Una vez más Grigori Potemkin había mostrado sus buenas dotes de consejero y diplomático conquistando este importante enclave estratégico sin derramar ni una gota de sangre. El general había sido nombrado comandante en jefe de las fuerzas armadas de las provincias meridionales. Era uno de los militares más poderosos del momento. La emperatriz llamó Nueva Rusia a estos territorios y nombró gobernador a su querido compañero. En los siguientes años el príncipe Potemkin emprendió una obra titánica en estas tierras vírgenes. Ella le dio instrucciones para que construyera ciudades, carreteras y puertos. Él hizo mucho más: atrajo colonos rusos, implantó la agricultura y ganadería, fundó universidades, abrió caminos, creó parques, plantó viñedos y jardines botánicos. También construyó buques de guerra y organizó la flota rusa en el mar Negro. En la distancia seguía fascinada por los logros de este hombre cuya capacidad de trabajo parecía no tener límites.

En 1787 Catalina II celebró sus veinticinco años en el trono. Aprovechando esta fecha histórica Potemkin invitó a la emperatriz a conocer sus nuevas posesiones y a contemplar de primera mano lo que había conseguido. Ella accedió a ir en primavera y toda la corte estaba agitada por los preparativos del gran viaje a Crimea. Para la zarina sería el más largo y espectacular de su reinado porque el militar estaba dispuesto a impresionarla y ofrecer al mundo la mejor imagen de Rusia y de sí mismo. Durante más de seis meses viajó por esta inmensa región en trineo, barco y carruaje. Catalina tenía cincuenta y ocho años y, aunque sus más allegados intentaron convencerla de que era un esfuerzo excesivo para una dama de su edad, estaba entusiasmada. «Se hizo todo lo posible para disuadirme de emprender este viaje —le confesó al embajador de Francia, el conde de Ségur—. Me aseguraron que el avance estaría plagado de obstáculos y situaciones desagradables. Deseaban asustarme con cuentos sobre la fatiga del viaje. Esas gentes me conocían muy poco. No saben que en mí la oposición es aliento, y que cada dificultad que ponen en mi camino es un acicate adicional». Ni las bajas temperaturas ni el peligro de la peste y la malaria que azotaban esas regiones la echaron para atrás. Confiaba plenamente en Potemkin y sabía que no dejaría ni un detalle al azar. Y no se equivocaba porque el príncipe centró todos sus esfuerzos en la organización de un viaje que debía pasar a la historia. Planificó las cosas con gran teatralidad, desde las etapas en las que se detendría cada noche la caravana imperial a las mansiones y palacios donde se acomodarían los pasajeros. Bailes, fuegos artificiales y conciertos de música amenizarían las largas y frías veladas.

Para la zarina no era un mero viaje de inspección; también había razones diplomáticas: deseaba impresionar al resto de las cortes europeas mostrando el poder y la gloria de su imperio, y además quería intimidar a los turcos. Durante su viaje tendría la oportunidad de entrevistarse con su antiguo amante, el rey Estanislao de Polonia, y con el emperador José II de Austria, su nuevo aliado político. Catalina pasó largas horas en su despacho preparando su lista de invitados que incluía a varios ministros, príncipes, embajadores extranjeros, miembros de la corte, funcionarios de gobierno y su equipo personal. Fue muy comentado que no invitara a nadie de su propia familia. Aunque a su hijo Pablo desde el principio lo descartó porque no quería que su presencia distrajera los triunfos de Potemkin, hasta el último momento mantuvo la ilusión de poder llevarse a sus dos nietos mayores, Alejandro de nueve años y Constantino de ocho. Los padres desde el inicio se opusieron a que los niños realizaran este temerario viaje. Pero Catalina insistió porque no quería estar tanto tiempo separada de los pequeños. Así les escribió a Pablo y María la siguiente carta: «Vuestros hijos no os pertenecen a vos, me pertenecen a mí y pertenecen al Estado. Desde su más temprana infancia, he tomado como obligación y placer darles los más tiernos cuidados. Así lo razoné: será un consuelo para mí, cuanto esté lejos de vuestras altezas, tenerlos a ellos cerca. ¿Acaso seré yo la única que se vea privada, a mi edad, durante seis meses, del placer de tener a algún miembro de la familia conmigo?». Finalmente y para alivio de los grandes duques, los pequeños no pudieron acompañarla porque ambos cogieron la varicela la víspera de la partida.

Quien sí la acompañó en esta aventura fue su nuevo favorito, Aleksandr Mamónov. Tras la muerte de su amado Sacha la zarina pensó que jamás encontraría a otro compañero con sus cualidades, pero la soledad le pesaba mucho. Dos años después de la muerte de «su ángel», Potemkin eligió a este joven oficial de la guardia de veintisiete años, buena presencia, cultivado y de maneras elegantes. De buena familia, Mamónov hablaba con fluidez francés y era un ingenioso conversador. Después de meses de duelo y tristeza, la zarina parecía haber recuperado la alegría de vivir en la compañía de este oficial al que apodaba el Casaca Roja por el color de su uniforme. Más animada, le escribió a Grimm: «Somos tan listos como el mismo demonio; adoramos la música; ocultamos nuestra afición por la poesía como si fuera un crimen».

El 7 de enero de 1787 lucía un sol radiante, el frío era glacial y la temperatura de diecinueve grados bajo cero. Catalina saludó a la multitud que se había reunido a las afueras del palacio de Tsárskoye Seló para despedir al espléndido cortejo imperial que partía rumbo a Crimea. La emperatriz se instaló en el primero de los catorce confortables carruajes que habían sido montados sobre amplios patines para convertirlos en trineos. Su vehículo era el más espacioso y lujoso y en él cabían seis personas que incluso podían estar de pie. Diez caballos arrastraban esta palaciega casita iluminada por ventanas laterales y decorada con alfombras, divanes, mesas y sofás. El séquito de Su Majestad y el servicio ocupaban más de un centenar de trineos mucho más modestos donde viajaban médicos, cocineros, ingenieros, músicos, peluqueros, lavanderas y un montón de sirvientes. Para guiar a los conductores por el espeso manto de nieve, Potemkin había ordenado instalar enormes antorchas y hogueras a lo largo de todo el recorrido. Catalina se sentía alegre y relajada por primera vez en mucho tiempo.

En este viaje lleno de imprevistos, la emperatriz no alteró sus costumbres diarias y mantuvo un riguroso horario. Se levantaba a las seis de la mañana, bebía su café bien cargado y trabajaba sola o con sus ministros durante dos horas. A las ocho desayunaba con su círculo más íntimo. A las nueve regresaba a su carruaje para continuar el itinerario. A las dos el largo cortejo se paraba para el almuerzo y una hora más tarde proseguían la marcha. A las siete, el convoy se detenía para hacer noche y Catalina invitaba a sus amigos y diplomáticos al salón de su trineo para conversar o jugar a los naipes como solía hacer en su Hermitage. A lo largo del monótono trayecto la zarina cambiaba a los pasajeros de su trineo para no caer en el aburrimiento. Su compañero de viaje favorito era el nuevo embajador de Francia, el conde de Ségur, un hombre seductor, mundano y cultivado que la entretenía con sus poesías y sus improvisadas coplas rimadas.

Potemkin había planeado que durante la travesía Catalina descansara dos días en las ciudades más importantes, donde era recibida por multitudes de campesinos que la veneraban como a un dios y se arrodillaban al verla. A principios de febrero de 1787, tras haber recorrido casi dos mil kilómetros, la emperatriz y sus invitados llegaron a la ciudad de Kiev. Aquí descansaron seis semanas hasta la llegada de la primavera. Durante su estancia se sucedieron las audiencias con dignatarios llegados de los lugares más recónditos del mundo, desde China, India o Persia, para rendirle homenaje. Al cabo de unos días el general Potemkin llegó de Crimea para unirse al convoy, pero se mantuvo alejado de la comitiva. Prefirió pasar en soledad la Cuaresma en compañía de los monjes de Pechersk Lavra, cuyo famoso monasterio estaba cavado en la montaña. Quien sí se unió al convoy en Kiev, adelantándose a su soberano, fue el príncipe de Ligne, un aristócrata de los Países Bajos austriacos y mariscal de campo al servicio del emperador José II. Catalina congenió de inmediato con él y lo describió como «la más placentera compañía y la persona más fácil de convivir que jamás he conocido».

El 22 de abril el río Dniéper se descongeló y la emperatriz y sus huéspedes subieron a bordo de siete enormes embarcaciones pintadas de rojo y oro. Potemkin mandó construir una vistosa flota de galeras empujadas por remeros y decoradas y amuebladas al estilo romano para transportar a la comitiva río abajo. La embarcación de Catalina era la más grande y tenía un dormitorio lujosamente ornamentado con ricos brocados de seda dorados, un salón, una biblioteca, una sala de música y un luminoso comedor. El príncipe de Ligne la bautizó como «la flota de Cleopatra» y así debía sentirse la zarina cómodamente sentada en su cubierta privada bajo un toldo que la protegía del sol, mientras la orquesta imperial tocaba alegres melodías. Los lugareños se agolpaban en las orillas del río atraídos por este espectáculo nunca visto. Ella contemplaba extasiada los inmensos dominios que había conquistado, donde no había rastro de pobreza. En los verdes prados pastaban rebaños de ovejas, se alzaban bucólicos pueblos con iglesias y casas pintadas de vivos colores. Potemkin había fundado nuevas ciudades y pueblos y puertos en este inmenso territorio y Catalina estaba asombrada de sus extraordinarios logros.

Lentamente la flotilla llegó al puerto de Kániv, un punto del río Dniéper donde una orilla pertenecía a Rusia y la otra a Polonia. En este lugar Catalina tenía programado un encuentro con su antiguo amante, Estanislao Poniatowski, a quien ella había nombrado rey de Polonia. Hacía casi treinta años que no se veían, pero él apenas había cambiado. Aún era un hombre atractivo, sensible y encantador que seguía enamorado de la emperatriz. Pero Catalina lo recibió con frialdad y en compañía de su favorito Mamónov. Ella sí había cambiado, su corazón se había endurecido y apenas nada quedaba de la mujer hermosa y apasionada que lo había iniciado en el amor. En la conversación privada que mantuvieron y que apenas duró media hora, Poniatowski le explicó que el embajador de Rusia en Polonia se había convertido en el verdadero amo del país y que actuaba como un déspota. Le pidió, por la amistad y el aprecio que los unía, su apoyo para evitar más sufrimiento al pueblo polaco. Pero ella lo escuchó impasible como si se tratase de un desconocido y no respondió. Con su silencio dio por concluida la audiencia. Poniatowski abandonó la galera imperial triste y decepcionado. Nunca más volvieron a verse.

Antes de continuar la travesía anunciaron la llegada del invitado más ilustre que esperaba la zarina, el emperador José II de Austria, hermano de María Antonieta, reina de Francia. En el cambiante juego de alianzas, la estrecha relación que mantenía Catalina con Prusia se había desmoronado debido a la amistad de la zarina con el emperador austriaco. En 1780 los tratados entre Rusia y Prusia no habían sido renovados por la emperatriz y su amistad con Federico II de Prusia se había roto para siempre. Ahora Catalina solo pensaba en impresionar a su insigne huésped que sucumbió pronto al hechizo de este viaje que le transportó a *Las mil y una noches*. A finales de mayo abandonaron las embarcaciones y prosiguieron por tierra en carruajes atravesando la desierta estepa salpicada de campamentos nómadas. Por las noches se alojaban en suntuosas tiendas bajo un cielo estrellado. La de Catalina era la más espaciosa y confortable y la luz de su quinqué se apagaba la última porque trabajaba en los asuntos de gobierno hasta altas horas.

A medida que la caravana imperial se aproximaba a Crimea la alegría de Catalina y los viajeros que la acompañaban se transformó en inquietud. Tras independizarse del Imperio otomano, el Kanato de Crimea poblado por tártaros musulmanes se había convertido en una provincia más del Imperio ruso. Hacía solo cuatro años que el kan Sahín Girái había sido sustituido por un gobernador nombrado por la zarina. En este territorio todavía musulmán se habían levantado iglesias ortodoxas de cúpulas doradas entre los minaretes de sus mezquitas y en las calles las mujeres paseaban sin velo provocando la ira de los más tradicionalistas. El general Potemkin conocía el peligro y sabía que la emperatriz se exponía a un atentado. Su preocupación fue mayor cuando Catalina le informó de que iba a prescindir de la guardia rusa y que en su lugar deseaba entrar en la antigua capital de Bajchisarái escoltada por locales. Pese a que parecía una idea descabellada, fue una hábil maniobra. La zarina hizo su entrada triunfal flanqueada por una escolta de honor de mil doscientos jinetes tártaros bien armados y vestidos con sus soberbios atuendos típicos, ante la indiferencia de la población local. Se alojó en el antiguo palacio del kan que meses antes había mandado rehabilitar y decorar a Charles Cameron, su arquitecto escocés, conservando el estilo islámico. Aunque solo pasó dos noches se sintió cautivada de la exótica belleza de esta ciudad tranquila de casas blancas y frescas, con patios interiores, jardines ocultos y bulliciosos bazares.

Potemkin tenía prisa por mostrar a la zarina y al emperador José II su mayor logro en estas latitudes: la gran bahía de Sebastopol donde fondeaban los buques de la nueva flota rusa en el mar Negro. El soberano se quedó impresionado por la belleza de este puerto y la calidad y preparación de los barcos rusos. «La verdad es que hay que venir para creer lo que ven mis ojos», dijo. Ella revisó la flota, presenció la botadura de tres nuevos barcos y visitó la flamante ciudad de Sebastopol con sus iglesias, hospitales, tiendas, hileras de casas y escuelas. Emocionada, la emperatriz le preguntó al conde de Ségur qué pensaba de esta ciudad y de su flota, y él le respondió: «Señora, con la creación de Sebastopol habéis obtenido en el sur lo que Pedro el Grande comenzó en el norte».

A principios de junio el calor era sofocante y Catalina decidió finalizar el viaje. Cuando llegaron a Járkov, la emperatriz y Potemkin se separaron. A pesar del triunfo conseguido, el militar parecía abatido y su único deseo era regresar al sur. Antes de despedirse él le regaló un magnífico collar de perlas y ella le otorgó el título de príncipe de la Táuride. Sentada en su carruaje de regreso a la capital, la zarina se mostró preocupada por la salud de su compañero, cuyo enorme esfuerzo en la organización de este viaje parecía haberle pasado factura. Se sentía muy orgullosa de él y en los días siguientes le escribió varias cartas de agradecimiento y cariño: «Os amo a vos y vuestro servicio que nace del puro celo... Por favor, tened cuidado... Con el calor tan intenso que tenéis a mediodía, os ruego con la mayor humildad: hacedme el favor de velar por vuestra salud, por el amor de Dios y por el nuestro, y sentíos tan complacido conmigo como yo lo estoy con vos». Potemkin no tardó en responderle con palabras muy emotivas que revelaban la devoción que aún sentía por ella: «¡Vuestra majestad! ¡Dios sabe cuánto aprecio los sentimientos que manifestáis! Sois más que una verdadera madre para mí... Cuánto os debo, cuántas distinciones me habéis otorgado, hasta dónde han llegado vuestros favores para con mis allegados [...]. Este país no os olvidará... Adiós, mi benefactora y madre... Soy hasta la muerte vuestro fiel esclavo».

Tras más de seis meses ausente de San Petersburgo el carruaje de la emperatriz llegó a las puertas de Tsárskoye Seló. Las últimas etapas habían sido agotadoras debido al extremo calor del verano y el traqueteo del carruaje por los caminos que a la ida habían recorrido veloces en trineo sobre la nieve. En cada ciudad se sucedían de nuevo las recepciones, fiestas y bailes en su honor. Estaba exhausta, pero la presencia de sus nietos Alejandro y Constantino corriendo hacia ella para abrazarla hicieron que olvidara todas las penurias. El reencuentro con el gran duque Pablo fue menos amistoso. Nunca le perdonó a su madre que siendo el heredero al trono de Rusia no le hubiera invitado a su gira por los nuevos territorios. Esperaba su sexto hijo, pero ni siquiera esta noticia suavizó la relación entre ambos.

Los días de descanso de Catalina tras su viaje, que pasó a la historia como el más extraordinario realizado jamás por un monarca reinante, fueron breves. Si con su victoriosa gira por el sur y su despliegue de fuerza había pensado intimidar a los turcos, consiguió todo lo contrario. Para el sultán Abdul Hamid la presencia de la emperatriz y la nueva flota rusa en Sebastopol eran una provocación. Preocupado al ver cómo Rusia había convertido esta zona en una base militar, reclamó a la emperatriz la devolución de Crimea. Pero la gran Catalina II no estaba dispuesta a devolver lo que ya consideraba de su propiedad y menos ahora que conocía su valor estratégico. Ante esta negativa, el sultán mandó secuestrar a Bulgákov, el embajador ruso en Constantinopla, y desató una nueva contienda. La declaración de guerra de Turquía cogió por sorpresa a la zarina, que nunca imaginó que fuera tan inminente. No dudó en nombrar al valeroso príncipe Potemkin comandante en jefe del ejército imperial ruso en esta segunda guerra contra los turcos que duró más de cuatro años. Este no fue el único conflicto que la mantendría en vilo. En junio de 1788, Gustavo III, rey de Suecia, vio la ocasión idónea para recobrar los antiguos territorios suecos en el Báltico que le había arrebatado Pedro el Grande tiempo atrás. El monarca sueco amenazó con estar pronto a las puertas de San Petersburgo desayunando en el palacio de Peterhof, además de demoler la monumental estatua ecuestre de Pedro el Grande que la zarina había mandado erigir al escultor francés Falconet. A Potemkin con su habitual ironía, le escribió: «¿Qué he podido hacer yo para que me castigue Dios con un ser tan insustancial como el rey de Suecia?».

En abril de 1789 Catalina cumplió sesenta años y como odiaba envejecer no hubo grandes celebraciones. En una carta a su confidente Grimm le dijo: «¿No sería delicioso si una emperatriz tuviera siempre quince años?». Agotada por las tensiones de la guerra en ambos frentes y la mala relación con su hijo Pablo, aparentaba más edad. Hasta el momento había gozado de buena salud, pero ahora tenía las piernas hinchadas y sufría dolores de estómago. Aunque seguía conservando su porte majestuoso y caminaba siempre con la frente bien alta, su deterioro físico era evidente. «Con el paso de los años uno veía descomponerse la armonía de su rostro y durante un instante se olvidaba a la gran Catalina y ya no se veía más que a la anciana; pues cuando abría la boca veíase que ya no tenía dientes, y que hablaba con la voz cascada y mal articulada. La parte inferior de su rostro exhibía rudeza y grosería; los ojos gris claro tenían algo falso, y cierto pliegue al principio de la nariz le confería un aire un tanto siniestro», escribió Masson, uno de los profesores de los grandes duques que no la tenía en mucha estima.

Los tres años siguientes fueron de muchas preocupaciones y desvelos para la emperatriz que veía cómo a su alrededor desaparecían sus hombres más leales y valiosos. Tras la rendición del rey de Suecia que en el verano de 1790 pidió la paz a Rusia, llegó una dolorosa noticia. Ese mismo año murió de tuberculosis el emperador José II, buen amigo y aliado. Esta vez no estaba a su lado Potemkin para consolarla y su último favorito Mamónov, su mimado Casaca Roja, había caído en desgracia. Ahora le había reemplazado un joven y altivo teniente del regimiento de la guardia llamado Platón Zúbov. Tenía veintidós años y era considerado el más apuesto de todos los amantes imperiales, pero también el más intrigante y vanidoso. Por primera vez Catalina había elegido a un compañero que no contaba con la aprobación de Potemkin. A pesar de su edad y sus achaques no renunciaba a la compañía de hombres jóvenes y se dejaba embaucar por ellos. En una carta le confesaba a Potemkin: «He retornado a la vida como una mosca a la cual el frío hubiera paralizado». Encaprichada de este muchacho cuarenta años menor que ella, no era capaz de ver sus enormes ansias de poder. Preocupado por la influencia de Zúbov, en febrero de 1791 el príncipe Grigori Potemkin decidió regresar a San Petersburgo para desplazar a su peligroso rival. A pesar del largo viaje, Catalina encontró a su antiguo amor en excelente forma física y con el ánimo alto. «Mirando al príncipe mariscal Potemkin, se diría que sus victorias, sus aciertos lo embellecen. Ha regresado a nosotros del campo de batalla hermoso como el día, alegre cual alondra, brillante como estrella y más agudo que nunca. Ya no se muerde las uñas. Ofrece banquetes diarios y se conduce como un anfitrión de un modo tan refinado y cortés que tiene a todos encantados», le escribió a Grimm.

Apenas puso el pie en la corte, Potemkin comprobó que sus sospechas del nuevo favorito eran ciertas. Intentó que Catalina abriera los ojos, pero la emperatriz no veía ni un solo defecto a «su amado morenito», que se pavoneaba por la corte lujosamente vestido y cubierto de joyas, con un mono como animal de compañía. Consciente de que no podía competir con Platón Zúbov y que su influencia decaía, Potemkin decidió recobrar el favor de Catalina deslumbrándola con una espléndida y original fiesta. Con la excusa de celebrar la paz entre Rusia y Turquía —aunque el Tratado de Jassy aún tardaría unos meses en firmarse— el príncipe la invitó a un gran baile de gala en el palacio neoclásico de Táuride que le había regalado la zarina en los buenos tiempos de su relación. De todos los palacios privados que Catalina II había mandado construir para su familia o favoritos ninguno tenía las dimensiones de este. Era una de las residencias de la nobleza más espléndidas de la Rusia del siglo XVIII, rodeada de un inmenso parque, un jardín inglés, lagos y un canal que desembocaba en el Neva. Como hizo en su viaje a Crimea, el príncipe se encargó de todos detalles de la organización y decoración. Durante dos meses centenares de actores, bailarines y músicos ensayaron sus números en los inmensos salones del singular palacio. Además de la zarina y los grandes duques, invitó a tres mil personas para un evento histórico que quedó para siempre grabado en la memoria de los asistentes.

La tarde del 28 de abril de 1791, Catalina II llegó en su carroza dorada a las puertas del palacio de Potemkin donde la esperaba el príncipe vestido con un elegante frac con botones de oro macizo y diamantes. Siempre dado a la teatralidad, se arrodilló ante ella y le dio la bienvenida. De la mano de su anfitrión, la emperatriz avanzó entre largas hileras de lacayos vestidos de librea y portando candelabros en las manos. Con paso solemne recorrieron una interminable galería iluminada con cientos de velas hasta la gran sala de baile. Sentada en un trono, la zarina contempló cómo varias parejas de jóvenes y niñas de la corte abrían el baile con una elegante contradanza. Entre ellos le emocionó ver a su nieto Alejandro que ya tenía trece años y era muy apuesto. Todos decían que había heredado la belleza de su madre, alta y rubia, y la simpatía y el encanto de su abuela.

Al finalizar el gran baile, el príncipe guio a los invitados por las principales salas donde se representaban distintos espectáculos a cuál más extravagante. Entre ellos un desfile llamado «pompa asiática» en que un grupo de jóvenes vestían los trajes tradicionales de todos los pueblos bajo el dominio de Catalina II. Potemkin no había reparado en gastos para satisfacer a la emperatriz y en el fastuoso banquete con vajilla de oro y plata ambos presidieron la mesa como un matrimonio imperial. Tras la pantagruélica cena, la zarina y el príncipe se retiraron al invernadero de enormes dimensiones. Allí permanecieron un buen rato conversando y cuando él sacó a relucir el nombre de su favorito Zúbov, ella cambió de tema. Aunque solía marcharse siempre a las doce de la noche, en esta ocasión hizo una excepción y prolongó su estancia hasta las dos de la madrugada. Potemkin la acompañó hasta la puerta y una vez allí, besó su mano y se arrodilló. Se despidieron conteniendo las lágrimas de emoción. Catalina se subió a su carruaje seguida del bello Platón, que intentó mantenerse en un segundo plano toda la velada.

Al día siguiente en la corte solo se hablaba del gran baile ofrecido por el príncipe Potemkin en su monumental palacio. Él, lejos de sentirse feliz por su triunfo, se mostraba triste y melancólico porque Catalina seguía fascinada con su joven amante. Tras pasar unos meses en San Petersburgo, decidió regresar al sur para continuar con las negociaciones de paz con los turcos que tenían lugar en Jassy, Moldavia. El largo trayecto agotó a Potemkin que ya estaba delicado de salud. Había contraído la malaria durante el gran viaje imperial a Crimea y no se cuidaba nada. «El príncipe se destruía con sus propios actos. Lo he visto durante un ataque de fiebre, devorar un jamón, un pato salado, tres o cuatro pollos, y beber kwas, kliuka y toda clase de vinos», contó uno de sus ayudantes de campo. Su único consuelo eran las cartas que le llegaban de la emperatriz y que leía una y otra vez. Aunque en la distancia Catalina seguía con preocupación su estado y le pedía que hiciera caso a los médicos y tomara las medicinas, Potemkin fue empeorando. El 5 de octubre de 1791 falleció «tras una serena agonía» a la edad de cincuenta y dos años.

Apenas cinco meses y medio después del gran baile en el palacio de Táuride, un correo llevó a San Petersburgo la noticia de su muerte. Para Catalina su pérdida fue tan terrible que se hundió. El doctor Rogerson, médico de la corte, le aplicó varias sangrías y le recomendó descanso. Durante días se encerró sin querer ver ni siquiera a sus adorados nietos. Impuso en la corte un riguroso duelo porque estaba desconsolada por la pérdida de un hombre al que considerada irreemplazable. Cuando se sintió más serena, le abrió su corazón a Grimm: «Un horrible mazazo se ha descargado nuevamente sobre mi cabeza. Hacia las seis de la tarde un correo me trajo la tristísima de noticia de que mi alumno, mi amigo, y casi mi ídolo, el príncipe Potemkin de Táuride, ha muerto como resultado de una enfermedad en Moldavia. No podéis imaginar lo destrozada que estoy. Poseía un corazón excelente unido a una rara inteligencia y una amplitud espiritual poco común. […] La cualidad más notable en él era el coraje de corazón, el espíritu y el alma que lo distinguían bien del resto de los seres humanos, y ello determinaba que nos entendiésemos perfectamente y dejásemos farfullar a su gusto a nuestros enemigos. Creo que el príncipe Potemkin fue un hombre muy grande, que no hizo ni la mitad de lo que hubiera podido realizar». La emperatriz lamentó que hubiera muerto en plena negociación del tratado de paz que puso fin a la guerra entre Rusia y Turquía. Catalina II recuperó Crimea y aún sería mayor su control en la zona conquistada del mar del Norte. Un triunfo que hubiera deseado compartir con «el hombre más valiente, trabajador, justo y leal de cuantos he conocido».

Tras la pérdida de Potemkin que tanto le afectó, Catalina pensó por primera vez en su propia muerte. Una tarde se sentó en su escritorio, cogió la pluma y ella misma escribió su epitafio en francés usando su habitual estilo sarcástico:

AQUÍ YACE CATALINA II

Nació en Stettin el 21 de abril de 1729.

En el año de 1744, partió hacia Rusia para casar con Pedro III. A los catorce años tomó la triple decisión de complacer a su esposo, a Isabel y a la nación. No regateó el menor esfuerzo para lograrlo. Dieciocho años de aburrimiento y soledad le dieron la oportunidad de leer muchos libros.

Cuando llegó al trono de Rusia, deseaba hacer el bien para su país y trató de ofrecer la felicidad, la libertad y la prosperidad a sus súbditos.

Perdonaba pronto y no odiaba a nadie. Era de natural bondadosa, de trato fácil, tolerante, comprensiva y de temperamento alegre. Tenía un espíritu republicano y un corazón amable.

Era sociable por naturaleza.

Hizo muchos amigos.

Disfrutaba de su trabajo.

Amaba las artes.

Cuando reapareció en la corte aún estaba rota por el dolor. Su deseo era redactar un manifiesto fúnebre como homenaje al gran estadista y militar fallecido, y erigir un monumento para honrar su memoria. Pero Platón Zúbov insistió en que debía olvidar cuanto antes a su antiguo compañero y mirar al futuro. Para no contradecirlo y porque lo amaba, le obedeció. Si alguien en la corte se benefició de la inesperada muerte del príncipe Potemkin fue su ambicioso favorito que pronto ocupó la antigua residencia del militar anexa al Hermitage. Ella le seguía haciendo magníficos regalos, le cubría de condecoraciones y le entregaba más poder. Los embajadores extranjeros informaban preocupados a sus respectivos gobiernos de cómo este joven, al que el emperador José II de Austria describió como «un niño malcriado», iba ganando terreno en la corte donde se imponía con su arrogancia a los más altos dignatarios.

Sin Potemkin a su lado, la emperatriz se obsesionó con apartar a Pablo de la línea sucesoria. La relación entre ambos atravesaba su peor momento y le angustiaba pensar que su propio hijo destruyera todo lo que ella había construido. El gran duque vivía casi recluido con su familia en el palacio de Gátchina y se sentía cada vez más aislado y marginado. No soportaba que sus hijos mayores Alejandro y Constantino quisieran tanto a su abuela. En 1792 Catalina, para asegurar el futuro de la dinastía Romanov, decidió que Alejandro ya tenía edad para casarse. Aunque su tutor La Harpe lo consideraba inmaduro para contraer matrimonio, ella invitó a dos princesas alemanas de Baden para que visitasen San Petersburgo y pudiera conocerlas. Luisa, la mayor, tenía trece años y llamó la atención del príncipe Alejandro por su espectacular belleza. Los dos jóvenes se gustaron desde el primer momento y la emperatriz, entusiasmada con la elección, anunció su compromiso. Mientras llegaba el día de la boda, la princesa Luisa de Baden empezó a aprender ruso, se convirtió a la ortodoxia y recibió el título de gran duquesa cambiando su nombre por el de Isabel Alekseyevna.

Antes de los preparativos de la ceremonia del compromiso de su nieto, Catalina había tenido otras preocupaciones que ensombrecieron el feliz acontecimiento. Las noticias que llegaban de Francia donde, tras la toma de la Bastilla, había estallado la revolución, eran inquietantes. Cuando se le informó de la fuga del rey Luis XVI y de su arresto en Varennes, la emperatriz se desesperó y más cuando el embajador ruso en París fue acusado de colaborar en la huida del monarca. Conforme pasaban las semanas, su sobresalto fue en aumento. «Es una auténtica anarquía. Son capaces de colgar a su rey de una farola», exclamó indignada a sus consejeros. A la emperatriz le preocupaba especialmente la seguridad de María Antonieta. «Sobre todo espero que la situación de la reina se corresponda con mi vivo interés por ella. Un gran coraje triunfa sobre un gran peligro. Yo la quiero por ser la querida hermana de mi mayor amigo, José II, y admiro su valor. Puede estar segura de que si puedo ayudarla en algo, cumpliré con mi deber».

A principios de 1793 Catalina supo que Luis XVI había sido ejecutado en la guillotina y sufrió tal impacto que su médico personal temió por su salud. Ella, que en su juventud había apoyado las ideas liberales de la Ilustración, ahora las maldecía. Temía que la «epidemia revolucionaria» se propagara por Europa y llegara a las puertas de San Petersburgo. Para evitarlo tomó severas medidas: la primera romper todas las relaciones con Francia y después imponer una férrea censura en Rusia. Por fortuna su buen amigo y maestro ideológico Voltaire no tuvo que presenciar cómo su emperatriz ilustrada ordenó la confiscación de una edición completa de sus obras.

En septiembre se celebró la boda entre Alejandro, de quince años, y la princesa Isabel. «El gran duque está muy enamorado, y sería imposible encontrar una pareja más hermosa y compenetrada», dijo orgullosa Catalina, quien ya pensaba en ser pronto bisabuela. Mientras el terror se extendía en Francia y la revolución amenazaba al resto de las monarquías europeas. La emperatriz tenía puestas todas sus esperanzas de continuidad en su adorado nieto, un muchacho apuesto, íntegro y sensible. Pero Alejandro, que había sido educado como un monarca liberal por su tutor francés, no deseaba reinar ni traicionar a su padre. Catalina descubrió decepcionada que su querido Señor Alejandro detestaba la política rusa, el despotismo y las intrigas de palacio. Solo aspiraba a llevar una vida tranquila y sencilla en el campo con su esposa y formar una familia. Cuando en octubre María Antonieta, de treinta y siete años, fue guillotinada en París, la emperatriz se convenció aún más de que la salvación de la monarquía en Rusia pasaba por entronizar al príncipe Alejandro. Fue así como redactó un manifiesto en el que ordenaba la exclusión de su hijo, el gran duque Pablo, y nombraba a su nieto mayor heredero. El documento lo guardó en un lugar seguro y decidió que el día de Santa Catalina, el 24 de noviembre, lo leería ante el Senado y la corte.

En 1796 llevaba treinta y cuatro años gobernando Rusia con mano de hierro y era la soberana más respetada de Europa. Aunque su deterioro físico resultaba evidente, su vitalidad y capacidad de trabajo aún impresionaban a los visitantes extranjeros. En el pasado había sufrido jaquecas y problemas de indigestión pero ahora a sus sesenta y siete años su salud declinaba. La gota que padecía le provocaba dolor e hinchazón en las articulaciones y le resultaba difícil subir escaleras o mantenerse mucho tiempo de pie. Pese a sus achaques, no perdía el ánimo y se había propuesto vivir hasta los ochenta para presenciar la caída de Constantinopla. Tampoco había perdido el humor y a su amigo Grimm le contaba: «Pese a mi edad me siento alegre y ágil como un pinzón. Creo que la gota se instaló en mi estómago y la combato con pimienta y un vaso de vino de Málaga todos los días». Seguía ignorando los consejos de su médico, el doctor Rogerson, y prefería tratarse ella misma sus dolencias.

A pesar de sus problemas de salud, Catalina mantenía a diario su estricta disciplina germana. Se levantaba a las seis de la mañana, paseaba con sus pequeños galgos, bebía cinco o seis tazas de café fuerte y se instalaba en su despacho rodeada de un montón de documentos y correspondencia oficial. A las nueve en punto dejaba la pluma y recibía a las visitas del día. Así pasaba la mañana en largas reuniones con ministros, generales y funcionarios del gobierno. Su favorito Platón no se separaba de ella y contaba con sus consejos y aprobación ante el malestar de su círculo más cercano. A la una del mediodía la emperatriz hacía un descanso y se retiraba a vestirse para la comida que compartía con apenas diez o veinte comensales. Las tardes las dedicaba a la lectura o bordaba. Casi nunca cenaba y por lo general a las diez se acostaba.

Su vida transcurría tranquila en el Palacio de Invierno, pero su refugio favorito estival era Tsárskoye Seló donde podía estar rodeada de sus amigos y nietos. Fue aquí donde recibió la noticia de que la gran duquesa María Fiódorovna, la esposa de Pablo, había dado a luz a su noveno hijo, Nicolás. Era el tercer varón del matrimonio, pero en esta ocasión la emperatriz no podría arrebatárselo a sus padres ni educarlo ella misma como hiciera con Alejandro y Constantino. En otoño Catalina se retiró a su nueva residencia imperial en San Petersburgo, que no era otra que el palacio de Táuride. Le gustaba pasar aquí estos meses y contemplar los frondosos bosques de tonos rojizos que rodeaban el inmenso lago. Entre las paredes ricamente decoradas con obras de arte y tapices aún podía sentir la presencia de su compañero, amante y esposo Potemkin a quien nunca olvidó. «Me era apasionada y celosamente fiel, nadie se entregó a mí con semejante lealtad y su ausencia me causa un gran vacío», confesó la zarina.

El 5 de noviembre de 1796 Catalina se levantó temprano

como de costumbre, bebió su taza de café y se puso a escribir. A las nueve le pidió a su doncella que la dejara sola un momento y fue al vestidor. Como la emperatriz no regresaba su ayudante de cámara se inquietó y entró en su habitación. Allí descubrió a la zarina inconsciente en el suelo de la sala de baño. Tenía los ojos cerrados, la mandíbula desencajada y echaba espuma por la boca. Se necesitaron seis sirvientes para transportarla a su dormitorio. El doctor Rogerson acudió de inmediato y le practicó una sangría. Avisaron a su favorito Platón Zúbov, quien perdió los nervios y envió a un emisario al galope al palacio de Gátchina para dar la noticia a su hijo Pablo. Mientras caía una copiosa nevada sobre San Petersburgo, la emperatriz descansaba sobre un gran lecho con baldaquín aún con los ojos cerrados y luchando por su vida. El primero en llegar a su lado fue su nieto preferido Alejandro, que ya tenía dieciocho años, y se mostró muy afectado. Al cabo de unas horas los grandes duques Pablo y María llegaron al Palacio de Invierno, donde fueron recibidos por sus hijos mayores que se habían vestido con los uniformes prusianos para complacer a su padre. Con este gesto el joven Alejandro dejaba claro que no tenía ninguna intención de apoderarse del trono. Los médicos les comunicaron que Catalina había sufrido una apoplejía y que no había esperanzas. Toda la familia imperial se reunió en torno al lecho de la emperatriz moribunda y pasaron allí la larga y fría noche.

La corte era un hervidero de rumores y especulaciones. Muchos se preguntaban qué pasaría si Catalina recobraba la conciencia y desheredaba a Pablo y nombraba heredero a Alejandro. Mientras la emperatriz agonizaba, su hijo, en previsión de lo que pudiera ocurrir, mandó llamar al canciller Bezborodko y le ordenó que preparase un manifiesto anunciando su ascensión al trono de Rusia. También le encargó que confiscara todos los papeles y documentos que se encontraban en el escritorio de su madre. Entre ellos, en un cajón se halló el decreto que le eliminaba de la sucesión. Bezborodko lo destruyó ganándose la lealtad del nuevo emperador. Ya no había pruebas de la última voluntad de la emperatriz de Rusia, a quien el arzobispo de Kiev, viendo próximo su fin, acababa de dar la extremaunción.

En la noche del 6 de noviembre, y sin recuperar la conciencia, la zarina murió en la penumbra de su habitación que olía a incienso y al aroma de las velas encendidas. En el más absoluto silencio solo se escuchaba el murmullo de los rezos ortodoxos de los sacerdotes. Un funcionario anunció a los cortesanos que aguardaban en la antesala: «Caballeros, la emperatriz Catalina ha fallecido y su majestad Pablo Petróvich ha sido designado para asumir el trono de todas las Rusias». Tenía sesenta y siete años y la noticia de su muerte se extendió veloz por las cortes de Europa. Cuando el príncipe de Ligne, buen amigo de la zarina, se enteró de su muerte, exclamó: «Catalina la Grande (espero que Europa confirmará el nombre que yo le di), Catalina la Grande ya no existe. ¡Es terrible pronunciar estas palabras! ¡El astro más brillante que iluminó nuestro hemisferio acaba de extinguirse!».

Dos días después del fallecimiento de Catalina, el nuevo emperador quiso hacer justicia con el hombre a quien siempre consideró su padre. Pablo I ordenó que se trasladara con gran pompa el féretro con los restos del zar Pedro III desde el monasterio de Alejandro Nevski hasta el Palacio de Invierno. Era el primer acto de venganza contra una madre a la que siempre odió y cuyo legado deseaba destruir. En el gran salón de columnas colocaron su ataúd junto al de Catalina para que ambos fueran honrados y velados juntos. Pablo encargó un estandarte en el que se podía leer: «Divididos en vida, unidos en su muerte». Un mes más tarde, los dos féretros fueron transportados en una solemne procesión a la otra orilla del Neva hasta la catedral de San Pedro y San Pablo. Un largo y sombrío cortejo atravesó las calles de la ciudad nevada bajo un frío intenso. Los habitantes de San Petersburgo salieron para despedir y llorar a su «madrecita» Catalina, y se arrodillaban en la nieve en señal de respeto. Pero la mayoría no sabía quién era su joven esposo, Pedro III, muerto treinta y cuatro años atrás. En la catedral, alumbrada por miles de velas, los sacerdotes celebraron un doble funeral al que asistieron diplomáticos, cortesanos y altos dignatarios del imperio. Los dos ataúdes fueron colocados uno al lado del otro en el sepulcro real junto a la tumba de Pedro el Grande.

Así finalizó el largo y extraordinario viaje de aquella sencilla princesa alemana que a los catorce años de edad llegó a San Petersburgo y se ganó el corazón del pueblo. Catalina II fue la zarina más querida y la última mujer que gobernó Rusia.

EMPERATRIZ
CIXÍ

Una concubina en el trono de China

Es fuerte, inteligente, poderosa y dominante, apropiada para dirigir una nación: sentada en el trono, sin retoques artificiales, no representa su edad real, y a su lado el joven emperador, que no suscita la menor admiración ni devoción, la miraba como un alumno a su maestra temeroso de la reprimenda. Es un espectáculo triste, pero no cabe duda sobre quién manda en China.

G. F. Browne,
agregado militar británico en Pekín

Cuando en el invierno de 1835 vino al mundo la futura emperatriz Cixí la llamaron Orquídea. Era una niña hermosa y sana, de piel muy blanca y ojos oscuros almendrados. Por ser mujer su nombre era insignificante y en el registro se la inscribió como «la mujer de la familia Nala». Dos décadas más tarde, esta niña anónima mandaba sobre millones de personas y ejercía un poder sin límites. Al llegar a la Ciudad Prohibida, la eligieron concubina imperial y se referían a ella como Dama Yehonala, una combinación del nombre de su tribu, Yeho, y del clan Nala. Nació en Pekín en el seno de una acomodada familia de orígenes nobles, descendiente en línea directa del príncipe Yangkunu, jefe de uno de los más antiguos clanes manchúes. Su padre, Huizheng, trabajaba como jefe de sección del Ministerio de Funcionarios y contaba con un generoso sueldo que les permitía vivir de manera holgada en un buen barrio de la capital.

Yehonala era callada, dócil y obediente. Desde edad muy temprana sus padres le inculcaron el respeto a la autoridad y aprendió a cuidar de sus hermanos y a ocuparse de las tareas domésticas. El hogar familiar se encontraba lejos del bullicio en un típico *hutong*, un callejón estrecho y tranquilo con casas bajas de ladrillo y tejados grises. Desde el patio central se podían ver los altos muros rojizos de la Ciudad Prohibida, residencia del emperador y centro del poder.

Los manchúes pertenecían a una cultura distinta a la de los han, el grupo étnico mayoritario en China. No practicaban el vendado de pies y así Yehonala pudo librarse de esta cruel y dolorosa tradición a la que sometían a las niñas para conseguir los apreciados «pies de loto». La pequeña heredó la inteligencia y la energía de su madre, una mujer instruida de la nobleza manchú del prestigioso clan Niohuru. Aunque nunca le faltó de nada, más adelante recordó su niñez con estas palabras: «He tenido una vida muy dura desde joven. No fui nada feliz cuando vivía con mis padres, porque no era la favorita. Mis hermanas tenían todo lo que querían, mientras que a mí me ignoraban por completo». Al ser la mayor, siempre le encargaban las tareas más duras y se sentía maltratada y rechazada en su propio hogar. Sin embargo, recibió la educación tradicional propia de su clase: aprendió a leer, a pintar, a jugar al ajedrez, a componer versos, a bordar y confeccionar vestidos. Era una alumna muy inteligente y curiosa que con dieciséis años ya sabía leer y escribir chino con bastante soltura. Un gran logro porque se trataba de una lengua muy difícil, sin alfabeto y con unos caracteres que debía memorizar uno por uno y cuyo aprendizaje podía llevar hasta diez años.

También estudió la historia de China, una de las civilizaciones más antiguas del mundo y un vasto imperio gobernado por la dinastía Qing desde hacía doscientos años. Los emperadores Qing, como la familia de Yehonala, eran originarios de Manchuria, una región al noreste de la Gran Muralla. En 1644, aprovechando una rebelión campesina, las tropas manchúes tomaron la capital Beijing (Pekín) y arrebataron el poder a la dinastía Ming que había dominado China durante casi tres siglos. A Yehonala le encantaba escuchar las hazañas que contaba su padre de los guerreros manchúes, un pueblo nómada y orgulloso, de hábiles jinetes y arqueros que destacaban en el arte de la cetrería. Se les reconocía por llevar la cabeza afeitada y lucir una larga trenza. Tras años de guerra ocuparon toda China y establecieron una nueva dinastía llamada Gran Qing, la «gran pureza», y que gobernó hasta el siglo xx. Yehonala descubrió que ella pertenecía al clan manchú Nala, uno de los más importantes y que sus orígenes se entremezclaban con los de la realeza Qing. En su casa se mantenían algunas tradiciones ancestrales de su pueblo, pero nunca supo hablar ni escribir la lengua manchú. Los manchúes formaban una minoría y, aunque su idioma era el oficial de la dinastía reinante, en todo el imperio se hablaba mayoritariamente chino.

Un día la apacible vida de Yehonala cambió de manera inesperada. Acababa de celebrar su once cumpleaños cuando se enteró de que su abuelo paterno había sido encarcelado por no poder pagar una importante deuda. Tiempo atrás al anciano lo condenaron a abonar una multa de más de cuarenta y tres mil taeles de plata, una cifra exorbitante imposible de asumir, tanto para él como para su hijo Huizheng. Esta sanción fue impuesta por el propio emperador Daoguang a todos los hombres que habían trabajado custodiando las arcas imperiales. El monarca descubrió que a lo largo de las últimas cuatro décadas habían desaparecido nueve millones de taeles. La multa afectaba a todos los trabajadores por igual, fueran o no culpables. El bisabuelo de Yehonala ocupó este cargo y como ya había fallecido le correspondía a su abuelo asumir el pago. Daoguang había tomado esta drástica medida porque su país no tenía liquidez y culpaba de la ruina económica a los europeos, llamados «diablos extranjeros».

Yehonala ignoraba entonces la grave crisis que atravesaba China por los conflictos con las potencias foráneas. El emperador Daoguang había prohibido la venta y el consumo de opio dado el gran número de adictos, pero para los británicos era un lucrativo negocio y lo seguían introduciendo de manera ilegal a través del pequeño puerto de Cantón. En 1839, cuando Yehonala daba sus primeros pasos, un comisario chino había incautado y destruido en esta ciudad más de veinte mil cajas de opio de los británicos, una inmensa y muy valiosa cantidad de droga. Este incidente desató la Primera Guerra del Opio, que acabó en 1842 con la humillante derrota de China, obligada entonces a ceder a Gran Bretaña la isla de Hong Kong y a pagar una indemnización de más de veinte millones de dólares. Desesperado por conseguir fondos, el emperador esperaba sanear las arcas imperiales con el dinero de las multas a sus funcionarios.

Ante esta grave situación, Yehonala tuvo que trabajar duro para ganar un dinero extra y poder ahorrar la suma que su familia necesitaba para liberar al abuelo. Al ser la mayor de los cinco hermanos entendió que su ayuda era crucial para salir de esta crisis. No solo empezó a trabajar como costurera en duras jornadas sino que recomendó a su padre qué objetos de valor se podían empeñar y a quién pedir un préstamo. A tan corta edad su madurez y sentido de la responsabilidad asombraban a todos. Al cabo de un tiempo la familia logró reunir más de la mitad del dinero, suficiente para que su abuelo recuperara la libertad. Huizheng, por primera vez, se sintió orgulloso de ella y exclamó: «¡Esta hija mía parece más un hijo!». La joven nunca olvidó estas palabras.

En 1849 Yehonala cumplió catorce años y toda la familia se trasladó a Hohhot. El emperador, satisfecho porque el padre había recaudado una considerable suma de dinero para pagar la multa, le recompensó nombrándole gobernador de la gran región de Mongolia Interior. Para la muchacha este viaje supuso una excitante aventura. Era la primera vez que salía de Pekín y la visión de las desiertas estepas mongolas con sus interminables praderas salpicadas de las yurtas de los nómadas, la fascinó. A raíz de este viaje, la futura emperatriz Cixí sentiría pasión por los grandes espacios naturales, el diseño de jardines y la vida al aire libre, aunque su cargo la obligó a residir prácticamente confinada tras los muros fortificados de la Ciudad Prohibida.

En febrero de 1850, apenas unos meses después de instalarse en Mongolia, la familia recibió la noticia de la muerte del viejo emperador Daoguang. Su sucesor era su hijo mayor, Xianfeng, un joven viudo de dieciocho años débil y enfermizo. Había sido un niño prematuro y además sufría una cojera debida a una caída de caballo en una partida de caza, lo que le valió el apodo de Dragón Cojo. En la China imperial, la prioridad del emperador era dar un heredero varón para asegurar la continuidad dinástica. La primera esposa de Xianfeng había muerto poco después de la boda «debido a un extraño y doloroso mal», y no habían tenido hijos.

De Pekín llegaron rumores de que en los próximos años se iba a celebrar una selección de concubinas para el nuevo emperador. Yehonala reunía los requisitos: tenía la edad adecuada, catorce años, y los emperadores de la dinastía Qing solo podían casarse con adolescentes manchúes o mongoles. Para sus padres fue un gran honor que el nombre de su hija se incluyera en la lista de posibles candidatas para el harén imperial. Los deseos de Yehonala no se tenían en cuenta, ni siquiera el hecho de que por entonces estuviera comprometida con un primo lejano, un apuesto cadete militar llamado Jung Lu que sería uno de sus amigos más íntimos. Las respectivas familias habían hecho planes de boda, pero la muerte del viejo emperador cambió su destino. El poder del Hijo del Cielo sobre sus súbditos era absoluto y ninguna familia podía negarse a entregar a una de sus hijas. Por el momento la muchacha aún podría disfrutar de su libertad y de la compañía de sus hermanos. Tras la muerte de su padre, Xianfeng debía mantener el luto oficial dos años y la fecha para la selección de las nuevas concubinas imperiales quedó fijada en el verano de 1852.

Después de vivir tres años en Mongolia, ella regresó a Pekín porque se acercaba la fecha de su presentación ante el emperador y había muchos detalles que ultimar. Era solo una más entre el medio centenar de concubinas seleccionadas y debía atraer la atención de Xianfeng. El aspecto resultaba muy importante y su madre le confeccionó un vestido sencillo de seda con apenas bordados y de un color liso. Los vestidos manchúes tenían muchos adornos de flores y animales, pero el protocolo imperial exigía que la ropa de las muchachas pasara desapercibida para no eclipsar su belleza natural. Yehonala se maquilló como las actrices de la Ópera de Pekín, con polvo de plomo blanco que le daba el aspecto de una máscara, se coloreó las mejillas y se pintó los labios con la forma y el tono de una cereza, como era costumbre en los tiempos de la dinastía Qing.

Lo que se esperaba de una candidata a concubina no era que fuera hermosa ni culta, sino que en su conjunto mostrara un aspecto agradable y, sobre todo, un buen carácter. Se valoraban cualidades como la castidad, la modestia, la prudencia, la obediencia y la pulcritud. Yehonala era la más bella y coqueta de sus hermanas, le gustaba arreglarse y, aunque de pequeña estatura, subida a sus zapatos de plataforma de catorce centímetros parecía más alta y esbelta. Este calzado típico manchú la obligaba a caminar muy erguida dando cortos pasitos. «Tenía alrededor de un metro cincuenta de estatura, era llamativamente hermosa, delgada y bien proporcionada, de manos delicadas, cejas arqueadas, ojos negros y brillantes, nariz grande, labios carnosos, bien formados y firmes sobre un mentón fuerte, y una sonrisa que se llevaba todos los aplausos y que hombres y mujeres elogiaban todavía cuando había cumplido los sesenta. Llevaba su cabello negro azabache cepillado hacia atrás desde la amplia frente y dejando a la vista un cutis de porcelana», escribe su biógrafo Sterling Seagrave. En su madurez la emperatriz conservó su buena piel y parecía mucho más joven de lo que era. En una ocasión llegó a confesar: «Mucha gente, a mi llegada a palacio, me tenía envidia porque se me consideraba una joven muy hermosa en aquella época y no pasaba desapercibida».

La víspera de su partida Yehonala, que había cumplido dieciséis años, apenas pudo dormir. Tenía sentimientos encontrados. Por una parte, era la posibilidad de huir de su hogar, donde nunca se sintió querida. Por otra, no podía ocultar su angustia ante lo que le deparaba su incierto futuro.

EN EL HARÉN IMPERIAL

El 14 de junio de 1852 al mediodía una dama del palacio imperial fue enviada a recoger a la muchacha y a su madre para llevarlas a la Ciudad Prohibida, residencia oficial de los emperadores de China desde hacía quinientos años, situada en el centro de Pekín. Las tres se subieron a un carro tirado por mulas, un medio de transporte tradicional chino que consistía en una especie de baúl de madera y ratán trenzado con dos grandes ruedas. En el interior viajaban sobre unos finos cojines con las piernas cruzadas y ocultas a los ojos de los curiosos tras unas cortinas de seda. Estos vehículos eran incómodos para los europeos pero muy prácticos para atravesar las polvorientas calles sin asfaltar repletas de baches que en temporada de lluvias se convertían en auténticos lodazales.

El carruaje avanzó lentamente hacia el barrio situado al oeste de la Ciudad Prohibida, donde se detenían las largas caravanas de mulas y camellos adornados con campanillas que transportaban carbón a la capital del imperio. En aquella época entraban más de cinco mil camellos cada día. Los estrechos callejones estaban atestados de campesinos y comerciantes que ofrecían sus productos en las aceras. El suave aroma del sándalo se mezclaba con los olores penetrantes de las especias de la cocina china y el hedor de las basuras y los excrementos humanos que se acumulaban en las cunetas. Aquel caluroso día de verano Yehonala, oculta tras las cortinas, escuchó el animado ambiente callejero del mercado y los gritos de los vendedores ambulantes. Había puestos de flores y comida, de frutas exóticas, hortalizas y verduras, y tiendas donde se vendían telas de seda, jade y fina porcelana. La joven no imaginaba que nunca volvería a pisar estos escenarios de su niñez, que muy pronto fueron para ella un nostálgico recuerdo.

Finalmente llegaron frente a la puerta posterior de la Ciudad Imperial, donde se congregaban numerosos carros con las demás aspirantes. En ese instante Yehonala tuvo que separarse de su madre, que se apeó del vehículo porque no tenía permiso para acceder a la zona sagrada. Aunque no tenía una buena relación con ella, fue una despedida triste porque sabía que si el emperador la escogía para su harén, no podría regresar nunca más a su hogar, salvo por algún motivo muy especial. En un orden establecido y en fila, la larga comitiva de carros atravesó un inmenso recinto que albergaba templos, almacenes y talleres, además de las residencias de los nobles y príncipes que trabajaban para el emperador. Después se detuvieron ante la majestuosa puerta norte de la Ciudad Prohibida, conocida como la Puerta de la Proeza Divina. Era la entrada posterior del palacio y la única que podían cruzar las mujeres. Toda la zona delantera del complejo, donde se celebraban las ceremonias oficiales, estaba reservada a los hombres. Xianfeng gobernaba su enorme imperio ayudado por sus funcionarios y un poderoso ejército. Aquí vivía unos meses al año totalmente aislado del mundo exterior. Se le conocía como el Hijo del Cielo o Príncipe Celestial y el pueblo lo adoraba y veneraba como a un semidiós. Encarnaba al soberano supremo en la tierra, único y omnipotente y con un poder divino.

Aunque las candidatas estaban ansiosas por conocer a Su Majestad Imperial, Yehonala y las demás jóvenes pasaron la noche acurrucadas en el interior de sus carros a la espera de ser recibidas por el monarca. Al día siguiente, acompañadas por una gran comitiva de eunucos, las aspirantes atravesaron la Puerta de la Proeza Divina que conducía al harén, donde solo podían estar las mujeres y el emperador. Aparte de él, los únicos hombres autorizados a residir en esta área eran los eunucos, sirvientes castrados del soberano. En tiempos de la dinastía Ming llegaron a ser más de veinte mil y a tener una gran influencia en los asuntos políticos, pero con la llegada de los Qing redujeron su número a dos mil y se ejerció más control sobre ellos. Su principal función consistía en atender al emperador para que su vida fuera lo más placentera y confortable posible. Los eunucos también mantenían la seguridad y el orden dentro del harén imperial. Además se encargaban de otras muchas funciones como cocinar, lavar la ropa, cazar ratones, azotar a las sirvientas que no trabajaban bien, ocuparse de los perros, cuidar de los jardines, prevenir incendios, atender a las concubinas... Los salarios de los eunucos principales eran muy bajos y aceptaban encantados sobornos y un dinero extra que les daban sus señores y las damas de la corte por algunos servicios especiales a cambio «de silencio y discreción».

Yehonala había oído hablar mucho de la Ciudad Prohibida, erigida en tiempos de la dinastía Ming, pero lo poco que pudo ver aquel día superó su imaginación. Ante sus asombrados ojos se encontraba el palacio más grande del mundo. Un colosal complejo de forma rectangular de setenta y dos hectáreas, con ochenta barrios, novecientos ochenta edificios y casi diez mil habitaciones. Los templos y palacios estaban construidos en madera con relucientes tejados de azulejos esmaltados amarillos y exquisitamente decorados. Otra maravilla para la vista eran los parques y jardines con lagos cristalinos, islotes, estanques con peces, cascadas y abundantes aves. Su padre le había contado que en tiempos de los Ming este lugar se conocía popularmente como «una caja en el interior de una caja en el interior de otra caja». La Ciudad Prohibida se hallaba rodeada por la Ciudad Imperial, y esta a su vez por la Ciudad Interior. Una auténtica fortaleza inexpugnable con gruesas murallas de color carmesí y un gran foso lleno de agua. Solo había cuatro puertas de acceso, cada una en un lado del recinto, y altas torres defensivas en las esquinas.

Todas las aspirantes que optaban al puesto de concubina del emperador de China debían someterse a una serie de pruebas a fin de determinar si resultaban aptas para tan honorable cargo. El ritual de selección se mantenía inalterable desde hacía muchos siglos. Pasaron a una habitación donde unas damas de compañía estaban esperándolas. Las que tenían el cabello despeinado, los dientes oscuros o irregulares y una voz grave y masculina, eran eliminadas de inmediato porque se las consideraba portadoras de mala fortuna. Primero debían ser examinadas a fondo por los médicos de la corte para comprobar que no tuvieran ningún defecto físico y que fueran vírgenes. Las que superaban esta humillante prueba eran conducidas a la suntuosa sala de recepción repleta de cortesanos vestidos con sus mejores túnicas y adornos de jade y perlas. Allí se les comunicó que ellas no estaban obligadas a ejecutar la reverencia tradicional arrodillándose e inclinando tres veces la cabeza contra el suelo ante el Hijo del Cielo.

Yehonala superó con éxito la primera prueba y se unió a sus compañeras en el centro de la gran estancia, observadas por «mil ojos». Aunque el emperador Xianfeng se hallaba presente, quien se encargaba de seleccionar a las concubinas era la emperatriz viuda de su padre, el emperador Daoguang. Aconsejada por An Dehai, el jefe de los eunucos, esta influyente dama decidía qué muchachas eran las más apropiadas para ser consortes del Príncipe Celestial. A cada una se la invitó a tomar el té con la emperatriz para juzgar la gracia con la que realizaba este antiguo ritual. También debía mantener con ella una breve conversación para comprobar su habilidad verbal y su conocimiento básico del protocolo imperial.

Al finalizar las pruebas que duraron largas horas, y sin que el emperador diera su opinión, fueron seleccionadas veintiocho muchachas. Después la emperatriz viuda fijó el rango de cada una de ellas en la jerarquía del harén. Para su sorpresa, Yehonala fue una de las elegidas; sin embargo, sintió una fuerte decepción cuando un funcionario de palacio le informó de que ella ocuparía el tercer rango, uno de los más bajos. Pero Yehonala sabía que ser concubina imperial constituía un honor y un puesto muy codiciado. Muchas jóvenes soñaban con poder residir en la Ciudad Prohibida, en lugar de ser una simple esposa china. El desprecio tradicional de Confucio por las mujeres hacía que vivieran segregadas y se las tratara como esclavas. A partir de este momento la concubina Dama Yehonala formaba parte de la familia del emperador y gozaría de una vida de lujo y privilegios, aunque no sería un cuento de hadas.

Cuando se encontró por primera vez frente al Hijo del Cielo le causó una gran desilusión. Tuvo que observarlo con mucha discreción porque en su presencia había que mantener la mirada baja y no se le podía hablar a menos que él te dirigiera la palabra. El joven, vestido con la espléndida túnica de dragón en seda amarilla, exclusiva de los emperadores Qing, tenía un porte majestuoso y digno. Pero en realidad era un joven muy delgado y poco agraciado, de aspecto enfermizo que sufría hidropesía. Estaba a punto de cumplir veintiún años, aunque aparentaba más y su cojera resultaba muy evidente. A Yehonala le pareció el ser más solitario de la tierra, siempre rodeado de sus guardias imperiales y sus eunucos.

Su nuevo hogar era el harén imperial, un espacio íntimo y acogedor que ocupaba el ala más apartada del palacio en la Ciudad Interior. Largos y estrechos callejones conducían a patios internos amurallados donde abundaban los árboles, los macizos de flores y los jardines de rocas. En el harén existía una rígida jerarquía que apenas había cambiado con el paso de los siglos. En el nivel superior destacaba la emperatriz regente, primera esposa del emperador, la figura más venerada y respetada, ya que se la consideraba «la madre del mundo». Por debajo estaban las consortes imperiales y, por último, las concubinas que variaban en número según el soberano. En el pasado en la Ciudad Prohibida llegaron a vivir hasta veinte mil concubinas vigiladas celosamente por eunucos para que no se quedaran embarazadas por nadie más que por el propio emperador. Existía la creencia de que un monarca viviría más años cuantas más parejas sexuales tuviera.

Las habitaciones de las concubinas eran amplias y luminosas, estaban decoradas con telas de seda, muebles de madera de sándalo y objetos de porcelana de celadón y de jade. A pesar de vivir rodeada de tanto lujo y refinamiento, Yehonala se sentía prisionera. Las puertas de la Ciudad Prohibida se cerraban todas las noches y después ni el emperador podía salir sin un motivo justificado. Los eunucos de guardia daban el grito de «llamada de anochecer» y entonces comenzaba un ritual milenario: cerraban una por una las cinco pesadas puertas de palacio con sus enormes cerrojos y un silencio sepulcral invadía el espléndido complejo palaciego.

Las primeras semanas se dedicó a observar su entorno y a adaptarse a su nueva vida. El harén era un nido de intrigas y traiciones, y entre las jóvenes existía una feroz competencia porque todas esperaban ser elegidas para pasar una noche con el emperador. Las concubinas que lograban dar a luz un varón eran ascendidas a consortes imperiales y gozaban de grandes honores y privilegios. Si en el harén del emperador Xianfeng reinaba la paz y tranquilidad era gracias a la habilidad de la emperatriz consorte. Este puesto lo ocupaba una joven llamada Zhen, que significa «castidad», un año menor que Yehonala. Había llegado al mismo tiempo que ella y también como concubina, pero en apenas cuatro meses había ascendido a esposa «oficial» del soberano por sus cualidades.

La emperatriz Zhen carecía de belleza y además no gozaba de buena salud, por lo que la apodaban el Frágil Fénix. Pero esta joven diminuta y bondadosa era muy apreciada por su buen carácter y su capacidad para mantener la armonía donde convivían tantas mujeres juntas. Zhen no había conseguido engendrar un hijo, sin embargo a pesar de su juventud desempeñaba de manera impecable su cargo como administradora del harén imperial. Desde el principio Yehonala intentó ganarse su afecto porque se trataba del único modo de ascender en la jerarquía de la corte. Con el tiempo el destino de estas dos mujeres iba a entrelazarse de una forma inimaginable.

Habían pasado tres años desde que Yehonala fuera elegida concubina del Hijo del Cielo, pero en todo este tiempo el emperador no había mostrado el menor interés por ella. Ni una sola vez había escrito su nombre en las tablillas de bambú que cada noche le presentaba el eunuco jefe para escoger a sus amantes. Y sin embargo, por el harén corrían infinidad de rumores sobre los gustos sexuales del soberano con fama de libertino y bisexual. Además de tener a su disposición a una veintena de concubinas, Xianfeng se hacía traer mujeres de fuera de la corte, en su mayoría famosas prostitutas chinas con los pies vendados. El emperador era un fetichista y sentía debilidad por los diminutos pies de loto. Como en la Ciudad Prohibida había un control muy estricto, ocultaba a las muchachas en el Antiguo Palacio de Verano a las afueras de Pekín, donde podía dar rienda suelta a sus fantasías sexuales.

Mientras veía impotente cómo Xianfeng concedía sus favores a concubinas mucho menos agraciadas que ella, Yehonala intentó aprovechar sus aburridos y frustrantes días de confinamiento. Pasaba las horas leyendo poesía y autores clásicos, pintando en papel de arroz pájaros y flores, y practicando caligrafía. Pero sobre todo se esmeró en cultivar la amistad de los eunucos que la atendían y que eran las personas más cercanas al emperador y que podían facilitarle un encuentro con el Príncipe Celestial. Pronto se ganó la lealtad y la simpatía del jefe de todos ellos, An Dehai, que se convirtió en su más querido sirviente durante catorce años. Estaba tan desesperada y había tantas mujeres para elegir en el harén que le pidió a An Dehai que le sugiriera su nombre al emperador. Le dio una buena propina, que él no rechazó y esperó ansiosa que su suerte cambiara.

Al cabo de unos días Yehonala, la insignificante concubina de tercera clase, fue llamada al lecho imperial. Estaba segura de que An Dehai había intercedido a su favor y siempre le estuvo agradecida. Durante toda la mañana las cuatro damas de compañía a su servicio la prepararon con esmero para resultar seductora a Xianfeng. Esa noche un eunuco la fue a buscar a su habitación y, tras asegurarse de que no llevaba armas o veneno, la llevó desnuda sobre su espalda envuelta con una fina manta de seda roja bordada con dragones y aves fénix. Este ritual se mantenía desde los tiempos de la dinastía Ming, cuando las concubinas tenían los pies vendados y no podían caminar cuando se los desataban para acostarse con el emperador. Al llegar a la alcoba, decorada con espejos en techos y paredes, la depositó a los pies del gran lecho donde el Hijo del Cielo estaba esperándola. Nada trascendió sobre lo que ocurrió aquella primera noche, pero al parecer el soberano se quedó prendado de Yehonala y tan satisfecho sexualmente que la ascendió a concubina de primer rango. A partir de ese instante ya no pudo prescindir de ella y la reclamaba cada noche.

En aquellas citas íntimas, además de practicar el sexo, ambos descubrieron que tenían gustos comunes. A ella se le daba muy bien dibujar y Xianfeng poseía una notable vena artística, como demostraban los bocetos de paisajes, caballos y figuras que había realizado en su adolescencia. También compartían la pasión por la música porque el Príncipe Celestial adoraba como ella la ópera y componía melodías. Disfrutaba de las conversaciones con Yehonala y admiraba su inteligencia y cultura. El tono de su voz «sensual y aterciopelada» le resultaba muy atrayente y como era muy seria y no sonreía a menudo, cuando lo hacía era como un «rayo de sol en la oscuridad». Sin duda resultaba distinta al resto de las concubinas con las que se había acostado. El interés que el emperador demostraba por ella despertó las envidias de las otras jóvenes. Más adelante comentó: «Cuando llegué a la corte, el desaparecido emperador me tomó mucho afecto y casi no miraba a las otras damas».

La buena fortuna de Yehonala mejoró aún más cuando los médicos confirmaron que estaba embarazada. La joven no ocultó su satisfacción y su posición en la corte podía dar un gran salto si daba a luz a un varón. El emperador Xianfeng solo tenía una hija, la princesa Jung An, de una concubina llamada Li Fei de la que se había encaprichado tiempo atrás. A sus veintitrés años el Hijo del Cielo aún no había conseguido un heredero al trono y eso se consideraba un mal presagio. Para Yehonala fueron unos meses de mucha tensión. Si sufría un aborto espontáneo o daba a luz a una hija, el monarca se sentiría contrariado y regresaría al escalafón más bajo del harén. Tal como mandaba una norma de la casa real, se permitió que su madre la visitara y se quedara hasta el día del parto. Mientras duró el embarazo se le prohibió mantener relaciones sexuales con el emperador. En estos meses se enteró de que Xianfeng había vuelto a llamar a su alcoba a la bella concubina Li Fei. Para Yehonala fue una gran decepción y pasó muchas noches despierta y llorando desconsolada.

El 27 de abril de 1856 dio a luz a un niño «grande, fuerte y de buen color», destinado a ser el octavo emperador de la dinastía manchú y que al nacer recibió el nombre de Zaichun. Fue un parto sin complicaciones y, como era tradición, la placenta y el cordón umbilical se enterraron en un agujero en su jardín siguiendo las indicaciones del astrólogo de la corte. Enseguida An Dehai informó al emperador de que la concubina imperial Yehonala acababa de traer al mundo a un príncipe real y que «el pulso de la madre y el hijo eran pacíficos», lo que indicaba que ambos gozaban de buena salud.

La noticia corrió por toda la corte provocando un estallido de alegría. El emperador Xianfeng estaba tan encantado que ascendió a la joven a segunda consorte, por detrás solo de la emperatriz Zhen. A los veintiún años Yehonala había cumplido su sueño, y por primera vez en la corte se tuvo en cuenta su existencia. Tal como mandaba la tradición china, el pequeño príncipe Zaichun pasó de inmediato a los brazos de su nodriza y los eunucos de alto rango cuidaron de él día y noche. Desde su nacimiento se sucedieron las fiestas y los rituales y se le colmó de valiosos regalos, objetos de oro, porcelana, jade y piedras preciosas, así como de finos tejidos de algodón y muselina para la ropa de cama y prendas de vestir. Yehonala apenas pudo disfrutar de su pequeño porque la emperatriz consorte Zhen enseguida se hizo cargo de él. A partir de ese instante fue la madre oficial del niño, pero lejos de guardarle algún rencor, ella se mostraba agradecida porque le tenía un sincero aprecio y sabía que le daría lo mejor a su hijo.

Aunque estaba muy satisfecho con su consorte por haberle dado un heredero, nunca le permitió inmiscuirse en política. En una ocasión en la que Yehonala intentó aconsejar al emperador, este se enojó con ella. A partir de entonces comprendió que lo mejor era «mantener la boca cerrada sobre los asuntos de Estado».

Para Xianfeng el nacimiento de su hijo fue un inesperado regalo del cielo, pero en un momento de su vida en que debía afrontar importantes problemas, se distanció de Yehonala. Prefería la compañía de la concubina Li Fei, más alegre y despreocupada. Yehonala volvió a sentir la sensación de rechazo que marcó su infancia, y desilusionada, comentó: «Tuve suerte de dar a luz a un varón. Pero después tuve muy mala suerte al perder el favor del emperador».

En aquel año en el que Xianfeng vio asegurada la continuidad en el trono, la Rebelión Taiping amenazaba gravemente la estabilidad del imperio. Su padre, el emperador Daoguang, perdió la salud en su esfuerzo por aplastar a estos rebeldes incontrolados y ahora se había convertido en una pesadilla. Todo había comenzado hacía seis años con una pequeña revuelta local en el sur de China, pero rápidamente devino en una guerra civil que puso en evidencia la incapacidad del monarca para controlar el país. Una terrible hambruna que azotó la región y el resentimiento popular contra el gobierno manchú provocaron un levantamiento de miles de campesinos desesperados. El líder de la revuelta era Hong Xiuquan, un campesino de la etnia hakka que habitaba en el norte de Cantón, en el sureste de China. El joven había intentado salir de la pobreza estudiando para aprobar los exámenes imperiales y acceder al cuerpo de funcionarios del Estado. La extrema dificultad de estos exámenes, unida a la corrupción tan extendida en la administración Qing, hizo que nunca lograra superar las pruebas. Hong había conocido en Cantón a unos misioneros cristianos llegados de Europa y pudo leer fragmentos de la Biblia traducida al chino. Al año siguiente volvió a probar suerte en los exámenes, pero cayó enfermo por agotamiento y una noche tuvo visiones y se despertó convencido de que era el hermano de Jesucristo. Tras fracasar de nuevo en las pruebas, decidió dedicar su vida a evangelizar China. Al mando de su ejército de rebeldes consiguió tomar Nankín, la antigua capital del imperio, y establecer el Reino Celestial de la Gran Paz. Cuando Xianfeng recibió la noticia no pudo contener las lágrimas delante de sus funcionarios. Para entonces esta secta contaba con más de dos millones de acólitos y miles de hombres armados. En la corte de Pekín se rumoreaba que si seguían avanzando con éxito pronto su líder y visionario Hong Xiuquan podría sentarse en el Trono del Dragón.

En enero de 1857, gracias a un permiso especial del emperador, Yehonala pudo regresar por unas horas a la casa de su madre, cercana a la Ciudad Prohibida. Hacía nueve meses que había dado a luz al príncipe Zaichun, y estaba muy emocionada por poder ver a sus hermanas. Su padre había fallecido, pero debido a su nueva posición como consorte imperial, pudo favorecer a su familia que vivía de manera acomodada. Gracias a su influencia, su hermana Wanzhen se casó con el príncipe real Chun, y sus otras dos hermanas contrajeron matrimonio con duques manchúes. La noticia de su visita corrió veloz y amigos, vecinos y familiares salieron a recibirla. Yehonala llegó en un elegante palanquín de madera seguida de una pequeña comitiva de eunucos y su madre la esperaba en el jardín de la entrada. En la estancia principal de la casa se ofreció un banquete que duró toda la tarde. La dama cautivó a todos los presentes «por sus sencillas y afectuosas maneras, mostrando interés por los asuntos de la familia y, sobre todo, por la educación de sus hermanas pequeñas». Cuando llegó el momento de la despedida Yehonala lamentó tener que vivir separada de ellas y deseó de corazón poder repetir la visita. Tras entregar obsequios a todos los miembros de la familia, subió al palanquín amarillo y regresó al palacio intentando contener las lágrimas.

EMPERATRIZ VIUDA

Xianfeng era un emperador débil e inexperto y se sentía incapaz de hacer frente al caos y a las revueltas populares. Pero el mayor problema era la invasión de las potencias extranjeras. La firma del Tratado de Nankín que puso fin a la Primera Guerra del Opio no contentó a ninguna de las partes. Para Xianfeng, que odiaba a los occidentales, las condiciones impuestas por los británicos resultaban abusivas. Aprovechando la debilidad del gobierno chino, Gran Bretaña había pedido que se abrieran más puertos y se legalizara el comercio de opio. En octubre de 1856 un incidente con un barco llamado Arrow desencadenó la Segunda Guerra del Opio. En la Ciudad Prohibida, el emperador recibió con gran preocupación la noticia de que los británicos, ahora con apoyo de los franceses, habían vuelto a bombardear Cantón. A continuación, la flota aliada se desplazó hacia el norte y capturó los fuertes de Taku, a unos ciento setenta kilómetros de Pekín.

Dos años antes había fallecido la emperatriz viuda de Daoguang y la posición en la corte de Yehonala se había consolidado. Como madre del heredero su estatus se igualaba al de la emperatriz consorte Zhen, a quien no le interesaba el poder ni los asuntos de gobierno. En cambio Yehonala, más inteligente y ambiciosa, tenía sus propias opiniones, aunque nadie las escuchara. En aquellos difíciles momentos pensaba que Xianfeng debía declarar de inmediato la guerra a los bárbaros invasores. Al igual que toda la élite manchú, estaba convencida de la superioridad china frente a los occidentales. El emperador seguía rechazando las exigencias de los enviados extranjeros —el barón francés Gros y el británico lord Elgin—, a pesar de que sus tropas se encontraban muy cerca de la capital. Aunque Yehonala era partidaria de la guerra, los ministros y el círculo más cercano al soberano eran más realistas y sabían que con las armas y el entrenamiento que tenían los soldados europeos China sería derrotada.

En junio de 1858 y para evitar mayores bajas, Xianfeng se rindió y envió a uno de sus consejeros para negociar el Tratado de Tianjín. Herido en su orgullo, el soberano aceptó que se abrieran más puertos al comercio exterior, levantó la prohibición a las misiones cristianas para viajar al interior del país y autorizó que los diplomáticos extranjeros pudieran residir en Pekín. Sin embargo, el Hijo del Cielo aborrecía este nuevo acuerdo que le habían obligado a firmar sus odiosos enemigos. Cuando al año siguiente los británicos y los franceses llegaron a las costas de China para ratificarlo fueron recibidos por el fuego de las tropas manchúes, apostadas en los fuertes defensivos. Esta vez consiguieron derrotar a los aliados y Xianfeng respiró aliviado, convencido de que los bárbaros extranjeros se lo pensarían dos veces antes de volver a enfrentarse a su ejército.

En el verano de 1860 Xianfeng cumplía veintinueve años y decidió celebrarlo en el Antiguo Palacio de Verano, una de sus residencias estivales preferidas y su lugar de nacimiento. Situado a dieciocho kilómetros en las colinas, al noroeste de Pekín, era un impresionante complejo de lagos artificiales, templos, pagodas y exuberantes jardines, cuyos orígenes se remontaban al siglo XII. Cinco veces más grande que la Ciudad Prohibida, albergaba imponentes edificios imperiales de estilo europeo, chino, tibetano y mongol que mostraban lo más refinado de la arquitectura china. En sus extensos terrenos se imitaban paisajes reales de China como los arrozales del valle del Yangtsé y los bosques de bambú, y lo habitaban desde peces exóticos, a faisanes, ciervos y aves de presa. Las obras de arte, antigüedades y joyas que atesoraban sus templos de madera y los exquisitos palacios dorados eran de un valor incalculable. Esta idílica residencia imperial también constituía la sede del gobierno entre seis y diez meses al año.

Para Yehonala los días en el Antiguo Palacio de Verano transcurrían plácidos y monótonos. En medio de las preocupaciones y las amenazas de guerra, este había sido su hogar durante los últimos tres años. Con abundantes canales, ríos cristalinos y grandes espacios de agua, era un bálsamo para su espíritu. Lejos de la formalidad de la Ciudad Prohibida y del calor sofocante de Pekín, aquí disfrutaba de la tranquilidad y de la brisa fresca mientras veía crecer a su hijo Zaichun que ya tenía cuatro años. Pese a la crisis dinástica que afrontaba el emperador, este quiso celebrar su cumpleaños con un fastuoso espectáculo de ópera que duró cuatro días. Se construyó un enorme escenario de tres pisos al aire libre en la orilla del gran lago y llegaron los mejores artistas del país. Yehonala, al igual que todos los miembros de la familia imperial, contempló las representaciones desde un quiosco de los jardines pero en el ambiente se respiraba la tensión. Hacía ocho años que la joven aspirante a concubina había entrado en la Ciudad Prohibida y contaba con una red de eunucos espías que la informaban sobre los asuntos internos de palacio. Yehonala sabía que Xianfeng, abrumado por la situación y con la salud delicada, estaba poniendo en peligro la continuidad de la dinastía Qing.

A pesar de los rumores y del nerviosismo de los funcionarios de la corte, las celebraciones por el aniversario del emperador siguieron el programa oficial. Pero el 21 de septiembre de 1860 el jefe de los eunucos An Dehai entró en los aposentos de Yehonala y le comunicó una orden del Hijo del Cielo que la dejó helada: toda la familia imperial y la corte debían partir de inmediato. La noticia corrió veloz por todos los pabellones del Palacio de Verano y se inició una actividad frenética. Las damas de la corte y sus eunucos comenzaron a empaquetar con rapidez las pertenencias de la emperatriz, las consortes, las concubinas y las familias de los altos funcionarios. El pánico invadió a la familia imperial al saber que los aliados habían destruido los fuertes de Taku y se disponían a invadir la capital. Fue entonces cuando Yehonala conoció de primera mano la gravedad de la situación. En julio los aliados habían regresado a las costas de China, esta vez con más de veinte mil soldados británicos y franceses dispuestos a forzar al emperador a que ratificara el Tratado de Tianjín. Al frente de la misión diplomática estaban lord Elgin, embajador de Gran Bretaña, y el barón Gros como embajador francés. Aquel fatídico 21 de septiembre, las tropas occidentales habían vencido al ejército manchú que defendía la ciudad amurallada de Tongzhou, a veinticinco kilómetros de Pekín. Tras cambiar varias veces de opinión, el emperador decidió huir del pabellón de caza imperial en las montañas de Jehol. Su adicción al opio, que él tanto combatía, había minado sus fuerzas y se encontraba débil y agotado. Yehonala jamás olvidó la tensión y el miedo de ser capturada por los «diablos extranjeros», de los que había oído contar historias terribles, aunque aún no había podido conocer a ningún europeo. En la madrugada del 22 de septiembre las enormes puertas del complejo palaciego se abrieron de par en par para dar paso a una larga y silenciosa caravana con centenares de carros tirados por mulas y palanquines llevados por porteadores. Los seguía un séquito de tres mil eunucos vestidos con sus uniformes de seda y satén y portando banderas y estandartes. Ocultos tras las cortinas de seda de los carruajes viajaban el emperador Xianfeng y sus dos hijos —el príncipe Zaichun y la princesa Jung An—, la emperatriz Zhen y la consorte imperial Yehonala, además de las concubinas y los consejeros más cercanos custodiados por la Guardia Imperial a caballo. Abandonaron el Palacio de Verano con tanta rapidez que quedaron atrás todas sus riquezas y hasta los queridos perros pekineses de las consortes imperiales. Los eunucos se encargaron de darles muerte arrojándolos a los pozos antes de que los bárbaros los capturaran y «se los comieran». Un decreto anunció la partida del emperador Xianfeng de la capital como una de sus «giras de inspección al norte». Antes de irse el emperador ordenó a su hermano menor, el príncipe Gong, que se quedara en Pekín y se encargara de la defensa de la ciudad.

Tenían por delante un largo y fatigoso viaje de diez días por carreteras cubiertas de lodo por las fuertes lluvias de otoño. La

interminable procesión atravesó la Gran Muralla y lentamente
tomó la ruta hacia el norte. El destino se encontraba a más de
doscientos kilómetros de Pekín, al borde de las estepas de Mongolia. La Residencia de Montaña en Jehol no era un rústico
refugio sino otro inmenso complejo palaciego elegido por los
emperadores para pasar el verano. Construido en un estilo que
recordaba a la Ciudad Prohibida, rodeado de un muro de diez
kilómetros, era más grande que el Antiguo Palacio de Verano
pero más austero porque los soberanos lo solían utilizar como
pabellón de caza. Contaba con el mayor jardín imperial del
mundo y constituía un auténtico vergel con un enorme lago
central, árboles, colinas, pequeños bosques y llanuras donde se
levantaban pagodas y templos. El edificio más imponente era
una réplica a escala del palacio de Potala en Lhasa. Yehonala no
conocía esta residencia en las montañas de Chengde que sería
su hogar en el exilio forzoso y sintió una gran incertidumbre
sobre su futuro. Pero le tranquilizó descubrir que en la escolta
escogida para acompañar al Hijo del Cielo había numerosos
abanderados de su clan Yeho-Nala. Sabía que si su vida corría
peligro, podría contar con su lealtad y también con la del líder
de la escolta, un capitán alto y corpulento al que enseguida
reconoció. Se trataba de Jung Lu, su primo y buen amigo de la
infancia, con quien la habían prometido sus padres antes de ser
enviada a la Ciudad Prohibida.

El 2 de octubre llegaron a Jehol y el emperador Xianfeng se
encerró en sus aposentos, custodiados por guardias imperiales
día y noche. Solo tenían acceso al Hijo del Cielo los consejeros
de su círculo más cercano —conocidos como la Banda de los
Ocho—, entre ellos Su Shun, uno de sus ministros más corruptos y poseedor de una inmensa fortuna. Este hombre con fama
de tirano y sin escrúpulos se había convertido en el consejero
más influyente del emperador y era un declarado enemigo de

Yehonala, a la que consiguió apartar del soberano. No le permitía visitarlo a pesar de que le preocupaba su estado de salud y la apatía en la que se encontraba. Demacrado, con la piel macilenta y casi en los huesos, el monarca sacaba fuerzas para ocuparse de los informes que le llegaban y mantener el contacto con el príncipe Gong a quien había dado plenos poderes. Pero el Hijo del Cielo no estaba preparado para la noticia que recibió de su hermano y que agravó aún más su delicada salud: el 18 de octubre el Antiguo Palacio de Verano, el lugar más sagrado y querido para él, había sido incendiado por las tropas aliadas. La «Joya del Imperio» había quedado reducida a cenizas.

Yehonala sufrió un profundo revés cuando la emperatriz Zhen la informó de la tragedia. Aquel palacio diseñado con un gusto exquisito, lleno de belleza y armonía donde su hijo Zaichun había dado sus primeros pasos, había sido arrasado por los extranjeros a los que tanto odiaba. Este acto de vandalismo era la respuesta de los franceses y los británicos al descubrir que treinta y nueve enviados europeos a Pekín para negociar la paz habían sido hechos prisioneros por orden del emperador Xianfeng antes de su huida. Cuando las tropas aliadas irrumpieron en el Palacio de Verano liberaron a todos los presos, pero comprobaron que veinte de ellos habían muerto por las terribles torturas del ejército chino. Al enterarse de este grave incidente lord Elgin decidió que había que dar un fuerte escarmiento al orgulloso monarca y arrasar el «Versalles chino», como era conocido en Occidente. Como represalia mandó a sus hombres que incendiaran todo el enorme complejo. El día anterior el comandante general francés había ordenado que nadie entrara en los palacios, pero sus soldados consiguieron forzar una de las puertas y, deslumbrados ante tantas riquezas, no obedecieron las órdenes y penetraron en el recinto. La opulencia del Palacio de Verano dejó atónitos a los ejércitos invasores. Durante horas saquearon cientos de palacios, pabellones, templos, pagodas, bibliotecas y galerías, y se llevaron sus mayores tesoros: jarrones de fina porcelana, tallas de jade, grabados antiguos, cajas de música, bronces, miniaturas de marfil, joyas, piedras preciosas, esculturas de oro... Lo que no pudieron cargar con ellos lo rompieron o lo destrozaron a golpe de bayoneta. El conde de Hérisson, testigo del brutal saqueo, escribió: «Los soldados metían la cabeza en los arcones de laca roja de la emperatriz, otros estaban medio escondidos entre montones de ricas telas y sedas bordadas, algunos llenaban sus bolsillos, camisas y quepis con rubíes, zafiros y perlas del tamaño de una nuez...». Tras los saqueos, los zapadores británicos hicieron volar por los aires todo el conjunto de edificios y después les prendieron fuego. El incendio ardió durante varios días y una parte de la ciudad de Pekín quedó envuelta en humo negro y cenizas. La destrucción del palacio y sus maravillosos jardines, consumidos por las llamas, dejó en Yehonala una huella que jamás cicatrizó. Cuando llegó al trono, reconstruir este lugar sagrado se convirtió en una obsesión.

La estrategia de lord Elgin surtió efecto y, tras arrasar el Palacio del Verano, el príncipe Gong llegó a un rápido acuerdo con británicos y franceses y aceptó todas sus demandas. Gong, a diferencia de su hermano, no sentía odio por los occidentales, tenía buen carácter y era conocido por su espíritu conciliador. Xianfeng le había autorizado a que firmara tratados y alabó la buena labor diplomática que había desempeñado en su ausencia. El 24 de octubre, cuando aún ardían las ruinas del Palacio de Verano, el príncipe Gong firmó la Convención de Pekín con los aliados, quienes abandonaron el país muy satisfechos. Por el momento, la paz quedó restablecida.

Estaba previsto que tras la partida de los franceses y británicos el emperador regresara a Pekín con toda la corte. Aunque el invierno era muy frío en las montañas y los palacios carecían de las condiciones necesarias para afrontar los rigores del clima, Xianfeng anuló su viaje. Debilitado por la enfermedad, se rumoreaba que el Hijo del Cielo no deseaba enfrentarse a la terrible destrucción del Antiguo Palacio de Verano ni quería residir en Pekín, donde ahora vivían los delegados extranjeros. Durante semanas, cuando no tenía que guardar cama, se dedicó a disfrutar de su auténtica pasión, la ópera y la música, que interpretaban para él casi a diario doscientos artistas traídos de la capital. El ministro Su Shun y sus cómplices, el príncipe Cheng y el príncipe Yi, lo tenían prácticamente secuestrado en sus habitaciones, sumido en los delirios del opio y la bebida. Estos tres hombres ejercían una influencia absoluta sobre el monarca enfermo y solo codiciaban hacerse con el poder.

Para impedir que la concubina imperial pudiera acercarse al Hijo del Cielo, el ministro Su Shun le contó al emperador que la joven coqueteaba con el comandante Jung Lu, su antiguo prometido. Era mentira, pero Xianfeng lo creyó y muy enfadado ordenó que el príncipe heredero Zaichun no tuviera ningún contacto con su madre. El pequeño quedó al cuidado de la esposa de Su Shun, que fue llamada a la Residencia de Montaña en Jehol. Cada vez más aislada, a Yehonala no se la invitó a la ceremonia de cumpleaños del emperador que recibió las felicitaciones de toda la corte. En aquellos sombríos días Yehonala no estaba sola. Contaba con el apoyo de su primo Jung Lu y los hombres del clan Nala; tenía de su parte a los eunucos de mayor rango, a los que había seguido tratando con amabilidad y ofreciéndoles regalos y dinero a cambio de su lealtad. Utilizando como intermediario a su eunuco favorito, An Dehai, envió en secreto a Jung Lu información sobre lo que estaba ocurriendo en el entorno del emperador. También mandó un mensaje urgente al príncipe imperial Gong en Pekín, contándole la situación crítica en la que se encontraba su hermano, expuesto a toda clase de manipulaciones. Desde el primer momento Gong le brindó su lealtad y apoyo incondicional.

Con la llegada del verano la salud de Xianfeng se agravó y empezó a toser sangre. Después de la audiencia que ofreció a la corte en su treinta cumpleaños, no volvió a aparecer en público. El 20 de agosto, tras escuchar música toda la tarde, el Hijo del Cielo perdió el conocimiento. Cuando ya entrada la noche recuperó la conciencia mandó llamar a sus colaboradores más íntimos, ocho príncipes y ministros que acudieron a la alcoba imperial. A puerta cerrada les anunció su última voluntad: su hijo Zaichun, de cinco años, sería el heredero al trono y ellos debían formar un Consejo Regente y gobernar el imperio hasta la mayoría de edad del pequeño. Todos los regentes elegidos pertenecían a la facción de Su Shun. El emperador debía escribir un testamento de su puño y letra con tinta roja, pero al no poder sostener el pincel uno de sus consejeros lo hizo por él. Yehonala acusó a la Banda de los Ocho de haber manipulado a su favor el testamento de Xianfeng excluyendo del mismo a sus hermanos, entre ellos, el príncipe Chun casado con la hermana menor de ella.

Al día siguiente Xianfeng dio su último suspiro y falleció. La noticia corrió por la corte y se hizo pública la última voluntad de Su Majestad Imperial. La emperatriz Zhen enseguida fue ascendida de rango a emperatriz viuda pero Yehonala no recibió ningún título. Aunque era la madre del futuro emperador y consorte imperial, sin el título de emperatriz viuda no tenía ningún poder político. El destino que le esperaba suponía languidecer el resto de su vida confinada en un ala del harén. Por fortuna la relación entre las dos mujeres era muy buena y afectuosa y ambas encontraron una solución. En el pasado, en los tiempos del emperador Kangxi, ya se había dado la circunstancia de que dos emperatrices viudas habían convivido. Los príncipes y altos cargos de la corte exigieron al Consejo Regente que Yehonala fuera elevada al rango que le correspondía y que a ambas emperatrices se les concediera la custodia del pequeño emperador Zaichun. Su Shun únicamente aceptó nombrar emperatriz viuda a Yehonala, quien adoptó un nuevo nombre honorífico. A partir de entonces sería conocida como Cixí, que significaba «bondadosa y alegre».

Ahora que ocupaban un alto rango, las dos emperatrices decidieron unir sus fuerzas y preparar un golpe de Estado contra los regentes propuestos por su esposo y tomar el mando de China. No estaban dispuestas a aceptar que el imperio quedara en manos de un grupo de nobles ambiciosos, corruptos y anclados en el pasado que ponían en peligro el futuro de la dinastía. Además les había llegado el rumor de que estos traidores pensaban asesinar a todos los europeos residentes en Pekín y condenar a muerte a los cinco hermanos del emperador. Cixí también despreciaba a los «diablos extranjeros», pero con el paso de los años se había dado cuenta de que resultaba necesario abrir China al exterior para poder prosperar. El plan de los regentes era cerrar las puertas a Occidente y continuar la política de aislamiento impuesta por Xianfeng, algo que ellas no iban a permitir.

Sin embargo, el Consejo Regente se encontró con un inesperado obstáculo para gobernar. Desde tiempos inmemoriales para que un decreto del Hijo del Cielo fuera legítimo no bastaba con su firma. El edicto debía tener el sello imperial, símbolo del poder de los emperadores chinos. El de Xianfeng estaba elaborado en madera de sándalo y en él se podía leer «Autoridad Legalmente Transmitida». Para consternación de los regentes había desaparecido de forma misteriosa. Lo que estos hombres ignoraban es que el sello perdido estaba en manos de la recién nombrada emperatriz Cixí, quien lo había conseguido gracias a la ayuda de Li Lien-ying. Este eunuco, que era el masajista del Hijo del Cielo y lo trató en sus últimos días, logró descubrir el escondite del sello imperial en la alcoba real y sacarlo a escondidas para entregárselo a su señora.

En aquellos angustiosos días Cixí también temía por su vida y la de la emperatriz Zhen. Su leal Jung Lu le había advertido de que Su Shun planeaba asesinarlas en una emboscada a mitad de camino, cuando regresaran a la capital. El militar le ofreció reforzar su escolta con sus leales abanderados Yeho-Nala y cambiar el itinerario previsto. Cixí necesitaba ganar tiempo y los ritos funerarios del emperador le dieron un respiro para poder organizarse. La tradición exigía a los regentes acompañar el féretro durante su traslado desde Jehol a Pekín, un viaje de doscientos treinta kilómetros que prometía ser lento. El cortejo fúnebre tardó diez días en llegar a la Ciudad Prohibida. Las esposas y concubinas del difunto Xianfeng no estaban obligadas a unirse a la procesión, por el contrario debían partir unos días antes para organizar la recepción en palacio y realizar a su llegada los ritos pertinentes. El tiempo jugaba a su favor porque Cixí contaba con poderosos aliados en la capital, entre ellos el príncipe Gong que la esperaba en la Ciudad Prohibida con sus hombres bien armados por si había que luchar. Aun así era una acción muy arriesgada porque, si descubrían su plan, se enfrentaba al castigo más sangriento y temido en la China imperial: la muerte por mil cortes.

A los dos meses de la muerte de Xianfeng, las emperatrices viudas abandonaron la Residencia de Montaña. Para no levantar sospechas se despidieron de manera cortés del Gran Mandarín y de sus hombres. Cixí viajaba en un palanquín con cortinas negras que transportaban seis eunucos. En otro iba la emperatriz Zhen acompañada del emperador niño Zaichun. A pesar de la lluvia torrencial viajaron lo más rápido posible para distanciarse del gran cortejo fúnebre y siguieron la ruta propuesta por Jung Lu. En seis días llegaron a las puertas de Pekín y en el palacio celebraron un consejo secreto al que asistieron todos los hermanos del emperador, los ministros y altos cargos de la corte leales a Cixí. Tras una larga reunión se acordó redactar un edicto donde se despojaba de autoridad a los regentes y otro donde se pedía su inmediata detención. El 8 de noviembre se publicó otro edicto con las acusaciones precisas contra la Banda de los Ocho y que dictó la propia Cixí:

> El día de la muerte de Xianfeng, estos traidores afirmaron haber sido designados en un Consejo de Regencia, pero, de hecho, Su Majestad les había ordenado, justo antes de su fallecimiento, que nos designara a nosotras, las emperatrices viudas, regentes especiales, sin darles a ellos autoridad de ninguna clase. Ellos se arrogaron este título y también desobedecieron órdenes personales y expresas que les dieron las emperatrices viudas [...]. En cuanto a Su Shun, se atrevió insolentemente a sentarse en el trono imperial y llegó al extremo de utilizar la porcelana y el mobiliario del emperador. Además intentó sembrar la discordia entre las emperatrices viudas pidiendo una audiencia con ellas por separado.

Cuando los miembros del Consejo Regente llegaron a la Ciudad Prohibida encabezando el cortejo fúnebre fueron recibidos por el niño emperador, las dos emperatrices viudas, los hermanos de Xianfeng y todo un séquito de altos dignatarios que los esperaban para rendir tributo al difunto. Tras los saludos de cortesía, de inmediato los regentes fueron depuestos de sus cargos y detenidos. Cixí emitió un nuevo decreto con el que se despojaba a los tres conspiradores principales de todos sus títulos y rangos. Llevada por el desprecio que sentía por Su Shun, ordenó que se confiscaran todas sus propiedades en Pekín y en Jehol y la gran fortuna que había amasado fruto de años de corrupción y sobornos. Con esta suma que ascendía a millones de taeles la emperatriz viuda Cixí se convirtió en la mujer más rica de China.

El tribunal declaró a los miembros de la Banda de los Ocho culpables de traición después de que las dos emperatrices los acusaran de haber falsificado el testamento de su difunto esposo. Un crimen que se pagaba con la pena más severa, la ejecución por muerte lenta mediante el descuartizamiento. Pero Cixí se mostró en el último momento más benévola y conmutó la pena a los dos príncipes, quienes a cambio recibieron un cordón de seda, la tradicional invitación a ahorcarse. A Su Shun, y gracias «a la gran bondad de la madre del emperador», se le sentenció a un método menos doloroso: la decapitación. El resto de los implicados fueron expulsados del país y no hubo represalias contra ellos. Al mostrar clemencia con los demás regentes Cixí se ganó en todo Pekín fama por su generosidad y comenzaron a llamarla «madre bondadosa».

El conocido como golpe de Xinyou fue un éxito y Cixí consiguió una gran popularidad. Había derrocado a unos nobles y políticos odiados por el pueblo chino y lo había logrado con solo tres muertes y con la complicidad de dos hermanos del emperador. Los diplomáticos extranjeros en Pekín se mostraron impresionados ante el valor, la determinación y la astucia de la joven emperatriz viuda, a quien todos consideraban el cerebro de este complot. El enviado británico Frederick Bruce escribió: «Desde luego es extraordinario que unos hombres que llevaban mucho tiempo en el poder, que disponían del dinero del Estado y sus apoyos, hayan caído sin un disparo de resistencia y sin que se haya alzado una voz en su defensa». Algunos militares del ejército chino y destacados estadistas como el general Zeng Guofan dejaron constancia de sus impresiones en sus diarios: «Me siento anonadado ante la sabia y decidida actuación de la emperatriz viuda, que ni siquiera grandes monarcas del pasado fueron capaces de conseguir. Estoy conmovido por la admiración y el asombro».

GOBERNANDO DETRÁS DE LA CORTINA

A los dos meses de la muerte de su esposo, la emperatriz viuda Cixí ya se había convertido en una de las monarcas más poderosas de su tiempo, a la altura de la reina Victoria de Inglaterra. Estaba a punto de cumplir veinticinco años y mandaba sobre más de cuatrocientos millones de personas. Con su juventud e inexperiencia tuvo que enfrentarse a los graves problemas que atravesaba el imperio y que tanto habían angustiado al emperador Xianfeng. Tras la Segunda Guerra del Opio las arcas imperiales se hallaban de nuevo casi vacías, las hambrunas arrasaban en las zonas rurales y las rebeliones en el interior causaban muerte y destrucción. Cixí había heredado un imperio medieval y del que desconfiaban las potencias extranjeras por su frágil economía e inestabilidad. Tenía por delante el gran reto de sacar a China de su aislamiento y modernizar el país sin doblegarse a Occidente.

Aquellos que pensaban que entre las dos emperatrices viudas podía existir una mala relación debido a los celos, estaban equivocados. Cixí y Zhen nunca se consideraron rivales. La emperatriz en privado llamaba a Cixí «hermana pequeña», tal era el cariño que sentía por ella. A Zhen, una joven de carácter dócil y tranquilo, seguía sin interesarle la política ni el poder. Nunca representó para Cixí una amenaza y ambas formaron un equipo bien avenido y lleno de complicidad. Un caso insólito en la historia mundial. A las dos soberanas se les otorgaron diversos títulos honoríficos y cada una tenía su propio palacio construido en madera sobre terrazas de mármol blanco talladas con los símbolos del poder imperial: el dragón y el fénix.

A Cixí se la conocía como Emperatriz del Oeste y a Zhen, la Emperatriz del Este, en alusión al sector donde se encontraba su residencia oficial. El pabellón destinado a Cixí tenía altas paredes rosadas con ventanas pequeñas y los patios que lo rodeaban estaban llenos de árboles frutales, plantas y flores como los crisantemos que eran sus preferidas. También había jaulas de pájaros en todos los rincones y su canto hacía las delicias de la emperatriz. Dentro de su pabellón había un trono de madera donde la joven podía recibir a las damas de su séquito o al emperador niño cuando la visitaba. El color que predominaba en el salón y en su dormitorio era el amarillo imperial y su decoración resultaba más bien austera. Muy pronto Cixí se tendría que acostumbrar a su nueva vida debido a su rango y a carecer de intimidad. Como emperatriz viuda siempre estaba rodeada de varias doncellas, eunucos y damas de compañía que nunca la dejaban sola.

Oficialmente a partir del 11 de noviembre de 1861 las emperatrices viudas llevaron juntas las riendas del inmenso imperio en nombre del pequeño emperador. En la práctica, en los primeros meses su regencia estaría muy limitada por su total desconocimiento de la política y los asuntos de gobierno. Dependerían del príncipe Gong, los grandes consejeros y ministros. En este periodo a ambas emperatrices se les asignaron tutores para que las ayudaran a descifrar los complicados documentos oficiales que a diario pasarían por sus manos. Asimismo se las inició en la etiqueta de la corte y el protocolo. Más adelante deberían ser capaces no solo de dictar edictos imperiales, sino de escribirlos. Por el hecho de ser mujeres también tendrían otras limitaciones. Las emperatrices debían gobernar a la sombra, ocultas detrás de una cortina de seda, estuviera o no presente el joven emperador porque no podían exponerse a las miradas masculinas. Era una etapa de transición hasta la mayoría de edad de Zaichun y así se hizo constar en un nuevo edicto:

> Nuestra asunción de la regencia era en extremo contraria a nuestros deseos, pero hemos cumplido con la urgente solicitud

de nuestros príncipes y ministros [...]. Tan pronto como el emperador haya completado su educación, nosotras dejaremos de intervenir en los asuntos de gobierno, que se ejercerá de nuevo según el sistema prescrito por toda la tradición dinástica. Todos deben saber que asumimos contra nuestro gusto la dirección de los asuntos públicos. Esperamos de los dignatarios del Estado una leal colaboración en la difícil tarea que hemos emprendido.

La víspera del cumpleaños de Cixí, tuvo lugar la coronación de su hijo Zaichun. En la solemne ceremonia que se celebró aquella fría mañana de invierno en el Salón de la Suprema Armonía, el pequeño de cinco años recibió el nombre de emperador Tongzhi, que significaba «orden y prosperidad». Vestido con una rica túnica de seda brocada, adornada con bordados de dragones, los eunucos instalaron al niño en lo alto de un trono dorado en medio de la sala casi a oscuras. En el exterior, en una inmensa explanada, se habían reunido los funcionarios y oficiales de Su Majestad Imperial que se arrodillaron y postraron ante el nuevo Hijo del Cielo. Cixí, que se había jugado la vida para garantizar la sucesión de su hijo y salvar el imperio de los corruptos, no pudo asistir a la coronación. La emperatriz viuda, al igual que el resto de las mujeres de la corte imperial, tenía prohibido el acceso a la parte delantera de la Ciudad Prohibida donde tenían lugar las ceremonias oficiales y las grandes recepciones. Esta zona estaba reservada exclusivamente al emperador.

Los cambios en la nueva regencia no se hicieron esperar y fueron del agrado de los europeos residentes en Pekín. Un diplomático que vivía en la capital comentó: «La capacidad infinita, el coraje indómito y la influencia personal de la emperatriz viuda Cixí, sin duda rescató a la dinastía de una crisis, que, de no ser por ella, habría acabado con el gobierno de los manchúes tras la huida y muerte de su esposo, el emperador Xianfeng».

Tras la retirada de británicos y franceses Cixí consideró que era importante para la estabilidad del imperio mantener buenas relaciones con Occidente y volcó sus esfuerzos en lograrlo. Las emperatrices se rodearon de hombres inteligentes, sensatos y partidarios de modernizar China. El príncipe Gong fue nombrado asesor principal y jefe del Gran Consejo, órgano encargado de los asuntos militares, formado por seis funcionarios conocidos por su capacidad de diálogo y lealtad. Además Gong, tras la firma de la Convención de Pekín, había fundado el primer Ministerio de Asuntos Exteriores y era el responsable de las relaciones diplomáticas. Cixí le otorgó los máximos honores y le eximió de tener que arrodillarse y postrarse ante ella. La emperatriz apreciaba los consejos de su asesor más veterano, a quien consideraba su maestro. Como muestra de su gratitud adoptó a su hija, otorgándole el título de «princesa imperial» con derecho a vivir con ella en el recinto del harén imperial.

Desde el primer momento las dos emperatrices viudas conocían la dificultad a la que se enfrentaban por el hecho de ser mujeres y más en una sociedad como la china, muy marcada por la segregación de sexos. Cixí sabía que el pueblo y la nobleza no aceptarían de buen grado ver a una mujer al frente del imperio por muy popular que fuera, salvo por algo excepcional. En el pasado solo una mujer había gobernado China como emperatriz por derecho propio, Wu Zetian, pero habían pasado más de mil años y ya nadie lo recordaba. En su primer edicto, Cixí ya destacó lo inusual de una situación que justificó con estas palabras:

> Verdad es que el ejercicio de la regencia por una emperatriz viuda no tiene ningún precedente en la historia de nuestra dinastía y del imperio; pero los intereses del Estado deben prevalecer sobre todo, y es ciertamente más prudente tomar las decisiones

exigidas por las circunstancias, que aferrarnos a la escrupulosa observancia de los precedentes.

A diferencia de Wu Zetian, Cixí no tenía autoridad para gobernar y todos los decretos que en adelante mandó publicar llevaban el nombre de su hijo.

La vida plácida y monótona que Cixí y Zhen habían tenido en el harén imperial dio paso a una intensa actividad. Ambas se levantaban muy temprano, a las cinco de la mañana, y dos horas más tarde un cortejo de eunucos las esperaba en el exterior para transportarlas en una litera hasta la gran sala de audiencias. Las dos damas lucían magníficos vestidos de satén amarillos ricamente bordados y grandes tocados manchúes adornados con flores, perlas y joyas. Como emperatriz viuda Cixí no podía maquillarse el rostro, ni siquiera los labios, y aun así destacaba por su belleza natural y delicada armonía. «Se hallaba en el apogeo de su belleza física, ojos oscuros almendrados, pelo largo y lacio de un negro azulado, nariz pequeña, sonrisa irresistible. Ella conocía su poder, y ni el más fuerte de los hombres podía sustraerse a sus encantos», escribió un funcionario de la corte.

Pese a que Cixí siempre había sido seria y tímida, ahora se mostraba risueña y solía reír con facilidad. Era una buena conversadora y su habilidad para responder con citas eruditas extraídas de los autores clásicos chinos provocaba la admiración de los funcionarios de la Ciudad Prohibida. «La gente adoraba escucharla, se enorgullecía de ella y se fascinaba con su sonrisa. Cuando ella hablaba, una fuerza intensa le iluminaba los ojos, y las palabras salían con fluidez de su boca. Inteligentes estadistas caían bajo su influjo. Parecía que una fuerza magnética emanaba de ella, hipnotizando a los que la rodeaban y convirtiendo en instrumentos a todos los que se hallaban al alcance de sus efectos», anotó un enviado extranjero.

Las audiencias de Cixí y Zhen con el Gran Consejo se celebraban siguiendo un estricto ceremonial. Si el emperador niño se encontraba de buen humor, lo sentaban en un trono de oro en el frente de la gran sala. Las dos emperatrices se colocaban detrás de él en un estrado, cada una en su trono correspondiente, ocultas por una cortina de seda. Cuando la ceremonia se alargaba más de lo previsto y Tongzhi comenzaba a bostezar de aburrimiento, se sentaba en la falda de la emperatriz Zhen, quien se las ingeniaba para entretenerlo. Los eunucos anunciaban el nombre de los consejeros y ministros, que eran recibidos por separado y por orden de edad. Tras hacer las correspondientes reverencias, los hombres presentaban sus peticiones y esperaban la respuesta de las dos damas. Algunos funcionarios recordaban que incluso sin verla sentían la imponente presencia de Cixí que parecía capaz de leerles el pensamiento. Solía hacerles preguntas en un tono elevado y autoritario mientras Zhen se limitaba a escuchar. Por lo general Cixí acababa respondiendo: «Los dejamos a ustedes», dando a entender que los ministros debían tomar la decisión más acertada. Esta forma de proceder tenía como finalidad aparentar que las emperatrices gozaban del poder de tomar decisiones, aunque la realidad no fuera así. Cuando finalizaban las tediosas tareas oficiales ambas regresaban en sus literas a sus respectivos palacios y se tomaban un descanso.

Por la tarde las emperatrices se volvían a reunir, ahora con ropa menos formal, y dedicaban unas horas a leer los documentos y memoriales que el príncipe Gong les enviaba para su aprobación y en los que debían poner el sello imperial. Aunque las decisiones políticas las tomaban el príncipe Gong y los más veteranos consejeros, poco a poco Cixí, si bien escuchaba atentamente sus opiniones y consejos, ya no dudaba en dar su parecer. Por el momento el asunto que más preocupaba y del que más se hablaba en la corte era la Rebelión Taiping, que no había conseguido aún sofocar el ejército chino y duraba más de diez años. Fue el príncipe Gong quien le dio la noticia de que las potencias occidentales habían ofrecido su ayuda a China para derrotar a estos rebeldes que ya controlaban las mejores tierras del país, a orillas del río Yangtsé. Los fanáticos seguidores de su líder, Hong Xiuquan, sembraban el caos y la destrucción allá por donde pasaban; saqueaban pueblos y ciudades, quemaban aldeas y mataban cruelmente a inocentes. Ya habían devastado una superficie equivalente a la de Europa occidental y central y avanzaban imparables hacia el norte poniendo en peligro el poder de los manchúes. Aunque algunos miembros del gobierno desconfiaban de las buenas intenciones de los occidentales, finalmente Cixí aceptó el consejo del secretario de la legación británica, Thomas Wade, quien le sugirió que utilizara tropas locales para combatir a los rebeldes y que los oficiales extranjeros formaran a los soldados chinos y manchúes.

Al principio de su regencia, Cixí se mantuvo en un segundo plano intentando pasar desapercibida y aprendiendo todas las artes de gobernar mientras se aseguraba el apoyo de los principales dignatarios del país. El príncipe Gong, casi tres años mayor que ella, tenía un gran poder y se veía como una figura paternal para Cixí debido a su veteranía y autoridad. Ella no había olvidado que gracias a su apoyo había podido llevar a cabo el golpe de Estado, y aún tenía muy en cuenta sus consejos. Cuando aquella mañana de julio de 1864 el príncipe imperial le anunció tras la cortina amarilla que la Rebelión Taiping había sido sofocada, Cixí pudo respirar tranquila. Nankín, la antigua capital del sur del imperio tomada por los rebeldes once años atrás, fue la última en ser liberada. Esta guerra civil, la más sangrienta de la historia mundial, se había cobrado más de veinte millones de vidas y supuso un enorme coste para las arcas del imperio. Tras la victoria, la imagen de Cixí salió muy fortalecida por haber restablecido la paz en China. Se consideraba de buen augurio para su reinado que la emperatriz hubiera sabido confiar el mando de sus tropas a militares valientes y capaces como su admirado general Zeng Guofan.

Con la derrota de los taiping la figura del príncipe imperial Gong también ganó popularidad y comenzó a mostrarse cada vez más insolente y arrogante. Hacía unos meses que la relación entre Cixí y su mentor se había enfriado. A la emperatriz le irritaban las confianzas que se tomaba con ella y que la tratara con tanta condescendencia al ser más joven que él. Ambos también chocaban porque eran muy parecidos de carácter y defendían con vehemencia sus ideas. La ruptura definitiva entre ellos tuvo lugar a los nueve meses de la caída de Nankín. Durante una de sus habituales audiencias con el pequeño emperador y las dos emperatrices, el príncipe Gong se puso de pie antes de que concluyera la reunión. Era una grave afrenta porque el protocolo prohibía que alguien se levantara frente a Su Majestad Imperial como precaución para impedir un atentado contra el monarca. Cuando los eunucos informaron de lo ocurrido a Cixí, esta ordenó que los guardias de palacio detuvieran al príncipe. Ante estos graves hechos, el 2 de abril de 1865, un edicto imperial despojó al príncipe Gong de todos sus cargos, entre ellos el de asesor del joven emperador. La emperatriz estaba furiosa y malhumorada.

Pero Cixí ignoraba que él contaba con muchos apoyos entre los nobles de la corte y los miembros de la familia imperial. Las emperatrices regentes recibieron un aluvión de peticiones para perdonar a Gong por sus errores. También su hermano, el príncipe Chun, se mostró indignado y rogó a la emperatriz que reconsiderase su castigo. Finalmente, un mes más tarde, Cixí se vio obligada a ceder y restituyó a Gong en sus antiguos cargos. Sin embargo, a partir de este instante, se le retiró el título de gran asesor del gobierno y debía postrarse como los demás ante ella. Con esta medida Cixí pretendía enviar un mensaje a los nobles de la corte y dejar claro quién mandaba en el imperio celestial. Después de su rehabilitación y tras pedir perdón a Cixí y Zhen en una tensa audiencia privada, se publicó un segundo edicto. De nuevo estaba escrito por Cixí en un tono cínico y severo, con intención de humillarle públicamente:

Se postró con modestia y lloró amargamente, en muestra de su infinito arrepentimiento [...] el príncipe parecía lleno de remordimiento por su mala conducta que reconoció por propia voluntad. [...] Por nuestra parte, no tuvimos prejuicios en este asunto y solo nos movió la estricta imparcialidad; era inconcebible que deseáramos tratar con dureza a un consejero tan leal y capaz. Ahora, por lo tanto, lo restituimos al Gran Consejo, pero con el fin de reducir su autoridad, no le restituiremos en su cargo de «asesor del gobierno». Príncipe Gong, ¡trate de no olvidar su vergüenza y esfuércese en cambiar su comportamiento! ¡Muéstrese en la corte más respetuoso y menos arrogante!

El príncipe Gong nunca la perdonó y esperó pacientemente el momento de vengarse.

Hacía cuatro años que Cixí gobernaba con mano firme el imperio y se sentía asfixiada por las obligaciones. Apenas había tenido tiempo para ella misma porque sus días pasaban entre las audiencias matinales y las reuniones con los funcionarios. Ahora que China atravesaba una época de paz y la economía había prosperado pudo permitirse algunos momentos de ocio. Tras la destrucción del Palacio de Verano que había sido tanto tiempo su refugio de paz, se contentaba con pasear a última hora de la tarde por los jardines de la Ciudad Prohibida, jugar con sus queridos perros pekineses, cultivar sus flores favoritas o pintar acuarelas junto al lago. Su hijo Tongzhi ya había cumplido nueve años y, aunque intentaba pasar más tiempo con él, la relación era distante. El niño prefería la compañía de la emperatriz Zhen, que había sido su madre oficial y se mostraba más cariñosa y menos autoritaria.

Como emperatriz viuda a Cixí no le estaba permitido amar a ningún hombre y debía mantener hasta su muerte «la castidad de la viudez». En la corte se sabía que sentía debilidad por su eunuco favorito, An Dehai, quien pasaba muchas horas en su compañía. Cuando Cixí lo conoció era una simple e inexperta concubina de diecinueve años que sufría porque el emperador no la llamaba a su alcoba. Al principio trató de ganarse su amistad por puro interés pero con el paso del tiempo se fue encariñando de él. An Dehai, apodado el Pequeño An, era ocho años más joven que ella y provenía de Wanping, una zona cercana a Pekín. Sus padres, empujados por la pobreza, habían decidido castrarlo en su infancia para poder tener un futuro mejor dentro de la Ciudad Prohibida. Pero cuando llegaban a la corte imperial los eunucos eran tratados con gran desprecio y hasta con crueldad por haber perdido la virilidad. Los propios emperadores y buena parte de la nobleza los consideraban seres abyectos y repulsivos. Con frecuencia recibían castigos y humillaciones públicas. Para ellos la Ciudad Prohibida era una prisión de la que rara vez podían salir. Sin embargo Cixí siempre se mostró muy atenta y generosa con su abnegado sirviente. El apuesto, risueño y culto An Dehai, gracias al favor imperial, contaba con su propia comitiva, vestía con las sedas más lujosas y en público se mostraba caprichoso y arrogante. A sus treinta y cuatro años, Cixí se enamoró de él y no podía prescindir de su compañía ni de sus servicios. An Dehai conocía bien sus gustos y trataba siempre de complacerla. Las obras teatrales, las divertidas fiestas de disfraces o la lectura de poemas que organizaba en el harén imperial hacían las delicias de su señora.

En las casas de té y en las tabernas de Pekín corrían los rumores sobre la extraña relación de Cixí con su favorito. Los chismosos comentaban que An Dehai no era un eunuco de verdad y que Cixí había dado a luz a un hijo suyo. Desde tiempos lejanos se afirmaba que de vez en cuando algún varón intacto conseguía mediante sobornos entrar en el harén de la Ciudad Prohibida y pasaba a ser amante de las emperatrices. Al parecer An Dehai había sido castrado, pero solo le habían extirpado los testículos por lo que podía mantener relaciones sexuales. También se hablaba de las orgías que el gran eunuco organizaba a su señora o de cómo su favorito se pavoneaba por el palacio vistiendo una túnica bordada con el dragón, reservada a los emperadores. Estas historias daban una idea de la magnitud del escándalo que había traspasado los muros del palacio.

En el verano de 1869, el emperador Tongzhi ya había cumplido trece años y Cixí comenzó los preparativos de la primera selección de concubinas para la boda de su hijo. Como era tradición se organizó un viaje a la ciudad de Suzhou, la capital de la seda, para adquirir las lujosas telas con las que los sastres reales confeccionarían los trajes para la ceremonia. Cixí decidió enviar a An Dehai con la comitiva para supervisar la compra y de paso ofrecerle a su amado sirviente la posibilidad de disfrutar unos días de libertad más allá de los gruesos muros de palacio. A ella le hubiera encantado acompañarle en su viaje porque también ella se sentía prisionera en una jaula de oro. La parte posterior de la Ciudad Prohibida donde residía le parecía «un lugar deprimente con sus altas murallas y callejones encerrados». Echaba de menos pasear por las calles de Pekín bajo el fuerte sol, el ambiente festivo de los mercados abarrotados y las risas de sus hermanas.

En agosto, An Dehai partió exultante con el cortejo rumbo a Suzhou y, llevado por sus aires de grandeza, no dejó de llamar la atención durante toda la travesía. El jefe de los eunucos viajó con su propio séquito, vestido con ricas prendas y en una lujosa barcaza en forma de dragón amenizada con músicos. De esta manera tan ostentosa navegó por las aguas del Gran Canal, una antigua maravilla de la ingeniería que unía el norte con el sur de China a través de mil ochocientos kilómetros. Desde la cubierta An Dehai saludaba a los campesinos, que se apiñaban en las orillas contemplando asombrados el avance de la comitiva. Nunca habían visto a un eunuco imperial y corrió la voz por todas las aldeas. Pero la diversión duró poco y una vez entraron en Shandong, el gobernador de la provincia horrorizado por semejante espectáculo detuvo a An Dehai y a sus acompañantes. Cuando la noticia llegó a la corte estalló un gran escándalo y los nobles se mostraron enfurecidos. Cixí había infringido el reglamento manchú que prohibía a los eunucos salir de la capital. Se consideraba que estos sirvientes debían permanecer encerrados para defender la Ciudad Prohibida en caso de posibles ataques. Para los altos dignatarios era una falta muy grave que se pagaba con la pena de muerte. Entre los que presionaron para que el favorito de la emperatriz fuera ejecutado estaba el príncipe Chun y también su hermano, el príncipe Gong, que al fin podía vengarse de la emperatriz y devolverle el daño que ella le había infligido en el pasado.

De nada sirvió que su buena amiga la emperatriz Zhen suplicara a los nobles que cambiaran la pena de muerte de An Dehai por un castigo ejemplar «en pago por todos los años que ha servido con tanta devoción a la emperatriz viuda». Al día siguiente se redactó un decreto que ordenaba la ejecución inmediata del Pequeño An y de otros cinco eunucos que le acompañaban. El favorito de Cixí murió decapitado en público y el gobernador de Shandong ordenó que su cadáver fuera expuesto en el cadalso varios días para que la gente lo pudiera ver. Hasta el último instante Cixí intentó salvar la vida de su querido amigo, pero sus esfuerzos fueron inútiles. Con estas ejecuciones los príncipes y los nobles de la corte quisieron advertirle de que aunque ella fuera la emperatriz regente y mandara, su poder no era absoluto.

La ejecución de An Dehai fue traumática para Cixí, quien por primera vez se derrumbó y se recluyó en su dormitorio. Profundamente abatida, pasó más de un mes en la cama sin ocuparse de los asuntos de gobierno y sin recibir a sus consejeros. Si hasta el momento se había mostrado como una «dama de hierro» capaz de llevar a cabo un golpe de Estado jugándose la vida, ahora era una mujer enferma que apenas podía dormir. Sufría fuertes jaquecas, náuseas y vómitos. Los médicos reales le diagnosticaron depresión nerviosa y le recomendaron reposo. Durante su convalecencia Cixí ordenó que un grupo de músicos amenizaran sus tristes días y actuaran. Volver a escuchar música fue su mejor medicina y a finales de año ya se encontraba mejor. Nunca pudo olvidar a An Dehai y siempre se sintió culpable por haberle enviado a la muerte. A sus treinta y tres años Cixí decidió no volver a tener un amante.

Aunque por su gran odio hacia el príncipe Gong le hubiera gustado destituirle, no lo hizo porque era muy popular y aún lo necesitaba para completar el proceso de modernización que había emprendido en su país. En apenas ocho años Cixí había conseguido aplacar las revueltas, contar con un gobierno estable y una economía próspera. Gracias a la expansión del comercio exterior, China precisaba un servicio de aduanas eficiente y fue el príncipe Gong quien le recomendó nombrar a Robert Hart, un joven irlandés que llevaba una década trabajando en el país. Hart se puso al frente de las aduanas marítimas de China, las modernizó y acabó con la corrupción. Para satisfacción de Cixí, mediante los millones de taeles obtenidos por los aranceles del comercio con Occidente, se pudieron pagar las deudas pendientes a Gran Bretaña y Francia.

Hart tenía veintiocho años, era un devoto cristiano, honrado, emprendedor y un enamorado de China que pronto se ganó las simpatías de Cixí. Al ser el único occidental que mantenía un estrecho contacto con el príncipe Gong y altos funcionarios de la corte, se convirtió en el extranjero más influyente y mejor informado de China. Deseoso de traer el progreso, el joven elaboró un memorándum donde exponía que si no se potenciaba la minería, el telégrafo y el teléfono y sobre todo el ferrocarril, el imperio nunca avanzaría. En tono paternalista y arrogante se permitió añadir que quizá las potencias europeas debían «emprender una guerra para obligar a China a estar a la altura de Europa». Cixí no se molestó por el comentario porque conocía la lealtad de este joven que la sirvió durante casi medio siglo, algo excepcional en la China del siglo xix, pero no estaba dispuesta a romper con las tradiciones milenarias del país. Los occidentales querían hacer grandes obras de ingeniería sin tener en cuenta el respeto que los chinos profesaban por las tumbas sagradas de los antepasados que descansaban bajo tierra. Las propuestas de modernización de Hart contaron con la oposición del conde Li Hongzhang, uno de los consejeros de mayor valía de la emperatriz: «Destruyen nuestro paisaje, invaden nuestros campos y aldeas, estropean nuestro feng-shui y arruinan el modo de vida de nuestro pueblo», declaró el ministro. Cixí opinaba como él y por el momento ni ella ni los altos funcionarios estaban dispuestos a causar semejantes daños al imperio y mucho menos a perturbar a los espíritus de los muertos.

La llegada del ferrocarril, para muchos todavía un «artefacto del diablo», aún tuvo que esperar, pero se consiguieron otros avances. Una de las prioridades de Cixí fue contar con un poderoso ejército y con armamento moderno. Se contrató a oficiales extranjeros para entrenar a las tropas locales y a ingenieros para enseñar a fabricar armas. Comenzó la construcción de una flota naval moderna, se inauguraron las primeras plantas siderúrgicas y las industrias de carbón y hierro dieron sus pasos iniciales. En 1867 se había nombrado al primer embajador de China en Estados Unidos, lo que mejoró notablemente las relaciones entre ambas potencias. Gracias al impulso de Cixí y su círculo de asesores, en unos años el imperio medieval acabó transformándose en una gran potencia.

La ejecución de An Dehai había endurecido el corazón de Cixí al descubrir que sus más leales asesores podían convertirse en sus peores enemigos. Además, mientras luchaba por modernizar el país había podido constatar que en su entorno más cercano tenía un peligroso rival. Su cuñado, el príncipe Chun, había sido un gran aliado en la preparación del golpe para derrocar a los regentes pero desde entonces su relación se había enfriado. Al tiempo que Cixí se abría a Occidente, el príncipe Chun reclamaba venganza contra los bárbaros extranjeros por todo el daño que les habían hecho, incluido el incendio del Antiguo Palacio de Verano. A principios de 1869 Chun presentó a Cixí un memorándum muy crítico con el gobierno donde exigía que se expulsara a todos los occidentales, se bloquearan las importaciones y se cerrasen de nuevo las puertas de China.

A la emperatriz, al igual que a los nobles de la corte, les sorprendió el tono violento de sus propuestas y el odio que aún sentía hacia los extranjeros. Si sus ideas se hacían públicas podían conducir a una guerra con Occidente que China a esas alturas no tenía ninguna intención de emprender. Cixí le dejó claro que ni ella ni el resto de los miembros del Gran Consejo compartían el rencor que él sentía, que China había entrado en una nueva época y que tomar represalias no ayudaba al progreso del imperio. El príncipe Chun aceptó de mala gana la respuesta de los nobles, pero no tenía ninguna intención de quedarse de brazos cruzados. La emperatriz lo sabía y ordenó vigilar de cerca sus movimientos.

Desde el fin de la Rebelión Taiping en 1864 las relaciones de los chinos con los «diablos extranjeros» habían mejorado. Aunque no eran del todo amistosas ambos se toleraban y cada vez había más comerciantes occidentales que trabajaban en el país. Cixí sabía que lo que provocaba mayores enfrentamientos era la presencia de las misiones cristianas que se habían establecido en muchas regiones del interior en los diez últimos años. Y no es que los chinos tuvieran antipatías religiosas, por el contrario, consideraban que el cristianismo «empujaba a las personas a ser buenas». Lo que enojaba al pueblo era el poder y la autoridad que habían ido ganando los misioneros construyendo cada vez más iglesias, hospitales y orfanatos. Así en algunas ciudades comenzaron a aparecer panfletos difundiendo todo tipo de rumores para dañar su imagen. Se decía que los misioneros secuestraban y devoraban niños y que utilizaban sus ojos y sus corazones en sus prácticas médicas.

En junio de 1870 a causa de estos libelos estalló un grave motín en la ciudad de Tianjín. El príncipe Gong informó a Cixí de que había corrido el rumor de que las monjas católicas francesas de la orden de las Hermanas de la Misericordia habían sido acusadas de secuestrar niños para robarles sus órganos. La emperatriz nunca había creído estas habladurías que le parecían absurdas, pero las noticias de la violencia y el caos que había estallado en Tianjín eran alarmantes. Miles de personas salieron a la calle y atacaron a los cristianos con ladrillos. Se incendiaron orfanatos, iglesias y escuelas. Cuando el cónsul francés, Henri Fontanier, acudió con sus guardias la muchedumbre enfurecida lo atacó hasta matarlo. En apenas tres horas de saqueos y violentos atentados murieron más de una veintena de extranjeros y alrededor de cuarenta chinos católicos. Entre las víctimas había varias monjas brutalmente asesinadas y mutiladas en público. Cixí reaccionó con rapidez para evitar una masacre y un enfrentamiento con Francia que podía llevar a romper las relaciones diplomáticas con las potencias europeas. Condenó los asesinatos, se comprometió a arrestar y castigar a los cabecillas del motín y se reforzó la seguridad en las residencias de los extranjeros.

A los pocos días de la revuelta de Tianjín, llegó a oídos de la emperatriz una información que la llenó de indignación y que no esperaba. Tras investigar el origen del motín se descubrió que el instigador había sido el comandante Chen Guorui, un protegido del príncipe Chun. Fue él quien hizo correr los malévolos rumores contra las monjas católicas y se encargó de repartir armas entre gente que reclutó por la calle. Cixí comprendió que era Chun quien estaba detrás de esta matanza y que planeaba extender el odio al extranjero por todo el país. Aconsejada por el general Li Hongzhang, la emperatriz se mostró implacable a la hora de condenar a muerte a los criminales y pagó una cuantiosa indemnización a Francia. Pero no pudo llevar ante la justicia al poderoso general Chen, un militar muy popular y admirado por los nobles de la corte. Tampoco quiso enfrentarse abiertamente con el príncipe Chun, que era también el jefe de la guardia pretoriana, ya que en apenas dos años su hijo asumiría el gobierno del país y no quería poner en peligro la continuidad dinástica.

En medio de esta grave crisis, falleció la madre de Cixí. Durante su larga enfermedad la emperatriz recurrió a los mejores médicos del país para que la trataran en su casa, pero nada se pudo hacer por salvar su vida. Cixí había perdido a su padre poco después de ser elegida concubina imperial y aunque la relación con su madre siempre fue más fría, con los años acabó siendo un gran apoyo. Debido a la inseguridad en las calles de

Pekín de aquellos días, no pudo despedirse de ella ni asistir a sus funerales. Mandó levantar en sus aposentos de palacio un altar donde cada día quemaba incienso y rezaba por su alma. También dispuso que su ataúd se colocara en un templo taoísta a las afueras de la ciudad y que durante cien días un monje budista la acompañara con sus cánticos y rezos en su viaje al mundo de los difuntos.

Debido a la depresión que Cixí sufrió tras la ejecución de An Dehai y el duelo por la muerte de su madre, el proceso de selección de las consortes del emperador Tongzhi se demoró tres años. Para la emperatriz su hijo era otro motivo de preocupación. Como la mayoría de los emperadores chinos, el pequeño príncipe no había tenido la infancia de un niño normal y había crecido en una burbuja, aislado del mundo real. Los más de treinta eunucos que estaban a su servicio eran a la vez sus esclavos y sus únicos compañeros de juego. Ellos lo lavaban, vestían, le daban de comer, paseaban y lo acostaban cada noche. A los nueve años los eunucos lo iniciaron en todo tipo de placeres y vicios, y cuando el príncipe Gong, alarmado por su conducta, quiso expulsar a sus sirvientes, él le recordó que carecía de autoridad y que al Hijo del Cielo nadie le daba órdenes. En 1870, a los catorce años, se había convertido en un niño consentido, malcriado y prepotente, bajo la influencia de sus eunucos que no lo dejaban ni un instante. Aunque continuaba con su estricta formación, que incluía caligrafía, clases de mandarín y manchú, poesía, tiro con arco y equitación, no mostraba ningún interés por el estudio. Su principal maestro, el gran tutor Weng Tonghe, lamentaba su falta de concentración en el aprendizaje de los textos de Confucio que le obligaba a leer en voz alta hasta el agotamiento. A Tongzhi no le interesaban los libros ni los autores clásicos, pero amaba el teatro y la ópera. También era un adicto al sexo y su comportamiento libertino escandalizaba a la corte. Cixí estaba al tanto de las vergonzosas andanzas de su hijo, pero no hacía nada para impedirlas. Sabía que, al igual que su padre Xianfeng, muchas noches se escapaba disfrazado de la Ciudad Prohibida y frecuentaba los burdeles de Pekín donde se acostaba con hombres y mujeres. Lo que más le preocupaba era que su hijo, que estaba a punto de acceder al trono, no se hallaba preparado para asumir responsabilidades.

Las emperatrices viudas tenían la esperanza de que si el joven Tongzhi se casaba, dejaría atrás la vida descontrolada que llevaba. A principios de 1872, antes de cumplir los dieciséis años, ya habían elegido a su consorte, y en este caso lo hicieron guiadas por sus consejeros. Alute era una bella y tímida princesa mongola de rasgos exóticos que gustó enseguida al emperador. A Zhen le pareció la esposa perfecta porque poseía un carácter dócil y buenos modales. Cixí tenía sus reservas y se inclinaba más por otra candidata, la princesa Fengxui, hija de un gobernador provincial, menos atractiva, aunque más instruida que Alute. Al final cedió ante los ruegos de su hijo y la boda se fijó para el 16 de octubre de 1872, fecha considerada de buen augurio por el astrónomo imperial. La noche anterior una procesión fue a buscar a la novia a su casa. La litera nupcial estaba decorada con colgaduras de oro y adornada con cuatro fénix de planta en las esquinas. La Dama Alute apareció a las tres de la mañana envuelta en seda roja (en China el color de la esperanza) y con el rostro oculto por un velo. Ya sentada en su litera, que portaban dieciséis hombres, la joven fue escoltada a palacio por varios príncipes, eunucos, chambelanes y miembros de la Guardia Imperial. Durante su recorrido a la Ciudad Prohibida, las calles del centro de Pekín permanecían desiertas y silenciosas. Se había ordenado a la población que se quedaran dentro de sus casas para no ver el paso del cortejo.

Aunque la ceremonia fue fastuosa y Alute recibió valiosos regalos para ella y su familia, la noche de bodas resultó decepcionante. Después de beber y comer pasteles de la fertilidad para tener muchos hijos, se acostaron en una enorme cama, pero en lugar de hacer el amor, Tongzhi le pidió a su esposa que recitara unos poemas. Alute no entendía que el emperador la hubiera elegido entre todas las candidatas y no la llamara a su lecho. Lo mismo le ocurrió a la princesa Fengxui, que fue nombrada consorte número dos. Tampoco las concubinas tuvieron éxito y se dispararon los rumores sobre el extraño comportamiento del príncipe imperial.

Cuatro meses después de la boda, Tongzhi asumió oficialmente su cargo como décimo emperador de la dinastía Qing. A partir de ese instante solo él tomaría todas las decisiones y gobernaría como monarca absoluto. Como mandaba la tradición, las emperatrices viudas dimitieron de su cargo y se recluyeron en el harén. La cortina de seda amarilla que se utilizaba en las audiencias fue retirada. El nuevo Hijo del Cielo prometió a su gran tutor Weng Tonghe que no decepcionaría a sus ancestros y los primeros meses se mostró trabajador y responsable, leyendo informes y acudiendo puntual a las audiencias matinales. Pero a medida que pasaba el tiempo empezó a ausentarse de los actos oficiales, a delegar en los hombres del Gran Consejo y volvió a los placeres nocturnos. En otoño de 1873 el único proyecto que le ilusionaba era la reconstrucción del Antiguo Palacio de Verano que seguía en ruinas desde su trágico incendio. Su sueño era poder refugiarse en este complejo y tener más libertad para disfrutar de sus aventuras sexuales. En la Ciudad Prohibida nunca estaba solo, tenía que cumplir un asfixiante protocolo y controlaban todos sus movimientos. Cuando Cixí se enteró de los planes de su hijo se mostró entusiasmada y le ofreció todo su apoyo. Ahora que se habían retirado, tanto Zhen como Cixí añoraban poder pasar temporadas en el antiguo palacio que tan buenos recuerdos les traían. La emperatriz se volcó de lleno en este proyecto y empezó a entrevistar a los arquitectos, jardineros y artistas que se encargaron de devolver a todo el complejo su antiguo esplendor.

Pero los planes de Tongzhi se encontraron con la oposición de una buena parte de los miembros del Gran Consejo y del Ministerio de Hacienda por el elevado coste de lo que muchos consideraban «un capricho del emperador». Entre los que más se oponían estaban sus tíos, el príncipe Chun y el príncipe Gong. Ambos se atrevieron a criticar el abandono de sus funciones y sus salidas nocturnas para visitar los burdeles de la ciudad. El emperador, furioso de que se inmiscuyeran en su vida privada, los suspendió a los dos de sus cargos y les quitó sus títulos. Ante esta reacción los nobles de la corte escribieron a Cixí para rogarle que hablara con su hijo y le hiciera entrar en razón. Las dos emperatrices viudas se reunieron con Tongzhi a solas en su despacho y Cixí, muy afectada, le recriminó su comportamiento con los príncipes y le dijo que por su bien hiciera caso a la mayoría. Tras una reunión larga y tensa, el emperador accedió a anular todas las órdenes y a devolver sus cargos a los príncipes. Por el momento la reconstrucción del Palacio de Verano debía esperar.

La vida tranquila que llevaba Cixí en el harén se vio de nuevo alterada por una triste noticia. En diciembre de 1874, casi dos años después de acceder al Trono del Dragón, el emperador cayó gravemente enfermo. Los médicos le diagnosticaron viruela, aunque los síntomas coincidían también con los de la sífilis. Las emperatrices viudas no se separaron de su lecho mientras el muchacho se debatía entre la vida y la muerte. Cixí estaba desconsolada y rogó a los nobles que si su hijo les pedía que se interpretara música en sus aposentos para distraerse, que no se opusieran, dado su grave pronóstico.

En la noche del 12 de enero de 1875, el emperador Tongzhi falleció sin haber cumplido los diecinueve años. Su breve reinado había finalizado de manera inesperada y sin dejar un heredero. Antes de morir había pedido a las dos emperatrices viudas que gobernaran el imperio y eligieran al nuevo monarca. Como el joven se había ganado muchos enemigos, corrió el rumor de que «había sido contagiado al introducir en su alcoba un pañuelo contaminado con el virus de la viruela». Nunca pudo comprobarse, y su muerte, como la de otros miembros de la familia imperial en el pasado, quedó envuelta en el misterio. El sucesor natural por orden dinástico era el quinto hermano, el príncipe Gong, pero Cixí le guardaba tal rencor que se negó a reconocerlo como heredero y además se encargó de que sus descendientes quedaran fuera de la sucesión imperial. La emperatriz también apartó a la princesa Alute, esposa del difunto emperador, quien no recibió el título honorífico de emperatriz viuda que le correspondía y pasaba los días recluida en sus habitaciones.

En la reunión del consejo extraordinario que se celebró al atardecer en el salón de las columnas doradas del Palacio de la Educación de la Mente en la Ciudad Prohibida, Cixí abrió la sesión con estas palabras: «Nosotras dos hemos tomado nuestras propias decisiones y estamos completamente de acuerdo. Os vamos a informar de nuestra decisión definitiva, que no podrá alterarse ni modificarse. Escuchad y obedeced». Tongzhi no había dejado testamento y la elección estaba en sus manos. En tono solemne Cixí anunció a los miembros de los clanes imperiales y altos funcionarios que las dos emperatrices viudas iban a adoptar un niño y que ellas lo criarían. El nuevo soberano era el hijo del príncipe Chun, un niño de tres años al que llamaron Guangxu, el emperador de «la gloriosa sucesión». Chun se había casado con Wanzhen, hermana de Cixí, y este era su único hijo al que amaba con devoción porque el mayor había fallecido. Cuando el príncipe se enteró de la noticia sufrió una crisis nerviosa, pero la emperatriz no se inmutó. Para ella la elección de su sobrino suponía una forma de castigarlo por apoyar la ejecución de su favorito, An Dehai, e incitar el sangriento motín de Tianjín. También con este gesto fortalecía su propio clan Nala eligiendo a un miembro de su familia. Chun, como padre biológico del nuevo soberano, se vio obligado a dimitir de todos sus cargos en el gobierno para no interferir en los asuntos de Estado.

La elección de Guangxu escandalizó a buena parte de los altos funcionarios y la nobleza del Imperio chino. Para ellos Cixí violaba todas las tradiciones y sentaba un grave precedente. La emperatriz ignoró las objeciones y reprimió duramente las críticas internas. Pero las tragedias y las intrigas en la Ciudad Prohibida no acabaron con la muerte del emperador Tongzhi. Apenas dos meses después de su fallecimiento se anunció que su esposa Alute había «muerto de pena». En realidad la joven se había suicidado dejándose morir de hambre y estaba embarazada cuando murió. Algunos acusaron a Cixí de haber ordenado su asesinato para evitar que diera a luz a un heredero que la apartara del trono. En la corte se sabía que ambas no mantenían buena relación y que la emperatriz viuda la trataba con dureza. Pero Alute provenía de una noble familia de valores confucianos en la que el suicidio se consideraba una demostración máxima de honor y lealtad. Antes de que terminara el fatídico año de 1875, la princesa Jung An, única hermana de Tongzhi, también murió. Al igual que el emperador, la viruela fue la causa de su temprana muerte.

Con treinta y nueve años Cixí volvía a tener el mando y se sentaba de nuevo detrás de la cortina amarilla. Y aunque se alegraba de regresar a la vida política tras su forzoso retiro en el harén, ya no era la misma. Tenía una mirada triste y se sentía

muy abatida. Más adelante, recordando la inesperada muerte de
su único hijo, comentó: «Desde ese momento he sido otra mujer; en lo que a mí concierne, toda felicidad terminó cuando él
murió».

LA VIEJA BUDA

Una vez finalizado el luto oficial, la vida en la Ciudad Prohibida
retomó el ritmo habitual con la regencia de las dos emperatrices. Li Lien-ying, el eunuco que había robado el sello imperial
del difunto Xianfeng, llenó el vacío de Cixí y se convirtió en su
favorito. Él ocupó el cargo de jefe de los eunucos tras la ejecución de An Dehai. «Aunque la emperatriz viuda tenía muchos
asuntos a su cargo, su vida parecía muy triste. Cuando no estaba
trabajando, pintaba, escuchaba música o veía óperas, pero a menudo estaba inquieta. La única persona que aliviaba esa agitación era el eunuco Li Lien-ying. Él sabía cómo cuidar de ella y
se convirtió en su compañero indispensable. Todos veíamos que
tenían una relación muy íntima», recordaba otro eunuco del
harén. La pintora estadounidense Katharine Carl, que fue invitada a la corte en 1903 para realizar un retrato oficial de la emperatriz Cixí, conoció a Li Lien-ying y lo describió así: «Es alto
y delgado. Posee una nariz romana, una mandíbula fuerte y ojos
muy astutos, llenos de inteligencia, que relucen en sus órbitas
hundidas. Su rostro está lleno de arrugas y tiene la piel aperga-
minada. Sus modales son elegantes y seductores y habla un chino excelente, con una magnífica pronunciación, palabras bien
escogidas y una voz grave y agradable».

Li muy pronto se ganó el favor imperial y le permitían liber-
tades excepcionales para un sirviente, como permanecer sentado
en presencia de Su Majestad Imperial y mantener debates con la

soberana. Esta intimidad con la emperatriz le granjeó muchos enemigos que lo tachaban de corrupto y avaro. Pero Cixí, ajena a las habladurías, solo veía en él cualidades: era alegre, buen conversador, un anfitrión generoso y excelente actor. Li Lien-ying se convirtió en su mejor amigo y principal confidente, pero nunca interfirió en los asuntos de Estado. Aunque los funcionarios celosos por su posición le acusaron de intervenir en política, ella jamás lo hubiera permitido. Durante medio siglo le sirvió con una entrega y abnegación absolutas. Fue él quien la apodó Vieja Buda, un título afectuoso que a la emperatriz le encantaba.

Cixí, más dispuesta que nunca a continuar la modernización del país, pero debido a unos problemas de salud, por primera vez se vio obligada a delegar en la emperatriz Zhen. Un día paseando por los jardines se desmayó y se encontraba tan mal que apenas podía mantenerse en pie. Los médicos le diagnosticaron una grave afección de hígado y la obligaron a guardar reposo en contra de su voluntad. Durante los siguientes ocho años tuvo que ausentarse en repetidas ocasiones de las funciones de la corte y pasar breves temporadas postrada en la cama. En palacio se murmuraba que la soberana podía haber sido envenenada, pero Li Lien-ying era su catador oficial y ella no dudaba de su lealtad. Aun así Cixí abrió una investigación para saber quién de su círculo más estrecho podía haber tenido motivos para asesinarla. Su estado llegó a ser tan preocupante que se temió por su vida. En las largas semanas que estuvo convaleciente, Zhen la sustituyó detrás de la cortina.

Al cabo de unos meses Cixí retomó sus funciones en medio de los rumores de quién podía estar detrás de su posible envenenamiento. En la lista de sus acérrimos rivales se encontraba el príncipe Chun, pero enseguida lo descartó porque ya no era su enemigo. Tras caer en desgracia, su cuñado Chun se había mostrado arrepentido y había dejado atrás su arrogancia. Al darse cuenta de su cambio de actitud y del dolor que le había causado al arrebatarle a su único hijo, Cixí comenzó a tratarle con más amabilidad. En señal de gratitud le nombró supervisor de la educación del pequeño emperador y así podía verle con frecuencia. Acabó siendo uno de los hombres de mayor confianza de la emperatriz en sus últimos años.

Aunque aún se sentía débil Cixí acudía a las audiencias matinales y se puso al día de los asuntos más urgentes. En aquel año de 1875 el lema de su gobierno era «hacer fuerte a China» y esa fue su máxima prioridad. Su más estrecho colaborador era el príncipe Gong que seguía dirigiendo el Ministerio de Asuntos Exteriores y estaba al frente del Gran Consejo. A pesar de los altibajos que había sufrido su relación, Cixí no podía prescindir de su antiguo mentor pues mantenía muy buena relación con los diplomáticos europeos, quienes lo alababan por «ser una pieza clave del progreso en China». Su otro hombre de confianza era el conde Li Hongzhang, un ambicioso estadista con una gran visión de futuro y al que ella consideraba uno de sus consejeros más inteligentes.

Fue el conde Li quien, usando su influencia, persuadió a Cixí para instalar el telégrafo en todo el imperio. Como solía hacer para convencerla, la agasajó con espléndidos regalos, entre ellos, varios relojes de oro con incrustaciones de diamantes, que la emperatriz amante del lujo aceptó encantada. También la animó a dar un gran impulso a la industria del carbón que en poco tiempo llevó la electricidad a China. Pero cuando el príncipe Gong le mencionó el interés de los británicos en construir las primeras líneas de ferrocarril, la emperatriz se mostró más cautelosa, no solo por respetar las tumbas de los antepasados sino por el elevado coste de las líneas. Para ella había otras prioridades. El país estaba sufriendo otra serie terrible de calamidades: más de la mitad de las provincias chinas sufrían inundaciones, plagas de langosta y sequías. Cixí recibía a diario los informes con las cifras de muertos por las hambrunas y las epidemias, en especial el tifus. La soberana aprobó una importante suma de dinero para importar alimentos y reducir esta grave crisis humanitaria. Mientras asistía a estas tensas reuniones y audiencias con los miembros del Gran Consejo, apenas tenía tiempo para su sobrino, el pequeño emperador que había comenzado su formación. La emperatriz contrató al antiguo tutor de su difunto hijo, Weng Tonghe, para que fuera su maestro principal. Aunque el anciano erudito trataba a su pupilo con extrema dureza y le infligía terribles castigos, ella nunca se inmiscuyó en su educación.

Aquel niño de tres años que en plena noche había sido arrancado de su hogar y de los brazos de su nodriza para ser llevado a la Ciudad Prohibida y pasar allí el resto de su vida, creció sin el amor de sus padres y marcado por los abusos de los eunucos. El pequeño Guangxu era muy débil y asustadizo cuando llegó a la corte traumatizado por el maltrato sufrido a manos de su verdadera madre, la hermana de Cixí. Esta mujer trató de manera despiadada a todos sus hijos, y dos de ellos murieron desnutridos. Más adelante se supo que si la emperatriz viuda eligió a este sobrino como el nuevo Hijo de Cielo fue para salvarlo de la violencia de su madre. Aunque estaba horrorizada por la forma en que su hermana trataba a sus hijos, nunca se mostró cariñosa con Guangxu. Desde el primer momento, Cixí le pidió que se dirigiera a ella como «querido papá». Zhen, como emperatriz de mayor rango, sería su madre oficial y con quien establecería una relación más estrecha. Guangxu fue educado por el tutor Weng Tonghe en la estricta filosofía confuciana y el recelo a todo lo occidental. Como las emperatrices consideraban que habían sido demasiado indulgentes con el fallecido Tongzhi, ordenaron al maestro que utilizara métodos más drásticos con el niño para conseguir que fuera más sumiso y respetuoso con ellas.

Los eunucos también fueron aleccionados para que no mimaran en exceso al pequeño y le castigaran cuando tenía una de sus frecuentes rabietas. Uno de sus eunucos principales contó que al niño lo encerraban llorando y gritando en una habitación diminuta, sin ventanas, donde guardaban su orinal, y allí le dejaban largas horas hasta que se calmaba y entonces le permitían salir. Cuando se negaba a estudiar, por indicación de su tutor, lo amenazaban con el castigo del Dios del Trueno. Los eunucos, escondidos en otra estancia contigua a la suya, daban fuertes golpes y armaban un gran estruendo similar a los truenos. Estos «métodos educativos» solo consiguieron convertir al Hijo del Cielo en un niño temeroso, propenso a los ataques de pánico y muy inseguro. Su aislamiento del mundo exterior y la influencia que ejerció en él Weng, al que siempre vio como una figura paterna, marcaron a fuego su personalidad.

A pesar de que con el paso del tiempo Weng estaba satisfecho con los progresos de su discípulo, quien mostraba más interés por el estudio que por una vida de placeres y disipada, a Cixí le inquietaba su futuro. A sus ojos era un niño enfermizo, nervioso y que solía tartamudear. Tenía haberse equivocado en la elección y que su sobrino no estuviera capacitado para llevar las riendas de un imperio. Pero en aquellos días la emperatriz tenía aún mayores preocupaciones. Las potencias occidentales, aprovechando las mejores relaciones con China, querían conquistar nuevos territorios del imperio o dividirlo en «esferas de influencia». Cixí lamentaba que la codicia extranjera no tuviera límites y no estaba dispuesta a ceder ante la «epidemia colonialista».

Entre las principales amenazas estaba su vecino Japón que se había convertido en «un peligro permanente para el imperio». Un año antes, en mayo de 1874, el ejército japonés había intentado apoderarse de la isla de Taiwán. Para Cixí y sus consejeros fue un aviso de que China necesitaba construir una armada a la altura de las potencias europeas. Para modernizar la defensa del país, la emperatriz no dudó en destinar cuatro millones de taeles de plata al año, una considerable suma de dinero. Pero había otro asunto que preocupaba aún más a sus consejeros y era la provincia de Xinjiang. Se trataba de un inmenso territorio al noroeste del país, del tamaño de Francia, Gran Bretaña, Italia y Alemania juntas, que muchas potencias deseaban conquistar. En 1871 Rusia había invadido la importante región de Illi en Xinjiang, de mayoría musulmana. Desde hacía años los musulmanes de la etnia han se enfrentaban al gobierno chino y amenazaban con establecer un Estado islámico independiente. Rusia había justificado la invasión aduciendo que solo deseaba ayudar a China a sofocar esta sublevación y que luego se retirarían. Siete años más tarde aún seguían controlando Illi y se negaban a marcharse.

Desde su regreso a la política Cixí estaba empeñada en que Pekín recuperara el control de Xinjiang, pero su ministro Li Hongzhang, comandante en jefe de la región, le recomendó que renunciara a una «guerra prolongada que el imperio no se podía permitir». Para la emperatriz reconquistarla era una prioridad, más ante la actitud prepotente de Rusia que se negaba a retirarse y amenazaba con ocupar aún más territorio. Cixí puso al frente de su ejército al general Zuo Zongtang, quien tras una brutal represión contra los musulmanes, a principios de 1878, recuperó la mayor parte de Xinjiang. La emperatriz se hallaba al tanto de las matanzas y de los sangrientos métodos del general Zuo que horrorizaron a los occidentales pero le apoyaba sin fisuras. Tras esta victoria, mandó a un diplomático chino a Rusia para negociar la devolución de Illi. Al cabo de unos meses el príncipe Gong fue el encargado de darle a la emperatriz una desagradable noticia. Su enviado a San Petersburgo había firmado un tratado de paz por el cual China debía ceder una gran parte de Xinjiang a Rusia a cambio de Illi. Cixí montó en cólera por lo que consideraba una humillación y se negó a reconocer el tratado. Era una declaración de guerra que no podía permitirse pero decidió hacer creer a Rusia que China «estaba lista para la guerra y tan preparada como su rival».

Durante esta grave crisis Cixí se había ganado el apelativo de Dama Dragón, pero la tensión acumulada de nuevo le afectó a su salud. Cuando se enteró de que Rusia había trasladado a noventa mil soldados a la zona que se disputaba con China, sufrió un ataque de nervios. No podía dormir, tenía jaquecas y tosía sangre. Un médico de la corte le diagnosticó «exceso de angustia y ansiedad» y le recomendó que descansara unos días y tratara de no pensar en los problemas. Algo difícil de cumplir cuando podía desatarse una guerra. Pero en esta ocasión no hubo derramamiento de sangre y la estrategia de Cixí funcionó. Tras enviar a San Petersburgo a un nuevo y más eficaz diplomático con instrucciones muy detalladas, el Imperio chino logró recuperar el territorio cedido en el anterior tratado, y la región de Illi. A cambio, China pagó a Rusia una importante indemnización por mantener a raya a los rebeldes musulmanes en sus fronteras. En la corte imperial se celebró la victoria sobre el enemigo ruso y las potencias extranjeras alabaron el papel crucial desempeñado por la emperatriz china, quien había dado al mundo «una lección de diplomacia internacional».

Tras unos días de descanso, Cixí volvió a sus actividades junto a la emperatriz Zhen. Cada mañana se levantaba entre las cinco y las seis y lo primero que hacía era fumarse dos pipas de tabaco antes del desayuno. Como ella no podía sostenerla, contaba con una sirvienta especial que permanecía de pie a su lado y cuando la emperatriz se lo ordenaba, la muchacha extendía con suavidad la punta de la pipa hasta la comisura de sus labios. Esta criada había sido entrenada durante meses para poder realizar este movimiento sin que le temblara el pulso. Después saboreaba con deleite la bebida preferida de los manchúes: té con mucha leche. Tras la grave enfermedad hepática que había padecido, uno de los médicos más prestigiosos del país le recomendó que tomara a diario leche humana para aumentar sus defensas naturales. Cixí contrató a varias nodrizas que se iban alternando y vivían con sus hijos en la Ciudad Interior.

A pesar de estos problemas de salud, la emperatriz viuda se mantenía fuerte y caminaba con «un porte erecto y un paso ligero y rápido». En el gran salón de audiencias la esperaba Zhen y juntas se situaban detrás de la cortina. Llevaban más de dos décadas compartiendo las tareas de gobierno a la sombra y su complicidad siempre había sido inquebrantable. Solo en una ocasión trascendió que Zhen se había molestado con Cixí por las excesivas confianzas que tenía con el gran eunuco Li Lien-ying. Le recriminó que le hiciera regalos tan costosos y que pasara tanto tiempo con él.

En los últimos meses Cixí había notado que Zhen hablaba despacio y con dificultad. En ocasiones tenía la mirada triste y perdida, y echaba en falta su buen humor. Hasta entonces había gozado de buena salud, pero en la mañana del 8 de abril de 1881 empezó a respirar con dificultad y falleció a las pocas horas. Los médicos nada pudieron hacer por salvarla tras el derrame cerebral que sufrió. Tenía cuarenta y tres años y para Cixí fue una gran pérdida. La noticia también afectó mucho al pequeño emperador de nueve años, que estaba muy unido a ella. Durante los funerales Guangxu no dejó de llorar ante el féretro. Cixí se envolvió la cabeza con un pañuelo de seda blanca como mandaba el duelo y prolongó en cien días el periodo de luto oficial. Durante este tiempo prohibió las bodas, las fiestas y la música en la corte. Como solía ocurrir tras la muerte de algún miembro de la familia imperial, comenzaron las habladurías y se dijo que Cixí había envenenado a la regente para tener más poder. Era un rumor absurdo porque para ella perder el cariño y el apoyo incondicional de Zhen fue muy doloroso. Ya no tendría a su lado a su amiga de adolescencia, la persona que más la conocía y la única ante la cual Cixí podía mostrarse humana.

La muerte de Zhen fue traumática para el emperador Guangxu y su infancia se volvió aún más sombría. Cixí, a sus cuarenta y cinco años, gobernaba sola el vasto imperio. La relación con su sobrino, al que apenas veía, era cada vez más distante y tensa. Pero en el verano de 1886, cuando cumplió quince años, sus tutores consideraron que había culminado con éxito los estudios y estaba capacitado para gobernar China. Ella tenía serias dudas de que su hijo adoptivo pudiera hacer frente a todos los retos del imperio, pero esperó a ver cómo se desarrollaban los acontecimientos. Mientras, se dedicó a consultar con el astrólogo imperial la mejor fecha para que el nuevo emperador accediera al Trono del Dragón. Tal como imaginaba, el anuncio de su retiro provocó un enorme revuelo en la corte y entre sus consejeros cundió el pánico. Aquel muchacho inseguro, ferviente confuciano y con aspecto de monje no parecía capacitado para el cargo. Chun y el conde Li le pidieron a Cixí que continuara gobernando dos años más con la esperanza de que Guangxu acabara de madurar y estuviera preparado para su sagrada tarea. Chun incluso presionó a su hijo para que se arrodillara ante su tía y le suplicara que no se fuera. Cixí, que todavía ansiaba el poder, estaba encantada con esta situación. En su entorno todo eran alabanzas y muchos proclamaban que «había conducido al país a una nueva y gloriosa etapa sin precedentes en su larga historia». El único que parecía no estar de acuerdo era el tutor Weng, quien consideraba que su pupilo era muy serio y extremadamente responsable y que «los intereses de la dinastía debían estar por encima de todo».

Tras hacerse de rogar, Cixí anunció que iba a seguir sirviendo a China y a su pueblo durante unos años más. Pero quien se sintió más decepcionado fue Guangxu, que no solo se vio apartado del poder sino que le obligaron a participar en una farsa. En un edicto imperial, redactado por la propia emperatriz, el joven monarca declaraba que cuando oyó el decreto que confirmaba su asunción al poder «temblé como si estuviera en medio del océano, sin saber dónde podría estar la tierra. Pero Su Majestad Imperial continuará aconsejándome durante unos años en las cuestiones de Estado...». Guangxu estaba tan enfadado y sentía tal frustración que cayó enfermo. La tensión y la angustia de aquellos días le afectaron a la garganta y su voz perdió tal fuerza que apenas se le entendía. Interrumpió sus clases, no comía y durante unos días no quiso ver a nadie. Solo las palabras de Weng le hicieron reaccionar y retomó estudios y obligaciones. Aunque en presencia de Cixí o «su querido padre» se mostraba respetuoso, en el fondo le guardaba mucho resentimiento.

Con su hábil jugada Cixí consiguió mantenerse dos años más al mando del imperio. Cuando Guangxu cumplió dieciséis años en el verano de 1887 tuvo que ocuparse de un asunto importante: la boda del emperador. Como mandaba la tradición comenzó la selección de consortes en todo el país, un proceso que se prolongó un año. Para ella iba a ser su último acto oficial antes de ceder el poder al nuevo Hijo del Cielo y como tenía derecho a participar en la elección de la esposa, pensó en una candidata que le sirviera a sus propios intereses. Así la elegida fue su sobrina Longyu, una joven tímida, sencilla y más responsable. A Guangxu no le gustaba porque era «muy fea, boba y tres años mayor que él». Pero Cixí se mostró inflexible ignorando sus preferencias y sentimientos. La futura emperatriz consorte era hija de su hermano, el duque Guixiang, y la conocía desde niña. No vio ningún problema en el parentesco. El matrimonio entre miembros de una misma familia constituía una práctica común y en este caso servía para consolidar el poder del clan Nala en la corte. Como concubinas imperiales se eligieron a dos hermanas originarias de Cantón: Perla, de doce años, y Jade, de catorce.

Guangxu no protestó y aceptó resignado contraer matrimonio con una mujer por la que no sentía la más mínima atracción. Longyu, que tenía un fuerte carácter, intentó oponerse a la boda, pero su familia la obligó a aceptar. El enlace tuvo lugar la mañana del 26 de febrero de 1889 y fue una ceremonia magnífica y suntuosa. El gran banquete previsto para el día siguiente tuvo que ser cancelado porque el emperador Guangxu, en el último momento, alegó que se sentía indispuesto. Según su tutor, aquella mañana al levantarse «se quejó de que se notaba mareado y vomitó agua». En realidad era una excusa para vengarse de su tía Cixí y mostrarle su enfado por el matrimonio arreglado sin contar con su opinión. Para la emperatriz viuda fue una gran humillación pública porque todos los nobles y altos dignatarios invitados a la celebración tuvieron que abandonar la Ciudad Prohibida y regresar a sus hogares.

Cixí se encontraba en su apogeo cuando anunció que se retiraba. Así ponía fin a su segunda regencia, aunque muchos oficiales y nobles de la corte siguieron agasajándola y pidiendo su consejo. En marzo de 1889 ofreció un fastuoso banquete de despedida como muestra de agradecimiento a los diplomáticos extranjeros por su contribución a estrechar lazos de amistad entre Occidente y China. Todos los invitados recibieron como regalo un cetro de buena voluntad hecho de jade, además de sedas y brocados elegidos por la propia emperatriz. El banquete se celebró en el Salón de la Suprema Armonía, la sala más grande y opulenta de la Ciudad Prohibida engalanada para la ocasión. Los numerosos asistentes no escatimaron elogios hacia Su Majestad

EMPERATRIZ CIXÍ

Nacida en el invierno de 1835, la llamaron Orquídea aunque, al tratarse de una mujer, nadie registrara su nombre y la inscribieran con el de su clan. La pequeña, de piel blanca y ojos almendrados, había heredado la inteligencia y la energía de su madre, una mujer instruida de la nobleza manchú del prestigioso clan Niohuru. Pronto aprendió a leer, a pintar, a jugar al ajedrez, a componer versos, a bordar y a confeccionar vestidos. A los dieciséis años ya sabía leer y escribir chino con bastante soltura. A la muerte del emperador Daoguang, llegaron rumores de que se celebraría una selección de concubinas para el nuevo emperador. Para sus padres fue un gran honor que el nombre de su hija se incluyera en la lista de posibles candidatas para el harén imperial.

Cixí logró dar al emperador Xiangfeng su único hijo varón, décimo emperador de la dinastía Qing, tempranamente fallecido sin descendencia. Tras la trágica noticia, las emperatrices viudas resolvieron adoptar a Guangxu, hijo del príncipe Chun, y criarlo hasta que pudiera ocupar el Trono del Dragón. El niño creció temeroso y propenso a los ataques de pánico, lo que prolongó la regencia de su tía más de lo previsto. Las dudas sobre su idoneidad estaban más que justificadas, pues en solo cinco años debilitó el Imperio que sólidamente había apuntalado Cixí. La rivalidad entre ellos se mantuvo hasta la muerte de ambos.

✼

Li Lien-ying, el fiel eunuco que había robado el sello imperial del difunto Xianfeng, llenó el vacío provocado por la muerte de su hijo Zaichun. En las horas más oscuras de la vida de Cixí, Li se convirtió en un compañero indispensable, capaz de cuidar de ella y de aliviar su dolor. Fue él quien la apodó «Vieja Buda», un título afectuoso que a la emperatriz le encantaba, y durante medio siglo le sirvió con una entrega y abnegación absolutas.

❋

Las emperatrices debían gobernar en la sombra, ocultas detrás de una cortina de seda porque no podían exponerse a las miradas masculinas. A pesar de ello, Cixí dedicaba mucho tiempo a su apariencia. El peinado de las damas manchúes era muy elaborado y, además de las horquillas enjoyadas, el pelo se trenzaba con gemas preciosas y flores naturales. En el lado derecho del tocado lucía un largo colgante con ocho sartas de perlas que llegaban hasta el hombro.

Cixí, que era consciente del recelo con el que se veía su figura en el extranjero, organizó una astuta campaña de relaciones públicas con el fin de cambiar la imagen que
tenían de ella y demostrar su amistad con Occidente. En contra de la opinión de sus
consejeros, invitó a las damas del cuerpo diplomático a tomar el té en el Palacio del
Mar, contiguo a la Ciudad Prohibida. Fue un día histórico, ya que por primera vez
unas mujeres extranjeras entraban en la corte imperial de China. La emperatriz les
ofreció un cariñoso recibimiento lejos de fórmulas protocolarias, las saludó una por
una, estrechó sus manos y las obsequió con un anillo de oro que llevaba engastada
una perla de gran tamaño. La idea resultó un éxito rotundo: las damas quedaron fascinadas con su personalidad y solo manifestaron elogios hacia su figura.

✳

Cixí adoraba el Antiguo Palacio de Verano, que había sido prácticamente destruido por el fuego durante la Segunda Guerra del Opio. Al retirarse quiso reformarlo, pues deseaba vivir sus últimos años en un oasis de tranquilidad, agua y verdor. Se sentía especialmente orgullosa del Barco de Mármol, un pabellón en forma de embarcación que descansaba sobre las aguas del lago Kunming. La emperatriz lo mandó reconstruir en madera policromada y la pintura imitaba al lujoso mineral. Este singular monumento le servía como salón de té y asombraba a los visitantes por su original diseño arquitectónico. Su costosísima construcción fue muy criticada.

❋

Tras el sangriento episodio de los bóxers, Cixí intentó recuperar
la confianza de las legaciones extranjeras en Pekín. La estadounidense Sarah Conger, con la que había mantenido cierta amistad,
le propuso que su compatriota Katharine Carl le hiciera un retrato
que mostrase al mundo su rostro real, el de una mujer enigmática
y poderosa que había modernizado China. Carl tuvo el privilegio
de vivir nueve meses en el interior de la Ciudad Prohibida y de
conocer a Cixí en la intimidad de su palacio. Sin embargo, ninguno de sus retratos se ajusta a la realidad de su aspecto, pues en
todos ellos fue rejuvenecida para complacer sus deseos.

Cixí falleció a los setenta y tres años en paz y serena. Fue una mujer ambiciosa, inteligente y de gran vitalidad que, desde muy joven, asumió el reto de sacar a su país del aislamiento y modernizarlo sin doblegarse a Occidente. Su máxima prioridad fue hacer fuerte a China y convertirla en una gran potencia. Como se alcanza a ver en la fotografía, tuvo un funeral digno de su elevado rango. Sus últimas palabras fueron: «Lo único que deseo es paz bajo el cielo».

❀

Imperial. Para Cixí fue uno de los momentos inolvidables de su reinado que guardó siempre en su corazón. Aquel histórico día el embajador estadounidense en China, Charles Denby, en un improvisado discurso, destacó la admirable labor de la emperatriz viuda: «Se ha ganado el aprecio unánime de los extranjeros y la veneración de su propio pueblo, y se la considera uno de los más grandes personajes de la historia. Bajo su mandato, durante un cuarto de siglo, China ha hecho progresos increíbles. Nadie podrá negar que estas mejoras se deben sobre todo a la voluntad y el poder de la emperatriz regente que goza de una espléndida reputación en Occidente».

Los logros de Cixí eran extraordinarios y llevada por su orgullo patriótico había demostrado que China no era una nación débil ni sumisa. El dinero recaudado en las aduanas se había duplicado y sirvió para alimentar a la población tras las inundaciones y otras catástrofes naturales. El país contaba con una poderosa armada y un ejército entrenado a conciencia. El telégrafo y la industria de la minería estaban bien implantados y pese a sus reticencias, en agosto de 1889 Cixí anunció la llegada del ferrocarril a China con la línea que unía Pekín con Wuhan y arribaba hasta Cantón. Los extranjeros valoraban sus enormes esfuerzos para acabar con el aislamiento y por su gran apuesta por la modernidad. En aquel banquete se levantaron las finas copas de cristal de Bohemia y se brindó por el magnífico legado de la emperatriz viuda Cixí y por su merecido descanso tras media vida dedicada a la actividad política.

En un principio, y como le correspondía a su rango, se retiró a vivir a la zona norte de la Ciudad Prohibida, al palacio reservado a las viudas imperiales. Pero al poco tiempo se le permitió trasladarse al Palacio del Mar situado en el Jardín del Oeste. Esta residencia imperial no era de su agrado porque se encontraba en el centro de Pekín, al lado de la Ciudad Prohibida, y no

contaba con grandes espacios verdes. Fue entonces cuando recuperó la idea de restaurar el Antiguo Palacio de Verano para
convertirlo en su lugar de retiro. Sabía que este proyecto sería
muy polémico por el elevado gasto que suponía y eligió reconstruir los templos y pagodas alrededor de la Colina de la Longevidad que presidía todo el complejo y que también habían sido
destruidos por las tropas extranjeras. En este idílico escenario
dominado por el inmenso lago Kunming salpicado por tres islas
que representaban montañas mitológicas, Cixí mandó construir
flamantes edificios más modernos y confortables. El nuevo Palacio de Verano fue rebautizado como Yi-he-yuan, Jardín de la
Salud y la Armonía.

Por primera vez en todo su mandato, la emperatriz planteó
la realización de este proyecto como un ruego personal. Quería
pasar sus últimos años en un oasis de tranquilidad, agua y verdor. Consideraba que se merecía este regalo ya que se había
dedicado en cuerpo y alma a su imperio, y se había dejado la
salud cumpliendo con su deber. A los nobles de la corte les recordó que, a diferencia de los emperadores anteriores, ella había
renunciado a los viajes oficiales y a las costosas excursiones al
lejano pabellón de caza de Jehol. En una ocasión confesó que
como devota budista soñaba con visitar la montaña sagrada de
Wutai, pero que decidió no viajar porque «conocía las necesidades de su pueblo».

Con su habitual astucia Cixí redactó un decreto imperial
donde daba a entender que la idea de este proyecto había surgi-
do del propio emperador Guangxu: «El deseo de restaurar el
Yi-he-yuan surge de una loable preocupación por mi bienestar,
y por esa razón no puedo negarme a su generosa voluntad.
Además, el coste de la construcción se extraerá de unos fondos
excedentes acumulados como resultado de estrictos ahorros que
se han hecho en el pasado. Los fondos que se hallan bajo el con-

trol de la Junta de Ingresos Fiscales no se tocarán, y no se ocasionará daño alguno a las finanzas nacionales».

Finalmente, y sin gran oposición, se aprobó el proyecto para rehabilitar y ampliar el complejo palaciego de Yi-he-yuan. Para sufragar los gastos Cixí, que contaba con una enorme fortuna personal, destinó tres millones de taeles a los que se sumaron las donaciones que hicieron algunos funcionarios. Pero aun así no era suficiente y buscó la manera de conseguir fondos del gobierno de forma indirecta. Como se había comprometido a no utilizar dinero del Ministerio de Hacienda recurrió a su devoto servidor, el príncipe Chun, que entonces estaba al frente de la armada. Este estamento disponía de un gran presupuesto anual y Cixí le planteó la posibilidad de desviar una cantidad de dinero. La suma de la armada ascendió a tres millones de taeles y aunque no repercutió en la modernización del ejército, fue una mancha en su integridad como soberana. Muy ilusionada se implicó desde el primer instante en las obras supervisando los trabajos, eligiendo los materiales de decoración y colaborando en el diseño de los mágicos jardines.

El nuevo Palacio de Verano tardó diez años en quedar finalizado, pero Cixí pudo mudarse a una de las suntuosas residencias del Jardín de la Salud y la Armonía. Desde su tranquilo retiro Cixí se mantenía informada de lo que ocurría en la corte. Su leal Li Lien-ying la seguía cuidando con devoción mientras la ponía al día de los rumores que corrían en la Ciudad Prohibida. Se enteró con preocupación de que la relación entre el emperador Guangxu y su esposa Longyu no solo era fría sino que él la evitaba. El joven prefería la compañía de una de sus concubinas imperiales, Perla, una muchacha alegre que se presentaba en el dormitorio del emperador «vestida como un hombre, sin maquillaje, con el cabello sujeto en una larga cola, sombrero masculino, chaleco de montar a caballo y botas planas de raso negro».

En su adolescencia Guangxu padecía eyaculaciones involunta-
rias. A diferencia de la mayoría de los emperadores, mostraba
poco interés por el sexo. Más adelante un médico francés lo
examinó y su diagnóstico fue que «su enfermedad del riñón le
impedía mantener relaciones sexuales y no podía tener hijos».
El pueblo lo llamaba «castración celestial» y rezaban para que el
Hijo del Cielo recuperara su apetito sexual.

Alejada de la política Cixí continuó con su rutina. Seguía
madrugando y solo cuando sus doncellas abrían las ventanas de
sus habitaciones, comenzaba la actividad en el palacio. Un eunuco de la corte recordó: «Cuando Su Majestad Imperial se despierta, la noticia corre como una chispa eléctrica por todos los
pasillos y pabellones del complejo, y todo el mundo está alerta al
instante». Como emperatriz no podía hacer nada por ella misma
y tenía a su alrededor «mil manos» que se encargaban de lavarla,
vestirla, peinarla y arreglarla con esmero. Su aseo matinal duraba
casi dos horas y lo que más disfrutaba era cuando su peluquero
personal le arreglaba el cabello mientras le contaba divertidos
chismes que la hacían reír. En su juventud todos alababan su larga y lacia melena azabache hasta la cintura. Al cumplir los cuarenta años había empezado a perder el cabello y ahora llevaba un
tupé en la parte superior para disimular su calvicie. El peinado
de las damas manchúes era muy elaborado y además de las horquillas enjoyadas el pelo se adornaba con gemas preciosas y flores
naturales. En el lado derecho del tocado lucía un largo colgante
con ocho sartas de perlas que llegaban hasta el hombro.

Para mantenerse joven cada día se tomaba una poción de
perlas machacadas que según creía reforzaba su longevidad. La
pintora Katharine Carl destacó su elegancia y su buen gusto:
«Siempre va inmaculada. Diseña sus propios vestidos y sus joyas.
Tiene un gusto excelente en la elección de colores, y nunca la
vi con un color que le sentara mal, aparte del amarillo imperial.

Este no le quedaba muy bien, pero estaba obligaba a llevarlo en todas las ocasiones oficiales. Solía alterarlo lo más posible con los adornos y joyas, y a veces ponía tantos bordados que el color original era apenas visible».

Las joyas las elegía con sumo esmero y la mayoría las montaban los maestros orfebres, según sus instrucciones y diseños. Los diamantes no le gustaban, pero sentía debilidad por las perlas y lucía algunas de gran tamaño y enorme valor. En una ocasión Cixí le confesó a una de sus damas: «Debe de parecerte curioso ver que una vieja como yo tenga tanto cuidado y se esfuerce tanto en vestirse y arreglarse. ¡Qué le voy a hacer! Me gusta vestirme y ver a las jóvenes bien vestidas: me hace querer volver a ser joven». Los perfumes también eran su debilidad y aunque tenía esencias francesas, prefería elaborarlos ella misma, mezclando los aceites de distintas flores y obteniendo aromas muy sutiles. Cuando ya estaba lista y abandonaba su dormitorio, los eunucos que la esperaban frente a la puerta se postraban a su paso y gritaban: «¡Vieja Buda!, ¡que toda la alegría te acompañe!».

Cixí tenía un paladar exquisito y en las cocinas imperiales trabajaban más de cien cocineros, algunos especializados en un solo plato. La emperatriz solía pedir el almuerzo en el lugar donde estuviese en el momento. No había un comedor fijo y cuando ella daba la orden sus damas y eunucos corrían a prepararlo todo y servirle la comida. Con increíble rapidez colocaban los ciento cincuenta platos en largas filas sobre mesas portátiles, aunque ella rara vez probaba más de seis o siete. Debido a su rango, Cixí tenía derecho a menús muy elaborados dos veces al día, pero las raciones eran muy pequeñas, del tamaño de una tacita de café. Los eunucos de su séquito traían las pesadas bandejas con los deliciosos manjares servidos en cajas de laca con el sello del dragón y envueltas en seda amarilla. Se abrían delante de ella como dictaban las normas de la corte. La sopa de aleta de tiburón, el guiso de rana con huevo, el hígado de pato guisado en salsa de soja y el cerdo cocido con salsa de cerezas eran algunos de sus platos preferidos. A Cixí le gustaba visitar los enormes huertos de palacio y seleccionar ella misma la frutas y legumbres de temporada. Cuando se alojaba en el Palacio de Verano a veces se animaba a cocinar en uno de los patios de su residencia, e incluso enseñaba a sus damas de compañía algunas recetas como los huevos cocidos con hojas de té negro y especias.

Por la tarde, tras dormir una siesta, Cixí se entretenía jugando a los dados o al go con sus eunucos y damas de compañía. Pero la mayor parte de su tiempo libre lo dedicaba a sus grandes amores: sus perros pekineses y a trabajar en su jardín. Un grupo de eunucos del palacio eran criadores expertos y se encargaban exclusivamente del cuidado de las mascotas imperiales. Los perros de Su Majestad Imperial tenían su propio pabellón, con suelos de mármol y repleto de cojines de seda. Su favorito era un pekinés de pelo largo y sedoso al que llamaba Shadza, que significa «tonto», porque no conseguía que aprendiera ninguno de los trucos que le enseñaba. Casi siempre antes de acostarse daba una larga caminata por sus frondosos jardines a la luz de los farolillos y, en especial, cuando había luna llena. Ahora podía dedicar más tiempo a la lectura y el libro que en aquellos días atraía su atención eran los diarios que había escrito Binchún, un funcionario manchú que había sido «la primera persona enviada de China a Occidente». El príncipe Gong los había mandado copiar para la emperatriz viuda porque sabía que despertarían su curiosidad.

En la primavera de 1886 Binchún había emprendido un largo viaje por Europa donde recorrió una docena de países, visitó ciudades, palacios, museos, óperas, zoológicos y hospitales. También conoció a algunos monarcas como la reina Victoria, a quien Cixí tenía por una poderosa rival. La emperatriz viuda, que detestaba la discriminación que sufrían las mujeres chinas en el poder y los prejuicios contra ellas, se quedó impresionada al leer que en Europa las mujeres pudieran ser reinas por derecho propio, y Binchún ponía como ejemplo a Victoria. «Tenía dieciocho años cuando accedió al trono y todos en su país se deshacen en elogios de su sabiduría», anotó en una de sus páginas. Para Cixí, que por muchos logros que consiguiera siempre tuvo que gobernar en nombre de su hijo oculta tras la cortina, le resultó muy sorprendente ver el trato que daban en Occidente a las mujeres. Ella, en más de una ocasión, había planteado a los nobles la posibilidad de poder recibir en audiencia a los diplomáticos extranjeros para presentar sus credenciales en Pekín, pero siempre se habían opuesto.

Aunque vivía retirada y, como le dijo más adelante al embajador francés: «Después de abandonar el trono, ya no tuve nada que ver con los asuntos de Estado», seguía muy de cerca los pasos que daba el emperador. Guangxu continuaba molesto con ella y aunque Cixí pensó que al principio le pediría consejo, no lo hizo. Apenas la visitaba y cuando lo hacía era solamente para desearle buena salud y larga vida. El joven aún permanecía bajo la influencia de su viejo tutor Weng, a quien había puesto al frente del Ministerio de Hacienda. Aunque antes de traspasar el poder a su sobrino le hizo prometer que «no cambiaría el rumbo que ella había trazado», poco después se enteró muy contrariada de que había paralizado varios de sus proyectos, entre ellos, la importante línea de ferrocarril norte-sur. Guangxu no estaba dispuesto a llevar adelante las reformas de Cixí y dejó que cayeran en el olvido. Las audiencias que concedía eran breves debido a su desinterés y al complejo que sentía por ser tartamudo. De nuevo se instauró en todo el imperio la antigua y lenta burocracia administrativa contra la que ella tanto había luchado.

Cuando la embargaba la nostalgia y «añoraba los viejos tiempos», lo único que le devolvía la ilusión era contemplar los avances de las obras del nuevo Palacio de Verano. Cada vez se sentía más a gusto en este lugar que provocaba la admiración de todo aquel que tenía el privilegio de visitarlo. A orillas del enorme lago Kunming, dominado por la Colina de la Longevidad, se elevaban deslumbrantes edificios como la Pagoda del Buda Fragante, un templo de cinco pisos que albergaba una estatua de Buda en bronce de más de cinco toneladas de peso. Cixí visitaba con frecuencia esta pagoda para orar y quemar incienso. En el lado norte del lago discurría el Gran Corredor, un pasillo cubierto de setecientos cincuenta metros de largo decorado con miles de exquisitas pinturas con escenas de la historia de China y de la literatura clásica. La emperatriz lo ordenó construir para poder moverse por el palacio sin preocuparse del mal tiempo. En la orilla opuesta, muy cerca de la isla de Nanhu, se divisaba el Puente de los Diecisiete Arcos hecho en mármol blanco y adornado con quinientos leones esculpidos en distintas posturas. Al atardecer le gustaba navegar en barco cerca de este puente, entre un manto de flores de loto. Le acompañaban algunas concubinas y su séquito de eunucos y damas de la corte. A veces iba detrás una balsa con músicos que tocaban la flauta de bambú y entonces Cixí «ordenaba silencio con gesto muy serio y se ponía a cantar en voz muy baja el estribillo de una canción de su infancia y se quedaba como en trance».

Todo el complejo palaciego de Yi-he-yuan era una auténtica obra maestra del arte paisajístico chino. Cuando el ministro Weng Tonghe lo visitó, comentó asombrado que «nunca había visto edificios tan espléndidos ni una decoración tan lujosa en un escenario que parecía irreal» y alabó el papel de la emperatriz viuda como mecenas de las artes. Cixí mandó construir en el Jardín de la Salud y la Armonía el teatro más grande de China junto al gran lago y con una perfecta acústica. Desde muy joven le encantaba la música y ya en su madurez revolucionó la Ópera de Pekín introduciendo nuevos repertorios y permitiendo que las mujeres tuvieran papeles protagonistas. La propia Cixí llegó a dirigir una obra, *Las mujeres guerreras de la familia Yang*, que se convirtió en una de las óperas más representadas y de las más populares, según su biógrafa Jung Chang. También le gustaba disfrazarse y actuar en las obras que improvisaba su querido eunuco Li Lien-ying, que además era un gran actor y sabía cómo entretenerla cuando la veía triste o preocupada.

Entre todos los edificios del nuevo Palacio de Verano la emperatriz Cixí se sentía especialmente orgullosa por el Barco de Mármol, un pabellón en forma de embarcación que descansaba sobre las aguas del lago Kunming. Fue construido durante el reinado del emperador Qianlong y en su origen se trataba de una enorme estructura de madera de dos pisos sobre bloques de piedra. Tras ser incendiado en la Segunda Guerra del Opio, la emperatriz lo mandó reconstruir en madera policromada y la pintura imitaba al mármol. Este singular monumento servía como salón de té a la emperatriz viuda y asombraba a los visitantes por su original diseño arquitectónico. Su costosísima construcción fue muy criticada porque el proyecto había sido financiado por su ministro Li Hongzhang en agradecimiento a Cixí. El Barco de Mármol constituía un recordatorio de una cita de un ministro de la dinastía Tang: «Las aguas que sostienen el barco también pueden volcarlo». Para la emperatriz era una alegoría; al igual que esta embarcación, la dinastía Qing debía mantenerse firme como una roca para que el pueblo no la tumbara. Durante su reinado, y pese a tantas dificultades y obstáculos, ella había intentado llevar el timón con mano firme, pero su sobrino Guangxu carecía de estas cualidades y estaba a punto de hundir la nave.

LA ÚLTIMA EMPERATRIZ

Hacía meses que corrían rumores de que la guerra con el vecino Japón era inevitable. Cixí, inmersa en los preparativos de su sesenta cumpleaños que deseaba celebrar con gran pompa, seguía con preocupación las noticias que llegaban de la Ciudad Prohibida. Justo antes del 16 de julio de 1894 Guangxu fue a verla para confirmarle los peores pronósticos. Se reunieron en la Villa de la Balaustrada de Jade, la residencia del Hijo del Cielo a orillas del lago en el Palacio de Verano. El joven, al que hacía tiempo que no veía, estaba demacrado, nervioso y parecía muy cansado. Llevaba cinco años en el trono, aunque debido a su inexperiencia y su desconocimiento del mundo real, no sabía cómo gestionar esta crisis. Cixí le apoyó en su decisión de entrar en guerra con Japón, pero le aconsejó no mostrar el más mínimo signo de debilidad ante el enemigo y mantener intacto el imperio. Tras esta breve visita, el emperador no volvió a pedir la opinión de la soberana y le prohibió que participara en la gestión de la guerra.

Cuando Cixí cedió el poder al nuevo Hijo del Cielo uno de los aspectos de su gobierno del que se sentía más orgullosa era el haber conseguido que China contara con una moderna flota naval, la más poderosa y mejor equipada de Asia. Pero aunque le había pedido a su sobrino que continuara invirtiendo y reforzando la defensa del imperio, Guangxu había dejado de comprar barcos de guerra y se había paralizado la modernización de la armada. Mientras, Japón se había convertido en una potencia militar de primer orden y su ejército se hallaba mucho mejor equipado que el chino. En aquel verano el Imperio nipón aspiraba al control de Corea, uno de los estados vasallos de China, y en agosto le declaró la guerra al Imperio chino. Preocupada por las sucesivas derrotas que estaba sufriendo el ejército chino, Cixí abandonó su retiro y se instaló en el Palacio del Mar para estar más cerca del centro del poder en la Ciudad Prohibida. Allí se reunió por primera vez desde hacía años con los miembros del Gran Consejo para valorar la gravedad de la situación. Aunque ella no tenía el mando ni podía dirigir la guerra, su presencia fue bien acogida y más aún cuando anunció que iba a donar tres millones de taeles para el mantenimiento del ejército.

En noviembre los japoneses se apoderaron de la fortaleza estratégica de Port Arthur, en la península de Liaodong, la puerta de entrada a Manchuria. Para Cixí, que aún seguía en el Palacio del Mar, fue una noticia tan catastrófica que canceló todos los planes de su cumpleaños. Con este motivo publicó el siguiente decreto:

> La feliz celebración de mi sexagésimo cumpleaños, que será en la décima luna de este año, iba a ser un venturoso acontecimiento, y en esta ocasión la nación entera iba a ofrecerme sus homenajes de lealtad y de respeto. [...] ¿Quién hubiera pensado nunca que los japoneses iban a osar llevarnos a la guerra y que invadirían nuestro Estado tributario de Corea y destruirían nuestra flota? [...] En consecuencia, aunque esté próximo mi cumpleaños, ¿cómo ha de estar mi corazón para regocijarme y recibir de mis súbditos unas felicitaciones que solo podrían ser sinceras si hubiéramos obtenido una gloriosa victoria? Decreto, pues, que las ceremonias conmemorativas se celebren en el palacio de Pekín y que queden abandonados todos los preparativos iniciados en el Palacio de Verano. Tal es la voluntad de la emperatriz.

El emperador Guangxu no era un estratega, estaba mal aconsejado y se mostraba aún más indeciso a medida que avanzaba el conflicto. Desde el comienzo de la guerra su hijo adoptivo la había mantenido completamente al margen, pero ahora Cixí necesitaba contar con toda la información para intentar reconducir la grave crisis. La emperatriz se enteró de que Perla, la concubina favorita de Guangxu, aprovechándose de su condición, se dedicaba a vender cargos en la corte imperial. Se trataba de un delito muy grave que en la dinastía Qing se castigaba con la pena de muerte. Cixí decidió utilizar esta información para obligar al emperador a que le diera pleno acceso a los informes de guerra. Para obtener la confesión de Perla no dudó en recurrir a la violencia y la joven de dieciocho años recibió un golpe en la cabeza tan fuerte que se desmayó. Un médico de la corte la encontró «inconsciente, con los dientes apretados y temblores y escalofríos por todo el cuerpo». Ante el escándalo en el que podía verse involucrado si los trapos sucios de Perla se hacían públicos, Guangxu emitió un edicto ordenando que todos los informes dirigidos a él se le mostrasen también a la emperatriz viuda. Por desgracia para Cixí esta medida llegaba demasiado tarde. Hacía meses que había comenzado la guerra y China ya había sufrido una demoledora derrota.

El 8 de abril los japoneses le hicieron llegar al emperador las primeras condiciones para un acuerdo de paz y esta vez decidió pedirle su opinión a la emperatriz. El Tratado de Shimonoseki que proponía el enemigo enfureció a Cixí porque era el más abusivo que había visto en todo su reinado. Japón, además de una indemnización astronómica de doscientos millones de taeles, exigía la cesión de Taiwán, las islas Pescadores y la península de Liaodong, en el sur de Manchuria. La emperatriz le insistió a Guangxu que si aceptaba ese acuerdo supondría la ruina económica de China y mostraría la debilidad del imperio ante las potencias occidentales. Antes de despedirse, con lágrimas en los ojos, le ordenó: «¡No cedas ninguno de nuestros territorios, llama al negociador y sigue luchando!».

Guangxu se enteró de que el primer ministro japonés Ito Hirobumi había enviado cien mil soldados en dirección a Pekín para presionar y lograr que se ratificara el acuerdo. El emperador, al límite de sus fuerzas, anunció que lo firmaría sin corregir ni un solo párrafo. Hasta el último momento Cixí intentó convencer a su sobrino y a los grandes consejeros para que rechazaran las demandas y persistieran en la lucha, pero no tuvo éxito. Aunque algunas potencias europeas acudieron en ayuda de Pekín, y Alemania, Francia y Rusia consiguieron que Japón devolviera la península de Liaodong a China, el tratado que Guangxu firmó «con temblores y llantos» fue devastador para el imperio. Además causó un daño irreparable en el prestigio de la dinastía manchú y en el gran legado que la emperatriz había construido durante su largo y próspero mandato.

En los días siguientes Cixí se sintió tan mal que se desmayaba con frecuencia. Aunque intentaba ocultar en público su tristeza, cuando estaba a solas lloraba sin descanso. Uno de sus eunucos comentó: «Las lágrimas de Cixí en privado revelaban la angustia inconmensurable que llenaba su corazón [...]. Si alguien me pidiera que dijera una sola cosa de Cixí, sería que era la persona más atormentada de la tierra». A finales de junio de 1895 la emperatriz viuda regresó a su retiro en el Palacio de Verano. La derrota contra Japón había sido un duro golpe para su orgullo del que nunca se recuperó. Sabía que las potencias extranjeras aprovecharían la debilidad del imperio para exigir nuevas concesiones y que seguirían «desangrando al país».

En los siguientes tres años sus peores presagios se cumplieron. La voracidad de Occidente parecía no tener límite: ciudades, territorios, bahías y puertos de un enorme valor estratégico fueron cayendo ante el avance implacable de las tropas extranjeras. Alemania, Rusia, Francia y Gran Bretaña no dudaron ni un instante en apoderarse de «la mayor tajada del melón chino». A mediados de 1898, China no solo había perdido la hegemonía en Asia sino que se había convertido en un país dividido por áreas de influencia de las potencias occidentales. Cixí se sentía muy abatida y profundamente afectada por todas las humillaciones sufridas. En aquellos sombríos días pensó que si no se tomaban medidas urgentes «sería el fin del imperio y de la dinastía Qing».

Lejos de tomar represalias o culpar a Guangxu, Cixí intentó estrechar lazos con él y se mostró amable y comprensiva. Pasaba más tiempo con su sobrino, le gustaba enseñarle sus rincones preferidos del nuevo Palacio de Verano y cuando cayó enfermo, la emperatriz lo visitaba a diario preocupándose por su salud. Como gesto de buena voluntad le devolvió el título de concubina imperial a Perla y a su hermana Jade. A punto de cumplir veintisiete años, Guangxu reaccionó y decidió que solo poniendo en marcha una importante reforma nacional conseguiría salvar a China y devolverle su grandeza y prestigio. Aún era un joven acomplejado y enfermizo, pero tras recuperar el afecto y la confianza de Cixí se vio con fuerzas de afrontar este gran reto.

El 11 de junio de 1898 el tutor Weng, siguiendo las instrucciones de Cixí y del emperador, redactó el «Anuncio de la política fundamental del Estado», un edicto histórico donde exponía su intención de acelerar la modernización del país para sobrevivir a las amenazas extranjeras. Fue el último acto de Weng en la corte porque pocos días después fue despedido por su pupilo, quien lo acusó de interferir en sus decisiones y darle un nefasto asesoramiento durante la guerra de Japón. El maestro había sido como un padre para él pero seguía aferrándose al pasado y ya no tenía cabida en la nueva etapa reformista. Para Cixí fue un alivio porque se sentía muy preocupada por la dependencia que el emperador tenía con su tutor. Sin su presencia, Guangxu se sintió más libre para tomar decisiones y por primera vez empezó a colaborar estrechamente con su tía. El emperador recorría en su palanquín varias veces a la semana las tres horas de distancia que separaban la Ciudad Prohibida del Palacio de Verano para consultarle los decretos que iban aprobando y que se conocieron como la Reforma de los Cien Días. En los primeros dos meses el Príncipe Celestial promulgó veintisiete edictos que iban desde la creación de escuelas y universidades en toda China siguiendo el modelo occidental, al fomento de la agricultura moderna, las exportaciones de productos chinos al extranjero o la expansión del ferrocarril.

Cixí estaba convencida de que si se lograba poner en práctica esta ambiciosa reforma nacional, China volvería a ser una gran potencia mundial. Pero la presencia de un astuto funcionario de bajo rango llamado Kang Youwei, apodado Zorro Salvaje, iba a frustrar sus planes. Este supuesto letrado y erudito de Cantón era un entusiasta partidario de la occidentalización de China. Gracias a sus contactos con el círculo más cercano al emperador, consiguió hacerle llegar algunas de sus propuestas para la transformación del imperio. Guangxu se las mandó sin demora a su tía, quien se quedó gratamente impresionada por las ideas nuevas que aportaba este notable reformista y que coincidían con las suyas. A Cixí le pareció bien que el emperador Guangxu concediera una audiencia a Kang el 16 de junio en su villa del Palacio de Verano.

En un principio ella no hizo caso de los rumores que le llegaban sobre este controvertido personaje al que los nobles tachaban de «corrupto, deslenguado y soberbio». Pero enseguida se dio cuenta de la negativa influencia que ejercía sobre su sobrino. Guangxu lo consideraba un «genio político» y presionado por él anunció el despido de miles de funcionarios y antiguos ministros. Cixí se alarmó y su preocupación fue aún mayor al enterarse de que algunos puestos vacantes los iban a ocupar amigos de Kang. Las intenciones del Zorro Salvaje quedaron al descubierto cuando el 14 de septiembre recibió otro edicto imperial donde Guangxu anunciaba la formación de un Consejo Asesor que tendría un poder ejecutivo y presidiría el propio Kang Youwei. La emperatriz viuda vio clara la jugada y se negó a autorizarlo. Nada la haría cambiar de opinión, y Guangxu escribió de su puño y letra la siguiente carta a Kang: «En vista de la presente situación, he comprobado que solo las reformas pueden salvar a China, y que las reformas solo pueden lograrse a través del despido de los ministros conservadores e ignorantes y la designación de eruditos inteligentes y valientes. Su Graciosa Majestad la Emperatriz Viuda, no obstante, no estuvo de acuerdo. Una y otra vez he intentado persuadirla pero solo he aumentado su furia. Deberían deliberar de inmediato para encontrar algún modo de salvarme. Con extrema preocupación y fervientes esperanzas».

El emperador no estaba en situación de enemistarse con «Su Majestad Imperial» y finalmente entró en razón y se negó a seguir adelante con el proyecto.

Cixí había ganado el primer pulso al Zorro Salvaje, pero sabía que este no se rendiría. Tras estas duras semanas de tensión la emperatriz intentó regresar a su rutina y distraerse con una de sus grandes aficiones, la pintura. Reanudó sus clases con la profesora Miao, una joven viuda de la etnia han que llegó a decir de Cixí que «era capaz de manejar el pincel con fuerza y precisión». Llamaba la atención la destreza que tenía en el arte de la caligrafía, podía escribir caracteres gigantes sobre un largo rollo de papiro de una sola pincelada. Algo extraordinario siendo ella de pequeña estatura y de edad ya avanzada. También retomó sus placenteros paseos por los jardines y su afición a tomar el té en una cabaña construida toda de bambú, desde donde contemplaba las mejores puestas de sol sobre el lago. Sus tés tenían fama de ser los mejores de todo el imperio, y los bebía en una hermosa taza de jade a la que añadía unos cuantos pétalos secos de jazmín, rosa y madreselva. Pero Cixí llevaba unos días muy intranquila y ni siquiera las infusiones de plantas medicinales que le recomendaban los doctores la ayudaban a conciliar el sueño. En la noche del 18 de septiembre había recibido una carta de un censor imperial donde le alertaba de que Guangxu iba a recibir en audiencia a Ito Hirobumi, el antiguo primer ministro de Japón y que, influenciado por Kang, lo quería contratar como asesor para supervisar la modernización de China. En su carta rogaba a la emperatriz viuda que destronara a Guangxu y tomara de nuevo las riendas del imperio.

Al día siguiente, el gran eunuco Li Lien-ying se presentó en los aposentos de Cixí con otra carta urgente que iba a dar un giro inesperado a los acontecimientos. La firmaba el general Yuan Shikai, un militar con una brillante carrera que, sospechando de las intenciones de Kang, se había ganado su confianza y descubierto un complot para asesinar al jefe del ejército, persona muy leal a la emperatriz viuda. El general Yuan había recibido instrucciones de que tras el asesinato debía movilizar sus tropas hasta el Palacio de Verano y capturar a Cixí. La emperatriz se quedó perpleja y aunque no estaba claro el papel de Guangxu en este plan, de lo que no había duda era de que su sobrino conocía la conspiración. Por su parte Kang llevaba meses deseando matar a Cixí porque era el único obstáculo entre él y el poder que ambicionaba.

La traición de su hijo adoptivo fue muy dolorosa, pero Cixí había sobrevivido en el pasado a otros complots y decidió actuar rápido y con cautela. En la mañana del 19 de septiembre abandonó el Palacio de Verano y se dirigió sin anunciarse a la Ciudad Prohibida. Allí Guangxu la recibió muy nervioso y sorprendido por su visita. Cixí mantuvo en todo momento la calma para no despertar sospechas y al día siguiente, después de la reunión del emperador con Ito Hirobumi, ordenó que lo arrestaran. El monarca fue llevado a una villa situada en un islote en el centro del lago del Palacio del Mar. Para reforzar su seguridad se pusieron barrotes en todas las ventanas y se levantaron muros de ladrillo alrededor de la residencia. A la concubina Perla, también implicada en el golpe, la encarceló en otra villa enfrente de la de su querido emperador. Aquí vivió Guangxu prisionero hasta que Cixí pudiera trasladarse con él al Palacio de Verano.

El emperador escribió de su puño y letra un decreto en tinta roja en el que anunciaba que la emperatriz viuda se convertía en su guardiana. A partir de este instante el poder estaba de nuevo en manos de Cixí. Su hijo adoptivo era tan solo una marioneta y su Reforma de los Cien Días fue cancelada. De esta manera a sus sesenta y dos años y cuando menos lo esperaba, Cixí asumió por tercera vez la regencia del imperio. Pero en esta ocasión ya no se ocultó detrás de la cortina amarilla y gobernó a los ojos del mundo sentada en el Trono del Dragón.

Estaba enfurecida y dispuesta a que cayera todo el peso de la ley sobre los culpables. Sabía que los eunucos del emperador eran también sus confidentes y comenzaron los duros interrogatorios a los sirvientes. Enseguida descubrió los nombres de los conspiradores. A finales de septiembre de 1898, y sin un juicio justo, fueron decapitados los primeros presos, entre ellos varios inocentes. Estas muertes estremecieron al pueblo e indignaron a los más estrechos colaboradores de Cixí. Era la primera vez en su largo mandato que la venerable Vieja Buda se comportaba con tanta crueldad con sus enemigos políticos. No quería que se celebrara un juicio porque eso implicaba que saldrían a la luz las desavenencias con su hijo adoptivo y la debilidad del gobierno. Temía que pudiera estallar el caos en el país e incluso que las potencias extranjeras intervinieran aprovechando el vacío de poder.

Jamás habló del plan urdido para asesinarla ni de la traición del Hijo del Cielo. Pero quien sí lo hizo fue Kang Youwei, el instigador del golpe, que consiguió huir y refugiarse en Japón. En los siguientes años, y ante el silencio de la emperatriz, el legendario Zorro Salvaje se dedicó a difamar a Cixí afirmando que era ella quien estaba al frente del complot para matar al emperador Guangxu, arrebatarle el trono y detener la Reforma de los Cien Días por considerarla demasiado revolucionaria. A estas alturas Cixí ya sabía que Kang Youwei era un mentiroso y un maestro del plagio: las ideas que le había propuesto y que habían llamado su atención en realidad se las había robado a otros eruditos. Desde su exilio este farsante que gozaba de las simpatías del pueblo se dedicó a manchar la reputación de Cixí tanto en China como en el extranjero. La tachó de cruel, libertina, déspota y megalómana y se inventó un sinfín de historias contra ella. Y esa fue la imagen con la que pasó a la historia la emperatriz viuda durante más de un siglo.

A finales de aquel terrible año de 1898, Cixí sentía un gran odio por su hijo adoptivo. Guangxu permanecía cautivo en su villa donde pasaba los días leyendo a los clásicos chinos, practicando la caligrafía, tocando algún instrumento musical y armando y desarmando relojes, uno de sus pasatiempos favoritos. Cuando se encontraban en la Ciudad Prohibida el emperador acudía con su tía a las audiencias matinales. En el gran salón se sentaban en un trono uno al lado del otro; él apenas hablaba y tenía «una sonrisa casi de esfinge y en el rostro un aire de estar reprimido que alcanza casi un estado de pasividad», según un enviado extranjero. En la corte ya no recibía el trato adecuado al Hijo del Cielo, ningún eunuco ni los altos dignatarios se arrodillaban en su presencia. Pero fuera de palacio contaba con las simpatías de los diplomáticos extranjeros que seguían apoyándolo. Para ellos él era el impulsor de las reformas y ella la déspota soberana que lo había hecho prisionero y quería derogar todas sus propuestas de modernización. Con el fin de cambiar la imagen que tenían de ella y demostrar su amistad con Occidente, decidió lanzar su propia campaña de relaciones públicas. El 13 de diciembre de 1898, y en contra de la opinión de sus consejeros, invitó a las damas del cuerpo diplomático a tomar el té en el Palacio del Mar contiguo a la Ciudad Prohibida. Fue un día histórico porque por primera vez unas mujeres extranjeras entraban en la corte imperial de China. A las diez en punto de esa fría mañana una escolta fue a cada legación para acompañar a las damas y sus intérpretes hasta la legación británica donde lady MacDonald, la de mayor jerarquía, las esperaba. Todas fueron transportadas en literas llevadas por cuatro porteadores. Cixí aguardaba en uno de los salones rodeada de sus damas de compañía, que lucían para la ocasión ricos y vistosos trajes. La emperatriz estaba sentada en un estrado ante una larga mesa decorada con frutas y flores. A todas les sorprendió la presencia del emperador Guangxu, «un joven de aspecto delicado y ojos tristes, cuya expresión revela poco carácter y casi no levantó la vista durante nuestra recepción», según observó una de las invitadas. La emperatriz les ofreció un cariñoso recibimiento mientras las observaba con enorme interés. Lejos del rígido protocolo, las saludó una por una estrechándoles las manos al tiempo que les colocaba en el dedo índice un pesado anillo de oro con una perla de gran tamaño. Sarah Conger, esposa del embajador de Estados Unidos, dejó una detallada descripción de este encuentro: «Allí, sobre su trono amarillo, estaba Su Majestad Imperial y nos agrupamos a su alrededor. Era inteligente y alegre y su rostro desprendía benevolencia. No se veía atisbo de crueldad. Nos dio la bienvenida con expresiones sencillas y gran cordialidad. Su Majestad se puso de pie y nos expresó sus buenos deseos. Tendió las manos a cada dama mientras decía con entusiasta sinceridad: "Una familia, todos una familia"».

Tras conocer a Cixí, las damas quedaron fascinadas con su personalidad y solo tuvieron elogios hacia su figura. Aunque la mayoría temían enfrentarse a una soberana fría y déspota, se encontraron con una anfitriona amable y cortés. Su imagen mejoró notablemente, pero los diplomáticos seguían reprochando que mantuviera al emperador en un segundo plano y privado de libertad. También les molestaba que la emperatriz hiciera regalos a las damas occidentales porque consideraban que lo hacía «para influir en ellas y obtener halagos». En China era común hacer obsequios, pero a partir de este momento y, para evitar malas interpretaciones, Cixí pidió a sus invitadas que no contaran a sus maridos lo que ella les regalaba.

En la primavera de 1899, parecía que China entraba en un periodo de tranquilidad, pero una nueva revuelta iba a poner en peligro la estabilidad del imperio. Hacía semanas que Cixí conocía la existencia de un grupo que se hacía llamar Yihequan o la Sociedad de los Puños Justos y Armoniosos. Sus miembros, los bóxers, eran campesinos aficionados a un tipo de arte marcial similar al boxeo y sentían un gran odio contra los cristianos locales y los extranjeros. Los culpaban de todos los males que azotaban al país y solo querían expulsarlos. Ese mismo año, los bóxers habían destruido hogares de familias cristianas, incendiado iglesias y asesinado a unas decenas de chinos conversos y a varios misioneros europeos. Aunque Cixí se sentía resentida con las embajadas europeas que tras el golpe de 1898 se habían puesto del lado del emperador Guangxu, cuando estalló la violencia contra los extranjeros ordenó que detuvieran y castigaran con severidad a los culpables y que se protegiera a los cristianos. Pero la emperatriz, que era una hábil estratega, no quiso prohibir este grupo que había adquirido una inmensa popularidad en China ni criminalizar a sus miembros, como le exigían las embajadas en Pekín. Sabía que si lo hacía la acusarían de ser una marioneta de las potencias occidentales y que los rebeldes dirigirían su ira contra los miembros de la dinastía Qing.

El 12 de abril de 1900 la emperatriz asistió algo inquieta a su audiencia matinal en la Ciudad Prohibida para tratar un tema que se había convertido en prioridad para el imperio. El príncipe Duan, miembro de la familia imperial y acérrimo conservador que despreciaba a los occidentales, le informó de que las grandes potencias no estaban conformes con la gestión de la revuelta de los bóxers y exigían que fueran eliminados por completo. La Sociedad de los Puños Justos y Armoniosos contaba con cientos de miles de seguidores, sus turbantes y fajines rojos eran muy populares en el interior del país y un grupo de valientes mujeres habían formado su propia facción, las Linternas Rojas. Cixí no estaba dispuesta a llevar a cabo un baño de sangre ni a poner al pueblo en su contra. Pero Gran Bretaña siguió presionando y dio al gobierno chino dos meses para exterminarlos. Se creó una fuerza conjunta llamada la Alianza de las Ocho Naciones, formada por Japón, Rusia, Reino Unido, Francia, Estados Unidos, Alemania, Italia y el Imperio austrohúngaro para derrocar el levantamiento de los bóxers.

Cixí no había olvidado la devastadora derrota contra Japón, y ahora las potencias extranjeras amenazaban con usar la fuerza. Sabía que la armada había quedado destruida y que su ejército era débil. Pero no estaba dispuesta a ceder. Entonces pensó que podía utilizar a los bóxers como soldados para enfrentarse a los invasores. El odio de estos rebeldes a los extranjeros era tan grande que lucharían como valientes y feroces guerreros. Para Cixí tomar esta decisión fue uno de los momentos más duros de su reinado. Cuando anunció la alianza con los bóxers en su interior dudaba de que aquellos campesinos sin formación militar, sin armas de fuego y llevados por la ira fueran la mejor opción para defender el imperio. Pero tras conocer que la fuerza conjunta de los ocho países había tomado los fuertes de Taku, supo que los bóxers eran su último recurso. Pese a que la mayoría de sus consejeros y hombres de confianza se oponían a la guerra y a la estrategia de la emperatriz, ya no había marcha atrás. En una reunión con los miembros del gobierno, con voz alta y firme, Cixí declaró: «Nuestra opción es poner al país en bandeja y entregárselo a los invasores, o luchar hasta el final. No puedo mirar a la cara de nuestros ancestros si no nos defendemos. Prefiero luchar hasta el fin. Y si el fin llega, vosotros sois mis testigos y podréis decir que hice todo lo que pude».

Hasta el día de su muerte la emperatriz Cixí se arrepintió de haber declarado la guerra a las grandes potencias. Enseguida comprendió que los bóxers eran unos violentos incontrolables. En su camino a Pekín destruyeron vías, trenes y líneas de telégrafo, y continuaron saqueando y arrasando las ciudades y los pueblos que encontraban a su paso. Aquellos hombres armados solo con espadas, lanzas y cuchillos pronto controlaron la capital y sitiaron el barrio de las legaciones donde residían los representantes de once países y donde habían buscado refugio dos mil chinos cristianos. Sarah Conger, que presenció los ataques, escribió: «El sonido de los cuernos, los gritos y los disparos de sus armas son los ruidos más aterradores que he oído jamás». Aunque Cixí envió víveres a las embajadas y emitió varios edictos para que los bóxers se disolvieran y regresaran a sus aldeas, era demasiado tarde. El sitio duró cincuenta y cinco días hasta que el 14 de agosto las fuerzas aliadas capturaron la capital. Sesenta y ocho extranjeros murieron durante el asedio, pero fueron los bóxers quienes sufrieron miles de bajas. La señora Conger reconoció que los cañones del ejército chino que les apuntaban nunca dispararon a las residencias porque habían recibido órde-

nes de Cixí de causar el menor daño posible. La propia emperatriz viuda llegó a decir: «Si de verdad hubiera querido destruir
las legaciones, hoy ya no existirían».

El ambiente en la Ciudad Prohibida era muy sombrío. Muchos pensaban que las tropas extranjeras ocuparían el complejo
sagrado y lo destruirían como ya hicieran en el pasado incen-
diando el Antiguo Palacio de Verano. Al principio Cixí declaró
que prefería suicidarse antes que abandonar la Ciudad Imperial
y dejarla en manos de los invasores. Pero ante la gravedad de los
acontecimientos su prioridad fue poner a salvo a los miembros
de la familia imperial. Si no lo hacía, la dinastía manchú Qing
podía desaparecer. Así tomó la humillante decisión de huir. En
la mañana del 15 de agosto de 1900 mientras los soldados aliados se encontraban a las puertas de las murallas, la emperatriz
viuda abandonaba el recinto en un carro tirado por mulas. Se
vistió con una sencilla túnica de algodón azul y el cabello sujeto
con un moño. Como la huida fue improvisada y no había suficientes carros ni animales disponibles, la mayor parte de la corte
no pudo acompañarles. Cixí se llevó a Guangxu y a los principales miembros de la familia real, incluida la concubina imperial
Jade. Pero cuando su hermana Perla, que se encontraba arrestada desde hacía dos años, se arrodilló delante de ella y le rogó
que no la dejasen atrás, esta ordenó a los eunucos que la arroja-
sen a un pozo y murió ahogada entre gritos de auxilio. La emperatriz quiso demostrar con este gesto que todavía era la máxima autoridad y de paso castigar a la concubina favorita del
emperador caída en desgracia. La versión oficial fue que Perla
había decidido suicidarse antes que abandonar el palacio y por
su gran valor Cixí le otorgó un título póstumo.

En cuanto se pusieron en camino comenzó a llover y la larga comitiva, escoltada por tres mil soldados, avanzó lentamente
por los senderos de barro. Más adelante, Cixí le contaría a Der-

ling, una de sus más antiguas damas de compañía, algunos recuerdos de su accidentada huida de Pekín: «El viaje en litera fue muy incómodo, desde la mañana temprano, antes de que saliera el sol, hasta que cayó la noche. El emperador hizo todo el camino en un carro tirado por una mula, igual que la concubina imperial. Un día llovía tanto que algunos de los porteadores de literas escaparon. Varias mulas murieron súbitamente. Hacía mucho calor y la lluvia que caía sobre nuestras cabezas nos empapó a todos. No puedo decir lo agotada que estaba, y además me sentía tan preocupada que estuve muy enferma casi tres meses. Por mucho que viva, no lo olvidaré nunca». Mientras marchaban hacia el interior siguiendo la Gran Muralla, la emperatriz contempló estremecida la devastación de las aldeas arrasadas por los bóxers. A sus sesenta y cuatro años aún se mantenía en forma pero el traqueteo del carro, el frío, la lluvia y la falta de comida le resultaron difíciles de soportar en los primeros días. A medida que el tiempo mejoraba Cixí recobró el ánimo y volvió a ser la Vieja Buda de antaño. Dio órdenes a las autoridades de las provincias para que los soldados escoltaran la comitiva y que nunca les faltara alimento, dinero y un buen alojamiento. Tenían por delante más de mil kilómetros y dos meses y medio de dura travesía hasta la antigua ciudad de Xian, en el oeste de China. Tras las primeras penurias del viaje las condiciones mejoraron y Su Majestad Imperial recibió infinidad de regalos, comida y grandes cantidades de dinero en las distintas provincias que atravesaban. Esta lealtad del pueblo y el apoyo de los jefes locales no pasó desapercibida a las potencias occidentales. Resultaba evidente que aún era una figura respetada y venerada por el pueblo y los más altos dignatarios chinos.

El 26 de octubre de 1900 Cixí y su séquito se instalaron en Xian, donde la emperatriz estableció su residencia. En su exilio y lejos del rígido protocolo de la corte, se mostraba más relajada y accesible. En sus audiencias volvió a brillar por su retórica y su imponente presencia. «La emperatriz viuda hablaba con gran elocuencia, citaba fácilmente relatos clásicos y al mismo tiempo tenía los pies en la tierra y conocía muy bien a su pueblo y sus costumbres. Era capaz de leer el pensamiento con solo unas palabras, por lo que los nobles la temían. Con una emperatriz viuda tan lista y tan fuerte, y a su lado un emperador tan extraño y débil, se comprendía que ella le tuviera dominado», anotó un virrey. Todos admiraban que a pesar de las dificultades del largo viaje no se mostrara cansada ni nerviosa. Parte de su tranquilidad se debía a las noticias que le llegaban de la capital. Lejos de destruir la Ciudad Prohibida y saquear sus valiosos tesoros, informaron a Su Majestad Imperial de que todos los palacios estaban intactos y que los invasores habían apostado guardias en las principales puertas para evitar saqueos.

A finales de 1900 Cixí recibió el borrador del Protocolo Bóxer, un documento de los aliados para poner fin a la guerra. Al leerlo sintió un gran alivio porque temía que la destronaran o que la obligaran a retirarse para mantener en el trono a Guangxu. Ella quedaba libre de responsabilidades, pero a cambio le pedían una enorme indemnización de más de cuatrocientos millones de taeles. Le parecieron unas condiciones aceptables y le garantizaron que podía regresar con toda la seguridad a la Ciudad Prohibida y mantener su autoridad. En la madrugada del 6 de octubre de 1901 el cortejo real estaba dispuesto para emprender el retorno a la capital. Durante sus quince meses de exilio había tenido tiempo para reflexionar y antes de partir dictó a su secretario un manifiesto que llamó «Decreto del Remordimiento». En él reconocía que había sido la responsable de la guerra de los bóxers y de las atrocidades sufridas por la gente inocente: «Fue culpa mía. He decepcionado a nuestros ancestros y he decepcionado a nuestro pueblo». Sus palabras mostraban su profundo y sincero arrepentimiento. Se comprometió a cambiar y a comenzar una nueva etapa de su reinado «aprendiendo del ejemplo de Occidente». La confesión de Cixí, tan inusual en boca de una emperatriz, impresionó a los gobiernos occidentales, quienes la reconocieron como una gran líder «a la altura de Catalina de Rusia e Isabel de Inglaterra» y decidieron darle su apoyo.

La emperatriz hizo la última etapa de su viaje de regreso a Pekín en tren, acompañada por su séquito en un lujoso vagón real puesto a su disposición. Era la primera vez en su vida que se subía a este «artefacto diabólico», al que ahora encontraba muy cómodo y agradable. Fue un gesto de buena voluntad hacia los invasores occidentales que habían reparado las líneas y los ferrocarriles destruidos por los bóxers. El 7 de enero de 1902 Cixí llegó a la capital y entró con su espléndido cortejo por la puerta sur de la Ciudad Prohibida tras un año ausente. En esta ocasión y rompiendo con la tradición, se permitió a miles de chinos y extranjeros contemplar la procesión real. «Primero llegaron los abanderados manchúes con sus briosos caballos seguidos de un grupo de funcionarios chinos con ropa de gala, y por último los palanquines imperiales que avanzaban entre dos filas de soldados arrodillados. Cuando llegaron frente a las murallas, los palanquines se detuvieron y se apearon el emperador y la emperatriz viuda. Al bajar de su vehículo Cixí alzó la vista y nos vio: una fila de extranjeros encaramados al muro. Antes de continuar se detuvo y mirándonos a todos se llevó las manos juntas hasta el mentón e hizo una serie de reverencias. Todos nos quedamos impresionados con su emotivo gesto y hubo un espontáneo estallido de aplausos», escribió el marino italiano Rodolfo Borghese.

Durante los meses siguientes Cixí trabajó incansablemente para estrechar nuevos lazos con los extranjeros. Primero recibió en audiencia al cuerpo diplomático, acompañada del emperador Guangxu. La Vieja Buda se sentó en su asiento, el Trono del Dragón, acaparando todas las miradas. Unos días después ofreció una recepción a las damas diplomáticas en un salón de la Ciudad Prohibida y entre ellas se encontraba de nuevo Sarah Conger. La esposa del embajador estadounidense había sido una de sus invitadas en la última recepción celebrada tres años antes y Cixí no había olvidado los elogios que le dedicó. Después de haber sufrido el duro asedio de las legaciones, la emperatriz se mostró muy atenta con ella y en privado le dijo: «Lamento y me arrepiento de los problemas habidos. Fue un grave error, y a partir de ahora China será amiga de los extranjeros. Nunca volverá a ocurrir algo así y espero que seamos amigos en el futuro». Cixí no escatimó esfuerzos para ganarse la confianza de las damas extranjeras y mantener una relación más asidua con ellas. Les organizó visitas al Palacio de Verano y a la Ciudad Prohibida, donde incluso permitió que accedieran a sus habitaciones privadas, y las colmó de valiosos regalos: joyas, sedas, tallas de jade, porcelanas y sus apreciados perros pekineses.

Sarah Conger y Cixí llegaron a ser muy buenas amigas, pero la dama estadounidense estaba «indignada con las horribles e injustas caricaturas de Cixí en la prensa extranjera». Entonces se le ocurrió que una compatriota suya, la pintora Katharine Carl, le hiciera un retrato que mostrara al mundo su imagen real, la de una mujer carismática y poderosa que llevaba décadas gobernando el imperio oculta tras una cortina y que había hecho grandes esfuerzos para modernizar su país. Cixí tenía entonces casi setenta años y aunque la idea no era de su agrado, aceptó por no rechazar el amable gesto de su amiga. La pintora llegó a Pekín en 1904 y en un principio Cixí se comprometió con ella a posar en una sola sesión pero finalmente, como le cayó simpática, se quedó nueve meses en la corte. Durante este tiempo

Katharine Carl vivió y trabajó dentro del recinto de la Ciudad Prohibida, donde le asignaron un estudio y unas habitaciones en las que podía descansar mientras pintaba el retrato. Fue la primera occidental en tener ese privilegio y la única que pudo conocer a Cixí en la intimidad de su palacio.

Para posar en su primer retrato oficial Cixí se arregló de manera suntuosa. Eligió una magnífica túnica de color amarillo imperial con ricos brocados y adornada con grandes flores bordadas con hilos de perlas. Su tocado estaba decorado con piedras preciosas y elaborados arreglos de flores frescas. En sus manos lucía varios anillos de oro, perlas y rubíes y los dedos anular y meñique de ambas manos los cubrían largos protectores de uñas de oro. Katharine Carl se quedó cautivada por su magnetismo y fuerza de carácter: «Tenía una figura muy bien proporcionada y una elegante presencia. Llamaban la atención sus bellas manos, muy pequeñas y suaves debido a su alto linaje. Su cabello, de color negro azabache, lo llevaba recogido dejando al descubierto su ancha frente, cejas finas y bien arqueadas y brillantes y penetrantes ojos negros. Su nariz es larga de la que los chinos llaman "de tipo noble" y su boca bastante grande aunque hermosa con labios rojos que cuando se abrían mostraban sus dientes blancos. Se mantenía muy bien conservada y aunque estaba a punto de cumplir setenta años aparentaba muchos menos. Siendo una viuda no usaba cosméticos y su cara tenía el brillo natural de una persona saludable, un cutis magnífico y se notaba que se cuidaba mucho. Tenía un excelente gusto en la elección de sus vestidos y joyas que reforzaban su apariencia juvenil. Su personalidad era inusualmente atractiva», escribió en el libro en el que plasmó su vida en la corte imperial.

Cuando Cixí se encontraba aún en la ciudad de Xian a punto de regresar a Pekín, emitió un decreto que fue el inicio de una nueva era en China: «La emperatriz viuda ordena a su pueblo que solo adoptando lo que tienen de superior los países extranjeros podremos rectificar lo que es deficiente en China». Esta vez estaba dispuesta a cumplir su promesa y en los siguientes siete años emprendió una serie de reformas que fueron una auténtica revolución y dieron paso a la definitiva modernización de China. Se autorizaron los matrimonios entre han y manchúes, se prohibió el vendado de pies a que eran sometidas las niñas han y se abolieron formas medievales de castigo como la «muerte de los mil cortes». Se abrieron escuelas y universidades siguiendo el modelo occidental, promovió la educación de las mujeres y niñas, y eliminó la separación de sexos. Las mujeres chinas ya podían pasear por los espacios públicos, ir al teatro, al cine y disfrutar de una libertad desconocida para ellas. También florecieron nuevos periódicos y revistas y gracias a la libertad de prensa las ideas republicanas que defendían muchos jóvenes se divulgaron con rapidez por todo el país.

Aunque Cixí disponía de poco tiempo para distracciones, en 1905 se dejó retratar por primera vez. Al joven fotógrafo Xunling se le permitió inmortalizar a Su Majestad Imperial en la Ciudad Prohibida y, como un gesto excepcional, permanecer de pie delante de ella. La emperatriz viuda tenía setenta años y para contentarla todos sus retratos se retocaron, quitándole las arrugas y las bolsas bajo los ojos. Cuando le mostraron las fotografías se quedó encantada al verse tan rejuvenecida. Y más tras haber sufrido una parálisis facial en el lado derecho de la cara, que parecía más flácida y le daba un gesto de amargura. A partir de este momento se animó a posar en diferentes escenarios, incluso mandó construir decorados como si fuera una artista. Llegó a vestirse de Guan Yin, la Diosa de la Misericordia, y pidió a sus eunucos favoritos que se disfrazaran como personajes relacionados con esta deidad. Algunas de estas fotografías coloreadas y ampliadas las enmarcó y regaló a los jefes de Estado con motivo de su cumpleaños. A todos les sorprendió que la emperatriz de China «aparentara cuarenta años en lugar de setenta». En realidad Cixí era una anciana que sufría los achaques propios de su edad pero no había perdido su capacidad de trabajo, energía y curiosidad. Madrugaba como de costumbre, presidía las reuniones del Gran Consejo y pasaba las tardes reunida con los hombres de su círculo más cercano, discutiendo proyectos y publicando un sinfín de decretos imperiales. Entre otras novedades se creó el banco estatal y nació una moneda nacional, el yuan, dejando atrás los antiguos y poco prácticos taeles de plata. Los grandes cambios se sucedían a un ritmo trepidante y en 1906 la emperatriz anunció su deseo de establecer una monarquía constitucional en sustitución de la monarquía absoluta existente. Cixí invitaba a sus súbditos a ser «ciudadanos del país con derecho a voto». Al cabo de un tiempo un misionero estadounidense que vivía desde hacía años en China declaró: «Han pasado poco más de ocho años desde el regreso de la corte en enero de 1902. En este periodo se puede afirmar que se han decretado más reformas trascendentales en China que en ningún otro país a lo largo de medio siglo, con la excepción de Japón».

Mientras Cixí tenía una intensa actividad, el emperador Guangxu había cumplido treinta y siete años y además de enfermo se hallaba sumido en una profunda depresión. Desde su regreso del exilio gozaba de más libertad de movimientos aunque estaba prohibido visitarle en su villa, salvo personas de confianza. Como había intentado escapar en dos ocasiones lo mantenían estrechamente vigilado. En 1908 su salud empeoró debido a sus problemas renales y su estado era tan crítico que se hizo llamar a los mejores médicos del país. Ese mismo verano la emperatriz viuda, que hasta el momento había demostrado una gran fortaleza física, comenzó a declinar. Cixí sufría diarreas que la dejaban agotada y aun así seguía acudiendo a sus audiencias matinales aunque llegaba unas horas más tarde. En aquellos días lúgubres envió al príncipe Ching a los Mausoleos Orientales a las afueras de Pekín donde estaban enterrados todos los monarcas de la dinastía Qing, para comprobar el estado de su tumba. Deseaba reposar en la Cámara Real junto a su esposo el emperador Xianfeng y su hijo Tongzhi.

Al ver que su salud empeoraba por momentos, Cixí se inquietó y empezó a poner en orden los asuntos del imperio. Guangxu seguía postrado en la cama y aunque se aferraba a la vida, sus días estaban contados. La emperatriz conocía bien las flaquezas de su hijo adoptivo y el odio que a estas alturas sentía hacia ella. Si le sobrevivía, podía poner fin a sus reformas y entregar en bandeja el imperio a Japón, un país que seguía admirando. Una noche llamó a Li Lien-ying y le ordenó que llevara al emperador uno de sus platos preferidos en el que previamente había puesto una dosis de arsénico. En la tarde del 14 de noviembre de 1908 se anunció la muerte del monarca. Al fallecer en la soledad de su alcoba no se conocieron sus últimas palabras ni voluntades. Cixí no había perdido el tiempo y ya había designado al heredero, un niño de tres años llamado Puyí, nieto del príncipe Chun y conocido como «el último emperador». Él sería el nuevo Hijo del Cielo y hasta la mayoría de edad su padre, Zaifeng, actuaría como el regente.

A pesar de su gran deterioro Cixí trabajó incansable hasta el último día de su vida. Por entonces su mayor preocupación era que se aprobara el derecho al voto de las mujeres, una de sus asignaturas pendientes. El doctor Gary, médico de la legación británica, asistió a la última audiencia de la emperatriz donde la vio muy frágil, y escribió: «Nos dijeron que Su Majestad había comido más de lo usual y además, fruta demasiado madura. Tenía síntomas de disentería y no se había recuperado con la medicación, dejándola consumida. Aunque la aparición de la grave enfermedad intestinal en la emperatriz podía considerarse sospechosa y en el extranjero se ha difundido que ha podido ser envenenada, no hay nada de cierto. Mi diagnóstico es disentería aguda acentuado por un exceso de fatiga en estado senil».

Al día siguiente del asesinato de Guangxu, la emperatriz viuda se despertó con intensos dolores en el estómago y fiebre alta. Le dijo a su dama de compañía que estaba tranquila y que sentía que había llegado su hora final. Aún lúcida, dictó un mensaje de despedida con estas palabras:

> Al considerar mis recuerdos de los últimos cincuenta años, percibo cómo las calamidades de dentro y la agresión de fuera han caído sobre nosotros en implacable sucesión. El nuevo emperador es un niño, que apenas alcanza la edad en que una amplia instrucción es de suma importancia. Su Majestad debe consagrarse a estudiar los intereses de su país y abstenerse de mostrar dolor. Ruego con fervor que prosiga con diligencia sus estudios y que pueda, de aquí en adelante, agregar brillo a los gloriosos logros de nuestros antepasados.
>
> Se llevará luto solo veintisiete días.
>
> ¡Óigase y obedézcase!

Postrada en la cama y al límite de sus fuerzas, su eunuco favorito Li Lien-ying, con lágrimas en los ojos, giró la cabeza de su señora para que mirara al sur, la dirección tradicional en que debía morir un emperador. Sus últimas palabras fueron: «Lo único que deseo es paz bajo el cielo», y expiró. Después sus damas la vistieron con el traje tradicional de la muerte, la túnica de la longevidad, y la cubrieron de joyas y piedras preciosas que la acompañaron a la tumba en la Cámara Real: «Se la vistió con ropas ceremoniales de hilos de oro, y encima llevaba puesta una chaqueta bordada con una sarta de perlas, mientras que otra le daba nueve vueltas al cuerpo, y en los brazos tenía dieciocho imágenes en perla de Buda. Su cuerpo estaba cubierto con un manto mortuorio sagrado Tolo, en la cabeza llevaba una diadema de perlas y adornos de jade en forma de loto», escribió un príncipe de la casa imperial. La Gran Madre de China, la Vieja Buda, estaba a punto de cumplir los setenta y tres años. Después de su funeral, propio de su elevado cargo, el imperio que ella creyó a salvo entró en una época oscura de guerra y desorden. Sus sueños no se cumplieron, pero la concubina Yehonala ya había emprendido el viaje a la eternidad.

Bibliografía

Aubry, O., *Eugenia de Montijo*, Iberia, Barcelona, 1992.

Bel, M. A., *Mujeres españolas en la historia moderna*, Sílex, Madrid, 2002.

Beladiez, E., *Españolas reinas de Francia*, Prensa Española, Madrid, 1979.

Belloc, H., *Isabel de Inglaterra*, Los Amigos de la Historia, Barcelona, 1975.

Bennassar, B., *Reinas y princesas del Renacimiento a la Ilustración*, Paidós, Barcelona, 2007.

Bland, J. O. y Backhouse E., *Tse-Hsi emperatriz regente*, Espasa Calpe, Madrid, 1956.

Blasio, J. L., *Maximiliano íntimo*, Editora Nacional, Ciudad de México, 1971.

Buisson, J. y Sévillia, J., *Los últimos días de las reinas*, Edaf, Madrid, 2016.

Carl, K., *With the Empress Dowager of China*, KPI Limited, Londres, 1986.

Caso, A., *Elisabeth*, Planeta, Barcelona, 1996.

Castelot, A., *Grandes amores de la historia*, Bruguera, Barcelona, 1963.

Castor, H., *Lobas*, Ático de los libros, Barcelona, 2020.

Chang, J., *Cixí, la emperatriz*, Taurus, Madrid, 2014.

Chastenet, J., *Isabel I de Inglaterra*, Planeta, Barcelona, 1963.

Chaussinand-Nogaret, G., *Las mujeres del rey*, Javier Vergara, Buenos Aires, 1993.

Chauvel, G., *Eugenia de Montijo*, Edhasa, Barcelona, 2000.

Christomanos, C., *Sissi emperatriz*, Tusquets, Barcelona, 1988.

Conte, E. C., *Maximiliano y Carlota*, Iberia, Barcelona, 1943.

Corti, E., *Elisabeth*, Iberia, Barcelona, 1957.

Cravieri, B., *Amantes y reinas*, Siruela, Madrid, 2006.

De Grecia, M., *La emperatriz del adiós*, Plaza & Janés, Barcelona, 2000.

De Habsburgo, C., *La maldición de Sissi*, Esfera de los libros, Madrid, 2013.

De Vega, L. A., *La disparatada vida de Elisabeth*, Afrodisio Aguado, Madrid, 1944.

Del Paso, F., *Noticias del Imperio*, Fondo de Cultura Económica, Madrid, 2012.

Des Cars, J., *Eugenia de Montijo*, Ariel, Barcelona, 2003.

Draper, R., *National Geographic. La seducción de Trieste*, RBA, Barcelona, 2023.

Duchein, M., *Isabel I de Inglaterra*, Javier Vergara, Buenos Aires, 1994.

Enseñat, J. B., *La emperatriz Eugenia íntima*, Montaner y Simón, Barcelona, 1909.

Felder, E. N., *Vida y pasión de grandes mujeres*, Imaginador, Buenos Aires, 2003.

Fisas, C., *Historia de las reinas de España*, Planeta, Barcelona, 1988.

—, *Historias de la Historia*, Planeta, Barcelona, 1983.

Fraser, A., *Las seis esposas de Enrique VIII*, Ediciones B, Barcelona, 2007.

Garrido, E. (editora), *Historia de las mujeres en España*, Síntesis, Madrid, 1997.

Gelardi, J., *Nacidas para reinar*, El Ateneo, Buenos Aires, 2006.

George, M., *Isabel I*, Ediciones B, Barcelona, 2015.

Gregory, Ph., *La otra Bolena*, Planeta, Barcelona, 2008.

Guy, J., *María Estuardo*, Edhasa, Barcelona, 2007.

Hamann, B., *Sisi, emperatriz contra su voluntad*, Juventud, Barcelona, 1989.

Jaschok, M. y Miers, S. (editoras), *Mujeres y patriarcado chino*, Bellaterra 2000, Barcelona, 1998.

King, G., *La última emperatriz de Rusia*, Javier Vergara, Buenos Aires, 1995.

Kolonitz, P., *Un viaje a México en 1864*, Libros de México, Hammond, 2020.

Laidler, K., *Yehonala, la última emperatriz de China*, El Ateneo, Avellaneda, 2005.

Luca de Tena, T., *Ciudad de México en tiempos de Maximiliano*, Planeta, Barcelona, 1989.

Madariaga, S., *Mujeres españolas*, Espasa Calpe, Madrid, 1972.

Mantel, H., *En la corte del lobo*, Destino, Barcelona, 2011.

Marcus, S., *Entre mujeres*, Universitat de València, Valencia, 2009.

Margarit, I., *Eugenia de Montijo y Napoleón III*, Plaza & Janés, Barcelona, 1999.

Márquez de la Plata, V., *Mujeres de acción en el Siglo de Oro*, Castalia, Madrid, 2006.

—, *Los mejores reyes fueron reinas*, Nowtilus, Madrid, 2018.

Martínez, L., *Locura imperial*, Espasa Libros, Barcelona, 2018.

Massie, R. K., *Catalina la Grande*, Crítica, Barcelona, 2012.

Maxwell, R., *Ana Bolena, los años franceses*, Edhasa, Barcelona, 2009.

—, *El diario secreto de Ana Bolena*, Edhasa, Barcelona, 2011.

Memorias de la emperatriz Catalina la Grande, Mateu, Barcelona, 1973.

Miguens, S., *Catalina la Grande*, Nowtilus, Madrid, 2006.

Min, A., *La última emperatriz*, Random House Mondadori, Barcelona, 2008.

Moix, A. M., *Vals negro*, Lumen, Barcelona, 1994.

Montefiore, S. S., *Los Romanov 1613-1918*, Crítica, Barcelona, 2016.

Perris, A., *Sissi emperatriz*, Edimat, Madrid, 2005.

Queralt, M. P., *Reinas en la sombra*, Edaf, Madrid, 2014.

Robles, M., *Carlota*, Penguin Random House, Ciudad de México, 2017.

Sarasa, E., *Isabel I reina de Inglaterra*, Edimat, Madrid, 2005.

Seagrave, S., *La última emperatriz de China*, Javier Vergara, Buenos Aires, 1993.

Segura, C., *Diccionario de mujeres célebres*, Espasa Calpe, Madrid, 1998.

Showalter, E., *Mujeres rebeldes*, Espasa Calpe, Madrid, 2002.

Sitwell, E., *Trompetas para Isabel*, Planeta, Barcelona, 1991.

Smith, D., *El ocaso de la aristocracia rusa*, Tusquets, Barcelona, 2015.

Smith, G., *Maximiliano y Carlota*, Juventud, Barcelona, 2003.

Strachey, L., *La reina Victoria*, Penguin Random House, Barcelona, 2008.

—, *Isabel y Essex*, Planeta, Barcelona, 2008.

Tavera, S. (coord.), *Mujeres en la historia de España*, Planeta, Barcelona, 2000.

Tello, C., *Maximiliano*, Penguin Random House, Ciudad de México, 2017.

Tremlett, G., *Catalina de Aragón*, Crítica, Barcelona, 2012.

Troyat, H., *Catalina la Grande*, Ediciones B, Barcelona, 2007.

Van Ypersele, L., *Una emperatriz en la noche*, Martha Zamora, Huixquilucan, 2010.

Vázquez, G., *Maximiliano de Habsburgo*, Charles River, Michigan, 2016.

Villalpando, J. M., *El juicio de la historia, Maximiliano*, Penguin Random House, Ciudad de México, 2017.

Voltes, M. J. y Voltes, P., *Las mujeres en la historia de España*, Planeta, Barcelona, 1986.

Weckmann, L., *Carlota de Bélgica*, Porrúa, Ciudad de México, 1989.

Wilson, A. N., *The Victorians*, Random House, Londres, 2003.

Wilson, M., *La reina Isabel*, Espasa Calpe, Buenos Aires, 1947.

Zamora, M., *Maximiliano y Carlota*, Martha Zamora, Huixquilucan, 2012.

Zweig, S., *María Estuardo*, Juventud, Barcelona, 2008.

Créditos de las imágenes

p. 3, *Retrato de Eduardo VI de Inglaterra*. Taller de William Scrotts.

p. 4, *Retrato de Isabel I de Inglaterra en su coronación*. Autor anónimo. © Album / Prisma.

p. 5, *María Estuardo camino del cadalso*. Scipione Vannutelli. © The Picture Art Collection / Alamy Foto de stock.

p. 6, *Sir Walter Raleigh*. Escuela inglesa s. xvi.

p. 7, *Isabel I. Retrato de la Armada*. Artista inglés desconocido. © Universal History Archive / Universal Images Group via Getty Images.

p. 8, *Isabel I, anillo de coronación*. © Fine Art Images / Heritage Images / Getty Images.

CARLOTA DE MÉXICO

p. 233, *Carlota de México*. Album / © Tallandier / Bridgeman Images.

Cuadernillo

p. 1, *Princesa Carlota de Bélgica*. Franz Xaver Winterhalter.

p. 2, *Princesa Carlota de Bélgica*. Albert Gräfle.

p. 3, *Retrato de Maximiliano I de México*. Albert Gräfle.

p. 4, *Retrato de Carlota y Maximiliano I de México*. © PVDE / Bridgeman Images

p. 5, *Emperatriz Elizabeth de Austria*. Franz Xaver Winterhalter.

p. 6, *Dormitorio en el castillo de Chapultepec*. © David Coleman | Have Camera Will Travel / Alamy Foto de stock.

p. 7, *Emperatriz Carlota de México*. © Tallandier / Bridgeman Images.

p. 8, *Emperatriz Carlota de México en el castillo de Bouchot, 1926*. Album / © Tallandier / Bridgeman Images.

CATALINA LA GRANDE

p. 353, *Retrato de Catalina II.* Fyodor Rokotov. © DeAgostini / Getty Images.

Cuadernillo

p. 1, *Retrato de la princesa Sofía Federica Augusta.* George Cristoph Grooth. © Bridgeman Images.

p. 2, *Retrato de Catalina la Grande y Pedro III.* © Odesa Fine Arts Museum / Bridgeman Images.

p. 3, *Retrato ecuestre de Catalina II de Rusia.* Virgilius Eriksen.

p. 4, *Coronación de Catalina II de Rusia.* Stefano Torelli. Photo © Josse / Bridgeman Images.

p. 5, *Pablo I de Rusia.* Stepan Semenovich. © World History Archive / Alamy Foto de stock.

p. 6, *Retrato del mariscal Grigori Potemkin.* © The Picture Art Collection / Alamy Foto de stock.

p. 7, *Gran escalera del Palacio de Invierno en San Petersburgo.* Konstantin Andreyevich Ukhtomsky. Photo © Fine Art Images / Bridgeman Images.

p. 8, *Catalina II paseando por Tsarkoye Selo.* Vladimir Lukich Borovikovsky. © Bridgeman Images.

EMPERATRIZ CIXÍ

p. 485, *Retrato oficial de la emperatriz Cixí.* Yu Xunling. © Pictures from History / Bridgeman Images.

Cuadernillo

p. 1, *Retrato de la Emperatriz Cixí.* © Pictures from History / Bridgeman Images.

p. 2, *El Emperador Guangxu.* © Pictures From History / Universal Images Group via Getty Images.

Agradecimientos

Este libro no hubiera sido posible sin muchas personas que me ayudaron en esta travesía. Mi reconocimiento a mis editores David Trías y Virginia Fernández, de Plaza & Janés, por su entusiasmo y paciencia. A Laura Ortega, a mis inefables Leticia Rodero y Ángeles Torres, del departamento de Comunicación, y a todo el equipo de Penguin Random House. También mi gratitud a la actriz Juana Andueza, que con su enorme talento artístico ha conseguido que las presentaciones de mis libros sean muy especiales. A la periodista Gemma Nierga, que un día se comprometió a presentar en Barcelona todos mis libros... y ya van muchos. A mi querida chef Pilar Latorre y a su esposo René Hunziker, por su valiosa ayuda, hospitalidad y cariño. Y a Rosa del Rey, por estar siempre a mi lado. Tampoco quiero olvidar el apoyo de dos empresarias de éxito y fieles lectoras de mis libros: Alice Fauveau, fundadora de Focus on Women y Mónica Ceño, creadora y alma mater de The Lab Room.

En México mi agradecimiento a mi editor David García Escamilla y a todo su equipo, por su gran profesionalidad y cariño. A mi admirada «reina de la radio», Martha Debayle, gracias de corazón por tu generosidad al abrirme las puertas de tu programa en W Radio. A mi muy querida Paulina Vieitez, magnífica comunicadora y promotora cultural, por su afecto e inestimable apoyo en la promoción de mis libros. Y a Digna Cores, la mejor embajadora de Puebla, por su amistad y el hacer posible que pueda presentar mis *Reinas de leyenda* en esta hermosa ciudad colonial Patrimonio de la Humanidad.

Han sido meses muy duros de escritura y quiero dar las gracias especialmente al doctor José Manuel Benítez del Castillo, que cuidó con esmero los ojos de esta autora.

Por último, la investigación y la redacción de este libro me han robado muchas horas con mi familia y no sé lo que hubiera hecho sin el apoyo y la comprensión de mi esposo, José Diéguez. Al igual que mi hijo, Álex Diéguez, que durante la pandemia me animó a entrar en el universo de Instagram y hoy es mi mejor community manager. Gracias también a mi hermana, Maite Morató, por acompañarme durante este largo proceso de escritura.

Este libro lo escribí en mi casa de Hita (Guadalajara), uno de los pueblos medievales y literarios más bonitos de España. Es todo un honor que sus gentes me hayan nombrado recientemente «Arcipreste del Año». Gracias a mis buenos amigos de La Alcarria, que me han hecho más placentero este largo viaje en el túnel del tiempo.